D1654726

Georg Franz-Willing

Putsch und Verbotszeit der Hitlerbewegung

November 1923 — Februar 1925

Georg Franz-Willing

Putsch und Verbotszeit der Hitlerbewegung

November 1923 – Februar 1925

Verlag K.W. Schütz KG, Preußisch Oldendorf

Vom gleichen Autor erschienene Werke:

Erzherzog Franz Ferdinand und die Pläne zur Reform der Habsburger Monarchie, 1943;
Kulturkampf. Staat und katholische Kirche in Mitteleuropa 1803—1887, 1954;
Liberalismus. Die deutschliberale Bewegung in der Habsburgischen Monarchie 1780—1867, 1955;
Die Bayerische Vatikangesandtschaft 1803—1934, 1965;
Kulturkampf gestern und heute. Eine Säkularbetrachtung 1871—1971, 1971;
Neueste Geschichte Chinas 1840 bis zur Gegenwart, 1975.

Printed in Germany
Gesamtherstellung: Kölle-Druck, Preußisch Oldendorf

ISBN 3 87725 085-8

Der Krieg aber, der uns die täglichen Bedürfnisse des Lebens entzieht, ist ein gewalttätiger Lehrer und richtet die Leidenschaften der Menge nach der augenblicklichen Lage aus.

Thukydides

VORWORT

Dieser Band bringt Fortsetzung und Schluß der beiden vorausgehenden Bände der Entstehungs- und Frühgeschichte der Hitlerbewegung. Der Putsch ist das bekannteste Ereignis der Frühgeschichte der Bewegung und vielmals schon dargestellt worden. Trotzdem war seine ausführliche Behandlung im Gesamtrahmen der Trilogie unerläßlich zum Verständnis der Vor- und Nachgeschichte dieses Ereignisses. Die Vorgeschichte, die in den Wirrnissen des Jahres 1923 wurzelt, wurde ausführlich im zweiten Band geschildert, insbesondere die Zusammenhänge mit der bayerischen Politik und mit den Folgerungen, die sich aus dem Ruhrüberfall der Franzosen und Belgier für Deutschland ergaben. Für die Darstellung des Putsches sind neben Akten und publizistischen Quellen ebenfalls wie beim ersten und zweiten Band mündliche Mitteilungen Beteiligter herangezogen worden. Die Verbotszeit vom Putsch bis zur Neugründung der Partei im Februar 1925 ist bisher von der Geschichtsschreibung übergangen worden und wird hier zum erstenmal ausführlich und erschöpfend dargestellt. Ihre Kenntnis ist für die weitere Entwicklung der Bewegung und des deutschen Schicksals aus zwei Gründen wichtig: einmal zeigt sie auf, daß General Ludendorff nicht in der Lage war, die aktivistische Bewegung rechts von der Deutschnationalen Volkspartei um sich zu sammeln und zu führen, und als Folge davon, daß für ihre weitere Existenz und Entwicklung als Führer nur ein Mann in Frage kam: Adolf Hitler. Diese Tatsache bestimmte den weiteren Gang der Ereignisse ab 1925.

Hödingen, im Januar 1977

GEORG FRANZ-WILLING

INHALTSVERZEICHNIS

Vorwort

I. *Der deutsche Kampfbund* 9

II. *1. Der Putsch am 8./9. November 1923* 66
2. Ergebnis des Putsches 131

III. *Deutschland im Jahre 1924* 142

IV. *Die Bewegung im Untergrund*
1. Der Hitlerprozeß 162
2. Die Partei nach dem Putsch 191
3. Die Nachfolge der SA 208
4. Nachfolgeorganisationen der NSDAP 214
5. Wahlgemeinschaften 230
6. Der Führungsstreit:
Verlagerung des Schwerpunktes nach Norddeutschland . . . 238
7. Vergebliche Einigungsversuche: „Reichsführerschaft Ludendorff-Graefe-Strasser“ gegen „Norddeutsches Direktorium“ . . . 256
8. Kampf aller gegen alle 271

V. *Schlußbetrachtung* 286

Dokumenten-Anhang
Band I: Ursprung der Hitlerbewegung 290
Band II: Krisenjahr der Hitlerbewegung 338
Band III: Putsch und Verbotszeit der Hitlerbewegung 376
Quellen- und Literaturverzeichnis 447
Personenregister 454
Verzeichnis der Abkürzungen 458
Verzeichnis der Dokumente 461

I.

Der deutsche Kampfbund

Der Deutsche Tag in Nürnberg am 1. und 2. September 1923 war ein so durchschlagender Erfolg für die Nationalsozialisten geworden, daß Hitler unter dem Eindruck des zusammenbrechenden Ruhrwiderstandes am 25. September zum politischen Leiter des Kampfbundes gewählt wurde.

Vom 25. September bis zum 9. November handelte er vornehmlich in dieser Eigenschaft; es ist kein Zweifel, daß die zusammengeschlossenen Verbände mit der Anerkennung seiner Führung gesinnungsmäßig auch ein nationalsozialistisches Bekenntnis ablegten.

Hitler erließ am 26. September folgenden Aufruf:

„An alle Parteimitglieder! Nachdem ich mit dem heutigen Tag die politische Führung des Deutschen Kampfbundes übernommen habe, fordere ich die Parteigenossen auf, aus allen militärischen Verbänden, die nicht dem Kampfbund angehören, sofort auszutreten und in die Reihen der Sturmabteilung der N.S.D.A.P., Reichsflagge oder Oberland einzutreten. Parteigenossen, die dieser Aufforderung nicht binnen zehn Tagen nachkommen, gelten als aus der Partei ausgeschlossen und haben ihre Mitgliedskarten zurückzugeben. Die Ortsgruppenführer sind für die Durchführung dieser Anordnung verantwortlich. Adolf Hitler[1]."

Gleichzeitig brachte der „Völkische Beobachter" einen „Offenen Brief an die bayerische Regierung", der doppelt unterzeichnet war: für den Kampfbund hatten Hitler, Heiß und Dr. Weber unterschrieben, für den „Kampfbund zur Brechung der Zinsknechtschaft" Feder, Drexler und Buckeley[2].

---

1 VB, Nr. 198 v. 26. 9. 1923, S. 1.

2 VB, Nr. 198 v. 26. 9. 1923, S. 2 — Gottfried Feder hatte eine Denkschrift über die Währungsreform ausgearbeitet, die sich nach der währungstechnischen Seite mit den Währungsplänen des „Bundes Bayern und Reich" sowie des GSTK deckte, und sie der bayerischen Regierung unterbreitet. Akten „Bund Bayern und Reich".

Beide Bünde nahmen gegen die geplante Währungsreform Stellung; federführend war der „Kampfbund zur Brechung der Zinsknechtschaft". Dort hieß es u. a.: „Die Verpfändung der auf die gesamten deutschen Werte zu legenden Zwangshypotheken und sonstigen Rechtstitel an ein eigens zu schaffendes ‚Privatinstitut', die restlose Verstrickung des ganzen Volkes und Staates in die Schuld dieses Unternehmens sind ein neues Versailles und darum unannehmbar." Die bayerische Regierung wurde aufgefordert, „für Bayern ein eigenes dem Staate und nicht Privatkapitalisten gehörendes Institut" zu schaffen, „und daß ausschließlich einem solchen Institut die Gesamtsumme der ins Auge zu fassenden Pfänder überwiesen wird und daß auf direktem Wege, unmittelbar durch den Staat, die neue Währung, durch diese Sachwerte gedeckt, ins Volk gegeben wird, unter Vermeidung der zweifachen Verteuerung und Zinspflicht, wie sie bei der Währungsbank zugunsten der Taschen des Großkapitals erfolgen soll".

Da die Reichsregierung aber für die von der Regelung der Wiedergutmachungsleistungen abhängige Währungsstabilisierung amerikanische Anleihen benötigte, lehnte sie den Plan Helfferichs mit der Roggenwährung ab und errichtete die Goldbank[3]. Nachdem das deutsche Barvermögen durch den Raub sämtlicher Auslandsguthaben und durch die Inflation abgeschöpft war, wurden nun die deutschen Sachwerte als Pfänder genommen.

Seit der Gründung des Deutschen Kampfbundes und besonders nach der Übernahme von dessen Leitung durch Hitler rückte ein Mann der politischen Bühne Münchens in den Vordergrund, der bis zur Katastrophe am 9. November 1923 neben Hitler in der Rechtsbewegung die bedeutendste Rolle spielte, nämlich Dr. Max Erwin von Scheubner-Richter (1884—1923)[4].

Hinter der bescheidenen Bezeichnung eines „Geschäftsführers" des Kampfbundes verbarg sich die ebenso unermüdliche wie einflußreiche Tätigkeit eines hochbegabten, diplomatisch äußerst geschliffenen und politisch vielgewandten Mannes. Keine Persönlichkeit der Rechtsbewegung Münchens war so geheimnisumwittert, der Gerüchtemacherei in solchem Maße ausgesetzt, mit derart unsinnigen Verleumdungen befehdet wie Scheubner-Richter. Sein

---

3 S. Kap. „Das Reich", Bd. II. — Zum Währungsproblem: „Offener Brief an die schaffenden Stände und ihre Berufsorganisationen" von A. v. Graefe-Goldebee, dem Führer der DVFP im VB, Nr. 178 v. 2. 9. 1923, S. 1.

4 Aus sozialdemokratischer Warte siehe: MP, Nr. 56 v. 6. 3. 1924, Artikel S. 2: „Die Figur von Scheubner-Richter und anderes."

abenteuerliches Leben bot dafür freilich genügend Handhaben; aber es war nicht die Auswirkung einer hochstaplerischen Veranlagung als vielmehr die Folge eines harten, durch Herkunft und Zeitgeschehen bestimmten Geschikkes[5].

Scheubner-Richter wurde unter dem bürgerlichen Namen Richter in Riga geboren. Sein Vater stammte aus Sachsen und blieb auch in Riga sächsischer Staatsangehöriger. Den Namen „von Scheubner" legte er sich aufgrund seiner Heirat mit Mathilde von Scheubner bei. Er entsprach damit dem Wunsche der Eltern seiner um vieles älteren Frau, die den Namen nicht aussterben lassen wollten[6]. Er führte den Namen „infolge Adoption", nach seiner eigenen Angabe[7].

Scheubner-Richter studierte zunächst in Riga, kämpfte bei der ersten russischen Revolution im Jahre 1905 im Selbstschutz gegen die Bolschewisten und wurde dabei am Knie verwundet. Seit 1910 lebte er in München und setzte dort bis Kriegsbeginn sein Studium fort. Trotz seiner Knieverletzung wurde er durch Vermittlung des Prinzen Alfons von Bayern als Kriegsfreiwilliger bei den Chevauxlegers in Straubing (Niederbayern) angenommen. Im Oktober 1914 wurde er im Felde mit dem EK II ausgezeichnet; im Januar 1915 wurde er zum Leutnant befördert. Sein Chef, Rittmeister Graf Preysing, nahm ihn dann nach Konstantinopel mit. Scheubner-Richter wurde in den Dienst des Auswärtigen Amtes übernommen und als Dolmetscher für Russisch an das deutsche Konsulat in Erzerum versetzt. Als Vizekonsul leitete er vertretungsweise das dortige Konsulat bis August 1916. Seine Pläne für einen Angriff auf Rußland aus der persischen Flanke fanden beim AOK Anklang, konnten aber wegen der Nachschubschwierigkeiten nicht verwirklicht werden[8]. Im Oktober 1916 kehrte von Scheubner-Richter nach München zurück und promovierte an der Technischen Hochschule zum Dr. ing. chem. Im März 1917 kam er wieder an die Westfront, im Juli nach Stockholm, wo er Verhandlungen mit Vertretern kaukasischer

5 S. a. Paul Leverkuehn, Posten auf ewiger Wache. Aus dem abenteuerlichen Leben des Max von Scheubner-Richter, Berlin 1938.

6 MM seiner Frau v. 9. 7. 1952.

7 VB, Nr. 202 v. 30. 9. 1923, S. 2: „Erklärung".

8 In Aserbeidschan wurden die Russen (1915) „gelähmt und ständig beunruhigt durch die feindliche Haltung der Bevölkerung und durch türkische Flankenstöße von Mossul her, an denen auch die kleine deutsche Gruppe unter Führung Scheubner-Richters ruhmreichen Anteil hatte". Dagobert von Mikusch, Waßmuß der deutsche Lawrence, Berlin 1939, S. 155.

Völker führte. Im Oktober des gleichen Jahres wurde er als Dolmetscher an die deutsche Gesandtschaft in Riga versetzt[9]. Dort leitete er bis November 1918 die deutsche Pressestelle. Am 1. Januar 1919 übernahm er im Auftrag des Oberpräsidenten von Ostpreußen, August Winnig, die Leitung der Gesandtschaft. Darüber schrieb von Scheubner-Richter selbst: „Als Stellvertreter des deutschen Gesandten blieb ich freiwillig zum Schutze der Deutschen beim Einrücken der Bolschewisten in Riga zurück, als der deutsche Gesandte mit den Mitgliedern der Gesandtschaft und die deutschen Truppen Riga verließen. Ich habe nach der Novemberrevolution meine Dienste dem Auswärtigen Amt solange zur Verfügung gestellt, als ich glaubte, dem Deutschtum im Osten dadurch Nutzen bringen zu können. Mit der Reichsregierung habe ich bei der Aufstellung antibolschewistischer Organisationen in Ostpreußen 1919 und bei der Vorbereitung der Abstimmung in Ost- und Westpreußen zusammengearbeitet. Seit der Unterzeichnung des Friedensdiktates von Versailles habe ich sämtliche Beziehungen zur Reichsregierung und zum Auswärtigen Amt abgebrochen[10]."

Er wurde von den Bolschewisten verhaftet und entging der Hinrichtung nur dadurch, daß seine Frau ihn mit Bargeld loskaufte[11]. Dann begab er sich nach Ostpreußen, wo er mit Winnig im Heimatdienst zusammenarbeitete. In dessen Auftrag ging er nach Danzig. Am Kapp-Putsch war er in Berlin im Hintergrund beteiligt. Die nächste und letzte Station seines Lebens wurde München.

In München traf er mit Rosenberg zusammen; beide kannten sich aus Riga als Angehörige des Korps Rubonia. Zusammen mit anderen Baltendeutschen und Angehörigen der russischen Emigration gründete er eine deutsch-russische Gesellschaft und leitete deren Büro[12]. Im Rahmen dieser Tätigkeit gab er die „Aufbau-Korrespondenz" heraus. Rosenberg machte ihn mit Hitler bekannt. Zusammen mit seiner Frau trat er im November 1920 der NSDAP bei.

Scheubner-Richter schloß seinen erwähnten Artikel über „Deutschlands Bolschewisierung" mit einem uneingeschränkten Bekenntnis zu Hitler:

9 VB, Nr. 194 v. 21. 9. 1923, S. 1, Artikel von Scheubner-Richter: „Deutschlands Bolschewisierung". Demnach arbeitete er während des Krieges zeitweise „im Auftrage der Sektion Politik der OHL im Osten".

10 VB, Nr. 202 v. 30. 9. 1923, siehe oben.

11 MM seiner Frau v. 9. 7. 1952; ferner Artikel von Scheubner-Richter im VB, Nr. 194 v. 21. 9. 1923: „Deutschlands Bolschewisierung".

„Aber das völkische Deutschland ist bereit, diesen Kampf aufzunehmen im Glauben an das deutsche Volk, dem durch einen Adolf Hitler ein neuer Prophet entstanden ist, der es verstanden hat, die deutsche Seele wachzurütteln und sie aus den Fesseln des marxistischen Denkens zu befreien . . .[13]“

Scheubner-Richter hatte durch seine Herkunft, durch seine Ehe, durch seine diplomatische und militärische Tätigkeit außerordentlich vielseitige Beziehungen: zur baltisch-deutschen und zur russischen Emigration, zu hohen und höchsten Persönlichkeiten des militärischen, wirtschaftlichen und politischen Lebens, zu kirchlichen und monarchistischen Kreisen, zu allen führenden Männern der Rechtsbewegung. Besonders eng war sein Verhältnis zu Ludendorff, den er schon vom Kriege her kannte. Er übte auf den ehemaligen Generalquartiermeister einen starken Einfluß aus. In seinen Münchner Jahren von 1920 bis 1923 war er der wichtigste Verbindungsmann der Rechten. Neben Dietrich Eckart hatte er wie kein anderer das Vertrauen Hitlers. Dieser nahm Scheubner-Richter in einem an den GSTK von Kahr gerichteten Brief gegen Verleumdungen in Schutz[14]. Er setzte sich auch selbst vor aller Öffentlichkeit zur Wehr, so z. B. gegen die vom „Miesbacher Anzeiger“ ausgestreute Behauptung, er sei jüdischer Abkunft[15]. Den Vorwurf, daß er als Nichtbayer in Bayern Politik mache, wies er zurück mit der Feststellung, daß er „als bayerischer Staatsangehöriger und bayerischer Offizier“ viereinhalb Jahre an allen Fronten gekämpft habe und daraus das Recht ableite, „auch auf bayerischem Boden für Deutschlands und Bayerns Zukunft einzutreten[16]“.

---

12 Finanziert wurde die Gesellschaft von der Gemahlin des Prinzen Kyrill, Prinzessin Viktoria. Sie gab auch die Mittel für Scheubners Reise zu General Wrangel. Die Kontaktaufnahme glückte, doch endete das Unternehmen mit einem völligen Fehlschlag. Beteiligt war auch General Biskupski. (MM v. Frau Scheubner-Richter v. 9. 7. 1952.) — Zur Gesellschaft gehörten: Scheubner-Richter, Biskupski Wassilij, Hartmann Waldemar, Nemirowitsch-Dantschenko, Schickedanz Arno, Matter Karl, Epantschin Nikolaus. Siehe Akt 1494, BHSTA, SA, I.
Es gab in München auch eine Vereinigung von Kosaken unter Führung von Oberst Poltavietz von Ostranitza. Er unterbreitete Hitler 1923 eine Denkschrift über die Ukrainisch-Nationale-Kosaken-Vereinigung und entbot Hitler Glückwünsche zu dessen Geburtstag am 20. April 1923. Siehe Hitler-Briefe, Akt 3, Nr. 4089 ff., Nr. 4088, BA. Auch nach dem Zweiten Weltkrieg existierte diese Kosakenvereinigung in München weiter; einige Jahre gab Baron von Ostranitza sogar einen „Kosakenbrief“ heraus.

13 VB, Nr. 194 v. 21. 9. 1923, S. 1.

14 Hitler an Kahr am 8. 10. 1923, BHSTA, GSTK, Nr. 93, Ausfertigung, siehe Deuerlein, Dok.Nr. 30, S. 201. Anlaß für Hitlers Schreiben war ein Artikel im „Bayerischen Kurier“ gegen Scheubner mit dem Titel: „Wer ist der Mann?“

15 VB, Nr. 202 v. 30. 9. 1923, S. 2: „Erklärung“; VB, Nr. 228 v. 8. 11. 1923, S. 5: „300 Goldmark Belohnung“; Ebda, S. 2: „Offener Brief an Prof. Stempfle“.

16 VB, Nr. 202 v. 30. 9. 1923.

In seiner Wohnung waren Ludendorff und Hitler häufig zu Gast; dort fanden die wichtigsten politischen Besprechungen statt.

In einem Leitartikel „Weltenwende“ legte er Ende Oktober 1923 noch einmal seine grundsätzliche politische Ansicht dar[17]: „Der letzte Weltkrieg jedoch darf als Auslöser zweier großer geistiger Ideen angesehen werden, die sich jetzt zu einem letzten Kampf um die Vorherrschaft rüsten: der international-marxistischen und der national-völkischen . . . Die Früchte des Weltkrieges wurden eingeheimst von den ‚international-jüdischen Banken in New York, die heute das Gold der ganzen Welt in Besitz haben . . .‘ . . . Der Marxismus, diese teuflisch-jüdische Lehre zur Zersetzung der Völker, hat schon Jahrzehnte vor dem Weltkrieg als ein gehorsames Werkzeug in den Händen der goldenen Internationale gewirkt . . . Gelingt es, das, was heute noch vielfach als völkischer Gedanke um Fassung und Klarheit ringt, zu einer großen, befreienden Idee, zu einem System zusammenzufassen auch für die anderen Völker, dann sind die Opfer des Weltkrieges nicht umsonst gewesen, denn sie haben den Weg freigemacht für eine Weltenwende, für die völkische und dadurch auch für die geistige Freiheit der Nationen.“

Scheubner-Richter bezeichnete sich selbst gegenüber dem Kabinettschef des Kronprinzen Rupprecht am 25. September als den „politischen Generalstabschef Hitlers[18]“. Seine Betriebsamkeit und Aktivität waren erstaunlich, so daß er dadurch allein schon Verdacht erregte und ein Zwielicht auf ihn fallen mußte. General Lossow kannte ihn bereits aus der Kriegszeit von Konstantinopel her und lehnte es grundsätzlich ab, ihn zu empfangen[19]. Für Hitler, den Massenredner und Volkstribun, war der vielgewandte Scheubner-Richter als Verbindungsmann unentbehrlich, weil er ihm die Beziehungen und Kontakte vermittelte, die ihm fehlten und die er selbst nicht herstellen konnte.

So suchte Scheubner-Richter in der oben erwähnten Unterhaltung mit Graf Soden am 25. September im Auftrag Hitlers eine Unterredung zwischen diesem und dem Kronprinzen zu erwirken. Graf Soden erwiderte, „der hohe Herr werde gerne bereit sein, Hitler zu sprechen. Schon vor etwa

---

17 VB, Nr. 212 v. 20. 10. 1923, S. 1 f.

18 Hitler und Kahr, II, S. 183; Sendtner, S. 526; bei Högner: Hitler und Kahr, ist der 26. 9., bei Sendtner der 25. 9. als Tag der Unterredung angegeben. Sendtner zitiert sie nach einem Brief des Grafen Soden an Pittinger v. 25. 9., a.a.O., S. 526—528. Die größere Wahrscheinlichkeit spricht für die Datumsangabe von Sendtner.

19 Lossow im Prozeß, 11. Tag (10. 3. 1924), ebenso bei K. A. von Müller, III, S. 155.

eineinhalb Jahren hätte Hitler in dieser Richtung einen Fühler ausgestreckt, ihn zu empfangen. Hitler sei dann aber ausgewichen und habe nichts mehr von sich hören lassen". In dem zweistündigen Gespräch zwischen Scheubner-Richter und Graf Soden kam zum Ausdruck, daß Hitler und Ludendorff von Scheubner zusammengebracht worden waren. Die Kampfbundleitung bemühte sich, den Kronprinzen für die völkische Bewegung zu gewinnen. Da Bayern Hitler und Ludendorff gleichgültig sei, hätte der Thronfolger freie Hand. „Die Sanierung Norddeutschlands sei das eigentliche Ziel der ganzen Bewegung. Eingeleitet müsse sie werden durch einen bewaffneten Vormarsch der sämtlichen Vaterländischen Verbände von Bayern aus gegen Berlin ..." Graf Soden lehnte diese Gedanken als utopisch ab. Scheubner-Richter sprach dann von einer „Herrn Hitler genehmen bayerischen Regierung". Auf die Frage des Kabinettschefs, „ob als solche etwa eine Regierung erachtet würde, die das Vertrauen des Kronprinzen hätte", erwiderte Hitlers Vertrauensmann: „Wenn der Kronprinz sich auf den Boden der völkischen Bewegung stellt, wird Hitler, der in seinem Herzen Monarchist ist, selbst nichts gegen eine bayerische Monarchie haben; im Gegenteil, die Bewegung wird den Kronprinzen emportragen und er wird ihr oberster Führer sein. Andernfalls wird die Bewegung über den Kronprinzen hinwegschreiten ..." Zu einer Unterredung zwischen dem Kronprinzen und Hitler ist es nicht mehr gekommen[20]. Als Vertrauensmann der Prinzessin Viktoria, die Kronprinz Rupprecht für ihre Restaurationspläne gewinnen wollte, verhandelte er oft mit dem bayerischen Thronfolger und mit Freiherrn von Cramer-Klett. Prinzession Viktoria wollte ein Kaiserreich mit Rupprecht als Kaiser. Kronprinz Rupprecht verhielt sich jedoch diesen Plänen gegenüber völlig ablehnend[21].

Das außerordentliche Vertrauen und die Wertschätzung, deren sich Scheubner-Richter bei Hitler erfreute, ging auch aus folgender Äußerung Hitlers anläßlich einer Gedächtnisrede auf die Gefallenen an der Feldherrnhalle hervor: „Ich trauere um jeden Mann von uns, der gefallen ist. Alle sind ersetzbar, nur einer nicht, nämlich Scheubner-Richter[22]."

Die Vorsprache Scheubner-Richters an jenem bedeutungsvollen 25. September beim Kabinettschef des bayerischen Thronfolgers im Auftrag Hitlers

20 Hitler und Kahr, II, S. 183.
21 MM Frau Scheubner-Richter v. 9. 7. 1952.
22 Ebda. — Frau Scheubner-Richter konnte sich an das genaue Datum dieser Äußerung nicht mehr erinnern; nach ihrer Vermutung stammte sie aus den Jahren 1931 oder 1932.

beleuchtet das Tauziehen, das um die Gunst des volkstümlichen Wittelsbacher Fürsten zwischen den um die Macht ringenden außerparlamentarischen Kräften in Bayern damals stattfand. Wenige Tage vorher waren der Führer des Bundes Oberland, Dr. Weber, und General Ludendorff vom Kronprinzen empfangen worden. Dr. Weber sagte darüber im Prozeß aus: „Ich wurde am 19. September zu einer Audienz bei S. M. hier in München befohlen und S. M. hat mir damals mitgeteilt, daß eine diesbezügliche Einrichtung — der Name Generalstaatskommissar wurde ja damals nicht genannt — in kürzester Zeit geschaffen und Euer Exzellenz [Weber sprach zu Kahr] mit der Führung dieses Postens beauftragt werden solle und daß er wünsche, daß Oberland sich ebenfalls Euer Exzellenz zur Verfügung stelle. Es sind damals von mir gewisse Bedenken geltend gemacht worden. S. M. hat dann erklärt, die Bedenken seien grundlos, denn Euer Exzellenz hätten ihm vor kurzem, vor wenigen Tagen, in die Hand hinein Treue gelobt, die Sanierung Deutschlands in dem Sinne der Vaterländischen Bewegung durchzuführen. Ist Euer Exzellenz etwas bekannt?" Darauf erwiderte Kahr: „Nein, davon ist mir nichts bekannt[23]."

Am 22. September wurde General Ludendorff von Kronprinz Rupprecht aufgrund der Vermittlung von Generalfeldmarschall Hindenburg, der sich um eine Aussöhnung zwischen den beiden Gegenspielern bemühte[24], empfangen. Dabei entwickelte Ludendorff ähnliche Gedanken, wie sie wenige Tage später der Geschäftsführer des Kampfbundes besonders bezüglich eines Marsches nach Berlin dem Kabinettschef vortrug. Der Thronfolger verhielt sich völlig ablehnend, und die Kluft zwischen ihm und dem ehemaligen Generalquartiermeister vertiefte sich vollends zu einem unüberbrückbaren Abgrund[25]. Die feindselige Entfremdung zwischen diesen beiden führenden Persönlichkeiten der alten Armee führte zu einem unheilvollen Riß innerhalb des Offizierkorps und der traditionellen Offiziersvereinigungen des kaiserlichen Heeres, der sich auch in die Reihen des Reichswehroffizierkorps hinein spürbar auswirkte. Der Zerfall der traditionellen Offiziersgemeinschaft, des „Korpsgeistes" der Offiziere, fand darin seinen tragischen Ausdruck. Männer, wie z. B. Röhm und Kriebel, die gleichermaßen überzeugte Monarchisten, königstreue Offiziere und leidenschaftliche Völ-

23 Prozeß, 12. Tag (11. 3. 1924); Hitler und Kahr, II, S. 181.
24 Ludendorff, Auf dem Weg, S. 49.
25 Hitler und Kahr, II, S. 183.

kische waren, litten schwer darunter[26]. Röhm wie Kriebel bemühten sich geradezu verzweifelt, den Kronprinzen für die völkische Bewegung, für die Hitlerbewegung zu gewinnen; sie wollten nicht einsehen, daß das unmöglich war. Auch Ernst Pöhner, ein überzeugungstreuer königlicher Beamter und hochqualifizierter Reserveoffizier, bemühte sich vergeblich, auf den Thronfolger im Sinne einer radikalen Lösung einzuwirken[27]. Das war jedoch schon deshalb ausgeschlossen, weil der Kronprinz grundsätzlich jeden gewaltsamen Versuch zur Wiedereinführung der Monarchie ablehnte. Er war ein durch und durch deutsch gesinnter Mann, der eine Gefährdung der Reichseinheit, der Bismarckschen Staatsschöpfung, durch irgendwelche Gewaltmaßnahmen vermeiden wollte[28]. Es gab im September 1923 keinen Zweifel, daß der bayerische Thronfolger eindeutig die vaterländische Bewegung unter Pittinger, Kahr und Knilling anerkannte und die Führung der Geschicke in deren Händen sehen wollte. Dies zeigte sich bei der Errichtung des GSTK. Der Verband der bayerischen Offizierregimentsvereine erließ am 29. September einen Aufruf, daß Seine Majestät der König wünsche und befehle, daß die Offiziere sich dem GSTK zur Verfügung stellen[29].

Der militärische Führer des Kampfbundes, Kriebel, schrieb am 27. September an General Kleinhenz, Vorsitzender des Ehrenhofes des N.D.O., folgenden Brief, aus dem der tiefe Gewissenskonflikt ersichtlich wird[30]:

„E. E. melde ich gehorsamst folgendes: Heute mittag wurde mir von Major Fehn der Befehl S. M. des Königs telephonisch übermittelt, daß sich alle bayerischen Offiziere rückhaltlos dem GSTK Exzellenz von Kahr zu unterstellen hätten. Als militärischer Führer des Kampfbundes Bayern sehe ich es als meine Ehrenpflicht an, E. E. zu erklären, und ich glaube, daß ich dies im Namen fast aller im Kampfbund tätigen oder zum Kampfbund gehörenden ehemaligen königlichen bayerischen Offiziere tun kann, daß ich diesen Befehl S. M. des Königs nicht befolgen kann. E. E. kennen meine Stellungnahme zu dem Eid, den ich als kgl. bayerischer Offizier dem ver-

26 Röhm, S. 199 ff.
27 Siehe Sendtner, Kronprinz Rupprecht, S. 528.
28 Ebda; TE, Eintr. v. 15. 9. 1923.
29 Hitler und Kahr, II, S. 182. — „Für uns Offiziere der alten Armee lag eine Willensmeinung des Königs vor, wonach wir uns Kahr zu unterstellen haben." Aussage Major Siry. UAL, 16. Sitzg. v. 19. 12. 1927.
30 Hitler und Kahr, S. 182 f. — Als militärischer Führer des Kampfbundes legte Kriebel in dessen Auftrag am Sterbetag König Ludwigs III. in der Frauenkirche einen Kranz am Grabe des Königs nieder und wohnte mit Offizieren der Kampfverbände dem Gedächtnisgottesdienst in der Theatiner Hofkirche bei. Röhm, S. 203.

storbenen König Ludwig III. geschworen habe, und daß ich ihn als eigene Eidesleistung als auch für S. M. den König Rupprecht geltend erachte. Hätte S. M. der König befohlen, daß ich mich hinter ihn stellen solle, so wäre für mich der Eid in Geltung getreten. Seinen Befehl aber, mich hinter einen Mann zu stellen, den ich auf Grund mehrjähriger gemeinsamer Arbeit in der bayerischen Einwohnerwehr genau kenne, und den ich für ungeeignet halte, in der jetzigen ernsten Lage unseres Vaterlandes die Ziele in die Wirklichkeit umzusetzen, die sich der Kampfbund und damit alle, die ihm aus Überzeugung angehören, gesetzt hat, kann ich nicht befolgen. Bestimmend für diese Stellungnahme ist auch die Tatsache, daß Exzellenz [hier fehlt der Name Kahr! Fr.] als erste Tat seiner neuen Regierung die für heute abend angesetzten Versammlungen Hitlers, die von diesem in seiner Eigenschaft als Führer seiner Partei und des Kampfbundes einberufen sind, verboten hat. Er hat damit seine Stellungnahme gegen die Kampfverbände klar zum Ausdruck gebracht. Es wäre feige, wenn ich als Führer des Kampfbundes ihn in diesem Augenblick verließe; als Offizier kann ich dies nicht tun. Ich richte daher an E. E. die Bitte, ein ehrengerichtliches Verfahren gegen mich einzuleiten und festzustellen, ob ich mich mit dieser meiner Stellungnahme gegen die Grundsätze des alten Offizierkorps verfehlt habe.

Sollten E. E. im Interesse des N.D.O. es für notwendig halten, daß ich aus dem N.D.O. austrete und mein Amt als dritter Vorsitzender niederlege, so bitte ich, dies verfügen zu wollen . . .“

Aber nicht nur die Offiziere hielten in großer Zahl an ihrem Eid fest, den sie dem König geleistet hatten; es gab auch Unteroffiziere, die den gleichen Standpunkt einnahmen. Ein treffendes Beispiel dafür war der Leiter der Nachrichtenstelle der Polizeidirektion München, Oberwachtmeister Hoffmann (pensioniert am 1. 1. 1924), der sich vor Gericht als Nationalsozialist bekannte:

„Ich habe aber aus meiner Gesinnung kein Hehl gemacht. Auch seinerzeit, wie ich die Verpflichtung auf die Republik vorgelegt bekommen habe, habe ich sie zerrissen und in den Papierkorb geworfen, weil ich in meinem Leben nur einen Eid leisten kann. Den habe ich meinem König geleistet. Das war meine Überzeugung . . .[31]“

Hitler selbst hatte eine einzige Zusammenkunft mit Kronprinz Rupprecht gehabt, im Jahre 1919 am Beginn seiner politischen Laufbahn. Bei

31 Hitlerprozeß, 7. Tag (4. 3. 1924).

dieser Gelegenheit soll Hitler geäußert haben, er wolle dazu beitragen, „das Unrecht vom November 1918 wiedergutzumachen[32]“.

Ohne Zweifel stand Hitler in der Frühzeit, als er sich nur als der „Trommler“ der nationalen Bewegung und als ihr „Johannes“ betrachtete, dem monarchischen Gedanken nicht ferne. Auch war in der gesamten Rechtsbewegung der nationale Gedanke stark mit der monarchischen Staatsform gekoppelt, vor allem bei den Offizieren und Beamten, darüber hinaus aber weit hinein in die breiten Schichten des Mittelstandes und vor allem des Bauerntums. Wenn Hitler bei seiner Agitation Erfolg haben wollte, konnte er gar nicht gegen die mornarchische Staatsform Stellung nehmen, und er tat es auch nicht. Programmatisch nahm er eine ausweichende Stellung gegenüber der Frage der Staatsform ein, die in der nationalsozialistischen Propaganda grundsätzlich bagatellisiert wurde. Tatsächlich spielten die Überlegungen einer Wiederherstellung der monarchischen Staatsform aber noch und gerade bei der Machtübernahme eine nicht unwesentliche Rolle.

An dem Tauziehen um die Gunst des bayerischen Thronanwärters waren zwei Gruppen beteiligt[33]:

Die konservativ bäuerlich-bürgerliche, die im rechten Flügel der Bayerischen Volkspartei ihre parlamentarische Vertretung hatte. In der vaterländischen Bewegung war ihr bedeutendster Vertreter der „Bund Bayern und Reich“, die Nachfolgeorganisation der Einwohnerwehren unter Führung Pittingers, dessen politischer Referent, Graf Soden, dann, wie erwähnt, Kabinettschef des Thronfolgers wurde. Die vaterländischen Verbände standen insgesamt dem monarchischen Gedanken nahe; das ergab sich schon aus der Verpflichtung der vielen Offiziere, die ja die Hauptträger der vaterländischen Bewegung waren, aufgrund ihres Offizierseides, den sie dem König geleistet hatten und dessen Bindung sie auf den Thronfolger-Generalfeldmarschall automatisch übertrugen. Als ausgesprochen programmatischmonarchistische Verbände sind zu nennen der Heimat- und Königsbund und das Freikorps Chiemgau.

Die wichtigsten Sprecher dieser Gruppe, die das Ohr des Kronprinzen hatten, waren Pittinger, Kahr und General Epp[34].

---

32 Sendtner, Rupprecht, S. 514.

33 Siehe bei Müller, III, S. 109, passim.

34 Kriebel im Prozeß: „Wir weigerten uns, unter Epp zu kämpfen, weil dieser sich feindselig über den Kampfbund äußerte. Er nannte uns nur Komitadschibanden . . .“

Die königstreuen Offiziere Röhm, Heiß und Pöhner (Reserveoffizier) vertraten die völkische Richtung, Röhm besonders auch die Hitlerbewegung, bei Rupprecht und bemühten sich vergeblich, ihn für die Ziele des Kampfbundes zu erwärmen.

Der Thronfolger seinerseits war bestrebt, den Kampfbund für den GSTK zu gewinnen. Aber auch „Unterredungen zwischen S. M. dem König und Pöhner sowie zwischen Hitler und Oberst von Seisser vermochten den Standpunkt des Kampfbundes nicht zu ändern[35]". Röhm selbst versuchte am 17. Oktober „nochmals S. M. den König den Bestrebungen des Kampfbundes näher zu bringen. Der König billigte jedoch das Verhalten des Hauptmanns Heiß und deckte die Maßnahmen Kahrs, der sich als seinen Statthalter bezeichnen konnte. Er hätte gerne gesehen, daß auch der Kampfbund für Kahr sich entschieden hätte". Röhm vermutete, daß der Wechsel Heiß' vom Kampfbund zu Kahr u. a. auch auf den Einfluß des Kronprinzen zurückzuführen war[36].

Pittinger und Kahr genossen das besondere Vertrauen des Thronfolgers. Damit waren für alle Königstreuen in Bayern die Würfel gegen den Kampfbund gefallen, freilich ohne daß eine klare und eindeutige Trennungslinie gezogen werden konnte, denn die Versuche, die andere Gruppe zu gewinnen, wurden auf beiden Seiten fortgesetzt. Der GSTK bemühte sich ständig, den Kampfbund zum Einschwenken auf seine Linie zu bewegen; umgekehrt versuchten einflußreiche Persönlichkeiten des Kampfbundes, besonders Scheubner-Richter, Kriebel, Röhm, Einfluß auf Kahr und auf den Kronprinzen auszuüben. Als unüberwindliches Hindernis stand aber zwischen dem bayerischen Thronanwärter und seiner Anhängerschaft auf der einen Seite, dem Kampfbund auf der anderen Seite die Persönlichkeit des Generals Ludendorff[37]. Dieser war Schirmherr der Kampfverbände, unter denen der Bund Oberland die engste Fühlung zu ihm hatte[38]. Der Führer des Bundes,

35 Röhm, S. 199.

36 Ebda, S. 203.

37 Margarete Ludendorff, Als ich Ludendorffs Frau war, S. 134, behauptet, Ludendorff habe seine Dienste dem bayerischen Kronprinzen angeboten, sich für ein wittelsbachisches Kaisertum einzusetzen, der Kronprinz habe aber Ludendorffs Angebot abgelehnt. Wenn diese Behauptung stimmt, so wirft sie nicht nur ein eindeutiges Licht auf den verzehrenden Ehrgeiz, von dem der General beseelt war, um jeden Preis eine Rolle zu spielen, sondern gibt auch den Schlüssel zu seiner haßerfüllten Abneigung gegen den bayerischen Thronfolger.

Dr. Friedrich Weber, war der Schwiegersohn des völkischen Verlagsbesitzers und Buchhändlers Lehmann und stand gesinnungsmäßig dem Generalquartiermeister besonders nahe. Die antikatholische Haltung des Evangelischen Bundes, der die völkische Bewegung stark beeinflußte, steigerte sich bei Ludendorff zu einer leidenschaftlichen Ablehnung der katholischen Kirche und darüber hinaus aller universalen und überstaatlichen Mächte, besonders auch des Judentums und der Freimaurerei. Er stand der völkischen Bewegung näher als der Hitlerbewegung; der Trennungsstrich war jedoch zu diesem Zeitpunkt noch nicht klar gezogen[39]. Hitler benutzte den Namen und den Mythos des Feldherrn für propagandistische Zwecke. Vergeblich warnte Arnold Rechberg den General vor Hitler bereits im Jahre 1922 mit ebenso eindringlichen wie prophetischen Worten[40].

Ludendorff hatte die Niederlage von 1918 nie verwunden[41], vor allem nicht seine Entlassung am 26. Oktober 1918, die zweifelsohne der letzte große Fehler der unglücklichen Personalpolitik Wilhelms II. gewesen war. Aus dieser unheilbaren seelischen Verwundung erwuchs der falsche Ehrgeiz zur politischen und weltanschaulichen Betätigung.

Nachdem er in Bayern Asyl und eine zweite Heimat nach dem Kapp-Putsch gefunden hatte[42], trat er seit 1921 mehr und mehr in Erscheinung bei allen möglichen militärischen Feiern und politischen Veranstaltungen[43]. Da er im Weltkrieg die Seele des militärischen deutschen Widerstandes gewesen war, knüpften sich an ihn die Hoffnungen aller nationalen Aktivisten in Deutschland und in Österreich, wo er ebenfalls an deutschnationalen Kundgebungen politischer und militärischer Art teilnahm.

---

38 Siehe bei Kuron, Freikorps und Bund Oberland, Diss. 1960; Ludendorff, Auf dem Weg, S. 9.

39 Ludendorff sah „mit Bedauern den Zwiespalt zwischen dieser Partei (NSDAP) und den völkischen Führern Norddeutschlands, unter denen Herr von Graefe immer mehr hervortrat und mir nähertrat ...", Ludendorff, Auf dem Weg, S. 21.

40 Eberhard von Vietsch, Arnold Rechberg und das Problem der politischen West-Orientierung Deutschlands nach dem ersten Weltkrieg. Schriften des Bundesarchivs, Koblenz 1958, S. 192 f.; Ursachen und Folgen, V, S. 427 f.

41 Ludendorff, Lebenserinnerungen, I, S. 201 ff.; Auf dem Weg, S. 9 ff.

42 Durch Vermittlung Escherichs. Die Beziehungen zwischen beiden blieben auch im Jahre 1923, als sich ihre politischen Wege trennten, erhalten. TE, Eintr. v. 6. 4. und 31. 5. 1923; Müller, III, S. 127 passim.

43 Ludendorff, Lebenserinnerungen, I, S. 38 f.; Auf dem Weg, S. 46 f.; VB, Nr. 195 v. 22. 9. 1923, S. 4.

Der Deutsche Tag in Nürnberg am 1./2. September 1923, an dem er zusammen mit Prinz Ludwig Ferdinand und Hitler den Vorbeimarsch der Verbände abgenommen hatte, gab ihm im Zusammenhang mit der Erklärung der Kampfverbände Anlaß, seine Stellung im politischen Leben programmatisch festzulegen und öffentlich zu bekunden:

„Ich stehe ohne Einschränkung auf dem Boden der Kundgebung der ‚Vaterländischen Kampfverbände Bayerns' am 1./2. September aus Nürnberg. Die hier niedergelegten Ansichten decken sich mit den meinigen. Ich stelle diese Übereinstimmung der Ansichten in Weg und Ziel ausdrücklich fest[44]."

Am 1. November 1923 veröffentlichte Ludendorff in Hitlers Zeitung einen Aufsatz über das Thema „Die völkische Bewegung"; dort schrieb er u. a.[45]: „Da ist der Kampf gegen die inneren Feinde: den Kommunismus, den Marxismus, Mammonismus, Materialismus und das jüdische Volk, als Parasiten an dem deutschen Volkskörper, gegen den Pazifismus, Partikularismus, Separatismus und Parlamentarismus, die Lüge und den Klatsch."

Am 9. November brachte Hitlers Organ unmittelbar vor dem Verbot noch einen Artikel aus der Feder Ludendorffs: „Freiheit und Brot". Dort befaßte sich der General mit der Volksernährung, der Lage des Bauerntums und der Landwirtschaft und forderte die allgemeine Arbeitspflicht zur Behebung der Not. „Die ehrliche Arbeit in Stadt und Land muß wieder ihr ehrliches Auskommen haben ... So sehen wir die Ernährungsfrage in einem gewaltigen Ring ethischer, sozialer und wirtschaftlicher Kräfte[46]."

Die Kluft zwischen dem Generalfeldmarschall-Kronprinzen und dem Generalquartiermeister wurde endgültig unüberbrückbar, als der bayerische Thronfolger die Offiziersverbände am 27. September aufforderte, sich hinter Kahr zu stellen[47]. Der Aufruf des Kronprinzen hatte nicht nur den bayerischen Offizieren und ihren Vereinigungen gegolten, sondern allen Offizieren der alten Armee[48], so daß sich demnach auch Ludendorff hinter den Thronfolger und den GSTK hätte stellen müssen. Diese Forderung war für den stolzen Generalquartiermeister ebenso unerhört wie unerfüllbar.

---

44 VB, Nr. 204 v. 2. 10. 1923, S. 2.
45 VB, Nr. 223 v. 1. 11. 1923, S. 1.
46 VB, Nr. 229 v. 9. 11. 1923, S. 1.
47 Röhm, S. 232; Sendtner, S. 522.
48 Siehe Kap. „Bayern und Reich", Bd. II; dort die Aufrufe zit. nach Ludendorff, Auf dem Weg, S. 50 f.

Die vaterländische Bewegung Bayerns schied sich an den beiden Persönlichkeiten des Generalfeldmarschall-Thronfolgers und des Generals Ludendorff. Der Bruch ging durch alle Offiziersverbände und vaterländischen Vereinigungen nicht nur Bayerns, sondern ganz Deutschlands. Ludendorff war das Idol der Rechtsradikalen, der völkischen Bewegung[49], der schwarz-weiß-roten Restauration und Reformation mit zentralistischer Neigung nach innen und revanchistischer Haltung nach außen. Ein Teil dieser Anhängerschaft war die Hitlerbewegung, durchaus nicht der zahlreichste, aber sicher der radikalste.

Scheubner-Richter, der „politische Generalstabschef" des Kampfbundes, legte auch die Marschrichtung für den kritischen Zeitpunkt der Einstellung des Ruhrwiderstandes fest, die der Stichtag zum Handeln für die Rechts- und Linksradikalen wurde[50].

Am 22. September 1923 schrieb er im Auftrag der „Kampfgemeinschaft Bayern des Deutschen Kampfbundes" einen Brief an Ministerpräsident Knilling. Er wies auf die von der Linken in Berlin, Sachsen und Thüringen drohende Gefahr hin und forderte von der bayerischen Regierung eine klare Haltung „entweder auf der völkischen und nationalen Seite oder auf der Seite des Marxismus". Die Vorfälle beim Turnerfest hätten gezeigt, so fuhr er nun mit deutlicher Spitze gegen den Innenminister fort, daß dieser gegen die nationale Bewegung eingestellt sei. Er genieße daher nicht mehr das Vertrauen der völkischen und vaterländischen Bewegung, die jedoch gewillt sei, Knilling zu unterstützen unter der Voraussetzung, daß „der Inhaber der staatlichen Exekutive unser unbedingtes Vertrauen besitzt und gewillt ist, restlos und vertrauensvoll mit der völkisch-vaterländischen Bewegung zusammenzuarbeiten ...[51]".

Der Brief zielte auf die Entlassung des Innenministers und seinen Ersatz durch eine dem Kampfbund genehme Persönlichkeit hin; dabei war sicher an Roth oder auch Pöhner gedacht. Knilling selbst galt den Rechtsaktivisten immer noch als persona grata, denn als Vertrauensmann der vaterländischen Verbände war er im November 1922 an die Spitze der Regierung getreten.

49 Müller, III, S. 128.

50 Hitler und Kahr, II, S. 17 ff.

51 Der VB, Nr. 196 v. 23./24. 9. 1923, veröffentlichte den Wortlaut des Briefes auf der ersten Seite unter der Schlagzeile: „Kampfbund und bayerischer Ministerpräsident". — Siehe auch MNN, Nr. 258 v. 23. 9. 1923; ferner Deuerlein, Hitlerputsch, S. 191 ff.

Der Versuch, das Kabinett zu spalten, scheiterte jedoch, denn der Ministerrat stellte sich einmütig hinter den Innenminister[52]. Der Brief deckte sich inhaltlich auch mit Scheubners Gespräch beim Kabinettschef Graf Soden, in dessen Verlauf er von einer Hitler genehmen Regierung gesprochen hatte.

Auch das sogenannte „Aktionsprogramm" des Kampfbundes vom 24. September[53] enthielt im wesentlichen Scheubners Gedankengänge und die der Kampfbundführer, obwohl es nicht von Scheubner selbst stammte. Dieser war lediglich „Adressat" des „Aktionsprogramms", das von einigen dem Kampfbund angehörenden Persönlichkeiten als „Diskussionsgrundlage" ausgearbeitet worden war[54]. Wenn im Jahre 1924 die in Landsberg sitzenden Kampfbundführer Hitler, Kriebel und Dr. Weber auch heftig gegen die Unterstellung protestierten[55], daß das an Scheubner geschickte „Aktionsprogramm" als das „offizielle" Programm der Kampfbundleitung hingestellt wurde, so war es doch ein getreues Spiegelbild all der Überlegungen, die von Völkischen und Rechtsradikalen zum Zwecke der „Machtergreifung" im Laufe des Jahres 1923 angestellt und in die Tat umzusetzen versucht worden waren. Der Vorschlag zu dem „Aktionsprogramm" stammte von Hauptmann a. D. Wilhelm Weiß, dem Pressereferenten des Kampfbundes. Grundgedanke war nach seiner Aussage die legale Änderung der Verhältnisse[56]. Weiß hatte seinen Vorschlag auch mit Rechtsanwalt Dr. Julius Glaser und dem Grafen Fischler-Treuberg, die beide 1924 als völkische Abgeordnete in den Landtag einzogen, mündlich und schriftlich erörtert[57]:

„Wichtiger ist es, der Landespolizei sicher zu sein, als der Reichswehr, deren Einsatz für die Münchener Regierung primär in Frage kommt", hieß es eingangs und dann weiter: „Die Niederkämpfung des Marxismus" könne nur erreicht werden, wenn die staatlichen Machtmittel in den Händen der Kampfverbände seien; d. h. das Innenministerium müsse von einem Vertrauensmann der Kampfverbände besetzt werden. Ein zweites Mal könnten sich die Verbände einen ersten Mai, der „nichts anderes als ein geordneter

52 Dazu Aktenvermerk BHSTA, MInn 73694, siehe auch Deuerlein, S. 191 ff.

53 Hitler und Kahr, II, S. 12—14; Deuerlein, Hitlerputsch, S. 202 ff., Fußnote 69.

54 Brief des Grafen Ernst Fischler-Treuberg an Dr. Julius Glaser v. 18. 9. 1923. Siehe Hitler und Kahr, II, S. 91—93.

55 Dokumente der Zeitgeschichte, München 1938, S. 163; „Erklärung".

56 Aussage Hptm. Wilhelm Weiß v. 4. u. 7. 3. 1924, Pol.Dir. München, Vernehm., Prot. Abschrift.

57 Ebda.

Rückzug vor den Machtmitteln des Staates" war, nicht leisten. Die Polizeimacht des Staates müsse auf gesetzlichem Wege errungen werden, wenn auch „unter einem mehr oder minder illegalen Druck", die Stimme im Volk sei „für jede Änderung des politischen Kurses" empfänglich. Taktisch müsse man so vergehen, daß man die Einsetzung eines Ernährungskommissars mit diktatorischen Vollmachten verlangen müsse. Die Gefahr, daß notwendig unpopuläre Maßnahmen passiven Widerstand auslösen würden, könne nur dadurch gebannt werden, daß die nationalbewußten Schichten für die Sache gewonnen und dafür ein Vertrauensmann der vaterländischen Bewegung mit der Leitung des Innenministeriums betraut würde. Dasselbe gelte für die Leitung des Polizeipräsidiums München. „Weiterhin ist die Stellung des Polizeipräsidenten in München die gegebene Basis für die Aufstellung eines Generalstaatskommissars für ganz Bayern ... Tatsächlich wäre die Stellung des GSTK dazu ausersehen, die eigentlich diktatorische Gewalt in Bayern auszuüben und die notwendige nationale Revolution Arm in Arm mit den Kampfverbänden durchzuführen." Für diese Schlüsselstellungen kämen nur zwei Persönlichkeiten in Frage: Dr. Roth als Innenminister und Pöhner als Polizeipräsident und GSTK.

„Die Eroberung des Staatsapparates auf diesem Wege bildet die Voraussetzung für alle weiteren Aktionsmöglichkeiten der Kampfverbände ... Die politische Lage ist heute so, daß über kurz oder lang entscheidende Handlungen erfolgen müssen, so oder so." Gefährlich sei die Konkurrenz der „Firma Kahr-Pittinger". Diese seien nur deshalb noch nicht zur Aktion geschritten, weil sie weder über die Machtmittel des Staates noch in München über eigene nennenswerte Kräfte verfügen. „In diesem letzteren Punkte sind wir ihnen überlegen. Dieser Vorteil muß daher von uns ausgenützt werden, wenn wir nicht haben wollen, daß uns das weiß-blaue Bayern zuvorkommt."

Tatsächlich kam das „weiß-blaue Bayern" mit der völlig überraschenden Ernennung Kahrs zum GSTK am 26. September 1923 zuvor. Der Erfolg Hitlers vom 25. September wurde dadurch schwer beeinträchtigt, denn die bayerische Regierung hatte Hitler und den Kampfbund in geschickter Weise überrumpelt. Die Errichtung des GSTK wirkte auf den Kampfbund geradezu niederschmetternd; er mußte sie als eine gegen ihn gerichtete Kriegserklärung auffassen. Die bayerische Regierung hatte rasch und entschlossen gehandelt, weil sie einen rechtsradikalen Putsch befürchtet hatte, „mit dem Ziele der Errichtung einer Diktatur in Bayern unter Hitler, Dr. Weber, Heiß, Pöhner, Dr. Roth[58]". Als Kahr am 26. September in der Frühe die Führer der Verbände zu sich kommen ließ, gaben diese alle dem neuernannten GSTK ein Treuebekenntnis ab, mit Ausnahme des Vertreters des Kampfbundes, Scheubner-Richter. Dieser erklärte, er habe keine Vollmacht, sondern müsse erst berichten[59]. Die erste Maßnahme des Inhabers der vollziehenden Gewalt war daher das Verbot der für den 27. September angesetzten vierzehn nationalsozialistischen Massenversammlungen, die als Auftakt zum Staatsstreich betrachtet worden waren. Der Beweis, daß der Kampfbund tatsächlich putschen wollte, konnte freilich nicht erbracht werden. Ohne Zweifel wurden aber derartige Pläne gewälzt, und die allgemeine Nervosität verdichtete solche Überlegungen durch gerüchthafte Aufbauschung zu einer wirklich geplanten und unmittelbar bevorstehenden Aktion.

Der Leiter der politischen Abteilung der Polizeidirektion München, Regierungsrat Bernreuther, sagte dazu im Prozeß aus: „. . . Der Ministerpräsident von Knilling hat gesagt, daß die geplanten vierzehn Versammlungen der Nationalsozialisten, infolge deren ein Putsch hätte stattfinden sollen, die Ursache für die Errichtung des GSTK gewesen sind. Durch die Polizeidirektion ist er nicht verständigt worden, daß bei diesen Versammlungen ein Putsch stattfinden wird. Ich weiß aber, daß seitens der Nationalsozialisten um Genehmigung der vierzehn Versammlungen nachgesucht wurde. Da hat ein Herr des GSTK, ich glaube, es war Baron Freyberg, dem Dr. von Scheubner-Richter, der dort war, erklärt: ‚Wenn es gelegentlich der vierzehn Versammlungen zu einem Putsch kommt, was dann?' Darauf hat Scheubner-Richter versichert, ‚es würde an diesem Abend zu keinem Putsche kommen, wenn er sich aber aus der Versammlung heraus selber entwickeln würde, würde man dem nicht entgegenstehen, sondern eventuell mitmachen[60]'."

Diese zynische Offenheit des politischen Generalstabschefs des Kampfbundes konnte den Inhaber der vollziehenden Gewalt nur in dem Entschluß bestärken, die als notwendig erachteten vorbeugenden Maßnahmen zu treffen.

58 UAL, 18. Sitzg., S. 69.

59 Müller, III, S. 155.

60 Hitler und Kahr, II, S. 12—17. — Auf die Einladung Kahrs an sämtliche vaterländischen Verbände zum 27. September erschien vom Kampfbund nur der nicht geladene Scheubner, um zu hören, nicht um eine Erklärung abzugeben. Oberst Seisser im Prozeß, 13. Tag (12. 3. 1924).

Selbst Escherich, der Kahr kritisch gegenüberstand, hatte dessen Ernennung zum GSTK begrüßt, seiner „Ansicht nach schon der Rechtsradikalen halber die beste Lösung[61]". Der Plan des Kampfbundes beruhte auf der Annahme, daß der passive Ruhrwiderstand in einen aktiven übergeleitet werde. Man rechnete in diesem Falle mit einer Diktatur Seeckt. Da die Reichsregierung jedoch den passiven Widerstand einstellte, und Seeckt nüchtern genug war, kein militärisches Abenteuer zu wagen, zerplatzte der Aktionsplan der radikalen Rechten. Er war so abgestimmt gewesen, daß die Schwarze Reichswehr im Norden zuerst losschlagen sollte[62]. Während in Berlin der Chef der Heeresleitung durch seine Stellungnahme für die verfassungsmäßige Regierung alle Hoffnungen zunichte machte, verhinderte in München die bayerische Regierung durch die Errichtung des GSTK die Putschabsichten des Kampfbundes.

Der Führungsrat des Kampfbundes hielt in der Nacht vom 26./27. September in Scheubner-Richters Wohnung eine Besprechung über die neue Lage ab. Teilnehmer waren außer Scheubner-Richter Hitler, Pöhner, Röhm. „Insbesondere Hitler erkannte instinktiv die Gefahr und wäre zum Äußersten entschlossen gewesen", so schilderte Röhm den aufgebrachten Hitler[63]. Knilling und Kahr hatten Hitler richtig eingeschätzt. Röhm vermochte jedoch Hitler mit dem nachdrücklichen Hinweis auf die mangelnden Machtmittel des Kampfbundes dieses Mal zurückzuhalten[64]. Es wurde beschlossen, mit allen Mitteln die Schlagkraft des Kampfbundes zu erhöhen, „alle Mitläufer, Halben und Lauen rücksichtslos aus der Bewegung zu entfernen, die Propaganda aufs höchste zu steigern[65]". Im Beschluß wurde noch festgestellt: „Die Einheitlichkeit der vaterländischen Bewegung ist gesichert, wenn Exzellenz von Kahr aufgrund seiner Eigenschaft als Generalstaatskommissar 1. Herrn Oberstlandesgerichtsrat Pöhner zum Staatskommissar für Südbayern ernennt, 2. uneingeschränkte Vertretungsbefugnisse des Herrn GSTK für ganz Bayern Herrn OLG Pöhner überträgt[66]."

---

61 TE, Eintr. v. 27. 9. 1923.
62 Siehe auch 2. Bd., S. 299 ff.
63 Röhm, S. 197.
64 Ebda, S. 194 f.
65 Ebda, S. 197.
66 Bleistiftgeschriebene Notiz, ohne Unterschrift, über Beschluß v. 27. 9. 1923, Privatbesitz. Pöhner war ein Gegner der Ernennung Kahrs, weil er dessen Entschlußkraft anzweifelte und weil er „sich bei der Zusammenarbeit mit Kahr schon wiederholt in die Brennesseln" habe setzen müssen. Pöhner im Prozeß, 2. Tag (27. 2. 1924).

Am 27. September wollte Hitler in vierzehn Massenversammlungen zu den Ereignissen mit dem Thema: „Nieder mit den Ruhrverrätern!" Stellung nehmen. Die erste Maßnahme des Generalstaatskommissars war das Verbot dieser Kundgebungen. Darauf richtete Hitler ein Protestschreiben an Kahr[67]. Auch die für den 28. September angesetzte Versammlung der Sturmabteilung Roßbach, auf der Hitler sprechen wollte, wurde verboten[68]. Dagegen wurde die Abhaltung des „Deutschen Tages" in Bayreuth am 29./30. September genehmigt. Diese ersten Maßnahmen Kahrs zeigten deutlich, daß er Kundgebungen der Rechtsradikalen zu unterdrücken entschlossen war, während er gleichzeitig vaterländische Kundgebungen mit Teilnahme der Hitleranhänger genehmigte.

Eine Anfrage Kahrs an den Kampfbund über dessen Stellungnahme zum GSTK beantwortete Hitler am 27. September mit folgendem Schreiben:

„Auf E. E. Ersuchen um Stellungnahme des Deutschen Kampfbundes zu E. E. habe ich die Ehre, als politischer Leiter des Kampfbundes folgendes mitzuteilen: Die Stellungnahme des Deutschen Kampfbundes zu den großen Fragen der Zeit ist in seiner Kundgebung vom 1./2. 9. aus Nürnberg niedergelegt. Unsere Stellung zum Generalstaatskommissar ist abhängig von der Haltung, die Herr Generalstaatskommissar diesem gegenüber einnimmt. Wir stellen fest, daß die Ernennung des GSTK ohne vorherige Fühlung mit dem Deutschen Kampfbund erfolgt ist[69]."

„Die letztere Stellungnahme zielte darauf hin", so kommentierte Röhm den letzten Satz Hitlers, „daß vor der Berufung Kahrs wohl einige nationale Vereins- und Stammtischvorstände, nicht aber Vertreter des Kampfbundes von dem beabsichtigten Schritt in Kenntnis gesetzt worden waren[70]." Als entscheidenden Grund für das Mißtrauen des Kampfbundes gegen Kahr führte Röhm an: „Alle bisherigen Taten aber trugen den Stempel der Halbheit. Kahr war der Mann der ewigen Vorbereitung; die Tat, die die Spannung lösen mußte, war von ihm allein nicht zu erwarten[71]."

67 VB, Nr. 200 v. 28. 9. 1923, S. 1; Röhm, S. 198; Müller, III, S. 156. — Nach dem Verbot der Versammlungen kamen Angehörige der Reichsflagge, des Bundes Oberland und der SA im „Augustiner" zusammen. Röhm, Hitler und Dr. Weber hielten Ansprachen. VB, Nr. 201 v. 29. 9. 1923, S. 4.

68 VB, Nr. 200 v. 28. 9. 1923, S. 4.

69 VB, Nr. 200 v. 28. 9. 1923, S. 1.

70 Röhm, S. 198.

71 Ebda, S. 197; siehe bei Müller, III, S. 138.

Am 29. September erließ der Kampfbund einen Aufruf: „Darum warnen wir davor", so hieß es dort, „die historische Aufgabe Bayerns auf die eifersüchtige Wahrung rein bayerischer Belange innerhalb der weiß-blauen Grenzpfähle zu beschränken und die berechtigte Forderung nach Rückeroberung bayerischer Eigenstaatlichkeit im Rahmen des Reiches der notwendigen Befreiung Großdeutschlands voranzustellen. Ein gesundes Bayern inmitten einer roten Flut von der Wolga bis zum Rhein ist undenkbar . . ." Der Aufruf schloß mit den Worten:

„Zusammen mit unseren Brüdern aus allen deutschen Stämmen wollen wir unter der schwarz-weiß-roten Flagge kämpfen für die Auferstehung Deutschlands als völkischer Bundesstaat: ‚Nach außen eins und schwertgewaltig, nach innen reich und vielgestaltig[72]!'"

Kampfbund und Generalstaatskommissar standen sich abwartend gegenüber; der Kampfbund nahm an sich eine ablehnende Haltung ein, Kahr bemühte sich, die unter Hitlers Führung stehenden Verbände wenn nicht als Ganzes, so doch einzeln zu gewinnen. Durch sein Eintreten für Hitlers Organ gegen das vom Reichswehrminister ausgesprochene Verbot wurde er, wenn auch wider Willen, zum Schutzherrn Hitlers; jedenfalls erweckte er außerhalb Bayerns vielerorts diesen Eindruck. Auch deckte sich sein Programm nach der grundsätzlichen Seite weitgehend mit dem des Kampfbundes. Er hob anläßlich einer Pressebesprechung das gemeinsame Ziel „ein starkes deutsches Vaterland" hervor. „Über den Weg kann man im einzelnen verschiedener Meinung sein . . . Mitarbeit des Kampfbundes ist willkommen" im Sinne der Ein- und Unterordnung. „Extratouren werden nicht geduldet. Es besteht Aussicht, daß eine Einigung zustande kommt[73]."

Einen Tag bevor der GSTK diese optimistische Ansicht über die Möglichkeit einer Einigung äußerte, erließ Hitler an seine Partei erneut einen Aufruf, der die Hoffnungen des GSTK ins Reich der Fabel verwies, jedenfalls für denjenigen, der Hitlers Aufrufe richtig zu lesen und zu würdigen verstand[74]:

„An alle Ortsgruppen! Ich weise erneut auf meine Anweisung über die Stellung der Mitglieder der Partei in den nicht dem deutschen Kampfbund

---

72 VB, Nr. 203 v. 1. 10. 1923, S. 1.

73 Aufzeichnung Kahr für eine Pressebesprechung am 1. 10. 1923, GSTK, Nr. 2; Deuerlein, S. 186 f.

74 VB, Nr. 202 v. 30. 9. 1923, S. 1.

angeschlossenen Verbänden hin. Ich mache die Vorsitzenden der Ortsgruppen verantwortlich, die Anweisung der Parteileitung, nach der Mitglieder aus der Bewegung rücksichtslos auszuschließen sind, sofern sie nicht innerhalb von zehn Tagen aus den nicht zum Kampfbund gehörigen Verbänden ausscheiden, rücksichtslos durchzuführen.

Sollte sich eine Ortsgruppe bzw. ihre Leitung weigern, dieser Weisung nachzukommen, werde ich von dem mir statutenmäßig zustehenden Recht Gebrauch machen und dieselben als nicht mehr zur Partei gehörend auflösen.

Eventuelle Austritte oder Verluste der Partei sind kein Grund zur Nichtdurchführung dieser Anordnung.

Der Wert der Bewegung liegt nicht in ihren Mitläufern, sondern in ihren Kämpfern.

Die Anordnung findet zunächst keine Anwendung auf außerbayerische Ortsgruppen. Adolf Hitler."

Die Schärfe dieser Weisung ließ mehr noch als der oben zitierte Aufruf des Kampfbundes, der in der Tonart weit milder formuliert war, weil er im Namen der drei zusammengeschlossenen Verbände veröffentlicht wurde, erkennen, daß Hitler einen starren, kompromißlosen Kurs zu steuern versuchte. Seinem Machtwillen waren freilich unübersteigbare Schranken gesetzt; es fällt in diesem Hitlerschen Aufruf auf, daß er sich noch auf das „statutenmäßig" ihm zustehende Recht berief. Nach der Neugründung der Partei kannte Hitler keine solchen Rechtsbedenken und Klauseln mehr. Die Einschränkung seiner Anordnung auf Bayern im letzten Satz ergab sich aus seiner Machtlosigkeit im außerbayerischen Gebiet, in dem fast ausnahmslos die NSDAP verboten war. Kahr setzte als GSTK die allgemeine Linie der bayerischen Regierungspolitik gegenüber den Rechtsverbänden fort, wie sie seit 1920 mit seinem Namen verbunden war:

1. „Sammeln aller vaterländischen Kräfte zur Schaffung einer festen und straffen Staatsautorität[75]."
2. Schwächung und Isolierung der Hitlerbewegung, die seit der Jahreswende 1922/23 zur größten inneren Gefahr Bayerns geworden war[76].

Der Kampfbund betrachtete die Errichtung des GSTK als ein Werk der

75 Kahr am 1. 10. 1923, s. o.
76 Schmelzle, UE.

BVP und sinngemäß den Inhaber dieses neuen Amtes als Vertreter dieser Partei. Entsprechende Schlagzeilen in Hitlers Sprachrohr kennzeichneten den wachsenden Gegensatz zwischen den „Weiß-Blauen“ und den „Schwarz-Weiß-Roten“ als einen unüberbrückbaren. „Der bayerische Cuno“ war der gegen den GSTK geschriebene Leitartikel betitelt[77]. „Damit ist eine Sachlage geschaffen“, so deutete das Blatt die Berufung Kahrs zum GSTK, „auf welche die Politik der BVP schon seit langem eingestellt ist, nämlich die Leitung des Staates vollkommen parteimäßig zu handhaben, nach außen hin aber ein möglichst unparteiisches Mäntelchen zu zeigen.“ „Dr. von Kahr und Kronprinz Rupprecht“ war die Überschrift der nächsten Nummern von Hitlers Organ[78]. „Die Erklärung der Monarchie bedeutet den Zerfall Deutschlands“, hieß es dort, „die vollkommene Sklaverei unter französische Kommissare und jüdische Bankiers, die Aufgabe des völkischen Freiheitskampfes . . .“ In einem Artikel „Separatistische Hetzer“ wurden die Angriffe der Organe der BVP auf den „Preußen Ludendorff“ abgewiesen. Der VB wies darauf hin, daß eine ganze Anzahl führender Persönlichkeiten der BVP nichtbayerischer Abkunft seien, so Dr. Held (Hesse), Prof. Beyerle (Badener), der Vorsitzende der bayerischen christlichen Gewerkschaften Funke (Preuße)[79].

Wie hart der Kampfbund von der Errichtung des GSTK getroffen wurde, geht auch aus einer Aufzeichnung hervor, die von der Polizei in den beschlagnahmten Akten der im November 1923 verbotenen NSDAP gefunden wurde. Dem Inhalt nach wurde sie vermutlich von Scheubner-Richter am Tage nach der Berufung Kahrs verfaßt[80]:

„Die über Nacht gekommene Diktatur Kahrs ist für alle Völkischen ein schwerer Schlag“, heißt es eingangs. Aus zwei Gründen wurde Kahr abgelehnt: erstens weil er schon einmal versagt habe, zum zweiten weil die Völkischen den Verdacht hatten, „daß er von seinen klerikalen Hintermännern nur als Prellbock benützt wird“. Wer mit den „klerikalen Hintermännern“ gemeint war, wurde nicht gesagt. Sicher waren mit diesem Schlagwort falsche Vorstellungen verbunden. Kahr selbst war Protestant, eine Tatsache,

77 VB, Nr. 200 v. 28. 9. 1923, S.1.
78 VB, Nr. 201 v. 29. 9. 1923, S. 1.
79 Ebda. — Der Pressekrieg zwischen der BVP und dem Kampfbund ging mit gesteigerter Heftigkeit weiter.
80 BHSTA, München, MInn 73695; s. Deuerlein, Dok.Nr. 13, S. 183 ff.

die jedenfalls zu beachten ist, wenn man von „klerikalen Hintermännern" spricht. Außerdem war Kahr kein Parteipolitiker, sondern monarchisch gesinnter Beamter. „Der Name Kahr wirkte im völkischen Lager verwirrend und lähmend." Dann folgte ein bedeutsames Eingeständnis: „So günstig noch 24 Stunden vorher die Ergreifung der Macht durch die Kampfverbände im Volke beurteilt worden war, ... so sehr ist die Stimmung durch das kluge Zuvorkommen der Gegner umgeschlagen." Gegen Kahr könne erst etwas unternommen werden, „wenn die Führung der bayerischen Politik durch ihn als den völkischen Interessen zuwiderlaufend öffentlich gebrandmarkt worden ist". Kahr müsse erklären:

1. Bayern wahre nach Unterwerfung der Berliner Regierung unter Frankreich zwar dem Reich die Treue, müsse es aber ablehnen, Berliner Befehlen Folge zu leisten, „bis wir wieder eine deutsche Reichsregierung haben".
2. Bayern dürfe irgendwelche Bindungen an den Versailler Vertrag nicht anerkennen.
3. Nach Zweckdienlichkeit müsse Bayern die allgemeine Wehrpflicht einführen.
4. Bayern müsse sich auf den Boden der Bismarckschen Bundesverfassung stellen und das Republikschutzgesetz abschaffen.
5. Völkisch-vaterländische Organisationen sollten unter den Schutz des Staatsanwaltes gestellt werden.

Auf wirtschaftlichem Gebiet wurde gefordert, „daß die Diktatur sich in erster Linie der Zügel auf dem Lebensmittelmarkt bemächtigt und die Inlandswerte auf dem Wege einer Notwährung mittels Lebensmitteltaxen dem Wucher- und Schiebertum entreißt und der Volksversorgung zuführt". Da Kahr verschiedene dieser Forderungen erfüllte, konnte der Kampfbund nichts gegen ihn unternehmen. So wurde das Republikschutzgesetz außer Kraft gesetzt, der Berliner Regierung der Gehorsam aufgekündigt, wirtschaftliche Maßnahmen wurden getroffen, der Marsch nach Berlin wurde vorbereitet. Was blieb dem Kampfbund anderes übrig, als wohl oder übel mitzuspielen, wenn er nicht an den Rand der Geschehnisse gedrängt oder gar ausgeschaltet werden wollte? Das war seit der Errichtung des Generalstaatskommissariats tatsächlich seine größte Sorge: von ihr waren Tun und Lassen bestimmt, einschließlich des Putsches. Zwei Maßnahmen des GSTK in den ersten Tagen kamen dem Kampfbund zugute, weil er in beiden Fällen wieder Nutznießer des Konflikts Bayern und Reich wurde.

Die Politik im Oktober 1923 war so mit Spannung geladen, daß eine befreiende Tat jedem unausbleiblich schien. Hitler und Oberleutnant Roßbach bei einer Übung der Kampfverbände in den ersten Novembertagen des Jahres 1923.

Dr. v. Kahr (Mitte). Am Abend des 8. November 1923 sprach im Bürgerbräukeller Generalstaatskommissar Dr. v. Kahr vor einer Volksversammlung.

Am Nachmittag des 8. November 1923 rücken bewaffnete Kampfverbände der SA in München ein.

Proklamation.

An alle Deutschen!

Die Revolution der Novemberverbrecher ist mit dem heutigen Tage beendet, das Regiment wirtschaftlicher Schieber und politischer Gauner gebrochen, eine

DEUTSCHE NATIONALREGIERUNG

ist proklamiert. Fünf Jahre sind heute vollendet, seit dem Tage, da unter dem Gejohle elender Deserteure, aus Gefängnissen entkommenen Verbrechern das deutsche Heldenvolk den Dolchstoß des Verrates erhielt.

Friede, Freiheit, Schönheit und Würde logen die Nationalverbrecher unserem gutgläubigen Volke als kommende Segnungen ihrer Tat vor.

Beendigung der kapitalistischen Wirtschaft, Beseitigung des militaristischen Geistes der Welt, der Beginn einer internationalen Völkerversöhnung, Weltfriede und Weltglück wurde versprochen.

Und was ist gekommen? Zusammengebrochen steht heute unser unglückseliges Volk am Rande seines eigenen Grabes. 17 Millionen Deutsche sind dem Vaterlande entrissen, schmachvoll entehrt, werden wir schlimmer behandelt auf dieser Welt als Negerstämme. Hunger und Not wüten in den breiten Schichten unseres arbeitenden und schaffenden Volkes und jeder Fleiß, er war unter dem Regiment dieser fluchbeladenen Verbrecher nur Anreiz zu einer neuen Vergewaltigung. Das ehrliche Schaffen des Redlichen, es wurde unter diesem System belohnt mit der Aussicht auf sicheres Verhungern, das völkische Empfinden mit Kerker und Zuchthaus.

Nur dem wirtschaftlichen Spekulanten und Schieber öffneten sich die Pforten des Reichtums, dem politischen Betrüger allein die Stellungen der Verwaltung und staatlichen Führung.

Eine unverschämte Verschleuderung von Nationalvermögen, Mißwirtschaft in allen Staatsämtern und Betrieben, Korruption der gesamten Verwaltung mußte zu jener Währungskatastrophe zwangsläufig führen, die das deutsche Volk in diesen Stunden zur letzten Verzweiflung bringt.

Gewissenlose Verbrecher fühlen sich durch die Treulosigkeit dieser verkommenen Regierungen ihren Volksgenossen gegenüber berechtigt, in ähnlicher Treulosigkeit aus dem Vaterlande Gebiet um Gebiet loszulösen und wegzureißen. Lächerliche Proteste werden ihnen zur Antwort gegeben.

Und in einer Stunde, da das deutsche Reich in Todeszuckungen erbebt, reden die Urheber all dieses Unglückes von der Notwendigkeit der Erhaltung von Ruhe und Ordnung. Ein ehemaliger Bordellwirt als würdiger Repräsentant des Novemberverbrechens usurpiert den Stuhl eines Reichspräsidenten und entwürdigt das deutsche Volk und die deutsche Republik zugleich.

Parlamentarische Opportunitätsgruppen kleben krampfhaft an ihren Stühlen nur von dem einen Gedanken ihrer Mandate beherrscht.

Von solchen Stellen Hilfe zu erwarten, hieße ein Narr sein.

In dieser Erkenntnis wurde am 8. November 1923, am Jahrestage der tiefsten Deutschen Schmach, die Regierung der Novemberverbrecher zu Berlin für abgesetzt erklärt und eine neue provisorische Nationalregierung wie folgt proklamiert:

Gen. Ludendorff als Reichsverweser, Adolf Hitler als Reichskanzler, beide mit diktatorischen Vollmachten
General v. Lossow als Reichswehrminister, Oberst v. Seisser als Reichspolizeiminister.

Die provisor. Deutsche Nationalregierung:

General Ludendorff

Adolf Hitler Gen. v. Lossow Oberst v. Seisser

Die Proklamation der Deutschen Nationalregierung, die von Hitler am Abend des 8. November 1923 ausgerufen worden war.

Am 27. September 1923 veröffentlichte Hitlers Organ einen Artikel „Stresemann und Seeckt" mit heftigen persönlichen Angriffen gegen den Chef der Heeresleitung[81]. Dieser Artikel veranlaßte den Reichswehrminister als Inhaber der vollziehenden Gewalt aufgrund der Verordnung des Reichspräsidenten vom 26. September 1923, den VB zu verbieten. Der dritte Konflikt zwischen Bayern und dem Reich nach dem Kriege, ausgelöst durch die feindselige Haltung der bayerischen Regierung gegen die Berliner Koalitionsregierung und durch die Errichtung des Generalstaatskommissariats, spitzte sich jetzt zu einer gefährlichen Krise zu, weil der GSTK das vom Reichswehrminister geforderte Zeitungsverbot ablehnte. „Diese Provokation des völkischen Gedankens im allgemeinen und Bayerns im besonderen hat der G.St.K. zurückgewiesen", schrieb der VB. „Diesen ersten Schritt begrüßen wir selbstverständlich mit Befriedigung, hoffentlich kommt noch ein weiterer[82]."

Den „weiteren Schritt" konnte das Blatt in der gleichen Nummer mit Genugtuung verzeichnen, nämlich das Verbot der sozialdemokratischen Sicherheitsabteilungen und die Aufhebung des Republikschutzgesetzes in Bayern[83]. Die letztgenannte Maßnahme ermöglichte nicht nur Dietrich Eckart die Rückkehr nach München aus seinem Gebirgsasyl — er hatte sich dem Haftbefehl des Leipziger Staatsgerichtshofes durch die Flucht in die Berge entzogen —, auch die Haftbefehle gegen Hauptmann Heiß, den Führer der Reichsflagge, gegen Roßbach und gegen Kapitän Ehrhardt wurden außer Kraft gesetzt[84]. Hitler war der unqualifizierte Angriff seines Leiborgans auf den Chef der Heeresleitung, der offensichtlich ohne sein Wissen und gegen seinen Willen erfolgt war, so unangenehm, daß er seinen Vertrauensmann Scheubner-Richter nach Berlin schickte, um sich bei Seeckt zu entschuldigen. Scheubner-Richter kam zwar bei Seeckt nicht vor; er wurde von Generalmajor Hasse abgewiesen. Trotzdem war Hitler noch Mitte Oktober

81 VB, Nr. 199 v. 27. 9. 1923, S. 1.

82 VB, Nr. 203 v. 1. 10. 1923, S. 1.

83 Ebda; BGSTA, MA 103458.

84 „Unter Verletzung der Reichsverfassung wurde das Republikschutzgesetz für Bayern außer Kraft gesetzt. Unter Mißachtung von Reichsgesetzen wurden die Haftbefehle des Oberreichsanwalts gegen Hauptmann Heiß, der in Augsburg vor 2000 Menschen zu Gewalttätigkeiten gegen die Reichsregierung aufgefordert hatte, gegen Ehrhardt wegen Hochverrats und Meineidsverleitung der Prinzessin Hohenlohe, gegen Roßbach nicht vollzogen. Mit der willkürlichen Ausweisung von Ostjuden wurde begonnen. Wochenlang durften sozialdemokratische und demokratische Zeitungen in Bayern nicht erscheinen ...", Hitler und Kahr, II, S. 18 f.; NK, Erinnerungen.

„im höheren Reichsinteresse bereit", laut einem Bericht des Reichsgesandten Haniel, sich bei Seeckt schriftlich zu entschuldigen und auch ein zeitlich begrenztes Verbot seines Blattes widerspruchslos in Kauf zu nehmen[85].

Dieses Verhalten Hitlers, sicher von Scheubner-Richter beeinflußt, zeigt, wie sehr er bemüht war, ein gutes Verhältnis mit der Reichswehr zu wahren, in der Erkenntnis, daß er ohne Hilfe der Reichswehr niemals seine Ziele erreichen konnte.

Kahr bemühte sich, Pöhner, den Vertrauensmann des Kampfbundes, zu gewinnen, um über ihn Einfluß auf den Kampfbund zu üben. Zu diesem Zwecke bot er Pöhner die Stelle eines Zivilgouverneurs in Thüringen und Sachsen an, wenn es losginge und dort aufgeräumt werden müsse. Pöhner lehnte ab. Er hatte sich mit Kapitän Ehrhardt dahingehend geeinigt, auf dessen Wunsch sich von Kahr eine „Untervollmacht" als Stellvertreter des GSTK für Nordbayern geben zu lassen, „um den Aufmarsch und die Rükkendeckung ihm [Ehrhardt] sicherzustellen[86]".

Ehrhardt, der im Juli aus dem Leipziger Gefängnis entflohen war, hatte sich auf Wunsch Kahrs am 28. September, zwei Tage nach der Errichtung des GSTK, aus Tirol nach München begeben und sich dem GSTK zur Verfügung gestellt. Er übernahm den Auftrag, den Grenzschutz in Nordbayern im Raume Coburg mit seinem Wiking-Bund zu organisieren, mit Unterstützung der bayerischen Landespolizei. Er erhielt von Oberst Seisser einen Ausweis zum Schutze gegen die Gefahr einer Verhaftung, denn es lief noch der Steckbrief des Leipziger Oberreichsanwalts gegen ihn[87]. Ehrhardts Auftrag war die Vorbereitung des Marsches gegen Berlin. Erhardt selbst brannte darauf, in Leipzig einzumarschieren, weil er mit dem Staatsgerichtshof „ein persönliches Hühnchen zu rupfen" hatte[88]. Er war mit Kriebel und Pöhner über den Marsch nach Berlin vollkommen einig. Er drängte Pöhner, sich mit Kahr zu einigen. Der erste Versuch, Pöhner ins GSTK „einzubauen", war aber inzwischen schon gescheitert. Die Kampfbundleitung hatte nämlich am 27. September sich dahingehend geeinigt, dem GSTK Pöhner als Kom-

---

85 Ber. Haniel, BA, R. 43 I/2264, fol. 44 f.; s. a. Meier-Welcker, S. 379 f. Damit ist die Ansicht Kessels, S. 907, der Hitler mit dem Artikel identifizierte, widerlegt.

86 Pöhner im Prozeß; s. Hitler und Kahr, II, S. 20 f.

87 Frick im Prozeß; siehe Hitler und Kahr, II, S. 17 ff. In seinen Erinnerungen betont Kahr allerdings, daß Ehrhardt aus eigenem Antrieb zu ihm gekommen sei. NK.

88 MM Ehrhardt am 3. 1. 1963.

missar für Südbayern vorzuschlagen. Das geschah aber nicht, „da Kahr nicht einmal Substitutionsbefugnis hatte[89]“.

Aber auch Ehrhardts Vorschlag, Pöhner zum Staatskommissar in Nordbayern zur Sicherung des Aufmarsches zu machen, war nicht durchführbar, weil Kahr, wie er zu Pöhner selbst sagte, nicht das Recht hatte, einen Stellvertreter zu ernennen. Kahr meinte anläßlich der entscheidenden Aussprache am 30. September 1923[90], so berichtete Pöhner im Prozeß, „ich solle Regierungsgewalt bei einem militärischen Befehlshaber mit vollziehender Gewalt werden; als solcher solle ich tätig werden bei der Einrichtung von Standgerichten. Mir sagte diese Aufgabe wenig zu, und ich bat Herrn von Kahr, irgendeinen Verwaltungsbeamten damit zu betrauen. Kahr erwiderte, ich möchte mir die Sache überlegen . . . Die Aussprache mit Kahr, die erste und letzte Unterredung, die seit Januar 1923 zwischen uns stattfand, schloß, wenn auch ohne positives Ergebnis, in harmonischer Weise. Ich hatte aus ihr die Bestätigung dessen erhalten, daß es Herrn von Kahr mit einer militärischen Aktion gegen Norddeutschland durchaus ernst war und daß er sich zu diesem Zweck meiner Zusage wegen meiner beabsichtigten Verwendung in Sachsen und Thüringen versichern wollte.“ Den Bemühungen Seissers gegenüber, ihn für den Kahrschen Plan zu gewinnen, blieb Pöhner ebenfalls hart, weil er kein Zutrauen zu Kahr hatte[91]. Auch Frick hatte wegen seines engen Verhältnisses zu Pöhner das Angebot Kahrs, im GSTK mitzuarbeiten, abgelehnt[92].

Ehrhardt und sein Stellvertreter Kapitänleutnant a. D. Kautter hatten sich jedenfalls für Kahr entschieden in der festen Überzeugung, daß der Marsch nach Berlin durchgeführt würde. Für die Organisation des Grenzschutzes wurden eingesetzt: der Wiking-Bund, Frankenland, Jungdeutscher Orden und Blücherbund[93].

Nach Kriebels Aussage in der Hauptverhandlung des Prozesses hatte der Grenzschutz zwei Aufgaben: 1. als Abwehrorganisation und 2. als Auf-

89 Frick im Prozeß.

90 Laut Seisser fand diese Besprechung am 30. 9., laut Kahr am 6. 10. statt. Beteiligt waren Kahr, Seisser, Pöhner, Kriebel, Frick. Seisser im Prozeß am 13. Tag (12. 3. 1924); Kahr im Prozeß am 12. Tag (11. 3. 1924); ferner BGSTA, MA 103474. NK, Erinnerungen.

91 Pöhner im Prozeß, 2. Tag (27. 2. 1924); ferner bei der Vernehmung (9. 12. 1923), und: Hitler und Kahr, II, S. 23.

92 Aussage Kahr am 29. 12. 1923, siehe Hitler und Kahr, II, S. 23.

93 Ebda, II, S. 24.

marschsicherung. In die Karte, die er Oberst Seisser übergab, waren die Aufmarschräume und die Vormarschstreifen nach Berlin eingetragen[94]. Die Kosten für den Grenzschutz trug der bayerische Staat[95].

Das Bemühen Kahrs um Pöhner und Frick gehörte in den Rahmen seines Planes, alle Wehrverbände, einschließlich des Kampfbundes, unter seinen Fittichen zu vereinigen. Wohl wissend, daß er Hitler persönlich nicht gewinnen könne, setzte er den Hebel bei denjenigen Persönlichkeiten des Kampfbundes an, bei denen er mit Wahrscheinlichkeit auf Erfolg rechnen zu können hoffte. Dazu gehörte auch der Gründer und Führer der Reichsflagge, Hauptmann Heiß. Dieser erklärte in der Sitzung der Reichsflagge am 7. Oktober, daß er sich hinter Kahr stelle mit der Erläuterung: „Wir sind auf Gedeih, aber nicht auf Verderb mit Kahr verbunden." Röhm verlas daraufhin im Auftrag Hitlers dessen Erklärung, „daß er die politische Führung der Kampfverbände niederlege". Röhm selbst versagte Heiß das geforderte Vertrauen und schied aus der Reichsflagge zusammen mit den Ortsgruppenführern von Augsburg, Memmingen und Schleißheim aus[96].

Der Abfall der Reichsflagge war ein nicht zu verwindender Schlag für den Kampfbund, für den GSTK und die bayerische Regierung aber ein großer Erfolg.

Die Gründe für den Kurswechsel des Hauptmanns Heiß innerhalb von vierzehn Tagen vom Kampfbund zum GSTK waren unschwer zu erkennen. Kahr hatte durch die Aufhebung des Republikschutzgesetzes und damit des Haftbefehls gegen Heiß diesen überzeugt, daß der GSTK der richtige Mann am richtigen Platz sei; ein Gefühl der Dankesschuld, aus einer peinlichen Lage befreit zu sein, erleichterte dem Führer der Reichsflagge den Stellungswechsel. Sicher hatte auch der Einfluß des Kronprinzen eine Rolle gespielt, denn Heiß war beim Thronfolger persona grata und nahm seine Offizierverpflichtung gegenüber dem Thronanwärter ernst.

Röhm gründete nun in München die „Reichskriegsflagge"; ihr schloß sich „die gesamte bisherige Reichsflagge Südbayern" an[97]. Die „Reichskriegs-

94 Kriebel bei Vernehmung und im Prozeß; siehe Hitler und Kahr, II, S. 25 f.

95 Seisser am 12. 3. 1924; siehe Hitler und Kahr, II, S. 24 f. — Ehrhardt sammelte auch bei der Industrie Gelder, so in Nürnberg bei einer Rede vor den Industriellen 20 000 Dollar. Kahr bestätigte das in seiner Aussage am 11. 3. 1924; die vaterländischen Verbände seien von der Industrie unterstützt worden.

96 Röhm, S. 199—201, schildert ausführlich die Krise.

97 Röhm, S. 201.

flagge" München wurde am 12. Oktober gegründet; sie zählte über 300 Mann. Tags zuvor war die Augsburger Ortsgruppe gegründet worden. Über seine Münchner Gruppe urteilte Röhm:

„Durch sorgfältigste Auswahl und straffste militärische Zucht und Ausbildung hatte ich mir einen schlagkräftigen und wohl disziplinierten Verband geschaffen, der bedingungslos treu zu mir stand. Es war wie zu den unvergeßlichen Zeiten meiner Kompanieführung im Felde; einer für alle und alle für einen[98]."

Röhm erließ für seine Reichskriegsflagge eine eigene Dienstvorschrift zur Regelung des gesamten Dienstbetriebes. Sie lautete:

„Die Reichskriegsflagge will die kriegserprobten Frontkämpfer der Siegesjahre 1914/18 und die kampfgewillte Jugend um das schwarz-weiß-rote Banner scharen und in festgefügte Verbände zusammenschweißen. Die Zeit der Vereinsmeierei ist vorbei; heute handelt es sich darum, militärisch verwendbare Einheiten zu schaffen, die auf den Aufruf zur Erhebung zur Fahne eilen." Weiter hieß es: „Die R.K.F. kennt kein Vorrecht der Geburt, des Ranges, Standes oder Besitzes. In ihren Reihen können alle Männer deutschen Blutes stehen, die gewillt sind, mit ihrer Person sich ohne Vorbehalt für unsere Ziele einzusetzen[99]."

Röhm veranstaltete mit seiner Reichskriegsflagge am 19. Oktober 1923 im Löwenbräukeller eine Begrüßungsfeier für Oberleutnant Roßbach, der nach achtmonatiger Haft in Leipzig entlassen worden war. Roßbach, Göring und Hitler hielten Ansprachen; Röhm und Hitler nahmen nach der Feier den Vorbeimarsch der Reichskriegsflagge ab[100].

Auch viele Studenten gehörten zur Reichskriegsflagge; Röhm hob rühmend hervor: „Neben dem Kaufmann stand der Student und der Arbeiter, neben dem altgedienten Offizier der kgl. Armee der junge Reichswehrsoldat in Reih und Glied[101]."

Die studentische Anhängerschaft bildete einen besonderen Aktivposten für Hitler und die Kampfverbände, hatte doch die größte Studentenorganisation, der deutsche Hochschulring, ein offenes Bekenntnis zum Programm

98 Ebda, S. 201.
99 Ebda, S. 202.
100 Ebda, S. 203.
101 Ebda, S. 201.

des deutschen Kampfbundes vom 1./2. September 1923 abgelegt. Triumphierend berichtete darüber Hitlers Sprachrohr[102]:

„Deutscher Hochschulring und Vaterländische Kampfbewegung. Der Deutsche Hochschulring, in dessen Verband über 100 000 deutsche Studenten des gesamten deutschen Sprachgebietes zusammengeschlossen sind, hat in einer Kundgebung an seine 42 Ortsverbände die Aufforderung gerichtet, sich unverzüglich der vaterländischen Kampfbewegung, die im Sinne der Kundgebung des ‚Deutschen Kampfbundes' vom 1. und 2. September in Nürnberg für unseres deutschen Volkes Befreiung kämpft, zur Verfügung zu stellen." In der Begründung dieser Aufforderung heißt es u. a.: „Zum zweiten Male ist in verblendeter Hoffnung auf Verständigung mit dem Todfeind unseres Vaterlandes das deutsche Volk seiner letzten Waffe beraubt worden. Die deutsche Hochschuljugend hat nach dem Zusammenbruch ihre Aufgabe in der geistigen und körperlichen Ertüchtigung gesehen und dieses Ziel unter den bittersten Entbehrungen zu erreichen versucht. Die Stunde ist da, wo es zu zeigen gilt, daß diese Arbeit nicht vergeblich gewesen ist, daß eine eiserne Zeit auch ein eisernes junges Geschlecht vorfindet, das für die Freiheit und Ehre unseres Vaterlandes kein Opfer scheut. Darum heißt es, das ganze Gewicht der akademischen Jugend zugunsten der akademischen Bewegung ohne Rücksicht auf parteipolitische Einstellung in die Waagschale zu werfen[103]." Der „Völkische Beobachter" veröffentlichte noch folgenden Aufruf an Studenten und Akademiker:

„Inaktive Studenten! Alte Herren! Die Not des deutschen Volkes ist aufs höchste gestiegen! Jeder Tag kann uns vor neue Ereignisse stellen. Das Vaterland ruft Euch: Herein in die SA!

‚Und setzet ihr nicht das Leben ein,
nie wird euch das Leben gewonnen sein!'

Jeder deutschfühlende Student, gleich ob ausgebildeter Soldat oder nicht, meldet sich ab sofort auf der Regimentsgeschäftsstelle Corneliusstr. 12 zum III. Bataillon. Die Angehörigen der nationalsoz. Studentengruppen an den Münchner Hochschulen treten sofort in die 11. Kompanie ein! Burschen heraus!"

Kurz nach dem Abfall der „Reichsflagge" vom Kampfbund fand in

102 VB, Nr. 208 v. 16. 10. 1923, S. 1.
103 VB, Nr. 201 v. 29. 9. 1923, S. 4.

Nürnberg am 14. Oktober 1923 eine Führersitzung des Kampfbundes statt, gleichzeitig mit einer Führerversammlung der NSDAP. Der Führer des Bundes Oberland, Dr. Friedrich Weber, blieb dem Kampfbund treu und legte in Nürnberg ein Bekenntnis zu seiner Verpflichtung gegenüber dem Kampfbund ab[104].

Beide Zusammenkünfte waren infolge der durch den Abfall der Reichsflagge hervorgerufenen schweren Krise des Kampfbundes veranstaltet worden. Die Tagung der Ortsgruppenleiter, Sektionsführer und Vertrauensmänner der NSDAP war ursprünglich nach München einberufen worden, wurde aber wegen des Kampfbundtreffens nach Nürnberg verlegt. An der Führertagung der NSDAP nahmen rund 600 Personen teil, davon die Hälfte SA-Führer. „Die Ortsgruppen Bayerns waren ziemlich vollständig vertreten; von Württemberg und Baden ca. 50 und aus Norddeutschland und Schlesien auch ungefähr 40[105].“ Aus Österreich und den Sudetenländern waren ebenfalls Vertreter erschienen[106].

Leiter der Versammlung war der Vorsitzende der Nürnberger Ortsgruppe, Julius Streicher. Hermann Esser sprach über die Haltung der Partei gegenüber Kahr. Sie sei bestimmt von dem mangelnden Vertrauen in die Tatkraft des GSTK.

Max Sesselmann verlangte eine klare Stellungnahme Hitlers zum „Bund Bayern und Reich“ und forderte, man müsse endlich von der politischen Propaganda zur wirtschaftlichen Praxis kommen.

Schließlich hielt Hitler eine fast zweistündige Rede, zu Beginn anknüpfend an die Forderung eines norddeutschen Parteigenossen, den Parteinamen fallen zu lassen und in der großen deutschen Freiheitsbewegung aufzugehen. Die Behauptung, Deutschland gehe an den Parteien zugrunde, stimme nur halb. „Deutschland ist an den parlamentarischen, antivaterländischen, marxistischen und internationalen Parteien zugrunde gegangen. Partei ist nur die Form, Inhalt ist die Weltauffassung, die sie beherrscht. Die Weltanschauung des Marxismus ist antinational und daher staatszerstörend. Die Weltanschauung unserer Partei ist reinster Nationalismus, getragen vom Sozialismus und der Erkenntnis der Rassenfrage. Aus diesem Grunde her-

---

104 Röhm, S. 203; VB, Nr. 208 v. 16. 10. 1923, S. 1.
105 BHSTA, GSTK, Nr. 93; siehe auch Deuerlein, S. 217 ff., Nr. 41.
106 VB, Nr. 208 v. 16. 10. 1923, S. 1: „Eine machtvolle nationalsozialistische Kundgebung in Nürnberg“.

aus wird das Symbol des Staates das Hakenkreuz und der Geist die gemeinsame Staatsauffassung sein.“ Als vorbildliche Führer und Helden der deutschen Geschichte stellte er dann Luther, Friedrich den Großen und Richard Wagner heraus. „Ein wahrer Staatsmann, ein wahrhaftiger Diktator stützt sich auf niemand, sondern er stützt die Nation, richtet sie auf und führt sie dann auf dem als richtig erkannten Weg.“ Zum Schluß erklärte er: „Wenn ich mich nicht hinter Kahr gestellt, so habe ich das vor meinem Gewissen dahin verantwortet, daß ich nicht zum Lügner an mir selber werden kann. Ich kann nur das tun, ich kann nur da handeln, wohin mich mein fanatischer Glaube, die Liebe zum ganzen deutschen Volke hinführt. Ich sehe aber hier nicht den Titanenkampf für das große Ganze unseres unglücklichen Volkes, sondern ich sehe hier die kluge, aber einseitige Politik einer parlamentarischen Partei. Und darum will ich weiterkämpfen und mein Ziel, das ich mir selbst gestellt, nicht aus den Augen verlieren, Wegbereiter zu sein der großen deutschen Freiheitsbewegung, die uns die Einigung nach innen und nach außen bringen soll, und dabei will ich mich auf niemand stützen als auf meinen ungeheuren Tatwillen und mit ihm durch ihn siegen oder untergehen. Heil!“ (Langanhaltender, brausender Beifall!)[107].

Auf eine Aussprache wurde verzichtet, die Versammlung schloß mit brausenden Beifallskundgebungen für Hitler. „Es handelte sich lediglich darum, die Partei über die großen Richtlinien unserer Politik zu unterrichten. Irgendwelche Beschlüsse wurden nicht gefaßt[108].“

Das war im Jahre 1923 bereits der „Stil“ der NSDAP. Die Beschlüsse in der Parteileitung und für die Partei faßte schon zu diesem Zeitpunkt Hitler allein. Die Partei war sein Werkzeug, Partei„führerversammlungen“ dienten ihm lediglich dazu, Begeisterungsstürme zu erzeugen, die Zuhörer mit dem Zauber seiner Faszinationskraft trunken zu machen, sich selbst an den Beifallsorgien zu berauschen und dadurch seinen „Sendungsauftrag“ sich immer wieder bestätigen zu lassen. — Das Anwachsen der radikalen Strömungen durch den völligen Zusammenbruch der Währung und durch die Aufgabe des passiven Ruhrwiderstandes wirkte sich durch ein Fluktuieren innerhalb der Wehrverbände aus. Die Radikalgesinnten in Bayern schlugen sich zum Kampfbund. So meldete das Hitlerorgan triumphierend:

---

107 BHSTA, GSTK, Nr. 93, siehe Deuerlein, S. 217 ff.
108 VB, Nr. 208 v. 15. 10. 1923.

„Bezeichnende Folgen. Die Ortsgruppe Weißenburg des ‚Bundes Bayern und Reich' ist geschlossen zur ‚Reichsflagge' übergetreten.

Die Ortsgruppe Bamberg vom ‚Bund Bayern und Reich' ist geschlossen zum Deutschen Kampfbund übergetreten.

Eine Kompanie des ‚Hermannsbundes', frühere Zeitfreiwillige, ist geschlossen zum Bund ‚Oberland' übergetreten[109]."

Weiter berichtete die Hitlerzeitung über „Neue Stärkung des D.K.": „Der 12. und 7. Bezirk der Vaterländischen Verbände Münchens (die beiden stärksten Bezirke der Stadt) sind geschlossen dem Deutschen Kampfbund als ‚Kampfbund' München beigetreten. Wie wir hören, stehen weitere Übertritte bevor. Während des Deutschen Tages in Bayreuth ist die dortige Ortsgruppe des Blücher-Wikingbundes geschlossen dem Deutschen Kampfbund beigetreten.

Eine starke Gruppe des ‚Bundes Bayern und Reich' in Bayerischzell ist zur SA der N.S.D.A.P. übergetreten.

30 Mann vom ‚Bund Bayern und Reich' in Holzkirchen sind zur SA der N.S.D.A.P. übergetreten[110]."

Ferner behauptete das Blatt, daß von der Nürnberger „Reichsflagge" rund 1000 Mann zum Kampfbund übergetreten seien[111].

Öfter als einmal handelte es sich bei solchen „Erfolgsmeldungen" aber um durchsichtige propagandistische Manöver und um voreilig gepflückte Lorbeeren. So mußte der VB selbst vierzehn Tage später die Meldungen aus Bamberg und aus Bayreuth kleinlaut widerrufen[112].

Kampfbund und Generalstaatskommissariat, Hitler und Kahr, verkörperten die bayerische Gegnerschaft gegen die Weimarer Reichsverfassung, gegen die parlamentarische Demokratie, gegen den Marxismus, gegen das Diktat von Versailles und seine Folgen. Das Eigenschaftswort „bayerisch" traf für das Generalstaatskommissariat und seinen Leiter Kahr sachlich und persönlich voll zu, nicht aber für den Kampfbund und für Hitler, denn diese kämpften in Bayern wohl gegen die gleichen Feinde wie erstere, aber für grundverschiedene Ziele. Hitler wollte nach Überwindung dieser gemeinsamen Feinde etwas ganz anderes als Kahr. Wußte er zu diesem Zeit-

109 VB, Nr. 204 v. 2. 10. 1923, S. 1.
110 Ebda, S. 1.
111 Ebda, Artikel: „Die zusammenbrechende Reichsflagge".
112 VB, Nr. 207 v. 15. 10. 1923, S. 1.

punkt genau, was er wollte? Etwas Unheimliches, Unberechenbares drängte in ihm und durch ihn nach oben; sein „ungeheurer Tatwille", wie er selbst von sich sprach, kannte keine Maße, keine Vernunft, keine Grenzen nüchterner Wirklichkeit, keine Hemmungen sittlicher Verpflichtungen. Dieser ungeheure Tatwille war erfüllt von einem inbrünstigen Glauben an Deutschland und einem ebenso abgründigen Haß gegen alles, was er für deutschfeindlich hielt und als deutschfeindlich bestimmte, und wirkte sich aus in einer hinreißenden, aufrüttelnden, aufpeitschenden, zu Tränen rührenden, die Herzen erschütternden Rednergabe. Ein vulkanischer Nationalismus, genährt von den wilden Leidenschaften, die der Krieg entfesselt hatte, wurzelnd in den alten nationalen Gegensätzen Europas, brach in ihm durch. Dem französischen Chauvinismus erwuchs hier ein deutscher Widerpart, der seine Kräfte aus den gleichen Wurzeln der Rache und des Hasses sog. Hatte sich in den französischen Revolutionskriegen (1792, 1815) im Kampf um die nationale Selbstbehauptung gegen den revolutionären französischen Imperialismus das deutsche Nationalgefühl in edelster Form, aus der deutschen Klassik und Romantik erwachsend, zum Nationalbewußtsein gesteigert, so entwickelte sich nach dem Ersten Weltkrieg aus der haßerfüllten Rachepolitik des siegreichen „Tigers" (Clemenceau!) — welch ein Gleichnis, welch ein teuflisches Omen war diese „Ruhmes"bezeichnung des führenden französischen „Staatsmannes"! — ein aus den gleichen Wurzeln der finsteren menschlichen Leidenschaften genährter Nationalismus beim besiegten Volk, dessen wirksamster Sprecher Hitler schon im Jahre 1923 war.

Diesem nationalrevolutionären Machtwillen, verkörpert in Hitler, stand in der Zielsetzung der konservative Behauptungswille der von Kahr vertretenen besitzbürgerlichen Schichten im Wege. Die bäuerlich-bürgerliche Gesellschaftsordnung, mit ihren restaurativen Bestrebungen hinzielend auf die Wiederherstellung der Monarchie und die Wiedergeburt der föderalistischen Reichsverfassung Bismarcks, mit dem Schwerpunkt aber in Bayern, war für Hitler niemals Ziel, sondern nur Ausgangspunkt. Er wollte die Arbeitermassen gewinnen für die „Nationale" und mußte sie zu diesem Zwecke der „Internationalen" entreißen. Auch ihm — und darin war er sich mit seinen marxistischen Gegnern einig — war die bürgerliche Gesellschaftsordnung ein reaktionärer Zustand, der überwunden werden mußte. Durch die Nationalisierung der proletarisierten Massen, besonders der durch Krieg und Inflation am meisten betroffenen mittelständisch-kleinbürgerlichen Schichten, proletarisierte er auch den Nationalgedanken in Richtung auf einen nicht religiös-ethischen, sondern biologisch-materialistisch untermauerten Nationalismus.

Die Konservativen, die Kahr als GSTK um sich sammelte, setzten sich aus zwei Schichten zusammen:

1. den falschen Konservativen, den Reaktionären, den Anhängern der reinen Restauration, repräsentiert durch das Besitzbürgertum, das alles möglichst beim alten lassen bzw. den romantisierten Zustand der Vorkriegszeit wiedererstehen lassen wollte;
2. den echten Konservativen, die eine geistige und sittliche Erneuerung aus der christlichen Religion heraus anstrebten, aus den im Christentum verankerten ewig gültigen Grundwerten menschlicher Gemeinschaft und menschlicher Gesittung: aus den natürlichen, gewachsenen Bindungen von Ehe und Familie, Heimat und Vaterland, Volk und Staat, aus den geistigen und sittlichen Werten von Recht und Freiheit, Treue und Ehre, aus den religiösen Bindungen des Glaubens und der Liebe durch die Kirche an Gott.

Die Fronten waren freilich nicht so klar, wie auf dem Papier fixiert; sie waren fließend und verzahnten sich zwischen den Restaurativen und Konservativen, zwischen den Konservativen und den Nationalisten, zwischen den Nationalisten und den Bolschewisten. Für den Marxismus waren Nationalismus und Konservatismus identische Kennzeichen der bürgerlich-kapitalistischen Gesellschaft. Die marxistische Zweiteilung der Menschheit in Bourgeoisie und Proletariat ließ Hitler und Kahr als Bundesgenossen erscheinen, so wie die Hitlersche Zweiteilung in Deutsch und Nichtdeutsch, in Arisch und Nichtarisch, Bürgertum und Proletariat Juden und Franzosen als Todfeinde des echten völkischen reinen Deutschtums nationalsozialistischer Prägung erscheinen ließ. Die schrecklichen Vereinfacher der Moderne, fanatische Ideologen, erniedrigten den Menschen durch solche kollektiven Klassifizierungen und pauschalen Urteile zum Objekt ihres Machtwillens.

Kahr fühlte sich nach eigenen Worten als „Statthalter der Monarchie"; seine Ernennung war mit Billigung des Kronprinzen Rupprecht erfolgt. Auf die schweren Gewissenskonflikte der Offiziere der alten Armee durch die offene Stellungnahme des Thronfolgers für Kahr wurde schon nachdrücklich hingewiesen; die Verwirrung der Geister nahm dadurch nicht nur nicht ab, sondern zu.

Angesichts der maßlosen Zersplitterung und Uneinigkeit im nationalen Lager schien es in München nur einen Mann zu geben, der sich über Mittel und Wege zum nationalen Wiederaufstieg im klaren war, Adolf Hitler. Nicht zuletzt darin lag seine Zugkraft. Er war der einzige, der mit Erfolg das entscheidende innenpolitische Problem anfaßte, die Klassenspaltung, und tatsächlich in der Arbeiterschaft Anhang gewann, vor allem aber die Jugend zu packen und zu begeistern vermochte. Er allein ging zielstrebig seinen Weg, bediente sich neuer, erfolgversprechender Mittel in Propaganda und Organisation, entwickelte einen neuen Stil politischer Kampfesführung, er erkannte keine sittlichen Hemmungen, keine konventionellen Schranken, keine traditionellen Bindungen in seiner Kampfesweise an. Er machte Staunen, erregte Furcht und Begeisterung, erzeugte Liebe und Haß; er beherrschte die Tonleiter menschlicher Gefühle wie kein zweiter. Die Verehrung, die er 1923 bereits genoß, war viel weniger und viel mehr als jene, die dem Wittelsbacher Thronfolger in breiten Schichten zuteil wurde, als jene, deren sich General Ludendorff erfreute. Hitler wußte sich das Ansehen beider zunutze zu machen.

Röhm, Hitlers Schutzherr und erster nationalsozialistischer Offizier aus dem Fronterlebnis, litt an dem Gegensatz zwischen seinem König und dem General Ludendorff. „Die Art und Weise, wie König Rupprecht bei diesem festlichen Anlaß dem General Ludendorff gegenübertrat, hat unser vaterländisches Empfinden schmerzlich berührt[113].“ Diese Gefühlswelt war Hitler fremd.

Die Verehrung, die der Kronprinz genoß, galt dem gesetzmäßigen Vertreter einer gottgewollten Ordnung, die Ludendorffs der Verkörperung des Selbstbehauptungskampfes jener gottgesetzten obrigkeitsstaatlichen Ordnung Deutschlands im Ersten Weltkrieg. Beide, der Kronprinz-Generalfeldmarschall und der Generalquartiermeister, gehörten einer Welt an, in der man mit Gottes Hilfe für König und Vaterland gekämpft hatte, einer Welt, die von der Revolution verschlungen worden war.

Die Verehrung, die dem aus dem Schützengraben heimgekehrten namenlosen Gefreiten gezollt wurde, aber galt dem Künder der Erfüllung enttäuschter Hoffnungen der durch Krieg und Kriegsfolgen verelendeten Mas-

113 Der festliche Anlaß war der Tag der Pioniere in Ingolstadt, an dem Kronprinz Rupprecht und General Ludendorff teilnahmen, im Juli 1923. Röhm, S. 190 f.

sen, dem Prediger des Hasses und der Rache, dem Propheten des Sieges, den man nicht errungen hatte, dem Messias nationalistischer Wunschträume, die der Krieg zerstört hatte, und eines sozialistischen Paradieses, das die marxistische Bewegung verheißen, aber nicht verwirklicht hatte. Hitler wurde so der Rufer, der Sammler, der Organisator der enttäuschten Sozialdemokraten. Er genoß und beanspruchte bereits 1923 jene Verehrung, die der Freibeuter von seiner Gefolgschaft verlangt. Er ließ auf Tod und Leben seine Anhänger auf sich vereidigen. Er identifizierte sich mit dem Schicksal, mit der Vorsehung, mit Gott; er verlangte, daß man ihm diente, nicht um der Sache willen, sondern daß Person und Sache ihm zu Diensten waren.

Während der Kampfbund dem GSTK gegenüber aus seiner mißtrauisch-abwartenden Haltung nicht herausging und politisch seine eigene Linie verfolgte, war er militärisch in die Reichswehrplanung eingegliedert und mußte mit der Reichswehr eng zusammenarbeiten. Durch die Haltung Lossows geriet er freilich in eine schwierige Lage, denn nichts lag ihm ferner als eine Unterstützung bayerischer Sonderbestrebungen.

Am 16. Oktober erließ der militärische Führer des Kampfbundes, Kriebel, einen „Grenzschutzbefehl"[114]:

„1. Der Grenzschutz ist im Norden als polizeiliche Nothilfe eingerichtet. In ihn gliedern sich unter den Kommandeuren der Landespolizei alle örtlichen Organisationen ein."

Die rote Herrschaft in Sachsen und Thüringen bot den Anlaß zu dieser Grenzschutzmaßnahme an der bayerischen Nordgrenze. Auffallend war, daß Kriebels Grenzschutzbefehl sich auf den Einsatz *aller* Wehrverbände erstreckte, nicht nur auf den Kampfbund, wie aus der Abschnittseinteilung hervorging. Als Aufgabe wurde „die Vernichtung aller in das Gebiet eindringenden roten Kräfte" gestellt.

Der „Grenzschutzbefehl" enthielt auch Rahmenbestimmungen über den Aufmarsch der Verbände zu dem geplanten Vorgehen gegen Berlin. Punkt 6 lautete:

„Mit den Aufmarschräumen der Verbände hat die Abschnittseinteilung nur losen Zusammenhang ... Die Neuregelung der Befehlsverhältnisse nach Eintreffen der mobilen Stäbe bleibt vorbehalten."

114 Hitler und Kahr, II, S. 26—28.

Punkt 7:

„Deckung des Aufmarsches. In den Abschnitten, in denen der Grenzschutz gleichzeitig der Deckung des Aufmarsches gegen Norden dient, hat der Grenzschutz seinen Schwerpunkt . . . Der Grenzschutz in Oberfranken im Gebiet von Coburg und den westlich anschließenden Bezirken Unterfrankens ist von besonderer Wichtigkeit. Er kann gar nicht stark genug sein. . . . Ein Herausziehen etwa der Verbände aus dem Grenzschutz kann erst erfolgen, wenn beträchtliche Teile des Volksheeres aufmarschieren, und desgleichen ist ein Herausprellen aus dem Grenzschutz nach Vorwärts wegen der unübersehbaren Folgen zu verhindern . . .“ Hier ist vom Aufmarsch eines „Volksheeres“ die Rede, Richtung Norden. Wichtig war auch Punkt 9:

„Die nicht im Grenzschutz angesetzten Verbände (Hermannsbund, Reichskriegsflagge, Vaterländische Verbände Münchens) werden in den Aufmarsch eingegliedert.“

Aus dem Befehl ist ersichtlich, daß der militärische Führer des Kampfbundes, Kriebel, in der bayerischen Aufmarschplanung gegen Norddeutschland eine leitende Stellung einnahm. Es unterstand ihm der gesamte Grenzschutz, dessen Aufgabe von der Landespolizei und von den Wehrverbänden getragen wurde. Als Abschnittsbefehlshaber waren höhere Offiziere der Landespolizei eingesetzt, an die Spitze der ihnen unterstellten Unterabschnitte traten Offiziere aus den Wehrverbänden, die dafür einen geeigneten Mann vorschlagen durften, nämlich je einen die Reichsflagge, Bund Bayern und Reich, Oberland und die SA.

Die dem Bund Oberland und der SA zugestandenen Unterabschnittsführer unterstanden dem Abschnittsführer III, Unterfranken mit Würzburg als Befehlsstelle des Abschnittsbefehlshabers, Oberstleutnant der Landespolizei Höpfner. Unterabschnitt 1 mit dem Oberland-Offizier hatte seinen Sitz in Kissingen, Unterabschnitt 2 mit dem SA-Offizier in Lohr. Hermannsbund, Reichskriegsflagge und VVM waren anscheinend wegen ihrer besseren militärischen Schulung den mobilen Verbänden des Volksheeres zugeteilt worden. Die SA der NSDAP spielte in diesem Befehl keine andere Rolle wie die übrigen Wehrverbände.

Nach Kriebels Aussage in einer Geheimsitzung des Prozesses hatte am 9. Oktober 1923 eine Besprechung über den „Grenzschutz“ in seinem Büro im Rheinischen Hof stattgefunden. Das Thema war nach zwei Richtungen erörtert worden:

1. Abwehr der von Thüringen drohenden kommunistischen Angriffe;

2. Vormarsch nach Berlin.

Kriebel hatte bei dieser Gelegenheit an Oberst Seisser die Karte übergeben, in die die Vormarschstreifen eingetragen waren; Seisser hatte sich darüber sehr befriedigt geäußert. Der Vormarsch nach Berlin sollte „mit lauter Freikorps" erfolgen, denen die eigentliche militärische Macht, Landespolizei und Reichswehr, folgen sollte. Ferner war in dieser Geheimsitzung ein Brief Lossows vom 10. April 1923 zur Sprache gekommen, aus dem der Gedanke eines Vormarsches über den Rhein klar hervorgegangen war[115]. Eine neue Dienstanweisung für den Stab des Oberkommandos der SA vom 20. Oktober 1923, unterzeichnet von Göring, bot das Schema eines rein militärischen Verbandes[116].

Vom gleichen Tag, an dem die erwähnte Besprechung bei General Lossow stattfand (24. 10. 1923), war eine „Erklärung" im „Völkischen Beobachter" datiert, durch die eine Entschuldigung des Parteiblattes gegenüber dem Chef der Heeresleitung wegen des Angriffs auf ihn vom 25. September ausgesprochen wurde. Die „Erklärung" hatte folgenden Wortlaut[117]:

„In der Nummer 199 des ‚Völkischen Beobachters' war ein Artikel erschienen, betitelt ‚Die Diktatoren Stresemann-Seeckt'. In diesem Aufsatz wurde in scharfer Form gegen die verlautbarte Absicht einer Diktatur des Parlamentes Stellung genommen. Als Exponenten dieser Diktatur waren genannt der Reichskanzler Dr. Stresemann, Reichspräsident Ebert, General v. Seeckt. Im Zusammenhang mit der Schilderung der politischen Lage wurden auch Bemerkungen persönlicher Natur veröffentlicht, namentlich in bezug auf den General von Seeckt. Eine Absicht der persönlichen Beleidigung hat uns dabei fern gelegen, und wir bedauern, falls eine solche dem Wortlaut oder dem Sinne nach im Aufsatz erblickt werden konnte. Die sachliche Beurteilung der politischen Lage wird durch diese Erklärung nicht berührt. Schriftleitung des ‚Völkischen Beobachters'."

Diese Entschuldigung ging auf die persönliche Veranlassung Hitlers zurück. Er sagte darüber im Prozeß, er habe die Anschuldigungen gegen Seeckt zurücknehmen lassen, weil sie unwahr gewesen seien, „denn mir lag sehr viel daran, zu verhüten, daß dieser Beobachterkonflikt ein großer Konflikt

115 Hitlerprozeß, 3. Tag (28. 2. 1924).
116 UAL.
117 VB, Nr. 202 v. 20. 10. 1923, S. 1.

würde . . .[118]" Man darf vermuten, daß Scheubner-Richter in diesem diplomatischen Sinne auf Hitler eingewirkt hatte. Da sich Hitler immer, von Beginn seiner politischen Laufbahn an, darüber im klaren war, daß jeder Staatsstreich ohne die Hilfe der Reichswehr oder gar gegen sie aussichtslos sein würde, war er bemüht, es mit der Reichswehrleitung nicht zu verderben. Die Tatsache, daß diese Entschuldigung ausgerechnet am 20. Oktober, dem Tag der offenen Gehorsamsverweigerung des Befehlshabers der 7. Division und des Bruches Bayerns mit dem Reich durch die Inpflichtnahme der 7. Division auf die bayerische Regierung, erfolgte, bedeutete ein eindeutiges Abrücken Hitlers und des Kampfbundes von der weiß-blauen Eskapade.

Zehn Tage nach dem Erlaß des „Grenzschutzbefehls" durch Kriebel erging am 26. 10. 1923 ein Befehl des Bayerischen Wehrkreiskommandos VII für die „Herbstübung 1923"[119].

Der Landeskommandant sah für den Fall innerer Unruhen eine Verstärkung der Division vor, für die die Vorbereitungen sofort in Angriff genommen werden sollten, damit „die Verstärkung in dreimal 24 Stunden nach Eintreffen des Ausführungsbefehls abgeschlossen" sei.

Für die Ergänzung waren einzelne Freiwillige und geschlossene Formationen vorgesehen mit folgenden Möglichkeiten:

„a) Teilung der Kompanien, Ergänzung der halben Kompanien durch Freiwillige;

b) Zusammensetzung der Bataillone, gemischt aus Reichswehr und Freiwilligenkompanien. In die Freiwilligenkompanien mußten auch in diesem Falle Funktionsunteroffiziere der Reichswehr eingegliedert werden. Die geschlossene Übergabe von Freiwilligenbataillonen kommt nur ausnahmsweise und nur dann in Frage, wenn die Gewähr gegeben ist, daß die Truppe vollkommen militärisch zusammengesetzt und diszipliniert ist . . . Kein Freikorpscharakter! Die Bildung von Freikorps wird abgelehnt.

Die Ergänzung hat, soweit irgend möglich, territorial zu erfolgen, in erster Linie aus den Angehörigen der Vaterländischen Verbände. Am 24. Oktober wurden die Landesleitungen der Vaterländischen Verbände durch mich mündlich über die beabsichtigte Verstärkung der Divi-

118 Hitlerprozeß, 1. Tag (26. 2. 1924).
119 Hitler und Kahr, II, S. 55—60.

sion unterrichtet. Die Vertreter des Kampfbundes, von Bayern und Reich, Hermannsbund, VVM, Niederbayern, haben sich einverstanden erklärt, sofern sie in geschlossenen Formationen übernommen werden (Bataillon, Kompanie). Blücherbund, Wiking und Stahlhelm wollen zum Teil sich nur geschlossen unter ihren Führern beteiligen, zum Teil streben sie Freikorps wie 1919 an."

Unter Ziffer 8 heißt es:

„Mit den Vorarbeiten ist sofort zu beginnen. Kosten dürfen bei den Vorarbeiten nicht entstehen. Der weitere Schriftwechsel ist geheim und unter dem Betreff ‚Herbstübung 1923' zu führen. Zum 3. November melden die Arbeitsstäbe und die unmittelbar unterstellten Stellen über den Stand der Vorarbeiten. Dabei ist zu melden, welcher Tag (Datum) als erster Aufstellungstag frühestens in Frage kommt."

Die Vaterländischen Verbände wurden ersucht, „alle auch noch nicht instand gesetzten Waffen, Munition, Kriegsgerät, das sie in Verwahr haben, in die Aufstellungsorte mitzubringen oder heranzuführen", zur Ausrüstung der neuen Formationen.

In der Beilage zum Befehl „Herbstübung 1923" befand sich ein Befehl vom 27. Oktober 1923 mit Stichwortausgabe für die Herbstübung. Außerdem wurde befohlen:

„Die gegenwärtige Verfügung ist sofort nach Eintreffen zu vernichten." Unterzeichnet war die Beilage vom Chef des Stabes, Freiherr von Berchem, und für die Richtigkeit von Kriebel, Hauptmann i. G., dem Bruder des militärischen Führers des Kampfbundes. Bezüglich der Ausrüstung hieß es u. a.:

„g) Fahrräder: Fehlende Fahrräder sind in erster Linie von den Vaterländischen Verbänden anzufordern. Fahrräder, die von den Angehörigen der Verbände mitgebracht werden, sind nach wertbeständiger Abschätzung zu übernehmen. Restbedarf ist anzukaufen."

Auch in diesem Falle ging das Oberkommando der SA eigene Wege. Der „Völkische Beobachter" veröffentlichte am 8. November einen Aufruf zur Bildung einer eigenen Radfahrabteilung unter Führung von Oberleutnant Roßbach[120].

In einer vertraulichen Ergänzung zum Befehl „Herbstübung 1923" hieß

120 VB, Nr. 228 v. 8. 11. 1923, S. 5.

es dann noch, daß die Landespolizei ein „verstärktes Infanterieregiment" vorbereite[121].

Den Anstoß zur „Herbstübung 1923" gab laut einer schriftlichen Erklärung des Generals von Lossow vom 30. Januar 1924 die Forderung des Reichswehrministeriums vom 9. Oktober 1923, daß die 7. Division eine Anzahl Verbände für die geplante Aktion des Reiches gegen Sachsen zur Verfügung zu stellen habe[122]. Die Reichswehrleitung verzichtete jedoch auf die bayerische Truppenhilfe nach dem 20. Oktober und setzte in Thüringen württembergische Truppen ein.

Die Vorbereitungen für die Verstärkung wurden im engsten Einvernehmen des Landeskommandanten mit dem GSTK und der bayerischen Regierung getroffen. Mit Vertretern der Ministerien des Äußeren, der Finanzen und der Wirtschaft wurden alle Maßnahmen beschlossen, insbesondere auf finanziellem und wirtschaftlichem Gebiet[123].

Der Führer des Bundes Oberland, Dr. Friedrich Weber, sagte über die militärische Zusammenarbeit der Reichswehr und Landespolizei mit den Wehrverbänden am 20. November 1923 aus:

„Die gesamte vaterländische Bewegung Bayerns ist eingestellt auf gewaltsame Änderung der Weimarer Verfassung, denn sie ist antimarxistisch, antiparlamentarisch, antizentralistisch ...

1. Reichswehr und Landespolizei betrieben, gestützt auf die Verbände, eifrig und offen zugestanden, die Vorbereitungen auf eine gewaltsame Auseinandersetzung mit dem Reich. Sowohl in der Grenzschutzfrage wie noch mehr in der Verstärkung der bayerischen Divisionen auf drei wurde dies unverhohlen auch von den Chefs zum Ausdruck gebracht.

---

121 Hitler und Kahr, II, S. 63. — Zu „Herbstübung 1923".
„An die Herren Chef p.p.
P.Zentrale
Abt. A. 3107 und 5. Anlagen
Vertraulich!
1. Für den Fall innerer Unruhen innerhalb des Deutschen Reiches werden folgende Verstärkungen vorbereitet:
   a) Vom Wehrkreiskommando 7 die Aufstellung von drei gemischten Abteilungen in Stärken 7—2—4.
   b) Von der Landespolizei Bayern ein verstärktes Infanterieregiment."
Die Verstärkung soll dreimal 24 Stunden „nach Eintreffen des Ausführungsbefehls" abgeschlossen sein.

122 Hitler und Kahr, II, S. 63—65.

123 Ebda.

2. Oberst von Seisser hat sich in den Aussprachen mit Hitler, denen ich beiwohnte, schließlich offen zu der von Hitler vertretenen Anschauung bekannt, daß hier in München die Reichsdiktatur ausgerufen werden müsse, in der von Hitler angegebenen Zusammensetzung, hatte selbst erklärt, daß Bayern aus dem Dilemma, in das es Kahr gebracht, kein anderer als dieser Weg mehr übrig bleibe, um die deutsche Aufgabe zur Lösung zu bringen. Er wußte seit 1. November, daß Hitler binnen weniger Tage auf jeden Fall, auch allein, diese Lösung zu schaffen willens sei[124] ..."

Hitler selbst sagte in der Geheimsitzung am 28. Februar 1924 über die Ausbildung der Freiwilligen nach der Errichtung des Generalstaatskommissariats aus: „Nun ist von der Landespolizei und von der Reichswehr die Ausbildung unserer Sturmabteilung in der Kaserne neuerdings begonnen worden. Seit dieser Zeit datiert die nun aufs höchste gesteigerte Ausbildung. Vom ersten Tag fand die Ausbildung statt nicht mit dem Motiv Grenzschutz oder Polizei, sondern mit dem absoluten Angriffsmotiv. Die Ausbildung ist vom ersten Tag an eingestellt worden im ganzen technischen Aufbau auf den Bewegungskrieg nach dem Norden. Es war dies eines der Momente, die schließlich zwangen, zu einer Entscheidung zu kommen, denn es war nicht möglich, die Leute, die Nacht für Nacht und Morgen für Morgen in der Kaserne ausschließlich mit Kriegsgedanken erfüllt waren, weiter hinzuhalten, wenn sie fragten, wann geht's los, wann kommen wir endlich zum Kampfe, um die Bande hinauszuhauen. Die Leute wurden mit Wissen der Landespolizei und Reichswehr, zum Teil mit Uniformen der Reichswehr und Landespolizei, von Offizieren der Reichswehr ausgebildet[125]."

Er begründete die Überzeugung vom Marsch nach Berlin wie folgt: „Ein Moment hat noch besonders diese Überzeugung zur letzten Gewißheit verstärkt, das war das Heranholen der Artillerie. Wir hatten die Batterien erst doch alle verräumt. Im Laufe des Oktobers sind sämtliche Batterien nun herangeholt worden. Ich könnte hier den Ort sagen, wo sie hingebracht worden sind. Meines Wissens waren es allein über 60 bis 80 Feldhasen und 10,5 cm leichte Haubitzen, aber auch schwere Batterien wurden herangeholt. Wir haben auch von vornherein immer betont, daß wir uns gegen Lebensmittelkrawalle nicht verwenden lassen[126]."

124 Hitler und Kahr, II, S. 54 f.
125 Ebda, II, S. 71—78.
126 Hitler und Kahr, II, S. 75, Aussage Hitlers in der Geheimsitzung am 15. 3. 1924.

Die enge militärische Zusammenarbeit im Rahmen der „Herbstübung 1923“ und ihrer Vorbereitung, der Bruch Bayerns mit Berlin am 20. Oktober 1923 und die Meuterei des Reichswehrkommandeurs General von Lossow überzeugten die Kampfbundführer, daß Kahr, Lossow und Seisser auf Gedeih und Verderb mit ihnen spielen müßten und deshalb marschieren würden, gegen Berlin[127]. Alle Warnungen, die Hitler zugetragen wurden, schlug er in den Wind, ebenso auch Kriebel und Ludendorff. Hitler, Ludendorff und Kriebel waren felsenfest davon überzeugt, daß Reichswehr und Landespolizei niemals auf sie schießen würden, weil der Name Ludendorff, die Persönlichkeit des Generalquartiermeisters des deutschen Feldheeres, ein Tabu für alle Soldaten sei. Hauptmann Karl Kriebel, der dem Generalstab der 7. Division angehörte, warnte nachdrücklich seinen Bruder Hermann, den militärischen Führer des Kampfbundes, vor dieser Wahnvorstellung und versicherte ihm, daß Reichswehr und Landespolizei den ihnen gegebenen Befehlen auf jeden Fall gehorchen und schießen würden, gleichgültig auf wen. Hermann Kriebel schenkte seinem Bruder so wenig Glauben wie Ludendorff und Hitler[128]. Kapitän Ehrhardt sagte das gleiche zu Hitler und mahnte ihn, sich keinen selbsttrügerischen Hoffnungen hinzugeben, vergeblich[129].

Auch Warnungen aus den eigenen Reihen nahm Hitler nicht ernst; darüber berichtete der frühere Gauleiter Krebs[130].

Im Herbst 1923 wurden die SA-Verbände im Raume Coburg bei der Zuteilung von Waffen und Gerät regelmäßig benachteiligt. „Die politischen Führer der fränkischen Nationalsozialisten warnten daraufhin die Parteileitung, in den bei Coburg stehenden Verbänden Verbündete zu sehen: die Warnung fand jedoch keine Beachtung. Ende Oktober vergab die Landespolizei einige leichte Straßenpanzerwagen. Wieder wurde die SA übergangen, obwohl sie sofort ihren Anspruch angemeldet hatte. Die Panzerwagen kamen zur Brigade Ehrhardt. Daraufhin fuhr der Coburger nationalsozialistische Abgeordnete Hans Dietrich nach München zu Hitler, um die bisher nur schriftlich vorgetragenen Warnungen mündlich zu wiederholen und zu begründen. Dietrich will bei dieser Unterhaltung Hitler offen erklärt haben,

127 Hitler und Ludendorff im Prozeß.
128 MM General Karl Kriebel.
129 MM Kapitän Ehrhardt am 3. 1. 1963.
130 Krebs, Tendenzen und Gestalten der NSDAP, S. 125.

daß nach seiner Auffassung bei einer Aktion der Partei ein Teil der Verbände wahrscheinlich, die Landespolizei und die Ehrhardt-Leute aber bestimmt Widerstand leisten würden. Die Annahme der Parteileitung, daß sie in Bayern schon die Führung der gesamten nationalen Bewegung in sicheren Hände habe, sei ein Irrtum. Die Kreise um Kahr und das bayerische Wehrkreiskommando verfolgten in ihrem Kampf gegen Berlin wesentlich andere Ziele als die Partei. Hitler möge sich daher nicht durch gleichlautende Kundgebungen und Proklamationen der Kahr-Regierung täuschen lassen.

Hitler nahm die Warnung des Abgeordneten Dietrich ebenso wenig ernst, wie er anderen ähnlichen Warnungen kaum Beachtung schenkte[131]."

Die Führer des Kampfbundes, vor allem Ludendorff, Hitler und Kriebel, waren einer Wahnvorstellung, einer fixen Idee verfallen; ihr Tun und Lassen, ihre Handlungen am 8./9. November sind nur daher zu verstehen und zu deuten. Scheubner-Richter war vielleicht derjenige, der sich am wenigsten Illusionen hingab; schließlich konnte er sich aber gegenüber den genannten drei allein auch nicht durchsetzen.

Die Zeit vom 20. Oktober bis 8. November war ausgefüllt mit fieberhaften Rüstungsvorbereitungen und zahllosen Besprechungen. Eine Unterredung jagte die andere, ohne daß ein Entschluß zum Handeln zustandekam. Die Gerüchtemacherei steigerte sich bis zu Halluzinationen. Der abnormale Zustand des Lebens in Deutschland im fünften Nachkriegsjahre begann demjenigen eines Irrenhauses zu ähneln, am meisten in München. Zum 23. Oktober wurde eine Tagung der nationalsozialistischen Führer in München in den Diensträumen der SA unter Vorsitz von Hermann Göring einberufen. Auch aus außerbayerischen Ländern (Württemberg und Hessen) und aus Österreich waren führende Persönlichkeiten erschienen. Hitler hielt eine Rede über die politische Lage. Er erklärte, laut Aussage des Konferenzteilnehmers Major a. D. Huber, „daß die wirtschaftliche Notlage des Volkes so groß sei, daß der Zeitpunkt bald gekommen sein wird, an dem sich das gesamte nationale Volk gegen die Berliner Judenherrschaft . . . erheben müßte. Er betonte nachdrücklich, daß von nationalsozialistischer Seite niemals ein Putsch geplant sei, sondern daß die Volkserhebung nur im Einvernehmen mit der Reichs- und Polizeiwehr in Bayern und der Regierung

131 Ebda, S. 125, Fußnote.

Kahr erfolgen müsse. Das Einvernehmen mit der Reichs- und Polizeiwehr Bayerns sei bereits vorhanden, mit der Regierung Kahr seien die Verhandlungen soweit gediehen, daß das Einvernehmen mit ihr schon in den nächsten Stunden da sein würde . . . Hitler selbst hat sich niemals für einen Posten in dem neuen Reichskabinett genannt. Er hat im Gegenteil erklärt, daß seine Aufgabe erledigt sei, wenn das Volk zur nationalen Erhebung gebracht ist." Kptlt. Hoffmann sagte am 1. November zu Major Huber, das Einvernehmen mit „den genannten bayerischen Staatsleuten" sei so gut, daß der Beginn der Freiheitsbewegung nicht mehr lange auf sich warten lassen könne[132].

Gregor Strasser, damals Führer der Nationalsozialisten in Niederbayern, hatte ebenfalls an der Tagung teilgenommen. Nach seiner Aussage, die in den wesentlichen Punkten mit jener des Majors Huber übereinstimmte, sprach Hitler etwa 20 Minuten und ging dann weg. Hitler habe betont, „daß der Erhebungstag nur im Einvernehmen mit der Reichs- und Polizeiwehr beginnen werde und niemals gegen dieselben[133]".

Über diese nationalsozialistische Führertagung berichtete der Bayreuther Bataillonskommandeur, Oberstltn. Mittelberger, an General Lossow am 28. Oktober vertraulich[134]:

Göring habe auf der Tagung drei Fälle in Betracht gezogen:

a) separatistische Bestrebungen in Bayern. Eintreten des Falles wenig wahrscheinlich.

b) Seeckt-Reinhardt drängen auf militärische Offensive der Reichswehr gegen Bayern. Mit diesem Fall sei zu rechnen.

c) Ausrufung einer Reichsdiktatur in München mit dem Ziele, der nationalen, völkischen Idee mit Gewalt in Deutschland zum Siege zu verhelfen.

Die Lösung c) werde mit allen Mitteln angestrebt: Reichsdiktator Ludendorff, Reichswehrminister General Lossow, Hitler gleichfalls in der Regierung. Ludendorff, Lossow, Hitler seien völlig einig. Aufruf zur Bildung einer Nationalarmee mit den Kampfverbänden als Kern. Alle übrigen vaterländischen Verbände sollten aufgelöst und verboten werden. Listen der Offizierstellenbesetzung würden in München schon ausgearbeitet. Für Oberfranken sei

132 BHSTA, SA, AktNr. 1497 a XI Pol.Dir. München, Abt. VI a, F. München, 29. 11. 1923, Vernehmung des Majors a. D. Huber, Eduard am 23. 11. 1923, Abschrift.

133 Ebda, Vernehmung Gregor Strassers am 25. 11. 1923.

134 Brief Mittelberger an Lossow am 28. 10. 1923. VjZG, V, 1957, S. 91 ff.

Major a. D. Huber vorgesehen. Die Reichswehr rücke zum Grenzschutz an die Nordgrenze. Hinter der Reichswehr Bildung der Nationalarmee, der die Offensive nach Berlin zufalle. Aufrufe seien schon fertiggestellt. Mit schärfstem Terror solle vorgegangen werden. Oberst Seisser sei völlig für die Sache gewonnen, ebenso Roth und Pöhner. Lossow stehe nicht hinter Kahr, dessen schwächliches Verhalten er ablehne, sondern auf seiten Hitlers und Ludendorffs.

Am 25. Oktober fand ein Gespräch zwischen Seisser und Hitler statt; darüber sagte Seisser aus:

„Hitler meinte aber, Ludendorff brauche er, um die Reichswehr zu gewinnen. Kein Soldat schieße auf Ludendorff. Alle Einwände wies Hitler mit dem Bedenken ab, die Generale seien natürlich gegen Ludendorff, aber die Truppe vom Major abwärts würde diesen Generalen nicht gehorchen. Am 1. November hatte ich auf Wunsch Hitlers nochmals eine Besprechung mit ihm und Dr. Weber, bei der Hitler das gleiche entwickelte wie am 25. Oktober. Ich hatte dabei den Eindruck, daß Hitler versuchte, eine suggestive Einwirkung auf mich zu gewinnen. Ich brach die Besprechung ab, indem ich Hitler an sein Versprechen erinnerte, nichts zu unternehmen, was den Kampfbund zu einem Zusammenstoß mit der Landespolizei führen würde . . . Am Abend des 1. November sagte mir Hitler zum Schluß: ‚Ich verspreche Ihnen, nichts zu unternehmen ohne Ihre Kenntnis, es sei denn, daß ich durch besondere Ereignisse in eine Zwangslage versetzt werde[135].'"

General Lossow hatte am 21. Oktober dem General Ludendorff erklärt, die Inpflichtnahme der bayerischen Truppen am 22. d. M. bedeute keine Separation. Ludendorff betrachtete dieses Vorgehen im Sinne Schwarz-Weiß-Rot. Er warnte vor Seeckt, mit dem er von jeher auf gespanntem Fuße stand, und sagte, Seeckt werde das nie vergessen und vielleicht durch Reichsexekution die Auflehnung Bayerns bekämpfen und erledigen wollen[136]. Ludendorff erklärte im Prozeß: „Ich bin am 21. Oktober vorigen Jahres in die Unternehmung hineingezogen worden, die hier zur Aburteilung steht. Am 21. Oktober erfuhr ich die Inpflichtnahme der bayerischen Reichswehr durch den bayerischen Staat. Ich erblickte darin eine Meuterei, einen schweren Verfassungsbruch[137]."

135 Hitler und Kahr, II, S. 115.
136 Hitler und Kahr, II, S. 43 f., Aussage Lossow im Ermittlungsverfahren.
137 Hitlerprozeß, 4. Tag (29. 2. 1924).

Am 31. Oktober vertrat Lossow bei einer weiteren Aussprache mit Ludendorff den Standpunkt, der bayerische Konflikt mit dem Reich sei gelöst, „sobald die gewünschte Rechtsregierung (Direktorium) da ist“. „Also in diesem Sinne in Berlin drängen!“ Auch mit General Behrendt seien, wie man vernehme, Verhandlungen gepflogen worden, er solle seinen Einfluß geltend machen, wenn Seeckt „sich auf die Dauer ablehnend verhalte“. Das letzte Gespräch zwischen General Lossow und Hitler fand am 30. Oktober statt. Lossow sagte über seine Beziehungen zu Hitler aus, sie hätten sich im Jahre 1923 in zwei Etappen entwickelt: die erste Besuchs„welle“ Hitlers bei ihm reichte vom Ende Februar bis Anfang April; die zweite war im Oktober[138]. Der Vermittler zwischen dem Wehrkreiskommandeur und dem Volkstribun war Röhm gewesen: „Lossow hat mir wenigstens gesagt, ich kann Hitler ausrichten, er ist für ihn jederzeit zu sprechen[139].“ Zeitweise war Lossow, jedenfalls anfänglich, von Hitler sehr eingenommen. Es gab von ihm auch einen Befehl aus der Zeit, da er Kommandeur der Kriegsschule war, daß die Schüler die Hitlerversammlungen besuchen sollten[140].

Über die letzte Zusammenkunft mit Hitler (30. 10. 1923) äußerte sich General Lossow: „Ein besonderer Trick Hitlers war, in dieser und in früheren Unterredungen der letzten zwei Wochen, daß er mir zunächst eine längere Leichenrede hielt, ich sei als meuternder General ein toter Mann und könne mich nur retten, wenn ich seine Ideen, d. h. die Reichsdiktatur Hitler-Ludendorff annehmen würde . . . Hitler erklärte stets, er fühle sich berufen und befähigt, die Diktatur zu übernehmen, und General Ludendorff, der mit ihm übereinstimme, biete die Sicherheit, daß die Reichswehr sich ohne weiteres hinter ihn stellen würde und doch zum mindesten nicht mit der Waffe gegen ihn und Ludendorff Front mache. Es war eine fixe Idee Hitlers und Ludendorffs, daß der Name Ludendorff ohne weiteres die Reichswehr auf ihre Seite bringen würde . . .“ Hitler verglich sich des öfteren mit Gambetta oder Mussolini. „Ich habe ihm öfters gesagt, daß, wenn er in den nächsten Jahren durch seine Taten bewiesen habe, daß er der deutsche Mussolini sei, so könne mir nichts lieber sein, als daß ich mich dann seiner Führung anschlösse[141].“

---

138 Hitlerprozeß, 11. Tag (10. 3. 1924).
139 Hitlerprozeß, 5. Tag (1. 3. 1924), Aussage Röhm.
140 Hitlerprozeß, 6. Tag (3. 3. 1924), Aussage Robert Wagner.
141 Hitler und Kahr, II, S. 116; UAL, 15. Sitzg., S. 57, Aussage Lossow.

Aus den Gesprächen Hitlers mit Seisser und mit Lossow ging hervor, daß er von der Wirkung des Mythos Ludendorff felsenfest überzeugt war. Hitler selbst sagte über seine Besprechung mit Lossow aus, es sei in der Unterredung zum Ausdruck gekommen, daß es keine Versöhnung mit dem Norden mehr geben könne, daß also nur der Marsch nach Berlin übrigbleibe[142]. Wenn er sich mit Mussolini und Gambetta verglich, so ist das ein weiterer Beweis dafür, daß er zu diesem Zeitpunkt von seiner Sendung als Führer und berufener Diktator überzeugt war und jede Selbstbeschränkung verloren hatte. Der Vergleich mit Gambetta entbehrte nicht der Ironie; Hitler wußte augenscheinlich nicht, daß Gambetta Jude war, sonst hätte er ihn sich nicht zum Vorbild genommen.

General Lossow zog im Ermittlungsverfahren noch einen Vergleich zwischen seiner und Hitlers Auffassung der Lage um die Wende vom Oktober zum November 1923:

„Der wesentliche Unterschied zwischen mir und Hitlers Auffassung bestand darin, daß ich die nationale Reichsregierung (Direktorium) für wünschenswert und anzustreben hielt. Der bayerische Anteil daran sollte darin bestehen, daß wir unseren Einfluß geltend machten, daß tragfähige, im Norden bodenständige Männer für die Übernahme des Direktoriums gefunden würden und daß Bayern diesem Direktorium starke Stütze sein sollte, und zwar nicht nur innerhalb Bayerns, wo ja schon eine rechtsgerichtete nationale Regierung vorhanden war, sondern auch durch Bereitstellung stärkerer militärischer Machtmittel, die diesem Direktorium, nachdem es die Regierung übernommen hatte, die Kraft geben sollten, sich auch da durchzusetzen, wo ein solches nationales Direktorium unerwünscht war.

Hitler dagegen erachtete, die nötigen Männer schon in sich und Ludendorff gefunden zu haben, und glaubte, mit den vorhandenen Machtmitteln in Bayern nun die Eroberung des Nordens vornehmen zu können.

Die militärischen Kräfte, die ich in Bayern bereitzustellen suchte, sollten einzig und allein der starke Polizeiknüppel sein, den das künftige Reichsdirektorium da anwenden sollte, wo es dies für nötig hielt[143]."

Am 4. November, dem Tag der Rückkehr Seissers aus Berlin, ein Sonntag, fand die feierliche Einweihung des Gefallenenehrenmals der Stadt

142 Hitlerprozeß, 10. Tag (8. 3. 1924), Aussage Hitler.
143 Hitler und Kahr, II, S. 44.

München statt im Beisein der Spitzen des Staates, der Reichswehr und der alten Armee, mit entsprechender Beteiligung aller Wehrverbände. Die Gelegenheit schien für eine handstreichartige Machtergreifung außergewöhnlich günstig. Entsprechende Vorbereitungen wurden von der Kampfbundleitung getroffen[144], ob mit oder ohne Wissen und Zustimmung des Triumvirats, ist ungeklärt. Da um die Wende vom Oktober zum November ein weitgehendes Einverständnis zwischen dem Triumvirat und der Kampfbundführung erzielt worden war[145], kann man annehmen, daß der Staatsstreich für den 4. November auch im gegenseitigen Einvernehmen abgesprochen worden war[146].

Die Vorbereitungen zu dem Staatsstreich gingen auch aus dem Befehl für das SA-Regiment München vom 2. November zur Teilnahme an der Heldengedenkfeier hervor:

„I. Am Sonntag, dem 4. November, beteiligt sich das Regiment vollzählig an der Trauerkundgebung für die Gefallenen. Da eventuell nicht nur

144 Rosenberg im VB, Nr. 312 v. 8. 11. 1933, Sonderbeilage; ferner: Kuron, Freikorps und Bund Oberland, S. 144; MM Frau Scheubner-Richter.

145 Siehe Bd. 2, Kap. III.

146 Aus den Erinnerungen des Generals Ritter von Mittelberger geht hervor, daß für Anfang November der gemeinsame Staatsstreich des Triumvirats zusammen mit Hitler-Ludendorff festgesetzt war. Am 1. November 1923 hatte der damalige Bataillonskommandeur in Bayreuth, Oberstleutnant Mittelberger, ein Gespräch mit dem dortigen SA-Führer, einem Major a. D. H., der ihm sagte, daß er für den folgenden Tag nach München zu einer wichtigen SA-Führerbesprechung eingeladen sei. „Als er zwei Tage später wieder in Bayreuth eintraf", das wäre also der 3. November gewesen, „ließ ich ihn ersuchen, zu mir zu kommen. In Gegenwart meines Adjutanten berichtete mir H. bereitwillig, was in München besprochen worden war, in der Hauptsache folgendes: ‚Hitler wird demnächst losschlagen. Kahr, Lossow, Seisser, auch Ludendorff sind einverstanden. Die ganze bayerische Reichswehr wird auf seiten Hitlers stehen. Der genaue Zeitpunkt des Beginns der Aktion ist nicht bekanntgegeben worden; aber den SA-Führern wurden versiegelte Briefumschläge ausgehändigt, die die notwendigen Anweisungen enthielten und auf ein telegrafisches Stichwort zu öffnen sind. Die Besetzung Bayreuths wird dann die SA übernehmen, während dem Bataillon der Grenzschutz gegen das kommunistische Sachsen zufallen wird.'" Auf die ausdrückliche Frage Mittelbergers, ob er, der SA-Führer, denn berechtigt sei zu solchen Mitteilungen, bejahte dieser ausdrücklich mit dem Hinweis, daß zwischen Lossow und Hitler alle entsprechenden Vereinbarungen getroffen seien.
Mittelberger schrieb diese Aussagen an Lossow und schickte den Brief durch Kurier nach München. Darauf berief Lossow zum 6. November „sämtliche Kommandeure zu einer Besprechung" nach München, „verlas meinen Brief und kennzeichnete seine Stellungnahme unzweideutig mit den Worten: ‚Meine Herren, glauben Sie mir, einen solchen Wahnsinn werde ich nicht mitmachen.'"
VjZG, V, 1957, S. 91 ff., Do.-Nr. 1, S. 95 f.
Die von Mittelberger erwähnte Kommandeurbesprechung bei Lossow fand am 7. November statt. (Franz)

eine Beteiligung an dieser Feier, sondern auch noch andere Momente maßgebend sein können, mache ich die Bataillonsführer dafür verantwortlich, daß restlos das ganze Regiment für Sonntag alarmiert wird.

II. Die Radfahrer des Regiments machen am Sonntag, dem 4. November, eine Geländeübung unter Führung des Oberleutnants Roßbach, Richtung Schliersee. Stahlhelme sind mitzuführen[147]."

Vorbereitungen zu einem Handstreich an diesem Tag hatte nicht nur die SA[148], sondern auch der Bund Oberland getroffen[149]. Allem Anschein nach war geplant, die Gelegenheit zu benützen, den anwesenden Kronprinzen Rupprecht zum König auszurufen[150]. Das vorzeitige Weggehen des GSTK, das Fehlen des Chefs der Landespolizei[151] und Ludendorffs[152] sowie bestimmte Absperrmaßnahmen der Landespolizei machten den Plan im letzten Augenblick zunichte[153].

Der SA-Befehl vom 2. November war also vom gleichen Tag datiert, an dem laut Erinnerungen Mittelbergers die SA-Führerbesprechung in München stattgefunden hatte. Demnach scheint am 2. November der Plan für den Staatsstreich am 4. November in den *Einzelheiten* festgelegt worden zu sein. Da, wiederum nach Erinnerung Mittelbergers, die SA-Führer am 2. November bereits versiegelte Umschläge mit den „notwendigen Anweisungen" erhielten, wäre darin ein weiteres Indiz für diesen Plan zu sehen. Auch Marschall von Bieberstein spricht von diesen Vorbereitungen, an denen er beteiligt war.

Am 2. November war aber Seisser in Berlin. Daß Kahr ihn am 1. November dorthin geschickt hatte, kann mit dem 4. Novemberplan zusammenhängen. Der Plan muß, wenn am 2. November die Einzelheiten der Durchführung festgelegt wurden, mehrere Tage vorher im *Grundsätzlichen* zwischen dem Triumvirat und der Kampfbundleitung abgesprochen worden sein, vermutlich in den letzten Oktobertagen. Das würde wieder mit dem

---

147 Reg.Befehl Nr. 83 v. 2. 11. 1923.

148 Dazu auch Pölnitz, Emir, S. 125: Marschall von Bieberstein war an der Vorbereitung beteiligt.

149 Kuron, Freikorps und Bund Oberland, S. 178.

150 Siehe bei Röhm, S. 208. — Die Lage war ähnlich wie bei der Beisetzungsfeier König Ludwigs III. im Oktober 1921.

151 Siehe 2. Bd., Kap. Der Konflikt zwischen Bayern und dem Reich, S. 376 f.

152 Ludendorff, Auf dem Weg, S. 59.

153 Pölnitz, Emir, S. 125.

erwähnten Bericht des Reichsgesandten Haniel übereinstimmen, der eine Annäherung zwischen Kahr und dem Kampfbund für diesen Zeitpunkt festgestellt hatte. Kahr wollte wahrscheinlich auf „Nummer Sicher" gehen, bekam vor seiner eigenen „Zivilcourage" Angst und entsandte Seisser nach Berlin, erstens, um Rückendeckung zu suchen, zweitens, um im Notfall, wenn die Antwort aus Berlin ungünstig ausfiel, ausweichen zu können.

Dieser neuerliche Umfall des GSTK förderte bei der Kampfbundleitung den Entschluß, dem Zauderer zum „Absprung" nun entsprechend „nachzuhelfen".

Scheubner-Richter kehrte tief niedergeschlagen und voll düsterer Ahnungen von der Gedenkfeier nach Hause zurück, weil die geplante Aktion nicht durchgeführt worden war. Er war so verzweifelt, daß er sich krank zu Bett legte. Als Hitler tags darauf, am Montag, dem 5. November, morgens 8.00 Uhr, ihn telefonisch sprechen wollte und von Scheubners Frau erfuhr, er sei krank, antwortete Hitler am Telefon: „Ich komme sofort." Auf diese Nachricht hin stand Scheubner auf und machte sich binnen fünf Minuten fertig. Um 8.00 Uhr kam Hitler, und wenig später gingen beide, Scheubner und Hitler, wieder vollbegeistert zusammen weg[154].

Der „Völkische Beobachter" berichtete über die „Heldenehrung"[155]:

„Am 4. November 1923 wurde in München das Ehrenmal für die 13 000 Gefallenen der Stadt im Beisein des Kronprinzen Rupprecht eingeweiht. Feldmarschall Kronprinz Rupprecht nahm den Vorbeimarsch der Reichswehr, der Kampfverbände, des Regiments München der SA — es wurde vom Publikum mit freudigen Heilrufen begrüßt —, der Veteranen- und Kriegervereine sowie der vaterländischen Jugendorganisationen ab. Nach der Feier vor dem Armeemuseum und dem Parademarsch auf dem Marstallplatz nahm Adolf Hitler auf der Maximilianstraße nochmals die Parade des Deutschen Kampfbundes ab. Fast eineinhalb Stunden schritten die Mitglieder der Sturmabteilung der Nationalsozialisten, des Bundes Oberland

---

154 MM Frau Scheubner-Richter vom 9. 7. 1952. — Hofmann, Hitlerputsch, meint S. 133: „Es ist kaum anzunehmen, daß Hitler vorher davon gewußt hat." Diese Ansicht ist eine unbewiesene Spekulation. Es ist so gut wie ausgeschlossen, daß Scheubner-Richter ohne Wissen Hitlers einen solchen Handstreich vorbereitete, in den praktisch alle maßgebenden Persönlichkeiten der Rechten in München verwickelt wurden.

155 VB, Nr. 226 v. 6. 11. 1923, S. 3.

und der Reichskriegsflagge an Hitler und den militärischen Führern des Kampfbundes vorüber. Eine ungeheure Menschenmenge hatte sich angesammelt, und als die Parade zu Ende war, wurden Hitler große Ovationen bereitet. Aus der Menge erscholl plötzlich eine Stimme: ‚Hitler soll die Leitung des deutschen Vaterlandes in die Hand nehmen', worauf ein nicht endenwollender Zustimmungsjubel erscholl. Unter nicht endenwollenden Heilrufen setzte sich Hitlers Wagen in Bewegung, und diese Rufe gaben wohl die Stimmung nicht nur Münchens, sondern aller derjenigen Kreise Bayerns wieder, welche bereit sind, für ein Großdeutschland zu kämpfen.

Infolge eines Mißverständnisses erschien bei General Ludendorff das bestellte Auto nicht, ein zweites, rasch herbeigerufenes kam leider zu spät, so daß der General zu seinem größten Bedauern der Totenfeier nicht beiwohnen konnte."

Hält man sich das Ergebnis der Reise Seissers vor Augen, so kann man die Tatsache, daß der für Ludendorff beorderte Wagen der Landespolizei nicht gekommen war, schwerlich für ein „Mißverständnis" halten[156].

Zu der Kundgebung für Hitler am Heldengedenktag paßte stimmungsmäßig der Bericht des Bezirksamtes Memmingen von Ende Oktober, daß am letzten Sonntag in der Nähe von Ottobeuren die Nationalsozialisten „feierlich auf Tod und Leben auf Hitler vereidigt worden" seien. „Die Nationalsozialisten sollen das Gerücht verbreitet haben, Hitler werde in acht bis zehn Tagen von der Herrschaft über Deutschland Besitz ergreifen." Weiter hieß es in dem Schreiben der Regierung Schwaben an den GSTK: „Da nach fernmündlicher Mitteilung der Nachrichtenstelle des GSTK die Vereidigung der Hitlerleute auf ihren Führer in ganz Bayern in Gang sein soll, bitte ich mit Rücksicht auf die Bestimmung in § 128 Reichsstrafgesetzbuch um Weisung, ob die Vereidigung zu dulden oder ob und wie ihr entgegenzutreten ist[157]."

Spätestens am 5. November war es den Führern des Kampfbundes klar, daß sie aus dem großen Spiel ausgeschaltet werden sollten. Die vom GSTK

---

156 So im oben zitierten Artikel des VB.

157 § 128 des Reichsstrafgesetzbuches lautet: „Die Teilnahme an einer Verbindung, deren Dasein, Verfassung oder Zweck vor der Staatsregierung geheimgehalten werden soll, oder in welcher gegen unbekannte Obere Gehorsam oder gegen bekannte Obere unbedingter Gehorsam versprochen wird, ist an den Mitgliedern bis zu sechs Monaten, an den Stiftern und Vorstehern der Verbindung mit Gefängnis von einem Monat bis zu einem Jahre zu bestrafen. Gegen Beamte kann auf Verlust der Fähigkeit zur Bekleidung öffentlicher Ämter auf die Dauer von einem bis zu fünf Jahren erkannt werden."

nicht eingehaltene Vereinbarung zum Losschlagen am 4. November hatte die letzten Zweifel an der Einstellung des GSTK und des Triumvirats beseitigt. Außerdem erbeutete der Nachrichtendienst der Nationalsozialisten einen Bericht der Reichs-Gesandtschaft in München an das Auswärtige Amt über separatistische Absichten des Triumvirats; aus den erbeuteten Unterlagen ging auch hervor, daß Kahr die Franzosen in sein geplantes Unternehmen eingeweiht hatte[158]. General Lossow ließ bezüglich des Separationsplanes in zorniger Erregung während des Gespräches mit Graf Helldorf, dem Abgesandten Düsterbergs, am 8. November eine deutliche Bemerkung fallen: Habe der Norden keinen Willen zum Leben, so müsse das doch schließlich, „ob wir wollen oder nicht, zu einer Art von Separation führen“[159].

Major Vogts, der Verbindungsmann des Alldeutschen Verbandes zu Kahr und den bayerischen Rechtsverbänden, gewann anläßlich seines Besuches am 6. November in München den Eindruck, daß die Hitlerrichtung zu einer Sonderaktion neige. „Kriebel hatte mir schon vorher gesagt, daß seine Leute sehr beunruhigt seien, daß kein Geld mehr da sei, und daß es schwer sei, das Ganze noch zusammenzuhalten[160].“

Die Besprechung des Triumvirats mit den Führern der Wehrverbände am 6. November gab den Kampfbundführern den letzten Anstoß, den Entschluß zum selbständigen Handeln zu fassen. Lossows Äußerung während dieser Besprechung: „Ich will ja marschieren, will ja marschieren, aber bevor ich nicht 51 Prozent Wahrscheinlichkeit des Erfolges in meinem Notizbuch ausrechnen kann, bevor kann ich es nicht machen[161]“, bestärkte die Kampfbundführer in ihrer Überzeugung, daß das Triumvirat nicht den Mut zum Absprung finde.

Kriebel beantwortete die nachdrücklichen Warnungen der Triumvirn vor einem selbständigen Vorprellen der Verbände und die Androhung, „manu militari“ dagegen vorzugehen, mit einer förmlichen Kriegserklärung in Gestalt folgenden Befehls an sämtliche *Wehr*verbände[162]:

---

158 MM Frau Scheubner-Richter.

159 Lossow im Ermittlungsverfahren, zit. nach Hitler und Kahr, II, S. 43 f.

160 Major Vogts im Ermittlungsverfahren, zit. nach Hitler und Kahr, II, S. 112.

161 Kriebel im Prozeß, 4. Tag (29. 2. 1924). Lossow bestätigte Kriebels Aussage über seine Äußerung, sie sei im Gespräch mit Dr. Weber und Kriebel gefallen. Prozeß, 11. Tag (10. 3. 1924).

162 Zit. nach Hitler und Kahr, II, S. 133.

„Deutscher Kampfbund München, den 7. 11. 1923.
Kampfgemeinschaft Bayern
Der militärische Führer
B.B. Nr. 332.

1. Bund Bayern und Reich,
2. Organisation Ehrhardt und angeschlossene Verbände,
3. Reichsflagge,
4. Jäger,
5. Hermannsbund,
6. Oberstleutnant Willmer.

Die Besprechung am 6. November abends beim Generalstaatskommissar hat gezeigt, daß er mit der Uneinigkeit der Verbände rechnet. Der Herr Generalstaatskommissar hat durch Landeskommandant und Oberst Seisser klar und unzweideutig erklärt, daß er fest entschlossen ist, gegen jeden Verband, der aus sich selbst heraus einen gewaltsamen Umsturz herbeizuführen sucht, mit Waffengewalt vorzugehen.

Ich erkläre als militärischer Führer des Kampfbundes feierlich, daß Meinungsverschiedenheiten, mögen sie noch so schwerer Art sein, die ein Zusammengehen mit einzelnen Verbänden nicht möglich machten, nicht hindern können, mich mit der gesamten militärischen Macht des deutschen Kampfbundes an die Seite des Verbandes zu stellen, gegen den Reichswehr oder Landespolizei mit Waffengewalt aufgeboten werden. Kriebel."

Die erregte und pathetische Sprache Kriebels in diesem Befehl gibt die krankhafte überreizte Stimmung wieder, die von der Klarheit und Nüchternheit eines hohen Generalstabsoffiziers nichts mehr erkennen läßt. Sie war Ausdruck des allgemeinen Zustandes, der Lage und Stimmung in Deutschland kennzeichnete.

Kriebels Befehl war nicht an die Verbände des Kampfbundes, dessen militärischer Leiter er war, gerichtet, sondern an sämtliche Wehrverbände! Er sprach hier also als militärischer Führer aller im „Grenzschutz" eingesetzten Verbände.

Unmittelbar nach der Besprechung der Führer der Wehrverbände mit den Triumvirn, an der Hitler nicht teilgenommen hatte, trafen sich Kriebel, Dr. Weber und Hitler am Abend des 6. November. Sie beschlossen, noch einmal einen Versuch zu machen, um den seit Anfang November abgerissenen Gesprächsfaden zum GSTK wieder anzuknüpfen. Hitler ermächtigte

Dr. Weber, Ludendorff zu bitten, eine Zusammenkunft zwischen Hitler und Kahr zu vermitteln[163]. Kahr lehnte am 7. November ab, ebenso auch den Versuch Kriebels, durch Vermittlung von Kommerzienrat Zentz ein Gespräch zwischen Kahr und Hitler unmittelbar nach der Versammlung im Bürgerbräukeller zustande zu bringen[164].

Diese Haltung des GSTK und die Nachricht, Kahr wolle die Versammlung im Bürgerbräukeller zur Ausrufung der Monarchie benützen[165], löste bei der Kampfbundleitung noch am gleichen Tage, dem 7. November, den Entschluß aus, der weiß-blauen Revolution durch eine schwarz-weiß-rote zuvorzukommen[166].

---

163 Aussagen Dr. Weber und Hitler im Prozeß, 1. u. 2. Tag (26. u. 27. 2. 1924); ferner Flugblatt: „Die Wahrheit". Verfaßt und hsgb. v. Dr. Weber am 10. 11. 1923. BHSTA, SA, I, Nr. 1491. — Ludendorff, Auf dem Weg, S. 143, berichtet, daß Scheubner-Richter ihm die Anregung gegeben habe. Möglicherweise haben beide, Dr. Weber und Scheubner, es unabhängig voneinander getan. — Am 6. 11. brachte der VB, Nr. 226, folgenden Aufruf:
„Der Winter naht, Parteigenossen, denkt an unsere Sturmleute, die nicht nur ihre Gesundheit, sondern auch ihre Kleider opfern im Dienste für das Vaterland. Erinnert Euch an die Opferwilligkeit unserer Vorfahren im Jahre 1813! Spendet abgetragene Kleidungsstücke, Uniformen, Wollsachen, Feldmützen des alten Heeres, Schuhe usw. Wir können alles brauchen! Auf Wunsch werden die Sachen abgeholt, sonst Abgabe: Regimentsgeschäftsstelle . . .
Deutsche Männer!
Wir stehen an der Schicksalswende unseres Volkes! Alle, die ihr noch außerhalb unserer Reihen steht, läßt Euch das Schicksal Eurer Brüder und Schwestern gänzlich unberührt? Erinnert Euch daran, daß von jeher die höchste Tugend des deutschen Mannes die Wehrhaftigkeit war. Säumt nicht mehr, denkt nicht, daß noch Zeit vorhanden ist, sondern meldet Euch umgehend zum Dienste für das Wohl und die Freiheit des deutschen Vaterlandes, in der Regimentsgeschäftsstelle . . .
Studenten!
die ihr später berufen seid, Führer des deutschen Volkes zu sein, bedenkt, daß nur der befehlen kann, der gewohnt ist, zu gehorchen! Neben dem Erlangen der geistigen Reife muß der Student heute vor allem seinen Körper und seinen Willen ertüchtigen. Kommt alle zu uns, die ihr regen Verkehr mit anderen Berufsklassen pflegen wollt, die ihr die deutsche Volksseele von dem marxistischen Gift reinigen helfen wollt! Tretet ein in Reih und Glied mit dem Arbeiter zum Kampfe für des Volkes höchste Güter!
Burschen heraus!
Anmeldung Regimentsgeschäftsstelle Corneliusstr. 12 (Parteilokal)."

164 Siehe Kap. „Putsch", S. 68.

165 MP, Nr. 122 v. 29. 5. 1925, Artikel: „Zur Vorgeschichte des Novemberputsches". Dazu paßt die Aussage Hitlers über eine Mitteilung Scheubners, „daß sich Lossow nun wieder zu einem Herrn geäußert habe, daß, wenn jetzt nicht der Norden losschlägt, die Separation unvermeidlich sei". Aussage Hitlers im Prozeß, 1. Tag (26. 2. 1924).

166 Hitler am 8. 11. 1937 in seiner Gedenkrede: „Um den 12. November sollte eine bajuwarische Revolution ausgerufen werden; ich entschloß mich, vier Tage vorher loszuschlagen."

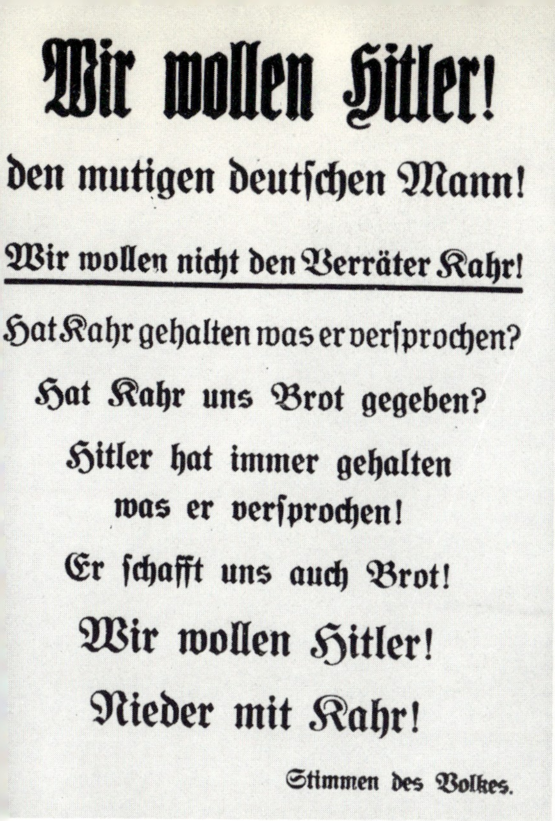

Wir wollen Hitler!

den mutigen deutschen Mann!

Wir wollen nicht den Verräter Kahr!

Hat Kahr gehalten was er versprochen?

Hat Kahr uns Brot gegeben?

**Hitler hat immer gehalten
was er versprochen!**

Er schafft uns auch Brot!

Wir wollen Hitler!

Nieder mit Kahr!

Stimmen des Volkes.

Flugblatt der NSDAP 1923

Oberstlandesgerichtsrat Pöhner, Polizeipräsident von München, sympatisierte mit den Nationalsozialisten.

Kundgebung der Nationalsozialisten am 9. November 1923 auf dem Marienplatz in München vor dem Marsch zur Feldherrnhalle

Verhaftung des Münchener Oberbürgermeisters Schmidt und seiner Stadträte während des November-Putsches durch Freikorps-Einheiten und der SA, die auch die öffentlichen Gebäude besetzten.

SA-Männer und Freikorpsangehörige vor dem Bürgerbräukeller dem Hauptquartier während des Putsches.

Der VB gab am 7. November zu dem Entschluß der Kampfbundleitung die Begleitmusik in einem Artikel, betitelt: „Drohender Einfall aus Thüringen“, der mit folgendem Satz endete: „Nach diesen Mitteilungen ... erwarten wir, daß die Grenzen gegen Sowjet-Thüringen nicht nur genügend geschützt, sondern auch der Vormarsch möglichst rasch angetreten werde[167].“

167 VB, Nr. 227 v. 7. 11. 1923, S. 4.

II.

1. Der Putsch am 8./9. November 1923

Die Führer des Kampfbundes versammelten sich am 7. November nachmittags in der Wohnung des militärischen Leiters, Oberstltn. a. D. Kriebel, am Sendlingertorplatz, um den Plan zum Staatsstreich zu erörtern. Bei der Besprechung waren anwesend Hitler, Dr. Weber, Kriebel, Scheubner-Richter, Göring[1].

Kriebel schlug vor, im Anschluß an eine Nachtübung vom 10. auf 11. November nach München zu marschieren, das Triumvirat zur Übernahme der vorgesehenen Ämter zu veranlassen und die Regierungsmitglieder aus den Betten zu verhaften. Dieser Plan wurde jedoch verworfen, weil die Gefahr allzu großen Aufsehens bestand; auch fehlte die Sicherheit, aller Regierungsmitglieder habhaft werden zu können[2]. Darauf entschloß man sich nach langem Hin und Her, den Vorschlag Hitlers anzunehmen, nämlich die Versammlung im Bürgerbräukeller, die für den 8. November angesetzt und zu der die gesamte Münchner Prominenz eingeladen war, zum Losschlagen zu benützen. Die Entscheidung fiel erst gegen Abend. Die militärischen Maßnahmen wurden in allen Einzelheiten festgelegt[3]. Die Aktion sollte die eigentlichen Inhaber der Staatsgewalt für den gemeinsam abgesprochenen Plan der Errichtung einer Reichsdiktatur gewinnen; sie richtete sich gegen die verfassungsmäßigen Regierungen Bayerns und des Reiches. Die Führer des Kampfbundes waren sich immer im klaren gewesen, daß

1 Aussage Dr. Friedrich Weber im Prozeß, 2. Tag (27. 2. 1924); ferner derselbe: Flugblatt „Die Wahrheit", hsgb. am 10. 11. 1923; BHSTA, SA, I, Nr. 1493, Betreff Dr. Weber, 4. 1. 1924; Aussage Hitler im Prozeß, 1. Tag (26. 2. 1924).

2 MM v. Major a. D. Hans Streck v. 15. 1. 1958. Streck war laut seiner Aussage an der Sitzung beteiligt. Anscheinend vergaß Dr. Weber ihn bei der Aufzählung. BHSTA, SA, I, Nr. 1491.

3 MM Streck v. 15. 1. 1958 u. 26. 9. 1963; BHSTA, SA, I, Nr. 1491.

sie niemals gegen Reichswehr und Landespolizei, sondern nur mit ihrer Hilfe die völkische Diktatur errichten könnten[4]. Die kurzfristige Beschlußfassung, binnen 24 Stunden loszuschlagen, diente dazu, der für den 8. November befürchteten Ausrufung der Monarchie durch Kahr anläßlich der Versammlung im Bürgerbräukeller in letzter Minute zuvorzukommen, die Separation Bayerns vom Reich und die Ausschaltung Hitlers und Ludendorffs von der Direktorialregierung zu verhindern[5].

In die Absichten der Kampfbundleitung war sonst niemand eingeweiht, außer Ludendorff[6], ohne dessen Einverständnis und Mitwirkung der geplante Staatsstreich nicht durchgeführt werden konnte. Die Geheimhaltung war so streng, daß auch die militärischen Führer und ersten Mitarbeiter, wie Hoffmann, von der *politischen* Gesamtplanung nichts wußten[7].

Die Versammlung im Bürgerbräukeller am 8. November ging auf den Wunsch des GSTK zurück, zum Jahrestag der Revolution eine Rede gegen den Marxismus zu halten. Daß damit noch eine andere Absicht verbunden

---

4 Hitler, Ludendorff und Dr. Weber erklärten im Prozeß einstimmig, daß ihr Plan darauf fußte, mit der Reichswehr und Landespolizei zusammen die Änderung herbeizuführen. Ebenso äußerte sich Gr. Strasser. Siehe auch Ludendorff, Auf dem Weg, S. 151; ferner Flugblatt „Die Wahrheit" von Dr. Weber.

5 Laut MP, Nr. 122 v. 29. 5. 1925, Artikel: „Zur Vorgeschichte des Hitlerputsches", erfuhr Hitler von Scheubner-Richter und vermutlich auch von Zeller am 7. 11., daß Kahr in der Versammlung am 8. 11. die Monarchie ausrufen wolle. — „Die Vorgeschichte dieses Entschlusses von Hitler war gewesen", so schreibt Bronnen, Roßbach, S. 146, „daß am Nachmittag des 7. ein Baron von Albedyll in einer Versammlung von dem GSTK nahestehenden Leuten angekündigt hatte, von Kahr würde sich am Abend des 8. zum Diktator ausrufen lassen." In seiner Gedenkrede am 8. 11. 1935 sagte Hitler: „Irgendeiner mußte in dieser Stunde dem Verrat entgegentreten und mußte diesen Verrätern die nationale Parole entgegenhalten. Wer es tat, war am Ende gleichgültig. Wir haben es getan. Ich habe es gewagt . . ." VB (Berliner Ausgabe) v. 11. 11. 1935.

6 MM Heinz Pernet v. 13. u. 20. 3. 1967. Demnach war Ludendorff genau unterrichtet, alle Einzelheiten des Vorgehens und seiner persönlichen Einschaltung waren abgesprochen.

7 Hitler im Prozeß, 1. Tag (26. 2. 1924); ferner Aussage Kplt. Alfred Hoffmann bei seiner Vernehmung am 4. 5. 1924. BHSTA, SA, I, Nr. 1493. Demnach hatte Hoffmann an keiner der maßgebenden Besprechungen teilgenommen. Ihm war auch die Verständigung der SA für den 8. 11. unbekannt.

Gregor Strasser, Führer der niederbayerischen Nationalsozialisten, war für den 8. 11. mit seinen Leuten nach Freising bestellt und mußte dort nähere Weisung abwarten. Julius Schaub fuhr im Auftrag Görings am 8. 11. abends nach Freising, genau zu dem Zeitpunkt, als Hitler seinen Handstreich im Bürgerbräukeller durchführte, um Strasser mit seinen Leuten nach München zu beordern. BHSTA, SA, I, Nr. 1494, Aussage Schaub am 25. 4. 1924.

Julius Streicher und Dr. Helmuth Klotz waren am Vormittag des 8. 11. telegrafisch nach München befohlen worden. Streicher erhielt von Hitler den Auftrag, die Volksaufklärung zu leiten. Er traf im Bürgerbräukeller nach 9.00 Uhr abends ein. Aussage Streicher am 1. 12. 1923. BHSTA, SA, I, Nr. 1493; ebda, Nr. 1497 a; Aussage W. Buch am 22. 2. 1924.

war, wurde vielfach vermutet. Der Wunsch des GSTK wurde am 4. November — dem Sonntag, an dem die Gefallenenfeier stattfand und der geplante Handstreich durch Kahrs und Seissers Abwesenheit nicht durchgeführt werden konnte — von seinem Pressechef Schiedt, vom Hauptschriftleiter der MNN Gerlich und von Prof. Cossmann, dem Herausgeber der „Süddeutschen Monatshefte“, an Kommerzienrat Eugen Zentz, dem Leiter des „Heimatdienstes Bayern“, herangetragen mit der Bitte, eine Versammlung der wirtschaftlichen Spitzenorganisationen und nationaler Männer einzuberufen. Auch der Kampfbund sollte auf Kahrs Wunsch eingeladen werden[8].

Kommerzienrat Zentz berief für den 5. November abends eine Versammlung ins Kaufmannskasino ein, zu der als Vertreter des Kampfbundes Kriebel erschien. Kriebel und Zentz waren aus der Zeit der Zusammenarbeit in den Einwohnerwehren gute Bekannte. Am Vormittag des 6. November rief Kriebel Zentz an, ob er nicht eine Aussprache zwischen Hitler und Kahr nach der Versammlung vermitteln könne. Hitler selbst hatte angeregt, daß Kahr ihn und Ludendorff zu einer Aussprache am 8. November nachmittags empfangen solle. Diese Bitte hatte auch Ludendorff an Kahr herangetragen, mit negativem Erfolg für Hitler. Es kam am 8. November nachmittags nur zu der erwähnten Aussprache Kahr-Ludendorff in Gegenwart von Lossow und Seisser. Der Ansicht Ludendorffs, die Reichswehr gehe vom Major abwärts mit ihm, widersprach Lossow energisch[9]. Die Bitte von Zentz, mit Hitler unmittelbar nach der Versammlung am Abend zusammenzukommen, lehnte Kahr am 7. November ebenfalls ab. Zentz wollte dazu seine Villa zur Verfügung stellen. Er erzählte Kriebel, die Rede Kahrs sollte „das Ende der Schandrevolution von 1918 und den Anfang einer neuen Ära bedeuten[10]“. Kahrs Rede „Vom Volk zur Nation“ würde gedruckt schon vorher verteilt werden. Kriebel zog aus der ablehnenden Haltung Kahrs gegenüber

8 BHSTA, SA, I, Nr. 1501, Prozeß Kommerzienrat Eugen Zentz gegen Richard Stempfle vom „Miesbacher Anzeiger“ wegen Beleidigung. Stempfle hatte in einem Artikel „Der große Krumme“ behauptet, Zentz habe bewußt dem GSTK eine Falle gestellt und ihn in den Bürgerbräukeller gelockt. Stempfle verlor den Prozeß.

9 Dem Gespräch wohnten laut Kahr, Erinnerungen, auch Lossow und Seisser bei. — Siehe Bd. 2, Kap. III, ferner Flugblatt „Die Wahrheit“ von Dr. Weber; BHSTA, SA, I, Nr. 1491.

10 „Kahrs Plan“, schreibt Högner, Die verratene Republik, S. 168, „war übrigens am Nachmittag des 8. November an die Sozialdemokraten verraten und am nächsten Morgen durch einen Reichstagsabgeordneten dem Reichspräsidenten Ebert unterbreitet worden. Das gab die Möglichkeit, sich auch gegen Überraschungen der Rechtskreise um den als Nachfolger Seeckts in Aussicht genommenen General Behrendt zu schützen.“

Hitler den Schluß, daß der GSTK den Bruch wollte. „Diese Ablehnung erst hatte zur Folge, daß der Plan von 8.00 Uhr abends gefaßt wurde[11]." Die Kampfbundleitung hatte sich bis zum 7. November demnach bemüht, den am 4. 11. gerissenen Faden zum GSTK wieder anzuknüpfen.

Am 6. November erging an das SA-Regiment der Befehl Nr. 85, in dem es unter Punkt 3 hieß:

„3. Die Bataillone stehen für Donnerstag, 8. November, ab 6.00 Uhr abends, alarmbereit in ihren Sammelquartieren zur weiteren Verwendung (Versammlungsschutz)[12]."

Am 7. November wurde folgender Befehl an das SA-Regiment erlassen (Nr. 86):

„3. Der für Donnerstagabend 8.00 Uhr für die Offiziere des Regimentes angesetzte Appell fällt wegen Alarmierung des Regiments aus.

4. Die Bataillone erhalten Donnerstagnachmittag zwischen 3.00 und 4.00 Uhr nähere Anweisung für ihre Verwendung am Donnerstagabend.

7. Der Anzug für die Alarmierung am Donnerstagabend ist Sturmanzug, Mütze, Handfeuerwaffen untergeschnallt[13]."

Dr. Friedrich Weber, der Führer des Bundes Oberland, hatte für den 7. November abends 6.00 Uhr die Führer der Münchner Bataillone des Bundes sowie mehrere auswärtige Kreisführer in den Rheinischen Hof zusammengerufen. Er händigte den Münchner Bataillonsführern sowie denen der Oberlandgruppen Werdenfels und Seefeld, die als militärisch besonders schlagkräftig galten, Alarmbefehle in verschlossenem Umschlag aus, mit der Weisung, diese erst am 8. November um 8.30 Uhr abends zu öffnen. Die Alarmbefehle lauteten folgendermaßen:

„In München ist soeben die nationale Diktatur Kahr-Hitler-Ludendorff-Lossow ausgerufen worden. Sie haben möglichst bald mit den Ihnen zur Verfügung stehenden Leuten nach München zu kommen und sich beim Oberstltn. Kriebel zu melden[14]."

---

11 Prozeß Zentz gegen Stempfle. Kriebel wurde als Zeuge in Landsberg am 16. 4. 1924 vernommen. Sein Anwalt war Dr. Schramm.

12 BA, NS (Misch), 583, Befehle des SA-Regiments München Nr. 1—86 (1923); Hitler und Kahr, II, S. 135.

13 Ebda.

14 Kuron, Freikorps und Bund Oberland, S. 179; MP, Nr. 122 v. 29. 5. 1925, Artikel: „Zur Vorgeschichte des Novemberputsches". Demnach nahmen auch Roßbach, Heines, Berthold und Brückner daran teil.

An diesem und am nächsten Tag fanden noch fieberhafte Besprechungen statt. Lossow hatte am 7. November die Reichswehrkommandeure versammelt und führte ein Gespräch mit General Ludendorff[15]. Dieser bat nach Lossows Weggang Scheubner-Richter, den deutschvölkischen Abgeordneten Graefe aus Berlin herbeizurufen[16]. Hitler traf sich an diesem Tage durch Vermittlung Pöhners mit Kapitän Ehrhardt; die Unterredung verlief ergebnislos[17]. Ludendorff war an den Sitzungen der Kampfbundleitung nicht beteiligt, er wurde jedoch von Scheubner-Richter sorgfältig auf dem laufenden gehalten. Er war auch — neben Scheubner-Richter — der entscheidende Verhandlungspartner des Kampfbundes mit dem Triumvirat und mit den Vertretern Norddeutschlands. Am 7. November fand spät abends noch eine Besprechung der Kampfbundführer im Kommandeurzimmer des Oberkommandos der SA statt. Kurz vor Mitternacht kam Hitler heraus in das Adjutantenzimmer, ging auf seinen dort wartenden persönlichen Begleiter Ulrich Graf zu, schüttelte ihn „in heller Freude" an beiden Schultern und sagte zu ihm: „Graf, morgen abends um 8.00 Uhr geht's los[18]!"

Die SA wurde vereidigt und unter Kriegsgesetz gestellt. Der Führer des Stoßtrupps Hitler, Berchtold, sagte zu seinen Leuten am 8. November: „Nachdem ich vor einer halben Stunde vereidigt worden bin, muß ich auf Befehl des Oberkommandos Ihre Vereidigung vornehmen, die Sie mir nachsprechen wollen:

‚Ich verpflichte mich zu unbedingtem Gehorsam und restloser Einsetzung meiner eigenen Person für unsere anerkannte Sache und gelobe meinem jetzigen und mir noch später zu bestimmenden Führer unbedingten Gehorsam und strebe mit allen mir zu Gebote stehenden Kräften, unserer heiligen Sache zum Siege zu verhelfen.'"

Darauf wurde jedes Stoßtruppmitglied auf Handschlag und Ehrenwort verpflichtet. Hierauf erklärte Berchtold, daß die Stoßtruppmänner nun unter Kriegsgesetz stünden und daß er bei Gehormsamsverweigerung unter Umständen von der Waffe Gebrauch machen werde. Berchtold hatte es de-

15 Hitler und Kahr, II, S. 43 f.; Ludendorff, Auf dem Weg, S. 142.

16 Ludendorff, Auf dem Weg, S. 142; Graefe fuhr sofort nach München und nahm auch am Marsch zur Feldherrnhalle teil.

17 Aussage Pöhner im Prozeß, 2. Tag (27. 2. 1924); UAL, 13. Sitzg. v. 1. 5. 1928.

18 Ulrich Graf, Unveröff. Erinnerungen.

nen, die Bedenken hatten, freigestellt, vorher noch auszuscheiden, denn „wir haben den ersten Streich unserer Bewegung auszuführen, jedenfalls wird heute noch die jetzige Regierung gestürzt werden, da eine Einigung zwischen Hitler und Kahr zustande gekommen ist[19]".

Diese Äußerung des Stoßtruppführers von der Einigung zwischen Hitler und Kahr war sehr bezeichnend für die herrschende Geistesverwirrung und die Wahnvorstellungen, unter denen die Leute handelten und in den Tod gingen. Jedenfalls gingen die Hitleranhänger in der Überzeugung vor, daß zwischen ihrem Führer und den eigentlichen Inhabern der Staatsgewalt, dem Triumvirat, Einigkeit bestehe. Auch der Führer des Bundes Oberland, Dr. Weber, erklärte im Prozeß ganz entschieden, daß der Bund niemals gegen die Staatsgewalt, sondern nur mit ihr handeln wollte[20].

Am Vormittag des 8. November verständigte Hitler Pöhner, Roßbach, Heß und Rosenberg von dem geplanten Unternehmen[21], sonst aber übte er strengste Verschwiegenheit auch gegenüber den ihm nächststehenden Freunden und Anhängern. Beispielsweise wurde Hermann Esser am Vormittag des 8. November von Hitler durch Boten verständigt, er, Esser, solle anstelle Hitlers am Abend im Löwenbräukeller in der Feier der Reichskriegsflagge sprechen, weil Hitler in den Bürgerbräukeller müsse, zu welchem Zwecke und mit welcher Absicht, ließ Hitler seinem Duzfreunde Esser nicht mitteilen. Esser sagte zu, obwohl er bereits seit einer Woche wegen einer schweren Gelbsucht das Bett hüten mußte[22].

Bezeichnend war auch Hitlers Verhalten gegenüber dem Parteigründer und Ehrenvorsitzenden Anton Drexler. Der Gründer und Ehrenvorsitzende der Partei war von der Leitung völlig ausgeschaltet; er war daher weder an der Vorbereitung noch an der Ausführung des Staatsstreiches irgendwie beteiligt. Am 5. November sprach Drexler abends im überfüllten Matthäsersaal; sein Erlebnis in der Versammlung kennzeichnete stimmungsmäßig die Lage und den Druck von seiten der Anhängerschaft auf die Parteileitung zum Handeln. Auf Vorhaltungen von Parteigenossen: „Jetzt glauben wir

---

19 Hitler und Kahr, II, S. 164, Aussage des Stoßtrupp-Mitglieds Heinrich von Knoblauch.

20 Dr. Weber im Prozeß: „Niemals wollten wir uns gegen die legale Macht stellen, nur mit ihr zusammenarbeiten wollten wir." S. a. Kuron, Freikorps und Bund Oberland, S. 177 f.

21 Aussage Pöhner, 2. Tag (27. 2. 1924).

22 Vernehmung Esser am 8. 4. 1924, Pol.Dir. München, BHSTA, SA, I; MM Esser v. 8. 1. 1963.

schon bald an Hitler auch nicht mehr, der macht auch nichts. Die Not wird riesengroß, wir können es nicht mehr aushalten" usw., entgegnete Drexler: „Ein Volk, das dreißig Jahre lang geistig mit Internationalismus verblödet wurde, und diese Verblödung von der obersten Spitze aus ruhig geduldet wurde, von dem kann man nicht verlangen, daß es in fünf Jahren wieder so weit ist, sich seine völkische Freiheit zu erringen. Die Sozialdemokratie brauchte bis zu dem Antritt ihrer Herrschaft fünfzig Jahre der niederträchtigsten Hetze und Wühlarbeit und dazu noch einen verlorenen Krieg, und wir sollen das jetzt in fünf Jahren aus dem Ärmel herausschütteln. Man möge sich an den 1. Mai erinnern. Er fand auch eine geschlossene Front gegen den Marxismus vor, und in dem Moment, als es zum Handeln kommen sollte, standen wir Nationalsozialisten allein da ... Wir brauchen noch eine lange Zeit der Kristallisation in den vaterländischen Verbänden überhaupt ... Die verschiedenen politischen Gruppen versuchen seit langem, vaterländisch Gesinnte für ihre Ziele zu gebrauchen. Die einen für die Bayerische Volkspartei, die anderen für eine Monarchie und die dritten für völkische Ziele. Solange diese drei Gruppen nicht einer Idee dienen, ist nichts zu machen. In diesem Sinne mahnte ich meine Genossen zur Besonnenheit[23]." Als Drexler tags darauf Kenntnis von der Versammlung im Bürgerbräukeller mit Kahr erhielt, bat er Max Sesselmann, der in Wirtschaftsfragen gut bewandert war, hinzugehen, um als Diskussionsredner gegen Kahr aufzutreten, der angeblich über das Thema „Wirtschaftsfragen in der jetzigen Zeit" reden wollte.

Am Mittwoch, dem 7. November, erfuhr Drexler durch eine Anzeige im VB, daß er am 8. November in Freising mit Hitler in einer Versammlung reden sollte. Hitler war für den gleichen Abend als Redner im Löwenbräukeller bei der Reichskriegsflagge angesetzt. Drexler fragte um 7.00 Uhr abends am 8. November in der Schriftleitung Hitler, wann sie nach Freising fahren würden, Hitler antwortete, er wisse das noch nicht, und ging eilig wieder weg. Drexler wollte dann um 7.30 abends mit dem Schnellzug nach Freising fahren. Im Begriffe, zum Bahnhof zu gehen, traf er beim Weggehen noch Amann und Esser. Dieser sagte ihm, er brauche nicht nach Freising zu fahren, die Versammlung sei abgesagt. Drexler ging dann mit Amann

23 Aussage Drexler am 30. 11. 1923, Pol.Dir. München, BHSTA, SA, I.

in den Bürgerbräukeller. Erst die Vorgänge im Bürgerbräukeller klärten ihn über die Lage auf. Vom Bürgerbräukeller ging er wegen seines Darmleidens, das sich infolge der begreiflichen Aufregung stark bemerkbar machte, zu Amann in die Wohnung. Dieser erzählte ihm, er habe in seinem Hause Büroräume in Aussicht, „in denen die neue Regierung zu arbeiten beginnen könne". Drexler verbrachte die Nacht bei Amann in der Wohnung[24].

Diese Geschäftsräume für die „neue Regierung" befanden sich in der Kanalstraße Nr. 9. Dort trafen sich nach dem Bürgerbräukeller bei Amann Gottfried Feder, Dr. Helmut Klotz, der stellvertretende Parteigeschäftsführer Bouhler — „Parteibeamter", nach Essers Aussage — und Hermann Esser. Letzterer hatte sich trotz seines schlechten gesundheitlichen Zustandes nach seiner Rede im Löwenbräukeller noch in den Bürgerbräukeller begeben, um sich über die Ereignisse zu unterrichten. Esser machte nach seiner Aussage Hitler Vorhaltungen, weil er ihn nicht rechtzeitig ins Bild gesetzt hatte, und äußerte auch sein Mißtrauen gegenüber Kahr. Auf Hitlers Wunsch begab er sich dann in die Kanalstraße, um nach Hitlers mündlicher Weisung die Vorbereitungen für die für den 9. November geplanten zehn Massenversammlungen zur Aufklärung der Münchner Bevölkerung zu treffen. Er diktierte Bouhler den Text zu den Versammlungseinladungen in zehn verschiedenen Lokalitäten. „Ich habe den Text des Plakates in großen Umrissen von Hitler angedeutet bekommen und Herrn Bouhler auch nur mit Schlagworten wiedergegeben. Ich habe Herrn Bouhler noch beauftragt, sich mit der Polizeidirektion wegen dieses Plakates in Verbindung zu setzen, damit wir nicht im letzten Moment durch irgendwelche bürokratischen Maßregeln die Versammlungseinladungen nicht rechtzeitig hinausbrachten . . . Ich habe dann noch kurz mit den ebenfalls in der Kanalstraße anwesenden Herren Feder und Dr. Klotz gesprochen über die neue politische Lage, dabei wiederholt bedauert, daß ich selber nicht aktionsfähig sei, und mich dann mit dem Automobil nach Hause begeben . . .[25]"

Rudolf Heß wurde am 8. November vormittags zu Hitler in die Wohnung bestellt. Hitler eröffnete ihm sein für den Abend geplantes Vorhaben. Auf die Frage von Heß, ob Kahr mitmachen würde, antwortete Hitler, die-

24 Aussage Drexler am 30. 11. 1923, Abschrift, Pol.-Dir. München; BHSTA, SA, I, Akt.Nr. 1497 a.

25 Aussage Esser v. 8. 4. 1924, Pol.Dir. München; ebda.

ser werde bestimmt mittun. „Er werde Kahr abends in der Versammlung im Bürgerbräukeller, in welcher Kahr zu sprechen beabsichtigte, mit von Lossow und Seisser herausbitten lassen zu einer Unterredung." Hitler erteilte Heß den Befehl, „als Mitglied der nationalsozialistischen Sturmabteilung abends in Uniform des alten Heeres zu erscheinen". Außerdem erhielt Heß den Auftrag, „einen Raum im Bürgerbräukeller für die Besprechung mit von Kahr, Lossow und Seisser bereitzustellen[26]".

Auch Alfred Rosenberg, der damals zu den engsten Vertrauten Hitlers gehörte, wurde von Hitler am 8. November vormittags unterrichtet. „Rosenberg, heute abend geht's los!" sagte Hitler, zu Rosenberg ins Zimmer tretend. „Kahr hält seine Regierungsrede, und da fangen wir alle zusammen im Bürgerbräu ein. Wollen Sie mitkommen?" Auf die bejahende Antwort Rosenbergs hin wurde vereinbart, „daß der Führer mich in seinem Wagen abends abholen würde . . .[27]"

Die Propagandamaschine der Nationalsozialisten lief auf vollen Touren und ließ nicht das geringste von der geplanten gewaltsamen Veränderung der Dinge erkennen. Hitler stand mit Drexler angekündigt als Redner auf der bereits erwähnten Massenversammlung in Freising am Abend des 8. November[28], Esser sollte in Mehring bei Augsburg sprechen[29], für Sonntagnachmittag, den 11. November, war eine große Festfeier im Zirkus Krone anläßlich der Standartenweihe der SA mit Hitler als Redner angesetzt[30]. Der Völkische Rechtsblock kündete für den 8. November im Hofbräuhausfestsaal eine Versammlung mit Dr. Buttmann als Redner an[31]. Röhms „Reichskriegsflagge" rief zum Besuch ihres für den 8. November im Löwenbräukeller angesetzten „kameradschaftlichen Festabends" für die Ange-

26 Aussage Heß v. 12./13. 5. 1924, Pol.Dir. München, Abschrift. Die Vernehmung Heß' war nach dem Prozeß erfolgt.

27 Rosenberg in: Schulungsbrief des Reichsschulungsamtes der NSDAP, Jg. 1935, Nr. 7 (Juli); s. a. Ursachen und Folgen, V, S. 432. — Auch Roßbach wurde am 8. 11. unterrichtet. Siehe Roßbach, Mein Weg, S. 80 f.

28 VB, Nr. 228 v. 8. 11. 1923, S. 5, Artikel: „Die nationalsozialistische Bewegung und ihre Mission".

29 VB, Nr. 228 v. 8. 11. 1923, S. 5, Artikel: „Der Zusammenbruch der Novemberrepublik und die Aufgaben der nationalsozialistischen Bewegung".

30 VB, Nr. 228 v. 8. 11. 1923, S. 2. In der Anzeige heißt es außerdem: „Mitwirkung zweier Musikkapellen, Eintritt: 5 Milliarden Mark einschließlich Lustbarkeitssteuer, Kassenöffnung: 4.30 nachmittags, Kartenvorverkauf ab Freitag, dem 9. 11. 1923 in der Geschäftsstelle Corneliusstr. 12; Einberufer für die Parteileitung: Anton Drexler."

31 VB, Nr. 227 v. 7. 11. 1923, S. 6; Artikel: „Marxismus und Bürgerkrieg".

hörigen und Freunde des „Deutschen Kampfbundes“ auf, für den Hitler auch als Redner neben anderen angekündigt war[32].

Der VB brachte am 6. November einen Artikel „Fort mit Ebert“, der mit folgenden Sätzen schloß:

„Wir wollen ausräumen und wir können keinen Kleber auf dem Präsidentenstuhl brauchen, während Deutschland sich anschickt, das ganze marxistische Gelichter mit seinen Juden und Parteisekretären zum Teufel zu jagen, dem ganzen unheimlichen Volks- und Weltbetrug das verdiente Ende zu bereiten.

Als im November 1918 der Kaiser mit der Abdankung zögerte, da schrieb Tag für Tag das Münchner marxistische Organ: Klebt er noch? Der Kaiser mußte gehen; der Marxismus trat seinen Siegeszug an und es begann die Periode der größten Volksbegaunerung, die jemals war. Heute neigt sich diese erbärmlichste Zeit deutscher Geschichte ihrem Ende zu. Herr Ebert ist noch da als Repräsentant jener Epoche, und er gedenkt vielleicht, auch diesen Sturm zu überdauern, sich auf den Boden neuer Tatsachen zu stellen. Wir werden und wir wollen das nicht dulden. Herr Ebert soll seinen Platz, den er zu Unrecht einnimmt, endlich räumen. Es war schon bisher für Millionen Deutsche ein widerlicher Gedanke, daß einer der Dolchstoßführer an der Spitze des Reiches stand, daß überhaupt ein Parteibonze, noch dazu der Judenschutztruppe, das Deutsche Reich vertrat. In einem neuen Vaterland ist kein Platz mehr für solche Erscheinungen. Wir müssen rufen: Fort mit Ebert[33]!“

Hitlers Sprachrohr polemisierte am 8. November heftig gegen Kardinal Faulhaber. Der Münchner Erzbischof hatte in seiner Allerseelenpredigt gegen die Judenhetze Stellung genommen: „Wie wollen wir sonst den Haß abbauen, der blindwütig über unsere israelitischen Mitbürger oder über andere Volksgruppen in Bausch und Bogen ohne Schuldnachweis von Kopf zu Kopf den Stab bricht . . .[34]“ Auch mit dem Antwortschreiben des Kardinals an den Reichskanzler vom 6. November befaßte sich der VB ausführlich am 8. und 9. November und hob besonders drei Forderungen, die der Erzbischof in dem Brief ausgesprochen hatte, hervor: „Die Notwendigkeit einer föderalistischen Umgestaltung der Weimarer Verfassung, die Erhal-

32 VB, Nr. 228 v. 8. 11. 1923, S. 1.
33 VB, Nr. 226 v. 6. 11. 1923, S. 1.
34 VB, Nr. 228 v. 8. 11. 1923, S. 2.

tung der Bekenntnisschule und die Selbstbestimmung Bayerns in der monarchischen Frage." Der Artikel des VB vom 9. November „Kanzler und Kardinal" schloß mit der respektvollen Bemerkung:

„Der Kardinal hat sich dem Kanzler in seiner Antwort überlegen gezeigt. Der Versuch, den Münchner Kirchenfürsten für bestimmte parlamentarische Erfordernisse zu gewinnen und so Einfluß auf die Willensmeinung der in Bayern herrschenden Faktoren zu erhalten, muß als gescheitert angesehen werden[35]."

Die vorletzte Nummer des Hauptorgans der NSDAP vor ihrem Verbot hatte eine charakteristische Aufmachung[36]. Sie brachte auf der ersten Seite in der Mitte des Blattes das Bild des Generals Yorck von Wartenburg mit der Unterschrift: „General Yorck von Wartenburg, der 1812 zur Rettung des Vaterlandes ‚rebellierte'. Wo bleibt der General, der 1923 gegen den Volksverrat vom 9. November 1918 ‚meutert'?" Die Schlagzeile des Titelblattes lautete: „Für Freiheit und Brot! Ein Mahnruf von Ludendorff". Dieser befaßte sich im Leitartikel gleichen Titels mit der wirtschaftlichen Not und den Ernährungsschwierigkeiten: „Das Gedeihen einer Rasse, das physische, sittliche, kulturelle Leben eines Volkes steht im engsten Zusammenhang mit seiner Ernährung. Wehrkraft und Volksernährung gehören zusammen. Ohne hinreichende Ernährung keine Freiheit! . . ." Weiter schrieb Ludendorff: „Unser öffentliches Wirtschaftsleben ist bar jeder sittlichen Grundsätze geworden . . . Es ist endlich Zeit, die eindringlichen sittlichen und wirtschaftlichen Forderungen des Volkswirtes Germanus Agricola zu befolgen, die er schon im Weltkrieg ausgesprochen hat . . ." Ludendorff erhob dann die Forderung der Arbeitspflicht. „Befreiung aus den Sklavenketten des Weltleihkapitals", „Rückkehr zu einer gesunden nationalen Geldwirtschaft". „Das ganze Volk wird Nährstand und Wehrstand!" Außerdem brachte das Blatt einen Artikel aus der Feder H. St. Chamberlains: „Gott will es! Betrachtungen über den gegenwärtigen Zustand Deutschlands[37]".

35 VB, Nr. 229 v. 9. 11. 1923, S. 3.

36 VB, Nr. 229 v. 9. 11. 1923, S. 1 f. — Über einen „Chinesischen Besuch bei Ludendorff" berichtete der VB, Nr. 225 v. 4./5. 11. 1923, S. 5. Eine chinesische Gesandtschaft unter Führung eines Generals sei zu L. gekommen, um ihn „als den bedeutendsten Feldherrn der Welt im Namen der chinesischen Nation" zu begrüßen. Jedes Schulkind in China kenne seinen Namen und spreche ihn in größter Verehrung aus. Siehe auch „Vorwärts", Abendausgabe Nr. 516 v. 3. 11. 1923, Artikel: „Ludendorff und ‚der Chinese'".

37 VB, Nr. 229 v. 9. 11. 1923.

Am 8. November fanden noch lebhafte Kontakte zwischen dem Kampfbund und dem Triumvirat statt; dabei stand Ludendorff als Wortführer des Kampfbundes im Vordergrund. Am Nachmittag konferierten Ludendorff, Lossow und Kahr zwischen 4.00 bis 5.30 Uhr. Lossow beantwortete dabei Ludendorffs Frage, ob er zu der Versammlung am Abend gehe, mit „Ja“[38]. Inhalt der Unterredung war im wesentlichen die zögernde Haltung der Norddeutschen, über die sie alle drei sehr aufgebracht waren.

An diesem Tage weilte Graf Helldorf zum zweiten Male in München; er ging zuerst zu Ludendorff, dann zu Kahr und Lossow. Anschließend traf er Ludendorff wieder bei Scheubner-Richter. Ludendorff trat bei Scheubner-Richter ein mit den Worten: „Es hat sich an der allgemeinen Lage nichts geändert.“ Ludendorff beauftragte Helldorf, „sofort nach Berlin zu fahren und den Reichslandbund für die sofortige Entsendung eines Vertreters, der als Wirtschaftsdiktator in Frage komme, zu interessieren. Ludendorff erklärte, ... eher falle der Himmel ein, als daß sich die bayerische Reichswehr gegen ihn wenden würde. Er betonte auch noch, daß Lossow hauptsächlich Gewicht lege auf die Herbeischaffung des Ernährungsdiktators. Scheubner-Richter äußerte, es sei schwer, die nationalsozialistischen Sturmtruppen zusammenzuhalten, die Leute seien schlecht genährt, schlecht gekleidet und bekämen für ihre Tätigkeit bei den Sturmtrupps nichts bezahlt. Die Leute stellten Vergleiche an mit der Reichswehr, die im Gegensatz zu ihnen gut genährt, gut gekleidet und gut untergebracht sei; bloß mit glänzenden Paraden vor einer Reihe von Generalen und mit Reden lassen sich die Leute nicht mehr abspeisen. Um die Leute zusammenzuhalten, müsse man jetzt endlich etwas unternehmen, sonst würden die Leute nach links radikalisiert werden ...“ Scheubners Schilderung der Stimmung in der Hitlerbewegung deckte sich mit der eindringlichen Mahnung, die Hitler an Oberst Seisser vor dessen Abreise nach Berlin gerichtet hatte. Sie diente sicher auch dazu, den Grafen Helldorf als Mittelsmann nach Norddeutschland anzuspornen, die norddeutschen Zauderer zum Entschluß zu drängen. Aus Scheubners Worten wie aus denen Hitlers ging einwandfrei hervor, daß die Kampfbundführung sich in der Lage des Zauberlehrlings befand; sie konnte die entfesselten Kräfte nicht mehr länger bändigen und mußte unter dem Zwang der Straße zum Handeln schreiten.

38 Hitler und Kahr, II, S. 43, 133.

Graf Helldorf reiste noch am Abend desselben Tages wieder ab nach Halle[39]. Die Frage, die Ludendorff nachmittags zwischen 4.00 und 5.30 Uhr an Lossow stellte, ob er an der Versammlung im Bürgerbräu teilnehme, hatte mittags der Führer des Bundes Oberland, Dr. Weber, fernmündlich auch an Oberst Seisser gerichtet[40]. Offensichtlich wollte sich die Kampfbundleitung vergewissern, ob das Triumvirat vollzählig im Bürgerbräu anwesend sein werde.

Am 8. November fand mittags noch eine Geheimsitzung des Oberkommandos der SA statt, zu der Leutnant Wagner von der Kriegsschule von Ludendorffs Stiefsohn Pernet herbeigeholt wurde. Offensichtlich wurde in dieser Sitzung das Mitwirken der Kriegsschüler an dem geplanten Staatsstreich beraten und darüber auch Beschluß gefaßt[41].

Ludendorff ging nach der Besprechung mit Kahr und Lossow gegen 6.00 Uhr abends zu Scheubner-Richter in die Wohnung; dort traf er sich, wie schon erwähnt, noch einmal mit Graf Helldorf. Ludendorff und Scheubner-Richter nahmen einen Fernruf aus Berlin ab; den Inhalt des Gesprächs konnte Frau Scheubner nicht erfahren. Hitler wünschte, daß Scheubner-Richter in Uniform ihn zum Bürgerbräukeller begleite[42].

Hitler erteilte abends um 7.00 Uhr die letzten Weisungen; Graf heftete ihm das EK I an die Brust und erhielt von Hitler folgenden Befehl: „Wir fahren um 8.10 Uhr am Bürgerbräu vor; Sie bleiben im Wagen sitzen und warten bis zum Eintreffen des Stoßtrupps um 8.30 Uhr, um an dessen Spitze dann im Vorraum des Saales zu erscheinen. Punkt 8.30 Uhr erwarte ich Sie im Vorraum[43].“

Schon bei Beginn des Unternehmens trat jedoch ein nicht vorbedachtes Hindernis auf, das der ganzen Sache eine ominöse Wendung verlieh. Hitler hatte mit seinem Wagen Rosenberg abgeholt und erschien pünktlich um 8.10 Uhr im Bürgerbräukeller; dort wurde er bereits von Rudolf Heß und

---

39 Hitler und Kahr, II, S. 110 f.

40 Ebda, II, S. 133.

41 Aussage Julius Schreck am 26. 3. 1924, Pol.Dir. München. — „Über Ludendorff höre ich aus bester militärischer Quelle, daß er bereits am Mittag des 8. 11. die Fähnriche der Infanterieschule durch seinen Stiefsohn zu einer Besprechung auf abends 8.30 bestellt habe. Aus dieser und anderen Tatsachen gehe unzweideutig hervor, daß er von Hitlers Putschplan gewußt habe. Die Infanterieschüler seien lediglich durch das Ansehen Ludendorffs verführt worden, an der Bewegung teilzunehmen.“ Ber. Reichsvertr. München über Lage in Bayern am 14. 11. 1923, BA, fol. 1—R 43 I/2234.

42 MM Frau Scheubner-Richter am 9. 7. 1952.

43 Graf: UE.

Scheubner-Richter, letzterer in Uniform, erwartet. Der völlig überfüllte Saal zwang Hitler nun zu einer unvorhergesehenen Änderung seines Planes. Er sagte zu Heß, „daß das Herausbitten von Kahr, Lossow und Seisser bei der Überfüllung des Saales nicht möglich sei und er nunmehr anders handeln müsse. Hitler erklärte, daß er jetzt Kahr, Lossow und Seisser zwingen würde, ihm aus dem Saal zur Besprechung in das Nebenzimmer zu folgen[44]."

Inzwischen traf der Stoßtrupp ein, drang befehlsgemäß in den Saal und brachte ein schweres Maschinengewehr am Saaleingang mit Richtung auf die Versammlung in Stellung. „Geschoben wurde das Maschinengewehr von dem aktiven Kriminalkommissar der bayerischen Polizei, Pg. Gerum, in feldgrauer Uniform. Das war das Zeichen zum Losschlagen[45]."

Auf den Ruf von Hitlers Fahrer Schelshorn „Der Stoßtrupp kommt!" schritt Graf zusammen mit dem Polizeiwachtmeister Hamm, ebenfalls Parteimitglied, an den an der Tür postierten Polizisten vorbei. Rosenberg schilderte als Hauptbeteiligter die Szene mit folgenden Worten: „Adolf Hitler und sein Begleiter Ulrich Graf, Dr. von Scheubner-Richter und ich zogen unsere Pistolen aus der Tasche, entsicherten sie und gingen zu viert, Adolf Hitler vorn, unter lautloser Stille zum Podium, auf dem der GSTK verstummt herumstand[46]." Rudolf Heß und eine Anzahl Bewaffneter folgten der Spitzengruppe.

Zu dem Zeitpunkt des Überfalls sprach Kahr seit etwa einer halben Stunde. Er las seine Rede „Vom Volk zur Nation" vom Manuskript ab[47]. Seine letzten Sätze, als er unterbrochen wurde, waren[48]:

„In der Zeitaufgabe der Schaffung des neuen Menschen liegt die sittliche Berechtigung der Diktatur. Denn sie bietet die einzige Möglichkeit, die Grundlage des neuen Geschlechts freier Deutscher zu schaffen."

Ferner fielen folgende Äußerungen in der Rede Kahrs[49]: „Die Zeit ist erfüllt ... Heute vor fünf Jahren ist Deutschland zusammengebrochen, heute

---

44 Aussage Heß am 12./13. 5. 1924; „Wille und Macht", Sept. 1937, Dokumente, Heft 17.

45 Rosenberg in: Schulungsbrief des Reichsschulungsamtes der NSDAP, Jg. 1935, Nr. 7; siehe auch Ursachen und Folgen, V, S. 432.

46 Rosenberg in VB, Nr. 312 v. 8. 11. 1933, Sonderbeilage.

47 Flugblatt: Der bayer. Generalstaatskommissar proklamiert die deutschen Menschenrechte. Dr. von Kahrs Manifest zum 5. Jahrestage des Sieges der roten Internationale über Deutschland. Vom Volk zur Nation! München, 8. November 1923. MNN, Nr. 304 v. 9. 11. 1923, S. 5.

48 Schwend, Bayern, S. 243.

49 Rechtsanwalt Holl, Prozeß, 20. Tag (22. 3. 1924).

und auf diesen Grundsätzen der nationalen Freiheit soll Deutschland wieder auferstehen."

Hitler stieg auf einen Stuhl, dann aufs Podium und feuerte, um der durch sein Vorgehen erzeugten Unruhe Herr zu werden, einen Pistolenschuß in die Decke. Dann rief er aus[50]:

„Die nationale Revolution ist ausgebrochen. Der Saal ist von 600 Schwerbewaffneten besetzt. Wenn nicht sofort Ruhe eintritt, kommt ein Maschinengewehr auf die Galerie. Die bayerische Regierung ist abgesetzt, eine provisorische Reichsregierung wird gebildet. Die Kasernen der Reichswehr und der Landespolizei sind besetzt, Reichswehr und Landespolizei rücken bereits unter Hakenkreuzfahnen heran. Ich schlage daher vor: bis zum Ende der Abrechnung mit den Verbrechern, die heute Deutschland tief zugrunderichten, übernehme die Leitung der Politik der provisorischen Nationalregierung ich."

General Lossows erste Frage an Hitler war: „Ist es in Berlin und im Norden auch losgegangen[51]?"

Hitler bat dann Kahr, Lossow und Seisser, mit ihm ins Nebenzimmer zu gehen. Noch vor dem Hinausgehen sagte Hitler zu Kahr: „Exzellenz, das Volk hungert, genug des Zauderns, jetzt muß gehandelt werden[52]."

Im Nebenzimmer versuchte Hitler unter Aufbietung seiner ganzen Überredungskunst, die Triumvirn für sich zu gewinnen[53]. Diese waren jedoch über den Überfall empört und wollten auf seine Vorschläge nicht eingehen.

---

50 Hitler bestätigte im Prozeß, daß die MNN seine Worte richtig gebracht hätten. Prozeß, 7. Tag (4. 3. 1924); MNN, Nr. 304 v. 9. 11. 1923, S. 1; Müller, III, S. 161 ff. — Müller war Augenzeuge. — Der Hitler-Ludendorff-Prozeß, hsgb. von Robert Breuer, Berlin 1924, S. 15; siehe auch Ursachen und Folgen, V, S. 432.

51 Die Äußerung Lossows nach Hitlers Aussage im Prozeß am 1. Tag (26. 2. 1924).

52 Aussage Heß.

53 Der Putsch am 8. November 1923, S. 6 ff. Nach dieser amtlichen Darstellung, die vom GSTK im Einvernehmen mit dem Wehrkreiskommando herausgegeben wurde, sagte Hitler: „Niemand verläßt lebend das Zimmer ohne meine Erlaubnis." Zu Kahr gewandt, fuhr Hitler fort: „Die Reichsregierung ist gebildet, die bayerische Regierung ist abgesetzt. Bayern ist das Sprungbrett für die Reichsregierung. In Bayern muß ein Landesverweser sein, Pöhner wird Ministerpräsident mit diktatorischen Vollmachten, Sie werden Landesverweser, Reichsregierung Hitler, nationale Armee Ludendorff, Lossow Reichswehrminister, Seisser Polizeiminister. Ich weiß, daß den Herren der Schritt schwer fällt, der Schritt muß aber gemacht werden, man muß den Herren erleichtern, den Absprung zu finden. Jeder hat den Platz einzunehmen, auf den er gestellt wird, tut er das nicht, so hat er keine Daseinsberechtigung. Sie müssen mit mir kämpfen, mit mir siegen oder mit mir sterben. Wenn die Sache schief geht, vier Schüsse habe ich in der Pistole, drei für meine Mitarbeiter, wenn Sie mich verlassen, die letzte Kugel für mich . . ."

Lossow fragte dann, wie Ludendorff zu der Sache stehe. Darauf schickte Hitler Scheubner-Richter und Pernet zu Ludendorff und ließ ihn herbeiholen. Ludendorff war der Versammlung mit Absicht ferngeblieben und wartete auf Abruf, wie vereinbart[54]. Hitler hatte, um die Herbeiholung Ludendorffs zu veranlassen, das Nebenzimmer verlassen. Inzwischen kam Dr. Weber hinein und bemühte sich, die Triumvirn zu überreden[55]. Göring hatte, als Hitler mit den drei Herren ins Nebenzimmer gegangen war, im Saal eine kurze Ansprache gehalten, forderte die Zuhörer zu Ruhe und Gehorsam auf und schloß mit der schnoddrigen Bemerkung: „Ihr Bier haben Sie ja!"

Darauf hielt Hitler wieder eine Ansprache und führte mit folgenden Worten den Umschwung zu seinen Gunsten herbei[56]:

---

54 MM Pernet v. 13. u. 20. 3. 1967. — Der Stiefsohn Ludendorffs, Pernet, erzählte am 9. November nachmittags Direktor Luppe, daß sein Vater an der Versammlung im Bürgerbräukeller absichtlich nicht teilgenommen habe. Hitler und Kahr, II, S. 133. Siehe auch Marg. Ludendorff, Als ich Ludendorffs Frau war, S. 296 f. — Laut Aussage des Dieners von Scheubner-Richter waren im Wagen außer Scheubner-Richter, Pernet und ihm selbst [Aigner] noch zwei weitere Herren. Aussage Joh. Aigner am 5. 1. 1924. BHSTA, SA, I, Nr. 1494. Am 9. 1. 1924 sagte Aigner weiter aus, daß es zwischen 10.00—11.00 Uhr abends den Auftrag erhielt, zusammen mit Pernet Kapitän Ehrhardt in Schwabing in seinem Absteigequartier aufzusuchen. Ehrhardt war jedoch verreist. Ebda, Nr. 1494.

55 Ebda; VB, Nr. 230 v. 9. 11. 1923, S. 1. Nach „Der Hitler-Ludendorff-Prozeß, Politische Prozesse", hsgb. v. Robert Breuer, lauteten die Schlußsätze Hitlers etwas anders als im VB wiedergegeben: „ . . . Sie sehen, was uns führt, ist nicht Eigendünkel und Eigennutz, sondern den Kampf wollen wir aufnehmen in zwölfter Stunde für unser deutsches Vaterland. Aufbauen wollen wir einen Bundesstaat föderativer Art, in dem Bayern das erhält, was ihm gebührt. Halten Sie sich ruhig! Der Saal ist abgesperrt vom deutschen Kampfbund. Der Morgen findet entweder in Deutschland eine deutsche nationale Regierung oder uns tot", S. 15 f.
Die Stimmung in der Versammlung, so sagte der Münchner Historiker K. A. von Müller im Prozeß aus, war „noch gegen das ganze Unternehmen. Ich hörte: Theater! Südamerika! Mexiko! Das war dann überwiegend. Der Umschwung trat erst ein bei der zweiten Ansprache Hitlers, als er nach zehn Minuten ungefähr hereinkam . . . Diese war rednerisch ein Meisterstück. Sie hat eigentlich die Stimmung der Versammlung mit wenigen Sätzen umgedreht wie einen Handschuh. Ich habe so etwas noch selten erlebt.
Das Gefühl einer leiblichen Gefahr habe ich für meine Person in der langen Zeit nicht gehabt, eigentlich keine Minute lang. Ich nehme nicht an — ich kannte ja Hitler persönlich —, daß er gegen den Saal losgehen und dann ein Blutbad anrichten würde."
Kahr war sehr ernst. „Hitler dagegen war bei dieser Szene eigentlich leuchtend vor Freude. Man hatte den Eindruck, daß er selig war, daß es ihm geglückt war, Kahr zu bewegen, mitzutun."

56 Prozeß, 9. Tag (7. 3. 1924); ferner Müller, III, S. 162 ff. — Gen.-Oberst Bothmer sprach im Prozeß von einem „brutalen Überfall, der mich lebhaft an die Vorgänge beim Umsturz und bei der Räterepublik erinnerte". 9. Tag (7. 3. 1924). — Die Behauptung der Triumvirn, sie seien mit vorgehaltener Pistole erpreßt worden, ist unwahr. Dazu Dr. Weber, Flugblatt „Die Wahrheit" v. 10. 11. 1923.

„Vor fünf Jahren wurde ein unermeßliches Unglück über unser ganzes Volk gebracht, heute muß eine Wende eintreten. Ich schlage daher vor: Das Ministerium Knilling ist abgesetzt. Es wird ein Landesverweser bestellt und ein verantwortlicher politischer Ministerpräsident. Als Landesverweser schlage ich Exzellenz *von Kahr* vor, als Ministerpräsidenten Herrn Polizeipräsidenten a. D. *Pöhner.* (Beide Vorschläge wurden mit einstimmigem Bravo angenommen.) Als zweiten Vorschlag mache ich den: Die Regierung der Novemberverbrecher in Berlin ist abgesetzt, Ebert wird für abgesetzt erklärt. In München wird eine bayerische Nationalregierung gebildet. Eine deutsche Nationalarmee wird aufgestellt. Die Politik der vorläufigen Regierung übernehme ich, die Leitung der Nationalarmee Ludendorff. General von Lossow wird Reichswehrminister, Oberst von Seisser deutscher Polizeiminister. Der Marsch in das Sündenbabel Berlin muß angetreten werden. Draußen stehen drei Männer, welche schwere Entscheidungen zu treffen haben, ich frage die drei Männer, ob sie mit meinen Vorschlägen einverstanden sind. (Brausende Heilrufe!) Unser Kampf für die Befreiung beginnt in zwölfter Stunde. Wir wollen einen Bundesstaat völkischer Art aufrichten. Der Bürgerbräukeller ist vom Deutschen Kampfbund besetzt. Es gibt für uns nur eines: Entweder haben wir morgen eine deutsche Nationalregierung oder wir sind tot."

Nachdem er den Saal verlassen hatte, ließ Hitler die anwesenden Mitglieder der bayerischen Regierung und eine Anzahl anderer Persönlichkeiten verhaften. Rudolf Heß verlas anhand einer ihm von Hitler übergebenen Liste die Minister der bayerischen Regierung, von denen aber einige abwesend waren[57]. Die anwesenden Mitglieder der bayerischen Regierung, Ministerpräsident Knilling und die Minister Gürtner, Schweyer und Wutzelhofer wurden abgeführt, ebenso der Münchner Polizeipräsident Mantel und der Leiter der politischen Abteilung im Polizeipräsidium, Regierungsrat Bernreuther. Der ebenfalls auf der Verhaftungsliste verzeichnete Stabschef der 7. Division, Oberstleutnant Berchem, fehlte. Die festgenommenen Personen wurden von Heß in der Villa Lehmann untergebracht[58]. Außerdem

57 Aussage Rudolf Heß, BHSTA, SA, I, Nr. 1497 a.

58 Ebda, Aussage Heß; ferner VB, Nr. 230 v. 9. 11. 1923, S. 1.

59 UAL, 18. Sitzg. v. 16. 3. 1928. „Es war in seinem Ausdruck", so sagte K. A. v. Müller über Hitler und die Vorgänge im Bürgerbräukeller aus, „ich möchte fast sagen, eine Art kindlicher Freude, ein sehr offener Ausdruck, den ich nicht vergessen werde. Exzellenz

wurden zwanzig Juden als Geiseln im Bürgerbräukeller untergebracht[59]. Die Stimmung im Saal aber wurde rasch wieder schwankend und drohte umzuschlagen[60].

Hitler sagte zu Knilling, als dieser abgeführt wurde: „Herr Ministerpräsident, es tut mir leid, Ihnen dies angetan zu haben. Aber das Schicksal Deutschlands hat das notwendig gemacht." Knilling nahm diese Worte schweigend zur Kenntnis[61].

Mit dem Eintreffen Ludendorffs, der in Zivil erschien, änderte sich die Lage grundlegend. Lossow und Seisser ließen sich ohne größere Schwierigkeit von Ludendorff umstimmen; Hitler und Weber unterstützten Ludendorff bei seinen Bemühungen. Auch Pöhner kam kurz nach Ludendorff ins Nebenzimmer. Zu viert drangen sie solange in Kahr, daß auch dieser als letzter seine Zustimmung gab. Der Generalstaatskommissar sagte schließlich: „Ich bin bereit, die Leitung der Geschicke Bayerns als Statthalter der Monarchie zu übernehmen[62]."

Hitler drängte darauf, daß diese Erklärung auch im Saal abgegeben werde; Kahr folgte nur widerstrebend diesem Begehren.

Der ganze Vorgang wurde von den Führern des Kampfbundes ernst genommen. Hitler war selig, daß es ihm gelungen war, dem Triumvirat den

---

von Ludendorff daneben war todernst, wie er hereinkam, war er fahl vor innerer sehr zusammengehaltener Erregung . . ."
Über Lossow äußerte sich der Münchner Historiker: „. . . ich hatte den Eindruck, er habe ein etwas spöttisches Fuchsgesicht . . . Seisser war erregt und bleich . . ."
Als Hitler und Kahr sich die Hand gaben, hatte man den Eindruck einer „Rütli-Szene". „Den Eindruck, den Gedanken, daß es nicht ernst gewesen sei, habe ich keinen Augenblick gehabt. Ich habe das ganze für durchaus ernsthaft gehalten. Ich habe auch in meiner Umgebung nichts anderes gehört. Ich selbst war in den Minuten tief erschüttert. Prozeß, 9. Tag (7. 3. 1924); siehe auch Müller, III, S. 164.

60 Müller, III, S. 163.

61 Ursachen und Folgen, V, S. 432. Rosenberg in: Schulungsbrief, Jg. 1935, Nr. 7: Ähnliche Entschuldigungen scheint Hitler auch gegenüber Kahr und Seisser bei der „Rütli-Szene" im Saal gemacht zu haben. Den gegenseitigen Vorwürfen wegen der gegebenen und gebrochenen Ehrenworte und Zusicherungen ist jedoch wenig Gewicht beizumessen. Die allgemeine Nervosität, der sich ständig überstürzende Wandel der Ereignisse in dem Jahr 1923 hatten vielfach Loyalitätserklärungen schon hinfällig gemacht, als sie kaum gegeben waren. Hitler hatte übrigens seine Zusicherung in den letzten Tagen vor dem 8. November bedeutend eingeschränkt mit dem mehrfachen Hinweis, daß er selbständig vorgehen müßte, wenn nicht binnen kurzem vom Triumvirat gehandelt würde. Der Putsch, S. 8; Staatsanwalt Stenglein im Prozeß: „Die Loyalitätszusicherungen, die Lossow und Seisser erhielten, waren zu unbestimmt und zu unsicher. Hitler hatte sie zudem zuletzt bedeutend eingeschränkt." IV, 7, 19. Tag (21. 3. 1924).

62 Der Putsch, S. 7; VB, Nr. 230 v. 9. 11. 1923, S. 1; Marg. Ludendorff, Als ich Ludendorffs Frau war, S. 293 ff.

Absprung zu „erleichtern“ und es für seinen Plan zu gewinnen[63]. Die Gegenseite, insbesondere General Lossow, berief sich später immer wieder darauf, daß er von Beginn des Hitlerschen Überfalls an bei jeder Gelegenheit Kahr und Seisser zugeflüstert habe „Komödie spielen“[64]! Diese Darstellung Lossows erregte viel Widerspruch bei Augenzeugen. Seine Äußerung zu Ludendorff: „Exzellenz, Ihr Wunsch ist mir Befehl!“ stand freilich im Gegensatz zum „Komödie spielen“[65]! Lossow, dessen Haltung und Gesichtsausdruck bei mehreren Augenzeugen im Saale Zweifel an der Ehrlichkeit seines Jawortes aufkommen ließ[66], hatte tatsächlich so meisterhaft „Komödie“ gespielt[67]. Bei Kahr und Seisser wurde die Möglichkeit einer solchen Verstellung mit mehr Recht angezweifelt. Die augenblickliche Empörung war bei Kahr groß gewesen; „ . . . so kann man einen doch nicht überfallen, so brigantenmäßig“, sagte Kahr zu Pöhner im Bürgerbräukeller, „Hitler hätte doch noch acht bis zehn Tage warten können; es stünden doch bloß noch einige Antworten aus auf Anfragen an norddeutsche Herren . . .“ Pöhner bestritt energisch, daß Kahr „Komödie spielen“ wollte[68].

Nach der scheinbaren Einigung im Nebenzimmer kehrten Hitler, Ludendorff, Kahr, Lossow und Seisser in den Saal zurück und hielten der Reihe nach kurze Ansprachen.

Kahr gab folgende Erklärung ab: „In des Vaterlandes höchster Not übernehme ich die Leitung der Staatsgeschäfte als Statthalter der Monarchie, die heute vor fünf Jahren so schmählich zerschlagen wurde. Ich tue dies schweren Herzens und, wie ich hoffe, zum Segen unserer bayerischen Heimat und unseres lieben deutschen Vaterlandes[69].“

Nach diesen Worten schüttelten sich Kahr und Hitler unter tosendem Beifall die Hände. Anschließend ergriff Hitler noch einmal das Wort[70]:

---

63 Zeugenaussage Prof. K. A. von Müller im Prozeß, II, 62, 9. Tag (7. 3. 1924); ferner: ders., Erinnerungen, III, S. 164.

64 Nach Kahr, Erinnerungen, flüsterte Lossow: „Mitspielen!“ NK.

65 Siehe auch Ludendorff, Auf dem Weg, S. 61. Nach Hitlers Aussage hatten Lossow und Seisser vor innerer Bewegung Tränen in den Augen.

66 Aussage Prof. Döberl im Prozeß, III, 4, 16. Tag (15. 3. 1924); ferner Prof. K. A. von Müller, s. o.; Lossow im Prozeß; ferner der Putsch, S. 6—8.

67 Müller, III, S. 170.

68 Hitler-Prozeß, 2. Tag (27. 2. 1924), Aussage Pöhner.

69 Purlitz, Deutscher Geschichtskalender, Jg. 1923, Bd. II, S. 262 ff.; s. a. Ursachen und Folgen, V, S. 434. — Der VB, Nr. 230 v. 9. 11. 1923 gibt Kahrs Worte nur verstümmelt wieder.

70 VB, Nr. 230 v. 9. 11. 1923

„Der Dank Bayerns an Dr. von Kahr wird in der Geschichte für immer fortleben. Die provisorische Nationalregierung wird alles, was in ihren Kräften steht, tun, um Deutschland wieder zu Ehren zu bringen. Exzellenz General von Ludendorff wird die Führung der deutschen Nationalarmee übernehmen, um das Schandmal von der Stirne des deutschen Volkes wegzuwaschen, welches die Novemberrepublik uns gebracht hat. Das deutsche unbesiegte Heer wird wieder die unsterbliche Kokarde anstecken. General von Lossow wird deutscher Wehrminister werden und Deutschland vorbereiten auf seinen Freiheitskampf. Reichspolizeiminister Oberst Seisser wird dafür sorgen, daß Deutschland von allem Gesindel wieder gesäubert wird. Und ich, ich will erfüllen, was ich vor fünf Jahren als blinder Krüppel im Lazarett gelobt habe.

Ich will nicht eine Sekunde schlafen, und ich will nicht rasten, bis wieder einmal ein Deutschland erstanden, ein Deutschland der Macht, der Größe und der Herrlichkeit! Amen. Es lebe die Regierung Kahr-Pöhner, und es lebe die deutsche Nationalregierung!"

Pöhner erklärte, er werde Herrn von Kahr bei der Erfüllung seiner schweren Aufgabe treu zur Seite stehen.

Ludendorff führte aus: „Ergriffen von der Größe des Augenblicks und überrascht stelle ich mich kraft eigenen Rechtes der deutschen Nationalregierung zur Verfügung. Es wird mein Streben sein, der alten schwarz-weiß-roten Kokarde die Ehre wiederzugeben, die ihr die Revolution genommen hat. Es geht heute um das Ganze. Es gibt für einen deutschen Mann, der diese Stunde erlebt, kein Zaudern zur vollen Hingabe, nicht nur mit dem Verstand, nein, zur Hingabe mit vollem, deutschem Herzen an dieser Sache. Diese Stunde bedeutet den Wendepunkt in unserer Geschichte. Gehen wir in sie hinein mit tiefem sittlichem Ernst, überzeugt von der ungeheuren Schwere unserer Aufgabe, überzeugt und durchdrungen von unserer schweren Verantwortung. Gehen wir mit dem übrigen Volk an unsere Arbeit. Wenn wir reinen Herzens diese Arbeit tun — deutsche Männer, ich zweifle nicht daran —, wird Gottes Segen mit uns sein, den wir herabflehen auf diese Stunde. Ohne Gottes Segen geschieht nichts. Ich bin überzeugt und zweifle nicht daran: Der Herrgott im Himmel, wenn er sieht, daß endlich wieder deutsche Männer da sind, wird mit uns sein[71]."

---

71 Der Hitler-Ludendorff-Prozeß, v. Breuer, S. 16. — Ludendorffs Ausführungen im VB ungenau.

Dann ergriff General Lossow das Wort[72]:

„Ich wünsche, daß die Aufgabe, die deutsche Armee zu organisieren, mir gelingen möge. Ich will das Meine tun, daß die Flagge Schwarz-Weiß-Rot überall im Deutschen Reiche dorthin getragen wird, wo deutsche Freiheit erweckt werden soll. Diese Flagge soll wieder achtunggebietend in der Welt erscheinen."

Oberst von Seisser erklärte[73]:

„Auch ich werde es versuchen, die mir gestellte Aufgabe restlos zu erfüllen. Ich will mich bemühen, eine deutsche Polizei zu organisieren, die nicht nur im Lande die Ordnung aufrechterhält, sondern auch bereit ist, unter der schwarz-weiß-roten Flagge zu kämpfen."

Die Versammlung schloß unter jubelnder Begeisterung gegen 10.00 Uhr abends mit dem nochmaligen Absingen des Deutschlandliedes. Die Triumvirn sprachen nach Schluß der Versammlung noch kurz mit Ludendorff. Sie verließen dann den Bürgerbräukeller mit der Bemerkung, zu ihren Dienststellen sich begeben und dort die notwendigen Anweisungen erteilen zu wollen[74].

Hitlers Handstreich schien gelungen; die drei Inhaber der Macht in Bayern waren coram publico auf seine Seite getreten. Alle vorbereitenden Maßnahmen für die „Machtergreifung" waren auf dieser Voraussetzung aufgebaut; ihre Durchführung, ihr Ge- oder Mißlingen hing davon ab. In den nächsten Stunden nach Beendigung der Bürgerbräuversammlung mit der „Rütli-Szene" zeigte sich jedoch, daß die Kampfbundleiter — Hitler, Kriebel, Scheubner-Richter, Dr. Weber und ihr Idol Ludendorff — ein Luftschloß gebaut hatten, das wie eine Fata Morgana in nichts zerrann.

Der Münchner Historiker K. A. von Müller hatte die Versammlung im Bürgerbräu miterlebt und war wie die überwältigende Mehrheit der Überzeugung, daß die Triumvirn den „Rütli"schwur, der ihnen unter mexikanischen Umständen abgenötigt worden war, auch halten würden. „Was wird sein, wenn morgen ein französisches Ultimatum da ist, wenn Frankreich und die Tschechoslowakei die Mainlinie besetzen? Was werden die dann tun, die jetzt jubeln?" Mit dieser Frage beantwortete er die Glückwünsche jener, die

72 VB, Nr. 230 v. 9. 11. 1923.

73 Ebda.

74 Nach Kriebels Aussage, Prozeß, 4. Tag, erklärten Lossow und Seisser beim Weggehen aus dem Bürgerbräukeller, sie wollten ihre Truppen verständigen und die nötigen Befehle erteilen.

ihm, dem Historiker, zu diesem geschichtlichen Erlebnis gratulierten. Und auf die Frage, was er tun würde, wenn die neue Regierung ihn zur Mitarbeit auffordern würde, erwiderte er, auf dem Heimweg befindlich: „Dann wird nichts übrigbleiben, als mitzutun, auch wenn man es für verhängnisvoll hält und für unberechenbar in seinen Auswirkungen[75]." Diese Stimmung teilten viele mit ihm.

Das Fehlen jener Minister in der Versammlung, die in der Regierung den linken Flügel der BVP vertraten, wie auch des partei-unabhängigen Leiters des Außenministeriums, Schmelzle, und des Oberstleutnants Berchem hätte den Putschisten ein Warnzeichen sein können, wären sie nicht von ihrer fixen Idee besessen gewesen. So erwies sich die Verhaftungswelle gegen die Regierung als erster Fehlschlag; sinngemäß folgten weitere Fehlschläge.

Es glückte weder die Besetzung der Infanterie- noch die der Pionierkaserne. Der Zugriff der Nationalsozialisten auf die Kaserne des IR 19 scheiterte an der Wachsamkeit und Umsicht des diensttuenden Oberfähnrichs Böhm[76], der Versuch der Oberländler, sich der Pionierkaserne zu bemächtigen, wurde von Hauptmann Cantzler ohne Blutvergießen abgewiesen[77]. Den Oberländlern mißlang auch die vorgesehene Besetzung des Hauptbahnhofs sowie der wichtigsten Post- und Telegrafenämter, weil die Landespolizei deren Schutz rechtzeitig übernommen hatte[78]. Major a. D. Hans Streck versuchte, die Minenwerferkompanie für den Umsturz zu gewinnen; auch er hatte keinen Erfolg[79]. Der Versuch, das Polizeipräsidium zu besetzen, scheiterte ebenso wie derjenige, sich der Regierung Oberbayern, des Sitzes des GSTK, in der Maximilianstraße zu bemächtigen[80].

Von den vorbereiteten Maßnahmen glückten die von Hitler angeordnete Beschlagnahme von Banknoten bei Parcus & Co. in Höhe von 28 000 Billionen[81], die Inbesitznahme von 3300 Gewehren aus dem Anger-Kloster[82],

---

75 Müller, III, S. 165 f.

76 MM Böhm; ferner Der Putsch, S. 8; BHSTA, SA, I, Nr. 1493.

77 Der Putsch, S. 8.

78 Ein genauer Plan für die Besetzung der Post- und Telegrafenämter war ausgearbeitet. UAL, 15. Sitzg. v. 15. 12. 1927.

79 MM Hans Streck.

80 Dazu die Berichte des Polizeimajors Imhoff und des Polizeihauptmanns Wild, BGSTA, MA 104221; ferner Hitler und Kahr, II, S. 118—127.

81 Ebda, II, S. 147 ff.; Hitler im Prozeß, 1. Tag (26. 2. 1924).

82 Hitler und Kahr, II, S. 164 f; „Vorwärts", Nr. 57 v. 3. 2. 1924, Sonntagsausgabe, 3. Beilage: Ein Offizier Hitlers erzählte: „Wie Kahr die Hitlergarden bewaffnete. Von Klöstern und Banken als Arsenale. Von Mönchen, Juden und Bluthunden."

die Zerstörung des Verlages der sozialdemokratischen „Münchner Post“ durch den Stoßtrupp Hitler und die Besetzung des Wehrkreiskommandos durch Röhm und seine Reichskriegsflagge. Letzteres war der größte Erfolg der Putschisten.

Röhm hatte für seine Reichskriegsflagge, wie bereits erwähnt, einen Festabend im Löwenbräukeller am 8. November veranstaltet. Die Hauptrede hielt auf Veranlassung Hitlers Hermann Esser. Während Essers Ansprache erhielt Röhm eine telefonische Mitteilung von den Vorgängen im Bürgerbräukeller. Aus einer Notiz Kriebels geht hervor, daß das Stichwort „Glücklich entbunden“ an den Löwenbräukeller zu Röhm und ins Polizeipräsidium zu Frick durchgegeben wurde[83]. Röhm marschierte darauf mit seinen Anhängern zum Wehrkreiskommando, überwältigte die schwache Wache, nistete sich ein und richtete das Wehrkreiskommando zur Verteidigung her. Während der Nacht vom 8. auf den 9. November nahmen Ludendorff und Hitler im Wehrkreiskommando ihren Aufenthalt.

Ein Erfolg war den Umstürzlern auch in der Kriegsschule beschieden. Die Fahnenjunker waren durch öftere Vorträge von Hitler, Ehrhardt und Roßbach stimmungsmäßig völlig für den Kampfbund gewonnen[84]. Am 8. November nahmen sie unter Roßbachs Führung am Putsch teil; Robert Wagner und Ludendorffs Stiefsohn Pernet hatten mit dazu beigetragen, die Kriegsschüler zur Teilnahme am Putsch zu gewinnen. Sie marschierten als „Sturmbataillon Ludendorff“ unter Roßbachs Führung abends in die Stadt; Ludendorff nahm die Parade der Kriegsschüler vor dem Bürgerbräukeller ab[85]. Diese versuchten, das Gebäude der Regierung Oberbayern zu besetzen, wo der GSTK seinen Sitz hatte; aber auch sie wurden von der Landespolizei abgewiesen[86].

---

83 Hitler und Kahr, II, S. 135; Aussage Zeller am 12. 12. 1923; Aussage H. Esser; Röhm, S. 211 ff.

84 Laut Aussage Ltn. Wagner im Prozeß, 7. Tag (3. 3. 1924), hatte Lossow als Kommandeur der Kriegsschule selbst einmal den Besuch der Hitlerversammlung den Fahnenjunkern empfohlen. — General Tieschowitz, Nachfolger Lossows als Kommandeur der Kriegsschule, sagte aus, durch das Verhalten Lossows gegenüber dem Chef der Heeresleitung wurde die Disziplin der Waffenschüler „aufs schwerste erschüttert“. Ludendorffs Name wurde von Roßbach, der die geheime Propaganda an der Kriegsschule betrieb, mißbraucht. Die Stammoffiziere wurden völlig überrumpelt. Prozeß, 8. Tag (4. 3. 1924), Geheimsitzung; Roßbach, Mein Weg durch die Zeit, S. 80 f.; Bronnen, Roßbach, S. 143 ff. Thilo Vogelsang: Die Reichswehr in Bayern und der Münchner Putsch 1923, in VjZG, 1957, S. 91—101.

85 Hitler und Kahr, II, S. 142—147; Bronnen, Roßbach, S. 154; Müller, III, S. 176 f.

Auch der Sitz der Ententekommisson in München, das Hotel Vierjahreszeiten, wurde von 42 bewaffneten Hitlerleuten besetzt. Zwei Ententeoffiziere wurden in Schutzhaft genommen[87].

Scheubner-Richter hatte nach der Bürgerbräuversammlung gegen 10.30 Uhr abends noch einmal seine Wohnung kurz aufgesucht und seiner Frau im Fortgehen zugerufen: „Es ist alles wunderbar gegangen, ganz ohne Blutvergießen. Ich habe aber noch sehr viel zu tun und komme die Nacht nicht nach Hause." Das waren die letzten Worte, die sie von ihm hörte[88]. Er hatte am Schluß der Versammlung im Bürgerbräukeller Kptl. Hoffmann den Auftrag gegeben, sofort ins Polizeipräsidium zu fahren und Frick zu sagen, er solle das Polizeipräsidium übernehmen[89]. Außerdem hatte er eine Proklamation des GSTK verfaßt und mit der gefälschten Unterschrift Kahrs versehen. Damit schickte er Dr. Helmut Klotz ins Polizeipräsidium, um sie in der ganzen Stadt anschlagen zu lassen. Dort erkannte man aber die Fälschung der Unterschrift; daher unterblieb der Anschlag[90]. Im Polizeipräsidium herrschte für einige Stunden in der Nacht ein Schwebezustand, bis sich die Lage in den frühen Morgenstunden klärte. Frick übernahm verabredungsgemäß die Funktion des Polizeipräsidenten. Dort hielt Pöhner nachts zwischen 12.00 und 1.00 Uhr eine Pressebesprechung ab, an der etwa zehn

86 Der Putsch, S. 8. — Seeckt hat das Verhalten der Infanterieschule scharf verurteilt: „Hier handelt es sich einfach darum", so äußerte er sich am 8./9. 11. 1923, „daß das zweifelsfreie Pflichtgebot, der bedingungslose Gehorsam, ohne den das Heer zum bewaffneten Haufen wird, mit einer Willensschwäche illegalen Einflüssen erlegen ist und der Ungehorsam mit einer Resignation hingenommen wurde, die an den März 1920 erinnert." Reichswehrministerium, Heeresleitung, Nr. 167. 11.23 In 1 I Pers.-MGFA, DZ. — Ähnlich äußerte er sich am 12. 12. 1923: „Das Verhalten der Infanterieschule am 8./9. 11. 1923 ist ein Flecken auf der Ehre der jungen Armee." Ebda.

87 BHSTA, SA, I, 1494.

88 MM Frau Scheubner-Richter v. 9. 7. 1952.

89 Aussage des Kriminal-Oberkommissars Glaser v. 14. 12. 1923. Abschr. Betreff Hoffmann, 8. 4. 1924. Pol.Dir. München.

90 Hitler und Kahr, II, S. 163:
Wortlaut: „An das bayerische Volk! Die parlamentarische Regierung Ebert wurde heute nacht abgesetzt. Ein Teil der Minister wurde wegen verbrecherischen Leichtsinns in ihrer Amtsführung verhaftet. Eine neue Regierung wurde gebildet. Die Landesverweserschaft von Bayern habe ich als Statthalter übernommen. Präsident Pöhner übernimmt als Ministerpräsident die Bildung einer neuen Landesregierung. Sämtliche Beamte und Staatsangestellten verrichten bis auf weiteres ihren Dienst wie bisher. Jeder Versuch einer Sabotage oder sonstigen Störung der Staatsmaschine ist Verbrechen. Die Aburteilung erfolgt durch das Nationalstaatstribunal. Ich habe die provisorische deutsche Nationalregierung namens der bayerischen Regierung anerkannt. München, den 9. November 1923. Dr. von Kahr."

bis zwölf Pressevertreter teilnahmen[91]. Das Gebäude blieb jedoch von der Landespolizei besetzt, die sich von dem Oberlandverband, der als „Notpolizei" auftrat, nicht verdrängen ließ, als er den Versuch machte, es zu besetzen. Frick wurde morgens gegen 4.00 Uhr auf Anordnung Kahrs verhaftet, Pöhner um 6.00 Uhr morgens[92].

Ernst Hanfstängl hatte in der Versammlung im Bürgerbräukeller aus eigenem Antrieb, ohne einen Auftrag von Hitler zu haben, bereits eine Art Pressekonferenz abgehalten. Ihm kam es besonders darauf an, die ausländischen Pressevertreter, vor allem die amerikanischen, über die Ereignisse im Sinne des Kampfbundes zu unterrichten, mit der Formulierung:

„Neue Regierung Kahr-Hitler gebildet, alles normal. Kein Pogrom." „Namentlich der letztere Hinweis war besonders wesentlich", so erklärte er bei seiner Vernehmung, „da die Vereinigten Staaten durch Herrn von Kahrs Judenausweisungen, so schüchtern dieselben auch waren, schon merkliche Pogromhysterie in der Presse verrieten[93]."

Die Gegenmaßnahmen liefen schon an, als die Versammlung im Bürgerbräukeller noch nicht beendet war und das Triumvirat sich nach der „sanften Nötigung" durch Hitler in scheinbar voller Übereinstimmung mit den Putschisten befand. Sie waren auf die Kunde von den Vorgängen im Bürgerbräukeller automatisch ausgelöst worden aufgrund der Weisungen, die Lossow, Kahr und Seisser, in voller Kenntnis von den Plänen Hitlers und Ludendorffs, schon Tage vorher den Kommandeuren, zuletzt bei der Besprechung mit den Reichswehrkommandeuren, am 7. November erteilt hatten: Alarmierung von Landespolizei und Reichswehr des Standortes München, telefonische Anweisung an II/19 Augsburg, sofort nach München zu fahren, die Reichswehreinheiten von Landsberg und Kempten ebenfalls sofort nach München zu rufen und die übrigen Standorte zu verständigen[94]. Als General Lossow um 10.45 Uhr abends vom Bürgerbräukeller kommend in der Stadtkommandantur (im Armeemuseum) eintraf, wurde er vom Stadtkomman-

91 BHSTA, SA, I, Nr. 1493, Aussage Dr. Gerlich (MNN) v. 29. 1. 1924 und Dr. Egenter am 31. 1. 1924.

92 Die Verhaftungen führten Major Imhoff und Oberst Banzer (Landespolizei) durch. Aussage Imhoff am 15. 11. 1923, BGSTA, MA 104221, Handakte Seisser und Kahr; Aussage Frick im Prozeß am 6. Tag, Pöhner am 2. Tag.

93 Aussage Hanfstängl v. 9. 5. 1924, Pol.Dir. München, Abschrift.

94 BGSTA, MA 104221, Abschrift, Bericht Pol.-Major Imhoff v. 13. 11. 1923; Der Putsch am 8. 11. 1923, Anlage 4; ferner Aussage Lossow im Prozeß am 11. Tag (10. 3. 1924), 15. Tag (14. 3. 1924); Röhm, S. 222 f.

danten General Danner mit den bezeichnenden Worten empfangen: „Exzellenz, dies war doch alles nur Bluff[95]?" Selbst wenn Lossow sich an sein im Bürgerbräukeller Ludendorff und Hitler gegebenes Wort wirklich gebunden gefühlt hätte, so wäre er der Gefangene seiner eigenen, von ihm in Voraussicht des Putsches gegebenen Anordnungen geworden[96]. Er hatte aber, wie schon erwähnt, nach eigenem Eingeständnis wirklich „Komödie" gespielt, um die Handlungsfreiheit wiederzuerlangen[97]. In der Stadtkommandantur waren auch die Generäle von Kress und Ruith zugegen, beide unbedingte Anhänger Seeckts und Gegner der Politik Lossows[98]. Alle Gegenmaßnahmen liefen unter dem Namen des Stadtkommandanten General Danner, um einen Mißbrauch des Namens Lossow auszuschließen. Dieser war durch all die Vorgänge so aufgeregt, „daß er schlotterte[99]". Er hatte offensichtlich die Nerven verloren. Das dürfte auch der tiefere Grund dafür gewesen sein, daß der Stadtkommandant die verantwortliche Leitung aller gegen den Putsch durchgeführten und noch durchzuführenden Maßnahmen übernahm. Aus Sicherheitsgründen begaben sich die Generale mit Begleitung aus der Stadtkommandantur in die Infanteriekaserne I/19, wo Lossow um 11.10 Uhr eintraf; dort wurde das Hauptquartier des Triumvirats im Kampf gegen die Putschisten aufgeschlagen. General von Ruith

95 General Danner sagte im Prozeß aus, 16. Tag (15. 3. 1924): „Es gab keinen Zweifel, daß der Putsch niedergeschlagen werden sollte. Als Lossow kam, war die Reichswehr alarmiert, die auswärtigen Truppen waren herangezogen."
Ferner: Knilling zu Haniel, Ber. v. 14. 11. 1923, BA fol. 1-R 43/2234. — Hitler und Kahr, II, S. 158.

96 Auf Hitlers Frage im Prozeß, was geschehen wäre, wenn Lossow zu seinem Wort gestanden wäre, erwiderte General Danner, daß er und die anderen Generale auf ihren Entschlüssen beharrt und nicht mit Lossow mitgemacht hätten. Aussage Danner, 16. Tag (15. 3. 1924).

97 Müller, III, S. 170; Knilling erklärte dem Reichsgesandten Haniel gegenüber, daß Lossow und Kahr wirklich Komödie gespielt hätten. Bericht Haniel v. 14. 11. 1923. BA fol. 1-R 43/2234. So sagte auch der damalige Hptm. i. G. Rüdel aus. BA-MA N 457 / v. 16.

98 MM General Karl Kriebel v. 17. 6. 1952. Kriebel war jüngerer Bruder von Oberstlt a. D. Hermann Kriebel, dem militärischen Kampfbundführer, und war im Jahre 1923 aktiver Hauptmann im Stab der 7. Division in München. Der milit. Führer des Kampfbundes, Oberstlt. Kriebel, nahm im Prozeß sowohl gegen die Generäle Ruith und Kress wie auch gegen General Epp Stellung, 3. Tag (28. 2. 1924):
„Wir weigerten uns, unter Epp zu kämpfen, weil dieser sich feindlich über den Kampfbund äußerte. Er nannte uns Komitadschibanden. Das gleiche galt für die Generäle Ruith und Kress . . ., weil sie sich bei der Inpflichtnahme für die bayerische Regierung nicht hinter Lossow gestellt hatten."

99 MM General Karl Kriebel.

begab sich nach Landsberg und Augsburg, um die Truppen rasch herbeizuholen, General von Kress nach Landshut und Regensburg, zu demselben Zweck. Die beiden Generale fuhren jedoch erst ab, nachdem Kahr und Seisser um 1.00 Uhr nachts in der Infanteriekaserne eingetroffen waren[100].

Der GSTK war vom Bürgerbräukeller unmittelbar zum Regierungsgebäude in der Maximilianstraße gefahren, wo er zuerst seine Wohnung aufsuchte. Anschließend begab er sich in seine Diensträume. Der diensttuende Beamte, Baron Freyberg, Referent des GSTK, hatte schon um 9.00 Uhr abends, auf telefonische Veranlassung von Polizeimajor Imhoff, zusammen mit dem herbeigerufenen Polizeimajor Döhla die Landespolizei und die Reichswehr alarmieren lassen[101].

Das Verhalten Kahrs erschien in den ersten Stunden nach dem Bürgerbräukeller widerspruchsvoll. Er empfing kurz nach 11.00 Uhr abends Pöhner und Frick zu einem Gespräch; eine sofortige Verhaftung lehnte er aus Vorsichtsgründen zunächst ab. „Man dürfe", so sagte er zu Major Döhla, „die Karten nicht zu früh aufdecken, um die erforderlichen Maßnahmen treffen zu können[102]." Immerhin nahm er nachweislich die Glückwünsche des italienischen Konsuls entgegen und Seisser diejenigen seiner Frau[103]. Kahr zeigte Pöhner einen Zettel mit einem Funkspruch: „An alle maßgebenden bayerischen Behörden", „daß er in Bayern die Geschäfte als Statthalter der Monarchie übernommen habe". Angeblich stammte der Funkspruch von Kautter; der Inhalt wurde bei der Besprechung der Münchner Presse in der Polizeidirektion während der Nacht vom 8. auf 9. November bekanntgegeben. Es ist jedoch nicht erwiesen, daß der Funkspruch tatsächlich hinausgegangen war; die Erhebungen sprachen dagegen[104].

Kptlt. Kautter, Führer von Bund Wiking und engster Mitarbeiter von Kapitän Ehrhardt, erhielt zufällig gegen 10.00 Uhr abends Kenntnis von den Putschgerüchten[105]. Er rief das GSTK an und begab sich, nachdem ihm

---

100 Der Putsch, Anlage 4.

101 BGSTA, MA 104221, Abschr. Ber. Pol.Major Imhoff v. 13. 11. 1923; ferner BHSTA, Min. Inn., 73696, Präs. Reg. Obb., 13. 11. 1923. Der Putsch, S. 9; ebda, Anlage 4 b betr. Tätigkeit der Landespolizei am 8./9. 11. 1923; Kahr, Erinnerungen.

102 Der Putsch, S. 9. — Leo Lania, Der Hitler-Ludendorff-Prozeß, Berlin 1925, behauptet S. 106 f., Kahr habe mit dem Kronprinzen und mit dessen Schwester telefoniert.

103 UAL, 16. Sitzg., v. 19. 12. 1927.

104 Ebda, 18. Sitzg. v. 16. 3. 1928.

105 Undatiertes Rundschreiben „Bund Wiking e.V.". Dem Inhalt nach von der Jahreswende 1923/24, von Kautter verfaßt. Danach das folgende.

die Richtigkeit der Gerüchte bestätigt worden war, dorthin, um Näheres zu erfahren. Baron Freyberg teilte ihm mit, daß Kahr, Lossow und Seisser in der Gewalt Hitlers seien. Baron Freyberg und Major Döhla beorderten, in seiner, Kautters, Anwesenheit, Truppen aus Augsburg, Lindau und anderen Garnisonen nach München. Kurz darauf erschien Kahr, mit dem Kautter in Anwesenheit von Zeugen etwa 10 Minuten sprach. Kahr war sehr aufgebracht, weil er gezwungen worden war mitzumachen, beschwerte sich bitter über Pöhner, sprach von Verrat der Polizei. Aus seinem Verhalten ging hervor, daß er dem Unternehmen „mindestens passiv, wenn nicht ablehnend, gegenüberstand". Kautter bemühte sich, ihn zur Mitwirkung zu veranlassen mit folgender Begründung:

„Eine Aktion Hitler-Ludendorff allein hat eine zu schwache Basis. Sie führt unrettbar schon in Bayern zum Bürgerkrieg. Der Name Kahr hat in Bayern und im Reiche eine derartige Zugkraft, daß er das Gelingen der nationalen Erhebung verbürgt. Euer Exzellenz müssen sich im nationalen Interesse an die Spitze der Bewegung stellen, sonst entsteht größtes Unheil und Bürgerkrieg unter den Nationalen."

In diesem Sinne schlug Kautter eine Proklamation vor. Sie wurde, laut Freyberg, zwischen diesem und Kahr beraten, während Kautter im Vorzimmer auf die Herausgabe dieser Proklamation wartete[106]. Kahr fuhr jedoch, ohne die Angelegenheit zu klären, in die Infanteriekaserne. Freyberg vertröstete Kautter, er werde ihn sofort nach Festsetzung des Wortlautes in seinem Büro anrufen. Vergeblich wartete Kautter auf den Anruf; er fragte mehrere Male bei Freyberg an, ohne den gewünschten Bescheid zu erhalten. Aus dem Verhalten Freybergs war zu ersehen, daß er eine hinhaltende Taktik einschlug, sicher im Einvernehmen mit dem GSTK. Nachts zwischen 12.00 und 1.00 Uhr wurden die Ehrhardtverbände in Bayern von Kautter mobilisiert[107]. Kautter fuhr um 1.00 Uhr nachts mit einem Zeugen (Major

---

106 Die Proklamation sollte laut Aussage Kautters Aussage im Ermittlungsverfahren folgende Punkte enthalten:
„1. Ich habe als Statthalter die Regierung in Bayern übernommen;
2. Die Verfassung von Weimar ist aufgehoben;
3. Bayern hält nach wie vor zum Reich . . ."
Hitler und Kahr, II, S. 155. Diese Proklamation scheint sich mit dem vorgesehenen, aber nicht abgesandten Funkspruch zu decken.

107 UAL, 16. Sitzg. v. 28. 10. 1927. — Klintzsch gehörte als Beamter der bayerischen Notpolizei an der Thüringer Grenze an, MGFA, DZ, Handakten O. C. Wiking, II M 65/12.

a. D. Wahl) in die Infanteriekaserne, um endlich Klarheit zu schaffen[108]. Dort wurde er Zeuge der Verhaftung des Majors a. D. Siry. Er bat Kahr, Hitler-Ludendorff entgegenzukommen und im Sinne der von ihm vorgeschlagenen Proklamation an die Spitze der Bewegung zu treten. In demselben Sinn sprach er auf Baron Freyberg und Seisser ein, den GSTK entsprechend zu beeinflussen. Er wartete vergeblich noch eine Stunde auf die Proklamation und kehrte dann in sein Büro zurück. Gegen 8.00 Uhr vormittags rief Seisser ihn an und teilte ihm mit, daß Kahr den Hitlerputsch ablehne. Kautter bemühte sich weiterhin noch, im Verein mit dem inzwischen von Nürnberg her eingetroffenen Kapitän Ehrhardt, zu vermitteln: das wurde jedoch von Kahr abgelehnt[109].

Oberst Seisser war vom Bürgerbräukeller zunächst in die Türkenkaserne gefahren und von dort gegen 11.30 Uhr abends ins GSTK. Kahr und Seisser begaben sich dann in Begleitung der Polizeimajore Döhla und Hunglinger im Kraftwagen in die Infanteriekaserne. Als sie das Regierungsgebäude verlassen wollten, wurde vom Kampfbund gerade der zweite Versuch gemacht, sich desselben zu bemächtigen. Dieses Mal waren es die Infanterieschüler unter Führung Roßbachs, die das Gebäude zu besetzen suchten. Roßbach berief sich gegenüber dem diensttuenden Polizeioffizier, Oberstlt. Muxel, auf einen Befehl Ludendorffs. Oberstlt. Muxel wies Roßbach energisch zurück, unterstützt von dem eben in Abfahrt begriffenen Oberst Seisser[110].

Waren die vorbereiteten Gegenmaßnahmen von Landespolizei und Reichswehr *automatisch* ausgelöst worden, so war die Reaktion der Rumpfregierung eine unmittelbare Folge der Nachlässigkeit der Staatsstreichplaner. Von der bayerischen Regierung waren nur die oben genannten Minister, einschließlich des Ministerpräsidenten, in die Versammlung gegangen, nicht dagegen die Minister Matt, Krausneck, Meinel, Oswald. Der Leiter des Außenministeriums, Staatsrat Schmelzle, war der Versammlung ebenfalls ferngeblieben, weil er „dem Landfrieden nicht traute". Ministerpräsident von Knilling hatte Schmelzles Warnung in den Wind geschlagen[111].

---

108 In der amtlichen Darstellung des GSTK: Der Putsch, Anlage 4, heißt es: „Mit den Herren des GSTK war auch Kptlt. a. D. Kautter und Major a. D. Wahl gekommen (Ehrhardt-Wiking). Im allgemeinen stellten sie sich gegen den Hitlerputsch, der Zweck ihres Kommens erschien aber nicht ohne weiteres klar."

109 Rundschreiben, s. o.

110 Der Putsch, Anlage 4 b: Tätigkeit der Landespolizei; BGSTA, MA 104221, Ber. Pol.-Hptm. Wild; Hitler und Kahr, II, S. 142 ff.

Staatsrat Schmelzle verständigte auf die Nachricht von den Ereignissen im Bürgerbräukeller abends gegen 9.00 Uhr telefonisch Minister Matt[112]; dieser verließ darauf zusammen mit Kardinal Faulhaber sofort den Pfälzer Hilfsverein[113]. Für die personalpolitischen Zusammenhänge ist es aufschlußreich, daß Kultusminister Matt derselben Studentenverbindung angehörte wie Kardinal Faulhaber, der Ottonia (KV, nicht farbentragend); auch Schmelzle war Ottone, ebenso Held, der außerdem der Enania (CV, farbentragend) angehörte[114].

Matt und Schmelzle trafen sich dann zusammen mit Krausneck und Oswald in der Geschäftsstelle des katholischen Frauenbundes. Matt unterzeichnete den von Schmelzle und Ministerialrat Zetlmayer entworfenen Aufruf folgenden Inhalts[115]:

„Durch einen Ludendorff-Hitler-Putsch wurde die verfassungsmäßige Regierung für abgesetzt erklärt. Die verfassungsmäßige Regierung besteht weiter. Sie fordert die gesamte Beamtenschaft, die Polizei und das b. Kontingent der Reichswehr auf, ihrer verfassungsmäßigen Regierung treu zu bleiben und den Revolutionären den Dienst zu versagen. Wer dem entgegenhandelt, wird als Hochverräter behandelt. Die Regierung erwartet, daß das bayerische Volk in Stadt und Land dem Preußen Ludendorff und seinem Anhang, der es unternahm, unser bayerisches und deutsches Vaterland in namenloses Unglück zu führen, die Gefolgschaft versagen wird. Weitere Bekanntmachungen folgen.

München, den 9. November 1923

Das verfassungsmäßige Gesamtministerium
gez. Matt."

---

111 Schmelzle, UE. — Am Vormittag des 8. November traf sich Escherich mit Handelsminister von Meinel, „mit dem ich die zugespitze Lage bespreche". Der heutige Abend als Vorabend des Revolutionstages sei besonders gefährdet, man sehe auch auffallend viel uniformierte Hitlerleute, sauber adjustiert mit frischem Lederzeug und Befehlsempfängermappen umherlaufen. Äußerste Vorsicht für die Regierung sei jedenfalls am Platze. TE, Eintr. v. 8. 11. 1923.

112 Schmelzle, UE.

113 Rechtsanwalt Holl im Prozeß, 20. Tag (22. 3. 1924).

114 MM Schmelzle am 26. 9. 1952.

115 Schmelzle, UE. — Dokumente der Zeitgeschichte, S. 145; Ursachen und Folgen, V, S. 440.

Der Ausdruck „Der Preuße Ludendorff“ stammte von Schmelzle. Er schrieb dazu in seinen Erinnerungen:

Das Wort „entsprach der Situation von damals. Die Hauptschuld an dem traurigen Ereignis des 8./9. November 1923 traf Ludendorff; er hätte es in der Hand gehabt und wäre verpflichtet gewesen, Hitler von seinem unmöglichen Vorhaben zurückzuhalten. Statt dessen hat er dieses Vorhaben moralisch und durch seinen persönlichen Einsatz gefördert und unterstützt, nur weil ihn seine Ehrsucht trieb, unter allen Umständen eine politische Rolle zu spielen ... So wagte dieser Gottesleugner, die Volksmenge zu betrügen[116].“

Minister Matt hatte sich jedoch „durch seine berüchtigte Proklamation über den ‚Preußen Ludendorff‘ stark kompromittiert und auch innerhalb des Kabinetts allgemeine Mißbilligung gefunden“, berichtete der Reichsgesandte Haniel nach Berlin[117].

Ungefähr gleichzeitig mit dem Rumpfkabinett tagte der „Kriegsrat“ der BVP in der Heilanstalt des Hofrats Dr. Amann. Zugegen waren Frau Amann, Barth, Frhr. von Gebsattel, Schäffer, Rothmaier, Speck, Frau Matt, Dr. Probst, Oswald, Giehrl und der demokratische Minister Hamm[118].

Nachdem Minister Matt sich mit der Parteileitung ins Benehmen gesetzt hatte, führte er ein langes Telefongespräch mit Kahr. Während beide zwischen 11.00 und 12.00 Uhr abends telefonierten, saßen Pöhner und Frick im Vorzimmer des GSTK. Vielleicht verhielt sich Kahr deshalb so zurückhaltend am Telefon, so daß Matt unter dem Eindruck, Kahr mache den Staatsstreich wirklich mit, zusammen mit den Ministern Krausneck und Meinel nach Regensburg abreiste und dorthin den Sitz der Rumpfregierung verlegte[119]. Möglicherweise war Kahrs Verhalten auch damit zu erklären, daß

116 Schmelzle, UE.

117 Ber. Haniel v. 14. 11. 1923, BA, Alt. Reichskanzlei, Akt.-Nr. 2264; Müller, III, S. 183 ff.

118 Akt Holl; ferner Brief Lehmann an Holl v. 4. 2. 1924 über ein Gespräch mit Pöhner; Müller, III, S. 175.

119 Högner, Der schwierige Außenseiter, S. 32:
Der Regierungspräsident von Oberbayern erhielt am 9. November folgendes Telegramm aus Regensburg, 3.15 Uhr morgens aufgegeben und von den Ministern Dr. Matt, Dr. Meinel und Dr. Krausneck unterzeichnet: „Infolge des heute nacht in München unternommenen Putsches haben sich die Staatsminister Dr. Matt, Dr. von Meinel und Dr. Krausneck nach Regensburg begeben, um zunächst von hier aus die Geschäfte der Regierung weiterzuführen. Sie haben alsbald die Verbindung mit dem Regierungspräsidenten aufgenommen. Von Regensburg aus sind die entsprechenden militärischen und

Vor der Feldherrnhalle und im Hof des Kriegsministeriums zu München fielen: Anton Hechenberger, Schlosser; Andreas Bauriedl, Hutmacher; Martin Faust, Bankbeamter; Wilhelm Wolf, Kaufmann; Theodor Casella, Leutnant a. D.; Theodor von der Pfordten, Landgerichtsrat; Hans Rickmers, Rittmeister a. D.; Carl Laforce, Student; Oscar Körner, Kaufmann; Dr. Max Erwin v. Scheubner-Richter; Kurt Neubauer, Diener; Lorenz Ritter v. Stransky, Ingenieur; Klaus v. Pape, Kaufmann; Karl Kuhn, Oberkellner. Ferner starben den Opfertod für die Bewegung: Felix Allfarth, Kaufmann; Wilhelm Ehrlich, Bankbeamter.

Lanzenreiter der Poliz
säubern unmittelbar
nach dem mißglückten
Putsch die Straßen vo
der Feldherrnhalle vo
Demonstranten.

Der Hitler-Prozeß v
dem Volksgerichtsho
München im Februar
März 1924.
Die Hauptangeklagt
des 30 Tage dauernd
Prozesses im Hofe d
Infanterieschule in d
Blutenburgstraße.
Das Urteil wurde an
1. April 1924 verkür
Bild v. l. n. r.:
General Ludendorff,
Hitler, Dr. Weber,
Pernet,
Oberleutnant Brück

er nur Zeit gewinnen wollte, bis die militärischen Maßnahmen angelaufen waren[120]. Sein Verhalten war jedenfalls bis zu seinem Eintreffen in der Infanteriekaserne zweideutig. Major a. D. Alexander Siry, der sich im Einverständnis mit Ludendorff und Hitler in die Infanteriekaserne begeben hatte, um seine Vermittlerdienste anzubieten, schilderte seinen Eindruck, den er dort in den frühen Morgenstunden von Kahr gewann, mit folgenden Worten:

„Kahr saß auf einer kanapeeartigen Bank, und wenn ich Maler wäre und würde das schlechte Gewissen zu malen haben, dann würde ich mir Herrn von Kahr als Modell nehmen[121]."

Kahr sagte zu Siry: „Die mit der Pistole erpreßten Zusicherungen sind null und nichtig!" General Lossow lehnte jede Vermittlung ab, ließ Siry festnehmen und befahl, ihn zu erschießen. Auf Sirys dreimaligen Vermittlungsversuch hatte Lossow nur geantwortet: „Mit Rebellen wird nicht verhandelt[122]!"

Hitler und Dr. Weber hatten sich noch vor der Abfahrt der Triumvirn aus dem Bürgerbräukeller zur Pionierkaserne begeben. Dort hatten Oberländler vergebens sich um die Herausgabe von Waffen und Munition bemüht. Sie wurden in der Kaserne festgehalten. Hitler und Dr. Weber verlangten den befehlshabenden Offizier zu sprechen; die Wache sagte dessen Verständigung zu. Während Hitler und Dr. Weber wartend auf- und abgingen, sprach Ulrich Graf mit dem Wachhabenden. Graf sagte ihm, „daß

---

polizeilichen Maßnahmen bereits ergriffen, Verstärkungen sind nach München abgegangen. Fühlung mit dem GSTK Dr. von Kahr und dem Landeskommandanten von Lossow ist aufgenommen. Die von beiden und von Oberst von Seisser in der Versammlung am Donnerstagabend abgegebenen Erklärungen waren mit bewaffneter Gewalt erpreßt und sind bereits widerrufen. Reichswehr und Landespolizei stehen treu zur verfassungsmäßigen Regierung. Nach hierher gelangten Nachrichten ist der Putsch bereits im Abflauen. Ein Teil der revolutionären Führer befindet sich in Schutzhaft, ein anderer, darunter Ludendorff und Hitler, sind im Gebäude des Wehrkreiskommandos eingeschlossen. Zu der ordnungsliebenden Bevölkerung, insbesondere zu der Beamtenschaft, hegt die Regierung das volle Vertrauen, daß sie die Regierung in der Wiederherstellung geordneter Zustände, die in kürzester Frist zu erwarten ist, einmütig unterstützt. Äußere Behörden sofort verständigen, Presse zum Abdruck ersuchen. Lagebericht bis morgen Regensburg Reg.Präs. Fernsprecher 470. Polizeidirektion München ist unmittelbar verständigt. Dr. Matt. Dr. von Meinel. Dr. Krausneck."
BHSTA, Min. Inn. 73696.

120 Akt. Holl. — Kahr schickte Baron Freyberg nachts zum Rumpfministerium, um ihm mitzuteilen, daß er alle Maßnahmen gegen den Putsch veranlasse, Müller, III, S. 175.

121 MM Siry; ferner UAL, 16. Sitzg. v. 19. 12. 1927.

122 MM Siry; ferner Siry im Prozeß, 9. Tag (7. 3. 1924).

Revolution sei, er solle seinen Pleitegeier abnehmen". „Dieser aber machte mich", so berichtete Graf, „darauf aufmerksam, daß hier dicke Luft wehe, was ich sofort Hitler meldete . . .[123]" Bezeichnenderweise kam der diensttuende Offizier nicht, so daß Hitler und Dr. Weber unverrichteterdinge wieder abziehen mußten. Anscheinend begaben sie sich von dort aus zur Infanteriekaserne, wo sie ein ähnliches unerfreuliches Ergebnis der Bemühungen ihrer Anhänger um Bewaffnung und Ausrüstung feststellen mußten[124].

Sie kehrten dann in den Bürgerbräukeller zurück. Die Triumvirn hatten inzwischen, wie erwähnt, mit dem Einverständnis von Ludendorff den Bürgerbräukeller verlassen[125]; Ludendorff selbst hatte sich über das Polizeipräsidium zusammen mit Kriebel ins Wehrkreiskommando begeben, das Röhm besetzt hielt[126]. Dorthin begab sich die ganze Kampfbundleitung. Hitler fuhr in Begleitung von Graf, Oberwachtmeister Hofmann und Baldenius vom Bürgerbräukeller ins Wehrkreiskommando[127]. Das Oberkommando der SA blieb jedoch im Bürgerbräukeller. Die Kampfbundführer warteten dort auf die Mitteilungen der Triumvirn. Ihr Verhalten, ihr untätiges Verharren im Wehrkreiskommando, erklärte sich aus ihrer Überzeugung, daß Kahr, Lossow und Seisser vorbehaltlos ihre Zusage einhalten würden. Auftauchende Zweifel am Ehrenwort vor allem Lossows wies Ludendorff empört von sich[128]. Außerdem war der ganze Aktionsplan auf der Voraussetzung des Mitmachens der Reichswehr und der Landespolizei aufgebaut. In *diesem*

---

123 Dr. Weber im Prozeß, 2. Tag (27. 2. 1924); Ulrich Graf in: Pädagogischer Umbruch. Ein Kampf um die Macht des nationalsozialistischen Geistes. Amtl. Ztschrft. des NSLB, Gau München-Oberbayern. Gegr. von Josef Streicher. Nr. 11 v. 15. 11. 1934, S. 5. Hier gibt Graf an, daß Hitler und Dr. Weber mit ihm wieder in das Wehrkreiskommando zurückkehrten. Das muß ein Irrtum sein. Am 5. Mai 1924 hatte Graf ausgesagt, daß die Fahrt zum Wehrkreiskommando vom Bürgerbräukeller aus erfolgte, nachts zwischen 12.00 und 1.00 Uhr. Auch gab er damals an, daß er vorher mit Hitler noch in der Infanteriekaserne war. General Aechter, der militärische Führer von Bund Oberland, wurde in der Pionierkaserne in Schutzhaft genommen. — Nach Röhm, S. 212 f., erschien Hitler um 11.00 Uhr im Wehrkreiskommando und fuhr dann wieder weg, in die Pionierkaserne. Demnach könnte man annehmen, daß Hitler sich zweimal zur Pionierkaserne begeben hatte. Siehe auch Der Putsch, S. 8.

124 Ebda.

125 Ludendorff, Auf dem Weg, S. 62, rechtfertigt sich gegen die Vorwürfe, daß er die Triumvirn habe gehen lassen.

126 Ludendorff, ebda, S. 62; Röhm, S. 212.

127 BHSTA, SA, I, 1494, Aussagen von Ulrich Graf v. 5. 5. 1924, 19. 4. 1924 und Baldenius v. 8. 5. 1924; OWM Hofmann am 3. 3. 1924.

128 Röhm, S. 212, 214; ferner MM Frau Scheubner-Richter.

Sinne waren alle Maßnahmen vorbereitet worden: die Besetzung der Nachrichten- und Verkehrszentralen, der wichtigsten Kasernen (Pionier- und Infanteriekaserne), des Wehrkreiskommandos, des Dienstsitzes des GSTK usw. Außerdem waren auch ein Manifest, eine Denkschrift und Richtlinien für den neuen bayerischen Landtag ausgearbeitet worden[129]. In der Tasche des an der Feldherrnhalle gefallenen Oberstlandesgerichtsrates von der Pfordten fand man einen Verfassungsentwurf.

Für Hitler und Dr. Weber hätte das Erlebnis in der Pionier- und in der Infanteriekaserne die erste Warnung sein müssen; sie wollten jedoch nicht an einen solchen Umschwung der Ereignisse glauben.

Kurz nach 1.00 Uhr nachts kam Leutnant Roßmann vom IR 19 im Auftrag seines Bataillonskommandeurs, Major Schönhärl, ins Wehrkreiskommando, um sich nach dem Schicksal der dort befindlichen kleinen Reichswehrwache zu erkundigen, die von Röhms Reichskriegsflagge leicht überwältigt und festgesetzt worden war, und um die Lage auszukundschaften. Lt. Roßmann teilte bei dieser Gelegenheit dem General Ludendorff die Stellungnahme des Generals Lossow mit, auf *eigene* Initiative, ohne Auftrag. Auch diese zweite Warnung schlugen die Kampfbundführer in den Wind; Ludendorff hielt es für ausgeschlossen, daß Lossow das ihm gegebene Wort brechen würde. Auf Wunsch Ludendorffs sollte Roßmann eine Unterredung mit Lossow vermitteln[130].

Morgens um 2.50 Uhr erging vom Triumvirat folgender Funkspruch: „An alle deutschen Funkstationen: GSTK von Kahr, General von Lossow und Oberst von Seisser lehnen den Hitler-Putsch ab. Die mit Waffengewalt erpreßte Stellungnahme im Bürgerbräu ist ungültig. Vorsicht gegen Mißbrauch obiger Namen geboten. gez. v. Kahr, gez. v. Lossow, gez. v. Seisser[131]!" Kahr hatte nach dem Eintreffen der auswärtigen Verstärkungen an Lossow den Befehl erteilt, den Aufstand mit Waffengewalt niederzuschlagen[132].

Inzwischen war der ganze Stab des GSTK in der Infanteriekaserne eingetroffen. Kahrs Pressechef, Schriftleiter Schiedt, machte auf die schwerwie-

129 UAL, 11. Sitzg.

130 UAL, 16. Sitzg. v. 19. 12. 1927; Der Putsch, Anlage 4 a. Kriebel schrieb eine Darstellung der Lage, Ludendorff unterzeichnete sie auf Wunsch Roßmanns, und dieser nahm sie für Lossow mit. Aussage Ludendorff im Prozeß, 4. Tag (29. 2. 1924).

131 Der Putsch, S. 7.

132 Kahr, Erinnerungen.

genden Folgen einer falschen Unterrichtung der Öffentlichkeit aufmerksam und erwirkte ein Verbot des Erscheinens der Münchner Morgenblätter. Infolge mangelnder Nachrichtenmittel kam das Verbot nicht mehr rechtzeitig zur Geltung, so daß ein Teil der Morgenblätter mit entsprechenden Berichten erschien[133].

Die Kampfbundführer verharrten weiterhin die Nacht hindurch untätig im Wehrkreiskommando, immerfort auf die Mitteilungen von Lossow und Seisser wartend. Die Straßen wurden von den Truppen des Kampfbundes und zahlreichen Hitleranhängern beherrscht.

Morgens gegen 4.00 Uhr schickte Ludendorff Major Hühnlein in die Infanterieschule und bat Oberst Leupold zu sich. Dieser klärte ihn über die Lage auf. Oberst Leupold berichtete über das Gespräch[134]:

Ludendorff empfing ihn in Gegenwart Hitlers und erzählte ihm, „wie sich die Vorgänge in der Nacht des 8./9. in seinen Augen abspielten; Hitler sprach häufig dazwischen. Exzellenz Ludendorff erklärte, er sei am 8. abends, als er herbeigeholt wurde, überrascht worden, habe die Führung der neu aufzustellenden Nationalarmee übernommen, weil sich die Herren von Kahr, von Lossow und von Seisser zur Übernahme der ihnen übertragenen Ämter bereitgefunden hatten. Nun sei er seit 11.00 Uhr hier im Wehrkreiskommando und warte auf Lossow." Darauf erwiderte Oberst Leupold: „Zwischen 12.00 und 1.00 Uhr vormittags traf bei der Infanterieschule Mitteilung des Generals von Lossow ein, daß die obengenannten Herren sich nicht an die Zusage gebunden erachten, weil sie unter Zwang abgegeben war, daß die 7. Division nicht hinter der Unternehmung stehe. Ich hätte General von Lossow, der sich beim Regiment befindet, zwischen 2.00 und 3.00 Uhr vormittags persönlich gesprochen, dort die Bestätigung dieser Mitteilung erhalten und gehört, daß die Truppen herangezogen würden, wenn nötig, mit Gewaltanwendung die Ordnung wiederherzustellen.

Exzellenz Ludendorff erklärte, dies sei die erste Nachricht, die er von der veränderten Stellungnahme Lossows erhalte. Daß die Zusage der Herren unter Gewaltandrohung erpreßt worden sei, sei nach seiner Kenntnis nicht der Fall. Darauf erwiderte ich, daß ich kurz nach den Ereignissen im Bürgerbräukeller eine Schilderung der Vorgänge durch General von Hem-

133 Der Putsch, Anlage 7; MNN, Nr. 304 v. 9. 11. 1923.
134 Der Putsch, Anlage 4 a.

mer erhalten hätte, der Augenzeuge war. Daraus hätte ich den Eindruck gewonnen, daß das Jawort unter Gewaltanwendung gegeben wurde. Hitler suchte die Sache in längerer Rede abzumildern, daß eben ein Staatsstreich nicht ohne Gewalttätigkeit abgehe, daß er nicht jeden seiner Leute in der Hand habe und daß er sich bei den Herren für Übergriffe entschuldigt habe.

Ich erwähnte auch, daß die Herren plötzlich vor eine Lage gestellt wurden, die sie nach den gegebenen Versprechungen nicht voraussehen konnten. Exzellenz Ludendorff meinte, den Herren sei es nichts Neues gewesen, wozu sie ausersehen seien, worauf ich erwiderte, daß sie niemals ihr Einverständnis dazu gegeben hätten.

Am Schlusse ersuchte mich Exzellenz Ludendorff, seine Ansicht General von Lossow zu übermitteln und insbesondere auf die Folgen hinzuweisen, die die jetzige Stellungnahme des Generals von Lossow habe, daß die vaterländische Bewegung erschlagen sei. Hitler unterstrich das in längerer Rede und erklärte am Schluß, daß er auch zu kämpfen und für seine Sache zu sterben entschlossen sei.

Ich verabschiedete mich mit der Erklärung, daß ich nicht glaube, daß eine Änderung des Entschlusses des Generals von Lossow erfolge. Die Division werde das tun, was ihr Führer befehle, auch wenn sie in Widerstreit mit ihren inneren Gefühlen käme. Ich würde wiederkommen, wenn General von Lossow es für notwendig halte. Die Besprechung dauerte ungefähr eine halbe Stunde und mag gegen halb 6.00 Uhr beendet gewesen sein[135]."

Oberst Leupold kehrte nicht mehr ins Wehrkreiskommando zurück.

Dieser dienstliche Bericht des Obersten Leupold vom 12. November 1923 wurde vom Generalstaatskommissar als „Anlage 4 a" dem amtlichen Bericht seiner Dienststelle „Der Putsch am 8. November 1923. Vorgeschichte und Verlauf" nachträglich hinzugefügt. Der Schlußsatz der Anlage in Fettdruck „General Ludendorff und Hitler waren also spätestens um 5.00 Uhr vormittags durch einen höheren Offizier, der dienstlich und vom Befehlshaber unterrichtet worden war, vollkommen in das richtige Bild über die Lage gesetzt worden", läßt keinen Zweifel daran, daß der GSTK damit einen kläglichen Entlastungsversuch auch für sich und General Lossow machte, um

135 Anlage 4 a zu „Der Putsch"; Das Begleitschreiben zu der Anlage ist vom GSTK herausgegeben und von Seisser unterzeichnet mit Datum vom 19. 12. 1923. Auf dem gleichen Blatt ist Anlage 4 b: „Tätigkeit der Landespolizei am 8. und 9. 11.".

die schweren Vorwürfe von seiten der Rechtsverbände gegen ihn und den Landeskommandanten wegen ihres unaufrichtigen Verhaltens in der Putschnacht abzuwehren. Da Oberst Leupold *nicht* auf Anordnung der Triumvirn, sondern auf *Wunsch* Ludendorffs zu diesem gefahren war[136], stand der Rechtfertigungsversuch der Inhaber der Staatsgewalt auf mehr als schwachen Füßen. Beide, der Generalstaatskommissar wie der Wehrkreisbefehlshaber, hatten aus Mangel an Mut unterlassen, *rechtzeitig* die Kampfbundführer von ihrer veränderten Haltung zu unterrichten und hatten damit die Verantwortung für das Blutvergießen auf sich geladen, ja, sie hatten von sich aus überhaupt keinen Versuch unternommen, die Gegenseite aufzuklären, im ganzen ein unentschuldbares Verhalten der verantwortlichen Träger der Staatsgewalt.

Ludendorff „fiel aus allen Wolken“ und wollte es einfach nicht wahrhaben, daß General Lossow das ihm mit Handschlag gegebene Wort nach wenigen Stunden für null und nichtig erklärte[137]. Das Verhalten Lossows und Kahrs war um so verdammenswerter, als sie wußten, daß Hitler und Ludendorff niemals gegen Reichswehr und Landespolizei handeln wollten. Beide, Hitler und Ludendorff, waren sich trotz aller Verblendung darüber im klaren, daß sie nur zusammen mit dem Triumvirat, das über die staatlichen Machtmittel verfügte, vorgehen konnten[138]. Der Leiter der Nachrichtenstelle der Polizeidirektion, Oberwachtmeister Hoffmann, sagte bezüglich der Haltung Hitlers im Prozeß darüber aus: „Ich habe Hitler die ganze Nacht begleitet und dabei wiederholt die Wahrnehmung gemacht, daß Hitler absolut nicht beabsichtigte, daß absolut nicht beabsichtigt war, irgendwelchen Widerstand gegen die Staatsgewalt zu leisten[139].“ General Lossow hatte, wie schon hervorgehoben, ohne Zweifel völlig die Nerven und jegliche Selbstbeherrschung verloren. Dazu hatten neben der ständigen Über-

136 So auch Rechtsanwalt Luetgebrunne im Prozeß, 4. Tag (29. 2. 1924).

137 Ludendorff, Auf dem Weg, S. 149. — Zwei Tage nach dem gescheiterten Putsch, am 11. November, war Ludendorff zu Besuch bei Frau Scheubner-Richter. Er war völlig gebrochen, weinte „herzzerbrechend wie ein kleines Kind“ und sagte zu Frau Scheubner-Richter: „Gnädige Frau, das ist das Ende Deutschlands, wenn deutsche Offiziere ihr Wort brechen, das sie einem deutschen Offizier gegeben haben.“ MM Frau Scheubner-Richter v. 18. 7. 1952.

138 Hitler zu Strasser; BHSTA, SA I, 1494, Aussage Strasser; ferner Röhm, S. 260; Flugblatt „Die Wahrheit“ von Dr. Weber.

139 Hoffmann im Prozeß, 7. Tag (4. 3. 1924).

belastung seit September 1923 und dem aufregenden Ereignis im Bürgerbräukeller die gegnerische Haltung der Generale Kress und Ruith beigetragen und auch die Einstellung seines Stabschefs, des Oberstlt. Berchem, der ein entschiedener Gegner des Kampfbundes und damit der Politik Lossows gegenüber dem Kampfbund gewesen war[140]. Kahr selbst war der Lage überhaupt nicht mehr gewachsen und hing nun in allen Entscheidungen von den Militärs ab.

Das ganze Luftschloß Ludendorffs und Hitlers stürzte durch die Mitteilung Oberst Leupolds ein, jenes Luftschloß, das auf dem Wahnglauben von der Wirkung des „Mythos Ludendorff" auf Reichswehr und Landespolizei beruhte. Nur aus dieser Wahnvorstellung des ehemaligen Generalquartiermeisters des deutschen Feldheeres und des Gefreiten Hitler, Reichswehr und Landespolizei würden unter keinen Umständen auf den Kampfbund schießen, sondern mit fliegenden Fahnen zu den Staatsstreichlern übergehen, hatten der General und der Volkstribun gehandelt, immer überzeugt, daß die Inhaber der tatsächlichen Gewalt, General Lossow und Oberst Seisser, selbstverständlich der Autorität Ludendorffs sich beugen würden, wenn er sich in Szene setze. Nicht nur die Reichswehr in München, mit, ohne und auch gegen Lossow, war unter Führung der Generale Danner, Ruith und Kress entschlossen, gegen jeden Umsturzversuch „manu militari" vorzugehen, auch die Kommandeure der einzelnen Truppenverbände draußen im Lande standen, ohne zu wanken, zu ihrem Eid und bekannten sich, vielfach auch im Widerstreit zu ihren „inneren Gefühlen", zur Gehorsamspflicht[141]. Die Behauptung, „Reichswehr, Polizei und Landespolizei waren nationalsozialistisch verseucht[142]", wurde durch die Ereignisse am 8. und 9. November eindeutig widerlegt. Gewiß standen viele Offiziere und Beamte gesin-

140 Rechtsanwalt Holl im Prozeß, 20. Tag (22. 3. 1924).

141 Aussage General Danner im Prozeß, 16. Tag (15. 3. 1924); MM General Karl Kriebel v. 17. 6. 1952. So auch Hptm. Rüdel, BA-MA N 457 / v. 16.

142 Hitler und Kahr, II, S. 127—131. — Einzelne Polizeibeamte der Polizeidirektion München waren Parteimitglieder (Glaser, Hamm, Gerum, Hoffmann). Viele jüngere Offiziere der Reichswehr und Landespolizei sympathisierten mit der Rechtsbewegung, auch der NSDAP, verschiedentlich auch Unteroffiziere und Mannschaften.

Der Vorwurf Kahrs im Prozeß (11. 3. 1924): „Die Polizei hat uns in eine schöne Sauerei geraten lassen", war unberechtigt. Er selbst hatte durch seine Politik „die Sauerei" heraufbeschworen und die ungeheure Verwirrung gestiftet. Polizeipräsident Mantel verteidigte die Polizei gegen die Anschuldigungen in einer ausführlichen Stellungnahme vom 5. 4. 1924. BGSTA, MA, 103 473.

nungsmäßig gegen die Novemberrepublik und sympathisierten mit dem Kampfbund; aber im gegebenen Ernstfall erfüllten sie mit ganz wenigen Ausnahmen ihre schwere Pflicht. Nur dieser Pflichttreue, vor allem der Reichswehr, verdankte die Weimarer Republik das Überstehen der schweren Krise des Jahres 1923. Der in anderem Zusammenhang bereits erwähnte Bataillonskommandeur in Bayreuth, Oberstlt. Mittelberger, alarmierte auf die Nachricht aus München das Bataillon gegen 11.00 Uhr abends. Er sprach seinen Offizieren gegenüber die Vermutung aus, daß in München ein Aufstand unter Hitlers Führung ausgebrochen sei und verlangte, „daß ohne Rücksicht auf persönliche Gefühle jeder Offizier und jeder Mann meine Befehle striktest zu befolgen habe . . . Feste Geschlossenheit der ganzen Reichswehr sei jetzt nötiger als je; an einer abenteuerlichen Politik würde ich mich nicht beteiligen."

Erst gegen 1.00 Uhr nachts erhielt Mittelberger ein annähernd richtiges Bild der Vorgänge in München. Mittelberger verständigte dann auf dem Umweg über Dresden die Heeresleitung in Berlin. Dort war man zunächst der Meinung gewesen, daß die bayerische Reichswehr mit Hitler gehe. Mittelberger überzeugte jedoch den Chef des Truppenamtes, Generalmajor Hasse, „daß man in Berlin falsch unterrichtet war". Hasse verständigte sofort Seeckt, dem die Mitteilung von größter Bedeutung war, konnte er doch den Reichspräsidenten auf die zuverlässige Haltung der Reichswehr auch in Bayern hinweisen[143]. Die Ereignisse des 8./9. November zeigten, daß Diensteid und Gehorsamspflicht eindeutig über private Anschauung und Gesinnung siegten. An dem Bericht des Obersten Leupold ist hervorzuheben, was ihm gemeinsam mit den Erinnerungen Mittelbergers ist: die Truppe vollzieht die Befehle ihrer Führer, „auch wenn sie im Widerstreit mit ihren inneren Gefühlen käme". Das bedeutete, daß das innere Gefüge der Reichswehr gefestigt war und durch Gewissenskonflikte zwischen Befehl und Gehorsam nicht mehr ernsthaft bedroht werden konnte.

Oberst Leupold war selbst ein Beispiel des Konfliktes zwischen „inneren Gefühlen" und dem Befehl der Vorgesetzten; es gab für ihn keinen Zweifel

143 VjZG, V, 1957, S. 99 f. — Haniel, Reichsgesandter in München, berichtete am 18. 11. 1923 über die schwarz-weiß-rote Gesinnung der bayerischen 7. Division. „Es wurde auch von seiten der Division dieser Tage ein Antrag nach Berlin gerichtet, man möge die schwarz-weiß-rote Kokarde einführen."

bezüglich des Gehorsams. Kriebel sagte im Prozeß über die Herbeirufung Leupolds aus:

„Dann wurde von uns Leupold aus dem Bett geholt, weil wir wußten, daß er innerlich auf unserer Seite steht." Nachdem die beiden ersten Abgesandten der Kampfbundführer, Hecker und Major Siry, nicht mehr zurückgekehrt waren, wurde nun Oberst Leupold zu Lossow geschickt. Auch er kehrte nicht wieder[144].

Röhm hatte schon kurz nach Mitternacht von einem Reichswehroffizier vertraulich die Mitteilung erhalten, daß General Lossow sich nicht an sein Wort gebunden fühle. Er hatte die Nachricht an Ludendorff weitergegeben[145], der ihr keinen Glauben geschenkt hatte. Erst nach der niederschmetternden Erklärung des Oberst Leupold begannen die Kampfbundführer, der bitteren Wirklichkeit ins Auge zu sehen. Sie verlegten ihr Hauptquartier etwa um 7.00 Uhr morgens vom Wehrkreiskommando zurück in den Bürgerbräukeller[146]; Röhm blieb mit seiner Reichskriegsflagge im Wehrkreiskommando.

Die Lage war um diese Zeit so weit geklärt, daß der Kampfbund und das Triumvirat sich nun feindlich gegenüberstanden. Geschehen war wenig: die Verhaftung von Amtmann Frick morgens um 3.00 Uhr und die von Pöhner um 6.00 Uhr waren in den frühen Morgenstunden die einzigen Maßnahmen von seiten der Inhaber der Staatsgewalt.

Die Erkenntnis, daß die Münchner Garnison der Reichswehr und die Landespolizei gegen den Kampfbund Stellung bezogen hatten, scheint Ludendorff veranlaßt zu haben, Marschall von Bieberstein in den frühen Morgenstunden zu Oberstleutnant Hofmann, dem Festungskommandanten von Ingolstadt, zu schicken[147]. Hofmann war treuer Parteigänger des Kampfbundes; er hatte selbst eine Wehrorganisation aufgezogen. Ludendorff befahl Hofmann, sofort nach München zu kommen. Er fuhr mit Marschall von Bieberstein in die Landeshauptstadt, wo sie zwischen 10.00 und 11.00 Uhr vor-

---

144 Kriebel im Prozeß, 4. Tag (29. 2. 1924). — Lt. a. D. Hecker war Vertragsangestellter im Wehrkreiskommando. Er hatte sich dem Kampfbund für Vermittlung zu General Lossow zur Verfügung gestellt. Im Auftrag Kriebels fuhr er nachts zu Lossow, um diesen für eine Unterredung mit Ludendorff zu gewinnen. Lossow lehnte ab und hielt ihn in der Kaserne fest, wie später auch Major a. D. Siry. Siehe auch „Vorwärts", Sonntagsausgabe Nr. 117 v. 9. 3. 1924, 2. Beilage.

145 UAL, 16. Sitzg. v. 19. 12. 1927.

146 Ulrich Graf in: Pädagogischer Umbruch.

147 Ludendorff im Prozeß, 4. Tag (29. 2. 1924).

mittags beim Wehrkreiskommando eintrafen. Zu einem Gespräch zwischen Hofmann und Ludendorff kam es aber dort nicht mehr, weil die Kampfbundleitung inzwischen, wie erwähnt, ihren Sitz in den Bürgerbräukeller zurückverlegt hatte. Hofmann verhandelte dann auf eigene Faust mit Lossow und erhielt von diesem die Erlaubnis, Röhm gegen Ablieferung der Waffen ehrenvollen Abzug aus dem Wehrkreiskommando zu gewähren[148]. Auch Oberstleutnant Hofmann zögerte nicht, obwohl er innerlich völlig auf der Seite des Kampfbundes stand, seiner Gehorsamspflicht gegenüber seinen militärischen Vorgesetzten unbedingt zu genügen. Sein Verdienst war es, zusammen mit General von Epp, der ebenfalls seine Vermittlerdienste zu Röhm anbot, und Oberstleutnant von Hörauf ein Blutvergießen um das Wehrkreiskommando und damit eine blutige Belastung der Reichswehr verhindert zu haben[149].

In seltsamem Widerspruch zu der ungeklärten und für die Putschisten sich unerfreulich abzeichnenden Lage standen die Morgenmeldungen der Zeitungen, besonders des „Völkischen Beobachters". Die Münchner Morgenblätter brachten in großen Schlagzeilen Berichte über den geglückten Umsturz und stifteten außerhalb der Landeshauptstadt beträchtliche Verwirrung an[150]. Hitlers Organ erschien am 9. November in zwei Ausgaben; die zweite war ausgefüllt mit triumphierenden Meldungen über den „Sieg des Hakenkreuzes" und Artikeln über „Die völkische Revolution"[151]. Das Blatt brachte eine „Proklamation an das deutsche Volk" folgenden Inhalts:

„Die Regierung der Novemberverbrecher in Berlin ist heute für abgesetzt erklärt worden. Eine provisorische deutsche Nationalregierung ist gebildet worden. Diese besteht aus General Ludendorff, Adolf Hitler, General von Lossow und Oberst von Seisser[152]." Ferner verkündete die Zeitung stolz die Zerstörung der „Münchner Post" und die Einsetzung eines nationalen Staatstribunals und brachte einen Aufruf des „Jungsturms"[153].

Die letzte Nummer des VB brachte auch noch eine „Bekanntmachung" des „Reichsfinanzministers" der revolutionären Regierung, Gottfried Feder:

„Bis zur gesetzlichen Regelung des gesamten Geld- und Kreditwesens

148 Pölnitz, Emir, S. 128 f.
149 Ebda, S. 217 f.
150 VjZG, V, 1957, S. 100; MNN, Nr. 304 v. 9. 11. 1923.
151 VB, Nr. 230 v. 9. 11. 1923; Dok.-Anhang.
152 Ebda, S. 1; siehe auch Dokumente der Zeitgeschichte, München 1938, S. 142.
153 VB, Nr. 230 v. 9. 11. 1923, S. 1, Dok.-Anhang.

werden alle Banken und sonstigen Geldinstitute ihres privatrechtlichen und privatwirtschaftlichen Charakters entkleidet und unter Staatsaufsicht gestellt. Jede Veränderung oder Verschiebung der Vermögensbestände wird bestraft. Das Finanzkomitee: gez. Gottfried Feder[154]."

Die tragikomische Rolle, die Feder mit diesem Aufruf als Finanzgewaltiger übernahm, hatte für ihn noch ein übles Nachspiel. Sowohl von Parteifreunden wie von den politischen Gegnern wurde ihm vorgeworfen, daß er noch am Mittag des 8. November sein eigenes Konto abgehoben habe. Feder strengte gegen Ministerpräsident Knilling, der ihn deshalb im Landtag angegriffen hatte[155], einen Prozeß an. Er konnte nachweisen, daß er am Mittag des 8. November von dem geplanten Staatsstreich noch keine Ahnung gehabt, daß er die Aufhebung des Bankkontos aufgrund einer Aufforderung der Bank von Ende September 1923 in die Wege geleitet und bereits am 29. Oktober von der Bank die Mitteilung erhalten hatte, er könne sein Depot innerhalb von acht Tagen abheben. Am 8. November erhielt er es jedoch nicht, weil es noch nicht hergerichtet war. Er wurde auf den 12. November vertröstet[156].

Während in den Morgenstunden der „Völkische Beobachter" die „Völkische Siegesmacht" verkündete und die Scharen des Kampfbundes die Münchner Straßen beherrschten, erfolgte ab 8.00 Uhr der Anschlag des Generalstaatskommissars an den Litfaßsäulen mit folgendem Inhalt[157]:

„Aufruf!

Trug und Wortbruch ehrgeiziger Gesellen haben aus einer Kundgebung für Deutschlands nationales Wiedererwachen eine Szene widerwärtiger Vergewaltigung gemacht. Die mir, dem General Lossow und dem Obersten von Seisser mit vorgehaltener Pistole abgepreßten Erklärungen sind null und nichtig. Ein Gelingen des sinn- und ziellosen Umsturzversuches hätte Deutschland samt Bayern in den Abgrund gestoßen. An der Treue und dem Pflichtbewußtsein der Reichswehr und der Landespolizei ist der Verrat gescheitert. Auf diese Getreuen gestützt ruht die vollziehende Gewalt fest in meiner Hand. Die Schuldigen werden rücksichtslos der verdienten Strafe zugeführt.

---

154 VB, Nr. 230 v. 9. 11. 1923.

155 Knilling im Landtag am 5. 12. 1923: „. . . der um sein eigenes Bankguthaben vorsichtig besorgte Gottfried Feder."

156 BGSTA, MA 103474, Abschrift, München, den 2. 4. 1924; ferner BHSTA, SA I, 1497.

157 „Münchner Zeitung" v. 9. 11. 1923, die MNN erst am 10. 11. 1923, Nr. 305.

Die nationalsozialistische deutsche Arbeiterpartei, die Bünde Oberland und Reichskriegsflagge sind aufgelöst.

Unbeirrt aber durch Unverstand und Tücke werde ich mein deutsches Ziel verfolgen: Unserem Vaterlande die innere Freiheit erringen.

München, den 9. November 1923 Ausgegeben 7.30 Uhr morgens.

Der Generalstaatskommissar
Dr. von Kahr."

Die „Münchner Zeitung" brachte den Aufruf bereits in ihrer Vormittagsausgabe um 10.00 Uhr.

Die Durchführungsverordnung zur Auflösung der genannten Verbände erging noch am gleichen Tage „auf Grund des bestehenden Ausnahmerechts"[158]. Der Aufruf Kahrs rief nicht nur beim Kampfbund, sondern bei der großen Mehrheit der Münchner Bevölkerung, die auf seiten Hitlers stand, Empörung hervor. Der allgemeine Eindruck war der des Verrats der nationalen Sache durch Kahr, Lossow und Seisser. Sachlich gesehen stand der Aufruf auf schwachen Füßen: die Worte „Trug und Wortbruch . . ." waren eine leere Phrase, die allgemein den Eindruck einer Verleumdung erweckte und die Rolle Kahrs, Lossows und Seissers schlecht tarnen konnte. Die Behauptung von den „mit vorgehaltener Pistole abgepreßten Erklärun-

---

158 Ebda:
„Verordnung.
Auf Grund des bestehenden Ausnahmerechts ordne ich mit sofortiger Wirksamkeit an:

§ 1

Die Nationalsozialistische Deutsche Arbeiterpartei, die Bünde Oberland und Reichskriegsflagge werden verboten und aufgelöst.

§ 2

Zahlungsmittel und Wertpapiere aller Art, Waffen, Ausrüstungsgegenstände, Fahrzeuge, Fahrräder und sonstige Beförderungsmittel, die den Zwecken der aufgelösten Vereinigungen gedient haben oder zu dienen bestimmt sind, sind dem Staate verfallen und unverzüglich der nächsten Bezirkspolizeibehörde in München und in Nürnberg-Fürth der Polizeidirektion, in den anderen unmittelbaren Städten dem Stadtkommissar abzuliefern.

§ 3

Wer einer der aufgelösten Vereinigungen weiter angehört, die Bildung einer neuen Vereinigung an Stelle der aufgelösten unternimmt, zu der Neubildung auffordert oder anreizt, sich einer solchen neugebildeten Vereinigung anschließt, die Neubildung mit Rat oder Tat unterstützt oder wer der Vorschrift des § 2 zuwiderhandelt, wird mit Zuchthaus von 1 Jahr bis zu 15 Jahren bestraft.

München, den 9. November 1923. Der Generalstaatskommissar
Dr. von Kahr."

„Verein aufgelöst auf Grund der Verordnung des Generalstaatskommissars vom 9. November 1923 (RA 22). 10. Januar 1924." Amtsgericht München, Vereins-Reg.-Nr. 46, Bd. XVIII.

gen" war unwahr, sie war außerdem so plump, daß sie nicht geglaubt wurde, um so weniger als es zu viele Zeugen der Vorgänge im Bürgerbräukeller gegeben hatte. Psychologisch und propagandistisch war der Aufruf insgesamt so ungeschickt, daß er zur Zerstörung des restlichen Vertrauens in das Triumvirat noch beitrug.

Während die Inhaber der Staatsgewalt die Vorbereitungen zum militärischen Gegenstoß gegen die Putschisten trafen, beratschlagten die Kampfbundführer im Bürgerbräukeller, was sie nun tun könnten und tun sollten.

Hitler erteilte morgens um 7.30 Uhr einem Vertrauten, der auch dem Kronprinzen nahestand, Max Neunzert, den Auftrag, sofort zum Thronfolger zu fahren und ihn um Vermittlung zu bitten, um zu verhindern, „daß Nationale auf Nationale schießen". „Fahren Sie so schnell wie möglich im Kraftwagen nach Berchtesgaden zu Sr. Majestät dem König und bitten Sie ihn in meinem Namen, er möchte, nachdem die größte Gefahr bestünde, daß Nationale auf Nationale schießen, die Vermittlung übernehmen zwischen dem Kampfbund und Herrn von Kahr, der sich als Statthalter der Monarchie ausgegeben hat, damit das größte nationale Unglück verhütet wird. Im übrigen klären Sie S. M. über die Vorgänge von gestern und heute auf!" Ludendorff und Scheubner-Richter waren anwesend, als Hitler Neunzert den Auftrag erteilte, sagten aber nichts dazu[159]. Escherich, der von Isen aus auf die Kunde von dem Umsturz in München zum Kronprinzen fuhr, traf nach Neunzert ein und mußte warten, „bis Rupprecht das Gespräch mit Neunzert beendet hatte[160]". Bei der Beratung über das weitere Vorgehen machte Kriebel den Vorschlag, nach Rosenheim auszuweichen, um Zeit zu

159 Aussage Neunzert im Ermittlungsverfahren am 18. 3. 1924. Hitler und Kahr, II, S. 186. Hitler hatte im Bürgerbräukeller zu Kahr gesagt, er wolle selbst zu S.M. fahren und ihr mitteilen, daß die deutsche Erhebung das dem Königshaus widerfahrene Unrecht wiedergutmachen werde. Prozeß, 2. Tag (27. 2. 1924).

160 Escherich traf nachmittags 3.30 Uhr in Berchtesgaden mit zwei Begleitern ein. „S.K.H. nicht sofort zu finden, dann ist Neunzert, der vor uns gekommen, im Wege. Es wird 4.00 Uhr, bis Baron Redwitz meldet, daß S.K.H. mich bitten lasse." Kronprinz schenkt Escherich volles Vertrauen, doch stellt Escherich kritisch fest, der Thronfolger scheine „viel zu stark auf Kahr eingeschworen zu sein. Auch er wird noch seine Erfahrung mit ihm machen müssen." TE, Eintr. v. 9. 11. 1923.
Kronprinz Rupprecht bemühte sich im Hintergrund sehr, die Folgen des Hitlerputsches für die konservative Rechtsbewegung zu mildern. Am 12. November ließ er in München Escherich, der zu seinen Vertrauenspersonen gehörte, dringend zu sich bitten. „Dort empfängt mich Graf Soden. Oswald Spengler ist eben bei S.K.H. Nach Weggang von Spengler holt mich S.K.H. selbst ins Zimmer, tiefernst über die schrecklichen Folgen des Hitlerputsches, doch vollkommen vertrauensvoll zu meiner Person, von der er die Rettung erwartet. Gibt mir gemessenen Auftrag." TE, Eintr. v. 12. 11. 1923.

gewinnen. Der Vorschlag wurde abgelehnt. Vielmehr setzte Ludendorff seine Forderung durch, einen „friedlichen Zug in die Stadt“ durchzuführen, um damit „das Volk auf unsere Seite zu bringen[161]“. Der Zug sollte vom Bürgerbräukeller zum Marienplatz gehen und dann wieder umkehren.

„Wir waren überzeugt“, so äußerte sich Hitler über diesen Entschluß, „daß, wenn erst die breiten Massen ihr Votum abgeben, man auch an dieser Stelle erkennen werde, das ist ja der Wille des Volkes, das kann gar kein Staatsstreich sein, was die Massen so stürmisch wollen. Wenn die Menschenmassen auf den Straßen jubeln und schreien und niemand dagegen Stellung nimmt . . . , dann war es uns nicht zweifelhaft, daß man sich schließlich doch sagen mußte, das ist ja gar kein Staatsstreich, sondern der Vollzug des ‚Volkswillens‘ in viel größerem Umfang, als 1918 der Kurt-Eisner-Zug der Vollzug des Volkswillens war. Das war ja bloß der Vollzug des Willens von Gaunern, Deserteuren, Zuchthäuslern[162]. . .“

Kriebel gab noch folgenden Verteidigungsbefehl heraus[163]:

„1. Exzellenz von Lossow hat sein Ehrenwort gebrochen. Er will gegen uns kämpfen.

2. Wir verteidigen die nationale Reichsregierung mit den Waffen auf Biegen und Brechen.

3. Es richten zur hartnäckigen Verteidigung ein und halten gegen jeden Angriff:

   a) R.K.F. das Wehrkreiskommando, Hauptmann Röhm;

   b) Oberland und Kampfbund München die Polizeidirektion, Major Hühnlein;

   c) Sturmabt. Hitler, Infanterieschule, Sturmbataillon Österreicher den Bürgerbräukeller, Hauptmann Göring.

4. Vorposten in der Linie:

   Prinzregentenbrücke — Schönfeldstr., Ludwigstr. — Wittelsbacher Platz (einschließlich);

   Abschnitt I: durch Hauptmann Röhm, Briennerstr. — Maximiliansplatz — Stachus — Sendlinger Torplatz (einschließlich);

   Abschnitt II: Major Hühnlein, Müllerstr. — Fraunhoferstr. — Frauenhoferbrücke;

---

161 Ludendorff, Auf dem Weg, S. 65; Hitler und Kahr, II, S. 167.

162 Prozeß, 1. Tag (26. 2. 1924).

163 Hitler und Kahr, II, S. 166.

Abschnitt III: Hauptmann Göring.

5. . . ."

Kriebel hatte den Befehl abgefaßt zu einem Zeitpunkt, als er anscheinend noch nicht wußte, daß die Polizeidirektion in Händen der Landespolizei war.

Ulrich Graf erkundete im Auftrag Hitlers zwischen 10.00 und 11.00 Uhr vormittags die Lage an der Isar. Er beobachtete, wie die Landespolizei das westliche Isarufer und die Brücken besetzte. Auf die Meldung Grafs hin befahl Ludendorff dem Hauptmann Göring, selbst die Lage zu prüfen. Es kam zu einem Gespräch zwischen Göring und einem Polizeioffizier auf der Corneliusbrücke, das laut Graf folgenden Inhalt hatte[164]:

Göring: „Gut, dann erkläre ich Ihnen, daß in dem Augenblick, wo der erste meiner Leute dort drüben auf dem Pflaster liegt, sämtliche Geiseln von uns ohne weiteres erschossen werden."

Polizeioffizier: „Herr Kamerad, Sie haben keine Ahnung, in was für einer Zwangslage ich mich befinde. Gestern abend noch habe ich mit meinen Leuten hier eine Versammlung von Ihnen in Mering gedeckt. Nach dieser Versammlung habe ich mich mit Ihren Offizieren und meine Leute mit Ihren Leuten auf das kameradschaftlichste unterhalten, und jetzt stehe ich hier mit dem ganz bestimmten Befehl, auf Sie zu schießen. Ich schlage Ihnen vor: Geschossen wird nur, wenn einer der beiden Teile vorrückt."

Göring: „Jawohl!"

Polizeioffizier: „Wenn ich Befehl erhalte, weiter vorzurücken, so teile ich es Ihrem Führer drüben so frühzeitig mit, daß Sie Ihre sämtlichen Machtmittel bereitstellen können, um meinen Angriff abzuwehren bzw. damit Sie Rückzugsbefehl erwirken können."

Göring: „Abgemacht!"

Graf berichtete weiter: „Dem Polizeioffizier standen Tränen in den Augen. Wir grüßten militärisch und trennten uns. Göring und ich fuhren zum Bürgerbräu, und von jetzt ab wußten wir erst bestimmt, daß an die Truppe Schießbefehl gegeben worden war."

Scheubner-Richter sagte zu Hitler, von düsteren Ahnungen erfüllt: „Ich fürchte, das ist unser letzter Gang[165]."

---

164 Graf in: Pädagogischer Umbruch, Nr. 11, 1934.
165 Ludendorff, Auf dem Weg, S. 66.

Der Demonstrationszug setzte sich zwischen 11.30 und 12.00 Uhr in Bewegung, Richtung Marienplatz; es wurde in Sechzehnerreihen nicht aufgeschlossen marschiert. Er überwältigte die schwache Sperrkette der Landespolizei an der Ludwigsbrücke und marschierte weiter durch das Tal in die Stadtmitte[166]. Ludendorff hatte vor dem Abmarsch den Befehl zum Entladen der Gewehre gegeben[167]; der Zug sollte eine friedliche Demonstration sein. Die Bevölkerung Münchens war auf den Beinen; auf den größeren Plätzen fanden Kundgebungen mit Ansprachen von nationalsozialistischen Rednern statt. Am Marienplatz sollte der Zug wieder umkehren[168]. Ludendorff sagte jedoch zu dem neben ihm gehenden Kriebel, er wolle weitermarschieren zum Wehrkreiskommando, um Röhm eine Kundgebung darzubringen. So wurde der Marsch zur Feldherrnhalle „durch den Eigensinn Ludendorffs" erzwungen[169]. Der Zug, dessen Teilnehmer auf 2000 bis 3000 Mann geschätzt wurden, die größtenteils bewaffnet waren, bewegte sich, Lieder singend, durch die Dienerstraße weiter und schwenkte dann über die Perusastraße in die Residenzstraße Richtung Feldherrnhalle ein. Die Landespolizei sperrte dort den Zugang zum Odeonsplatz. Als sie den Zug von der Theatinerstraße in die Perusa- und dann in die Residenzstraße marschieren sah, eilte die Postenkette von der Theatinerstraße unter Führung von Oberleutnant Freiherr von Godin herüber in die Einmündung der Residenzstraße in den Odeonsplatz[170].

Vor dem Zug marschierten zwei Fahnenträger mit der Fahne der Nationalsozialisten und der Fahne des Bundes Oberland. Als die Feldherrnhalle erreicht wurde und die Landespolizei versuchte, den Durchmarsch zwischen Feldherrnhalle und Residenz zu verhindern, geriet der Zug ins Stocken. Die Fahnenträger hielten, die Spitzengruppe mit den Kampfbundführern schloß auf. Ihr gehörten alle, außer Scheubner-Richter und Kriebel, in Zivil an[171]:

Ludendorff, Hitler, Scheubner-Richter, Graf, Kriebel, Göring, Dr. Weber, Streck, Hauptmann a. D. Kolb in der ersten Reihe. In der zweiten Reihe

---

166 Bericht d. Pol.Lt. Höfler über die Vorgänge an der Ludwigsbrücke, BGSTA, MA,

167 Ludendorff, Auf dem Weg, S. 65.

168 Dr. Weber im Prozeß, 2. Tag (27. 2. 1924). — Dr. Weber wußte den Grund des Weiterziehens zur Feldherrnhalle nicht.

169 MM General Karl Kriebel v. 20. 6. 1952.

170 Bericht von Oberlt. Freiherr von Godin, BGSTA, MA 104221.

171 MM Max Sesselmann und Hans Streck.

marschierten Albrecht von Graefe, Julius Streicher, Oskar Körner, Max Sesselmann, Theodor von der Pfordten.

Da krachte plötzlich ein Schuß, der ein rasendes Schnellfeuer der Landespolizei auslöste. Eine Anzahl der Zugteilnehmer wälzte sich in ihrem Blut am Boden. Ludendorff ging aufrecht in Begleitung von Major Streck durch das Feuer der Landespolizei weiter über den Odeonsplatz. Dort wurde er zusammen mit Streck von einem Polizeioffizier in Schutzhaft genommen und zur Residenz geführt[172].

Ulrich Graf schilderte die dramatische Szene mit folgenden Worten[173]:

„In dem Augenblick marschierte ungefähr acht Schritt vor uns Landespolizei, die, durch die Feldherrnhalle gedeckt, vorher unserer Sicht entzogen war, im Laufschritt in zwei Gliedern auf und brachte ohne weiteres ihre Karabiner gegen uns in Anschlag.

Die zwei Schritte vor uns marschierenden Fahnenträger, Kamerad Bauriedl — er starb mit der jetzigen Blutfahne in der Hand den Heldentod — und Kamerad Garreis mit der Fahne des Bundes Oberland, blieben in diesem Augenblick stehen, während Hitler und Ludendorff noch einige Schritte gingen, so daß wir eher vor als in gleicher Höhe der Fahnen standen. In dieser Sekunde war mir klar, daß jetzt Ungeheures eintreten müßte. Ich sprang ganz instinktiv vor Hitler, deutete mit der rechten Hand auf Ludendorff, der rechts neben Hitler stand, und rief mit gellender Stimme der Polizeiabteilung zu: „Ludendorff — wollt Ihr auf Euren General schießen —

---

172 MM Hans Streck.

173 Ulrich Graf, in: Pädagogischer Umbruch, 1934, Nr. 11, S. 8. — Fahnenträger war Trambauer; die Fahne ist jedoch mit dem Blut des gefallenen Bauriedl getränkt. Lothar W. Diehl: „Die Fahne trinkt Blut. Eine Erinnerung an den 9. November 1923." in: VB, Nr. 313 v. 8. 11. 1936 (Münchner Ausgabe).
An dem Zug zur Feldherrnhalle hatte auch der „Jungsturm" teilgenommen unter Führung des zwanzigjährigen G. A. Lenk. Dieser schilderte sein Erlebnis mit folgenden Worten: „Ich selbst marschierte mit dem Zuge vom Bürgerbräukeller in die Stadt neben meinem Kameraden Kurt Neubauer, der die Roßbachjugend führte und mir unterstellt war. Schulter an Schulter zogen wir dahin, vor uns die Fahne, hinter uns, nur wenige Meter, der Führer und seine Getreuesten. Mit uns ganz Deutschland ‚endlich einmal!' Mit dem Lied ‚Oh Deutschland hoch in Ehren' marschierten wir durch die Residenzstraße zum Odeonsplatz, nichtsahnend von Gefahren, so zogen wir, unser Lied singend. Da krachten plötzlich jene Schüsse, die uns unserer besten Kameraden beraubte und für die Zukunft Deutschlands das Fanal waren zur Zeitenwende. Zu Tode getroffen lag mein lieber Kamerad Neubauer zu meinen Füßen, Blut, deutsches Blut, deutsche Männer, noch eben das Lied der Deutschen auf den Lippen, lagen zerschossen, tot am Boden. Und dies alles in einem Zeitraum von wenigen Minuten, überfallartig waren diese Salven auf uns abgegeben worden." G. A. Lenk. Niederschrift v. 8. 9. 1934. Privatbesitz.

Hitler und Ludendorff." Kaum hatte ich dies gerufen, prasselte uns eine Gewehrsalve entgegen und schwerverwundet sank ich vor Adolf Hitler aufs Pflaster ... Ich sah nun, am Boden liegend, wie Ludendorff ruhigen Schrittes, die Hände in den Manteltaschen (er war in Zivil) die Feuerlinie durchschritt. Dieser Augenblick war für mich schrecklich, weil ich Hitler nicht mehr sah. Ich selbst konnte mich trotz wiederholter Versuche nicht erheben oder nur drehen; es waren mir außer einem schweren Lungen- und Bruststeckschuß noch beide Oberschenkel und der rechte Arm vom Ellenbogen bis zum Schulterblatt durchschossen. Ich konnte mich daher nicht mehr überzeugen, ob mein Führer etwa auch verwundet hinter mir liegt. Leider war es so. Mit zerschmettertem Schlüsselbein lag auch Hitler zwischen Toten und Verwundeten."

Nachdem Graf gefallen war, sprang Körner vor Hitler, um ihn zu schützen. Ihm wurde durch eine aus nächster Nähe abgefeuerte Kugel der Schädel zerschmettert, so daß er sofort tot war[174]. Max Sesselmann wurde durch drei Bauchschüsse schwer verletzt[175]; Göring erlitt eine schwere Unterleibsverletzung. Von der Pfordten wurde durch Querschläger getötet[176]. Hitler wurde von dem tödlich getroffen Scheubner-Richter (Herzschuß), der sich bei ihm eingehängt hatte, zu Boden gerissen und stürzte so unglücklich, daß er unter Scheubner-Richter zu liegen kam[177]. Max Kronauer zog ihn unter der Leiche Scheubners hervor und führte ihn zurück. Mit Hilfe des SA-Arztes Dr. W. Schulze und eines Sanitätsmannes Frankl wurde er in einen beim „Bauerngirgl" bereitstehenden Sanitätskraftwagen gesetzt, in dem auch ein verwundeter Knabe lag[178].

Die völlig unerwartete Schießerei mit ihren verheerenden Folgen wirkte

174 MM Max Sesselmann.

175 Ebda.

176 Über Pfordten (1873—1923) s. Bd. 2, S. 150 f.

177 Hitler erzählte den Vorgang Frau Scheubner-Richter. MM v. 9. 7. 1952.

178 Aussage Kraftfahrer Ried, der Hitler nach Uffing fuhr. UAL, 16. Sitzg. v. 19. 12. 1927 — Brief von Frau Katharina Lahr an Hitler vom 12. 10. 1935. Abschrift, Privatbesitz. — Nach Aussage von Dr. Schulze wollte sich Hitler um den ohnmächtig am Boden liegenden Knaben bemühen, war aber dazu infolge seiner Schulterluxation nicht imstande. Schulze beförderte den ohnmächtigen Knaben mit Hilfe eines Studenten in den Kraftwagen. MM Dr. W. Schulze v. 23. 5. 1965. Dr. Schulze, der während der Schießerei am Boden lag, beobachtete, daß Hitler von der Spitzengruppe als erster aufstand „und sich, scheinbar verwundet am Arm, nach rückwärts begab". Aussage Dr. W. Schulze, zit. nach Hitler und Kahr, II, S. 173. Mündlich bestätigt am 23. 5. 1965. Zwischen der Aussage Dr. Schulze und dem Brief von Frau Lahr ist also ein kleiner Widerspruch, der nicht geklärt werden kann. Er zeigt nur, wie schwer es ist, solche Ereignisse in Einzelheiten richtig zu erfassen und wiederzugeben.

auf Hitler wie auf alle an der Spitze des Zuges Marschierenden niederschmetternd und betäubend[179]. Durch den Sturz und die starken Schmerzen in der verletzten Schulter war er aktionsunfähig geworden.

Hitler wollte zunächst in den Bürgerbräukeller zurückkehren. Das erwies sich als unmöglich wegen der Schießerei in der Stadt. Dr. Schulze lenkte die Fahrt dann aus der Stadt hinaus, um Hitler möglichst rasch behandeln zu können. Er stellte eine schwere Luxation der linken Schulter fest. Die Fahrt ging zunächst weiter. Unterwegs kam der wortkarge Hitler auf den Einfall, den Weg nach Uffing zum Haus Hanfstängl zu nehmen[180].

Die Schüsse an der Feldherrnhalle beendeten den Putsch Hitlers und Ludendorffs. Leidenschaftliche und haßerfüllte Auseinandersetzungen über die Schuld am Blutvergießen kennzeichneten das trübe Nachspiel des düsteren Ereignisses. Während von der Landespolizei und damit von amtlicher Seite entschieden die Überzeugung verfochten wurde, daß der erste Schuß von einem Teilnehmer des Demonstrationszuges abgefeuert worden war[181], behaupteten die Kampfbundanhänger mit derselben Entschiedenheit, die Polizei habe zu schießen begonnen[182]. Völlig geklärt konnte der wirkliche Hergang des Ereignisses nicht werden, weil sich alles blitzartig abspielte und die allgemeine Erregung aller Beteiligten ein sachliches Urteil nicht zuließ. Die Gegenspieler beharrten beide hartnäckig auf ihrem Standpunkt. Mit Sicherheit kann man nur sagen, daß weder der erste Schuß noch die darauffolgende allgemeine Schießerei eine überlegte Handlung war, gleichgültig von welcher Seite sie begonnen wurde, sondern eine zwangsläufige rein affekthafte Reaktion aus einer völlig überreizten Stimmung.

Unmittelbar nach dem Vorfall an der Feldherrnhalle wurde das Wehrkreiskommando von der Reichswehr besetzt. Röhm hatte sich nach langem Hin und Her zur freiwilligen Übergabe entschlossen, nachdem ihm von ihm persönlich nahestehenden Reichswehroffizieren (Oberstlt. Hofmann und General Epp) die Aussichtslosigkeit seiner Lage klar gemacht worden war. Trotzdem büßten zwei seiner Leute, mehr durch unglücklichen Zufall als durch Absicht, das Leben ein. Die Reichswehr, die das Wehrkreiskommando eingeschlossen hatte, zählte zwei Verwundete. Auch hier erwiesen sich Diensteid und Gehorsamspflicht stärker als Gesinnungsgemeinschaft. Um 2.00 Uhr

---

179 Dr. Weber, Prozeß, 2. Tag (27. 2. 1924), bekundete, daß er einen Nervenzusammenbruch erlitten habe.

Fußnoten 180, 181 und 182 siehe folgende Seite.

mittags war auch das Wehrkreiskommando fest in Händen der Reichswehr; damit hatte der Putsch seinen traurigen Abschluß gefunden.

Die Teilnehmer des Demonstrationszuges wurden von der Landespolizei entwaffnet. Röhm hatte für seine „Reichskriegsflagge" einen ehrenvollen

---

180 Nach Aussage Dr. Schulzes äußerte Hitler auf der Fahrt nach Uffing ausdrücklich den Wunsch, „daß mit allen Mitteln versucht werden müsse, die aufgeregten Massen zu beruhigen und daß gegen die Regierung nicht das geringste unternommen werden dürfe. Über diesen letztgenannten Punkt herrschte einheitliche Auffassung und alle Herren verabschiedeten sich von mir nach circa zwanzig Minuten mit dem Gedanken, all das Ihrige zu versuchen, dem Wunsch Hitlers unbedingt Folge zu leisten." (Die Herren, die bei Schulze sich nach Hitlers Befinden erkundigt hatten, waren Hptm. Weiß, Kplt. Hoffmann, Oblt. Brückner, Lt. Baldenius, Alfred Rosenberg.) BHSTA, SA I, 1497 a, Abschr. Vernehmung von Dr. Walter Schulze am 10. 12. 1923.
Wie sich laut Hitler später herausstellte, handelte es sich bei der Schulterverletzung nicht um eine Luxation, sondern um einen Gelenk- und um einen Schlüsselbeinbruch. Hitler im Prozeß, 1. Tag (26. 2. 1924); ferner Otto Lucker, Hitler hinter Festungsmauern. Berlin 1933, S. 9—11, Gutachten des Arztes.

181 „Die in der Residenz liegende Landespolizei versuchte in Höhe der Preysingstraße sowohl die Residenzstraße wie die Theatinerstraße abzusperren. Dem eigentlichen Zug voraus eilten in der Residenzstraße zahlreiche Zivilisten, die die Absperrungslinie der Landespolizei zurückdrängten. Den ununterbrochenen Rufen der Landespolizei: ‚Halt! Nicht weitergehen!' wurde nicht Folge geleistet. Da hier die Gefahr eines Durchbruchs bestand, eilte eine ursprünglich in der Theatinerstraße stehende Abteilung der Landespolizei um die Feldherrnhalle herum zur Unterstützung heran. Sie wurde mit gefälltem Bajonett, entsicherten Gewehren und vorgehaltenen Pistolen empfangen. Einzelne Landespolizisten wurden angespuckt, auch ihnen wurde die entsicherte Pistole auf die Brust gesetzt. Die Landespolizei arbeitete mit Kolben und Gummiknüttel und suchte mit quer gehaltenen Karabiner die Menge zurückzudrängen. Ihre Absperrungslinie war schon mehrfach durchbrochen. Plötzlich gab ein Nationalsozialist auf nächste Entfernung einen Pistolenschuß auf einen Offizier der Landespolizei ab. Der Schuß ging an dessen Kopf vorbei und tötete den hinter ihm stehenden Unterwachtmeister Hollweg. Für den Bruchteil einer Sekunde trat Erstarrung ein. Noch bevor es möglich war, einen Befehl zu geben, eröffneten die Kameraden des erschossenen Wachtmeisters wie auch die Hitlerleute das Feuer, es entspann sich ein kurzer Feuerkampf, bei dem die Landespolizei auch aus dem Preysingpalais und aus dem Hause, in dem sich die Konditorei Rottenhöfer befindet, Feuer erhielt. Nach höchstens dreißig Sekunden ergriffen die Hitlerleute die Flucht, und zwar teils zurück zur Maximilianstraße, teils zum Odeonsplatz. General Ludendorff ist offenbar in Richtung Odeonsplatz weitergegangen . . ." „Die Vorgänge vom 9. November. Eine amtliche Darstellung." Zit. nach „Der Putsch", Anlage 5. Bericht des Oblt. Freiherr von Godin, der die Landespolizei an der Feldherrnhalle befehligte und für das Blutvergießen unmittelbar verantwortlich war. BGSTA, MA 104221.

182 Hptm. a. D. Kolb, der in der Spitzengruppe mitmarschiert war, hatte den Eindruck, daß Oblt. Godin, der Führer der Landespolizei an der Feldherrnhalle, den ersten Schuß abgefeuert hatte. „Die folgenden Schüsse kamen von links, und Kolb hatte den Eindruck, daß Leute auf der Feldherrnhalle standen und schossen." Aussage Kolb am 12. 12. 1923, BHSTA, SA, I, 1493.
Daß von der Feldherrnhalle heruntergeschossen wurde, bestätigten mehrfach beteiligte und nichtbeteiligte Zeugen. Siehe Ludendorff, Auf dem Weg, S. 67 ff. Ferner die unten angeführten Zeugenaussagen. Demnach hätte die Landespolizei ihre vier Toten, die sie zu beklagen hatte, der wilden Schießerei ihrer eigenen Leute, die auf der Feldhernhalle standen, zu verdanken. Die große Mehrzahl der nichtbeteiligten Zeugen vertrat die Ansicht, daß die Schießerei von der Landespolizei begonnen wurde.

Abzug aus dem Wehrkreiskommando erwirkt; seine Leute lieferten ihre Waffen an die Reichswehr ab[183].

Die Bevölkerung Münchens und des Oberlands war in tiefster Erregung. In Rosenheim, Bad Aibling und im Chiemgau waren alle Wehrverbände mobilisiert worden, „um den Generalstaatskommissar zu schützen[184]".

Der Führer von „Bund Bayern und Reich", Pittinger, hatte sich in den Chiemgau begeben, zunächst in der Meinung, Kahr und Hitler würden sich einigen[185]. Amtlich standen die VVVB hinter dem GSTK. Auch an den Landesverband Bayern des Deutschen Offizierbundes war am 9. November ein Aufruf folgenden Inhalts ergangen:

„Der Willensmeinung des Allerhöchsten Kriegsherrn entsprechend und aus eigenem Pflichtgefühl heraus haben sich die drei großen bayerischen Offiziersverbände vom ersten Tage rücksichtslos hinter den GSTK gestellt[186]."

Daraus mußten alle Offiziere den Schluß ziehen, daß der bayerische Thronfolger sich für Kahr und gegen Hitler entschieden habe. Dem war jedoch nicht so. Vielmehr erklärte im Prozeß Rechtsanwalt Hemmeter dazu[187]:

„Es ist in der Öffentlichkeit behauptet worden, S. M. habe aufgefordert, sich hinter Kahr zu stellen. Das ist eine geschichtliche Fälschung exorbitantester Form, denn es ist das Gegenteil davon wahr. Diese Sache hat besonders die alten Offiziere in größtem Maße erregt. Es ist da etwas geschehen, was wir Juristen mit einem besonderen Ausdruck bezeichnen. Es wurde ein Blankoakzept, das für die Zeit der Einsetzung des GSTK galt, mit dem Datum vom 8./9. November ausgefüllt und damit der Eindruck erweckt, als ob S. M. gesagt hätte, man müßte sich jetzt noch hinter Kahr stellen." Kahr erwiderte darauf: „Damit habe ich nichts zu tun." Hemmeter brachte diese Angelegenheit im Zusammenhang mit der Sendung Neunzert zur Sprache und stellte in der Geheimsitzung vom 11. März 1924 an Kahr noch folgende Frage[188]:

---

183 Röhm, Die Geschichte eines Hochverräters, S. 217 f.

184 BHSTA, Min. Inn. 73696, Hitlerputsch; ferner Akt Holl.

185 „Die Art, wie Herr Sanitätsrat Dr. Pittinger in der Nacht nach dem Hitlerauftritt im Bürgerbräu die maßgebenden Stellen in Rosenheim informierte, war im höchsten Grade verwirrend und alles eher denn aufklärend im Sinne des Herrn Dr. Kahr." „Rosenheimer Anzeiger", Nr. 273 v. 26. 11. 1923, Artikel: „Rosenheimer Nachklänge zum Hitlerputsch." Pittinger in Rosenheim: „Hitler und Kahr werden sich schon zusammenraufen." Akt Holl.

186 UAL, 16. Sitzg. v. 19. 12. 1927.

187 Prozeß, Geheimsitzung v. 11. 3. 1924; s. a. Hitler und Kahr, II, S. 187.

„Ist E. E. bekannt, daß am 10. oder 11. November eine manu propria geschriebene und unterzeichnete Erklärung Sr. Majestät des Königs hier in München hätte publiziert werden sollen, aus der eindeutig hervorging, daß S. M. mit den Vorgängen vom 8. und 9. November gar nichts zu tun hatte und nicht entschlossen war, sich hinter Kahr zu stellen, eine Erklärung, daß die Geschichte des kgl. Hauses S. M. veranlasse, ohne Rücksicht auf dynastische Gedanken zu rufen, man solle die Hände über den offenen Gräbern sich reichen. E. E. sollen die Erklärung mit dem Beifügen zurückgegeben haben: ‚Wenn diese Erklärung in München bekanntgegeben wird, treten Kahr, Lossow, Seisser usw. von ihren Ämtern zurück.'" Kahr erwiderte darauf: „Das ist ein Vorgang, der nach dem 9. November sich abgespielt hat, nach den Mitteilungen, und über den auszusagen ich nicht berechtigt bin."

Die Volksmeinung, d. h. die überwältigende Mehrheit der Münchner Bevölkerung, aber auch der nationalgesinnten Bevölkerung Bayerns und teilweise auch Norddeutschlands, stand auf seiten Hitlers und Ludendorffs, gegen das Triumvirat. Schon am 9. November wurde es ersichtlich, daß nicht Hitler sich mit seinem unglückseligen Abenteuer lächerlich gemacht hatte, sondern die Triumvirn! Das Wort Kahrs in seinem Aufruf vom „Trug und Wortbruch ehrgeiziger Gesellen" fiel mit voller Wucht auf ihn, Lossow und Seisser zurück. Zu dieser Gestaltung der Volksmeinung bedurfte es aber keiner Lenkung und keiner Manipulation der „Öffentlichen Meinung"; sie war spontan und echt. Die breiten Schichten des Volkes standen gefühlsmäßig nicht auf seiten Hitlers, weil sie vielleicht von seiner Machtergreifung sich zu diesem Zeitpunkt Wunder erwartet hätten, sondern vielmehr deshalb, weil sie den Eindruck hatten, daß ein Mann des Volkes, der das beste für das Volk gewollt hatte, daß *ihr* Mann von den Machthabern betrogen und hintergangen worden sei.

Die Verantwortung dafür, daß nationale Männer auf nationale Männer geschossen hatten, lastete auf den Schultern von Kahr, Lossow und Seisser. Eine bessere Propaganda war für Hitler kaum denkbar gewesen; wenn ihn etwas zum Liebling des Volkes, des „kleinen Mannes" gestempelt hatte, so waren es die Schüsse der Landespolizei an der Feldherrnhalle.

In den Tagen und Wochen nach dem Putsch war besonders in München die Atmosphäre haßgeladen gegen die Inhaber der Staatsgewalt. Die Leid-

188 Prozeß, Geheimsitzung vom 11. 3. 1924; ferner Hitler und Kahr, II, 187; Müller, III. S. 190.

tragenden waren die Soldaten der Reichswehr und der Landespolizei, die nichts anderes getan hatten als nur ihre bittere Pflicht erfüllt. Schon bei der Entwaffnung der Zugteilnehmer wurden sie auf das heftigste beschimpft, bespuckt und in unflätiger Weise vielfach angepöbelt mit Ausdrücken wie „Massenmörder", „Franzosen- und Judenknechte" usw. Schließlich kam für die Landespolizei die Bezeichnung „Grüne Schmach" auf[189]!

Als die Polizei die Verordnung des GSTK zur Auflösung der zum Kampfbund gehörenden Verbände (NSDAP, Oberland, RKF) am gleichen Tage (9. 11.) durchführte und die Parteizentrale der NSDAP in der Corneliusstraße besetzte, um die Unterlagen zu beschlagnahmen, war das Nest schon ausgeräumt. Alle wichtigen Papiere waren weggeschafft, darunter die gesamte Mitgliederkartei[190].

Trotz des strengen Versammlungsverbotes fanden noch Wochen nach dem Putsch Kundgebungen der Hitleranhänger auf Straßen und öffentlichen Plätzen gegen das Triumvirat und für die verhafteten Führer des Kampfbundes statt[191]. Besonders erbittert waren die Studenten; es kam zu unerfreulichen Zwischenfällen an der Universität, auch zu einem Angriff auf eine marschierende Einheit der Reichswehr[192]. Die Universität mußte für einige Zeit geschlossen werden.

Der Kampfbund beklagte insgesamt 16 Tote; davon waren 14 an der Feldherrnhalle gefallen, 2 im Wehrkreiskommando. Die Gefallenen waren[193]:

---

189 Der Putsch, Anlage 4 b; Akt Nr. 1221, BGSTA, MA 1943.

190 MM v. Herrn Ludwig, der an der Beiseiteschaffung der Unterlagen mit beteiligt war. — Bei Johann Singer fand die Polizei wohl Akten mit Mitgliedslisten, aber nicht die Mitgliederkartei. BHSTA, SA, I, 1497. Liquidation der NSDAP. — Auch der „eingetragene Verein" wurde verboten. Ebda, 1496.

191 BHSTA, SA, I, 1497 a.

192 Der Putsch, Anlage 8; Müller, III, S. 172 ff.; Kahr, Erinnerungen, NK.

193 In der Widmung an die Gefallenen schrieb Hitler, Mein Kampf, 1. A., 1925.
„Am 9. November 1923, nachmittags 12.30, fielen vor der Feldherrnhalle sowie im Hofe des ehemaligen Kriegsministeriums zu München folgende Männer im treuen Glauben an die Wiederauferstehung unseres Volkes: . . ." Die Widmung schloß mit den Worten: „Sogenannte nationale Behörden verweigerten den toten Helden ein gemeinsames Grab. So widme ich ihnen zur gemeinsamen Erinnerung den ersten Band dieses Werkes, als dessen Blutzeugen sie den Anhängern unserer Bewegung voranleuchten mögen.
Landsberg a. L., Festungshaft, 16. Oktober 1924. Adolf Hitler."
Albert Reich, Vom 9. 11. 1918 bis zum 9. 11. 1923. Die Entstehung der deutschen Freiheitsbewegung, München 1933, S. 156 ff.; VB, Nr. 312 v. 8. 11. 1933, Sonderbeilage.

Felix Allfarth
geb. 5. 7. 1901 in Leipzig | Kaufmann | NSDAP

Andreas Bauriedl
geb. 4. 5. 1879 in Aschaffenburg | Hutmacher | NSDAP
Die „Blutfahne“ ist mit seinem Blut getränkt.

Theodor Casella		
geb. 8. 8. 1900	Bankbeamter	NSDAP
Wilhelm Ehrlich		
geb. 19. 8. 1894 in Glowno (Posen)	Bankbeamter	Roßbacher
Martin Faust		
geb. 27. 1. 1901 in Hernau (Oberpfalz)	Bankbeamter	RKF
Anton Hechenberger		
geb. 28. 9. 1902	Schlosser	NSDAP
Oskar Körner		
geb. 4. 1. 1875 in Oberpeilau	Kaufmann	NSDAP
Karl Kuhn		
geb. 26. 7. 1897 in Heilbronn	Oberkellner	NSDAP
Karl Laforce		
geb. 28. 10. 1904	stud. ing.	NSDAP
Kurt Neubauer		
geb. 27. 3. 1890 in Hopfengarten, Kreis Bernberg	Diener Ludendorffs	Roßbacher
Klaus von Pape		
geb. 16. 8. 1904	Kaufmann	Bund Oberland
trug am 9. 11. die schwarz-weiß-rote Fahne		
Theodor von der Pfordten		
geb. 14. 5. 1873	Rat am Obersten Landesgericht	DNVP
Johannes Rickmers		
geb. 7. 5. 1881 in Bremen	Rittmeister a. D. Gutsbesitzer	Bund Oberland
Max Erwin von Scheubner-Richter		
geb. 9. 1. 1884 in Riga	Dr. ing.	NSDAP

Lorenz Ritter von Stransky-Stranka und Greifenfels, geb. 14. 3. 1899 in München	Ingenieur	NSDAP
Wilhelm Wolf geb. 19. 10. 1893	Kaufmann	Bund Oberland.

Der älteste der Gefallenen war Oberstlandesgerichtsrat Theodor von der Pfordten; er war 50 Jahre alt. Die beiden jüngsten, Karl Laforce und Klaus Pape, zählen 19 Jahre. Das Durchschnittsalter der 16 Gefallenen war 28 Jahre.

Die berufsmäßige Schichtung war ausgeprägt mittelständisch: vier Angehörige der kaufmännischen Sparte, drei Bankbeamte, ein Kellner, ein Student der Ingenieurwissenschaften, drei Akademiker (ein Jurist, zwei Ingenieure), ein Gutsbesitzer, ein Schlosser, ein Diener, ein Hutmacher.

Von den Gefallenen gehörten zwei der Reichskriegsflagge an (Casella und Faust), zwei waren „Roßbacher", zwei Oberländer, ein Deutschnationaler, die übrigen neun waren Nationalsozialisten.

Die Hitlerbewegung hatte nun ihre Märtyrer. Zu den 16 an der Feldherrnhalle und im Wehrkreiskommando Gefallenen zählten noch vier weitere im Laufe des Jahres 1923 in Deutschland ermordete Angehörige der Bewegung. Auch Dietrich Eckart (23. 3. 1868—26. 12. 1923) wurde auf die „Ehrenliste der Ermordeten der Bewegung" gesetzt. Er starb am 26. Dezember 1923 an einem Herzleiden, das sich durch die Haft nach dem 9. November verschlimmert hatte, im Alter von 56 Jahren in Berchtesgaden.

Aber die Gefallenen der Fernhernhalle waren symbolhaft die privilegierten Blutzeugen der Bewegung.

„Das Blut, das sie vergossen, ist Taufwasser für das dritte Reich", sagte Hitler.

Hitler wurde, wie schon erwähnt, vom obersten SA-Arzt Dr. W. Schulze mit dem Auto nach Uffing in die Villa des ihm befreundeten Hanfstängl gebracht. Dort wurde er zwei Tage später verhaftet und nach Landsberg in die Festung eingeliefert. Er war nervlich und seelisch zusammengebrochen. Die Ereignisse des 8./9. November hatten ihn so niedergeschmettert, daß er zu klarem Denken und zu selbständigem Handeln völlig unfähig war. Aus dem Scheitern seines Staatsstreiches zog er die Schlußfolgerung: Selbstmord! Er war jedoch aufgrund seiner Verletzung und mehr noch seines seelischen

Zustandes nicht mehr in der Lage, Hand an sich zu legen. Er trat in den Hungerstreik.

Anton Drexler, der selbst für einige Zeit in Landsberg in Untersuchungshaft saß, Frau Hofmann (Hitler-Mutti) und Frau Bechstein — diese beiden Frauen standen Hitler menschlich am nächsten und besuchten ihn häufig — redeten ihm mit Mühe seine Selbstmordabsichten aus, appellierten an sein Selbstbewußtsein, stärkten seinen Sendungsglauben. Langsam richtete er sich nach Wochen wieder auf. Die vielen Zuschriften, die er erhielt, die Geschenke, die sich besonders Weihnachten 1923 auf seinem Tisch häuften, das fanatische Bekenntnis seiner Freunde und Anhänger zu ihm im Unglück flößten ihm wieder Mut und Selbstvertrauen ein. Er bereitete sich mit Hilfe seines Rechtsanwalts auf den Prozeß vor, und die Aussicht, vor dem Gericht im Rampenlicht der Weltöffentlichkeit seine forensische Begabung entfalten zu können, elektrisierte ihn. Welche Möglichkeit der Propaganda tat sich damit auf! War diese Gelegenheit nicht vielversprechender noch als die Massenversammlungen im Zirkus Krone[194]?

Die führenden Persönlichkeiten des Kampfbundes wurden alle verhaftet, soweit sie sich nicht durch Flucht dem Zugriff der Polizei entziehen konnten[195]:

Adolf Hitler;
Dr. Friedrich Weber, Führer des Bundes Oberland;
Hauptmann a. D. Ernst Röhm, Führer der Reichskriegsflagge;
Oberamtmann Dr. Wilhelm Frick;
Oberstlandesgerichtsrat Ernst Pöhner;
Oberleutant a. D. Wilhelm Brückner, Führer des SA-Regiments München;
Gregor Strasser, Führer der Nationalsozialisten Niederbayerns;
Max Amann, Geschäftsführer der Partei;
Anton Drexler, Ehrenvorsitzender der NSDAP;
Julius Streicher, Führer der NSDAP in Franken;
Leutnant a. D. Robert Wagner;
Major a. D. Adolf Hühnlein;

---

194 Aus Weilheim wurde am 14. 11. berichtet, daß Flugzettel von Pkws aus verteilt wurden, des Inhalts: „Deutsche seid einig und treu, verlaßt das Vaterland nicht. Gez. Hitler im Augenblick der Festnahme." BHSTA, Min. Inn. 73696, Bericht des Reg.Bez., besonders Oberbayern.

195 Volz, Daten, S. 12 f. — Gerd Rühle, Das Dritte Reich. Die Kampfjahre 1918—33, Berlin 1936, S. 106.

Leutnant a. D. Edmund Heines;

Leutnant a. D. Heinz Pernet;

Oberstleutnant a. D. Hermann Kriebel; er stellte sich im Januar 1924 freiwillig;

Dietrich Eckart;

Rudolf Heß.

Ferner wurden 40 Mitglieder des Stoßtrupps Hitler, unter ihnen Emil Maurice, Julius Schaub und Karl Fiehler, in einem Sonderprozeß am 28. April verurteilt[196].

Insgesamt verbüßten außer Hitler 29 Nationalsozialisten in Landsberg ihre Haft[197].

General Ludendorff wurde auf Ehrenwort freigelassen.

Geflüchtet waren: Hermann Göring, schwer verwundet;
Hermann Esser;
Gerhard Roßbach;
Josef Berchtold, Führer des Stoßtrupps Hitler;
Ernst Hanfstängl;
Alfred Hoffmann, Kapitänleutnant a. D.

Die Geflüchteten hatten sich nach Österreich in die grenznahe Stadt Salzburg begeben, das einige Monate eine Art Zentrale für die verbotene Partei wurde.

Das Parteivermögen wurde beschlagnahmt, die Geschäftsstelle geschlossen, die Partei und die Bünde Oberland und RKF wurden aufgrund der erwähnten Verordnung des GSTK verboten[198]. Selbstverständlich wurde auch die Parteizeitung verboten; der Eher-Verlag blieb jedoch von der Beschlagnahme verschont.

---

196 Ebda.

197 Dokumente der Zeitgeschichte, S. 161: Wilhelm Briemann, Karl Fiehler, Bertold Fischer, Hermann Fobke, Franz Fröschl, Friedrich Geiselbrech, Josef Gerum, Emil Hamm, Hans Haug, Rudolf Heß, Edmund Heines, Paul Hirschberg, Hans Kallenbach, Hermann Kriebel, Wilhelm Laforce, Hans Mahr, Emil Maurice, Gerhard Prosch, Otto Reichardt, Alois Rosewink, Julius Schaub, Ludwig Schmid, Edmund Schneider, Johann Schön, Josef Seichtmeyr, Otto Seichtmeyr, Michael Steinbinder, Robert Wagner, Dr. Friedrich Weber.

198 „Verein aufgelöst auf Grund der Verordnung des GSTK vom 9. 11. 1923." Siehe auch die Verhaftungslisten bei Deuerlein, Dok.-Nr. 121, S. 376—379; Amtsgericht München, Ver.Reg.Nr. 46, Bd. XVIII, 10. 1. 1924.

Die „Herbstübung 1923“ wurde am 15. November aufgrund folgenden Geheimbefehls des Wehrkreiskommandos 7 eingestellt[199]:

Zu „Herbstübung 1923“

„Wehrkreiskommando 7 — München, den 15. 11. 23.
Ia Nr. 927/23 — Geheim!

Betr. Herbstausbildung 1923 und besondere Ausbildung der Vaterländischen Verbände.

Bezug: W-Kr./Kdo IaNr. 800/23, Inf.F. IaNr. 137 Geh.
Verteilt wie W.-Kr.-Kdo Ia 00/23.

1. Die Herbstausbildung 23 wird eingestellt.
2. Die besondere Ausbildung der Angehörigen der Vaterländischen Verbände unterbleibt bis auf weiteres.
3. Neueinstellungen auf Grund der Ermächtigung vom 27. 9. 23 zur Einstellung von Freiwilligen in die Kompanien usw. dürfe nicht mehr erfolgen. Über die zur Zeit eingez. Freiwilligen folgt besondere Verfügung.

F. d. Richtigkeit: — V.S. d. W.-Kr.-Kdo. d. Chef d. St.
Kriebel, Hptm. i. Gen.-Stab. — gez. Freiherr von Berchem“

Die gleiche Anordnung erging am 19. 11. 1923 an die Landespolizei. —

Die Nachricht von dem Münchner Putsch traf in der Reichshauptstadt nach 11.00 Uhr abends ein[200].

Reichskanzler Stresemann berief sofort eine Kabinettssitzung ein. Unter dem Vorsitz des Reichspräsidenten Ebert versammelten sich um Mitternacht die Minister im Arbeitszimmer des Reichskanzlers[201]. An der Sitzung nahm auch der Chef der Heeresleitung, General von Seeckt, teil. Die vollziehende Gewalt wurde vom Reichswehrminister auf den Chef der Heeresleitung

199 Hitler und Kahr, II, S. 63—65.

200 Oberstleutnant Mittelberger hatte einen Alarmdienst eingerichtet und teilte in der Nacht vom 8. auf 9. November dem Oberstleutnant Stülpnagel in Berlin mit, daß die bayerische Reichswehr gegen den Putsch sei. Stülpnagel unterrichtete sofort General Seeckt, der auf diese Nachricht hin erleichtert aufatmete. Voglsang, in VjZG, 1957, S. 91 ff.

201 Stresemann, Vermächtnis, I, S. 204—211. — Der „Vorwärts“ brachte am 8. 11. in der Morgenausgabe Nr. 523 einen Artikel: „Tollhäusler wollen Deutschland führen. Das außenpolitische Programm der Rechtsdiktatur.“

übertragen, ebenso der Oberbefehl über die Reichswehr. Das Dekret wurde noch am 8. November ausgefertigt und hatte folgenden Wortlaut[202]:

„Auf Grund Artikel 48 der Reichsverfassung verordne ich wie folgt:

§ 1. Die Ausübung des verfassungsmäßig mir zustehenden Oberbefehls über die Wehrmacht des Reiches übertrage ich auf den Chef der Heeresleitung, General von Seeckt.

2. In Abänderung meiner Verordnung vom 26. September 1923 übertrage ich die vollziehende Gewalt an Stelle des Reichswehrministers dem Chef der Heeresleitung, General von Seeckt, welcher alle zur Sicherung des Reiches erforderlichen Maßnahmen zu treffen hat.

3. Diese Verordnung tritt sofort in Kraft.

Berlin, den 8. November 1923

Der Reichspräsident	Der Reichswehrminister	Der Reichskanzler
gez. Ebert	gez. Dr. Geßler.“	gez. Dr. Stresemann

Damit war die Diktatur Seeckt Wirklichkeit geworden, aber ganz anders, als die beamteten Staatsstreichplaner und die nichtbeamteten Putschisten sie sich vorgestellt, erwünscht und erhofft hatten[203].

Die nächste Kabinettssitzung fand am 9. November mittags 12.00 Uhr statt, also zur Stunde des Marsches zur Feldherrnhalle. General von Seeckt verlas die neuesten Meldungen aus München; er vertrat die Auffassung, „daß die gesamte Reichswehr in Bayern in der Hand des Generals von Lossow sei. Man könne also annehmen, daß die Erhebung in München in nicht allzuferner Zeit niedergeschlagen werde. Im gesamten übrigen Reich herrsche völlige Ruhe ...“

---

202 Rabenau, Seeckt, S. 376.

203 Siehe auch Seeckts Brief an seine Schwester v. 18. 11. 1923.
„Jetzt muß mit der Diktatur voller Ernst gemacht werden“, schrieb am 16. November die „Deutsche Zeitung“. „Seeckt muß auch Reichskanzler werden, der Reichstag ausgeschaltet werden. Volle Verwirklichung der Diktatur in militärischer Hand ist notwendig.“ DZ, Nr. 506 v. 16. 11. 1923 (Ausgabe B 252), S. 1, Artikel: „Die Lösung der Reichskrise. Die letzte Möglichkeit: Nationale Diktatur mit Stresemanns Nachfolgerschaft.“ Das gleiche Blatt forderte am gleichen Tag eine „Nationale Politik“ mit einer Innenpolitik, die sich auf Arbeiter und Mittelstand stützt. Die Außenpolitik müsse sich nicht auf den Westen, sondern auf den Osten stützen. DZ, Nr. 505 v. 16. 11. 1923, Morgenausgabe (Ausgabe A 254), Leitartikel von Dr. Fr. Nonnenbruch: „Nationale Politik“.

Während der Sitzung kam die Nachricht von der bayerischen Regierung, „daß die Landespolizei an der Feldherrnhalle die Aufrührer zersprengt hat und daß sie wieder vollständig Herr der Lage ist. General Ludendorff ist festgenommen, während Hitler sich durch Flucht im Automobil der Verhaftung entzogen hat[204]."

Der Hitlerputsch war Gegenstand des ersten am 9. November 1923 eingerichteten politischen Nachrichtendienstes des am 29. Oktober 1923 gegründeten deutschen Rundfunks, Sendestelle Berlin. Der Zufall wollte es, daß die Meldungen ausgerechnet den Hitlerputsch zum Inhalt hatten. Freilich erhielten nur ganz wenige auf diesem Wege Kunde von den Münchner Vorgängen, denn der Rundfunk zählte am 1. Dezember 1923 467 Teilnehmer[205]. Zehn Jahre später war der Rundfunk Hitlers vorzüglichstes und wirksamstes Propagandamittel.

Am gleichen Tage noch, an dem der Hitlerputsch unter den Kugeln der Landespolizei an der Feldherrnhalle endete, suchte der französische Botschafter den Reichskanzler auf und erklärte ihm, der französische Ministerpräsident (Poincaré) sei beunruhigt über die Vorgänge in Deutschland wegen der Gerüchte, „daß bei einer Demission des jetzigen Kabinetts eine Rechtsdiktatur folgen würde, mit dem Ziele, alle Reparationsleistungen einzustellen, den Versailler Vertrag zu zerreißen und den Rachekrieg gegen Frankreich vorzubereiten. Der französische Ministerpräsident wünsche darauf hinzuweisen, ‚daß er den Frieden in Deutschland und den Frieden in Europa am besten gesichert sehe, wenn die demokratische Regierungsform in Deutschland sich konsolidiere'".

Stresemann erwiderte, dem Anwachsen der radikalen Strömungen in Deutschland entgegenzutreten, „liege in der Macht des französischen Ministerpräsidenten. Auch die gegenwärtige Regierung werde vom Rechtsradikalismus aufs heftigste angegriffen, weil man ihr vorwerfe, daß sie erneut an die Verständigungspolitik geglaubt und dabei vollständig versagt habe. Diese Bewegung wäre gar nicht ausgebrochen, wenn nicht bisher jede deutsche Regierung, gleichgültig auf welchem politischen Standpunkt sie gestan-

---

204 Streseman, I, S. 204 ff.

205 „Vierzig Jahre Rundfunk", in: „Die Welt", Nr. 201 v. 30. 8. 1963, Beilage: „Mensch und Umwelt".

den hätte, in bezug auf erträgliche Bedingungen von einem außenpolitischen Mißerfolg zum anderen getrieben worden wäre[206]“.

Die Vorsprache des französischen Botschafters beruhte jedoch auf einer *vor* dem Hitlerputsch, am 8. November, erfolgten Weisung der Regierung Poincaré[207]. Die darin ausgedrückten Befürchtungen bezogen sich demnach auf die Gerüchte von der Bildung einer Diktatur Seeckt in Deutschland[208]. Der Kernpunkt der französischen Sorge war jedoch nicht die Errichtung einer Diktatur, sondern die Angst, die neue diktatorische Regierung würde den Versailler Vertrag nicht anerkennen[209]. „Die französische Regierung weigerte sich nicht grundsätzlich, Beziehungen mit einem deutschen Direktorium aufzunehmen, vorausgesetzt, daß ein solches Direktorium die vertraglichen Verpflichtungen anerkennen würde[210].“ Der Hitlerputsch war für die französische Regierung gänzlich unerwartet gekommen; sie war jedoch seit einiger Zeit auf die Errichtung einer Direktorialregierung in Deutschland gefaßt[211]. Sie hatte anscheinend zusammen mit ihren östlichen Verbündeten, besonders der Tschechoslowakei, gewisse militärische Vorbereitungen

---

206 Stresemann, Vermächtnis, I, S. 204 ff.; ferner Ursachen und Folgen, V, Nr. 1099, S. 261 ff.; BGSTA, MA 1943 DR, Nr. 472 (ausländische Presseberichte).

207 Bonnin, Le Putsch de Hitler, S. 195 ff. Annexe: La Politique française et le Putsch. Bonnin hat dafür die Akten des AA, Botschaft Paris, benützt. — Bonnin bringt im ganzen eine Art Dokumentation aus der Warte des Reiches. Er hat vor allem die Akten der alten Reichskanzlei, des Reichsgesandten in München, Haniel, und die Protokolle der Geheimsitzungen des Hitler-Prozesses mit der Absicht ausgewertet, die geheime Aufrüstung der Reichswehr und die Vorbereitung des aktiven Widerstandes gegen die französisch-belgische Ruhrbesetzung nachzuweisen. In seinem Literaturverzeichnis fehlen vor allem die Arbeiten Högners, besonders das wichtigste gedruckte Quellenwerk, „Hitler und Kahr“.

208 Kahr erzählt in seinen Erinnerungen, ein britischer Oberst Roddi habe ihn vor Hitler gewarnt, weil dessen Wirken Frankreich zu einem vorzeitigen Krieg gegen Deutschland veranlassen könne. England wolle Deutschland als Gegengewicht gegen ein übermächtiges Frankreich erhalten. Kahr sei berufen, Hitler in Schranken zu halten, und einen nationalsozialistischen Staatsstreich niederzuschlagen. Auch erwähnt Kahr Nachrichten aus der Schweiz, daß Frankreich einen Ludendorff-Hitlerputsch zu einem weiteren Einmarsch in Deutschland benützen würde. Die französische Haute Finance wurde laut Kahr in der ersten Novemberwoche vor Reisen nach Deutschland wegen der Möglichkeit eines Hitlerputsches gewarnt. NK.
Man kann sich angesichts solcher „Erinnerungen“ Kahrs nicht des Eindrucks erwehren, daß er nachträglich sein Verhalten im Jahre 1923 vor sich selbst zu rechtfertigen suchte.

209 Bonnin, Le Putsch de Hitler, S. 196 f.

210 Tel. Hoesch, Nr. 1160 v. 9. 11. 1923; siehe Bonnin, S. 197.

211 Bonnin, S. 197. — Der französische Ministerpräsident drückte in einem Brief an Botschafter Hoesch v. 9. 11. seine und der Alliierten Bedenken gegen die Rückkehr des ehemaligen deutschen Kronprinzen nach Deutschland aus. Stresemann erwiderte darauf, die deutsche Regierung habe keinen Grund und kein Recht, dem ehemaligen Thron-

dafür getroffen, um die Mainlinie zu besetzen. Der Zusammenbruch des Münchner Umsturzversuches von Hitler und Ludendorff war daher für sie eine große Enttäuschung[212], denn mit der erfolgreichen Selbstbehauptung der Reichsgewalt, dank der Zuverlässigkeit der Reichswehr, scheiterten alle Separationspläne, am Main, am Rhein, an der Ruhr, in der Pfalz[213].

Der „Vorwärts" bemerkte zu dem diplomatischen Schritt Frankreichs[214]:

„Mit Erstaunen haben wir bei dieser Gelegenheit erfahren, daß die französische Regierung nun auf einmal den Wunsch hegt, das demokratische System in Deutschland befestigt zu sehen. Bisher hat sie alles getan, um dieses demokratische Regime zu untergraben; bisher war sie die beste Förderung der nationalistischen Verzweiflungsstimmungen und der reaktionären Bestrebungen, und wir haben bisher angenommen, daß sie diese Strömungen bewußt fördert, weil sie in ihnen für ihre Zerstörungsabsichten insgeheim die beste Hilfe erblickt . . ."

Die französischen Vorbereitungen für den Fall eines Umsturzes in Bayern gingen also *nicht* auf das Ludendorff-Hitler-Unternehmen, sondern auf die Staatsstreichpläne der Triumvirn im Verein mit dem Alldeutschen Verband zurück. Das ergab sich u. a. auch schon daraus, daß der Entschluß des Kampfbundes zum selbständigen Handeln erst am 7. November abends, nur 24 Stunden vor dem Losschlagen, gefaßt worden war. Die Bemühungen der Kampfbundleitung, mit den Triumvirn in Fühlung zu bleiben, liefen außerdem auch noch am 8. November. Es kann daher auch nicht von einer außenpolitischen Vorbereitung des Hitlerputsches die Rede sein. Die Beziehungen

---

folger die Rückkehr zu seiner Familie zu verweigern, Ebda, S. 197. — Siehe auch Schröder, in: Das Münster, S. 137 f.

212 Die Geschäftsstelle der Regierung der Pfalz teilte am 10. 11. 1923 aus Heidelberg dem bayerischen Außenministerium mit: Zwischen 11.00 und 12.00 Uhr wurde Oberregierungsrat Riederer zu dem ersten Adjutanten des Generals de Metz nach Speyer gerufen. Dieser sagte zu Riederer: „Ich habe zwei Fragen an Sie zu richten:
1. Wer ist jetzt Ihre Regierung?" Als Riederer erwiderte, die bayerische Staatsregierung, zur Zeit vertreten durch Minister Matt, wurde auf die zweite Frage verzichtet und Riederer entlassen. Die Franzosen waren äußerst aufgeregt und offenbar sehr enttäuscht, als Riederer ihnen versicherte, daß der Putsch gescheitert sei.
BGSTA, Akt d. Kult.Min. Ia/56, Nr. 33869, Geschäftsstelle d. Reg. d. Pfalz. Siehe auch Hitler und Kahr, II, S. 179 f.

213 Die „Augsburger Postzeitung", Nr 149 v. 2. 7. 1930 berichtete, daß der Separatistenführer Heinz Orbis mit der Verwirklichung seiner Pläne auf eine „freie" Pfalz durch ein Gelingen des Hitlerputsches gerechnet habe.

214 „Vorwärts", Sonntagsausgabe Nr. 529 v. 11. 11. 1923, Leitartikel: „Zwischen den Fronten". — Über die außenpolitische Wirkung des Hitlerputsches, Akt Nr. 472, BGSTA, MA 1943, DR.

General Ludendorff verläßt nach seinem erfolgten Freispruch das Gerichtsgebäude, Infanterieschule München.

Adolf Hitler und seine politischen Freunde während der Landsberger Festungszeit im Jahre 1924. V. l. n. r.: Adolf Hitler, Emil Maurice, Hermann Kriebel, Rudolf Heß, Dr. Friedrich Weber.

Die Hauptangeklagten im Hitlerprozeß. V. l. n. r.: Oberleutnant a. D. Heinz Pernet, der Stiefsohn Ludendorffs; Dr. Friedrich Weber, Führer des „Bundes Oberland“; Oberamtmann Dr. Frick; Oberstleutnant a. D. Hermann Kriebel, der militärische Führer des „Kampfbundes“; Exzellenz Ludendorff, General der Infanterie; Hitler; Oberleutnant a. D. Wilhelm Brückner; Hauptmann a. D. Ernst Röhm, Führer der „Reichskriegsflagge“; Leutnant Robert Wagner. Außer diesen noch Oberstlandesgerichtsrat Ernst Pöhner.

Der angeklagte Stoßtrupp Hitlers, die Kerntruppe der damaligen SA.

zu den italienischen Faschisten[215] wie zu den ungarischen Rechtsradikalen waren hauchdünne Fäden[216], die für den Ernstfall keine praktische Bedeutung hatten.

Reichskanzler Stresemann nahm am 11. November 1923 in Halle auf einer Kundgebung seiner Partei ausführlich zu den Münchner Ereignissen Stellung[217]. „Die Hoffnungslosigkeit der Lage hat dazu geführt, daß die Menschen nach neuen Formen, nach neuen Persönlichkeiten, nach neuen Ideen suchen. Der Ruf nach der Diktatur erfolgt. Was in ihm liegt, hat den einen berechtigten Kern, daß der gewöhnliche Gang des Parlamentsbetriebes in Zeiten der Not nicht das aufhalten darf, was notwendig ist . . . Wenn man aber nun glaubt, mit dem Ruf nach der Diktatur als solcher die Dinge zu bessern, so zeigt das eine sehr große Irreführung insofern, als man nicht Form und Inhalt verwechseln soll . . . ‚Nationale Diktatur' heißt das neue Wort. Zunächst muß man doch auch fragen, wer sie ausüben soll. Damit, daß man in einem Bürgerbräu-Keller Herrn Adolf Hitler zum neuen Lenker der politischen Geschicke Deutschlands ausruft, kann man dem deutschen Volke nicht Hilfe bringen! Den Schaden, den diese Dinge angerichtet haben, den werden wir noch sehr lange zu tragen haben! Ohne Programm und Persönlichkeit ist dieser Ruf ein leeres Schlagwort, und ich bedauere das eine, daß er in Zusammenhang gebracht wird mit dem Begriff ‚national', mit einer deutlichen Spitze gegen die heutige Reichsregierung. Ich wäre dankbar, wenn diejenigen, die diesen Ruf ausstoßen, mir die eine Frage beantworten würden, wann die Regierung, die ich führe, jemals in irgendeiner ihrer Maßnahmen etwas getan hat, was man als *nicht national* bezeichnen müßte! Nicht national gewesen zu sein — das weise ich zurück als eine schamlose Verleumdung! Sie wird auch nicht geheilt durch Vorfälle, wie wir sie in Bayern erlebt haben. Man sagt dort gegenüber dem Norden: Autorität der Regierung, straffes Zufassen, Freiheit von den Parteien! Man erklärt, wir seien im Banne des Marxismus und von ihm abhängig."

---

215 Dazu besonders Luedecke, I knew Hitler, S. 123, 132, 137, 140 ff. — Es gelang Luedecke nicht, eine Audienz bei Mussolini zu erwirken. BGSTA, PPST, Nr. 996, Abschrift, Betreff Luedecke, Nr. 36416; Pese in VjZG, III, 1955, S. 113—136.

216 Die Bedeutung der Beziehungen zu Ungarn und des geplanten Ulainputsches wurde von Günther Schubert: Die Anfänge der nationalsozialistischen Außenpolitik 1919—1923, S. 147 ff., gewaltig überschätzt. Siehe auch Deuerlein, Dok. Nr. 151 u. Nr. 152, S. 445—447.

217 Stresemann, Vermächtnis, I, S. 207 ff.

Dann übte Stresemann ebenso scharfe wie treffende Kritik an Bayern und an Ludendorff:

„Wenn man nicht Organisationen, die neben der Regierung standen, zu mächtig hätte werden lassen und geduldet hätte, daß sie in die Regierung hineinredeten und mindestens versuchten, sie von sich abhängig zu machen, dann wäre es zu den bedauerlichen Vorfällen wahrscheinlich überhaupt nicht gekommen.

Wir hatten dort drei Gewalten: Die Regierung, den Generalstaatskommissar und die Verbandsorganisationen, und dadurch ist Bayern, dadurch konnte das Reich in die größte Gefahr kommen. Es gibt in diesen Dingen für den einzelnen doch nur das eine: den *Mut zur Unpopularität auch gegenüber der eigenen Partei,* auch gegenüber denen, die einen auf den Schild erhoben haben.

Die Dinge, die sich in Bayern zugetragen haben, konnten nach ihrer Entstehung grotesk erscheinen, sie sind in Wirklichkeit größte Tragik, weil sie zeigen, daß der stärkste Feind des deutschen Volkes immer die Uneinigkeit im deutschen Volk gewesen ist. Ich muß sagen, es hat mich auf das tiefste erschüttert, daß ein deutscher Heerführer, dessen Name durch die Welt gegangen ist und in der Welt geblieben wäre wegen dessen, was im Kriege von ihm ausging, daß er sich mißbrauchen und irreleiten lassen konnte zu einem Kriege gegen das Reich. Jetzt sehen wir alles gegeneinander und alles wirr durcheinander dort drüben; eine Bevölkerung, die unter dem allerstärksten seelischen Druck steht, die ihre Pflicht getan hat, die man versucht hat abzubringen von der Pflicht. Lassen Sie mich das eine fragen: Wenn gerade von diesen Menschen um Hitler herum der Ruf kam nach Wiederaufbau des Reiches gegenüber der ‚schlappen' Reichsregierung — glauben Sie wirklich, daß diese Kräfte, die nur zerstören konnten, die geeigneten Diktatoren für unser armes Deutschland gewesen wären? Ich glaube, es wird sich mancher diese Frage wohl einmal vorlegen, wenn er sieht, was dort vorgegangen ist! Man hat auf der anderen Seite von uns, von dem Reich und der Reichsregierung gesagt, wir hätten versagt gegenüber Bayern. Man hat mich der Entschlußlosigkeit geziehen, weil ich bei den Differenzen, die vorgelegen haben, das Reich nicht stärker gegen Bayern eingesetzt hätte. Lassen Sie mich demgegenüber das eine sagen: In dem Kampfe um unsere Reichseinheit ist es meiner Meinung nach die Pflicht der Reichsregierung, den Weg zur Verständigung bis zum Letzten zu gehen, solange es sich um Deutsche auf der einen und auf der anderen Seite handelt!“

Am gleichen Tage, an dem der Inhaber der vollziehenden Gewalt, General Seeckt, alle Einrichtungen und Organisationen der KPD, der NSDAP und der DVFP verbot, am 23. November, mußte die Regierung Stresemann endgültig zurücktreten, weil der Reichstag ihr das Vertrauen entzogen hatte. Der gestürzte Kanzler konnte das stolze Bewußtsein mit sich nehmen, daß es ihm gelungen war, in seiner dreimonatigen Regierungszeit vom 12. August bis zum 23. November alle Krisen gemeistert und die Auflösung des Reiches verhindert zu haben.

2. Das Ergebnis des Putsches

Die Kampfbundführer Hitler, Scheubner-Richter, Kriebel, Dr. Weber und Röhm hatten im Einvernehmen mit General Ludendorff aus drei Gründen losgeschlagen:

erstens weil sie dem Druck der Massen nachgeben mußten[218];

zweitens weil sie den nach ihrer Überzeugung für den 11./12. November vorgesehenen separatistischen Staatsstreich des Triumvirats verhindern wollten;

drittens weil Ludendorff und Hitler fürchteten, aus dem Spiel der Rechten im Kampf um die Macht ausgeschaltet zu werden.

Der Umsturzplan des Kampfbundes war großdeutsch; die Voraussetzung für sein Gelingen war das Mitmachen der Inhaber der Staatsgewalt in Bayern: des Generalstaatskommissars Kahr, des Kommandeurs der 7. Reichswehrdivision in München, General Lossow, und des Chefs der bayerischen Landespolizei, Oberst Seisser, ferner der Reichswehr in Norddeutschland. Im Grunde ging es dem Kampfbund darum, die Führung des von der Rech-

218 Siehe dazu die Äußerungen zu Seisser am 1. 11., Scheubner-Richters zu Graf Helldorf am 8. 11., Drexlers in der Versammlung am 5. 11. und des Kronprinzen zu Neunzert am 9. 11.

ten gewünschten Staatsstreiches an sich zu reißen. Die Kampfbundführer waren sich ebenso wie General Ludendorff immer bewußt, daß sie ohne die Triumvirn nichts unternehmen konnten[219]. Desto unverständlicher muß ihre Politik gerade gegenüber Kahr erscheinen, die von Mißtrauen und Ablehnung erfüllt war. In diesem Punkte unterschied sich der Kampfbund grundlegend von Kapitän Ehrhardt, der die Zusammenarbeit mit dem Generalstaatskommissar als unumgänglich notwendig für jeden Staatsstreich erachtete[220]. Die Politik des Kampfbundes zielte auf einen Ersatz Kahrs durch Pöhner hin, auf eine Ablösung des Innenministers Schweyer durch Dr. Roth.

Sie beruhte hinsichtlich der Reichswehr und der Landespolizei auf der Illusion, der Name und das Ansehen des Generalquartiermeisters würde ein Handeln des Militärs und der Landespolizei gegen den Kampfbund ausschließen; Ludendorff und Hitler hegten dieselbe Überzeugung bezüglich der außerbayerischen Reichswehrverbände[221]. Außenpolitisch hatte Hitler auf die Meinungsverschiedenheit zwischen Frankreich und England, die durch die Ruhrbesetzung zutage getreten war, seine Hoffnungen gesetzt[222]. England hatte in seiner Note vom 10. 8. 1923 an Frankreich die Ruhrbesetzung als rechtswidrig bezeichnet und damit offen den deutschen Rechtsstandpunkt eingenommen[223].

Der unter solchen Überlegungen versuchte Staatsstreich war in dem Augenblick zum mißglückten „Bierkellerputsch" verurteilt, als die Triumvirn

---

219 Kautter im Rundschreiben an Bund Wiking: „Der Putsch war einzig und allein auf die Mitwirkung Kahrs angelegt und stand und fiel mit dessen Haltung."

220 Ebda.

221 Hitler im Prozeß, 3. Tag (28. 2. 1924). — Diese Hoffnung war nicht unbegründet. Siehe bei Erdmann, S. 74 f., 104, 126, 194.

222 Hitler im Prozeß, 3. Tag (28. 2. 1924). — Der Kölner Oberbürgermeister Dr. Adenauer schrieb am 11. 6. 1926, er sei sich immer darüber im klaren gewesen, „daß auf den gegebenen Gegensätzen zwischen englischer und französischer Politik hier am Rhein vielleicht einmal allein unsere Rettung beruhen könne und daß deswegen mein ganzes Streben dahin gehen müsse, die Engländer hier am Rhein solange festzuhalten, wie die Franzosen hier stünden". Erdmann, S. 194.
Die Hoffnung auf britische Unterstützung begründete Hitler wie folgt: „Im Frühjahr des vergangenen Jahres habe man sich in Berlin für befähigt gehalten, den Kampf mit Frankreich aufzunehmen. Es war damals auch Unterstützung zugesagt, und zwar sollte England in ausreichendem Maße mithelfen, es sollten in Schweden Geschützfabriken errichtet werden, England sollte mit schwerer Artillerie kommen . . ."
Hitler im Prozeß, 15. Tag (14. 3. 1924). Die britische Regierung erklärte offiziell, „daß ihr jede deutsche Regierungsform, auch eine Diktatur, vollständig genehm wäre, sofern sie nur Ordnung in Deutschland schaffe".

223 Siehe auch Gescher, a.a.O., S. 184 ff.

sich dagegenstellten. Der weltfremde Wahnglaube der Kampfbundführer, die drei Inhaber der staatlichen Machtmittel „in der letzten Minute mit einem Balkanunternehmen[224]" zum Mitmachen unter „sanftem Druck" bewegen zu können, war daher nur Ausdruck der herrschenden geistigen Verwirrung und der verzweifelten Stimmung. Hitler und Ludendorff, Kriebel und Scheubner-Richter, die vier Verantwortlichen für das Abenteuer, konnten offensichtlich zwischen Wunsch und Wirklichkeit nicht mehr unterscheiden. Die größte Verantwortung lastete ohne Zweifel auf General Ludendorff; er war durch sein Ansehen die maßgeblichste Persönlichkeit des Kampfbundes[225].

Für Hitler war das Scheitern des Putsches eine persönliche Katastrophe. Der Plan der gewaltsamen nationalen Konterrevolution hatte sich als unmöglich erwiesen. Hitlers Selbstbewußtsein war durch den Fehlschlag zutiefst getroffen; seine Selbstmordgedanken bezeugten, daß er sich seines selbstverschuldeten Unglücks durchaus bewußt war. Er hatte sich gewaltig übernommen; seit dem Frühjahr 1922 war allmählich im Laufe eines Jahres — seine Geburtstagsfeier am 20. April 1923 bewies es — aus dem bescheidenen Trommler der „deutsche Messias" geworden. Seine Fehlrechnung hatte Kautter wohl am besten in einem Brief vom 26. November 1923 aufgestellt[226]:

Hitler beschritt nicht den Weg des Bündnisses mit den eigentlichen Inhabern der Macht, „bis man entweder selbst stark genug ist, um ohne Rücksicht auf andere handeln zu können, oder bis man diesen Faktor in die eigene Bahn gedrängt hat. Hitler ist leider diesen Weg nicht gegangen und deshalb gescheitert. Er hat in dieser Hinsicht vier Versuche gemacht, die ihm hätten zu denken geben müssen:

1. der Augustputsch mit Pittinger, der abgeblasen wurde;
2. den ersten Mai, der ein vollkommener Fehlschlag war und einwandfrei zeigte, daß Reichswehr und grüne Polizei auf seiten der Regierung stehen;
3. die geplante Erhebung im Anschluß an das Buchruckerunternehmen, die durch die Ernennung Kahrs vereitelt wurde[227];

224 Kautter im Rundschreiben.

225 Aufschlußreich über seine Rolle beim Putsch sind auch die anekdotenhaften Erinnerungen seiner ersten Frau, Margarete Ludendorff, Als ich Ludendorffs Frau war, S. 293 ff., 296 ff. — Müller, III, S. 176 ff.

226 Brief Kautter, Original, Privatbesitz.

227 Siehe Bd. 2, Kap. III.

4. den unglückseligen 8ten November.“

„Es ist bedauerlich“, so fuhr Kautter in seiner kritischen Betrachtung der Lage nach dem Putsch für die nationalen Verbände weiter, „daß diejenigen Kreise, die Hitler in das sinnlose Unternehmen des 8ten November hineinhetzten und seinen gesunden Menschenverstand so trübten, daß er im Gegensatz zu seinen früheren Äußerungen den Posten eines politischen Diktators anstrebte, daß eben diese Kreise, die seit zwei Jahren den Zankapfel in jede nationale Bewegung werfen, auch heute wieder die mehr denn je nötige Einigung verhindert haben ...“

Hitler hatte sich gegenüber General Lossow noch wenige Tage vor seinem Handstreich als deutschen „Mussolini“ und „Gambetta“ bezeichnet, in seiner Selbstüberhebung bestärkt von seiner engsten Umgebung und — was immer unbegreiflich bleiben wird — letzten Endes auch von General Ludendorff. Sicher hätte er den Staatsstreich nicht gewagt, wenn Ludendorff ihn nicht unbedingt unterstützt hätte.

Hitlers gesamte Spekulation, auf der sein ehrgeiziger Plan beruhte, hatte sich als völlig falsch erwiesen: der „Nimbus Ludendorff“, der ihn und seine Anhänger wie ein magischer Schutzkreis vor den Kugeln der Landespolizei und der Reichswehr hätte schützen sollen, war zerplatzt. Aber auch im Falle des augenblicklichen Gelingens in München wäre der Staatsstreich nie zum Tragen gekommen, weil die Reichsregierung, das heißt der von ihr eingesetzte Diktator Seeckt, entschlossen war, mit allen Mitteln den Umsturzversuch niederzuschlagen. Und außerdem war es klar, daß Frankreich und seine Satelliten an der deutschen Ostgrenze niemals eine Regierung mit Ludendorff geduldet hätten. Hitler gestand nach der Machtübernahme selbst ein, daß die Stunde im Jahre 1923 für ihn nicht reif war, daß für ihn der Gang der Ereignisse eine heilsame Lehre war[228]. In den Tagen und Wochen

228 MM Heinz Pernet vom 20. 3. 1967. — Hitler am 8. 11. 1935:
„Es war der verwegenste Entschluß meines Lebens. Wenn ich jetzt daran zurückdenke, schwindelt mir davor. Der Entschluß, an einer Stelle Deutschlands loszuschlagen und die gesamte feindliche Macht mit einem Schlage gefangenzunehmen — es war ein kühner Entschluß, und zwar deshalb, weil man den Mut haben mußte, mit dem Vorhandenen — und es war wenig — die Macht zu übernehmen. Dieser Entschluß war aber unumgänglich notwendig. Es gab kein anderes Handeln als das.
Irgendeiner mußte in dieser Stunde dem Verrat entgegentreten und mußte diesen Verrätern die nationale Parole entgegenhalten. Wer es tat, war am Ende gleichgültig. Wir haben es getan. Ich habe es gewagt.

nach dem blutigen Abenteuer verzweifelte er an sich selbst. Das Selbstbewußtsein gaben ihm seine Anhänger wieder — und die Fehler der Regierenden[229].

Der Münchner Historiker Karl Alexander von Müller faßte seinen Eindruck von dem Erlebnis im Bürgerbräukeller mit folgenden Worten zusammen: „Ich hielt das ganze Unternehmen . . . für verhängnisvoll. Vor allem aus außenpolitischen Rücksichten . . . Ich möchte aber vollkommen offen sein vor dem Gericht und . . . bemerken, daß ich, als ich nach Hause ging, überlegte, was weiter zu tun ist, und daß ich mir sagte: Wenn morgen früh diese Herren zur Mitarbeit aufrufen, bleibt nichts anderes übrig, als mitzutun, auch wenn man die Sache für verhängnisvoll und unberechenbar in ihren Wirkungen hielt[230]."

Das war im Grunde auch die Einstellung von Persönlichkeiten wie Pöhner und von der Pfordten, also von der geistigen Führungsschicht in München und Bayern.

Aus den Worten des Historikers K. A. von Müller, aus dem Handeln von Pöhner und von der Pfordten sprach die Einsicht in ein unentrinnbares Schicksal, das erfüllt werden mußte. Es war das Schicksal eines durch den verlorenen Krieg, durch erbarmungslose Sieger und durch den inneren Zusammenbruch nicht nur im politischen, sondern auch im ethischen und geistigen Sinne in eine ausweglose Lage und in verzweifelte Stimmung geratenen Volkes.

Die Verantwortung für diese unglückliche Entwicklung in Bayern trugen in erster Linie die Triumvirn als die Inhaber der tatsächlichen Staatsgewalt, gleichzeitig aber auch die Regierung Knilling. Sie hatten durch ihre unklare und schwankende Politik die Voraussetzungen für einen Putsch geschaffen und durch ihre Halbheiten den Kampfbund zum Losschlagen er-

---

Das Schicksal aber hat es dann gut gemeint mit uns. Es hat eine Aktion nicht gelingen lassen, die, wenn sie gelungen wäre, am Ende an der inneren Unreife der Bewegung und ihren damaligen mangelhaften organisatorischen und geistigen Grundlagen hätte scheitern müssen. Wir wissen das heute! Damals haben wir nur männlich und tapfer gehandelt. Allein dieses tapfere Handeln ist nicht vergeblich gewesen. Denn aus ihm ist am Ende doch die große nationale Bewegung gekommen, d. h. durch diese Explosion wurde mit einem Schlag ganz Deutschland auf die Bewegung aufmerksam. Während die Gegner uns vernichtet zu haben glaubten, ist in Wirklichkeit der Samen der Bewegung mit einem Schlag über ganz Deutschland hinausgeschleudert worden."
VB, Berliner Ausgabe, v. 11. 11. 1935. Siehe auch Ursachen und Folgen, V, S. 442 f.

229 Högner, Die verratene Republik, S. 168.

230 K. A. von Müller im Prozeß, 9. Tag (7. 3. 1924); ferner III, S. 166.

mutigt. Besonders nach dem 20. Oktober 1923 konnte es für den Kampfbund keinen Zweifel mehr geben, daß Kahr, Lossow und Seisser nach dem Verfassungsbruch und der Meuterei mit ihnen gemeinsame Sache machen mußten.

Die Verantwortung für das Blutvergießen fiel ausschließlich auf die Triumvirn. Mag man für ihre Haltung im Bürgerbräukeller noch Verständnis finden, so war ihr Verhalten in den darauffolgenden Stunden der Nacht vom 8./9. November unentschuldbar, weil sie die Kampfbundführer nicht über ihre wahre Haltung und die ohne ihr Zutun bereits eingeleiteten Gegenmaßnahmen aufklärten.

Die Vorwürfe gegen Hitler und Ludendorff, daß gerade außenpolitisch das Gelingen ihres abenteuerlichen Streiches eine Katastrophe für Deutschland ausgelöst hätten, fallen auf das Triumvirat zurück. Dieses hatte die separatistische Lösung im heimlichen Einvernehmen mit Frankreich vorbereitet und eine Trennung Süddeutschlands vom Reich bewußt in Kauf genommen. Von der nationalstaatlichen Warte aus betrachtet, hatten *sie* den Bismarckschen Staat verraten, *nicht* Hitler und Ludendorff.

Die Sitzung des bayerischen Ministerrats am 10. November 1923 war gekennzeichnet durch heftige Kritik an Herrn von Kahr, den man als den Verantwortlichen für das Unglück vom 8./9. November 1923 betrachtete. Der Ministerpräsident und mehrere Minister verlangten den sofortigen Rücktritt Kahrs und Lossows; letzterer sollte durch General von Epp ersetzt werden. Auch Knilling wollte zurücktreten[231].

An der zwei Tage später stattfindenden Sitzung nahmen die Abgeordneten Held, Hilpert, Städele und Schäffer teil. Die Abgeordneten bewogen Knilling, im Amt zu bleiben und Kahr aus Gründen der Staatsräson im Amt zu belassen. Schäffer übernahm die Vermittlung zu Kahr, der sich verpflichten mußte, ohne vorherige Fühlung mit den Ministern keine großen Aktionen finanzieller und wirtschaftlicher Art zu unternehmen[232].

Für Bayerns föderalistische Absichten bedeutete der 9. November 1923 die volle Katastrophe. Hitlers mißglückter Staatsstreich hatte ungewollt zu einer Stärkung der Weimarer Verfassung geführt. Die in Kahr verkörper-

231 MRP v. 10. 11. 1923; Gürtner trat im Gespräch mit K. A. von Müller am 11. 11. für das Bleiben Kahrs ein. Müller, III, S. 172.

232 MRP v. 12. 11. 1923.

ten Absichten nach einer Erneuerung der bayerischen Stellung im Sinne der Bismarckschen Verfassung endeten mit einem Satyrspiel.

Am 20. November 1923 stellte die BVP im Reichstag einen Antrag auf Revision der Weimarer Verfassung im föderalistischen Sinne.

Am 4. Januar 1924 wurde die diesbezügliche, von Staatsrat Schmelzle ausgearbeitete Denkschrift dem Reichskanzler Marx überreicht[233].

Die Vaterländischen Verbände erließen am 10. November 1923 einen gemeinsamen Aufruf an Kahr[234]. Sie machten ihm den Vorwurf, daß er durch seine Entschlußlosigkeit und sein ständiges Verhandeln mit Berlin den Anlaß für die „unüberlegte Tat nationaler Verbände" gegeben habe. „Bei aller Verurteilung des Hitler-Ludendorff-Staatsstreiches sind sie der Ansicht, daß eine gewaltsame Auseinandersetzung hätte vermieden werden können und müssen. Durch das Vorgehen mit der Waffe gegen nationale Verbände ist eine Kluft geschaffen zwischen der nationalen Bewegung und dem Generalstaatskommissar, nebst Reichswehr." Die Stimmung sei „auch in ruhigen nationalen Kreisen gegen den GSTK und seine militärischen Berater aus der richtigen Erkenntnis heraus, daß die Art des militärischen Vorgehens Verbrechen am nationalen Gedanken war . . . Bayerns nationale Geltung wurde nicht durch die Reichswehr, sondern durch die nationalen Verbände geschaffen."

„Die unterzeichneten Verbände müssen infolge der Vorgänge der letzten Tage ihre weitere Stellung zu Exzellenz von Kahr von der Beantwortung folgender Fragen abhängig machen:

Ist der GSTK bereit:

1. Durch eine sofortige Generalamnestie sämtliche vaterländischen Verbände für den inneren und äußern Freiheitskampf zusammenzuführen?
2. Die Ausführung des bei Amtsantritt verkündeten völkischen Programms, den Kampf gegen den in Bayern von Tag zu Tag stärker werdenden Marxismus praktisch aufzunehmen:
   a) durch Auflösung der VSPD,
   b) durch Verbot sämtlicher sozialistischer Zeitungen?

---

233 Schmelzle, UE.

234 Abschrift, BGSTA, MA 103473. — Die „Vereinigten Vaterländischen Verbände Deutschlands" faßten auf der Vertretertagung am 17. 11. 1923 eine Entschließung gegen den Hitlerputsch, zugunsten Kahrs. BHSTA, GSTK, Nr. 102.

3. Die Verfassung von Weimar sofort in einer Proklamation für Bayern aufzuheben und nur eine Reichsdiktatur zu stützen, die sofort dieselben Maßnahmen für das Reich anordnet?

Nur rücksichtsloses Fortschreiten auf dem von Bayern bereits beschrittenen Wege des Kampfes gegen Weimar und den Marxismus kann Deutschland retten. Die unterzeichneten Verbände bitten mit Rücksicht auf die drohende Lage und die Gefahr des Eintritts von Ereignissen ergebenst die Antwort bis Sonntagmittag zustellen lassen zu wollen.

Nur auf dieser Grundlage besteht Aussicht, daß die Führung der Verbände in den Händen ihrer bisherigen Führer — die gerade in den letzten Tagen bewiesen haben, daß sie eine unüberlegte Politik nicht mitmachen — bleibt und nicht in die Hände von Desperados übergeht.

München, den 10. November 1923.

VVVB	Bund Wiking, Bund Blücher	Reichsflagge Chiemgau
gez. Prof. Bauer	Bund Frankenland	gez. Heiß
gez. v. Kleinhenz	Jungdeutscher Orden Bayern	gez. Jäger
	Angeschlossene nordd. Vbde	gez. Zimmerer
	gez. Ehrhardt.“	

Treibende Kraft zu diesem Schritt war Kapitän Ehrhardt, der sich zusammen mit seinem Stellvertreter Kautter bemühte, aus den Trümmern zu retten, was zu retten war. Kahr konnte selbstverständlich auf die Bedingungen der Verbände nicht eingehen, weil er eine solche politische Entscheidungsfreiheit nie gehabt hatte, und nun nach dem vollständigen Schiffbruch, den der 8./9. November 1923 für ihn bedeutete, erst recht nicht haben konnte. Ehrhardt und Kautter bemühten sich auch in den letzten Wochen des Jahres 1923, eine Einigung der norddeutschen und süddeutschen vaterländischen Verbände herbeizuführen. Ihre Bemühungen scheiterten, abgesehen von den allgemeinen Auswirkungen des 8./9. November, wieder an der inneren Uneinigkeit. Darüber schrieb Kautter in dem schon zitierten Brief vom 23. November: Immer noch bildeten Hitler, Ludendorff, Henning, Wulle, Gräfe eine Einheit. „Die Einigung mit dem bayerischen Kampfbund wurde auf Wunsch von Rosenberg, Klotz, Hptm. Weiß, von Liebig versucht und eingeleitet. Die ersten Besprechungen hatten guten Erfolg. Ehrhardt sicherte den verbotenen Verbänden unter dem Deckmantel unseres Bundes vollständige Selbständigkeit zu in der Weise, daß er nur die Treuhänderschaft für diese Verbände übernommen hätte während der Haft der Führer. Die Verhandlungen waren so gut wie abgeschlossen, als sie in einer Sitzung des Kampfbundes zum Scheitern gebracht wurden. Die Hauptschuld daran trägt:

1. Der Abgeordnete Henning, der an dieser Sitzung teilnahm, und
2. General Ludendorff, der die Erklärung abgeben ließ, daß er im Fall der Einigung mit Ehrhardt zwischen sich und den Nat.Soz. das Tafeltuch zerschneide[235]."

Da Ehrhardt und Kautter eng mit Justizrat Claß und zugleich mit Kahr zusammenarbeiteten, zogen sie sich die erbitterte Feindschaft Ludendorffs und der DVFP zu, in deren Abhängigkeit Ludendorff weitgehend geraten war. Die Beschuldigungen der Nationalsozialisten und Ludendorffs gegen Ehrhardt und Kautter, sie hätten am 8./9. November ein unehrliches Spiel getrieben, stimmten nicht. Vielmehr stellte ein Ehrengericht, bestehend aus Generallt. Hildebrand, Major Siry und Rechtsanwalt Hemmeter in einem Schiedsspruch vom 1. August 1924 fest, daß Ehrhardt und Kautter sich im November 1923 loyal im völkischen Sinne verhalten hätten[236]. Auch die Behauptung, Claß sei am 8./9. November in München gewesen und habe den Gang der Ereignisse in einem für Hitler ungünstigen Sinne beeinflußt[237], traf nicht zu. Claß war nachweislich zu dieser Zeit in Berlin, wo ihn Grandel besuchte[238].

Die nationale Konterrevolution war gescheitert durch die innere Uneinigkeit der Rechten und die staatstreue Haltung der Reichswehr und der Landespolizei[239].

Der Hitlerputsch hatte nicht nur den Kahrschen Staatsstreichplan, der gleichzeitig auch ein Claßscher Plan war, zunichte gemacht, sondern auch alle sonstigen Staatsstreichpläne der Rechten, insbesondere auch die Seecktschen Direktoriumspläne.

Der Verlierer war daher nicht die Hitlerbewegung, so trübe die Lage nach dem 9. November 1923 auch für sie aussah, sondern die konservative bürgerliche Rechte.

---

235 Brief Kautter v. 23. 11. 1923.
236 Haase, Aufstand, S. 562.
237 Kruck, S. 198, spricht diese Vermutung aus.
238 Abschrift Brief Grandel an Dr. Brehmer v. 12. 12. 1923, Privatbesitz.
239 Högner, Die verratene Republik, S. 168 f.

Alle ihre Hoffnungen waren zerronnen, sowohl diejenigen, die Ludendorff verkörperte, wie diejenigen, deren Repräsentant der bayerische Generalstaatskommissar Kahr war, die Schwarz-Weiß-Roten im großpreußischen, im großdeutschen (Claß) wie im weiß-blauen Sinn. Persönlich hatte auch nicht Hitler einen unheilbaren Prestigeverlust erlitten, sondern Ludendorff und Kahr. Beide waren politisch „unmöglich" geworden, beide wollten es nicht einsehen[240].

Für Hitler und seine Bewegung wurde der Fehlschlag des 8./9. November 1923 ein schmerzhafter aber notwendiger Reinigungsprozeß. Treffend urteilte darüber Ruth Fischer[241]:

„Dieser frühe Hitler ist der Schnittpunkt, in dem sich alle Querströmungen des alten und des neuen Deutschland trafen, die in der Ungewißheit des Jahres 1923 in sich eine endgültige Form zu kristallisieren begannen. Mit einem Fuß in dem alten konservativen Vorkriegslager und mit dem andern im sozialen Radikalismus, ertastete Hitler sich seinen Weg, um die beiden Strömungen zu einer Partei zusammenfließen zu lassen, die genügend Stoßkraft zum Sturz der Novemberrepublik haben würde. In diesen ersten Anfängen finden wir auf noch nicht entwickelter Stufe alle Merkmale des späteren Nationalsozialismus, die Kombination der dynamischen Ansprüche der deutschen Arbeiter mit den nicht weniger dynamischen Zielen des deutschen Imperialismus zu einer einzigen Politik und den daraus folgenden leidenschaftlichen Aufruf an alle Klassen, an Arbeiter und Industriekapitäne, an das Heer und die Bauern und an den Mittelstand. In seinem Kampf um die Macht errichtete er eine Organisation nach dem Muster der bolschewistischen Staatspartei, vermittelt durch das Beispiel Mussolinis, des Trägers dieses Bazillus im Westen; und diesem Stamm pfropfte er Züge der alten preußischen Armee auf, deren althergebrachte Disziplin er als die Verkörperung deutschen Wesens bewunderte.

Trotz seinem schnellen Aufstieg war Hitler in dieser Periode noch nicht mehr als ein Anhängsel von Ludendorff." —

Der Versuch, auf gewaltsamem Wege eine monarchisch-bürgerliche Restauration zu erreichen, war in den fünf Nachkriegsjahren mißglückt. Zwar

---

240 „Mit dem Hitlerputsch scheiterten alle Pläne Kahrs, politisch war es aus", so charakterisierte Ehrhardt die Lage nach dem 9. November 1923. „Kahr war ein anständiger Mann, aber der Lage nicht gewachsen; er konnte nicht über seinen bayerischen Schatten springen." MM.

241 Ruth Fischer, Stalin und der deutsche Kommunismus, S. 418 f.

war die rote Welle abgeebbt und teilweise rückläufig geworden, aber die proletarische Revolution der Jahre 1917—1919 konnte nicht mehr rückgängig gemacht werden. Der Hitlerputsch war das letzte Unternehmen dagegen gewesen. Durch die Verkettung der Umstände lief es unter Hitlers Namen, weil er, allein zu schwach, im Gefolge Ludendorffs und Kahrs kämpfen mußte, obwohl er etwas ganz anderes wollte als diese beiden. Daher war nicht er der wirklich Geschlagene, sondern Ludendorff und Kahr, diese beiden als die Repräsentanten der monarchisch-bürgerlichen Vergangenheit.

Das Ergebnis des fünfjährigen Bürgerkrieges in Deutschland von 1918 bis 1923 war eine Art Waffenstillstand zwischen der aufsteigenden proletarischen und der untergehenden bürgerlichen Welt: dazwischen stand Hitler mit seiner Bewegung, nur scheinbar gescheitert. Der Nutznießer des Waffenstillstandes zwischen dem bürgerlichen Westen und dem proletarischen Osten wurde schließlich die Hitlerbewegung.

III.

Deutschland im Jahre 1924

Nach dem Sturz der Regierung Stresemann wurde eine kleine Koalitionsregierung ohne die sozialdemokratische Partei unter Leitung des Zentrumspolitikers Wilhelm Marx gebildet. Die am 30. November berufene neue Reichsregierung Marx — die zehnte Regierung der Weimarer Republik — setzte sich zusammen aus dem Zentrum, der Deutschen Volkspartei, der Deutschdemokratischen Partei und der Bayerischen Volkspartei[1]. Die Stabilisierung der Weimarer Republik vollzog sich unter der Herrschaft der bürgerlichen Parteien der Mitte. Am 8. Dezember 1923 beschloß der Reichstag ein neues Ermächtigungsgesetz, befristet bis zum 15. Februar 1924. Es gab der Reichsregierung die Vollmachten, „die Maßnahmen zu treffen, die sie im Hinblick auf die Not von Volk und Reich für erforderlich und dringend erachtet. Eine Abweichung von den Vorschriften der Reichsverfassung ist nicht zulässig[2]."

---

1 Die Regierung Marx setzte sich wie folgt zusammen:

Reichskanzler:	Wilhelm Marx	(Zentrum)
Innenminister:	Dr. Jarres, Karl	(DVP)
Außenminister:	Stresemann	(DVP)
Arbeitsminister:	Dr. Brauns	(Zentrum)
Reichswehrminister:	Dr. Geßler	(DDP)
Finanzminister:	Dr. Luther	(Parteilos)
Verkehrsminister:	Öser	(DDP)
Ernährungsminister:	Graf Kanitz	(Parteilos)
Postminister:	Dr. Hoefle	(Zentrum)
Wirtschaftsminister:	Dr. Hamm	(DDP)
Justizminister:	Emminger	(BVP)

SEG, 64, 1923, S. 223. — Der Nachlaß des Reichskanzlers Wilhelm Marx, bearbeitet von Hugo Stehkämper, 4 Bde., Köln 1968, I, S. 316 ff.

2 Das Ermächtigungsgesetz vom 8. Dezember 1923.

§ 1. Die Reichsregierung wird ermächtigt, die Maßnahmen zu treffen, die sie im Hinblick auf die Not von Volk und Reich für erforderlich und dringend erachtet. Eine Abweichung von den Vorschriften der Reichsverfassung ist nicht zulässig. Vor Erlaß der Verordnungen ist ein Ausschuß des Reichstags von 15 Mitgliedern in vertraulicher Beratung zu hören.

So stand der Jahreswechsel 1923/24 in Deutschland unter autoritärem Vorzeichen: die vollziehende Gewalt lag in der Hand des Chefs der Heeresleitung, General Seeckt, dem der Reichspräsident gleichzeitig den Oberbefehl über die Reichswehr übertragen hatte. Man hätte von einer Militärdiktatur Seeckt sprechen können, wenn dieser seine Vollmachten in solchem Sinne ausgelegt und gehandhabt hätte. Aber General Seeckt tat das nicht; er übte seine Vollmachten streng im Rahmen der Verfassung aus. So konnte die parlamentarische Demokratie weiter bestehen. Die Frage war nur, ob ihre Träger die Zeichen der Zeit verstanden hatten und gewillt waren, aus den üblen Erfahrungen der ersten fünf Nachkriegsjahre mit Weisheit und Entschlossenheit die notwendigen verfassungsmäßigen Folgerungen rechtzeitig zu ziehen.

Die Regierung Marx schritt, gestützt auf das befristete Ermächtigungsgesetz und den Ausnahmezustand, ins neue Jahr mit der schweren Aufgabe der Liquidation des verlorenen Krieges. Ihre wichtigsten und drängendsten Aufgaben waren die Währungsstabilisierung, die Reparationsregelung und die Wirtschaftsankurbelung. Diese drei Probleme waren innen- und außenpolitisch unlösbar ineinander verflochten. Sie konnten auf der Ebene nationaler Unabhängigkeit nicht gelöst werden. Deutschland war durch seine geographische Lage, durch die industrielle Wirtschaft, durch den verlorenen Krieg in allen wesentlichen innenpolitischen Lebensfragen, wie den drei genannten, weit mehr vom Ausland abhängig als irgendein anderer Staat seiner Größenordnung.

Die endgültige Reform der Währung, die von der Regierung Stresemann mit der Rentenmark erfolgreich in Angriff genommen worden war,

---

Die erlassenen Verordnungen sind dem Reichstag und dem Reichsrat unverzüglich zur Kenntnis zu bringen. Sie sind aufzuheben, wenn der Reichstag oder der Reichsrat dies verlangt. Im Reichstag sind für das Aufhebungsverlangen zwei Lesungen erforderlich, zwischen denen ein Zeitraum von mindestens drei Tagen liegen muß.
Der im Abs. 1 genannte Ausschuß des Reichstags ist ebenso über Anträge zu Verordnungen auf Grund des Gesetzes vom 13. Oktober 1923 (Reichsgesetzblatt I, S. 943) zu hören, soweit der Reichstag dies beschließt.
§ 2. Dieses Gesetz tritt mit dem Tage der Verkündung in Kraft. Es tritt am 15. Februar 1924 außer Kraft.
Berlin, den 8. Dezember 1923

Der Reichspräsident: Ebert.
Der Reichskanzler: Marx.
Der Reichsminister des Innern: Dr. Jarres.

Nach: Reichsgesetzbl. Jg. 1923, Teil II, S. 283.

hing von der Regelung der Reparationen, d. h. also von den Siegermächten, vor allem von den USA ab.

In den ersten Nachkriegsjahren hatten die USA sich jedoch wieder aus Europa zurückgezogen. Das europäische Nachkriegschaos war eine Folge dieser verantwortungslosen Haltung der kriegsentscheidenden Macht, die durch den Krieg auch das größte Gläubigerland geworden war[3].

Walther Rathenau hatte sich bereits in seiner Amtszeit als Wiederaufbauminister im Jahre 1921 bemüht, die Amerikaner für eine vernünftige Regelung der Kriegsschulden zu interessieren[4]. Der deutsche Botschafter Wiedfeldt, der in diesem Sinne in Washington wirkte, setzte auch nach Rathenaus Ermordung aus eigener Initiative diese Anstrengungen erfolgreich fort[5]. Schließlich wandte sich im Herbst 1923 die britische Regierung an die USA mit dem Ansinnen, die Regelung der Kriegsschulden in die Hand zu nehmen[6]. Die Reparationskommission beschloß am 30. November 1923 die Einsetzung von zwei Sachverständigen-Ausschüssen, einen zur Untersuchung der Möglichkeiten, die deutsche Währung zu stabilisieren und den deutschen Haushalt ins Gleichgewicht zu bringen, den zweiten zur Prüfung der deutschen Kapitalflucht ins Ausland[7].

Präsident Coolidge ging auf die britische Anregung ein und erklärte im Dezember 1923 in einer Botschaft an den Kongreß, die USA müßten, um die Rückzahlung der europäischen Schulden an Amerika zu sichern, an der Lösung der Finanzprobleme mitarbeiten[8].

Der amerikanische Bankier Charles Dawes übernahm daher die Leitung des Sachverständigenausschusses zur Prüfung der deutschen Währungsstabilisierung[9]. Der Ausschuß trat am 14. Januar 1924 in Paris zusammen.

---

3 „Das einzig wirkliche Interesse der Amerikaner am damaligen Deutschland war finanzieller Natur. Einige verdienten an der deutschen Inflation ein Vermögen, und amerikanische Organisationen schwatzten deutschen Gemeinden und Körperschaften unrealistische Darlehen auf, die später zum Schaden der amerikanischen Wertpapierinhaber nicht zurückgezahlt wurden." Murphy, Diplomat unter Kriegern, S. 27.
Werner Link: Die amerikanische Stabilisierungspolitik in Deutschland 1921—1932, Düsseldorf 1970, S. 83 ff.

4 Gescher, Die Vereinigten Staaten, S. 60 f.; Schröder, Otto Wiedfeldt, S. 138; Klaß, Hugo Stinnes, S. 281 f.

5 Schröder, S. 141 ff.

6 Gescher, S. 195 f.

7 Ploetz, Konferenzen und Verträge, II, S. 80 ff.

8 Gescher, a.a.O., S. 195 ff.; Link, a.a.O., S. 201 ff.; Eckart Wandel: Die Bedeutung der USA für das deutsche Reparationsproblem 1924—1929, Tübingen 1971, S. 9 ff.

9 Dawes, A Journal of Reparations, S. 1 ff.; Gescher, S. 202 ff., 205; Ploetz, II, S. 80 ff.

Dawes, der in Begleitung von Owen Young, einem maßgeblichen Mitarbeiter des Bankhauses Morgan[10], erschien, hielt bei der ersten Sitzung des Ausschusses, nach der Begrüßungsansprache des Vorsitzenden der Reparationskommission, Barthou, folgende Rede[11]:

„Die Hindernisse, die einer Regelung der Reparationsfrage im Wege stehen, haben ihren Ursprung im nationalen Hochmut und in den egoistischen Interessen der verschiedenen alliierten Beamten, die ein interalliiertes Zusammenwirken als unvereinbar mit ihren Vollmachten zu verhindern suchen. Sie haben ihren Ursprung desgleichen in den unaufhörlichen Entstellungen der Wahrheit und dem unerträglichen Geschrei jener widerlichen Aasgeier, der nationalistischen Demagogen aller Länder. Der Erfolg des SA hängt völlig davon ab, daß in der öffentlichen Meinung und in dem Gewissen der Alliierten und der Welt eine genaue Vorstellung von dem Unglück vorhanden ist, von dem jeder einzelne der Alliierten und ganz Europa bedroht ist, wenn der gesunde Menschenverstand sich nicht durchsetzt. Denn die Unfähigkeit, sich über eine gemeinsame Haltung zu einigen, hat ganz Europa in eine äußerst kritische Lage gebracht. Die wirtschaftlichen Grundlagen Deutschlands sind zusammengebrochen und mit ihnen die deutsche Produktionsfähigkeit. Überdies hat der Kredit sämtlicher europäischer Alliierten, als das Wirtschaftsleben Deutschlands allmählich erlosch, einen Stoß erhalten. Denn die Welt hat anerkannt, daß Deutschland mit der Arbeitsfähigkeit des deutschen Volkes auch die Fähigkeit zu den Reparationszahlungen verlor, die ein so wichtiges Element der Zahlungsfähigkeit Europas darstellte. Es wird Sache der Rep.Komm. sein, sich mit den politischen Wirkungen des Berichts zu befassen, den wir erstatten werden. Wir sind ‚beauftragt, die Mittel zur Herstellung des deutschen Budgetgleichgewichts und die Maßnahmen zur Stabilisierung der deutschen Währung zu prüfen‘. In dem Maße, wie die wirtschaftlichen Funktionen Deutschlands unter der Wirkung einer stabilen Währung und eines ausgeglichenen Budgets sich wieder beleben, wird die deutsche Zahlungsfähigkeit in die Erscheinung treten. Dann werden sich zum ersten Male grundlegende und entscheidende Tatsachen zeigen. Helfen wir zunächst, Deutschlands Heilung zu erlangen. Die

---

10 Young war der „Urheber des Dawes-Gutachten“. Schroeder, Wiedfeldt, S. 155; ebda, S. 164, Wiedfeldt über die deutschfeindliche Gesinnung und Haltung J. P. Morgans. Siehe dazu auch Gescher, S. 117.

11 Zitiert nach SEG, 65, 1924, S. 397 f.; Dawes, A Journal of Reparations, S. 21 ff.

erste Maßnahme, die wir treffen müssen, wäre nach meiner Ansicht ein System zur Stabilisierung der deutschen Währung."

Die Strafpredigt des amerikanischen Bankiers richtete sich deutlich gegen die Alliierten, vor allem gegen Frankreich[12].

Die beiden Sachverständigen-Ausschüsse machten sich unverzüglich an die Arbeit und legten ihre Gutachten am 9. April 1924 dem Präsidenten der Reparationskommission, Barthou, vor[13].

In den Monaten, in denen unter amerikanischer Leitung die Wirtschaftslage und Zahlungsfähigkeit Deutschlands geprüft wurde, bereitete sich Hitler auf den Prozeß vor und konnte ihn dann propagandistisch zu seinen Gunsten auswerten. Im gleichen Zeitraum starben die beiden ersten Repräsentanten der neuen, das 20. Jahrhundert bestimmenden Weltmächte, USA und Sowjetunion, Lenin und Wilson. Der Begründer des bolschewistischen Systems schied am 21. Januar 1924, 54 Jahre alt, aus dem Leben; der ehemalige amerikanische Präsident folgte ihm wenige Wochen später, am 3. Februar 1924, im Alter von 67 Jahren ins Grab. Beide waren gesundheitlich das Opfer maßloser Überanstrengung geworden[14].

Am 3. März 1924 wurde eines der letzten Überbleibsel der durch den demokratisch-sozialistischen Umsturz zerstörten, religiös-monarchisch gebundenen universalen Ordnungskräfte, das Kalifat, in der republikanischen Türkei abgeschafft. Auch der türkische Nationalstaat beschritt den Weg des radikalen Laizismus und einer religionsfeindlichen Politik[15].

Die deutsche Reichsregierung stimmte am 14. April den als „Dawesplan" bezeichneten Vorschlägen der Sachverständigen-Ausschüsse zu[16].

---

12 Reichskanzler Marx bezeichnete in einem Gespräch mit Dawes den Versailler „Vertrag" als „das größte Unrecht, das wohl seit Jahrhunderten einem zugefügt worden sei". Nachlaß, Bd. I, S. 320 f.

13 Gescher, S. 206; Dawes, A Journal, S. 214 ff.; Ploetz, Konferenzen . . ., II, S. 81. — Den Ausschuß für Kapitalflucht leitete Mc Kenna. — Reichskanzler Marx war anläßlich des Besuches der Sachverständigen in Berlin „entsetzt über den Haß, der aus den Augen einiger Sachverständiger mir entgegenblitzte". Nachlaß, I, S. 320.

14 SEG, 65, 1924, S. 300, 359, gab bei beiden Todesfällen als Ursache „Arteriosklerose" an. Oswald Bumke, einer der behandelnden deutschen Ärzte, bezeichnete als Lenins Todesursache „eine schwere Arteriosklerose". Erinnerungen und Betrachtungen, München 1952, S. 109. — Lenin bestimmte als seinen Testamentsvollstrecker den Tscheka-Chef Dserdschinski, mit der Auflage, den „NEP" zu liquidieren, wenn Rußland seine augenblickliche Krise überwunden habe.

15 SEG, 65, 1924, S. 329.

16 Ploetz, II, S. 81.

Die Haltung des von Dawes geleiteten Ausschusses wurde eingangs des Berichtes mit folgenden Worten umrissen[17]:

„Wir sind an unsere Aufgabe als Geschäftsleute herangegangen, in dem eifrigen Bestreben, positive Ergebnisse zu erzielen. Wir haben uns mit der technischen, nicht mit der politischen Seite des uns vorgelegten Problems befaßt. Deutlich haben wir erkannt, daß politische Rücksichten notwendig gewisse Grenzen ziehen, innerhalb deren man sich halten muß . . . Der deutsche Haushalt steht unter der beherrschenden Tatsache der Verpflichtungen, die sich für Deutschland aus dem Versailler Vertrag ergeben. Wir haben die praktischen Mittel, die Zahlung dieser Verpflichtungen zu erlangen, aufzufinden gesucht, nicht die Mittel zur Verhängung von Strafmaßnahmen, und die von uns vorgeschlagenen Bürgschaften sind wirtschaftlicher und nicht politischer Art. Es ist zudem keine gewöhnliche Schuld, mit der wir uns befassen: Deutschland hat keine nennenswerte Verwüstung erfahren, und an erster Stelle steht seine moralische Verpflichtung gegen die, denen der Krieg so schwere Leiden auferlegt hat . . .“

Der Dawesplan bestimmte als Reparationsquellen die deutsche Industrie, die deutschen Eisenbahnen, bestimmte Steuereinnahmen des Reiches und die Reichsbank. Die deutsche Industrie mußte fünf Milliarden Goldmark Obligationen übernehmen, die als Erste Hypothek eingetragen wurden. Die Reparationszahlungen bestanden in der fünfprozentigen Verzinsung und einprozentigen Tilgung jährlich. Hierfür wurde die Bank für deutsche Industrieobligationen geschaffen.

Die deutschen Eisenbahnen wurden entstaatlicht und in eine Aktiengesellschaft mit einem Kapital von 15 Milliarden Goldmark umgewandelt. Als Erste Hypothek wurden 11 Milliarden Goldmark Reparationsschuldverschreibungen auf die deutschen Eisenbahnen eingetragen, die mit fünf Prozent jährlich zu verzinsen und mit einem Prozent jährlich zu tilgen waren. Die Gesellschaft wurde von einem ausländischen Eisenbahnkommissar überwacht.

---

17 Die Sachverständigen-Gutachten. Der Dawes- und der McKenna-Bericht. Mit Anlagen. Nach dem Originaltext redigierter Wortlaut. 2. Auflage, Frankfurt/Main 1924, S. 19.
Die amerikanische Handlungsweise beruhte auf einem Vorschlag des Staatssekretärs des Äußeren, Hughes, vom September 1922, das Reparationsproblem dadurch zu entpolitisieren, daß man seine Regelung unpolitischen Finanzfachleuten anvertraute. Siehe Gescher, S. 114. Hughes hatte seinen Vorschlag Ende Dezember 1922 wiederholt. Dawes, A Journal, S. 239 ff., Appendix I. — Link, a.a.O., S. 83 ff.

Einnahmen des Reiches aus bestimmten Zöllen und indirekten Steuern wurden als Sicherheit an die Reparationskommission verpfändet.

Die Reichsbank wurde wie die Eisenbahn ebenfalls privatisiert und in eine von der Regierung unabhängige Notenbank umgewandelt[18].

Der innenpolitische Umschwung in England und Frankreich in der ersten Jahreshälfte 1924 erleichterte die Regelung des Reparationsproblems nach dem amerikanischen Grundsatz: „Geschäft, nicht Politik".

In England war Ende 1923 eine Regierung der Arbeiterpartei, die erste unter Führung von Macdonald, ans Ruder gekommen. Dieser war ein entschiedener Gegner der französischen Erpressungspolitik gegenüber Deutschland; er schrieb an den französischen Ministerpräsidenten Poincaré im Februar 1924: „... So ist es gekommen, daß unsere Bevölkerung mit Besorgnis den in ihren Augen von Frankreich gefaßten Entschluß betrachtet, Deutschland zugrunde zu richten und auf dem Festlande zu herrschen, ohne Rücksicht auf unsere vernunftgemäßen Interessen ...[19].

Am 23. Februar 1924 hielt der britische Staatssekretär des Innern eine aufsehenerregende Rede gegen den Versailler Vertrag und für eine gründliche Revision desselben[20].

In Frankreich trat der entscheidende Wandel in der Politik gegenüber Deutschland erst mit dem Sturz der Regierung Poincaré im Juni 1924 ein. An seiner unversöhnlichen Haltung war der erste Versuch einer deutsch-französischen Zusammenarbeit gescheitert[21]. In Deutschland war die Notverordnungspolitik der Regierung zur Beseitigung der Inflation heftig umstritten; die schweren steuerlichen Belastungen wurden von der Mehrheit des Reichstags abgelehnt. Deshalb löste der Reichspräsident auf Verlangen der Regierung im März den Reichstag auf. Die Neuwahlen im Mai führten zu einem Anwachsen der Flügelparteien. Der Versuch, die parlamentarische Regierungsgrundlage durch Aufnahme der zu den Wahlgewinnern zählenden DNVP zu erweitern, scheiterte an den Forderungen der Partei nach einem entschiedenen Rechtskurs. So blieb alles beim alten; auf das erste Ka-

---

18 Sachverständigen-Gutachten, S. 32 ff.; siehe auch Ploetz, II, S. 81; Gescher, S. 207 f.

19 SEG, 65, 1924, S. 167, Briefwechsel Macdonald-Poincaré; Gescher, S. 158 ff., 209 ff.

20 SEG, 65, 1924, S. 170.

21 Die führenden deutschen Persönlichkeiten einer deutsch-französischen Aussöhnung waren Hugo Stinnes, der Kali-Industrielle Rechberg und der Kölner Oberbürgermeister Dr. Adenauer. S. Erdmann, passim; Klaß, Hugo Stinnes, S. 293 ff., 303 ff., 312 ff.

binett Marx folgte das zweite in der gleichen Zusammensetzung. Die große Aufgabe der Regierung war das Durchbringen der Dawesgesetze.

Vom 16. Juli bis 16. August 1924 fand die Londoner Konferenz zur Regelung der Reparationen statt. Der „Dawesplan" wurde angenommen. Er sah eine jährliche Belastung Deutschlands bis 1927/28 in Höhe von 1,75 Milliarden Mark vor. Am 1. September 1928 sollte das Normaljahr beginnen mit einer Jahresbelastung von 2,5 Milliarden Mark[22].

Deutschland erhielt zur endültigen Stabilisierung seiner Währung eine Anleihe von 800 Millionen Goldmark. „... diese Anleihe ist in erster Linie für die erfolgreiche Gründung der neuen Bank und für die Sicherstellung der Währungs-Stabilisierung wichtig. Die Deponierung dieses Betrages in der Notenbank wird einen wichtigen und notwendigen Beitrag zu deren Goldreserven darstellen und die Grundlage für ihre Umlaufmittel erweitern. Die Anleihe wird so in zweiter Linie ... berufen sein, die Lösung des Problems zu erleichtern; die Erfüllung der unmittelbaren und dringlichen Verpflichtungen Deutschlands gegenüber den Alliierten, Verpflichtungen, die keine Geldübertragung nach dem Ausland bedingen.

Wir haben schon unsere Schlußfolgerungen erwähnt, daß Deutschland nicht zugemutet werden darf, in den Jahren 1924/25 und 1925/26 aus Mitteln des normalen öffentlichen Haushalts irgendwelchen Zahlungsverpflichtungen aus dem Versailler Vertrag nachzukommen ...[23]"

Die Konferenzteilnehmer beschlossen, Deutschland als gleichberechtigten Verhandlungspartner einzuladen. Ab 5. August nahmen daher auch deutsche Vertreter an den Verhandlungen in London teil. Dabei wurden auch politische Fragen behandelt. Reichsaußenminister Stresemann erwirkte eine Zusage Frankreichs, das Ruhrgebiet binnen eines Jahres zu räumen[24]. Der britische Premierminister Macdonald stellte in der Schlußansprache fest[25]: „Ich glaube, wir haben Europa etwas Besseres gegeben als ein Abkommen, entworfen von Advokaten und auf Papier gedruckt, wir haben alle Erörterungen gepflogen und uns in unsere gegenseitige Lage hineinversetzt.

22 Sachverständigen-Gutachten, S. 49 ff.; Ploetz, II, S. 82.

23 Sachverständigen-Gutachten, S. 48 f.

24 „Erschreckend war der Haß, der uns zunächst, als wir in die Konferenz eintraten, empfing." Marx, Nachlaß, I, S. 342; Ploetz, II, S. 84; Schwarz, Weimarer Republik, S. 108 ff.

25 SEG, 65, 1924, S. 433. — Die Labour Party, deren Führer Macdonald war, verurteilte mit großer Schärfe die französische Ruhrbesetzung. Siehe auch Gescher, S. 160.

Dies ist der größte Fortschritt, selbst wenn die eine oder die andere Seite von Ergebnis enttäuscht ist. Wir bieten jetzt das tatsächlich erste durch Verhandlungen zustandegekommene Abkommen seit dem Kriege. Jede hier vertretene Partei ist moralisch verpflichtet, ihr Bestes zu tun, um es durchzuführen, weil es nicht das Ergebnis eines Ultimatums ist. Wir haben versucht, einander so weit entgegenzukommen, als es die öffentliche Meinung der verschiedenen Länder uns gestattete. Dieses Abkommen kann angesehen werden als der erste Friedensvertrag, weil wir es unterzeichneten mit einem Gefühl, daß wir den furchtbaren Kriegsjahren und der Kriegsmentalität unseren Rücken gewandt haben."

Die Alliierten sicherten sich für die Durchführung des Londoner Reparationsabkommens (Dawesplan) eine Reihe von Rechten:

1. das Recht zur Ernennung von Inhabern deutscher Dienststellen bei der Reichsbank;
2. das gleiche Recht bei der Bank für deutsche Industrieobligationen;
3. das gleiche Recht bei der deutschen Reichsbahngesellschaft ;
4. Als oberstes Aufsichtsorgan ernannten sie einen Agenten für Reparationszahlungen, ferner einen Kommissar für die deutsche Eisenbahn und einen Kommissar für die Notenausgabe bei der Reichsbank. Erster Reparationsagent wurde der Amerikaner Parker Gilbert.

Sie behielten sich nicht nur das Recht zu Eingriffen in die deutsche Wirtschaft gegenüber der Reichsbank, der Industrie und der Eisenbahn vor, sondern auch das Recht zu Sanktionen, falls Deutschland seinen Verpflichtungen nicht gerecht wurde[26].

Der Dawesplan hatte für Deutschland Vor- und Nachteile. Die Vorteile waren:

1. Sicherung der Währung;
2. Internationale Kreditfähigkeit der Wirtschaft;
3. damit die Möglichkeit, die Wirtschaft wieder in Gang zu bringen.

Die Nachteile waren:

1. Der Plan bestimmte weder die Gesamthöhe der zu leistenden Wiedergutmachung noch die zeitliche Dauer der deutschen Erfüllungsverpflichtungen; er war auf die Dauer unerfüllbar[27].

---

26 Ploetz, II, S. 91 f.

27 Darauf wies der deutsche Botschafter Wiedfeldt gegenüber Owen Young bereits hin. Schröder, Wiedfeldt, S. 155.

2. Er beraubte Deutschland der Wirtschafts-, der Finanz- und der Verkehrshoheit. Hält man sich vor Augen, daß dem deutschen Volk durch „Waffenstillstand" und „Friedensvertrag" bereits die Gebietshoheit und die Wehrhoheit genommen worden war, so kam als Endergebnis des Londoner Abkommen die völlige Beseitigung der nationalen Unabhängigkeit des Deutschen Reiches heraus.

Mit Recht konnte der deutschnationale Finanzfachmann Helfferich sagen, daß das Londoner Abkommen „ein zweites Versailles" war. Die wütende Agitation der Rechten, insbesondere des rechten Flügels der Deutschnationalen sowie der Deutschvölkischen gegen die Versklavung Deutschlands, gegen seine Erniedrigung zur privatkapitalistischen „Ausbeutungskolonie" hatte daher einen berechtigten Kern. Ins gleiche Horn stießen selbstverständlich die Kommunisten.

Deutschlands politische Schulden waren durch den Dawesplan kommerzialisiert worden. Dadurch sollte Deutschland wieder in die durch den Weltkrieg zerstörte kapitalistische Weltwirtschaft eingegliedert und diese damit wieder in Gang gesetzt werden. Für Deutschland brachte er den Segen amerikanischer Privatkredite und schuf damit die Voraussetzung für die kurze wirtschaftliche Scheinblüte von 1924 bis 1928.

Politisch brachte das Londoner Abkommen Deutschland den Vorteil, ins internationale Gespräch als gleichberechtigter Partner wieder eingeschaltet zu werden.

Deutschland hatte in Anbetracht seiner völligen politischen und militärischen Ohnmacht wie seiner zerstörten Wirtschaft keine Möglichkeit der Alternativentscheidung: es mußte dem Londoner Abkommen zustimmen[28].

Der Reichstag nahm nach leidenschaftlichen Auseinandersetzungen die Dawesgesetze im August 1924 an[29]. Da jeder Versuch einer Erweiterung der parlamentarischen Regierungsbasis nach rechts durch Einbeziehung der

---

28 Der amerikanische Staatssekretär des Äußern, Hughes, machte anläßlich seines Berliner Besuches den deutschen Ministern klar, daß Deutschland mit keiner amerikanischen Hilfe rechnen könne, wenn es den Dawesplan nicht annehme. Gescher, S. 212.

29 Nach Heinrich Brüning, Vorwort zu Dawes, A Journal of Reparations, XXIX, war die notwendige Zweidrittelmehrheit im Reichstag nur erreichbar, weil das Transfermoratorium und die Zusage der Räumung des Ruhrgebietes im Dawesplan enthalten war. Durch diese beiden Bedingungen konnte ein Teil der deutschnationalen Stimmen gewonnen werden.

Deutschnationalen gescheitert war, mußte der Reichstag im Oktober 1924 wieder aufgelöst werden[30].

Die wirtschaftliche Besserung wirkte sich bei den zweiten Reichstagswahlen am 7. Dezember 1924 in einem Rückgang der Stimmen der radikalen Flügelparteien und in einer Zunahme der gemäßigten Parteien aus. Aber trotzdem fand die Regierung Marx keine bessere Grundlage im Parlament. Sie trat am 15. Dezember zurück. Das Reich ging mit einer geschäftsführenden Regierung Marx ins Jahr 1925.

Das Jahr 1924 hatte dem Deutschen Reich zum ersten Mal nach dem Krieg eine gewisse Beruhigung und Festigung gebracht. Die Währungsstabilisierung und das Dawesabkommen zur Regelung der Reparationen hatten eine Grundlage für ein normales Wirtschaftsleben geschaffen; außenpolitisch schienen sich erstmals Möglichkeiten aufzutun, mit den Westmächten wieder ins Gespräch zu kommen. Schritte zur Aufnahme Deutschlands in den Völkerbund wurden eingeleitet. Die Reichsregierung hatte nach der Annahme der Dawesgesetze auch gegen die Kriegsschuldlüge Stellung genommen[31].

Die innenpolitische Lage war jedoch unbefriedigend geblieben. Die Parteigegensätze hatten sich verhärtet, die Möglichkeit der so notwendigen inneren Verfassungsreform war dadurch auf den Nullpunkt gesunken. Über diese Verhärtung der inneren Gegensätze konnten weder die wirtschaftlichen und außenpolitischen Erfolge noch die im Verhältnis zu 1923 erfreuliche innere Beruhigung hinwegtäuschen.

General Seeckt hatte schon am 13. Februar dem Reichspräsidenten mitgeteilt, daß er seine Aufgabe im allgemeinen als erfüllt ansehe: „Die Staatsautorität ist so gefestigt, daß die unter dem Ausnahmezustand eingeleitete Sanierung unseres Staats- und Wirtschaftslebens auch ohne ihn weitergeführt werden kann. Ich schlage daher vor, die Anordnungen vom 26. 9. und vom 8. 11. 1923 zu Anfang März aufzuheben[32].“

---

30 Bei der Abstimmung über den Dawesplan spaltete sich die Fraktion der Deutschnationalen: 48 Abgeordnete stimmten dafür, 52 dagegen. Nur mit Hilfe der deutschnationalen Stimmen wurden die Dawesgesetze angenommen. Die DNVP gewann trotz ihrer gespaltenen Haltung bei der zweiten Reichstagswahl im Dezember 1924 vier Sitze dazu, verlor jedoch ihre Stellung als stärkste Partei wieder an die SPD. Liebe, Die DNVP, S. 86 ff., 98.

31 SEG, 65, 1924, S. 77 ff., 83.

32 Rabenau, Seeckt, S. 39.

Der Reichspräsident hob mit Wirkung vom 1. März 1924 die Verordnungen vom 26. September, 8. November und 23. Dezember 1923 auf. Die Beschränkungen der persönlichen Freiheit, der Pressefreiheit und des Vereinsrechtes traten damit außer Kraft, ebenso wurde der militärische Ausnahmezustand aufgehoben und durch den milderen zivilen ersetzt[33]. Öffentliche Versammlungen unter freiem Himmel und öffentliche Aufzüge blieben verboten. Der Reichsminister des Innern erließ gleichzeitig ein Verbot des Handels mit militärischen Waffen.

General von Seeckt drückte am 29. Februar 1924 in einem Befehl an die Reichswehr seine Genugtuung aus, daß durch sie die Reichsautorität wiederhergestellt sei, und begrüßte es, daß sie damit aus der Politik herausgenommen werde und sich wieder ausschließlich militärischen Aufgaben widmen könne[34].

Am 25. Oktober 1924 wurden auch die zivilen Ausnahmezustandsbestimmungen aufgehoben; damit fielen die Beschränkungen für Presse-, Vereins- und Versammlungsrecht weg; in Preußen blieb jedoch aufgrund einer Verfügung des Innenministers Severing das Verbot für Veranstaltungen unter freiem Himmel bis zum Wahltag in Kraft.

Im Mai 1924 gab es nach Severings Feststellung „rechts von den Deutschnationalen noch sechs kleine, militaristisch und nationalistisch überhitzte Parteien. Dazu kamen die vielen Verbände der sogenannten Frontgenerationen, etwa siebzig an der Zahl. Die wichtigsten und organisatorisch stärksten davon waren der ‚Stahlhelm', der Jungdeutsche Orden, die Organisation Consul, der Bund Oberland, der Bund Reichsflagge, der Wikingbund und in der Dachorganisation der Vereinigten Vaterländischen Verbände u. a. der Verein Olympia. Die ganze Situation hatte eine auffallende Ähnlichkeit mit der des Sommers 1922. Auch damals wurden in allen Gegenden des Landes unter allen erdenklichen und immer neuen Bezeichnungen Feiern abgehalten, Regimentstage, deutsche Tage, Fahnenweihen, Denkmalsenthüllungen usw. vorgenommen ...[35]"

Die äußere Beruhigung des innenpolitischen Lebens nach der fünfjährigen Bürgerkriegsperiode im Anschluß an den Weltkrieg konnte jedoch die

33 SEG, 65, 1924, S. 19 f.
34 SEG, 65, 1924, S. 78.
35 Severing, Mein Lebensweg, II, S. 13.

Kluft zwischen Rechts und Links, zwischen „Weiß“ und „Rot“, zwischen der kapitalistischen und der proletarischen Welt nicht einmal notdürftig überbrücken, geschweige denn schließen. Die weltanschaulichen Gegensätze verhärteten sich durch eine fortschreitende Militarisierung der inneren, weltanschaulichen Fronten. Die Zweiteilung Deutschlands seit 1918 wurde fortgesetzt, indem auch die gesamte Linke sich paramilitärisch organisierte. Die sozialdemokratische Partei stellte das „Reichsbanner“ auf; die Gründung erfolgte am 22. Februar 1924 in Magdeburg. Es setzte sich, „unter Ablehnung jeder illegalen Bewaffnung, die Zusammenfassung aller auf dem Boden der Republik und der Weimarer Verfassung stehenden Kriegsteilnehmer zum Schutz der Republik und ihrer Einrichtungen zur Aufgabe[36]“. Stabschef des „Reichsbanners“ wurde der frühere bayerische Generalstabshauptmann und Leiter der Abteilung Ic des Reichswehrgruppenkommandos IV, München (1919—1920), Karl Mayr, der damals alle rechtsradikalen Verbände und Personen, darunter auch Hitler und Esser, gefördert hatte[37]. Durch die Gründung des Reichsbanners wurde der Gegensatz zwischen Rechts und Links in die bis zu diesem Zeitpunkt eindeutig rechts stehenden Frontkämpferverbände hineingetragen. Bis zum Aufstieg der SA, Ende der zwanziger Jahre, waren „Stahlhelm“ und „Reichsbanner“ die eigentlichen Gegner auf der außerparlamentarischen Ebene[38].

Das „Reichsbanner“ war die bewaffnete Faust der gemäßigten Linken. Die radikale Linke stand in dem Bemühen, sich ebenfalls paramilitärisch zu organisieren, nicht nach. Als Nachfolgeorganisation der „Roten Garde“ und der „Proletarischen Hundertschaften“ der Revolutionszeit, der „Roten Armee“ der frühen zwanziger Jahre und der „Roten Hundertschaften“ des Jahres 1923 erstand am 31. Juli 1924 der „Rotfrontkämpferbund“ als militärischer Arm der kommunistischen Partei unter Führung des späteren Parteivorsitzenden Ernst Thälmann. Der Bund umfaßte Arbeiter über 23 Jahre. Die Jungarbeiter von 16 bis 23 Jahren wurden in der „Roten Jungfront“ zusammengefaßt[39]. Die KPD übte ähnlich wie die NSDAP eine

36 SEG, 65, 1924, S. 13; Rohe, Das Reichsbanner Schwarz-Rot-Gold, S. 17 ff.

37 Franz-Willing, I, S. 38 ff.

38 Berghahn, Der Stahlhelm, S. 65.

39 Hermann Dünow: Der Rote Frontkämpferbund. Die revolutionäre Schutz- und Wehrorganisation des deutschen Proletariats in der Weimarer Republik, Berlin (Ost), 1958, S. 20 ff.; Rühmland, NVA in Stichworten, S. 68, 70 f.; Maslowski, Thälmann, S. 53; Flechtheim, Die KPD in der Weimarer Republik, S. 214 f.

starke Anziehungskraft auf die politisch aktive deutsche Jugend aus. Röhm verwies auf die beachtliche Tatsache, daß im Jahre 1924 von den 15 jüngsten Mitgliedern des Reichstags neun Kommunisten und fünf Völkische waren; einer entfiel auf die Deutschnationale Volkspartei[40]. Den radikalen Parteien war die Ablehnung des bestehenden Staates gemeinsam. „Es trennt uns sehr viel von den Kommunisten", schrieb Röhm[41], „aber wir achten in ihnen und es eint uns mit ihnen die Überzeugungstreue und die Bereitschaft, für die eigene Sache Opfer zu bringen. Und das ist deutsch und deutsch auch an den Kommunisten, mag man sonst über sie schelten wie man will . . . Ich behaupte nämlich, daß unter den Kommunisten, insbesondere unter den Angehörigen des roten Frontkämpferbundes, viele ganz ausgezeichnete Soldaten sind . . ."

1924 setzte auch die Bolschewisierung der kommunistischen Partei Deutschlands in vollem Maße mit dem neunten Parteitag (7.—10. 4. 1924) ein. Die Linke übernahm den Parteiapparat, die Führung wurde mit schärfster Parteidisziplin zentralisiert, ideologisch wurde dem Luxemburgismus und dem Trotzkismus der Kampf angesagt, ebenso wurde die scharfe Frontenstellung gegen die Sozialdemokratie, den „Sozialfaschismus" vollzogen. Auf dem fünften Weltkongreß der Komintern in Moskau (17. 6.—8. 7. 1924) war die deutsche Delegation neben der russischen die stärkste. Keine außerrussische kommunistische Partei war von diesem Zeitpunkt ab so moskauhörig wie die KPD[42]. Das trug nicht nur wesentlich zur Verschärfung der ideologischen und parteipolitischen Fronten in Deutschland bei, auch die Kluft zwischen Sozialdemokratie und kommunistischer Partei wurde dadurch unüberbrückbar und bestimmte in hohem Maße die innenpolitische Entwicklung in Deutschland.

Ein Menetekel der Auflösung der staatlichen Autorität waren die politischen Prozesse und die damit zusammenhängende Politisierung der Justiz. Von den politischen Prozessen des Jahres 1924 sind hervorzuheben der Hitler-Prozeß[43], der Prozeß gegen die OC und der Ebert-Rothardt-Prozeß in Magdeburg.

---

40 Röhm, S. 288. — Über den starken Anteil der Jugend in der KPD siehe auch Hermann Weber in der Einleitung zu Flechtheim, Die KPD, S. 65 f.

41 Röhm, S. 239 f.

42 Weber, Die Wandlung des deutschen Kommunismus, I, S. 53 ff., 65 ff., 81 ff.

43 Siehe Kap, Der Hitlerprozeß.

Im Oktober wurde am Leipziger Staatsgerichtshof ein Prozeß gegen die „Organisation Consul“ geführt. Die Angeklagten, fast alle ehemalige Offiziere, wurden zu Gefängnisstrafen von einem bis acht Monaten verurteilt; sechs wurden freigesprochen. Zur Begründung des Strafmaßes wurde gesagt, es seien keine Beweise erbracht, daß die OC etwa hochverräterische Pläne verfolgt habe oder gar eine Mörderzentrale gewesen sei. Sie habe jedoch die Atmosphäre geschaffen, in der die Erzberger-Mörder sich entwickeln konnten[44].

Der unerfreulichste, weil für den Weimarer Staat gefährlichste Prozeß, lief im Dezember 1924 in Magdeburg gegen den Schriftleiter der „Mitteldeutschen Presse“ in Staßfurt, Rothardt, wegen Beleidigung des Reichspräsidenten. Die Klage war vom Staatsanwalt erhoben worden, der Reichspräsident hatte sich als Nebenkläger angeschlossen; es war ihm Landesverrat während des Krieges im Zusammenhang mit seiner Haltung beim großen Munitionsarbeiterstreik im Januar 1918 vorgeworfen worden. Der Schriftleiter wurde zu drei Monaten Gefängnis verurteilt wegen „formaler Beleidigung“. In der ausführlichen Urteilsbegründung hieß es jedoch, daß Ebert „im strafrechtlichen Sinne Landesverrat begangen hat“ (§ 89 Str.GB)[45].

Die Urteilsbegründung erregte ungeheures Aufsehen und löste leidenschaftliche Auseinandersetzungen zwischen der Linken und der Rechten aus. Die Reichsregierung stellte sich in einer Vertrauenskundgebung einmütig hinter den Reichspräsidenten. Das Organ der Deutschen Volkspartei „Die Zeit“ schrieb zu dem Urteil[46]:

„Gewiß mag formal-juristisch an dem Magdeburger Spruch etwas Wahres sein, aber die Paragraphen und die politischen Gedankengänge sind nun einmal Gegensätze wie Feuer und Wasser. Man muß infolgedessen die Frage des Kompetenzkonfliktes aufwerfen, ob tatsächlich das Magdeburger Gericht berufen war, das letzte moralische Urteil vom national-politischen Standpunkt zu fällen, oder ob dafür nicht ein anderer Gerichtshof zuständig gewesen wäre. Wir haben wahrhaftig keine Veranlassung, für den Soz. Ebert eine Lanze zu brechen, aber wir haben den Mut der anständigen Ge-

44 SEG, 65, 1924, S. 101. — Am 14. 2. 1924 brachte der „Vorwärts“, Abendausgabe, Nr. 76, einen Leitartikel von E. J. Gumbel: „Die politischen Morde. Eine Denkschrift des Justizministeriums.“

45 SEG, 65, 1924, S. 110 ff.

46 Zitiert nach SEG, 65, 1924, S. 118.

sinnung, zu sagen, daß ein Mann, der zwei Söhne im Felde verloren und trotz der Aufforderung des Kaisers seinen dritten Sohn nicht von der Front zurückgehalten hat, und der in den sechs Nachkriegsjahren mit großem Takt und politischer Klugheit immer das nationale vor das parteipolitische Moment gestellt hat, schließlich nicht gleichzustellen ist mit Verbrechern, die um persönlicher Vorteile willen ihr Volk und Vaterland verraten haben ..."

Dieser Prozeß zeigte mehr noch als die beiden vorher erwähnten das Versagen der Justiz gegenüber den politischen Ereignissen und der politischen Entwicklung seit dem Weltkrieg und der Revolution. Für das, was sich seit 1914, mehr noch seit 1917 ereignete, reichten das Bürgerliche Gesetzbuch und das Strafgesetzbuch nicht mehr aus. Das proletarische Zeitalter war angebrochen; die bürgerliche Rechtsauffassung mußte daran zerbrechen. In revolutionären Zeiten haben juristische Maßstäbe der Vergangenheit keine Geltung mehr. Die Umsturzpartei und ihre Anhänger haben ihre eigene Gesetzlichkeit und prägen, wenn sie siegreich sind, für sich ein neues „Recht". —

Die bayerische Staatsregierung hatte am 5. Januar 1924 die von Staatsrat Schmelzle ausgearbeitete Denkschrift über eine föderalistische Umgestaltung der Reichsverfassung nach bayerischen Vorstellungen der Reichsregierung überreicht[47]. Der Eintritt der BVP in die Reichsregierung Marx am 30. November 1923 hatte gezeigt, daß Bayern bereit war, auf dem Kompromißweg sein Verhältnis zum Reich zu regeln[48].

Der Generalstaatskommissar Kahr, der trotz der Katastrophe vom November an den Direktoriumsplänen festhielt[49], mußte schließlich am 18. Februar gleichzeitig mit General von Lossow zurücktreten. Neuer bayerischer Landeskommandant wurde der bisherige Artillerieführer VII, General Kreß von Kressenstein. Oberst Ritter von Seisser, Chef der bayerischen Landespolizei, blieb im Amt.

Am gleichen Tage, an dem Kahr und Lossow ihre Ämter niederlegten, erfolgte der Ausgleich zwischen Bayern und dem Reich über den Vollzug des Wehrgesetzes mit folgender Vereinbarung[50]:

---

47 Schmelzle, UE; SEG, 65, 1924, S. 1.

48 Klaus Schönhoven, Die Bayerische Volkspartei 1924—1932, Düsseldorf 1972, S. 89 ff.; Stampfer, Die vierzehn Jahre, S. 386.

49 BGSTA, MA, 104221; Aktennotiz Seisser über Besprechung Kahr, Lossow, Seisser, Dr. Rösicke am 11. 1. 1924.

50 BHSTA, Min. Inn. 71769, Nr. 4929, Abschrift; siehe auch SEG, 65, 1924, S. 11. — Abramowski, Die Kabinette Marx, I, S. XV, S. 365 ff., S. 376 ff.

„Übereinstimmung bestand, daß durch die Lösung des gegenwärtigen Falles die Bestimmungen der Reichsverfassung und des Wehrgesetzes über die Einheit des Reichsheeres und die Einheitlichkeit des Oberbefehls nicht berührt werden sollen. In diesem Rahmen soll

a) künftig auch bei der Abberufung des Landeskommandanten mit der bayerischen Regierung ins Benehmen getreten und dabei ihren begründeten Wünschen möglichst Rechnung getragen werden;

b) bei der Verwendung bayerischer Truppen außerhalb des Landes die bayerische Regierung möglichst vorher gehört und dabei den bayerischen Belangen die tunlichste Rücksicht zuteil werden, insbesondere hinsichtlich der inneren Sicherheit des Landes;

c) die Eidesformel der gesamten Wehrmacht zur Vermeidung von Zweifeln künftig folgende Fassung haben:

‚Ich schwöre Treue der Verfassung des Deutschen Reiches und meines Heimatstaates und gelobe als tapferer Soldat, mein Vaterland und seine gesetzmäßigen Einrichtungen jederzeit zu schützen und dem Reichspräsidenten und meinen Vorgesetzten Gehorsam zu leisten.'

Durch vorstehende Vereinbarung wird der Behandlung weitergehender, in der bayerischen Denkschrift enthaltenen Wünsche nicht vorgegriffen. Mit dieser Vereinbarung wird die Inpflichtnahme des bayerischen Teiles der Reichswehr auf die bayerische Regierung vom 22. Oktober 1923 hinfällig."

Am 26. Februar 1924 begann in München der Hitlerprozeß. Am 29. März wurde von Nuntius Pacelli und der bayerischen Regierung das neue Konkordat unterzeichnet[51].

Am 1. April wurde das Urteil im Hitlerprozeß verkündet. Wenige Tage später fanden in Bayern Landtagswahlen statt (6. 4.). Das Ergebnis zeigte, daß der Prozeß die beste Propaganda für die Völkischen gewesen war. Obwohl die NSDAP aufgelöst worden war und Hitler mit einem Teil seiner Mitarbeiter hinter Gefängnismauern saß, erzielten die auf der Sammelliste des „Völkischen Blocks" kandidierenden Völkischen und Nationalsozialisten einen großen Erfolg: sie gingen gleichstark mit den Sozialdemokraten aus der Wahl hervor, so daß sie kräftemäßig an zweiter oder an dritter

51 Siehe dazu Georg Franz-Willing, Die Bayerische Vatikangesandtschaft, S. 181 ff.

Stelle sich einreihen konnten[52]. Besonders stark war der Zuwachs des „Völkischen Blocks" in München. Die Regierung Knilling trat am 5. Mai zurück. Die neue Regierung wurde von denselben Parteien gebildet wie die alte: BVP, Bauernbund, DNVP. Der neue Ministerpräsident Dr. Heinrich Held (BVP) verkündete als Regierungsprogramm im Landtag die Fortführung des Kampfes um die föderalistischen Rechte Bayerns auf der Grundlage der Denkschrift vom 4. Januar. Als praktische Aufgaben standen zunächst heran die Beratung und Beschlußfassung über den Dawesplan sowie über das Konkordat. Bayern verweigerte die Zustimmung zu dem Eisenbahngesetz, stimmte aber im Reichsrat der Annahme des Dawespaktes zu[53]. Über das Konkordat fanden lange und erbitterte Auseinandersetzungen im Landtag statt, bis es gegen die Stimmen des Völkischen Blocks, der Sozialdemokraten und der Kommunisten am 15. Januar 1925 angenommen wurde[54].

Der Ministerpräsident begrüßte in seiner Regierungserklärung die vaterländische Bewegung unter der Voraussetzung, daß jede Revolutionsgesinnung überwunden und gesetzliche Mitarbeit verbürgt würde. Die Regierung versuchte, die Rechtsbewegung dadurch in die Hand zu bekommen, daß sie in Form eines „Notbannes" eine behördliche Dachorganisation für sie schuf; damit hatte sie aber kein Glück. Das Verbot der KPD und der NSDAP blieb in Bayern im Jahre 1924 aufrechterhalten, obwohl der Reichstag Bayern durch Beschluß vom 26. Juli aufforderte, die Verbote aufzuheben[55].

Im Zusammenhang mit der von Röhm aufgezogenen Wehrorganisation „Frontbann" wurde die Haftentlassung der Kampfbundführer am 6. Oktober abgelehnt. Für die Besprechung im Ministerrat machte Staatsrat Schmelzle am 26. September 1924 eine Aufzeichnung: „Stellungnahme der Staatsregierung zu verbotenen Organisationen und zur Vaterländischen Bewegung."

52 Das Wahlergebnis:

BVP	46 Mandate
Sozialdemokratische Partei	23 Mandate
Völkischer Block	23 Mandate
DNVP + DVP	12 Mandate
BBMB	10 Mandate
KPD	9 Mandate
Freie Vereinigung (DDP + Zentrum)	6 Mandate

53 Schwend, S. 277 ff.; Rudolf Buttmann, Bayerische Politik 1924—1928, München 1928, S. 10 ff. (Nationalsozialistische Bibliothek, H. 5); SEG, 65, 1924, S. 50.

54 Franz-Willing, Die Bayerische Vatikangesandtschaft, S. 223, Anm. 90; Buttmann, a.a.O., S. 14 ff.; Schwend, S. 200, 265; Högner, Der schwierige Außenseiter, S. 37 ff.

55 „Bayerischer Kurier", Nr. 210 v. 1. 8. 1924.

Dort hieß es u. a.[56]: „Die Lage in Deutschland und in Bayern ist nach wie vor im Zusammenhang mit dem Kriegsausgang und den daran anschließenden Umwälzungen objektiv und subjektiv revolutionär. Zwar ist zunächst durch die Entspannung des außenpolitischen Verhältnisses Deutschlands und die Stabilisierung der Währung eine merklich sichtbare Beruhigung eingetreten. Es kann aber jederzeit gerade im Zusammenhang mit der Ausführung des Londoner Abkommens (Daweskrise) zur Bildung eines neuen Mutterbodens für revolutionäre Erschütterungen, und zwar seitens der Kommunisten wie auch seitens der Rechtsradikalen, vielleicht sogar von beiden Seiten kommen."

Die unmittelbare Bedrohung komme jedoch nicht von der linksradikalen, sondern von der rechtsradikalen Seite. Dagegen müßten verschiedene Maßnahmen ergriffen werden; vor allem müßten militärische Organisationen dauernd unterdrückt werden.

„Gesetzt den Fall, daß Hitler am 1. 10. 1924 mit Bewährungsfrist entlassen und nicht ausgewiesen wird, so kann an eine Aufhebung des Ausnahmezustandes in den ersten Monaten nach der Freilassung ohne ernste Gefahren nicht gedacht werden. Es muß erst die Auswirkung dieses Ereignisses auf die Gestaltung der politischen Gesamtlage in Bayern beobachtet und abgewartet werden, bis feststeht, daß die politische Lage so gesichert ist, daß mit normalen gesetzlichen Mitteln auszukommen ist."

Nun war zwar Hitler zum 1. Oktober nicht aus der Festungshaft entlassen worden, aber der Versuch der bayerischen Regierung, ihn nach Österreich abzuschieben, war auch gescheitert[57].

Die bayerische Regierung sah der weiteren Entwicklung mit gemischten Gefühlen, ja, mehr als das, mit einer gewissen Angst entgegen, jedenfalls für den Fall eines neuerlichen politischen Wirkens Hitlers, wie aus Schmelzles Denkschrift hervorging. Auch das Schreiben des Innenministers Stützel an den Ministerpräsidenten vom 22. November 1924 ließ die tiefen Sorgen klar erkennen[58]:

„Seit dem durch den Verlust des Krieges und die Revolution herbeigeführten Darniederliegen der Staatsautorität ist der Kampf der politischen

---

56 BHSTA, MinInn, Nr. 71769, Betreff: Ausnahmezustand v. 26. 9. 1923 und 18. 2. 1924, MinÄuß, 26. 9. 1924.

57 Schmelzle, UE; Schwend, S. 296; Högner, Die verratene Republik, S. 170.

58 BHSTA, MinInn, Nr. 2001.

Richtungen um die Gewalt im Staat noch nicht zur Ruhe gekommen . . ."

Die Partei- und Organisationsverbote des GSTK vom Herbst 1923 bildeten einen Markstein in der Entwicklung. Sie seien das erste Zeichen der Selbstbehauptung des Staates.

„Vom rechtspolitischen Standpunkt aus haftet den Verboten des GSTK von Anfang an ein Mangel an, der auf die Dauer mehr und mehr hervortritt: sie beruhen auf Ausnahmerecht."

Die Aufhebung der Parteiverbote werde sich daher nicht umgehen lassen. Dagegen sollten die Organisationsverbote aufrechterhalten werden. —

Ende November 1924 wurde der französische Gesandte in München, Emil Dard, abberufen; vertretungsweise wurde die Münchner französische Gesandtschaft noch von Lefèvre d'Ormesson geleitet[59]. Mit der Abberufung Dards hatte Frankreich stillschweigend auf seine Separationspläne wenigstens vorläufig verzichtet. Gleichzeitig drückte sich mit diesem Wandel in der Haltung Frankreichs gegenüber der Weimarer Republik auch sinnfällig die innenpolitische Veränderung im Verhältnis zwischen Bayern und dem Reich aus.

---

59 SEG, 65, 1924, S. 107.

IV.

Die Bewegung im Untergrund

1. Der Hitlerprozeß

Der Prozeß gegen Hitler und Genossen begann am 26. Februar 1924 und dauerte bis zum 1. April 1924[1]. Wenige Tage vorher hatten Kahr und Lossow ihre Ämter niedergelegt, war der „Ausgleich" zwischen Bayern und dem Reich erfolgt.

Das bayerische Volksgericht, vor dem der Prozeß stattfand, war so zusammengesetzt, daß die Angeklagten wenig zu fürchten hatten. Die bayerische Regierung hatte begreiflicherweise kein Interesse daran, daß die wahren Ursachen und Hintergründe des mißglückten Staatsstreiches ans Tageslicht kamen, denn sie war von Anfang an Mitwisser der Pläne des Triumvirates und der Zusammenarbeit der Triumvirn mit dem Kampfbund[2]. Daher wurde zwischen dem Gericht, der Staatsanwaltschaft und der Verteidigung eine geheime Vereinbarung getroffen, die Anklage auf Landfriedensbruch und bewaffnete Zusammenrottung fallenzulassen und auf Hochverrat zu beschränken[3]. Die Anklage auf und Verurteilung wegen Landfrie-

1 BHSTA, MinInn, 73699.

2 „Tatsache war eines", führte Hitler aus, „diese ganze Zeit haben Lossow, Kahr und Seisser mit uns ganz das gleiche Ziel gehabt, nämlich die Reichsregierung zu beseitigen in ihrer heutigen internationalen und parlamentarischen Einstellung und an ihre Stelle eine nationalistische absolut antiparlamentarische Regierung zu setzen, ein Direktorium."
Prozeß, 1. Tag (26. 2. 1924); siehe Bd. 2, Kap. III. — „Vorwärts" v. 14. 12. 1927, Artikel: „Es wird nach Berlin marschiert".
Högner im UAL; ferner Högner, Der schwierige Außenseiter, S. 45 f.; ders., Die verratene Republik, S. 170 f.; ders., Hitler und Kahr, I, II.

3 Aussage des BVP-Landtagsabgeordneten Schäffer. Siehe Hitler und Kahr, II, S. 196 f. — Der sozialdemokratische Reichstagsabgeordnete Saenger führte dazu in der 369. Sitzung des Reichstags am 27. 1. 1928 aus: „Vor Jahr und Tag hat ein Mitglied Ihrer Partei, meine Herren Kollegen von der Bayerischen Volkspartei, im Bayerischen Landtag einmal erklärt, daß der Hitler-Prozeß auf Grund einer Verabredung zwischen Gericht und

densbruch und bewaffneter Zusammenrottung hätte unweigerlich die Ausweisung Hitlers zur Folge gehabt. Außenpolitische Gründe — die geheime Aufrüstung im Jahre 1923 — trugen wesentlich zu dieser geheimen Abmachung bei.

Die bayerische Regierung hatte daher selbstverständlich den Anspruch des Reichsjustizministeriums auf Durchführung des Verfahrens gegen Hitler und Genossen vor dem Leipziger Staatsgerichtshof zum Schutze der Republik abgelehnt[4].

Damit verlor der Prozeß schon vor Beginn sein rechtliches Gesicht; er wurde zu einer Justizkomödie herabgewürdigt. Der Verlauf stempelte ihn zu einem Propagandaforum des Hauptangeklagten Hitler.

Das Gericht hatte die ebenso peinliche wie undankbare Aufgabe, das Bloßstellen der bayerischen Regierung und besonders des Triumvirats tunlichst zu verhindern.

Kahr, Lossow und Seisser waren über die Staatsstreichpläne Ludendorffs und Hitlers genau und frühzeitig unterrichtet gewesen, von Ludendorff und Hitler selbst, die gegenüber den Triumvirn mit offenen Karten gespielt hatten. Daher war die Rolle der Triumvirn als *Zeugen* vor dem Gericht in einer Sache, in der sie weit mehr Angeklagte waren als die auf der Anklagebank sitzenden, in jeder Hinsicht beschämend und kläglich[5]. Um

---

Angeklagten durchgeführt worden sei." VR, Bd. 394, S. 12450; ferner MP, Nr. 62 v. 20. 3. 1924, S. 1: „Der stürzende Nationalheros"; MP, Nr. 11 v. 14. 1. 1929, Art.: Rechtsbeugung im Hitlerprozeß."

Innenminister Schweyer im Ministerrat am 4. 3. 1924: „Gegen die Prozeßführung des Vorsitzenden bestünden schwere Bedenken. Er habe schon vor dem Prozeß gegenüber Ministerialrat Zetlmaier erklärt, Ludendorff sei noch das einzige Plus, das wir in Deutschland besäßen. Gerüchten zufolge soll er sich auch dahingehend ausgesprochen haben, daß Ludendorff freigesprochen würde. Die Angeklagten wurden nicht vernommen, sondern hielten Reden . . ." Hitler sprach vier Stunden lang. MRP v. 4. 3. 1924. MinInn 73699.

4 BGSTA, MA 103474.

5 General Lossow und Kahr bereiteten den Marsch auf Berlin vor. Die Reichswehrgenerale warteten auf das Stichwort „Sonnenaufgang". „Die Generale zeichnen in die Vormarschkarten die strategische Linie nach Magdeburg, Leipzig und Berlin ein." „Am 6. November 1923 besprachen sich Kahr, . . . , Seisser, . . ., mit Lossow in bajuwarischer Harmlosigkeit, wie man die norddeutschen Reichswehrgenerale zur Meuterei verführen kann." Saenger am 27. 1. 1928 im Reichstag, Bd. 394, S. 12452.
Der „Vorwärts", Sonntagsausgabe, Nr. 105 v. 2. 3. 1924, schrieb im Leitartikel „Auserwähltes Volk. Die feindlichen Brüder in München: ‚Die Kahr und Lossow, . . ., sind durch die Aussagen der Hitler und Kriebel so gründlich erledigt, daß kein Hund mehr von Ihnen ein Stück Brot nimmt . . . Im ganzen gewinnt man das Bild einer nicht mehr überbietbaren Konfusion beschränkter Geister, . . .'" — Strafanzeige der Verteidiger gegen Kahr, 13. Sitzung der UAL v. 6. 12. 1927.

die Qual dieses würdelosen Schauspiels abzukürzen, wurde auf weitere Zeugenaussagen verzichtet und der Prozeß vorzeitig abgeschlossen.

Infolge ihrer Mitwisserschaft an den Staatsstreichplänen geriet die bayerische Regierung in Abhängigkeit von der Verteidigung und von den Angeklagten. Darum verkehrte sich der ganze Prozeß so, daß die Angeklagten und ihre Verteidiger den Spieß umdrehen und als Ankläger auftreten konnten; so wandelten sich die Gerichtsschranken zur wirksamsten Propagandatribüne Hitlers[6].

Der „Völkische Kurier" brachte zur Eröffnung des Prozesses aus der Feder von Germanus Agricola einen Artikel mit der Überschrift[7]: „Hochverrat?" Dort stellte der Schreiber folgende grundsätzliche Fragen:

„War es sittlich, unerfüllbare Verträge zu unterzeichnen?"

„War es sittlich, Frauen und Minderjährigen die Mitbestimmung im Augenblick der höchsten Gefahr einzuräumen?"

„War es sittlich, ein Wahlrecht einzuführen, das in Lebensfragen der Nation den erfahrenen Mann mit der absoluten Unerfahrenheit auf eine Stufe stellt?"

Mit seinen Fragen setzte Germanus Agricola das Fragezeichen hinter die Existenzberechtigung der Weimarer Republik und ihre „juristischen" Grundlagen: außenpolitisch den Versailler „Vertrag", innenpolitisch die Weimarer Verfassung. Das allgemeine Wahlrecht der Bismarckschen Bundesverfassung war durch die Verfassung von 1919 auch auf die Frauen und auf die Jugendlichen ab vollendetem 20. Lebensjahr ausgedehnt worden. Damit stellte der Verfasser auch die Berechtigung des Prozesses mit seiner Anklage auf Hochverrat in Frage. Germanus Agricola gab den Leitgedanken der

---

6 BHSTA, SA, Nr. 1498, Hitlerprozeß; ebda, MinInn 73699. — „Vorwärts", Morgenausgabe, Nr. 97 v. 27. 2. 1924, Artikel: „Hitler als Ankläger"; „Vossische Zeitung", Nr. 98 v. 27. 2. 1924: „Hitlers Anklagerede gegen Kahr und Lossow". — Wenn Bonnin, S. 135, behauptet, Hitler habe einen „Mythus des Verrats" geschaffen, so verzeichnet er damit den wahren Sachverhalt. Von der Warte Ludendorffs, Hitlers, des Kampfbundes aus gesehen, hatten Kahr, Lossow und Seisser tatsächlich „Verrat" geübt.

7 VK, Folge 19 v. 23./24. 2. 1924. — „Germanus Agricola" war der Schriftstellername des Dr. jur. Rudolf Maier, Regierungsrat am Reichsaufsichtsamt für Versicherungen in Berlin. Seine Ideen über Wirtschafts- und Finanzreform wurden hauptsächlich von Max Sesselmann verfochten, der sich als seinen Schüler betrachtete. Germanus Agricola veröffentliche 1924 ein Buch: „Die sittliche Staatsidee im Wirtschaftlichen". Der „Völkische Kurier", eines der Nachfolgeorgane des VB in der Verbotszeit, war auch Sprachrohr folgender Verbände: Deutschvölkischer Schutz- und Trutzbund, Verband nationalgesinnter Soldaten, Frontkriegerbund, Deutschvölkischer Offizierbund und noch weiterer Rechtsverbände.

völkischen Bewegung und der Prozeßführung durch die Verteidigung und die Angeklagten selbst.

Hitler gab am ersten Tag des Prozesses das Stichwort für die Angeklagten und für den Prozeßverlauf, sicher aufgrund einer entsprechenden vorherigen Vereinbarung zwischen den Angeklagten, den Verteidigern und dem Gericht[8]:

„Schuldig des Hochverrats kann ich mich nicht bekennen, denn es gibt keinen Hochverrat gegen die Landesverräter von 1918 . . . Diese Tat vom 9. November war nicht Hochverrat, sondern es war Landesverrat. Die Revolution ist ‚ein Dolchstoß gegen die heldenhaft kämpfende Armee, gegen das deutsche Volk, die deutsche Freiheit und die deutsche Nation'."

Aus dieser grundsätzlichen Haltung Hitlers erklärt sich auch seine Äußerung vor den Schülern der Infanterieschule kurz vor dem Putsch: „Die höchste Pflicht Ihres Fahneneides, meine Herren, ist die, ihn zu brechen[9]." Er vertrat den Standpunkt, daß die Revolution rechtlich nicht bindend sei[10].

War bei Hitler als Berufsrevolutionär diese Haltung an sich verständlich, so wogen die Ausführungen des Oberstlandesgerichtsrates Ernst Pöhner als ehemaligen königlichen Beamten und Reserveoffizier um so schwerer, denn er brachte das grundsätzliche Verhältnis zwischen Bürger und Staat als Jurist zur Sprache. Pöhner hatte in der Voruntersuchung erklärt[11]:

„In immer weiteren Kreisen des deutschen Volkes hat sich in den letzten Jahren die Überzeugung Bahn gebrochen, daß die Leute, die sich seit dem November 1918 als deutsche Reichsregierung bezeichnen, keine gottgewollte legitime Obrigkeit sind, sondern nichts weiter als ein in seinen Gesichtern wechselndes, in seinen Qualitäten sich peinlich gleichbleibendes Konsortium von politischen Strebern, Schiebern und Dilettanten, die nicht von einer sittlichen Staatsidee durchdrungen sind, sondern sich hauptsächlich von Machtgier, Eitelkeit, Pfründenhunger leiten lassen und die Staatsgeschäfte nach den Direktiven und entsprechend den Interessen desjenigen Parteiklüngels besorgen müssen, als dessen Exponenten sie abgestellt sind." Man müsse es jeden Tag als nationalen Skandal empfinden, „daß an der Spitze des deut-

---

8 Prozeß, 1. Tag (26. 2. 1924). — Hitlers Verteidigungsrede und Schlußwort abgedruckt in Hitlers Reden, hrsg. von Boepple, S. 95 ff.

9 Zitiert nach Bronnen, Roßbach, S. 144.

10 Prozeß, 1. Tag. Feststellung des 2. Staatsanwalts Ehard.

11 UAL, 11. Sitzung.

schen Reiches ein Usurpator steht, der zu den Drahtziehern und Urhebern der Revolution gehört und schon im Januar 1918 als Vorstand der sozialistischen Partei durch seine Mitwirkung am Munitionsarbeiterstreik dem Feldheer in den Rücken gefallen ist, und auf dem der Makel des Landesverrats nicht nur im moralischen Sinn, sondern in der technischen Bedeutung des Strafgesetzbuches lastet." Kahr ist als GSTK „dieser Volksströmung, die ganz offen und unzweideutig auf einen gewaltsamen Bruch mit der Reichsregierung, auf deren Sturz und auf Beseitigung der Weimarer Verfassung abzielte, nicht entgegengetreten, sondern hat sie sich zu eigen gemacht und durch sein Verhalten sie tatsächlich gebilligt und gefördert". Bereits am zweiten Tag des Bestehens des GSTK wurde Ehrhardt aus Österreich geholt, verhandelte mit Seisser, wurde auch von Kahr begrüßt und begann Teile seiner Organisation in Nordbayern an der Coburger Grenze zusammenzuziehen[12].

Am zweiten Prozeßtag erklärte Pöhner vor dem Volksgericht: „Diese Verbrecherregierungen, die seit fünf Jahren über dem deutschen Volk sind, haben keine verbindliche Kraft, die können auch gar nicht als Regierungen, als Obrigkeit angesprochen werden. Das ist keine gesetzliche Obrigkeit, deren Anordnungen binden, das ist keine legitime Obrigkeit. Von meinem Standpunkt als alter Richter und Frontoffizier aus sind das alles Verbrecher, welche sich auf Stühle gesetzt haben, die ihnen nicht zukommen[13]." Die Revolution von 1918 bezeichnete Pöhner als „Verbrechen nicht nur des Hoch- und Landesverrats, sondern des Volksverrats ...[14]"

Diese drastischen Äußerungen eines hohen Beamten ließen in den Abgrund blicken, den die Ereignisse am Ende des Krieges aufgerissen hatten: Die Revolution hatte das Verhältnis zwischen dem einzelnen Bürger und dem Staate ins Mark getroffen und tödlich vergiftet.

Pöhners Standpunkt gegenüber der Weimarer Republik war nicht nur Ausdruck rechtsradikaler Gesinnung oder reaktionärer Haltung eines bayerischen Monarchisten. Er war als hoher Jurist in diesem Falle Vertreter der Überzeugung der großen Mehrheit aller Beamten und Offiziere aus der monarchischen Zeit. So beantwortete der bayerische Innenminister Schweyer

12 UAL, 11. Sitzung.

13 Prozeß, 2. Tag (27. 2. 1924).

14 Ebda. — Die Zeitschrift „Deutschlands Erneuerung", 17. Jg., H. 11, November 1933, brachte S. 654—658 von Pöhner: „Meine Stellung zur Novemberrepublik".

im Jahre 1923 eine sozialdemokratische Interpellation im Landtag mit folgender grundsätzlicher Stellungnahme[15]:

„Die Revolution des Jahres 1918 war bekanntlich keine aus den Tiefen des Volkes geborene Erscheinung. Sie wurde vielmehr von einer Handvoll Menschen gemacht und ist bei der seelischen Erschütterung, in der sich unser ganzes Volk infolge des furchtbaren Zusammenbruchs befand, spielend gelungen ... Die Revolution von 1918 war nicht nur ein strafrechtliches, sondern vielmehr ein moralisches Verbrechen am deutschen Volk. Daran ändert der Umstand nichts, daß die Tat straflos blieb, weil der Staat, dem gegenüber sie begangen wurde, nicht mehr bestand. In dieser Beziehung gilt der ernste Satz unseres großen Nationaldichters, der von dem Fluch der bösen Tat spricht, die fortzeugend immer Böses muß gebären ... Denn die politische Unrast und die Zuchtlosigkeit, die wir heute beobachten, ist nicht nur auf besondere Eigenschaften bestimmter Menschen zurückzuführen, sie hat eine tiefe Ursache, sie ist vor allem auch der Ausfluß jenes großen geschichtlichen Unrechts, von dem ich eben sprach."

Wenige Tage später wandte sich der Innenminister in anderem Zusammenhang gegen die landesverräterische Haltung der Linkspresse. Er wies darauf hin, daß französische Zeitungen Artikel über die „Schwarze Reichswehr" unter Bezugnahme auf entsprechende Äußerungen und Mitteilungen in deutschen Zeitungen, besonders der sozialdemokratischen und der USP-Presse, brachten. „Das Ausland nimmt höhnisch und befriedigt von solchen Auslassungen sofort Notiz, die blinder Fanatismus aus rein innenpolitischen Erwägungen ohne Überlegung der Folgen für das Vaterland ihm in die Hand spielt. Um so verwerflicher sind solche Auslassungen, wenn die Zeitungen selbst durchblicken lassen, daß sie das, was sie veröffentlichen, zum Teil selbst nicht glauben ...[16]"

Für Hitler war der Prozeß die wirksamste Möglichkeit zur Propaganda, die er je gehabt hatte. Zum ersten Male hatte er Gelegenheit, vor der internationalen Weltöffentlichkeit aufzutreten und über Bayerns und Deutschlands Grenzen hinaus bekannt zu werden. Er verstand es meisterhaft, die

15 VBL, 206. Sitzung v. 17. 7. 1923; dazu „Vorwärts", Morgenausgabe Nr. 331 v. 18. 7. 1923, S. 3: „Nette Hüter der Republik".

16 VBL, 208. Sitzung v. 19. 7. 1923. Schweyer zog als Beispiel einen Artikel der französischen Zeitung „Le Journal" v. 11. 6. 1923, betitelt: „Une Reichswehr noire" an, der sich auf Ausführungen der Münchner sozialdemokratischen Zeitung „Münchner Post" stützte.

Niederlage an der Feldherrnhalle im Gerichtssaal in einen Triumph umzuwandeln.

„Der politische Führer dieses jungen Deutschland bin nun ich. Da diese junge völkische Bewegung von mir begründet wurde, ist es selbstverständlich, daß alles, was in Deutschland auf dem Standpunkt der jungen völkischen Richtung steht, in mir den Führer erblickt . . .[17]" Er bezeichnete sich als den Messias des deutschen Volkes.

Über die Zielsetzung des Staatsstreiches äußerte er sich: „Anstelle des international-marxistisch-defaitistisch-pazifistisch-demokratisch eingestellten Regiments sollte eine völkisch-nationale Regierung bestellt werden, sollte die ungeheuerlichste Umwälzung in Deutschland überhaupt seit — ich möchte sagen — geschichtlichem Denken, seit der Gründung des neubrandenburgischen Staates werden . . . Für uns war die Frage, ob die Monarchie eingeführt werden soll oder nicht, nicht die vordringlichste, sondern die Frage war, ob die Nation die Revolution von 1918 anerkennt oder nicht[18]."

Der erste Staatsanwalt Stenglein urteilte über Hitler[19]: „ . . . so wäre es doch ungerecht, ihn als Demagogen im üblichen Sinne dieses Wortes zu bezeichnen. Vor diesem Vorwurf schützt ihn die Echtheit seiner Überzeugung, und die Uneigennützigkeit seiner Hingabe an die von ihm sich selbst gestellte Lebensaufgabe. Sein Privatleben hat er stets reingehalten . . . Bis Anfang 1923 hinein ließ seine persönliche Haltung keinen Zweifel, daß er von eigenem Streben nach einer leitenden Stellung im Reich, nach einem Ministerposten oder gar einer diktatorischen Machtstellung frei war . . . Dann aber kam unter der Einwirkung der sich immer mehr steigernden Verhimmelung . . . die Wandlung . . . Hitler hat sich hemmungslos über die Grenzen hinausreißen lassen, die in seinem Wesen lagen . . ."

Für die „Verhimmelung" Hitlers sei als Zeugnis ein an das Gericht gerichteter Brief angeführt:

---

17 Prozeß, 11. Tag (10. 3. 1924). — Die Zeitschrift „Deutschlands Erneuerung", 17. Jg., H. 11, November 1933, S. 642—654, brachte eine Stellungnahme Hitlers unter dem Titel: „Warum mußte ein 8. November kommen?" Hitler und Pöhner hatten die Aufsätze verfaßt; der Hitlersche war auch 1924 in dem Sonderheft von „Deutschlands Erneuerung" zum Hitlerprozeß veröffentlicht worden, die Stellungnahme Pöhners aus begreiflichen Gründen jedoch nicht; sie wurde erst 1933, 8 Jahre nach seinem Tod, gedruckt.

18 UAL, 12. Sitzung.

19 Ebda.

„Auch Hitler ist uns vom Vater gesendet. Ich aber bete zum Vater für Hitler und seine Bewegung mit heißem, starkem Glauben, der Berge zu versetzen vermag[20]."

General Lossow sagte aus: „Hitler verglich sich des öfteren mit Gambetta oder Mussolini[21]."

Ein Angehöriger des Oberkommandos der SA, Hans Wegelein, äußerte am 19. November 1923 im Ermittlungsverfahren: „Hitler hat sich durch seine militärische Umgebung Allüren beigelegt, die bei einem, der ihn seit Anfang der Bewegung kannte, Angst erzeugte, er könne seine Bewegung in ein falsches Fahrwasser treiben[22]."

Der Stabschef des Befehlshabers der 7. Division, Oberstlt. von Berchem, von Anfang an ein entschiedener Gegner des Kampfbundes, sagte aus[23]:

„Hitler hatte jetzt ausgesprochene Napoleon-Messias-Allüren. Er erklärte, daß er den Beruf zur Rettung Deutschlands in sich fühle und daß ihm diese Rolle, wenn auch nicht jetzt, so doch später zufallen werde." Auf den Einwurf, wie er sich diese Mission mit dem Namen Ludendorff belasten könne, erwiderte Hitler, „daß die Politik ausschließlich von ihm geführt werde und Ludendorff nur eine rein militärische Aufgabe zugedacht sei". Hitler fügte noch bei, daß auch Napoleon bei Bildung seines Direktoriums sich nur mit unbedeutenden Männern umgeben habe. Zu dem Auftreten Hitlers vor Gericht bemerkte der Vertreter der „Vossischen Zeitung", Carl Misch[24]:

„Hitler ist ein proletarisches Ingenium. Daran besteht gar kein Zweifel. Er ist Autodidakt. Er ist ein antithetischer Kopf. Seine Rede bewegt sich im Gegensatz, Paar, und Triole . . . Sein Wortschatz ist gering . . . Bei ihm ist alles prinzipiell, grundsätzlich, ausschließlich und absolut . . . In diesem Kopf ist alles plan und eben. Nur ein Gebirge, man möchte sagen, nur einen Kahlenberg scheint es zu geben, ein fester und gewisser mystischer Glaube an seine Mission . . . Er ist ein politisches Ingenium, er ist ein politisches Temperament, aber — das glaubt man jetzt schon zu erkennen — ein Charakter ist er nicht."

---

20 Ebda. — Laufende Huldigungen an den „Führer" finden sich im „Völkischen Kurier" und in der „Großdeutschen Zeitung", den beiden Ersatzblättern für den verbotenen VB, besonders auch zu Hitlers 35. Geburtstag am 20. 4. 1924.

21 UAL, 15. Sitzung.

22 Ebda.

23 Ebda.

24 Carl Misch, Leitartikel „Das neue Mekka", in „Vossische Zeitung", Nr. 98 v. 27. 2. 1924.

General Ludendorff wurde vom Gericht geschont; seine Verteidigung war durch Fragen, die der Gerichtsvorsitzende vor Beginn der Hauptverhandlung an ihn gestellt hatte, wesentlich erleichtert worden[25]. Sein Freispruch schien ebenfalls auf einer Übereinstimmung zwischen Gericht und Verteidigung zu beruhen[26], obwohl er von den Angeklagten zweifelsohne die größte Verantwortung trug[27]. Ohne seinen Namen, ohne seine Mithilfe hätte der Kampfbund den Putsch nicht unternehmen können.

Ludendorffs Ausführungen vor Gericht waren besonders gegen die überstaatlichen Mächte, gegen Judentum, Freimaurerei und katholische Kirche gerichtet. Letztere war sein wichtigstes Angriffsziel, weil sie nach seiner Meinung die separatistischen Bestrebungen förderte. Der General protestierte gegen seinen Freispruch. Seine Volkstümlichkeit erreichte durch den Prozeß ihren letzten Höhepunkt; es wurde ihm ein Fackelzug dargebracht. Von seinen Äußerungen vor Gericht verdient folgende Einsicht festgehalten zu werden[28]:

„Das Allerschmerzlichste war für mich, daß ich aus den Ereignissen die Überzeugung gewonnen habe, daß unsere führende Gesellschaftsschicht sich als unfähig erwiesen hat, dem deutschen Volke den Willen zur Freiheit zu geben."

Der militärische Führer des Kampfbundes, Oberstlt. a. D. Hermann Kriebel, begründete seine revolutionäre Haltung und Handlung wie folgt[29]:

„Ich habe dort das ganze Elend mitgemacht" — Kriebel gehörte der Waffenstillstandskommission in Spa an — „und mitertragen müssen, förmlich an der Front vor einem mitleidlosen, erbarmungslosen und zu jeder Gemeinheit fähigen und auch bereiten Feind zu stehen, während im Rücken Verräterbanden das einzige Bollwerk, das noch vorhanden gewesen wäre, um diesen Willen des Feindes abzubiegen, zerstörten. Ich bin mir dort klar geworden, daß wir nicht nur einen Feind außen haben, sondern einen Feind im Innern, der beseitigt werden muß . . . Ich habe dort Gelegenheit gehabt, mit diesen Leuten verhandeln zu müssen, die sich durch das Verbrechen vom November

25 Hitler und Kahr, II, S. 196 f.

26 Auch die Hauptangeklagten gingen mit Gericht und Verteidigung einig, Ludendorff zu entlasten (Aussage Dr. Weber am 2. Tag, Hitler am 1. Tag des Prozesses).

27 MM Pernet. Siehe auch Margarete Ludendorff, Als ich Ludendorffs Frau war, S. 311 ff., 324 ff., 331 ff., 334 ff. — Die heftigsten Angriffe gegen Ludendorff richtete der „Vorwärts", Morgenausgabe, Nr. 103 v. 1. 3. 1924, Abendausgabe, Nr. 104 v. 1. 3. 1924.

28 Auf dem Weg, S. 82.

29 Prozeß, 3. Tag, 28. 2. 1924.

1918 auf die Ministerstühle gesetzt haben, teilweise unter Bruch des Eides, den sie ihrem kaiserlichen Herren geschworen haben. Ich mußte erleben, wie diese Männer in einer geradezu frevelhaften Weise die Belange unseres Volkes preisgegeben, verschleudert haben ... Ein Weg, der die Freiheit gibt, ist nur möglich bei einer nationalen Arbeiterschaft. Der einzige Mann, der ... die Arbeiterschaft in nennenswerter und immer mehr zunehmender Weise für sich gewonnen hat, ist Hitler. Auf diesem Wege bin ich zu Hitler gekommen ... Ich weiß, welch reines Wollen und welch ungeheure Willenskraft in dem Manne steckt."

Das Erlebnis der demütigenden Behandlung durch die Sieger hatte Kriebel zur Empörung getrieben, die genährt wurde durch die Ablehnung der Revolution, in der er die Ursache der Kapitulation und der Demütigung sah. Die Erkenntnis, daß ein nationaler Wiederaufstieg ohne Gewinnung der Arbeiterschaft für den nationalen Gedanken unmöglich sei, hatte ihn zum Anhänger Hitlers gemacht. Kriebel, königlich bayerischer Generalstabsoffizier und im Kriege in besonderer Vertrauensstellung bei Ludendorff in der OHL, hielt wie viele Offiziere an seinem dem König geleisteten Eid nach der Revolution fest: „E. E.", so schrieb er an General a. D. Kleinhenz, den Vorsitzenden des Ehrenhofes des Nationalverbandes deutscher Offiziere, „kennen meine Stellungnahme zu dem Eid, den ich als kgl. bayerischer Offizier dem verstorbenen König Ludwig III. geschworen habe und daß ich ihn auch einer eigenen Eidesleistung als auch für S. M. König Rupprecht geltend erachte[30]."

Der Kommandeur der SA, Fliegerhauptmann a. D. Hermann Göring, erklärte bei seiner Vernehmung[31]:

„Wenn es der nationale Bestand des Vaterlandes erfordert, halte ich mich absolut für befugt, gegen den Willen der Regierung im Staat bewaffnete Trupps für die mir gut scheinenden Zwecke aufzustellen. In solchen Fällen werde ich immer über die trockenen Paragraphen und die Unfähigkeit von Parlamentsregierungen mich hinwegsetzen, da das Vaterland mir über alles steht, zumal ich alle Regierungen, die nach 1918 am Ruder sind, ebenfalls als unrechtmäßig betrachten muß, da sie durch einen Hochverrat, das größte Staatsverbrechen, an diesen Platze gekommen sind. Ich glaube auch gegen

30 UAL, 16. Sitzung.
31 UAL, 2. Sitzung.

ein Gesetz, das seit 1871 besteht, verstoßen zu dürfen, wenn das Vaterland es erfordert; wenn es dagegen von einer starken nationalen Regierung vertreten wird, *nicht*."

Reichswehrhauptmann a. D. Ernst Röhm, Führer der Reichskriegsflagge, vertrat einen ebenso eindeutigen Standpunkt[32]: „Ich fühle mich auch heute genauso wie vor dem November 1918 an mein Königshaus und den jetzigen rechtmäßigen Erben der Krone Bayerns gebunden, und aus diesem Gesichtspunkt heraus — ich erwähne ihn deshalb — muß mein Verhalten am 8. November gewürdigt werden."

„An entscheidenden Besprechungen habe ich nie teilgenommen. Kriebel ... hatte ich gebeten, mich grundsätzlich in militärischen Angelegenheiten für die Reichskriegsflagge auch zu vertreten ... Ebenso war ich mit Hitler nicht nur sehr innig befreundet, sondern habe auf ihn in politischen Dingen ein derartiges Vertrauen gesetzt, daß ich ihm lediglich erklärt hatte: Ich bitte, mich von diesen ewigen Besprechungen und Verhandlungen zu entbinden. Du brauchst mir bloß zu sagen, z. B. am X-Tag steht die RKF mit dem Anfang am Siegestor, dann steht sie dort. Darauf kannst Du Dich verlassen. Die einzelnen Besprechungen interessieren mich gar nicht ...!"

Oberleutnant a. D. Wilhelm Brückner, Führer des SA-Regiments München, begründete seine Haltung mit der Erklärung, er habe Eisner in Augsburg sprechen gehört und habe davon den „Anstoß zu meinem fanatischen Haß gegen jene Verbrecher, die Deutschland zugrundegerichtet haben" erhalten, „... denn Lossow hat bei der Vereidigung der bayerischen Truppen auch gesagt, wir marschieren unter Schwarz-Weiß-Rot, und als dann die Kompanie Pioniere die Pleitegeier herunternahm und Schwarz-Weiß-Rot aufsetzte, mußte sie gleich am nächsten Tage auf Befehl von Lossow Schwarz-Weiß-Rot wieder herunter und den Pleitegeier wieder hinauftun." Der Gerichtsvorsitzende machte einen schwachen Versuch, das Hoheitszeichen der Republik in Schutz zu nehmen: „Wenn Sie den Ausdruck ‚Pleitegeier' nicht so häufig betonen wollen, nachdem ..." Da unterbrach ihn Brückner: „Ich weiß eigentlich für dieses Gebilde keinen anderen Ausdruck." Darauf der Vorsitzende: „Ein technischer Ausdruck wird es wohl nicht sein. Ich bitte weiterzufahren[33]."

32 Prozeß, 5. Tag (1. 3. 1924).
33 Prozeß, 5. Tag (1. 3. 1924).

Lt. a. D. Robert Wagner führte ein Kriegserlebnis vom November 1918 als Grund für seine nationalrevolutionäre Haltung an: „Als am 2. November 1918 der Neffe unseres Reichspräsidenten, Vizefeldwebel Ebert, am Tage nach einem erfolgreichen Angriff meiner Division bei Valenciennes in meinem Regiment die Mannschaften zur Meuterei aufforderte und hinter der Front sammelte, wurde ich von meinem Regimentskommandeur beauftragt, die Meuterer wieder an die Front vorzuführen. Es kam dabei zu heftigen Auseinandersetzungen, da Ebert die Mannschaften so weit verhetzt hatte, daß mir einer der Leute eine Handgranate nachwarf und ein anderer mir das Gewehr auf die Brust setzte. Ebert sagte mir, daß das Regiment nicht mehr weiterkämpfen und seinen Vorgesetzten den Gehorsam verweigern werde, denn eine Revolution stehe bevor. Auf meine Frage, die an sich sehr töricht war: woher wissen Sie denn das, sagte mir Ebert: ‚Das weiß ich von meinem Onkel [dem jetzigen Reichspräsidenten]'; Vizefeldwebel Ebert selbst war sozialdemokratischer Parteisekretär[34]."

Der Verteidiger, Rechtsanwalt Hemmeter, verlas dann aus der „Deutschen Zeitung" vom 5./6. 3. 1924 eine Erklärung des Hptm. Karl Fink, durch die Wagners Aussage über den meuternden Vizefeldwebel Ebert bestätigt und das Dementi des „Vorwärts" widerlegt wurde[35].

Der Leiter der Nachrichtenstelle der Polizeidirektion München, Oberwachtmeister Matthäus Hofmann, seit 1. Januar 1924 pensioniert, war seit 1921 Mitglied der NSDAP[36]. Über seine Einstellung und Gesinnung sagte er aus:

„Ich habe aus meiner Gesinnung keinen Hehl gemacht. Auch seinerzeit, als ich die Verpflichtung auf die Republik vorgelegt bekommen habe, habe ich sie zerrissen und in den Papierkorb geworfen, weil ich in meinem Leben nur einen Eid leisten kann. Den habe ich auf meinen König geleistet. Das war meine Überzeugung ...[37]"

Die Aussagen der angeklagten ehemaligen Offiziere und Beamten, die am Putsch teilgenommen hatten, zeigten eine einheitliche Haltung gegenüber der Weimarer Republik: sie lehnten die Revolution und den aus ihr hervorgegangenen Staat restlos ab. Ihre Verteidiger stimmten mit ihnen in diesem entscheidenden Punkte völlig überein.

---

34 Prozeß, 6. Tag (3. 3. 1924).
35 Prozeß, 8. Tag (6. 3. 1924).
36 UAL, 12. Sitzung; ferner Mitgliederliste der NSDAP, Original, Privatbesitz.
37 Prozeß, 7. Tag (4. 3. 1924).

So erklärte Rechtsanwalt Holl, die Reichsverfassung „hat de jure in Bayern überhaupt niemals Gültigkeit erlangt". Selbst unter der Voraussetzung der Gültigkeit der Verfassung aber wurde das Verhalten der Angeklagten legalisiert „durch die Mitwirkung der Träger der Staatsgewalt". Auch gegen Bayern war es kein Hochverrat, weil die Staatsgewalt auf Kahr übergegangen war. Kahr anerkannte keinerlei Beschränkung durch Ministerium oder Landtag[38].

Rechtsanwalt Hemmeter unterstrich die moralische Berechtigung des Kampfes gegen die Weimarer Republik u. a. auch mit dem Hinweis auf den militärischen Amnestieerlaß vom 7. Dezember 1918, der „allen Fahnenflüchtigen und allen wegen Feigheit vor dem Feinde Verurteilten eine ganz besondere Vorzugstellung" einräumte. Die diesbezüglichen Strafen wurden auch dann erlassen, wenn sie das Strafmaß von drei Jahren überschritten hatten[39].

Rechtsanwalt Mayer gab folgende Erklärung für die Vorgänge vom 8./9. November 1923[40]:

„Die Tragödie vom 8./9. 11. 1923 beruht zuletzt auf dem gegenseitigen Mißverstehen zweier Richtungen . . .", nämlich der „jungvölkischen" und der „altnationalen".

Und am 29. Februar sagte er[41]: Daß Kahr, Lossow und Seisser mitgemacht haben, „ist nur ein Ausschnitt aus einem weit größerem Komplex, der dahin geht, nachzuweisen, daß Deutschland auch vom Standpunkt der Reichsverfassung von 1919 aus keine verfassungsmäßige Regierung besitzt, gegen die sich Hochverrat nach § 81 wenden könnte . . ." Er fuhr weiter: Der Verteidigung komme es darauf an, nachzuweisen, „daß alle die Leute, und zwar auch die Herren Kahr, Lossow und Seisser, in berechtigter Notwehr gegenüber Übergriffen von Machthabern gehandelt haben, nicht gegenüber den berechtigten Maßnahmen einer verfassungsmäßigen Regierung, und daß es darum ein Unding ist, daß Herr von Kahr, nachdem er glaubte, politisch nicht mehr mitmachen zu können, es nun mit juristischen Mitteln verfolgen läßt."

Ein besonderes Merkmal der Prozeßregie war die völlige Geheimhaltung der norddeutschen Beziehungen des GSTK und damit der eigentlichen Hin-

38 Akte Holl.
39 Prozeß, 22. Tag (24. 3. 1924); RGBl. Nr. 6578.
40 Prozeß, 21. Tag (24. 3. 1924).
41 Prozeß, 4. Tag (29. 2. 1924).

tergründe der Umsturzpläne des Triumvirats im Zusammenhang mit den norddeutschen Direktorialplänen. Das Gericht faßte den Beschluß, die Frage Hitlers an Lossow, wer „der geistige Vater des Planes" (Direktorium) sei, nicht zuzulassen. Dazu stellte der Verteidiger, Rechtsanwalt Kohl, fest: „So oft das Gespräch oder die Zeugenvernehmung auf den Namen des Justizrats Claß kommt, hüllen sich die Zeugen bewußt ein und erklären, sie geben darauf keine Antwort[42]."

Von Justizrat Claß wurde lediglich eine schriftliche Erklärung verlesen, keine Verträge mit Kahr abgeschlossen zu haben[43].

Als Kahr sich bezüglich seiner Staatsstreichpläne auf den § 48 der Reichsverfassung zu berufen suchte, wies Rechtsanwalt Schramm darauf hin, daß die Bildung eines Direktoriums durch den § 48 nicht gedeckt sei, dieser Weg sei ebenso illegal wie der von Hitler-Ludendorff eingeschlagene[44].

Lossow faßte den Staatsstreich als „Druck" der bewaffneten Kräfte auf die Regierung auf; der Verteidiger Holl erwiderte darauf: „Die Angeklagten haben den Staatsstreich auch niemals anders aufgefaßt wie Exz. von Lossow[45]."

Die Kernfrage des Prozesses wurde im Urteil wieder angeschnitten:

„Seit Jahren waren die Nationalsozialisten darauf eingestellt, daß der Hochverrat von 1918 durch eine befreiende Tat wettgemacht werden müsse. Diesen offen dahinzielenden Bestrebungen ist . . . nicht mit der nötigen Entschiedenheit entgegengetreten worden. So kam es zu einer Entwicklung, welche die Tat gebären mußte, weil die einmal gerufenen Geister sich nicht mehr bannen ließen."

Rechtsanwalt Dr. Holl schloß seine Verteidigungsrede für Dr. Weber

---

42 Prozeß, 15. Tag (14. 3. 1924); „Vorwärts", Morgenausgabe, Nr. 95 v. 26. 2. 1924, Leitartikel: „Die Dunkel-Kammer. Erhardtängste im Hitlerprozeß"; Abendausgabe, Nr. 102 v. 29. 2. 1924, Artikel: „Kahr und Lossow unter schützenden Flügeln".
Diese Verschleierung wird von der „offiziösen" bayerischen Geschichtsschreibung auch nach dem Zweiten Weltkrieg sorgfältig weitergeführt. Ministerialdirektor a. D. Karl Schwend erwähnt in seinem Buch „Bayern zwischen Monarchie und Diktatur" weder Ehrhardt noch Claß, obwohl er dem Kapitel „Kahrbayern" umfänglichen Raum widmet. Ernst Deuerlein hat in seiner Dokumentation über den Hitlerputsch [1962] Claß und Ehrhardt ebenfalls mit Stillschweigen in seiner umfangreichen Einleitung übergangen. — Das Verhalten des Untersuchungsausschusses des bayerischen Landtags, das von Högner heftig kritisiert wurde, gehört in diesen Rahmen der Vertuschung.

43 Prozeß, 21. Tag (24. 3. 1924).

44 Prozeß, 13. Tag (12. 3. 1924).

45 Prozeß, 15. Tag (14. 3. 1924).

mit den Worten: „... dann wollen wir nicht ruh'n bis wir das Ziel erreicht haben, das heilige deutsche Reich deutscher Nation[46]!"

Bereits während des Prozesses hatte die Münchner Polizeidirektion einen von Polizeipräsident Mantel am 26. März 1924 unterzeichneten Antrag zwecks Ausweisung und Überstellung Hitlers nach Österreich an die Landesregierung Oberösterreich in Linz a. D. gestellt:

„Die in dem Personalbogen näher bezeichnete Person wurde hier beanstandet; sie soll deshalb ausgewiesen und nach Österreich überstellt werden. Ich beehre mich ergebenst um gefällige möglichst umgehende Mitteilung zu ersuchen, ob der Überstellung über die Landesgrenze Bedenken entgegenstehen[47]."

Während die oberösterreichische Landesregierung dagegen keinen rechtlichen Einwand erhob und das Heimatrecht Hitlers in Linz ausdrücklich festgestellt wurde[48], schaltete sich die Wiener Bundesregierung ein und zog den Fall an sich. Die Angelegenheit lief bis Herbst des Jahres. Das Wiener Bundeskanzleramt entschied am 30. September 1924 gegen eine Rückkehr Hitlers nach Österreich[49].

Obwohl der bayerische Ministerpräsident Dr. Held und der österreichische Bundeskanzler Dr. Seipel eng befreundet waren, scheiterten die zwischen beiden in Bregenz geführten mündlichen Verhandlungen an der entschiedenen Ablehnung Seipels. Im bayerischen Ministerrat war Staatsrat Schmelzle energisch für die Ausweisung Hitlers eingetreten; als der Ministerrat die Sache fallenließ, erklärte Schmelzle, man werde es später noch bereuen[50]. Der zweite Staatsanwalt im Hitlerprozeß, Dr. Ehard, hatte im Hitlerputschprozeß falsch gehandelt, weil er es versäumt hatte, Hitler als Ausländer der Landespolizei zu überweisen; er hatte es auch unterlassen, eine Revision des Verfahrens zu beantragen[51]. Das Verhalten Ehards dürfte wohl auf die Absprache zwischen Gericht, Staatsanwalt und Verteidigung zurückzuführen sein.

---

46 Prozeß, 20. Tag (22. 3. 1924).

47 Schreiben des Münchner Polizeipräsidenten Mantel an die OÖLR. Abschiebungsakt, Oberösterreichisches Landesarchiv, Linz.

48 Schreiben des Magistrats Linz v. 4. 4. 1924 über das gültige Heimatrecht Hitlers an die OÖLR. Ebda.

49 Schreiben des Bundeskanzleramtes Wien v. 4. 10. 1924 an die OÖLR mit Bezugnahme auf den am 30. 9. 1924 telefonisch an die LR erteilten Auftrag der Zurückweisung Hitlers, Ebda.

50 MM Schmelzle v. 26. 9. 1952.

51 MM Schmelzle v. 26. 9. 1952.

Adolf Hitler auf der Festung Landsberg 1924.

Die Zelle der Festungshaftanstalt in Landsberg, wo Adolf Hitler 6 Monate inhaftiert war.

Der Gerichtssaal in der Kriegsschule zu Münche
während des
Hitler-Prozesses.

Die Festungshaftans
Landsberg am Lech

Am 1. April 1924 verkündete der Vorsitzende des Volksgerichts folgendes Urteil[52]:

„1. Adolf Hitler, Friedrich Weber, Hermann Kriebel, Ernst Pöhner werden wegen eines Verbrechens des Hochverrats zu fünf Jahren Festungshaft sowie jeder zu einer Geldstrafe von 200,— Goldmark, ersatzweise je weitere zwanzig Tage Festungshaft, verurteilt.

2. Ernst Röhm, Wilhelm Brückner, Wilhelm Frick, Robert Wagner und Pernet werden wegen eines Verbrechens der Beihilfe zu einem Verbrechen des Hochverrats zu je einem Jahr drei Monaten Festungshaft sowie jeder zu einer Geldstrafe von einhundert Goldmark, ersatzweise zehn Tage weitere Festungshaft, verurteilt. Alle werden zu den Kosten verurteilt.

3. General Ludendorff wird freigesprochen.

Die Haftanordnung gegen Frick, Röhm und Brückner wird aufgehoben. Den Verurteilten Brückner, Röhm, Pernet, Wagner und Frick wird für den Strafrest mit sofortiger Wirksamkeit Bewährungsfrist bis 1. April 1928 bewilligt.

Den Verurteilten Hitler, Pöhner, Weber und Kriebel wird nach Verbüßung eines weiteren Strafteils von je sechs Monaten Festungshaft Bewährungsfrist für den Strafrest in Aussicht gestellt[53]."

Weitere Prozesse gegen die Teilnehmer des Putsches fanden noch statt: Rudolf Heß, Julius Streicher, Max Amann, Gregor Strasser, Edmund Heines wurden zu teils größeren, teils geringeren Strafen verurteilt, ebenso die Mitglieder des Stoßtrupps Hitler. Insgesamt saßen in Landsberg außer Hitler 29 Nationalsozialisten wegen Putschbeteiligung ein[54].

Am 12. Mai 1924 erließ der erste Staatsanwalt beim Landgericht München I folgende Verfügung[55]:

„Das gegen Dr. von Kahr, General von Lossow und Oberst von Seisser wegen Verdachts des Hochverrats u. a. eingeleitete Ermittlungsverfahren stelle ich ein. Nach dem Ergebnis des Ermittlungsverfahrens und der Hauptverhandlung gegen Hitler und Genossen sowie der nachträglich gepflogenen

52 Prozeß, Urteil.

53 Prozeß, Urteil; siehe auch Dokumente der Zeitgeschichte, S. 149; SEG, 65, 1924, S. 19; Volz, Daten, S. 16.

54 Dokumente der Zeitgeschichte, S. 161. — Am 23. 4. 1924 wurde der Stoßtrupp Hitler (Berchtold und 39 Genossen) verhandelt. BHSTA, SA, I, Akt 1493; „Völkischer Kurier", Folge 69 v. 24. 4. 1924, 1. Beilage; Folge 88 v. 14. 5. 1924 1. Beilage.

55 BGSTA, Akt 472 Ang.Verz. XIX 566/23 und 243/24.

ergänzenden Erhebungen ist nicht erwiesen, daß Kahr, Lossow und Seisser am 8. November 1923 den ernsten Vorsatz hatten, bei dem hochverräterischen Unternehmen und seiner Genossen mitzutun, daß sie sich somit eines Verbrechens des Hochverrats oder der Beihilfe hierzu schuldig gemacht haben. Es liegt auch kein Beweis dafür vor, daß das Verhalten der Herren Dr. von Kahr, von Lossow und von Seisser vor dem 8. November 1923 den Tatbestand einer strafbaren Handlung erfüllte."

Mit dieser „salomonischen" Entscheidung redete der Staatsanwalt am Kern der Sache vorbei: nämlich an dem Staatsstreichplan des Triumvirats, den Ludendorff und Hitler unterlaufen hatten.

Der Ausschuß des bayerischen Landtags zur Untersuchung der Vorgänge vom 1. Mai 1923 und der gegen Reichs- und Landesverfassung gerichteten Bestrebungen vom 26. September bis 9. November 1923 gab am 23. März 1928 folgenden Schlußbericht[56]:

„Das Ergebnis zu diesem Abschnitt, also zu den gegen Reichs- und Landesverfassung gerichteten Bestrebungen vom 26. September bis 9. November 1923 wurde in der Schluß-Sitzung vom 16. März 1928 wie folgt festgestellt:

1. Die Frage, ob durch Schaffung einer eigenen Währung die Geldverhältnisse in Bayern stabilisiert werden könnten, wurde im Generalstaatskommissariat erwogen, aber als dem Reichsgedanken abträglich und undurchführbar erkannt.
2. Die Aufstellung von Truppen in Nordbayern bezweckte nach den Absichten der bayerischen Behörden lediglich den polizeilichen Grenzschutz gegenüber dem zu erwartenden Übergreifen von Aufständen in Thüringen.
3. Daß im Oktober 1923 ein Bruch mit dem Reiche beabsichtigt war, läßt sich nicht feststellen.
4. Ein Beweis dafür, daß seitens bayerischer Behörden ein militärischer Marsch nach Berlin geplant war, hat sich nicht ergeben.
5. Bezüglich einer Beteiligung der Herren von Kahr, von Lossow und von Seisser an den hochverräterischen Plänen Hitlers liegen gerichtliche beziehungsweise staatsanwaltschaftliche Feststellungen vor. Der Untersuchungsausschuß glaubt zu deren Nachprüfung nicht berufen zu sein. Er stellt aber auf Grund einer Erklärung, die das Justizministerium als Ant-

56 Bayer. Landtag, V. Tagung 1927/28, Beilage 3737.

wort auf eine im Auftrage des Ausschusses von dessen Vorsitzenden gestellte Frage abgegeben hat, folgendes fest:

Nach Aussage des früher beim Oberreichsanwalt tätig gewesenen I. Staatsanwalts Vetter wurde seinerzeit eine Anzeige gegen von Kahr, von Lossow und von Seisser wegen Hochverrats erstattet. Der Oberreichsanwalt hat die Akten des Volksgerichts über diese Sache geprüft und auf Grund dieser Prüfung dem bei ihm eingebrachten Antrag auf Erhebung der öffentlichen Klage keine Folge gegeben.

6. Wie bereits durch den Gerichtsvorsitzenden festgestellt wurde, stand Kronprinz Rupprecht zu den hochverräterischen Vorgängen in keiner Beziehung.

Als Berichterstatter in der Vollversammlung wurde Abgeordneter Graf von *Pestalozza* bestimmt.

München, den 23. März 1928 Der Ausschußvorsitzende: Stang."

Gegen dieses „Ergebnis" des Ausschusses nahm der sozialdemokratische Mitberichterstatter, Dr. Wilhelm Högner, Stellung[57]. Er machte folgende Vorschläge für die abschließende Feststellung des Ausschusses[58]:

„1. Die im Deutschen Kampfbund zusammengeschlossenen Verbände der Nationalsozialisten Oberland und Reichsflagge hatten um die Mitte September 1923 die Errichtung einer *Diktatur in Bayern unter Hitler, Dr. Weber, Heiß, Pöhner, Dr. Roth* ins Auge gefaßt. Um den befürchteten Putsch dieser Kreise zuvorzukommen, schritt die bayerische Regierung am 26. September 1923 zur Einsetzung des innerhalb der Verbände aller Richtungen schon längere Zeit erörterten Generalstaatskommissariats.

2. Die Weigerung des bayerischen Generalstaatskommissars Dr. von Kahr, sich den auf Grund des Art. 48 der Reichsverfassung getroffenen Maßnahmen des Reichspräsidenten zu fügen, führte zu einem langen und erbitterten Streite mit dem Reiche, der in der Verpflichtung der Truppen der 7. Division auf Bayern seinen Höhepunkt fand. Im Schatten dieses Konflikts wurden in Bayern im Einvernehmen mit gleichgesinnten Kreisen in Norddeutschland folgende hochverräterische Unternehmungen gegen die rechtmäßige Reichsregierung vorbereitet:

57 Högner, Der schwierige Außenseiter, S. 44 ff.

58 Hitler und Kahr, II, S. 202—205.

a) Der vom Oberreichsanwalt wegen Meineidsverleitung und Hochverrats steckbrieflich verfolgte Kapitänleutnant Ehrhardt richtete im Einvernehmen mit dem Generalstaatskommissar und dem Chef der bayerischen Landespolizei von Seisser aus Mitgliedern seines Bundes ‚Wiking' und befreundeter Verbände einen Grenzschutz gegen Sachsen-Thüringen ein. Unterstützt durch Gelder der Großindustrie bereitete er den gewaltsamen Vormarsch gegen Leipzig-Berlin vor, wurde jedoch anfangs November 1923 vom Generalstaatskommissar zur Zurückstellung seines Planes veranlaßt und versuchte dann vergebens Anschluß an die Hitler-Gruppe zu gewinnen.

b) Der bayerische Generalstaatskommissar Dr. von Kahr erklärte sich anfangs November 1923 bereit, an die Spitze eines in Berlin auf legalem oder illegalem Wege zu errichtenden Reichsdirektoriums zu treten, das unabhängig vom Parlament scharf rechts regieren sollte. Zum Zwecke der gewaltsamen Durchsetzung dieses Direktoriums im ganzen Reiche wurde in Bayern vom Reichswehrgeneral von Lossow und dem Chef der Landespolizei von Seisser die Verstärkung der Reichswehr und Landespolizei durch Freiwillige aus den vaterländischen Verbänden in die Wege geleitet. Das Unternehmen kam infolge des Ausbruchs des Hitler-Putsches nicht mehr zur Durchführung.

c) Hitler und General Ludendorff hatten schon im September 1923 mit bayerischen Amtsstellen wegen der Errichtung einer Nationaldiktatur in München und eines gewaltsamen Vormarsches gegen Berlin unterhandelt. Als der Generalstaatskommissar am 6. November 1923 jedes selbständige Vorgehen einzelner Verbände scharf abgelehnt und sich den Zeitpunkt des Losschlagens selbst vorbehalten hatte, schritten sie am Abend des 8. November 1923 unter Anwendung von Waffengewalt zur Beseitigung der bayerischen Staatsregierung und Ausrufung der nationalen Revolution im Bürgerbräukeller. Das Unternehmen wurde am 9. November 1923 niedergeschlagen. Das ganze Verhalten und bestimmte Äußerungen von Ludendorff und Hitler legen die Annahme nahe, daß sie nur aus dem Grunde vorprellten, weil ihnen in dem bekannt gewordenen Unternehmen des Generalstaatskommissars keine entscheidende Rolle zugedacht war.

3. Die Zustände an der bayerischen Nordgrenze und der Direktorialplan des Generalstaatskommissars waren der bayerischen Staatsregierung bekannt und wurden von ihr gefördert. Der von Kapitänleutnant Ehrhardt aufgestellte Grenzschutz wurde aus bayerischen Staatsmitteln bezahlt, ebenso waren für die Aufstellung eines Direktoriumsheeres in Bayern auch die erforderlichen finanziellen Vorbereitungen getroffen. Der Bayerische Landtag hatte davon keine Kenntnis, sein verfassungsmäßiges Etatrecht ist dadurch verletzt worden.
4. Durch den Hitler-Putsch ist das Ansehen Bayerns schwer geschädigt worden. Der Ausschuß erblickt die Ursache für diese Staatskatastrophe insbesondere in folgenden Umständen:
   a) Die Politik der Wiedergewinnung der vermeintlich wertvollen Elemente der nationalsozialistischen, wie überhaupt der rechtsaktivistischen Bewegung für den Staatsgedanken, wie sie vom Generalstaatskommissar und den Ministern von Knilling und Gürtner betrieben wurde, hat sich als ein vollkommener Fehlschlag erwiesen.
   b) Die Ausbildung der aktivistischen Verbände bei der Reichswehr, die Aufstellung militärischer Organisationen und die Duldung ihres Waffenbesitzes hat das Machtgefühl der Verbände gesteigert und sie ständig zu Versuchen verleitet, dem Staate gesetz- und verfassungswidrig ihren politischen Machtwillen aufzuzwingen.
   c) Die Führer der bayerischen Reichswehr und Landespolizei haben hochverräterische Pläne geschmiedet, Mannschaften und Offiziere sind ebenso wie die blaue Polizei von den politischen Wühlereien der geschworenen Verfassungsfeinde nicht ferngehalten worden und vielfach der maßlosen Agitation der Nationalsozialisten erlegen.
   d) Der Generalstaatskommissar ist gegen die ihm längst bekannten hochverräterischen Pläne des Kampfbundes nicht eingeschritten. Auch die Justizverwaltung hat in der Verfolgung strafbarer Handlungen der Mitglieder vaterländischer Verbände versagt. Die Nichtvollziehung von Reichsgesetzen und von Haftbefehlen der Reichsbehörden gegen rechtsradikale Elemente sowohl wie die Verfolgung der republikanischen Organisationen und ihrer Presse von Staats wegen haben das Rechtsgefühl verwirrt und zerstört. Dem Generalstaatskommissar waren durch den Konflikt mit dem Reich und seine eigenen hochverräterischen Pläne die Hände gegenüber rechtsradikalen Be-

strebungen gebunden. Durch diese Lahmheit in der Anwendung der gesetzlichen Vorschriften gegen rechts haben sich die rechtsradikalen Verbände immer mehr als die eigentlichen Herren im Staate benehmen können.

e) Die Bevölkerung ist über die vorgesehenen Maßnahmen der Reichsstellen gegen den Währungsverfall nicht rechtzeitig und nicht eindringlich genug unterrichtet worden.

f) Die Agitation gegen Reich und Republik war in Bayern seit Jahren auch behördlicherseits in einem Maße gefördert worden, daß es früher oder später zu Ausbrüchen der angesammelten Haßgefühle kommen mußte.

5. In der Verfolgung der hochverräterischen Unternehmungen des Jahres 1923 haben die Justizorgane dem Staate vielfach den gesetzlichen Schutz versagt. Der Ausschuß mißbilligt insbesondere folgende Maßnahmen:

a) Die Verzögerung und schließliche Nichtdurchführung des Strafverfahrens gegen die Rädelsführer vom 1. Mai 1923.

b) Die Einstellung des Verfahrens gegen Kahr, Lossow und Seisser wegen Hochverrats.

c) Die übermäßige und vielfach mit den gesetzlichen Vorschriften kaum mehr zu vereinbarende Bewilligung von Bewährungsfristen für die Täter vom 8./9. November 1923.

Für diese Vorschläge hatte im Untersuchungsausschuß lediglich noch der Führer des *Bauernbundes* im Landtag gestimmt. Dem Berichterstatter Rechtsanwalt Graf Pestalozza der Bayerischen Volkspartei waren im Ausschuß die Hände gebunden. Er hat darüber am 20. April 1928 in einem Beleidigungsprozeß in München vor Gericht erklärt:

‚Als Berichterstatter habe ich im Ausschuß keine eigene Meinung sagen dürfen. *Mir ist von meiner Partei verboten gewesen, um der Koalition willen im Ausschuß auch nur ein eigenes Wort zu sagen.* Dr. Hilpert (das deutsch-nationale Mitglied) hat den Ausschuß derartig terrorisiert, daß überhaupt kein richtiger Beschluß gefaßt werden konnte. In diesem Untersuchungsausschuß ist mit dem *Recht Schabernack* gespielt worden.‘

Diesem vernichtenden Urteil über das Verhalten der Ausschußmehrheit ist nichts hinzuzufügen. Durch den Vergleich der oben angeführten Tatsachen mit den kläglichen ‚Feststellungen‘ der Ausschußmehrheit wird es im vollen Umfange bestätigt."

Der sozialdemokratische Reichstagsabgeordnete Saenger richtete am 27. Januar 1928 schwere Angriffe gegen die bayerische Justiz. Er bezichtigte Kahr, Knilling und den bayerischen Gesandten in Berlin, Dr. Preger, des Hochverrats im Jahre 1923 im Zusammenhang mit dem Hitlerputsch. Saenger sagte: „Es ist eine Schande ohnegleichen, daß Hitler verurteilt worden ist und Herr von Kahr nicht[59]." Er konnte sich auf seinen Parteigenossen Wilhelm Hoegner berufen, der als Mitberichterstatter des UAL zu den besten Kennern dieser Materie gehörte und 1928 auch das wichtigste Material darüber veröffentlichte[60].

Dr. Preger wies für seine Person die gegen ihn erhobenen Anschuldigungen zurück.

Der stellv. bayerische Bevollmächtigte beim Reichsrat, Staatsrat Dr. Nüßlein, trat im Reichstag dem Abg. Saenger mit der Erklärung entgegen, daß der Oberreichsanwalt die strafrechtliche Verfolgung Kahrs und Lossows abgelehnt habe[61]. Diese Haltung des Oberreichsanwalts dürfte mit der Weigerung der bayerischen Regierung, den Prozeß gegen die Putschisten vor dem Leipziger Staatsgerichtshof durchzuführen, zusammenhängen.

Beachtlich war auch die Tatsache, daß der bayerische Innenminister Stützel die Entbindung Kahrs von der Verpflichtung zur Wahrung des Amtsgeheimnisses abgelehnt hatte[62].

Der Münchner Rechtslehrer Professor Karl Rothenbücher, der bereits gegen die Maßnahmen des GSTK im Oktober 1923 Rechtsverwahrung eingelegt und sie als Unrecht angeprangert hatte, veröffentlichte 1924 eine Schrift: „Der Fall Kahr" (Tübingen 1924), die Kahr eiligst beschlagnahmen ließ[63]. Rothenbücher urteilte: „Kahr machte im Bürgerbräukeller den Gegenvorschlag, daß er die Statthalterschaft der Monarchie übernehmen wolle." Als Hitler darauf einging, tat er „aufrichtig und ernst" mit. Es lag nahe, daß Kahr die Scharte des Jahres 1918 auszuwetzen suchte, wo er als Regierungspräsident von Oberbayern nichts zum Schutze des Königs getan hatte.

---

59 Verhandlungen des deutschen Reichstags.

60 Hitler und Kahr, I, II, München 1928.

61 BGSTA, Staatsmin d. Äuß. I D I (D.R.), Hitlerputsch.

62 BGSTA, Nr. 472, Brief Nr. 1028634 v. 4. 11. 1924.

63 Rothenbücher stellte auf die Beschlagnahme hin Strafantrag gegen Kahr, weil dieser ihn der Unwahrheit bezichtigt habe. „Vorwärts", Morgenausgabe Nr. 67 v. 9. 2. 1924, Artikel: „Kahr über dem Gesetz".

Kahr habe in seinen Presseerklärungen „das Verhalten Hitlers und Ludendorffs niemals als einen Verfassungsbruch, sondern lediglich als einen ‚Disziplinbruch' bezeichnet". So weit ging seine Übereinstimmung mit den Umstürzlern[64].

Von der rechtlichen Seite betrachtet, so analysierte Rothenbücher scharfsinnig den „Fall Kahr", habe sich Kahr wegen Hochverrats strafbar gemacht. Gegen Hitlers und Ludendorffs Pläne hatte er nie grundsätzliche, sondern nur opportunistische Bedenken.

„Kahr verzichtete, um die ‚Legitimität' seines Königs zur Geltung zu bringen, auf die ‚Legalität', die Gesetzmäßigkeit seines eigenen Verhaltens, denn er hatte den Eid auf die Weimarer Verfassung und die Bayerische Verfassung geleistet[65]."

„Durch den Rechtsbruch des Jahres 1918 ist in einem beträchtlichen Teile unseres Volkes die Achtung vor dem Recht erschüttert und zerstört worden." Diese Entwicklung wurde von Kahr durch sein Verhalten gefördert, denn Kahr habe „seine Treuepflicht gebrochen". Der achte und neunte November zeigten, daß Kahr „jener über dem Durchschnittsmaß stehende Mann nicht war. Er hat zunächst mitgetan und ist wieder abgesprungen . . . Wohl hat der kaiserliche Staatssekretär Scheidemann den Eid, den er als Beamter geleistet hat, gebrochen . . . Niemand wird glauben, einen Eid deshalb brechen zu dürfen, weil ihn ein anderer gebrochen hat[66]. Um ein Beamter ‚von altem Schrot und Korn' zu sein, hat Kahr mit den Empörern, den ‚Revolutionären', sich zu weit eingelassen; um aber wirklich ein grundstürzender Empörer zu sein, fehlt ihm, was Ludendorff und Hitler haben. Daß Kahr in diese Stellung geraten konnte, hat letztlich seinen Grund darin, daß er von dem festen Gesetze, von der für alle in gleichem Maße geltenden Richtschnur sich entfernt hat[67] . . . Die Verfehlung Kahrs liegt nicht nur in seiner Stellung zu dem für Bayern und Deutschland unheilvoll endenden Unternehmen Hitlers, sondern in der Erschütterung des klaren Sinnes für das Recht, in der Zerstörung des Glaubens an Geradlinigkeit und Überzeugungstreue, dies ist seine größte geschichtliche Schuld[68]."

---

64 Rothenbücher, S. 36.
65 Ebda, S. 40.
66 Ebda, S. 44.
67 Ebda, S. 46.
68 Ebda, S. 46.

Rothenbücher hatte den „Fall Kahr“ bis in die tiefsten Tiefen durchleuchtet, indem er an der Person Kahrs die sittlichen Folgen des Rechtsbruches durch den Umsturz von 1918 aufzeigte. Der „Fall Kahr“ war ein Gleichnis für die Tragödie der staatstragenden Schichten des Beamtentums und des Offizierkorps.

Der bereits erwähnte Verteidiger Rechtsanwalt Dr. Mayer setzte sich rückschauend mit dem Münchner Hochverratsprozeß noch einmal grundsätzlich auseinander[69]. Hitler und Pöhner, so schrieb Mayer, beriefen sich auf das gute alte Recht, „gegen die Gewalten der Revolution“. Der Staatsanwalt stellte fest: „Freilich war die Revolution ein Verbrechen des Hochverrats.“ Da aber die neue Regierung sich durchsetzte, wurde damit der tatsächliche Zustand in einen rechtlichen verwandelt. Hitler hatte recht, wenn er feststellte, Hochverrat sei das einzige Delikt, das nur strafbar ist, wenn es mißlingt. Die Revolution habe an dem Verhältnis Bayerns zum Reich aber tatsächlich nichts geändert. Bayern habe vor dem Erlaß der Weimarer Reichsverfassung nie auf sein Recht verzichtet. Die Weimarer Verfassung gelte nur insoweit, als sie die bayerischen Rechte nicht verletze. Deshalb falle die Anklage wegen Hochverrats gegen das Reich in sich zusammen. Zu würdigen sei der Einwand der Verteidigung, daß den Angeklagten das Bewußtsein der Rechtswidrigkeit gefehlt habe, „denn an diesem Einwand wird die große Tragik unserer heutigen staatlichen Zustände lebendig . . .“

„Der Gegenrevolutionär, der sich auf das alte Recht beruft, macht also, wenn dieses noch lebendig ist, rechtliche und nicht moralische Bedenken geltend.“

Die Antwort Pöhners auf die Anklage des Staatsanwalts: „Ja, was der Herr Staatsanwalt Hochverrat nennt, das Geschäft treibe ich schon seit fünf Jahren“, dürfte ebensowenig als Frivolität aufgefaßt werden wie staatsverneinende Haltung einer opferbereiten Jugend als Zuchtlosigkeit. Für norddeutsche Leser müsse darauf hingewiesen werden, „daß tatsächlich in Bayern in weiten Kreisen des Volkes der neue Staat einfach nicht ernst genommen wurde[70]“.

Der Zentrumsabgeordnete Dr. Ludwig Kaas, später Führer der Zentrumspartei, nahm am 5. März 1924 im Reichstag zu dem in München statt-

69 Der Gerichtssaal. Zeitschrift für Zivil-Militär-Strafrecht und Strafprozeßrecht, Bd. 91, Stuttgart 1925, S. 93—124.

70 Der Gerichtssaal.

findenden Prozeß mit folgenden Worten Stellung[71]: „... Verstehen Sie mich nicht falsch, ich begreife es, wenn unter dem furchtbaren Druck dieses Unglücksfriedens von Versailles unsere deutsche Jugend kaum mehr weiß, wie sie ihr Gefühl meistern soll. Aber von denen, die sich als Führer bezeichnen, müssen wir verlangen, daß sie über die Selbstdisziplin, über die männliche Selbstzucht verfügen, die notwendig ist, um den Kontakt mit der Wirklichkeit zu bewahren. Die Jugend mag überschäumen, die Führer dürfen es nicht! Sonst sind sie keine Führer mehr, sonst wird ihre Führerschaft zum Verhängnis gerade für diejenigen Kreise des neuen jungen Deutschland, die wir doch einmal in einer früheren oder späteren Zukunft wieder brauchen.

Wenn man in den Prozeßberichten liest, was für unmögliche Pläne dort erörtert worden sind, wenn man liest, wie die schwarz-weiß-rote Fahne nach Berlin getragen werden sollte, und wie man nach dem Sturze der ‚Judenregierung' Stresemann usw. — es war mir noch nicht bekannt, daß er auch dazu gehört — beabsichtigte, die schwarz-weiß-rote Fahne über den Rhein zu tragen, dann versteht man nicht mehr, daß so etwas sich als Führerschaft aufwerfen kann.

Wer die Vorgänge des Hitlers-Prozesses vorurteilsfrei auf sich wirken läßt, der kann nur mit äußerster Sorge in die Zukunft schauen. Wenn die Kräfte, die da miteinander ringen und nach Führung drängen und so tun, als ob alles, was bisher an Regierungen in Deutschland bestand, nichts gewesen sei als ein Konglomerat von Unwissenheit und, was noch schlimmer ist, von nationaler Unzuverlässigkeit, wenn es diesen Kreisen gelingt, das Ruder des Deutschen Reiches in die Faust zu bekommen und den Wahnsinnskurs zu steuern, der ihnen als Forderung völkischen und nationalen Denkens vorschwebt, dann gnade Gott dem deutschen Volke! Es muß endlich einmal aufhören mit diesen unmöglichen Methoden. Die patriotische Gesinnung, vor der ich allen Respekt habe, will ich nicht antasten. Sie darf aber nicht länger ein Alibi für objektiv verbrecherische Handlungen sein. Und ein Verbrechen ist es, an dem mühsam gezimmerten und kaum noch aufrechtzuerhaltenden Bau der neuen deutschen Verfassung mit Gewalt zu rütteln. Politische Nachtwandler sind es, die sich da zu Führern des deutschen Volkes aufstellen lassen. Was wird das für ein Erwachen werden in einem Au-

---

71 405. Sitzg. des deutschen Reichstags; siehe auch Ursachen und Folgen, V, S. 455 f.

genblick, wo der klägliche Mißerfolg einer solchen Führerschaft nicht nur vor den Augen Deutschlands, sondern vor den Augen der ganzen Welt klar zutage tritt! . . .“

Reichskanzler Marx erhob ähnlich wie Prälat Kaas mit prophetischen Worten seine warnende Stimme:

„Wenn der völkische Gedanke weitere Kreise des Volkes ergreifen sollte, so wäre das schlimmer als der verlorene Krieg; denn dann sind wir verloren für immer. Dieser Gedanke, von den anderen Völkern ebenso stark betont, brächte uns den Krieg aller gegen alle und am Ende den wirtschaftlichen und politischen Untergang Europas.“

Das Echo des Prozesses und seines Ergebnisses war in der großen Presse ziemlich einhellig, das Urteil über das Urteil einmütig: Sogar der „Bayerische Kurier“, das Sprachrohr der Bayerischen Volkspartei, sprach von einer „Justizkatastrophe“[72]. Mitte März brachte das Blatt einen Bericht unter dem Titel „Der Prozeß der Skandale“[73], zur Urteilsverkündung lautete die Überschrift: „Der schwarze Tag der bayerischen Justiz“[74]. Ähnlich waren die übrigen Pressekommentare: „Justizbankerott“, „Schandurteil“ usw. Die „Frankfurter Zeitung“ schrieb dazu[75]: „Das Urteil im Münchner Hochveratsprozeß ist eine Farce und ein Hohn . . . Das Volksgericht gewährte ‚Bewährungsfristen‘ in einer bisher unerhörten Weise . . . Ludendorff aber, der ‚geistige Führer‘ des Putsches, wie ihn ein Mitangeklagter nannte, wurde freigesprochen. Dieses Urteil bedeutet eine Verhöhnung des deutschen Volkes. Die Angeklagten können ihr Werk in Kürze von neuem beginnen . . . Nach diesem Urteil schauen wir in den Abgrund. Ist nicht das Reich, von dem Feinde geschlagen, fast schon im Willen der Deutschen selbst, wo es unangreifbar stehen und alle Zeiten überdauern könnte, zerstört? Deutschland liegt an seinem eigenen Bestand so wenig, daß seine Richter Hochverräter freisprechen, künftige Hochverräter und künftige Reichszerstörung freigeben. Ist das nicht fast schon das Ende des deutschen Staates? . . . Manche sind verwirrt durch ihre Verehrung für Ludendorff. Dem Wort des Reichskanzlers Marx: ‚Ich sage, wenn der völkische Gedanke weite Kreise des Volkes ergreifen sollte, so wäre das schlimmer als der verlorene Krieg,

72 BK, Nr. 93 v. 2. 4. 1924.
73 BK, Nr. 75 v. 15. 3. 1924.
74 BK, Nr. 94 v. 3. 4. 1924.
75 FZ, Nr. 249 v. 2. 4. 1924, Artikel: „Das Münchner Urteil“.

denn dann sind wir verloren für immer', stellt Ludendorff die Forderung nach der völkischen Revolutionierung gegenüber ... So trägt gerade Ludendorff die Hauptschuld am Putsche, ist in der Tat der geistige Führer." Der Artikel schließt mit den Worten: „Deutschland, das in der Rechtseinheit geschlossene Reich, die Autorität und die Zukunft des Staates sind in Gefahr — das schreit uns dieses Urteil von Menschen entgegen!"

Das „Berliner Tageblatt" nahm zu dem Münchner Urteil unter der Schlagzeile: „Das Münchner Angsturteil" Stellung. Im Leitartikel „Justizbankerott" hieß es[76]: Das Urteil „bedeutet eine Bankerotterklärung der bayerischen Gerichtsbarkeit ..." Ludendorff wurde freigesprochen. Das Gericht „bricht das Recht und spricht den Hochverräter frei. Warum hat es nicht auch die übrigen freigesprochen? Hier versucht es einen Kompromiß zwischen der Freisprechung, die *der Druck der Straße* unter Drohungen verlangt und der Strafe, auf die der Richter nach beschworener Pflicht zu erkennen hat ... Nicht nach Recht und Gesetz, nach Stimmung und Verlangen der Straße ... hat das Münchner Volksgericht geurteilt."

Der „Vorwärts" schrieb wenige Tage vor der Urteilsverkündung[77]: „... Das Resultat ist nicht nur blamabel für die Angeklagten, sondern auch für die Republik. Der Reichspräsident, die verantwortlichen Minister der Republik, ihre Verfassung und ihre Institutionen durften öffentlich geschmäht werden, ohne daß es der Gerichtshof für nötig befand, die Angeklagten und ihre Verteidiger mit der nötigen Schärfe in ihre Schranken zurückzuweisen. Die Szene gestaltete sich oft zu einer offenen Verhöhnung der Republik ... Der Hitlerputsch ist im Rahmen der antirepublikanischen Wühlarbeit eine minder wichtige Episode. Die Kahr, Lossow, Claß und Gayl, die durch die Maschen des Gesetzes zu schlüpfen versuchen, sind die gefährlicheren ... Die Infanterieschule in München war jene Anstalt, in der der Offiziersnachwuchs für die Reichswehr herangebildet wurde. Sie war die einzige Anstalt dieser Art. Wenn dieser Geist der Republikfeindlichkeit bei den Anwärtern auf die Führerstellen der Reichswehr großgezogen wird, kann sie die Anforderungen, die die Republik zu stellen hat, nicht erfüllen."

---

76 „Berliner Tageblatt", Abendausgabe Nr. 157 v. 1. 4. 1924.

77 „Vorwärts", Morgenausgabe Nr. 149 v. 28. 3. 1924, Artikel: „Abschluß des Hitlerprozesses." Dazu der Bericht des Kommandos der Schutzmannschaft über die großen Schwierigkeiten gegenüber der aufgebrachten Menge vor dem Kriegsschulgebäude am 1. 4. 1924. BHSTA, MinInn 73699.

Unter dem Titel „Deutschlands Justizschande" hob der „Vorwärt" die „Katastrophale Auslandswirkung des Urteils" hervor[78]. Auch das „Berliner Tageblatt" brachte eine Zusammenfassung von Stellungnahmen ausländischer Zeitungen zum Münchner Urteil[79].

Die „Großdeutsche Zeitung", neben dem „Völkischen Kurier" Nachfolgeorgan des „Völkischen Beobachters", brachte ein „Nachwort" zum Hitlerprozeß unter dem Titel: „Zwei Welten". Dort heißt es am Schluß[80]: „In dem Prozeß, der folgte, standen sich zwei Welten gegenüber, zwischen denen es keine Verständigung gibt, sondern nur Kampf auf Leben und Tod. Auf der einen Seite: Kahr-Lossow-Seisser als die Vertreter der bürgerlich-liberalen Staatsauffassung, deren Zeit erfüllet ist und im Begriff steht, an dem Mangel an schöpferisch-aufbauender Kraft zugrunde zu gehen, mit dem sie von Anfang an behaftet war. Sie stützten sich auf die Bajonette und auf das papierene Recht. Auf der anderen Seite standen Hitler und die Seinen, als die mutigen Vorkämpfer einer Bewegung, die sich nicht nur in Deutschland, sondern in allen Staaten des Abendlandes fühlbar macht, die geboren ist aus dem elementaren Selbsterhaltungstrieb der Völker und die sich auflehnt gegen ein Staats- und Wirtschaftssystem, das letzten Endes alle Nationen unter die erbarmungslose Fuchtel des jüdischen Goldes zwingt. Hitler und die Seinen stützten sich auf ihr reines Gewissen, auf ihre Vaterlandsliebe und auf das ungeschriebene Recht, wie es das Volk versteht ..."

Abt Alban Schachleiter verlieh der Stimmung der national bewußten Schichten in einem Brief an Oswald Spengler mit folgenden Worten Ausdruck[81]: „Was für ein Jammer im deutschen Vaterlande? Aufheulen möchte man über diese Zustände! Sind wir denn noch nicht genug heruntergekommen? So führerlos wie heute war unser Volk noch gar nie! Tirpitz ist kaum der rechte Mann, Ludendorff hat sich die Gefolgschaft der deutschen Katholiken gänzlich verscherzt, Helfferich tot! Dazu noch das politische Wirrsal hier in Bayern! — Möge Gott uns helfen!"

---

78 „Vorwärts", Abendausgabe Nr. 158 v. 2. 4. 1924.

79 „Berliner Tageblatt", Abendausgabe Nr. 159 v. 2. 4. 1924, S. 1: „Das Auslandsecho des Münchner Urteils".

80 „Großdeutsche Zeitung", Nr. 58 v. 5./6. 4. 1924, S. 1.

81 Spengler, Briefe, S. 325, Brief v. 31. 5. 1924. Schachleiter bedankte sich in dem Schreiben für die Übersendung von Spenglers Schrift „Politische Pflichten der deutschen Jugend".

Der Prozeß brachte für Hitler die gewünschte propagandistische Wirkung: das zeigten die Wahlergebnisse der Landtags- und Reichstagswahlen im April und Mai 1924.

Dem Tieferblickenden aber tat sich ein nicht auslotbarer Abgrund auf: Der Prozeß warf ein grelles Schlaglicht auf den Rechtsverfall und den Zusammenbruch jeglicher staatlichen und institutionellen Autorität seit 1918[82]. Soweit es eine solche noch gab, lebte der Weimarer Staat nur von der Restsubstanz des monarchischen Staates.

Das Gerichtsverfahren hatte in Methode und Ergebnis bewiesen, daß Revolution und „Friedensvertrag" den Glauben an das Recht in breiten Schichten des deutschen Volkes zerstört hatten; das galt besonders für die politisch aktive Jugend, aber auch für einen großen Teil der eigentlich staatstragenden Schichten: für Beamte, Offiziere, für den Mittelstand (den gewerblichen, den akademischen, den bäuerlichen).

„Die Revolution ist Meineid und Hochverrat, und wird mit einem Kainszeichen gezeichnet bleiben, auch wenn sie da und dort gute Erfolge hatte neben den schlechten, denn eine Untat kann aus Grundsatz nicht heilig gesprochen werden!" Mit diesen Worten hatte Kardinal Faulhaber auf dem Katholikentag im Jahre 1922 das Urteil über die Novemberrevolution gefällt.

Die Novemberrevolution hatte die ethischen Wurzeln des staatlichen Lebens zerstört und die Beziehungen zwischen dem einzelnen und der staatlichen Gemeinschaft ins innerste Mark getroffen.

---

82 Da nach der marxistischen Ideologie der Staat nur ein Instrument zur Ausbeutung der unterdrückten Klassen durch die herrschende Klasse ist, ist das Recht, auf dem der Staat beruht, die Grundlage für die Ausbeutung. Die Zerstörung des Rechtslebens ist daher auch eine wesentliche Voraussetzung für den Sturz der herrschenden Staatsgewalt. Dieser Vorgang vollzog sich auf dem Weg der politischen und gelenkten Justiz. Högners leidenschaftliche Kritik an der „politischen Justiz" (Der schwierige Außenseiter, S. 48 ff., ferner: Die verratene Republik, S. 261 ff.) geht an der wahren Ursache des Rechtsverfalls vorbei: an der totalen Politisierung durch die marxistische Ideologie. Sie beraubt den Staat seines ursprünglichen Sinnes als überparteilicher Rechtswahrer und macht ihn zum Werkzeug der herrschenden Klasse, der herrschenden politischen Partei. Die totale Politisierung aber hat ihre Wurzel in der Rousseauschen Demokratie mit der Forderung nach absoluter Gleichheit.

2. Die Partei nach dem Putsch

Die Kugeln der Landespolizei, Parteiverbot und Massenverhaftungen vermochten die Hitlerbewegung nicht abzutöten. Sie war Willensausdruck der Auflehnung der nationalen deutschen Jugend gegen Versailles und Revolution, Sammelbecken der deutschen Empörung gegen die Mißhandlung durch übermütige Sieger, gegen die nationale Verwahrlosung durch den proletarischen Umsturz und seine Folgen.

Die Bewegung lebte weiter; aber in der Zeit, in der ihr Rufer und Wekker hinter Gefängnismauern saß, zerstritten sich die kleinen Hitler. Dadurch wurde sie gelähmt und sank zur Bedeutungslosigkeit ab.

Die Reaktion der Anhänger Hitlers auf die Vorgänge an der Feldherrnhalle und im Wehrkreiskommando, auf Parteiverbot und Auflösung war nicht Niedergeschlagenheit, Verzweiflung, Verzicht, sondern ein trotziges „Dennoch". Leidenschaftlicher Haß gegen das Triumvirat, gegen die Klerikalen, denen die eigentliche Schuld für den Fehlschlag des Staatsstreiches in die Schuhe geschoben wurde, paarten sich mit einer wilden Entschlossenheit, um jeden Preis den Kampf weiterzuführen[83]. Kahr, der politische Träger der Staatsgewalt, der sich aus den eigenen Reihen heftige Kritik gefallen lassen mußte, war Zielscheibe von Haß und Spott der Nationalsozialisten, zusammen mit Lossow und Seisser.

Am 18. November wurde von den Nationalsozialisten ein Flugblatt veröffentlicht[84]: *„Bayerische Dankesadresse.* Hoch Dr. v. Kahr! Hoch Exzellenz v. Lossow! Hoch Ritter v. Seisser!" lauteten die obersten Schlagzeilen; dann ging es im Text weiter: „Aber am Galgen! — dem meineidigen Ränkespiel der süddeutschen Separatistengruppe, bestehend aus Dr. v. Kahr, Kardinal Faulhaber, Dr. Heim und Rupprecht v. Wittelsbach samt seiner luxemburgischen Verwandtschaft, auf der einen Seite, und der bayerischen Volkspartei auf der anderen Seite (Graf Soden, Graf Moy, Graf Kasimir v. Leyden), ist es gelungen, der großen, herrlichen Freiheitsbewegung Adolf Hitlers, die heute wohl schon Leipzig und Dresden im Sturm genommen hätte, kurz vor der Erreichung des Zieles einen Dolchstoß zu versetzen.

83 BHSTA, SA I, 1497 a, Illegale Fortführung der NSDAP.

84 Original, Privatbesitz. — Ferner Flugblatt: „Wer hat das Wort gebrochen? Kahr!" MinInn 73696.

Drei armselige Schurken: Dr. v. Kahr, Herr v. Lossow und Herr v. Seisser, geschützt durch ihre gedungene Mörderbanden, insbesondere die Augsburger grüne Polizei, bieten heute alles auf, die Flamme unserer großdeutschen Sehnsucht durch einen verlogenen Pressefeldzug zu ersticken . . .“

Weiter unten hieß es dann: „Heute ist alles, tatsächlich alles möglich. Nur *eines* nicht: Unsern Glauben an ein neues kommendes deutschvölkisches Großdeutschland niederzutrampeln! Der deutsche Arbeiter ist nicht mehr einzuschläfern mit dynastischen Kinkerlitzchen und vatikanischen Donaukompromissen. Sein Ziel bleibt nach wie vor die deutsche Hitlerdoktrin: Deutschland den Deutschen! Ausweisung bzw. Abrechnung mit Schiebern, seine Sehnsucht ist das völkisch und wirtschaftlich befreite Großdeutschland Adolf Hitlers! . . . Was werden die unzähligen, gegen Hitler aufgehetzten Mitglieder der vaterländischen Verbände (Dr. Pittinger) denken? Wo sie nun wissen, daß Kardinal Faulhaber und Prinz Rupprecht mit Stresemann und Prinz Sixtus in Berlin Abmachungen trafen? Wo sie nun sehen, daß Seipel, Lerchenfeld und Faulhaber Komplizen sind? . . . Den Herren der ‚weißen Weste‘ aber, Kahr, Lossow und Seisser, geben wir den folgenden Rat: Machen Sie Ihrem für Deutschland unseligen Leben ein Ende! Greifen Sie, wenn Sie noch den Mut aufbringen, zum Browning! Ein neues Deutschlsand steht vor der Türe: Das Deutschland des deutschen Arbeiters! —“ Das Flugblatt schloß: „Heil Hitler! Heil das national-soziale Deutschland!“

Die fixe Idee, die „Klerikalen“ hätten den Putsch zum Scheitern gebracht, war allgemeine Überzeugung der Kampfbundanhänger. Die Tatsache, daß die Inhaber der militärischen Gewalt, die schwarz-rot-gold gesinnten, dem Chef der Heeresleitung treu ergebenen Generale Ruith, Kreß und Danner, den Staatsstreich zum Scheitern verurteilt hatten[85], noch ehe das Triumvirat den Bürgerbräukeller verlassen hatte, wurde nicht erkannt. Man wollte sie auch nicht erkennen, denn sie paßte nicht ins weltanschauliche Konzept Ludendorffs, und aller antiklerikal eingestellten Parteigänger Hitlers und des Kampfbundes.

So schrieb Himmler, der als Fahnenträger der Reichskriegsflagge am Wehrkreiskommando teilgenommen hatte, in einem undatierten Bericht über den 9. November[86]:

85 MM General Karl Kriebel v. 17. 6. 1952.

„Der Eindruck, den ich aus verschiedenen Nachrichten und Gerüchten gewonnen habe, ist der: Unsere Bewegung wurde nicht durch den Juden, sondern durch die separatistisch-jesuitisch ultramontane Partei oder Tendenz zu Fall gebracht. Die Donaumonarchie steht in allernächster Zeit bevor. Errichtet wird sie werden mit Hilfe französischer Macht. Das Haus Wittelsbach wird nicht mittun. Zur Herrschaft gelangen wird der Prinz Sixtus v. Parma, die Kaiserin Zita und ihr Sohn. Die Reichswehr ist zur Zeit für uns verloren dank der fürchterlichen Propaganda und Bespitzelung, die bei ihr betätigt wird.

Heinrich Himmler
Fähnrich a. D. im Kgl. bayer. 11. Inf.Rgt. von der Tann."

Hitler schrieb im Augenblick seiner Festnahme in Uffing auf einen Zettel folgenden Aufruf an seine Anhänger:

„An alle! Nicht verzagen! Bleibt einig! Folgt dem jeweiligen Führer treu und gehorsam und folgt dem Vaterland und nicht seinen Verderbern[87]!"

Als Führer der Partei bestimmte er Alfred Rosenberg, „den die Herren Esser, Streicher und Amann unterstützen sollten[88]".

Hitlers Verfügung zeigte, in welch hohem Kurse damals Alfred Rosenberg bei ihm stand; sicher spielte der Einfluß Dietrich Eckarts, der Rosenberg als „seinen" Mann im VB hochgezogen hatte, eine Rolle.

Die geheime Parteileitung der verbotenen NSDAP erließ wenige Tage nach dem Parteiverbot einen undatierten Aufruf[89]: „Wir anerkennen nicht die widerrechtliche, nach einem Treubruch sondergleichen angeordnete Auflösung unserer Partei! Das ruchlose Verbrechen des 9. November verpflichtet uns, schärfer noch als bisher den Kampf gegen die deutschfeindlichen Mächte des Judentums und des römischen Jesuitenordens zu führen. Wir werden dem Versuch, durch den wüsten Terror dieser Tage die ganze deutsche Freiheitsbewegung niederzuknüppeln, die gewaltige Stärke unseres

---

86 Fotokopie, letzte Seite eines Berichtes Himmlers über den 8./9. 11. 1923, BA. — Dr. Gottfried Grandel schrieb am 12. Dezember 1923 an einen Freund: „Man unterschätzt die Bedeutung der klerikalen Partei und ihre Macht in ihren Kreisen sehr. Nicht Juda, sondern Rom wurde Hitler zum Verderben . . .". Abschrift, Privatbesitz.

87 Wille und Macht, September 1937, H. 17. Dokumente.

88 Aussage Drexler am 30. 11. 1923; Pol.Dir. München, Abschrift. Rosenberg war außerdem Mitarbeiter beim „Völkischen Kurier" und gab die Zeitschrift „Weltkampf" ab 1924 heraus.

89 Dokumente der Zeitgeschichte, S. 146; siehe auch Ursachen und Folgen, V, S. 444.

Glaubens und aller unserer Organisationen in Stadt und Land und jenseits der Reichsgrenzen entgegenwerfen! Mit zäher fanatischer Treue halten wir an unserm Deutschtum, an unserer Mission, an unserem eisernen Willen zum Siege fest! Parteileitung der Nat. Soz. Deutschen Arbeiterpartei. München, November 1923."

Die Drohung, die Parteitätigkeit trotz Verbot und Auflösung fortzusetzen, war keine leere Trotzgebärde. Das taten die Hitleranhänger in den einzelnen deutschen Ländern seit Beginn der Parteiverbote im Jahre 1922. Die unbekümmerte Frechheit, mit der die verbotete Agitation angekündigt und durchgeführt wurde, war ein trauriges Zeugnis des mangelnden Ansehens des Staates und seiner Autoritätsträger, vor allem bei der Jugend[90].

So führte der zwanzigjährige Lenk den von ihm gegründeten nat. soz. Jugendbund weiter unter dem Namen „Vaterländischer Jugendbund Großdeutschlands". Lenk wurde am 13. Dezember 1923 deshalb in Schutzhaft genommen, am 21. Dezember 1923 wurde er wieder auf freien Fuß gesetzt[91]. Im April 1924 organisierte er neuerdings die „Großdeutsche Jugendbewegung" und führte sie verbotenerweise bis zu seiner neuerlichen Verhaftung am 25. November 1924. Das Verfahren gegen Lenk wurde erst am 23. Januar 1926 eingestellt[92].

Röhm erließ unmittelbar nach seiner Verhaftung vom Gefängnis Stadelheim aus folgenden Aufruf an seine „Reichskriegsflagge" (14. 11.)[93]: „Dem ersten Ansturm der völkischen Freiheitsbewegung am Jahrestag der Novemberrevolte 1918 war der Sieg versagt. Wir haben eine Schlacht, aber nicht unsere Sache verloren. Die R.K.F. hat am 9. 11. 1923 gleich ihren Kameraden der NSDAP und des ‚Oberland' die Waffen senken müssen. Sie ist mit ihren Waffengefährten von dem Generalstaatskommissar von Kahr aufgelöst und verboten worden. Zwei edle Kameraden haben ihre Treue mit dem Tode besiegelt, der unvergeßliche Sturmtruppführer, Leutnant Casella, der Besten einer von uns, und unser Freund Faust. Sie werden vor Gott zeugen, daß es noch ein junges Deutschland gibt, das für die Befreiung des Vaterlandes die höchsten Opfer zu bringen bereit ist. Euch allen, liebe Kameraden, danke ich für die Treue, Manneszucht und Tapferkeit, die ihr

90 BHSTA, GStK, Nr. 4; Lagebericht Nr. 3 v. 22. 1. 1924.
91 Abschrift des Schutzhaftbefehls, Fotokopie, Privatbesitz.
92 Erinnerungen Lenk.
93 Röhm, Die Geschichte eines Hochverräters, S. 256.

eingedenk eures Gelöbnisses in schweren Stunden gehalten habt, die auch dem waffenstarrenden Gegner Achtung abgenötigt hat. Unser Ehrenschild glänzt strahlender denn je. Der Stolz auf euch, Kameraden, wird mich in den Mauern des Gefängnisses, in das ich nun geworfen bin, glücklich sein lassen."

Im Gegensatz zu der haßerfüllten Reaktion der fanatischen Parteigänger Hitlers lehnte Röhm aus seiner soldatischen Gesinnung heraus die hemmungslose Hetze gegen Reichswehr und Landespolizei ab. Im Dezember 1924 erklärte er auf einer Kundgebung des „Frontbanns" in Anwesenheit Ludendorffs, „daß die Wehrverbände unbedingt auf ein freundschaftliches Verhältnis mit Reichswehr und Polizeiwehr hinarbeiten müssen, da dieselben am 9. November 1923 nur ihre Pflicht erfüllt hätten[94]".

Dem Rittmeister Schraut von der Landespolizei, der an der Feldherrnhalle gefallen war, widmete Röhm in seinem Buch einen ehrenden Nachruf[95].

Am 16. November 1923 erließ das geheime Oberkommando der SA folgenden „*Befehl*"[96]:

„1. Die Parteileitung und das Oberkommando der SA sind intakt und nach wie vor in München. Die Parteileitung setzt sich zusammen aus: Anton Drexler, Ingenieur Feder und Dr. Klotz. Das Oberkommando steht unter dem Befehl des Kapitänleutnants Hoffmann, dessen Beauftragte der Major Buch, Hauptmann Kolb und Leutnant Weiß sind. Befehle von anderer Hand unterzeichnet oder mündliche Besprechungen mit anderen Persönlichkeiten der Partei haben keine Gültigkeit. Gegengezeichnet sind alle Befehle durch die Adjutantur (Unterschrift: Schreck).

2. Aus taktischen Gründen kann es notwendig werden, daß sich einzelne Truppenteile einem anderen völkischen Verbande anzuschließen gezwungen sind. Dabei ist grundsätzlich nach folgenden Richtlinien zu verfahren: Der Anschluß hat geschlossen unter dem derzeitigen Führer vor sich

---

94 Aus einem Bericht der Pol.Dir. Nürnberg-Fürth v. 19. 12. 1924, BGSTA, MA 103473.

95 Röhm, S. 226 f.

96 Zitiert nach Haase, Aufstand in Niedersachsen, S. 355. — Der Befehl stammte von Walter Buch. BHSTA, SA, I, 1497 a. — Am 23. November ergingen von München genaue Anweisungen über Deckname und Chiffrierschlüssel. Haase, S. 356.
„Der Münchner Chiffrierschlüssel wurde von Haase bis zur Machtübernahme in Obhut genommen und sodann als einzig erhaltenes Stück im ganzen Reich dem Hauptarchiv der NSDAP gestiftet." Haase, S. 360.

zu gehen, ein Anschluß einzelner Leute oder ein Aufteilen einer SA in einen anderen Verband ist verboten. Alle Anschlüsse sind vorbehaltlich der Genehmigung des Oberkommandos abzuschließen. Über die Verhandlungen ist umgehend an das Oberkommando Bericht zu erstatten.

3. Der Verkehr mit dem Oberkommando München ist wegen polizeilicher Überwachung brieflich und fernamtlich bis auf weiteres verboten. In dringenden Fällen sind beglaubigte Befehlsempfänger nach München zu entsenden, im übrigen sind die weiteren Befehle des Oberkommandos abzuwarten.
4. Die vordringlichste Aufgabe der SA-Führer und der Leiter der Ortsgruppen ist, ein Zerflattern der politischen und militärischen Verbände der Partei zu verhindern. Es darf nicht vergessen werden, daß die Stoßkraft unserer Bewegung auf der SA beruhte, sie muß daher erhalten bleiben.
5. Alle Unterführer sind von Ziff. 1—4 sofort zu verständigen.

Die Adjutantur: Das Oberkommando der SA
gez.: Schreck Die Parteileitung."

Die in Punkt 1 angegebene Zusammensetzung der Parteileitung stimmte nicht[97]. Schon wurde die Verwirrung deutlich sichtbar, die in den ersten Tagen nach dem Putsch herrschte. Punkt 2 richtete sich vermutlich gegen Versuche von Kapitän Ehrhardt, geschlossene Verbände der SA zu übernehmen; diesen Verdacht sprach jedenfalls Drexler aus[98].

Am 23. November fand eine Besprechung in der Wohnung des Justizrats Bauer statt, an der folgende Personen teilnahmen: Alfred Rosenberg, Wilhelm Weiß, Anton Drexler, Gottfried Feder, Major Walther Buch (Nürnberg), Max Weber, Stuttgart, ferner der Schriftleiter der „Sturmglocke" Augsburg namens Mänder. Diese Zusammenkunft hatte den Charakter einer konstituierenden Sitzung der geheimen Parteileitung. Beschlossen wurde die Abfassung eines Rundschreibens an sämtliche Organisationsgruppen der Partei, zu dem sich Rosenberg erbot, ferner sollte eine Samm-

97 Anscheinend haben bis zum Eintreffen von Hitlers Anordnung, daß Rosenberg die Parteiführung übernehmen solle, Drexler, Feder, Klotz zunächst aus eigenem Antrieb eine provisorische Parteileitung gebildet. Drexler stritt bei der Vernehmung jedoch jede Zugehörigkeit zur geheimen Parteileitung ab.

98 Aussage Drexler; BHStA, SA I, Nr. 1497 a.

lung für die Hinterbliebenen der Gefallenen, für die Familien der Verhafteten und für das brotlos gewordene Personal der verbotenen Parteiorganisation in die Wege geleitet werden[99]. Zu diesem Zweck wurde schließlich ein „Ausschuß zur Unterstützung der Hinterbliebenen der Opfer des 9. November 1923" gebildet[100].

Genaue Anweisungen über Decknamen und Chiffrierschlüssel wurden ebenfalls beschlossen. Deckname für die Parteileitung war „Rolf Eidhalt". Die Bezeichnung setzte sich aus den Buchstaben des Namens von Adolf Hitler zusammen[101].

Am 27. November scheint wieder eine Sitzung der geheimen Parteileitung stattgefunden zu haben, auf der das Rundschreiben über Organisation ausgearbeitet wurde[102].

Am 5. Dezember 1923 erhielt die Ortsgruppe Göttingen folgende Mitteilung:

---

99 Aussage Drexler.

100 Um die Sammlung von Geldmitteln für die Opfer des 9. November bemühte sich Drexler laut Aussage vom 30. 11. 1923:
In einem Brief an seine Frau aus Landsberg v. 7. 12. 1923 verwies er sie an Rechtsanwalt Roder, den Verteidiger Hitlers, bei dem ein Fonds angelegt werde. Dort könne sie sich Geld holen. Auch bat er seine Frau, die Familie von Ulrich Graf, die völlig hilf- und mittellos sei, von dem Geld zu unterstützen.
Auch Esser gab an, in Österreich Mittel für den gleichen Zweck und für die Fortführung der verbotenen Partei gesammelt zu haben. Aussage Esser v. 8. 4. 1924.
Über die Geldsammlungen in Österreich heißt es in einem Polizeibericht aus Salzburg v. 15. 1. 1924:
„Was die Geldsammlungen anbelangt, so sind dieselben in Salzburg eingestellt worden, da über die bereits gesammelten und abgelieferten 34 Millionen Kronen kein klarer Verwendungsnachweis und kein Erfolg sichtbar wurde. Laut Quittung erhielten von Salzburg aus:

Esser:	2.5	Millionen Kronen
Hoffmann:	1.25	Millionen Kronen
Neunzert:	500 000	Kronen
Rosenberg:	7	Millionen Kronen, die dem VB zugedacht waren. Rosenberg verbrauchte davon 3.5 Millionen für sich.
Schneider:	800 000	Kronen
Baldenius:	500 000	Kronen
Hanfstängl:	1	Million Kronen
Körber:	500 000	Kronen
Henrici:	500 000	Kronen
Drechsler:	80	Dollar.

Vorhanden ist nichts mehr, der Rest wurde bei Eckarts Beerdigung aufgebraucht."
Auch bei den Sudetendeutschen wurde gesammelt, u. a. auch von Gottfried Feder. BGSTA, MA 103473.

101 Haase, Aufstand, S. 356.

102 Aussage Drexler.

„1. Ein Schriftwechsel, der von der einzigen rechtmäßigen Leitung ausgeht, trägt am Kopf den diesem Schreiben oben links beigedruckten Stempel mit dem Decknamen ‚Rolf Eidhalt'.

2. Die Führer werden ersucht, die laufende Mitgliedsbeiträge in Form eines Notopfers einzuziehen und wertbeständig anzulegen. Das Geld soll zur Unterstützung der Hinterbliebenen und Verwundeten des 9. November und zur Aufrechterhaltung der Parteigeschäfte verwendet werden.
Über die Art der Überweisung der Gelder nach München erfolgt noch weitere Mitteilung.

3. Ein Plan über die Neuorganisation der Partei geht den Ortsgruppen zu, sobald die Einteilung der Bezirke durchgeführt ist. Die Führer der O.G. müssen bis dahin sorgen, daß die Anhänger unserer Bewegung nicht abspringen. Der Charakter unserer Bewegung als Geheimorganisation befreit ja an sich die O.G. von lauwarmen Mitläufern.

4. Die weiteren Befehle und die Deckadresse der Parteileitung sind abzuwarten.
Rolf Eidhalt[103]."

Die Ortsgruppe Göttingen erhielt am 4. Januar 1924 „die Mitteilung, die Parteileitung wie auch das O.K. seien neu besetzt worden. Alfred Rosenberg hatte inzwischen die Zügel an sich genommen ...[104]"

Am 14. Januar 1924 erhielt der Ortsgruppenleiter Hannover folgenden Rundbrief von der geheimen Münchner Zentrale[105]: „Noch nie ist der Boden für den nat. soz. Gedanken günstiger gewesen, als jetzt. Allerdings können wir keine Zeitungs- und Versammlungspropaganda betreiben und müssen uns auf Werbung von Mund zu Mund und auf die Verbreitung von Flugschriften und das völkische Buch stützen. Wir müssen, wie Ludendorff vor einigen Tagen sagte, uns mit aller Energie auf diese Art von Propaganda verlegen.

Keine Ortsgruppe sollte deshalb ohne Propaganda- und Bücherwart sein, der möglichst viele Helfer für Kolportage usw. heranzuziehen hat. (. . .) Der ‚Deutsche Volksverlag' Dr. E. Böpple, München, Adelheidstr. 36, des-

103 Haase, Aufstand, S. 361. Das gleiche Schreiben ging offensichtlich an alle Ortsgruppen, z. B. erhielt die Ortsgruppe Straubing (Ndb.) dasselbe Schreiben. „Wille und Macht", September 1937, H. 17, Dokumente.

104 Haase, S. 362.

105 Ebda.

sen Bücher und Schriften jedem Parteimitgliede bekannt sein dürften, gibt unseren Ortsgruppen bei Barbezug (. . .) und Sammelsendungen nicht unter 5-kg-Paket 40 Prozent Rabatt, die der Ortsgruppenkasse zufließen sollen. Die beiliegende Hitlerpostkarte muß in Millionen Stücken als Symbol unseres Führers in unserem Volke wirken. Der Name Adolf Hitlers muß immer wieder dem deutschen Volke in Erinnerung gebracht werden. Beiliegendes Schriftchen ‚Jesuitismus als Volksgefahr', das als Heft 1 einer Flugschriftenreihe ‚Völkisches Rüstzeug' gedacht ist, muß allergrößte Verbreitung besonders in Norddeutschland finden, damit überall erkannt wird, welche Kräfte am 9. November unsere Bewegung zu vernichten wähnten. Weitere Flugschriften unserer führenden Parteigenossen in der Reihe ‚Völkisches Rüstzeug' sind im ‚Deutschen Volksverlag' in Vorbereitung . . .

Rolf Eidhalt."

Während die geheime Parteileitung Rosenberg um die Jahreswende 1923/24 sich bemühte, ihre schwierige Arbeit aufzunehmen, setzte gleichzeitig der innere Zerfall ein. Die erste große Spannung ergab sich aus dem Gegensatz zwischen den im Lande Gebliebenen und den außer Landes Geflüchteten, die ihren Sitz in Salzburg hatten.

Der Leiter des geheimen Oberkommandos der SA, Kaptlt. a. D. Alfred Hoffmann, traf am 15. November, zusammen mit seinem Mitarbeiter Ernst Schleburg, in Salzburg ein. Er genoß dort die Gastfreundschaft von Dr. Hlawacek, der angeblich ein Verwandter von Putzi Hanfstängl war. Hoffmann kam mit dem Auftrag Rosenbergs, die Leitung in Salzburg zu übernehmen[106]. Dies war der eigentliche Grund für die rasch zutage tretende feindselige Haltung Essers und Hanfstängls gegenüber Hoffmann. Esser war am 25./26. November über die Grenze geflüchtet; er hielt sich zunächst in Salzburg, dann in Innsbruck und schließlich in Kärnten auf, bis er Ende März 1924 wieder nach München zurückkehrte[107].

Esser und Hanfstängl intrigierten bei Göring, der sich in Innsbruck aufhielt, gegen Hoffmann[108]. Beide, Esser und Hanfstängl, lehnten den Balten Rosenberg ab; die Voreingenommenheit des bayerischen Elements gegen das nichtbayerische fand darin ihren Ausdruck, die sich jedoch nicht gegen Hoffmann richtete, sondern aus einen bestimmten Grund auf Rosenberg

106 Schriftl. Erklärung Hoffmann; Durchschlag, Privatbesitz.
107 Aussage Esser v. 8. 4. 1924.
108 Erklärung Hoffmann.

konzentrierte. Esser und Hanfstängl waren sich einig in der entschiedenen Ablehnung aller Bestrebungen, aus einem politischen Zeitprogramm eine „Weltanschauung" zu machen[109]: der Hauptvertreter dieser Tendenzen in der Partei war Rosenberg.

Zu Esser und Hanfstängl gesellte sich in Salzburg noch Lüdecke, der von Esser kurz vor dem Putsch als VB-Korrespondent in Rom bestätigt worden war. Lüdecke war sehr umstritten[110]; er reiste mit Vollmacht Hitlers im Jahre 1924 nach Amerika, um dort Gelder für die Partei zu sammeln[111].

Nach Hoffmanns Aussage führte Esser auch Angriffe gegen Offiziere. Schließlich wurde er aus Salzburg verwiesen, nachdem Dr. Hlawacek ihm schon vorher das Betreten seiner Wohnung verboten hatte. Esser habe, so äußerte sich Hoffmann, durch sein taktloses und lautes Benehmen auch die übrigen Flüchtlinge gefährdet. Zu der Erklärung Hoffmanns nahm Hanfstängl am 1. Februar 1924 ausführlich Stellung[112], nachdem Hoffmann wegen der Verleumdungen seine Ämter niedergelegt hatte[113]. Hanfstängl bemerkte eingangs, er habe tags zuvor, am 31. Januar 1924, von der Hoffmannschen Erklärung Kenntnis erhalten. Er bedauere, gegen Hoffmann, der ihm „einer der sympathischesten Menschen" gewesen war, Stellung nehmen zu müssen. Schuld an dem Zerwürfnis Esser-Hoffmann sei die „Münchner Leitung (R)" — damit war Rosenberg gemeint. Sie habe mit wenig eingearbeiteten Kurieren — Graf Treuberg und Schleburg — „allzu dürftig . . . die weitaus wichtigste außerbayerische Parteigruppe in Salzburg" abgefertigt. Ferner „ist mir heute klar . . . , daß endlich die Münchner Leitung nicht genügend hervortrat, so daß die geradezu anarchischen Zustände immer mehr Boden gewinnen konnten". Esser war laut einer Verfügung Hitlers „zusammen mit Amann und Streicher gewissermaßen als Arbeitsausschuß bestellt worden". Aus Hoffmanns Erklärung ergebe sich, so stellte Hanfstängl fest, „daß Graf Treuberg mit zu dem Zweck nach Salzburg gesandt worden war, um die letzte Hitlersche Verfügung: ‚vor meiner Verhaftung', in dem Sinne einzuschränken, daß Herr Esser nicht selbständig, sondern in

109 MM Esser v. 12. 1. 1963.
110 Siehe Franz-Willing, I, S. 195, 280, 286 f.
111 Siehe auch Lüdecke, I knew Hitler, S. 176.
112 Durchschlag, Privatbesitz.
113 Erklärung Hoffmann: ferner Pol.Ber. aus Salzburg v. 15. 1. 1924, BGSTA, MA 103473; BHSTA, SA I, 1497 a.

Zukunft unter dem SA-Kommandeur Kptlt. Hoffmann zu funktionieren habe". Graf Treuberg habe anscheinend nicht den Mut gehabt, Esser reinen Wein einzuschenken. Dieser fühlte sich mit Recht zurückgesetzt und war nicht gewillt, sich ausschalten zu lassen, vor allem abgeneigt, sich der SA-Führung zu unterstellen. Hoffmann habe sich hartnäckig geweigert, zusammen mit Esser und Hanfstängl zu Göring zu fahren. „Ich möchte sagen", fuhr Hanfstängl wörtlich in seiner Niederschrift fort, „daß meine Reise nach Innsbruck nur auf wiederholtes Verlangen und Drängen des Hptm. Göring, Baron Marschall und des Kuriers Greinz erfolgte." Hanfstängl war morgens nach Innsbruck gefahren, zusammen mit Lüdecke, der in die USA weiterreiste. Hanfstängl ging allein zu Göring; Esser, der den Frühzug versäumt hatte, traf erst anderntags ein.

Wörtlich äußerte sich Hanfstängl über die inneren Spannungen zwischen dem norddeutschen und dem bajuwarischen Element in der Führung der Hitlerbewegung: „Indem in den letzten Wochen vor dem November 1923 tatsächlich eine Phase innerhalb der Partei eingetreten war, die sich mir wenigstens als ein etwas einseitig Norddeutsch ausgesprochener Verjunkerungsprozeß darstellte, und indem Esser besonders auf die Gefahr hinwies, die in der *landfremden*, allzu einseitig Norddeutsch eingestellten Presse-*Propaganda des ‚Völkischen Beobachters'* (kulturkämpferischer Kampf, unnötige, agnostische Confessionsdebatten) latent gewesen waren, sprach er mir aus dem Herzen. Man darf nicht vergessen, daß es letzten Endes der *ultramontan geförderte Bajuwarismus* ist, der die verhängnisvolle Vorbedingung zum völkischen Fiasko vom November 1923 in sich barg. Diese Bedenken wurden jedoch von Hoffmann und Baldenius nicht geteilt und unser Ersuchen, auf Bayerische Belange mehr Rücksicht zu nehmen, mit dem Ausdrucke ‚Weißwurstnation' etc. abgetan, was naturgemäß Essers Erregung nicht sonderlich zu beschwichtigen angetan war. Übrigens ist diese souveräne Intoleranz Norddeutscher gegenüber Bayern ein unseliger taktischer Fehler, der sich verfolgen läßt durch die letzten hundert Jahre, von den „Nordlichtern" unter Maximilian II. bis zu dem taktlos-impulsiven, junkerischen Hans von Bülow . . . Daß Bayern im norddeutschen-fortschrittlichen Sinne behandelt werden kann, hat Otto von Bismarck bewiesen. *Bismarck vergaß nämlich nie, wo der alte Römische Limes-Boden beginnt*, wo mit alten *Römisch-Bajuwarischen Atavismen* zu rechnen war. Es ist noch heute so wie zu Bismarcks Zeiten: Das Nationale verkörpert sich für den Bajuwaren zunächst in der *weiß-blauen Raute* . . . Die Raute ist für den Bayern das Rassische, das Blutmäßige. Der Kampf um die bayerische Seele ist der Kampf um die Raute . . . Ich stehe noch heute auf dem Standpunkt, daß es ein schwerer Mißgriff der Münchner Leitung war, je versucht zu haben, Esser auf jene Weise, wie es geschehen ist, unter offenbarer Ignorierung der Hitlerschen Verfügung und unter Ignorierung seiner eigenen Person, *seines beratenden* Postens zu entheben und ihn dem Ressortchef der unpolitischen Abteilung zu unterstellen. Eine ‚Monarchie' Rosenbergs ist wohl keineswegs die letzte Intention Hitlers gewesen, sondern eine Verweserschaft, ein *Vikariat, denn solange Adolf Hitler lebt, gibt es nur ihn als Führer.* Ich halte es geradezu für einen Beweis Hitlerscher Klugheit in seiner letzten Uffinger Verfügung vom 11. November 1923, dem Baltisch reservierten Rosenberg Leute wie den jetzt leider verhafteten volkstümlichen fränkischen Streicher und den beweglichen ‚putschenden' Esser beigegeben zu haben, wodurch der so nötigen Fühlung mit den Massen Gewähr geleistet wird[114]."

In einem Nachwort von Ende Februar 1924 heißt es dann: „Inzwischen hat der Hitlerprozeß angefangen. Ich erachte es für zweckdienlich, die obige Angelegenheit zu sistieren. Sie ist allzu geringfügig. Wie ich höre, ist jetzt mit Wissen Adolf Hitlers ein Direktorium R X D X J X T geschaffen. Dieses arbeitet mit Esser zusammen. Dies muß mir zunächst genügen[115]."

Es war richtig, den Streitfall als „allzu geringfügig" zu betrachten; für die Bewegung, für ihre Anhänger war der Hitlerprozeß eine ungleich wichtigere Sache. Aber für den kritischen Beobachter der Ereignisse war der Vorfall doch symptomatisch, weil er die inneren Spannungen und Gegensätze beleuchtete. Der Streit zwischen dem bayerischen und dem baltischen Element war nur das äußere Spiegelbild der inneren Auseinandersetzung um die Frage, ob die Bewegung ein zeitbedingtes politisches Programm oder eine neue Weltanschauung verfocht. Ebenso symptomatisch war bei diesem Streit wie bei allen weiteren Zwistigkeiten, daß sich die kleinen Hitler immer auf den großen Hitler beriefen, ein sicheres Zeichen dafür, daß er eben nicht mehr bloß der „Trommler", der „Johannes der Bewegung" oder nur der Parteivorsitzende, sondern daß er wirklich „Der Führer" war. Das Jahr 1924 brachte vollends den Beweis, daß die Bewegung ohne ihn nicht leben konnte.

114 Hanfstängls Stellungnahme, Durchschlag, Privatbesitz.
115 Ebda. — Gemeint ist mit dem „Direktorium": Rosenberg-Drexler-Jakob-Treuberg.

Die Geflüchteten erwiesen sich für die österreichischen Parteigenossen rasch als eine solche Belastung, daß die Unterstützung eingestellt wurde. Daher konnte auch der VB nicht länger mit österreichischen Hilfsmitteln weitergeführt werden. Schon im Januar 1924 lastete eine ungedeckte Schuld von fünfzehn Millionen Kronen auf dem Verlag[116].

Über die propagandistische Unterstützung der verbotenen NSDAP von Salzburg beschwerte sich der bayerische Ministerpräsident Knilling am 12. Januar 1924 in einem Schreiben an den salzburgischen Landeshauptmann Dr. Röhrl. Nationalsozialistische Zeitungen wurden unter den verschiedensten Decknamen und Titeln in Bayern verbreitet: „Der Jungdeutsche", „Großdeutschland", „Freiheitskampf", „Mainzer Volksbote". Sie kamen alle aus dem gleichen Salzburger Zeitungsbetrieb. Böses Blut machte besonders der Artikel „Herbstübung 1923", den Stolzing im „Mainzer Volksboten" veröffentlichte. Da auf diese Weise die geheimen militärischen Vorbereitungen der Reichswehr bekanntgemacht wurden, wurde dies als Landesverrat betrachtet. Stolzing brachte mit diesem Artikel auch die Verteidiger im Hitlerprozeß gegen sich auf. Die Rechtsanwälte Roder und Schramm hatten nämlich vereinbart, daß nur nach Übereinkunft den Prozeß betreffende Mitteilungen veröffentlicht werden dürften, weil sonst der Verteidigung die besten Trümpfe vorweggenommen würden. Das war nun durch Stolzings Artikel geschehen.

Der Polizeibericht schloß mit der bezeichnenden Feststellung: „Dieselben Verhältnisse, die schon früher jede produktive Arbeit unmöglich machten — gegenseitiges Mißtrauen, Verleumdungen und Selbstsucht — haben auch den Versuch der österreichischen Landesleitung, von Salzburg aus die bayerische Partei wieder aufzurichten, unmöglich gemacht[117]."

Nach dem gescheiterten Versuch, auf gewaltsamem Wege die Macht zu ergreifen, war es naheliegend, den gesetzlichen Weg einzuschlagen[118]. Auch Hitler konnte sich dieser Überlegung nicht versagen. Alles kam darauf an,

116 Polizeibericht v. 15. 1. 1924.

117 Polizeibericht v. 15. 1. 1924 aus Salzburg, MA 103 473.

118 Drexler erklärte bei seiner Vernehmung: „Vor allen Dingen war es mir und den noch nicht verhafteten näher bekannten Parteigenossen darum zu tun, das Verbot der Partei wieder aufheben und die Bewegung auf einer breiten Basis wieder aufleben zu lassen. Es wurde auch darüber gesprochen, die Bewegung zu parlamentarisieren und den Völkischen Beobachter wieder freizubekommen. Ein Hauptgegenstand der Besprechungen war auch die Herbeischaffung von Geldern für das notleidende Personal, für die Hinterbliebenen und Verwundeten." Aussage am 30. 11. 1923.

die Handlungsfreiheit wiederzugewinnen; das war nur auf parlamentarischem Wege möglich. Da die Partei verboten und an eine rasche Aufhebung des Verbotes nicht zu denken war, mußte die Bewegung auf gesetzlichem Boden unter anderer Bezeichnung und mit parlamentarischem Vorzeichen weitergeführt werden[119].

Die Hitlerbewegung ohne Hitler war ein Körper ohne Herz und Gehirn; der große Hitler war verstummt und ausgeschaltet, die kleinen Hitler zerstritten sich. Wohl versuchte Hitler aus dem Gefängnis heraus auf den Gang der Ereignisse Einfluß zu nehmen. Jedermann, der in der Bewegung eine führende Rolle spielen wollte, berief sich, mit Recht oder Unrecht, auf ihn. Dieser unerfreuliche Zustand dauerte bis Juni 1924. Da entschloß Hitler sich in der Erkenntnis, daß er von der Festungsanstalt aus die Entwicklung doch nicht in seinem Sinne lenken konnte, sich jeglicher Einmischung und aller Entscheidungen grundsätzlich zu enthalten. Er griff erst wieder nach seiner Entlassung ein.

So ist die Entwicklung zwischen dem Verbot der Partei am 9. November 1923 bis zu ihrer Wiederbegründung am 27. Februar 1925 durch die genannten zwei Etappen gekennzeichnet.

Der in der Diskussion zwischen Hanfstängl und Hoffmann zutage tretende Gegensatz zwischen dem bayerischen und nichtbayerischen Element hatte besonders durch die Militarisierung der Partei im Jahre 1923 die Oberhand gewonnen: das eingesessene, bayerische Element war von der Gründung her vertreten durch Dietrich Eckart, Anton Drexler, Ernst Röhm, Gottfried Feder, Hermann Esser, Max Amann, Ernst Hanfstängl, Julius Streicher, Hans Jacob, Christian Weber, Josef Berchtold, Philipp Bouhler. Die

---

119 In den parteiamtlichen „Daten der Geschichte der NSDAP", hrsg. v. Volz, 11. Aufl., 1943, S. 15, heißt es unter „IV. Die verbotene NSDAP 1924" wörtlich:
„Ziel der Partei: Da nach dem Zusammenbruch der Erhebung vom 8./9. November 1923 und der Beendigung der Inflation (16. November 1923: Rentenmark) und der Stabilisierung der wirtschaftlichen und politischen Verhältnisse in Deutschland an eine gewaltsame Machtübernahme nicht zu denken ist, nimmt die Partei zusammen mit den Völkischen seit Anfang 1924 grundsätzlich an Wahlen teil, um auf dem parlamentarischen Wege die Macht zu erringen. Doch gehen die anfänglichen Erfolge wegen der Ausschaltung Hitlers und der dadurch entstandenen Zersplitterung der Parteigenossenschaft in verschiedene, sich gegenseitig bekämpfende Gruppen bald wieder verloren.
Ausbreitung der Partei: Durch die von Hitler ausgerufene nationale Revolution werden erstmalig weite Kreise in ganz Deutschland auf die NSDAP und ihren Führer aufmerksam: Sowohl die Ereignisse des 8./9. November 1923 als auch der Hitlerprozeß tragen in erheblichem Maße zur Verbreitung des Nationalsozialismus über Bayerns Grenzen hinaus bei."

„Zugewanderten“, die sich 1923 mehr und mehr in den Vordergrund schoben, waren die Baltendeutschen Alfred Rosenberg und Scheubner-Richter, und vor allem auch die Offiziere im Oberkommando der SA, nämlich Hermann Göring mit seiner schwedischen Frau — obwohl Göring in Rosenheim geboren war, galt er doch als Vertreter des norddeutschen Offiziertyps — Kptlt. Alfred Hoffmann (Berliner), Ulrich Klintzsch, Baldenius, Wegelin. Dazu kamen die unterirdischen Einflüsse ganzer Gruppen, wie besonders der baltendeutschen und russischen Emigranten, deren sichtbare Vertreter Rosenberg und Scheubner-Richter waren. Das Oberhaupt des norddeutschen Elements war General Ludendorff[120]. Gerade von den „Zugewanderten“ wurde die kulturkämpferische Note in die Bewegung hineingetragen und immer stärker betont; Rosenberg und Ludendorff waren die Hauptrepräsentanten dieser unseligen Bestrebungen.

Der zweite Gegensatz war der zwischen den Geflüchteten und den im Lande Verbliebenen; im Mittelpunkt des widerwärtigen Streites im Kampf um Macht und Einfluß zwischen diesen beiden Gruppen stand Hermann Esser.

Die dritte und gefährlichste Spannung ergab sich aus dem Kampf zwischen der unterirdischen Münchner Zentrale und den norddeutschen Völkischen, die in der DVFP unter Führung von Graefe, Wulle und Henning das Erbe Hitlers in ganz Deutschland übernehmen wollten. Diese Richtung wurde deshalb die gefährlichste Bedrohung, weil Ludendorff völlig auf seiten der DVFP stand und unter dem Einfluß der genannten drei Führer die Schirmherrschaft der Bewegung und aller rechts von der DNVP stehenden Verbände beanspruchte. Seine kulturkämpferischen Bestrebungen wurden gerade von Graefe und Wulle gefördert; er war von ihnen weitgehend abhängig geworden. So wurde Ludendorff zum eigentlichen Spaltpilz für die Hitlerbewegung im Jahre 1924.

Die Deutschvölkische Freiheitspartei, von Graefe wieder ins Leben gerufen, versuchte, mit Hilfe des Namens Ludendorff die völkische und die Hitlerbewegung zu vereinigen.

Mit dem Eintritt in die Parlamente im Jahre 1924 wurde dann die Kluft zwischen den pro- und den antiparlamentarisch Eingestellten aufgerissen. Der Zerfall der Bewegung drückte sich auch in der ständig und willkürlich

---

120 Siehe unter anderem: Ludendorff und wir Bayern. Ein Spiegelbild für die „Völkischen“, Verlag „Bayerischer Kurier“, München 1924.

wechselnden Doppelbezeichnung, einmal mit „völkisch", einmal mit „nationalsozialistisch", aus. Die Unklarheit und Verschwommenheit im Gebrauch dieser Begriffe war nicht nur Ausdruck taktischer Meinungsverschiedenheiten, sondern grundsätzlicher Art.

War „Völkisch", war „Nationalsozialistisch" dasselbe? Niemand wußte es genau; niemand bemühte sich um Klärung; im Gegenteil, gerade von seiten der DVFP und von Ludendorff wurden die Begriffe in einen Topf geworfen. Und doch zeigte die Entwicklung, daß tiefgehende, grundsätzliche Unterschiede sich dahinter verbargen. Für die weltanschauliche Entwicklung der Hitlerbewegung wurde es schicksalhaft, daß diese Unterschiede nie geklärt, nie durchdacht, daß das Gedankengut nie ausgegoren wurde. Infolge der dämonischen Unrast Hitlers und der sich überstürzenden allgemeinen Entwicklung blieb keine Zeit zur geistigen Klärung und Reife. Zunächst fischten die Deutschvölkischen unter Graefe, Wulle, Henning und ihrem Schirmherrn Ludendorff im Jahre 1924 im Trüben.

Die „Großdeutsche Zeitung", das Sprachrohr der „Großdeutschen Volksgemeinschaft", der eigentlichen Ersatzorganisation der NSDAP, bemühte sich um eine Begriffsklärung: „Völkisch sein heißt: alle Blutsverwandten reiner Abstammung hinzuführen zu der bewußten Volksgemeinschaft. Es widerspricht dem Sinn der Volksgemeinschaft die Zersplitterung in Parteien; sie weist das trennende Parteien-Unwesen weit von sich[121]." Die Definition könnte von Drexler stammen, der in der GZ als Schriftleiter mitarbeitete.

Die GZ brachte auch aus der Feder des an der Feldherrnhalle gefallenen Oberstlandesgerichtsrates Theodor von der Pfordten einen Aufsatz: „Der weltgeschichtliche Sinn der völkischen Bewegung[122]."

Auch Rosenberg versuchte eine Begriffsklärung herbeizuführen in einem Artikel „Völkisch und nationalsozialistisch" im „Völkischen Kurier"[123]. „Der Begriff des Völkischen umfaßt in verneinendem Sinne", so schrieb er, „zunächst alle jene Kräfte, die in *jeder* Internationale ihren Gegner fühlen und in bezug auf den ganzen Erdball den Rassengedanken als den eigentlichen Tragpfeiler der Staaten anerkennen. Der völkische Gedanke birgt in sich den Begriff des Sozialen, da die unserer Not entsprungene völkische Bewegung tiefliegende soziale Wurzeln hat und Ziele wieder anerkennt, die

121 GZ, Nr. 23 v. 23. 2. 1924, S. 2.

122 GZ, Nr. 8 v. 6. 2. 1924, S. 3: „Das Vermächtnis eines Toten". Zuerst veröffentlicht in „Heimatland. Vaterländisches Wochenblatt", F. 46 v. 10. 11. 1923.

123 „Völkischer Kurier", Folge 118 v. 24. 6. 1924, S. 1.

von der Sozialdemokratie schmählich verraten worden sind: die Erlösung der schaffenden Arbeit, die Befreiung einer um ihr Dasein betrogenen Schicht des Volkes, die Wiedererringung der Staatsmacht über private Spekulation." Aus der völkischen Bewegung schälte sich ein Kern heraus, der Nationalsozialismus, fuhr Rosenberg weiter. „In diesem Wort fand die neue Staatssynthese ihren eigentlich prägnanten Ausdruck: die beiden, in der völkischen Bewegung zu verschmelzenden, bis dahin nahezu feindlich gegenüberstehenden Kräfte wurden vereinigt. Das Wort Sozialismus entspricht einer Auffassung Bismarcks, der erklärte, der Staatssozialismus würde sich durchpauken. Wer seine Kraft erkenne, würde einst die Macht in Deutschland erringen." Ein solcher Staatssozialismus kann nur „von einem wirklichen Nationalstaat" in die Tat umgesetzt werden. „Eine einige Außenpolitik bekundet den Nationalstaat nur nach einer Richtung als Sicherung des Ganzen; der innerpolitische Prüfstein, die Sicherung des einzelnen durch den Staat ist — Sozialismus. Die außen- und innenpolitische Verwirklichung dieses Volks- und Rassenschutzes des Ganzen wie des einzelnen ist Nationalsozialismus."

Die theoretischen Bemühungen um eine reinliche Scheidung der Begriffe und der Anschauungen zu dieser Stunde änderten jedoch nichts an der harten Tatsache, daß die Verneinung des Bestehenden das einzige einigende Band zwischen Völkischen und Nationalsozialisten war; die gemeinsame Negation genügte jedoch nicht einmal für eine einheitliche Kampfesführung, geschweige denn für eine wirklich positive Zielsetzung.

Die Klärung aus der Gärung trat erst nach Hitlers Rückkehr ins politische Leben ein, dann erst schieden sich endgültig die Hitlerschen Nationalsozialisten von den Völkischen.

Die Gegensätze verschärften sich noch mehr durch den katastrophalen Geldmangel. Er war an sich nicht neu; die Partei, der Apparat, hatte immer nur von der Hand in den Mund gelebt. Der große Beweger Hitler hatte auch auf diesem Gebiet immer wieder Aushilfen gefunden und Brücken zu schlagen verstanden. Jetzt wurde der Geldmangel aber außer durch das Parteiverbot noch verschlimmert durch die Währungsreform, die Einführung der Rentenmark und die Deflationspolitik der Reichsregierung. Die künstlich erzeugte und gepflegte Geldknappheit entzog den aufgeschwemmten Organisationsapparaten der Verbände, so auch der verbotenen NSDAP, weitgehend die Existenzgrundlage. Mit der gesunden Währung schienen auch gesunde Wirtschaftsverhältnisse wiederzukehren. Die Möglichkeit, sich sein Brot wieder auf anständige Weise verdienen zu können, verringerte das arbeitslose Element, die Not der Massen als eigentliche Triebfeder der radikalen Massenbewegungen nahm so weit ab, daß radikale Parolen wenig Anklang mehr fanden. Die wirtschaftliche und finanzielle Voraussetzung für die Hitlersche Massenbewegung war mit der Geldstabilisierung zunächst geschwunden.

Die verbotene Parteiorganisation, richtiger ihre unterirdischen Nachfolgeorganisationen, vegetierten zunächst von milden Gaben, von Spenden, vom Betteln, denn die regelmäßigen Einkünfte durch Parteibeiträge und Sammlungen fehlten[124].

So mußte der Versuch, die Organisation im Untergrund weiterzuführen, binnen kurzem scheitern, aus zwei Gründen: einmal am Geldmangel, zum zweiten, weil der anerkannte Führer der Bewegung fehlte.

3. Die Nachfolge der SA

Der Zerfall der Hitlerbewegung zeigte sich auch in dem Auseinanderfallen von Partei und SA. Es gab wohl ein geheimes Oberkommando der SA unter Major a. D. Walter Buch[125], aber es war bedeutungslos. Bei dem Versuch eines Neuaufbaues der völkischen Bewegung unter Ludendorffs und Graefes Führung geriet nicht nur die Untergrundorganisation der NSDAP zwischen die Mühlsteine, sondern mehr noch die SA. Hitler und Kriebel erteil-

124 Laut „Bayerischer Kurier" Nr. 300 v. 30. 10. 1924 und Nr. 301 v. 31. 10. 1924, Artikel „Aus der völkischen Bewegung", spendete ein Dr. Wacker „für die erste Not 200 Franken. Baronin von Seidlitz etwa 90 Billionen." „Die österreichische Partei sendete durch Dr. Suchenwirth, Wien, 1 Million Kronen." Über die österreichischen Unterstützungsgelder siehe auch Anm. 100. Laut dem zitierten Polizeibericht waren bis Anfang Januar 1924 34 Millionen Kronen von der österreichischen Bruderpartei gespendet worden.

125 BHSTA, SA I, Nr. 1497 a. — Walter Buch, Führer der SA in Franken, hatte auf die Kunde von dem angeblichen Tod Ludendorffs und der schweren Verwundung Hitlers an der Feldherrnhalle nach dem Motto „Judenblut für Hitlerblut" auf einem Zettel die Weisung erteilt, daß Judenblut für Hitlerblut fließen müsse! Kurz darauf wurde der Befehl widerrufen, nachdem der wahre Sachverhalt von den Vorgängen an der Feldherrnhalle bekannt geworden war.

Erste Ausgabe Preis 10 Pfennig

München-Augsburger Abendzeitung

Das Urteil im Hitlerprozeß

München, den 1. April 1924, 10 Uhr 05 Min.

Unter großer Spannung einer zahlreichen Zuhörerschaft wurde heute vormittag im Saale der Infanterieschule durch Landgerichtsdirektor Neithardt das Urteil im Hitlerprozeß verkündet.

Freigesprochen wurde: General Ludendorff

unter Ueberbürdung der Kosten auf die Staatskasse.

Die übrigen Angeklagten wurden

zu Festungshaft verurteilt

und zwar wie folgt:

Adolf Hitler 5 Jahre Festung
Oberstleutnant Kriebel 5 Jahre
Dr. Weber 5 Jahre
Oberstlandesgerichtsrat Pöhner 5 Jahre
Oberamtmann Dr. Frick 1 Jahr 3 Monate
Hauptmann a. D. Röhm 1 Jahr 3 Monate
Oberleutnant Wagner 1 Jahr 3 Monate
Oberleutnant Brückner 1 Jahr 3 Monate
Oberleutnant Pernet 1 Jahr 3 Monate

Die Haftanordnung gegen Frick, Röhm und Brückner wird aufgehoben.

Das Gericht erläßt weiter Beschluß: Den Verurteilten Brückner, Röhm, Pernet, Wagner und Frick wird für den Strafrest mit sofortiger Wirksamkeit Bewährungsfrist bis 1. April 1928 bewilligt.

Den Verurteilten Hitler, Pöhner, Kriebel und Weber wird nach Verbüßung eines weiteren Strafteiles von je 6 Monaten Festungshaft Bewährungsfrist für den Strafrest in Aussicht gestellt.

Die Verurteilung und Freisprechung erfolgte mit vier Stimmen.

Die Begründung des Urteils erscheint in einer zweiten Ausgabe gegen Mittag.

Veröffentlichung des Urteils in einer Extra-Ausgabe der München-Augsburger Abendzeitung am 1. April 1924.

Der Garten innerhalb der Festung Landsberg mit dem Pfad, der von Adolf Hitler und Rudolf Heß (der freiwillig nach Landsberg gegangen war) häufig als Spazierweg benutzt wurde.

An Alle!

Nicht verzagen! **Bleibt einig!**

Folgt den jeweiligen Führern treu und gehorsam und folgt dem Vaterland und nicht seinen Verderbern!

gez.: **Adolf Hitler**

geschrieben im Augenblick der Festnahme!

Ein Flugblatt, das nach dem mißlungenen Putsch verteilt wurde.

ten Röhm „bei Abschied aus der Kriegsschule uneingeschränkte Vollmacht zum Neuaufbau der Wehrbewegung". Außerdem wurde Röhm von Göring, der nach Innsbruck geflüchtet war, zum Stellvertrer mit allen Vollmachten ernannt[126]. Roßbach, der in Salzburg die Schill-Jugend organisierte, trat als Stabschef an Röhms Seite[127].

Nachdem am 1. Mai im Einvernehmen mit Ludendorff ein „Völkischer Wehrring" geschaffen[128] und am 10./11. Mai in Gegenwart Ludendorffs ein „Deutscher Tag" in Halle mit 200 000 Teilnehmern abgehalten worden war, bei dem als völkischer Führer Graf Helldorf hervortrat[129], wurde für den 17./18. Mai nach Salzburg eine Reichskonferenz aller SA-Führer einberufen[130]. Für die Richtlinien zur Neuorganisation der SA war es bezeichnend, daß die SA als „militärische Vereinigung" aufgezogen wurde[131]. Diese Entwicklung war nicht im Sinne Hitlers.

---

126. Röhm, S. 289 ff.

127 Ebda, S. 292; ferner MM Roßbach v. 31. 10. 1951.

128 BHSTA, SA I, Nr. 1501, Abschrift.

129 Röhm, S. 292.

130 BHSTA, SA I, Nr. 1497 a, Akt IV; Röhm, S. 292.

131 Folgende „Richtlinien für die Neuorganisation der SA der NSDAP" wurden beschlossen:

1. Auf der Salzburger Besprechung vom 17./18. Mai 1924 mit den Führern der SA aus Deutschland und Österreich ist eine straffe neue Gliederung der gesamten SA in Deutschland und Österreich festgelegt worden.

2. Der Name der militärisch neu gegliederten Verbände (anstelle SA) bleibt der Entscheidung Hitlers und Ludendorffs noch vorbehalten.

3. Die Führung habe im Auftrage Hitlers in Vertretung zunächst ich übernommen.

4. Folgende Gliederung habe ich angeordnet:

a) Oberkommando (München oder Berlin), Kdr. Röhm. Chef des Stabes: Roßbach (Salzburg). Verbindungs- und Ordonnanzoffizier: Oberleutnant von Prosch, München.

b) Gruppenkommandeure:
Nord (Berlin), Mitte (Halle), Süd (München), Ost (Salzburg).

c) Landes- und Bezirkskommandanten,

d) Abschnittskommandanten,

e) SA-Führer (örtliche Kommandanten).

5. Gruppenkommando Nord mit dem Sitz Berlin unterstehen: die Landeskommandos Groß-Berlin, Brandenburg, Schleswig-Holstein, beide Mecklenburg, Hamburg, Pommern, Ostpreußen, Nieder- und Oberschlesien.

Dem Gruppenkommando Mitte mit dem Sitz in Halle bzw. Mitteldeutschland: Sachsen (Freistaat), Sachsen (Provinz), Westfalen, Rheinland, Oldenburg, Hannover, Bremen, Braunschweig, Hessen.

Dem Gruppenkommando Süd mit Sitz in München: Bayern, Württemberg, Baden.

Dem Gruppenkommando Ost mit dem Sitz in Salzburg: Salzburg, Tirol, Niederösterreich-Wien, Oberösterreich, Steiermark, Kärnten.

. . .

7. „Aufbau ist straff militärisch". München, den 24. 5. 1924.

BHSTA, SA, I, Nr. 1501, Akt: Frontbann.

Roßbach gab als Stabschef am 20. Mai einen Befehl über die Uniformierung der SA heraus: graue Hitlermütze, braunes, sog. Lettow-Hemd, graue, grüne oder braune Breecheshose, Wickelgamaschen[132].

Die Besprechung, die Röhm, Ludendorff und Graefe in Landsberg mit den inhaftierten Kampfbundführern Ende Mai führten, erbrachte kein Ergebnis bezüglich der Art der Weiterführung der Bewegung und ihrer organisatorischen Neugliederung[133]. Hitler legte im Juni endgültig die Führung nieder[134]; der Kampfbund wurde als aufgelöst erklärt. Röhms Plan, mit dem „Frontbann" eine neue Dachorganisation für die Wehrverbände und Ersatz für die in Bayern verbotene SA zu schaffen[135], wurde von Hitler, Kriebel und Dr. Weber wegen seiner zentralistischen Tendenzen als undurchführbar abgelehnt. Vielmehr vertraten sie die Ansicht, jeder Verband solle sich in sich selbst festigen. In diesem Sinne schrieb Dr. Weber gleichzeitig im Namen Hitlers und Kriebels am 6. Juni 1924; er fügte einen Organisationsentwurf für die SA von Kriebel bei[136].

Röhms „Frontbann"-Plan fand dagegen die volle Billigung Ludendorffs, der Röhm völlig freie Hand beim Aufbau der militärischen Organisation ließ[137]. Auch hier wurde der innere Bruch deutlich zwischen Hitler, Kriebel, Dr. Weber auf der einen, Ludendorff auf der anderen Seite, auch zwischen Hitler und Röhm. Da die Bundesleitung Oberland sich auf den Standpunkt der Landsberger stellte und gegen Ludendorff und Röhm Stellung nahm, brach Ludendorff seinerseits die Beziehungen zu Oberland ab[138].

Der Bund Oberland ging nun seine eigenen Wege[139].

Röhm dehnte die Wehrorganisation auch auf Österreich aus. Zu diesem Zweck ernannte er einen ehemaligen österreichischen Offizier, der schon Mitglied seiner „Reichsflagge" gewesen war, zum „Reichsführer Ost". Dieser führte anläßlich des Salzburger Parteitages am 2./3. August die Sturmabteilungen des „Vaterländischen Schutzbundes" vor[140].

132 Ebda, Nr. 1497 a, Akt IV; ferner: MM Roßbach v. 31. 10. 1951; siehe auch Franz Willing, I, S. 126 f.
133 Röhm, S. 293.
134 Volz, Daten, S. 16.
135 Röhm, S. 292 f.; Volz, Daten, S. 121.
136 BHSTA, SA I, Nr. 1497 a, Dr. Weber an Röhm am 6. 6. 1924, Abschrift.
137 Röhm, S. 293.
138 BHSTA, SA I, Nr. 1501, Abschrift: Stellung der Bundesleitung Oberland v. 16. 7. 1924.
139 Ebda.
140 Röhm, S. 293.

Der „Deutsche Tag" in Weimar am 16./17. August 1924, auf dem die „Reichsführerschaft Ludendorff-Graefe-Strasser" errichtet wurde, bot Röhm Gelegenheit, mit Unterstützung von Graf Helldorf und dessen Adjutanten Lt. a. D. Freiherr von Eberstein den Frontbann Gruppe „Mitte" zu gründen[141]. Anläßlich des Gedenktages der Schlacht bei Tannenberg erließ Röhm einen Aufruf:

„Deutsche aller Stände, deutsche Soldaten, deutsche Jugend, tretet ein in die Reihen der Frontrings![142]"

Der „Frontring" war eine Dachorganisation für den „Frontbann", die „Frontjugend" und den „Frontkriegerbund".

Röhm reiste in ganz Deutschland umher, um seine Wehrorganisationen „Frontbann" und „Frontring" überall aufzubauen. So weilte er zusammen mit Ludendorff in der ersten Septemberhälfte in Westfalen. Dort konnte ihm der Führer der Wehrverbände in Westfalen, Hauptmann von Pfeffer-Salomon, „stramme Fronttruppen" vorstellen[143].

Röhm gab dann für den „Frontbann" auch eine Dienstvorschrift heraus, „in der alle Anordnungen bis ins kleinste nach streng militärischen Richtlinien festgelegt waren[144]".

Die Bemühungen Röhms blieben nicht unangefochten. Die in Landsberg inhaftierten Führer, Hitler, Kriebel und Dr. Weber, gaben Ende September eine Erklärung heraus, durch die sie sich nachdrücklich von Frontbann und Frontring distanzierten[145].

---

141 Ebda, S. 295.
142 „Völkischer Kurier", Folge 174 v. 29. 8. 1924.
143 Röhm, S. 296; MM Pfeffer v. 23. 5. 1964.
144 Röhm, S. 297.
145 BHSTA, SA I, Nr. 1501, Wortlaut der Erklärung v. 26. 9. 1924:
„*Erklärung.*
Bis zur Niederlegung der politischen Führung durch Hitler — tatsächlich erfolgt erste Hälfte Juni, veröffentlicht am 7. Juli 1924 — fanden gelegentlich der zahlreichen Besuche durch politisch tätige Bekannte (Abgeordnete usw.) dabei auch politische Gespräche statt. Herr Hitler hat als Führer der nationalsozialistischen Bewegung in Deutschland damals auch politische Entscheidungen getroffen. Dies hörte auf, nachdem Hitler die Führung niedergelegt und sich jeden weiteren Besuch verbeten hatte.
Gelegentlich eines Besuches durch Exz. Ludendorff und Hptm. Röhm wohl Ende Mai, wurde auch die Frage der Zusammenfassung der völkischen Jugend im Reiche in einem Wehrverband erörtert und uns dabei ein erster Entwurf eines sogenannten Frontbannes gezeigt. Dieser Entwurf fand nicht unsere Billigung. Wir lehnten die zentralistische Form ab und rieten, die einzelnen Verbände im Reiche, die auf völkischem Boden standen, nebeneinander zu gliedern und in Bayern nach Freigabe der bis jetzt noch verbotenen Verbände das gleiche zu tun. Oberstleutnant Kriebel legte in einigen Sätzen unsere Ansicht schriftlich nieder und übergab sie Exz. Ludendorff, wahrscheinlich bei

Der Erste Staatsanwalt lehnte am 23. September die Bewährungsfrist ab 1. Oktober ab, weil die gewährten Freiheiten dazu mißbraucht wurden, die verbotenen Verbände neu zu organisieren. Auch die Polizeidirektion München war gegen die Bewährungsfrist zum 1. Oktober, weil weder bei Hitler noch bei Dr. Weber und Kriebel eine Sinnesänderung eingetreten sei. Alle drei wurden in das Verfahren gegen Röhm und dessen Frontbann verwikkelt. Kriebel gab in einem Brief vom 10. Juli 1924 an Röhm den Rat, mit der Reichswehr zusammenzuarbeiten. Diese sei an Oberland schon herangetreten; so könne man wieder zu Waffen kommen[146]. Neben inneren Gegensätzen war auch die im September einsetzende Verbotsgefahr von staatlicher Seite maßgebend für die Landsberger Erklärung[147]. In Bayern wurde die neue Wehrorganisation als Fortsetzung der verbotenen Verbände des Kampfbundes betrachtet; es fanden eine Reihe von Hausdurchsuchungen bei führenden Persönlichkeiten des Frontbannes statt. Eine Anzahl wurde verhaftet und ein Verfahren gegen sie eingeleitet, darunter gegen Oberleutnant a. D. Brückner, den ehemaligen Führer des SA-Regiments München[148]. Er gab bei der Vernehmung an, daß der Frontbann nur erlaubte Or-

---

seinem Besuch am 31. Mai nachmittags. Wir erfuhren bald darauf, daß unbeschadet unserer Einwendungen geplant sei, die Organisation des Frontbannes im ganzen Reich nach dem ersten Röhmschen Entwurf durchzuführen. Darauf erklärte Oberstlt. Kriebel, daß er jede Mitwirkung dabei ablehne und es Hptm. Röhm überlasse, die Organisation in seinem Sinne zu versuchen. In Verfolg dieser Erklärung hat Oberstlt. Kriebel jede Anfrage über Frontbann- und überhaupt Wehrangelegenheiten an Hptm. Röhm verwiesen.

Für Hitler war nach seiner Niederlegung der politischen Führung auch die Ablehnung, in die Wehrorganisation einzugreifen, selbstverständlich. Doktor Weber, dessen außerhalb Bayern nicht aufgelöster Verband sich weigerte, dem Frontbann Hptm. Röhms beizutreten, hat mit dem Frontbann überhaupt nichts zu tun. Er ging mit Hitler und Kriebel von vornherein völlig einig. Das ihm im Auftrag von Hptm. Röhm angebotene Amt der Führung des Frontbannes in Bayern wurde von ihm schroff abgewiesen, einesteils wegen seiner ablehnenden Stellung zum Frontbann, andernteils weil er überhaupt zunächst beabsichtigt, nach seiner Freilassung für sich und seine Familie eine neue feste Existenz zu gründen, bevor er sich wieder politisch betätigt.

Wir erklären, daß wir weder über die nun tatsächlich erfolgte Gründung des Frontbannes, über seine innere Organisation, seine Führerbesetzung und seine Ziele unterrichtet worden sind noch persönlich einen Einfluß, sei es auch nur durch Ratschläge, ausgeübt haben.

Wir sind bereit, diese unsere Erklärung eidlich zu erhärten.

Landsberg am Lech, 26. September 1924 Festungshaftanstalt."

146 Ebda, Nr. 1501, Betreff: Begnadigung Hitlers, Kriebels, Dr. Weber.

147 Auch die für den 1. Oktober bevorstehende Amnestie für Dr. Weber, Hitler und Kriebel mag für die Erklärung eine Rolle gespielt haben. Die Inhaftierten wollten jeden Schein einer neuen Belastung, die die Amnestie gefährden konnte, meiden.

148 Außer Brückner noch gegen Karl Osswald, Meyding, General a. D. Aechter. BHSTA, SA I, Nr. 1501, Abschrift Pol.Dir. München, 20. 9. 1924.

ganisationen vereinige: „Altreichsflagge“, Stahlhelm, Frontjugend, Frontkriegerbund[149].

Röhm ließ nichts unversucht, um ein Verbot seiner Organisation zu vermeiden. So hatte er am 15. 9. in einer Sonderverfügung die Verpflichtungsformel auf General Ludendorff und die Vereidigung auf die Fahne aufgehoben[150]. Er verhandelte auch mit dem bayerischen Innenminister Stützel, um ein Verbot zu verhindern[151].

Das Verfahren gegen seine Unterführer Osswald und Genossen (7), das vom Leipziger Staatsgerichtshof zum Schutze der Republik anhängig gemacht wurde, konnte er jedoch nicht verhindern, auch nicht, daß Ludendorff und er selbst mit einbezogen wurden[152].

Zu diesen Schwierigkeiten von behördlicher Seite kamen noch die inneren Gegensätze, die nicht ab- sondern zunahmen. Röhm hielt in München am 1. Oktober vor der Landtagsfraktion des Völkischen Blocks einen Vortrag über Zweck und Ziel seiner Wehrorganisation. Er fand jedoch weder Verständnis noch Unterstützung[153].

Am 28. September fand eine „Truppenschau“ des Frontbanns durch General Ludendorff in Walsrode statt. Als Röhm den Wunsch äußerte, Ludendorff sollte auch den Vorbeimarsch der Reichskriegsflagge Bremen unter Oblt. Lindenberg abnehmen, lehnte Ludendorff unter dem Einfluß von deutsch-völkischer Seite dieses Ansinnen ab. Dadurch kam es zu einer ernsten Verstimmung und einer schweren Erschütterung des Verhältnisses zwischen Ludendorff und Röhm. Röhm bezeichnete vor allem Major Henning von der DVFP als den Stifter der Zwietracht[154].

Für die Vorbereitungen zur Reichstagswahl im Dezember 1924 wurde auf Anweisung Ludendorffs den Frontbannangehörigen strengste Zurückhaltung befohlen[155].

---

149 Ebda, Vernehmung Brückner am 16. 9. 1924.

150 Röhm, S. 299.

151 Ebda, S. 294. — Der „Völkische Kurier“ sprach von einer „Verhaftungstollwut“, Folge 194 v. 21./22. 9. 1924.

152 Röhm, S. 304. — Im Zusammenhang mit diesem Verfahren übergab Röhm dem Staatsanwalt eine Denkschrift über den Frontbann. — Der „Völkische Kurier“ brachte in Folge 215 v. 16. 10. 1924 „Eine Erklärung des Generals Ludendorff und des Hptm. Röhm zum Frontbannverfahren“. Dort wurde festgestellt, daß Hitler, Kriebel und Dr. Weber sich gegen die Gründung des Frontbanns ausgesprochen hätten. Damit suchten Ludendorff und Röhm wohl eine Entlastung zu erreichen. Siehe auch Röhm, S. 303 f.

153 Röhm, S. 301 ff.

154 Ebda, S. 305 ff.

155 Ebda, S. 307.

So spiegelte sich in der von Röhm aufgebauten Wehrorganisation um die Jahreswende 1924/25 die innere Zerrissenheit der völkischen Bewegung wider. Die Spannungen waren so stark, daß sie in Bälde zur Entladung drängten[156]. Sie kam mit der Rückkehr Hitlers in die Politik im Frühjahr 1925.

4. Nachfolge-Organisationen der NSDAP

Hans Jacob, stellvertretender Parteivorsitzender seit dem 29. Januar 1923, erhielt im Dezember 1923 von Hitler aus Landsberg den Auftrag, zusammen mit Alfred Rosenberg „Mittel und Wege zu finden, um ein Verlaufen der Nationalsozialisten zu verhindern"[157].

Verschiedene Zusammenkünfte der geheimen „Parteileitung" fanden um die Jahreswende 1923/24 statt. Es wurden, datiert vom 1. Januar 1924, Satzungen ausgearbeitet für eine „Großdeutsche Volksgemeinschaft"[158]. Die Besprechungen fanden abwechselnd bei Justizrat Bauer, bei Dr. Buckeley oder bei Voll, dem Inhaber der Firma Distel in der Karlstraße, statt[159]. Auch im „Kreuzbräu" trafen sich am 13. Januar 1924 die wichtigsten Mitglieder der „geheimen Parteileitung"[160]; dazu zählten Rosenberg, Weiß, Drexler, Jacob, Feder, Stolzing-Cerny[161].

Jacob veranlaßte schließlich nach einer Reihe von Besprechungen „eine Zusammenkunft der bewährtesten National-Sozialisten am 30. 1. 1924". Sie fand in der Wohnung eines alten Parteimitgliedes statt. „Mit dieser Besprechung wurde die ‚Großdeutsche Volksgemeinschaft' (als Fortsetzung

156 Ebda, S. 305 ff.

157 Brief von Andreas Reuter, „Mitbegründer der G.V.G., Träger des Blutordens und des Goldenen Partei-Abzeichens" — laut Unterschrift! — an das Hauptarchiv der NSDAP am 20. 2. 1936.

158 Satzungen der Großdeutschen Volksgemeinschaft v. 1. 1. 1924, Original, Privatbesitz.

159 „Bayerischer Kurier", Nr. 301 v. 31. 10. 1924, III, Artikel: „Aus der völkischen Bewegung".

160 BGSTA, MA 103473. Polizeibericht v. 15. 1. 1924.

161 Ebda; ferner BK, siehe oben.

der verbotenen N.S.D.A.P.) in Form eines Vereins gegründet und als E.V. am 31. 1. 1924 in das Vereinsregister mit nachgenannter Vorstandschaft eingetragen:

I. Vorsitzender	Max Harbauer, Drogeriebesitzer
II. Vorsitzender	Andr. Reuter, Obersekretär
I. Kassierer	Gg. Schmid, Schreinermeister
II. Kassierer	Jos. Boesl., Kunstgewerbler

alle in München[162]."

Laut Paragraph I der Satzungen ist Zweck des Vereins „Zusammenfassung völkisch großdeutsch gesinnter Männer zur gemeinschaftlichen Förderung, Vertretung und Verbreitung ihrer Ziele im deutschen Volke, unter ausschließlicher Anwendung aller gesetzlich erlaubten und zulässigen Mittel"[163]. Von ausschlaggebender Bedeutung war der folgende Satz:

„Insbesondere wird bezweckt, bei politischen Wahlen zu öffentlichen Körperschaften (Parlament, Gemeindevertretungen) geeignete und befähigte Vertreter dieser Ziele in diese zu entsenden[164]."

Die „Großdeutsche Volksgemeinschaft" war die einzige legitime Nachfolgeorganisation der NSDAP, weil sie erwiesenermaßen im Auftrag Hitlers gegründet worden war. Deshalb ist dem Paragraphen eins, vor allem dem oben zitierten Satz besondere Bedeutung beizumessen: daraus geht hervor, daß Hitler die entscheidende Folgerung aus dem mißglückten Staatsstreich bereits um die Jahreswende 1923/24 gezogen hatte: nämlich den gesetzlichen Weg zur Machtergreifung über die Parlamente in Zukunft einzuschlagen[165].

Die Gründer der GVG hatten sorgfältig vermieden, einen bekannten Namen der Hitlerbewegung in die satzungsmäßig festgelegte Vorstandschaft aufzunehmen; weder Alfred Rosenberg, noch Hans Jacob, noch Anton Drexler oder sonst einer der auf freiem Fuß Gebliebenen erschienen auf der Vorstandsliste, aus begreiflichen Tarnungsgründen.

---

162 Brief Reuter. In Reuters Wohnung fand diese Sitzung statt.

163 Satzungen, § 1.

164 Ebda, § 2.

165 Die Angabe bei Volz, Daten, S. 16, die GVG sei „Antiparlamentarisch" eingestellt gewesen und sei seit 1. 1. 1924 unter Leitung von Streicher, Esser, Bouhler und Schwarz gestanden, gilt erst für die Zeit ab 1. 8. 1924. Vorher war sie unter der Führung von Jacob, Rosenberg und Drexler durchaus gemäßigt.

Erst nach dem Prozeß ernannte Hitler am 14. April 1924 Hans Jacob mit Handschreiben zu seinem alleinigen Vertreter der GVG für Bayern[166], mit Ausnahme von Franken, das Julius Streicher vorbehalten war.

Laut Satzungen wurde als Organ der GVG die „Großdeutsche Zeitung" herausgegeben (29. 1. 1924 bis 22. 5. 1924)[167]; ihre Nachfolgerin wurde Ende des Jahres „Der Nationalsozialist" (15. 11. 1924 bis 14. 2. 1925).

Die „Großdeutsche Zeitung" unter Leitung von Dr. Tafel und Anton Drexler war gemäßigter als ihr Vorgänger, der „Völkische Beobachter", und ihr Nachfolger, der von Esser geleitete „Nationalsozialist". Sie verfolgte einen allgemein völkisch-antisemitischen Kurs. Drexler selbst schrieb des öfteren Artikel wie „Nationalbolschewismus", in dem er sich gegen die Bezeichnung wendet[168]. In einem Artikel „Bürger/Bourgeois/Proletarier", der gegen die „Münchner-Augsburger Abendzeitung", das Sprachrohr der Deutschnationalen in Südbayern, gerichtet war, zog er eine klare Trennungslinie gegenüber den Bürgerlichen[169]:

„. . . wir wollen weder eine bürgerliche noch eine proletarische Partei, sondern eine Bewegung aller schaffenden Deutschen sein . . . Wenn einmal deutschnationale Agrarier und Bodenbesitzer in großer Zahl kommen und sagen: Hier, deutscher Arbeiter, da hast du ein Stück Vaterland, stelle dir mit Hilfe des Staates ein Haus darauf, dann glauben auch wir, daß der Marxist zu diesen Kreisen Vertrauen bekommt und die nicht unberechtigte Befürchtung aufgibt, daß diese Richtung nur wieder das Deutschland vor dem Kriege will, in welchem der Arbeiter wohl besser als jetzt, aber noch nicht menschenwürdig leben konnte."

Das Wichtigste, was die Zeitung in ihrem fünfmonatigen Erscheinen brachte, war jedoch das Bekenntnis der beiden Nobelpreisträger für Physik, Philipp Lenard und Johannes Stark, zu Adolf Hitler; es lautet[170]:

„Wir möchten nur als Naturforscher hier uns äußern, in welcher Eigenschaft wir allgemeiner Anerkennung uns erfreuen durften. Als solche möchten wir hiermit nach unserem innersten Empfinden kundgeben, daß wir in Hitler und seinen Genossen — wie sie vor und in dem jüngst abgelaufenen

---

166 Brief Reuter.
167 GZ, letzte Nr. 93 v. 22. 5. 1924.
168 GZ, Nr. 19 v. 19. 2. 1924, S. 2.
169 GZ, Nr. 94 v. 11./12. 5. 1924, S. 1.
170 GZ, Nr. 81 v. 8. 5. 1924, S. 1 f.; Lenard und Stark, „Hitlergeist und Wissenschaft".

Gerichtsverfahren sich verhalten und geäußert haben, in ihrem ganzen so offenbar gewordenen Denken und Fühlen — eben denselben Geist erkennen, den wir — als uns vorbildlich — früh schon in den großen Forschern der Vergangenheit erkannt und verehrt haben, in Galilei, Kepler, Newton, Faraday. Wir bewundern und verehren ihn in gleicher Weise auch in Hitler, Ludendorff, Pöhner und ihren Genossen; wir erkennen in ihnen unsere allernächsten Geistesverwandten.

Man bedenke, was es bedeutet, daß wir solcher Art Geister verkörpert unter uns leben haben dürfen. Selten waren sie zu allen Zeiten, diese Kulturbringe-Geister. Es ruht aber auf ihrer Tätigkeit alles innerliche Höherstreben der Menschheit und aller Erfolg davon, der uns das Leben auf Erden lebenswert und schön macht. Diese Geister finden sich erfahrungsgemäß nur mit arisch-germanischem Blut verkörpert, wie denn auch die genannten Großen der Naturforschung dieses Blutes waren. Blut kann aber auch aussterben; Römer und Griechen mit ihrer Kultur sind ausgestorben. Man täusche sich nicht darüber, daß arisch-germanisches Blut als Träger des ihm eigenen Geistes schon sehr im Schwinden begriffen ist; fremdrassiger Geist arbeitet schon mehr als 2000 Jahre dahin. Es ist ganz die gleiche Tätigkeit, immer mit demselben asiatischen Volk im Hintergrund, die Christus ans Kreuz, Jordanus Brunus auf dem Scheiterhaufen brachte, Hitler und Ludendorff mit dem Maschinengewehr beschießt und hinter Festungsmauern bringt: der Kampf der Dunkelgeister gegen die Lichtbringer, mit dem Streben, die letzteren aus der Erdenwirksamkeit auszuschalten. Nach ‚Gesetzesvorschriften' ist es dabei jedes Mal zugegangen. Aber es kommt nicht auf das Wie, sondern auf das Endergebnis an; dieses freilich, Kenntnis und Verständnis, für das Seltenerwerden, das drohende Verschwinden des verkörperten Lichtgeistes unter uns, ist außerhalb des Gesichtskreises vieler und auch der Regierenden. Wir Völkischen aber haben angefangen, scharf in der Geschichte zu blättern, geleitet von unserem inneren Gefühl, welches uns sagte: hier geht es nun seit Jahren schon immer noch verstärkt gerade gegen das, was uns von Jugend auf immer das Höchste und Heiligste am Menschen war und was uns auch bei unserer Lebensarbeit geleitet hat, um den germanischen Geist der Ehrlichkeit, mit dessen Ausrottung man auch den Ast absägt, auf welchem die Wissenschaft sitzt. Und eben weil wir dies fühlten und immer noch stärker zu fühlen bekamen, sind wir ‚Völkisch' geworden, das heißt: wir legen jetzt höchsten Nachdruck darauf, das in unserem Blute Geerbte zu verteidigen, weil wir es als den Segen der Menschheit überhaupt erkennen gelernt haben. Nicht nur verteidigen, sondern sogar erst wieder ausgraben aus fremdgeistiger Verschüttung in uns müssen wir unseres Geistes Eigen — um vor allem uns selbst wieder gefunden zu haben. Nicht nur als Naturforscher brauchen wir klare Geister: man trenne nur den Menschen von seinen Leistungen nicht, nein (ein viel geübter semitischer Betrug), klare, ganze Menschen überhaupt wollen wir haben, eben wie Hitler einer ist. Er und seine Kampfgenossen, sie scheinen uns wie Gottesgeschenke aus einer längst versunkenen Vorzeit, da Rassen noch reiner, Menschen noch größer, Geister noch weniger betrogen waren. Wir fühlen das, und die Geschenke sollen uns nicht genommen werden. Dieser Gedanke allein muß schon genügende Festigkeit verleihen, um die Völkischen zusammenzuhalten zu ihrem großen Ziel: mit Hitler als ‚Trommler' ein neues Deutschland zu gründen, in dem deutscher Geist nicht nur etwa wieder einigermaßen geduldet und außer Kerkern gelassen wird, nein, in dem er geschützt, gepflegt, betreut wird und dann endlich wieder gedeihen und sich weiter entwickeln kann zur Ehrenrettung des Lebens auf unserem jetzt von minderwertigem Geist beherrschten Planeten. Die Universitäten und ihre Schüler haben versagt, am meisten gerade in den Fächern, die hätten längst trommeln müssen; es ist aber auch viel besser, ‚der Mann aus dem Volke' macht es. Er ist da; er hat sich als Führer der Ehrlichen gezeigt; wir folgen ihm."

Von Anfang an bestanden schwerste Gegensätze, auch in der GVG, weil die Mehrheit ihrer Anhänger unter Jacob und Rosenberg die Richtung Amann-Esser ablehnte. Als Amann, vermutlich eigenmächtig, Adolf Schmalix zum provisorischen Führer der Bewegung machen wollte, offensichtlich ohne Kenntnis der Weisungen Hitlers, stieß er auf den stärksten Widerspruch Jacobs, der es ablehnte, mit ihm zusammenzuarbeiten[171]. Darüber hinaus wurde in einer Ausschußsitzung unter Vorsitz von Harbauer im Februar 1924 von Jacob verlangt, er solle sein Ehrenwort geben, niemals mit Esser zusammenzuarbeiten[172].

---

171 „Bayerischer Kurier", Nr. 300 v. 30. 10. 1924. — Unter dem Titel: „Adolf Schmalix und wir" brachte der VB v. 18. 5. 1926 folgende parteiamtliche Notiz: Die Partei distanziert sich von Adolf Schmalix, der nie einen Auftrag zur Führung der verbotenen Partei gehabt habe. Er habe sich an die Partei schon vor dem 9. 11. 1923 herangedrängt, sei aber abgewiesen worden.

172 Plümer, Die Wahrheit über Adolf Hitler und seinen Kreis, S. 32.

Der Streit loderte in hellen Flammen auf in dem Augenblick, als Esser am 26. März 1924 aus Österreich zurückkehrte und einen Führungsanspruch in der GVG geltend machte. Den äußeren Anlaß zum „Krach“ bot die von der GVG für den 20. April im Bürgerbräukeller geplante Geburtstagsfeier für Hitler. Als die Leitung der GVG vernahm, daß Esser mit seinem Anhang eine eigene Geburtstagsfeier veranstalten wolle, verhandelte Rosenberg mit Esser, um eine gemeinsame Feier zustande zu bringen. Rosenberg machte den Vorschlag, Einberufer der Versammlung sollte die GVG, Redner sollten Esser und Drexler sein[173]. Esser erklärte sein Einverständnis. Kurz darauf wurde von der Esser-Gruppe telefonisch die Zusage wieder zurückgenommen. Das Plakat der GVG als eines eingeschriebenen Vereins wurde von der Polizeidirektion nicht genehmigt, dagegen aber dasjenige des privaten Versammlungseinberufers, gez. Christian Weber, das sich ganz allgemein an die Frontkämpfer wandte. Esser erklärte dann in der Versammlung: „Die Aufgabe der völkischen Abgeordneten wird darin bestehen, mit Pultdeckeln zu klappern und zu pfeifen, bis Hitler frei ist[174].“

Esser wurde in München der Kristallisationskern des Streites zwischen den alten Münchner Nationalsozialisten, die sich in der von Hitler anerkannten Großdeutschen Volksgemeinschaft zusammengefunden hatten (Amann, Weber, Schwarz, Bouhler, Esser) und zwischen der Völkischen Richtung, deren führende Männer in Bayern Dr. Buttmann und Dr. Glaser, auf der Reichsebene die „Reichsführerschaft“ „Ludendorff-Graefe-Strasser“ waren. Esser versuchte, nachdem er zum zweiten Vorsitzenden der GVG gewählt worden war, auch die von Friedrich Plümer unter Ludendorffs Schirmherrschaft in Solln bei München gegründete und geleitete völkische Rednerschule in die Hand zu bekommen[175]. Plümer wehrte sich dagegen energisch.

173 Alfred Rosenberg, Der Fall Esser, eine persönliche Erklärung (4. 8. 1924), Nachlaß Plümer, Archiv Pferdekaemper.

174 Plümer, Die Wahrheit, S. 33 f.

175 Esser am 22. 7. 1924 an den Leiter der Rednerschule, Original, NPL., APf., die „Resolution“ der „Völkischen Rednerschule“ v. 16. 7. 1924. Original, ebda. Die dem General Ludendorff zur Kenntnisnahme vorgelegte Abschrift des Esserschen Briefes ist mit handschriftlichen Bemerkungen des Generals versehen. Zu der Bemerkung Essers vom Mißbrauch der Rednerschule vermerkte Ludendorff an den Rand (Bleistiftnotiz): „Das geht nicht. Ich bitte, sich streng neutral zu verhalten, und auch zusammenstehen im großen Gemeinwesen, weil sonst das Land nicht zu retten ist. Im übrigen habe ich meine Stellungnahme soeben der GVG mitgeteilt, dahingehend, daß Schule mir untersteht. Ludendorff.“ Original, ebda.

In einem Schreiben an die GVG erklärte er, daß die völkische Rednerschule ein „neutrales Institut“ sei, das lediglich der nationalsozialistischen Bewegung diene und jede Gruppenpolitik ablehne. „Einem Einfluß des Herrn Esser auf die Schule kann nicht stattgegeben werden. Exz. Ludendorff hat heute mir gegenüber erklärt, daß er der Schirmherr der völkischen Rednerschule ist und daß dieselbe nicht Herrn Esser oder der GVG untersteht[176].“ Es kam zwischen Plümer und Esser zu heftigen Auseinandersetzungen, die schließlich zu einem Prozeß führten. Dieser Beleidigungsprozeß wurde jedoch nie durchgeführt, weil Esser das von ihm eingeleitete Verfahren einschlafen ließ (1925)[177]. Plümer bezeichnete in einem Brief Esser als „Schädling für unsere völkische Bewegung“, der den „Geist der Zersetzung“ heraufbeschwor[178]. Auf Veranlassung Essers schrieb der Geschäftsführer der GVG, Bouhler, an die Ortsgruppe Leipzig der GVG, um zu verhindern, daß Plümer vor der dortigen Ortsgruppe sprechen könne. Die Versammlung war im „Völkischen Kurier“ angekündigt worden[179]. Die Ortsgruppe Leipzig lehnte das Ansinnen der Münchner Geschäftsstelle der GVG ab[180]. Ende 1924 trug Plümer seinen Streit mit Esser schriftlich Hitler vor. Plümer stellte fest, daß alle seine Bemühungen umsonst seien, „solange Hermann Esser seine unheilvolle Spaltpilzarbeit in München fortsetzt“. „Ich werde aus dem Entscheid des allein für mich maßgebenden Führers neben dem Schirmherrn der Schule, Exz. Ludendorff, und das sind Sie, verehrter Herr Hitler, die sich für mich ergebenden Konsequenzen ziehen[181].“ Plümer erhielt von Hitler keine Antwort. Als Hitler aus Landsberg entlassen wurde, konnte Plümer feststellen, daß Hitler sich auf Essers Seite stellte[182].

Esser versuchte mit allen Mitteln, sich einen führenden Einfluß in der GVG zu sichern, und schloß sich zu diesem Zweck mit Julius Streicher zusammen. Beide betrachteten sich als die berufenen Hüter des Hitlerschen Erbes und bekämpften deshalb den Völkischen Block. Nachdem Esser in

176 Brief v. 24. 7. 1924, Durchschlag, ebda.
177 Plümer, Die Wahrheit, S. 65.
178 Brief, handschriftl. Original v. 25. 8. 1924, Anrede: „Sehr geehrter Herr Doktor!“, ohne Angabe des Adressaten. Vermutlich war das Schreiben an Dr. Glaser gerichtet. NPL., Apf.
179 Abschrift, ebda.
180 Brief an Leipziger Ortsgruppe, abschriftl. u. Antwort der Leipziger OG, ebda.
181 Undatierter Entwurf des Briefes an Hitler, ebda.
182 Plümer, Die Wahrheit, S. 65 ff.

einer Versammlung im Matthäserbräu am 6. Juni 1924 den Völkischen Block heftig angegriffen hatte, brachte dessen Sprachrohr, der „Völkische Kurier", folgende Erklärung:

„Die Landesleitung des Völkischen Blocks und die völkische Gruppe im Landtag erklären[183]:

„Die völkische Gruppe einschließlich der Nationalsozialisten hat sich an den Wahlen zum bayerischen Landtag und zum deutschen Reichstag nach eingehender Prüfung aller politischen Möglichkeiten beteiligt, weil dies mit ein Mittel bedeutet, um ihr zum Erfolg zu verhelfen, zumal die Regierung glaubte, durch Verbote der völkischen Verbände die Bewegung zerschlagen zu können. Die Beteiligung an den Wahlen bleibt nach wie vor nur Mittel zum Zweck. Sie ist und wird nie Selbstzweck. Die Vertreter des Völkischen Blocks in der Volksvertretung werden gemäß den völkischen Grundsätzen und den Forderungen der sittlichen Staatsidee handeln und daran festhalten. Wenn in der Versammlung des Völkischen Blocks am 6. d. Mts. Herr Esser glaubte, Mißtrauen säen und darüber hinaus Unruhe verursachen zu sollen, so ist das alles eher als ein Ausdruck nationalsozialistischen oder völkischen Geistes. Gereifte, in der völkischen und nationalsozialistischen Bewegung und im Berufsleben seit langem tätige und erfahrene Männer, die zum größten Teil im Krieg waren und für ihr Vaterland geblutet haben, nicht zuletzt nach dem 9. November 1923 im Lande blieben und wegen ihres mutigen Eintretens für die völkische Sache leiden mußten, können es mit Recht scharf zurückweisen, wenn irgendwelche Angriffe von unberufener Seite erfolgen, noch dazu in einer Zeit, in der die Arbeit des parlamentarischen Armes der Bewegung noch gar nicht beginnen konnte und überdies die Sammlung aller völkisch und nationalsozialistisch Denkenden bitter notwendig und zur Erreichung unseres Zieles, des völkischen Staates, unerläßlich ist. Das nächste Ziel aber, unsere Bewegung, unseren Führer Hitler und seine Mitkämpfer frei zu bekommen, wird gerade durch derartige Vorkommnisse gefährdet. Die Landesleitung des Völkischen Blocks in Bayern: gez. Pöhner. Die völkische Gruppe im Landtag: gez. Dr. Glaser, Gregor Strasser."

Der radikale 24jährige Esser wurde auf diese Weise von den maßgeblichen Persönlichkeiten des Völkischen Blocks zurechtgewiesen, die sich durchaus zu „unserem Führer Hitler" bekannten. Offensichtlich verkannten sie

183 „Völkischer Kurier", Nr. 111 v. 14. 6. 1924; siehe auch Plümer, Die Wahrheit, S. 36.

die Sachlage, nämlich daß Hitler hinter Esser und Streicher, nicht hinter ihnen selbst stand. Hier schieden sich bereits zu diesem frühen Zeitpunkt die „Girondisten“ von den „Jakobinern“. Esser beantwortete die Rüge durch die Landesleitung und die Landtagsfraktion des Völkischen Blocks auf eine ungewöhnliche Weise. Er veröffentlichte in der von den Nationalsozialisten so sehr als „Judenblatt“ verschrieenen „Frankfurter Zeitung“ eine Erklärung, die die Schriftleitung mit einer kurzen ironischen Vorbemerkung auch wörtlich abdruckte[184]:

„Nicht ohne Überraschung nehmen wir von Adolf Hitlers erstem Helfer in Bayerns NSDAP, Herrn Hermann Esser, einen Brief in Empfang, der höflich um Abdruck folgender Erklärung ersucht: ‚Ich protestiere hiermit feierlich gegen die unerhörten Verlautbarungen der Landesleitung des Völkischen Blocks und der Völkischen Gruppe im Landtag. Diese Erklärung ist sachlich unrichtig und formell durchaus anfechtbar. Der Beschluß zu dieser Erklärung wurde gefaßt, ohne mich vorher überhaupt anzuhören. Ich behalte mir zunächst noch vor, zu diesem unwürdigen Vorkommnis Stellung zu nehmen, indem ich die feste Hoffnung ausspreche, daß noch in letzter Stunde gelingen wird, den Zwist unter Ausschaltung der Öffentlichkeit auszutragen. Sollte sich diese Hoffnung zerschlagen, erkläre ich schon heute allen Ernstes, daß ich fest entschlossen bin, meinen guten ehrlichen Namen sowohl als auch die idealen Hochziele der alten Hitlerbewegung bis zum letzten zu verteidigen, indem ich das gesamte Material, das mir zur Verfügung steht — und welches auch andere Fälle berührt —, der Presse überantworte, getreu meinem Wahlspruch: Wer die Wahrheit kennt und spricht sie nicht, der ist fürwahr ein erbärmlicher Wicht. Gez. H. Esser.‘“

gleichen Tages fand noch eine Generalversammlung der GVG statt. Esser an. Dieser nahm, von Rosenberg zur Rede gestellt, im Beisein Gregor Strassers am 9. Juli alle gegen Rosenberg und den Völkischen Block gerichteten Vorwürfe zurück und versprach, den Kampf einzustellen[185]. Am Abend des gleichen Tages fand noch eine Generalversammlung der GVG statt. Esser gelang es, die Stimmung so zu seinen Gunsten zu beeinflussen, daß er zum zweiten Landesvorsitzenden gewählt wurde; erster Landesvorsitzender wurde, nachdem Gregor Strasser abgelehnt hatte, Julius Streicher, der nicht einmal

184 Frankfurter Zeitung, Nr. 455 v. 20. 6. 1924, 2. Morgenblatt.
185 Rosenberg, Der Fall Esser, S. 4; ferner: Plümer, Die Wahrheit, S. 38.

anwesend war[186]. Philipp Bouhler wurde Geschäftsführer, Franz Xaver Schwarz, Oberinspektor a. D., 1. Kassier, Johann Bertl, Bäckermeister, 2. Kassier[187]. Obwohl Esser nur zum zweiten Vorsitzenden gewählt worden war, gab er in einem vom 16. 7. datierten, persönlich gerichteten Rundschreiben bekannt, „daß er ab 15. Juli, bestätigt durch die Wahl der außerordentlichen Generalmitgliederversammlung München vom 9. 7. 1924 in Übereinstimmung mit dem Willen der überwiegenden Mehrheit der alten Freunde und Parteigenossen und Billigung durch Herrn Adolf Hitler sowohl als auch S. E. Herrn General Ludendorff die Leitung der Großdeutschen Volksgemeinschaft übernommen hat“[188]. Die angebliche „Billigung“ durch Hitler hatte er eigenmächtig hinzugefügt. Hitler hatte nämlich Mitte Juni sich von der Führung der Bewegung völlig zurückgezogen und ausdrücklich erklärt, daß niemand sich auf ihn berufen könne[189].

Eine Reihe völkischer Organisationen forderte vergeblich den Ausschluß von Esser und Streicher, u. a. folgende[190]:

Landesverband Potsdam II	am 7. August 1924
Landesverband Berlin	am 7. August 1924
Direktorium der Norddeutschen Verbände, gez. Volck,	am 3. August 1924
Landesverband Potsdam I	am 9. August 1924
Völkisch-sozialer Block, Rheinland, gez. Kaufmann,	am 29. Juli 1924[191]
Völkisch-sozialer Block, Westfalen, gez. v. Pfeffer	am 1. August 1924
Kreisverband Niederbayern	am 9. Juni 1924[192].

Streicher wurde zusammen mit dem Abgeordneten Wiesenbacher auf der Landesversammlung des Völkischen Blocks am 8. August 1924 ausgeschlossen[193]. Esser verkündete tags darauf in einer Versammlung der GVG folgende Erklärung Hitlers: „Meine Niederlegung der Führung ist eindeutig und klar; wenn wirklich zwei Gruppen bestünden, hat keine das Recht, in meinem Namen oder Auftrag zu handeln oder sich auch nur auf mich zu berufen[194]. Esser benutzte die Erklärung als Waffe gegen den Völkischen Block,

186 Plümer, S. 39 ff.
187 Rosenberg, Der Fall Esser, S. 7; ferner: Brief Reuter.
188 NPL, APF.
189 Brief Hitlers an Haase v. 16. 6. 1924, siehe unten Seite 254 f.
190 Plümer, S. 43.
191 NPl., APf.
192 Ebda.
193 Plümer, S. 44.
194 Ebda, S. 45. — Laut VK, Nr. 150 v. 10. 8. 1924, hat Ludendorff, wie Esser behauptete, den Ausschluß verhindert.

hielt sich selbst aber nicht daran. Anton Drexler, in den ersten Monaten des Jahres 1924 als Schriftleiter bei der „Großdeutschen Zeitung“ bis zu deren Eingehen Ende Mai tätig[195], seit April Landtagsabgeordneter, zog sich, angewidert von den Intrigen und Streitigkeiten, von der GVG zurück. Er lehnte daher eine Einladung, im August in einer Versammlung der GVG zu sprechen[196], in einem die Stimmung gegen Esser kennzeichnenden Brief ab[197].

Für das Selbstbewußtsein Essers als „Gralshüter“ des reinen Hitlerismus war es bezeichnend, daß er als einziger von den reichsdeutschen Vertretern auf dem Reichsparteitag der NSDAP Deutschösterreichs (1. bis 3. 8. 1924) in Salzburg eine Ansprache hielt. Der Parteitag wurde vom Parteiobmann Karl Schulz geleitet. Außer Esser waren aus dem Reich als Vertreter noch anwesend Graefe, Ahlemann und Röhm. „An unseren Führer Adolf Hitler“ und an General Ludendorff wurden Begrüßungstelegramme „mit dem Gelöbnis der unwandelbaren Treue und Gefolgschaft“ abgesandt[198].

Neben Esser war Julius Streicher, sein Verbündeter, die umstrittenste Figur im völkischen Lager. Wegen seines krankhaften Geltungstriebes, seines Größenwahns und seiner hemmungslosen Streitsucht galt er damals schon als Psychopath[199]. Auf dem ersten Reichsparteitag im Januar 1923 hatte er sich mit Hitler überworfen, war abgereist und hatte sich geweigert, die Standarte für Franken in Empfang zu nehmen[200]. Auch während seiner vorübergehenden Haft in Landsberg hatte er Händel mit anderen Insas-

---

195 Zeugnis Dr. Tafels für Drexler, ND.

196 Brief Prestl v. 3. 8. 1924, ND.

197 Brief Drexler v. 12. 8. 1924, ND.

198 VK, Nr. 155 v. 6. 8. 1924.

199 „Der Fall Streicher“, Handschriftl. Originalbericht v. Landtagsabgeordneten Holzwarth, Ortsgruppenleiter von Scheinfeld, v. 16. 6. 1924. Der Bericht war Pöhner zur Kenntnisnahme vorgelegt worden. NPl., APf.

200 Ebda. — Heftige Klagen gegen Streicher aus der Bewegung heraus liegen schon aus dem Jahre 1923 vor. Einer der ältesten nationalsozialistischen Redner Nürnbergs, der schon im Jahre 1920 öffentlich auftrat und herumreiste, Kellerbauer, schrieb am 15. 1. 1923 aus Wien an Hitler: „Hochgeehrter Parteigenosse und Führer!“ Bittere Klagen über die Zustände in Nürnberg bilden den Inhalt des Briefes. Dort heißt es u. a. von einem Auftreten Streichers in einer Versammlung: „Streicher schrie in die Versammlung: Wir brauchen kein München, brauchen keine Statuten, die sind Judenmache. Eine Stimme antwortete: Wir brauchen keinen Hitler!“ BA, Nachlaß Hitler, Akt 7, Brief Nr. 4650. Ein weiterer Brief mit ähnlichen Beschwerden über Streicher von Kellerbauer ist vom 21. 5. 1923 datiert. BA, Akt 8, Brief Nr. 4844. Desgleichen Beschwerden von Dr. H. Klotz, der von Hitler mit der Vertretung in Nürnberg und Nordbayern beauftragt wurde. BA, Nachlaß Hitler, Akt 4, Brief Nr. 4228.

sen[201]. „Streicher ist der gemeinste Intrigant, der mir jemals vorgekommen ist, ihm ist jedes Mittel zur Verleumdung seiner Gegner recht. Ich halte ihn als Parteiführer für unmöglich und sehe seine Aufstellung als Landtagskandidat als ein Unglück", heißt es in einem Brief vom März 1924 an die „Deutsche Arbeiterpartei e.V. Nürnberg[202]".

„Ich halte ein sofortiges energisches Vorgehen gegen Streicher für unerläßlich. Leider hat man hier um des lieben Friedens willen aus Sorge für den Ausfall der Wahlen gezögert, rechtzeitig gegen diesen Schädling in der Bewegung vorzugehen und die brutal angemaßte Landtagskandidatur abzublasen", schrieb derselbe Briefschreiber an die Landesleitung des Völkischen Blocks wenige Tage später[203].

Wie berechtigt diese eindringlichen Warnungen waren, sollte sich rasch herausstellen. Streicher vertrat die nationalbolschewistische Richtung. Auf einer Versammlung in Erlangen erklärte er in Erwiderung auf die Ausführungen eines kommunistischen Diskussionsredners im Schlußwort, „daß zwischen den Zielen der völkischen und denjenigen der kommunistischen Bewegung nur einige Unklarheiten — die nationale Einstellung und die Rassenfrage —, sonst aber wenig Trennung bestehe. In der Auffassung, daß nur die Tat unser Volk retten könne, seien beide Parteien einig"[204]. Streicher hatte offensichtlich die Absicht, in Nürnberg eine zweite nationalsozialistische Zentrale unter seiner Leitung als Konkurrenzunternehmen gegen die Münchner aufzumachen[205]. Wortbrüchigkeit, verleumderische Kampfesweise und Brutalität wurden ihm von seinen eigenen Parteigenossen vorgeworfen. Er scheute nicht vor Gewaltanwendung und Aufreizung zum Totschlag zurück, wie aus mehreren Berichten hervorgeht[206]. Mit Datum vom 19. Juli 1924 gab die „Deutsche Arbeiterpartei Nürnberg" ein Extrablatt heraus mit dem Titel „Der Streicher-Konflikt", in dem sie den Streit mit und um Streicher der Öffentlichkeit unterbreitete[207]: „Die ‚Deutsche Arbeiterpartei Nürnberg e.V.' sieht sich zu ihrem Bedauern veranlaßt, die Entstehungsgeschichte des

201 Schriftwechsel Ritter von Bolz und Streicher, Original, NPl., APf.
202 Ritter von Bolz am 5. 4. 1924, Original, NPl., APf.
203 Ritter von Bolz am 31. 3. 1924, Original, NPl., APf.
204 „Fränkischer Kurier", Nürnberg, Nr. 87 v. 27. 3. 1924, S. 18.
205 „Der Fall Streicher", siehe oben.
206 Zwei Berichte über die außerordentliche Generalversammlung der DAP Nürnberg am 27. 5. 1924, Original, NPl., APf.
207 Original, NPl., APf.

jetzt durch das Vorgehen von Esser und Streicher in die Öffentlichkeit getragenen Zwistes innerhalb der völkischen Bewegung Nürnbergs nunmehr den nationalsozialistischen und anderen völkischen Kreisen sowie der gesamten Einwohnerschaft Nürnbergs zu unterbreiten, da sie es mit ihrem Gewissen nicht mehr vereinbaren kann, daß über diese Dinge in der einseitigsten Weise die Unwahrheit in hetzerischer Form zum Schaden der gemeinsamen Sache herumgetragen wird.

Die Vorstandschaft der D.A.P. betont ausdrücklich, daß sie, solange nicht *alle Möglichkeiten gütlichen Ausgleichs erschöpft* waren, es bisher peinlichst vermieden hat, ihrerseits in dieser Angelegenheit irgend jemanden zu beeinflussen, obwohl sie sich bewußt war, daß diese ihre Zurückhaltung von der anderen Seite weidlich ausgenützt worden ist. Der Konflikt ist aus folgenden Vorgängen entstanden: In öffentlicher Versammlung bzw. in einer von Hunderten von Mitgliedern besuchten Generalversammlung wurden einige verdiente Mitglieder der D.A.P. durch Herrn Streicher und seine Getreuen grundlos schwer beleidigt. Einer der Herren wurde auf Streichers Veranlassung geschlagen und aus dem Saale geworfen, wobei es nur dem Einschreiten besonnener Männer gelang, Schlimmeres zu verhüten. Durch Terror des Herrn Streicher wurde es verhindert, daß den betreffenden Herren das Wort zu ihrer Verteidigung, wie es unter völkischen Männern sonst Sitte ist, gegeben ward.

Als nach der Hand Herr Streicher auf Vorhalt des 1. Vorsitzenden zugab, daß er den Genannten in gewisser Beziehung Unrecht getan habe, und er sich auch schon zu einer Aussprache bereiterklärt hatte, hat er sich später — bis heute — geweigert, den Beleidigten in ritterlicher und selbstverständlicher Weise Genugtuung zu verschaffen.

Die D.A.P. hat alles versucht, im Interesse der großen gemeinsamen Sache trotz allem — trotz des jeder völkischen Art ins Gesicht schlagenden Benehmen Streichers — die Angelegenheit gütlich beizulegen. Streicher brachte es jedoch bis jetzt nicht übers Herz, sich zu einer Aussprache zu stellen. Auch das weitere Mittel, das von der D.A.P. versucht wurde, nämlich durch Eingreifen der in dieser Streitfrage unparteiischen und objektiven Angehörigen der völkischen Landtagsfraktion diese Angelegenheit vermittelnd zu bereinigen, scheiterten daran, daß sich Streicher völlig ablehnend verhielt. Streicher machte hierbei die Bemerkung: ‚In Nürnberg diktiere ich und lasse mir nichts dreinreden . . .'"

Das Flugblatt schloß mit den Worten: „Wir sind uns der ganzen Schwere des heute unternommenen Schrittes bewußt; aber er mußte erfolgen zur Wahrung unserer von Streicher öffentlich angegriffenen Ehre und zur endlichen Reinigung unserer Bewegung von unwürdigen Elementen ..."

Wenige Tage später (26. 7. 1924) gab Ritter von Bolz, der mit Streicher schon in Landsberg Auseinandersetzungen gehabt hatte, ein „Extrablatt" heraus, betitelt: „Der in Ohnmacht gefallene Diktator! Streichers Hitlertreue? Ritter von Bolz: Offener Brief an Streicher[208]." Dort warf Bolz unter anderem Streicher vor, gegen Hitlers klaren Willen in Franken „eine Landesleitung Nord" errichtet zu haben, „in der Absicht, sich für seine Person eine eigene von Hitler unabhängige Macht zu schaffen". Mit seiner Forderung, das Gebiet nördlich der Donau für sich in Anspruch zu nehmen, stieß er am Parteitag bei Hitler, der sich nach Streichers Wunsch auf das Gebiet südlich der Donau beschränken sollte, auf eindeutige Ablehnung. Deshalb hatte er wütend den Parteitag verlassen. Sein anschließender Versuch, die Nürnberger und die fränkischen Ortsgruppen Hitler abspenstig zu machen, scheiterte. Esser und Streicher haben sich, so erklärte Bolz, durch ihre Drohung mit „Enthüllungen" „moralisch unmöglich" gemacht.

Streicher und sein Gesinnungsgenosse Wiesenbacher wurden schließlich aus der völkischen Landtagsfraktion ausgeschlossen. Gregor Strasser als maßgeblicher Mann der Fraktion stellte „Material zum Fall Streicher-Wiesenbacher" zusammen. Strasser schrieb eingangs:

„Aus einer genauen Kenntnis der ganzen Veranlagung des Herrn Streicher war mir vom ersten Tage der Existenz einer völkischen Fraktion im Landtag, der Herr Streicher angehört, gewiß, daß Herr Streicher für diese Fraktion die schwerste Belastungsprobe sein wird. Es ist ihm in seinem krankhaften Ehrgeiz unmöglich, sich als gleichberechtigtes Mitglied in eine Arbeitsgemeinschaft einzufügen. Schon bei einem Gespräch in Landsberg im Februar 1924 hat Herr Streicher erklärt: ‚Ich werde der erste sein, der mit diesem völkischen Block Krach bekommt und ihn zerschlägt.' ... Durch die Hetze der Richtung Streicher-Esser gegen die Fraktion wurde der Zustand immer unhaltbarer ..." Wiesenbacher sagte zu Strasser: „Wissen Sie, Herr Strasser, zu Ihnen allein habe ich Vertrauen, ich kann nicht immer, wie ich will, Herr Streicher beherrscht mich, der ist noch mein Unglück[209]."

208 Original, NPl, APf.

209 Abschrift. „Material zum Fall Streicher-Wiesenbacher." Von Gregor Strasser. Abschrift. Maschinenschriftlich. Mit Bleistift das Datum 14. 8. 1924 eingetragen. NPl., APf.

Die zweite maßgebliche Gruppe der sich aufsplitternden Hitlerbewegung war der am 7. Januar 1924 in Bamberg gegründete „Völkische Block in Bayern". Seine Gründer waren zwei der völkischen Bewegung Münchens angehörende Männer, der Bibliothekar Dr. Rudolf Buttmann und der Rechtsanwalt Dr. Julius Glaser[210]. Der „Völkische Block" vereinigte den gemäßigten Teil der Nationalisten mit den Völkischen in Bayern.

Über den Zweck des „Völkischen Blocks" schrieb die „Großdeutsche Zeitung"[211]:

„Der Kampf gegen das Parlament kann zur Zeit nicht anders geführt werden als *durch* das Parlament." Alle Völkischen müßten sich zusammenfinden, um die Sache der deutschen Freiheit zum Siege zu führen. „Zu diesem Zweck ist der ‚Völkische Block' ins Leben gerufen. Er ist bestimmt, alle wahrhaft völkischen Verbände zu umfassen und so die Einheitsfront aller Völkischen darzustellen . . . Der völkische Block wird niemals eine Partei im hergebrachten Sinn sein. Er wird, auch wenn ihn die Pflicht in Niederungen des parlamentarischen Kampfes ruft, immer das bleiben, was er heute darstellt: die völkische Bewegung."

Im Grunde war der „Völkische Block" nur eine Wahlgemeinschaft der Völkischen in Bayern. In diesem Sinne bemühten sich Gottfried Feder und seine Freunde Dr. Buckeley, Anton Drexler, Hans Jacob, Alfred Rosenberg und Graf Treuberg, die Anhänger der verbotenen NSDAP möglichst zusammenzuhalten. Sie schlossen sich daher mit den Führern des „Völkischen Blocks", Dr. Buttmann und Dr. Glaser, zu einer „Völkischen Arbeitsgemeinschaft" zusammen[212]. Das war jedoch ein vergebliches Bemühen; der organisatorische Zerfall war nicht aufzuhalten. Zur Not gelang es, eine Wahlvereinbarung für die auf den 6. April 1924 festgesetzten bayerischen Landtagswahlen zu erzielen. Zu diesem Zweck trafen sich Ende Februar die Vertrauensmänner des „Völkischen Blocks" mit denen der „Großdeutschen Volksgemeinschaft" im Stadtkeller in München und einigten sich über die Kandidatenaufstellung. Dabei forderte Streicher, Nürnberg, für sich die Spitzenkandidatur von Franken[213].

---

210 Plümer, Die Wahrheit, S. 32; Volz, Daten, S. 16.
211 „Großdeutsche Zeitung", Nr. 15 v. 14. 2. 1924, S. 3.
212 „Bayerischer Kurier", Nr. 300 v. 30. 10. 1924, Artikel: „Aus der völkischen Bewegung".
213 Plümer, Die Wahrheit, S. 33.

Die Zeitung des „Völkischen Blocks" war der „Völkische Kurier"; die Schriftleitung hatte Wilhelm Weiß[214].

Hitler selbst lehnte den „Völkischen Block" ab; er anerkannte als legitime Fortsetzung der NSDAP nur die „Großdeutsche Volksgemeinschaft".

Dem „Völkischen Block" in Bayern entsprach in den außerbayerischen Gebieten der „Völkisch-Soziale Block" als Tarnorganisation der NSDAP. In den Richtlinien der getarnten Parteileitung heißt es[215]:

„1. *Innenpolitik.*

Voraussetzung für die äußere Befreiung ist die innere Gesundung. Außenpolitik ist nur möglich nach einer innenpolitischen Machtgestaltung im völkischen Sinne. Wir fordern deshalb:

1. Schaffung eines Gerichtshofes zur Wahrung deutscher Ehre vor ihrer Beschmutzung durch innere Feinde. Beseitigung des Ausnahmeunrechts im Reich gegen die völkischen Freiheitsbewegungen (Gesetz zum Schutze der Republik, Verbot der völkischen Presse).
2. Einführung des Wehrrechtes, Wehrsteuer und Arbeitspflicht für Wehrunfähige und Wehrunwürdige.

   Die völkische Bewegung betrachtet die Frage der Staatsform als eine nicht vordringliche. Über diese soll nach der Erringung der inneren und äußeren Freiheit einst ein Volksreferendum bestimmen. In gegenwärtiger Lage fordern wir:
3. die sofortige Wahl eines Reichspräsidenten,
4. Ausschließung der Fremdrassigen (Juden) von allen staatsbürgerlichen Rechten, damit von allen öffentlichen Ämtern, Ausweisung aller Ostjuden als lästige Ausländer.

2. *Außenpolitik.*

Ein genaues außenpolitisches Programm aufzustellen, ist angesichts der sich ändernden Machtverhältnisse unmöglich. Eine Bündnispolitik kann erst dann recht getrieben werden, wenn Deutschland wieder eine bündnisfähige starke nationale Regierung besitzt. Es lassen sich deshalb nur einige wenige Grundlinien zeigen, die aber mit desto größerer Energie verfolgt werden müssen.

---

214 Weiß war vorher Pressereferent des Kampfbundes gewesen. — Der „Völkische Kurier" war Sprachrohr aller völkischen Organisationen in Bayern und aller der völkischen Bewegung nahestehenden Offizier- und Soldatenvereinigungen. Die Zeitung erschien vom 2. 2. 1924 — 8. 12. 1925.

215 „Wille und Macht". September 1937, H. 17, Dokumente.

1. Säuberung des Auswärtigen Amtes von unfähigen reaktionären Elementen und anderen Persönlichkeiten, die ihre Posten ihrer parteipolitischen internationalen Einstellung verdanken.
2. Aufforderung an alle Versailler Signatarmächte, den Versailler Vertrag zu revidieren.
   a) wegen der Lüge des Artikels 231 (Schuldfrage);
   b) wegen der Vertragsverletzung durch Frankreich und Belgien;
   c) wegen Unerfüllbarkeit und erpreßter Unterschrift.
3. Einstellung aller Tribute auf Grund des Versailler Vertrages.
4. Keine Finanz- und Militärkontrolle über Deutschland. Abberufung aller bestehenden Kontrollkommissionen.
5. Veröffentlichung der Beweise in volkstümlichem Sinne für Deutschlands Nichtschuld am Kriege und der Gegenliste über das Verhalten des feindlichen Auslandes vor, während und nach dem Kriege gegen das Deutsche Reich."

Diese „Richtlinien" für den „Völkisch-Sozialen Block" galten sinngemäß auch für den „Völkischen Block" in Bayern.

5. Wahlgemeinschaften

Die Entwicklung der organisatorisch zerfallenen Hitlerbewegung war in der Verbotszeit von außen her maßgeblich bestimmt durch die zahlreichen Landtags- und besonders durch die zwei Reichstagswahlen im Jahre 1924. Außer den zwölf Landtagswahlen spielte auch noch die Wahl zum Münchner Stadtrat im Dezember 1924 eine Rolle.

Für die Reichstagswahl am 4. Mai 1924 schlossen sich der „Völkische Block in Bayern" und die „Deutschvölkische Freiheitspartei" zur „Nationalsozialistischen Freiheitsbewegung Großdeutschlands" unter Führung von Graefe und Ludendorff zusammen, ohne ihre organisatorische Selbständigkeit aufzugeben[216].

216 Der „Vorwärts", Morgenausgabe Nr. 206 v. 3. 5. 1924, wußte folgende personalpolitische Einzelheit im Zusammenhang mit den völkischen Kandidaturen zur Reichstagswahl zu melden: Artikel: Seelenverwandtschaft. Ein jüdisch-kommunistisch-deutschvölkischer Reichstagskandidat. „Auf der Liste des ‚Völkisch-Sozialen Blocks' für Hessen-Nassau steht an zweiter Stelle der Rechtsanwalt Dr. Roland Freisler aus Kassel. Dieser Herr gehörte noch vor kurzem zur KPD. Sein Übergang vom Sowjetstern zum Hakenkreuz ist um so interessanter, als seine Großmutter (genau wie bei Wulle) eine Jüdin ist . . ."

Die erste Landtagswahl fand am 12. Februar in Thüringen statt. Die „Vereinigte Völkische Liste" errang von 72 Mandaten sieben: darunter waren drei Nationalsozialisten[217]. Der führende Mann der thüringischen Nationalsozialisten war Artur Dinter, antisemitisch-völkischer Schriftsteller[218]. Die aufgrund des Wahlergebnisses gewählte bürgerliche Regierung, die auf die Unterstützung des Völkischen Blocks angewiesen war, hob als erste deutsche Landesregierung das Verbot der NSDAP in Thüringen auf. So konnte Thüringen in den nächsten Jahren Zufluchtsort und Mittelpunkt der Hitlerbewegung werden. Damit hingen auch zeitweise Überlegungen zusammen, die Zentrale der Partei nach Thüringen zu verlegen; das wurde jedoch von Hitler abgelehnt[219].

Mit gleichem Datum fanden die Bürgerschaftswahlen in Lübeck statt. Die Deutschvölkischen gewannen von 80 Mandaten sechs, darunter war kein Nationalsozialist.

Am 17. Februar folgten die Landtagswahlen in Mecklenburg-Schwerin. Die Deutschvölkischen erhielten 13 von insgesamt 64 Mandaten; unter ihnen war kein Nationalsozialist.

Von besonderer Bedeutung waren schließlich die Landtagswahlen in Bayern am 6. April. Unter dem unmittelbaren Eindruck des eben beendeten Hitlerprozesses (1. April) errang der „Völkische Block" einen großen Erfolg; er wurde im Landtag zweitstärkste Fraktion mit insgesamt 500 000 Wählerstimmen[220].

Gleichzeitig mit den ersten Reichstagswahlen des Jahres 1924 am 4. Mai wurde auch ein neuer württembergischer Landtag gewählt. Der „Völkisch-

---

217 Volz, Daten, S. 16.

218 Brockhaus, Konversationslexikon, 15. A., Bd. IV, S. 786:
„Dinter, Artur, geb. 27. 6. 1876, Mühlhausen/Elsaß,

	1904	Oberlehrer in Konstantinopel,
	1905—1908	Spielleiter an verschiedenen Bühnen,
	1914—1918	Weltkriegsteilnehmer, Antisemit, NS,
	1924	thüringischer Landtagsabgeordneter,
	schriftstellerisch tätig:	
	1903	„D'Schmuggler" (elsäßische Dialektkomödie)
	1909	„Der Dämon" (Drama)
	1918	„Die Sünde wider das Blut", } Antisemitische Romantrilogie
	1920	„Die Sünde wider den Geist", } Antisemitische Romantrilogie
	1924	„Die Sünde wider die Liebe", } Antisemitische Romantrilogie
	1924	„Ursprung, Ziel und Weg der deutschvölkischen Freiheitspartei",
Seit	1928	Monats-Zeitschrift: „Geistchristentum".

219 Lüdecke, I knew Hitler, S. 256.

220 VK, Folge 52 v. 3. 4. 1924, S. 1; VK, Folge 64 v. 17. 4. 1924; VK, Folge 98 v. 28. 5. 1924, Beilage „Volk und Wehr".

Soziale Block (Nationalsozialisten)" erhielt drei von insgesamt 80 Sitzen, darunter der Nationalsozialist Mergenthaler. In Oldenburg gingen die Nationalsozialisten bei den Landtagswahlen leer aus.

Bei den Landtagswahlen im Anhalt am 22. Juni erhielten die Nationalsozialisten zusammen mit den Deutschvölkischen zwei von 36 Mandaten.

Die Bürgerschaftswahl in Hamburg am 26. Oktober brachte dem „Völkischen Block" vier Sitze, darunter ein Nationalsozialist.

Bei der zweiten Wahl in Anhalt, die abgehalten werden mußte, weil nach der ersten keine funktionsfähige Regierung zustande gekommen war, erhielten die Nationalsozialisten nur mehr einen Sitz.

Zusammen mit der Reichstagswahl am 7. Dezember fanden auch Neuwahlen zu den Landtagen in Preußen, Hessen, Brandenburg und Bremen statt; von 450 Sitzen im Preußischen Landtag entfielen auf die Deutschvölkischen nur elf, darunter ein Nationalsozialist (Heinz Haake, Köln).

Die gleichzeitige Wahl des Braunschweigischen Landtags brachte den Deutschvölkischen nur einen Sitz von 48. Ähnlich fiel das Ergebnis der Wahl für den Hessischen Landtag aus: nur ein Deutschvölkischer von 70 Abgeordneten.

Die neugewählte Bremische Bürgerschaft sah vier Deutschvölkische unter 120 Abgeordneten[221].

Die ersten Reichstagswahlen des Jahres 1924 standen unter dem Vorzeichen des Kampfes um die Dawesplan-Gesetzgebung, der Währungsstabilisierung, der Wiederankurbelung der Friedenswirtschaft und des Hitlerprozesses.

Der Wahlkampf wurde von der Rechten auch zu einer intensiven antisemitischen Agitation benützt, gegen die von jüdischer Seite energisch Stellung genommen wurde. „Die Reichstagswahlen werden von schwerwiegender Bedeutung sein", schrieb die CVZ[222]. „Die deutschnationale Volkspartei,

221 Zusammenstellung der Wahlergebnisse für die nationalsozialistischen Nachfolgeorganisationen bei Volz, Daten, S. 16 f.

222 CVZ, Nr. 12 v. 20. 3. 1924, S. 1, Wahlaufruf. Bezüglich der wirtschaftlichen Auswirkungen der Judenhetze ist für den Fremdenverkehr folgender Artikel der CVZ symptomatisch: CVZ, Nr. 26 v. 26. 6. 1924, S. 301, Artikel: „Sollen jüdische Kurgäste Bayern meiden?" Folgende Verhaltungsmaßregeln werden empfohlen: „1. Der Chiemgau und Berchtesgaden sind überwiegend völkisch. Jüdische Reisende werden zweckmäßig diese Gegenden meiden müssen." Die CVZ, Nr. 32 v. 7. 8. 1924, S. 478, schreibt: „Schlecht besuchte bayerische Kurorte. Die wahren Erfolge der Hitlerleute." Siehe auch Dok.-Anhang.

die deutschvölkische Freiheitspartei mit ihren Spielarten gebärden sich nach den Wahlen in Thüringen, Mecklenburg, Lübeck, als hätten sie den Sieg bereits in der Tasche. Mit aller Kraft haben sie in Wort und Schrift, in Versammlungen und Presse den Kampf gegen uns aufgenommen ... Eine skrupellose Hetze hat als Blitzableiter für alles Unheil, das unser Volk betroffen, die Juden ausersehen. Diese Hetze ist der Mantel, unter dessen Schutz der Kampf gegen das deutsche Reich, die Verfassung, die Reichswehr, die Justiz geführt wird. Bedroht sind die Volkswirtschaft, der Friede im Innern und das deutsche Ansehen im Ausland ..." Nächst Bayern sei Ostpreußen „dasjenige Land, in dem die völkische Bewegung in Reinkultur" gezüchtet werde[223]. Der „Stahlhelm" und der Werwolfbund betrieben eine wüste antisemitische Hetze. „Die DNVP, die deutschsoziale Partei des Herrn Kunze und der Völkisch-Soziale Freiheitsblock der Richtung Hitler-Ludendorff ringen um die Palme des Sieges. Jede dieser drei Parteien versucht, die andere in bezug auf übelsten Gossen-Antisemitismus zu übertreffen." In einem Artikel: „Der erste deutsche Nationalsozialist" wurde mit Recht hervorgehoben, „daß der erste bedeutende deutsche Nationalsozialist nicht der redegewandte Herr Adolf Hitler war, sondern der in Breslau im Jahre 1825 geborene deutsche Jude Ferdinand Lassalle ...[224]"

Die Deutschvölkischen und die Nationalsozialisten kandidierten auf einer Einheitsliste als „Nationalsozialistische Freiheitsbewegung Großdeutschlands". Ihre Parteibezeichnung war „Deutschvölkische Freiheitspartei (Nationalsozialistische Freiheitspartei)[225]".

Die Nationalsozialisten in Bayern erließen einen eigenen Wahlaufruf, die „Kandidaten des Völkischen Blocks" zu wählen[226].

Der Völkisch-Soziale Block für Schleswig-Holstein gab ein Flugblatt heraus: „Allgemeine, grundsätzliche Richtlinien festgelegt und angenommen von den vereinigten Führerschaften der National-Sozialistischen Arbeiterpartei und der Deutschvölkischen Freiheitspartei." Im Vorspann des Flugblattes ist „für weitere Unterrichtung in Einzelfragen und Gesichtspunkten" verwiesen auf Gottfried Feders Schrift: „Der deutsche Staat auf nationaler und sozialer Grundlage", auf die Wochenschrift des Grafen Re-

223 CVZ, Nr. 18 v. 1. 5. 1924, S. 2511, Artikel: „Völkischer Wahlkampf in Ostpreußen."
224 CVZ, Nr. 17 v. 24. 4. 1924, S. 227.
225 Reichstagshandbuch, II, Wahlperiode 1924, S. 318—322.
226 Ebda, S. 322—324.

ventlow „Der Reichswart“ und auf die „Großdeutsche Zeitung“, München[227].

Die „Deutschvölkische Freiheitspartei (Nationalsozialistische Freiheitspartei)“ erzielte 6,5 Prozent der abgegebenen Stimmen; sie gewann von 472 Mandaten 32[228]. Davon waren elf Nationalsozialisten, nämlich[229]:

		Wahlkreis:
Heinrich Blume	Mittelschullehrer Rektor in Melsungen	Hessen
Hans Dietrich	Lehrer in Coburg	Franken
Gottfried Feder	Dipl.-Ingenieur in München	Chemnitz-Zwickau
Wilhelm Frick	Dr. jur. Oberamtmann in München	Oberbayern- Schwaben
Emil Gansser	Dr. phil. Naturwissenschaftler in Berlin	Franken
Hans Jacob	Städt. Straßenbahnbeamter in München	Oberbayern- Schwaben
Christian Mergenthaler	Gymnasialprofessor in Schwäbisch Hall	Württemberg
Hermann Kriebel	Oberstlt. a. D., München	Reichswahlvorschl.
Ernst Röhm	Hptm. a. D., München	Reichswahlvorschl.
Fritz Tittmann	Schlosser Schriftleiter in Zwickau	Reichswahlvorschl.
Theodor Vahlen	Dr. phil., Universitäts- professor in Greifswald	Pommern

Die ausgeprägt mittelständische Zusammensetzung der nationalsozialistischen Vertreter fällt sofort ins Auge: fünf Akademiker (ein Jurist, ein Diplom-Ingenieur, ein Naturwissenschaftler, ein Gymnasialprofessor, ein Universitätsprofessor), zwei Lehrer (ein Mittelschullehrer, ein Volksschul-

227 Originalflugblatt, Privatbesitz.
228 Liste der Abgeordneten.
229 Lebensläufe. — Bei Volz, Daten, S. 17, ist Kriebel nicht mit aufgeführt.

lehrer) — der Lehrberuf ist insgesamt mit vier Personen vertreten —, zwei Offiziere, ein Beamter der unteren Laufbahn, ein Schlosser.

Die Nationalsozialisten gingen 1924 ins Parlament, weil dies nach dem Scheitern des Versuches der gewaltsamen Machtergreifung der einzige Weg war, den sie zu politischer Aktion beschreiten konnten. Die innere Zersplitterung der Hitlerbewegung wirkte sich auch auf diesem Wege lähmend aus, weil der Gegensatz zwischen den Befürwortern einer parlamentarischen Tätigkeit und ihren Gegnern unüberbrückbar war. Die Verwischung der Unterschiede zwischen den Hitlerschen Nationalsozialisten und den Völkischen, die parteipolitisch in der DVFP organisiert waren, machte auch das Herausarbeiten eine klaren Grundlinie unmöglich. Die im Parlament sitzenden Anhänger Hitlers huldigten dem von Dr. Buttmann, dem Führer der Nationalsozialisten im bayerischen Landtag, vertretenen Grundsatz, sie seien ins Parlament gegangen, um „den Parlamentarismus vom Parlament aus zu vernichten“[230].

Über die Gründe ihrer Wahlbeteiligung schrieb die geheime Reichsleitung folgendes:

„München, den 18. März 1924.

An den Vorsitzenden der Ortsgruppe Hannover.

. . .

1. Wir gehen nicht in dieses Parlament, um mit irgendwelchen Parteien Koalitionen abzuschließen, sondern wir gehen hinein als reine Oppositionspartei.
2. Wir werden nicht positiv mitarbeiten an der Ausgestaltung der heutigen Novemberrepublik, sondern im Gegenteil unser Möglichstes tun, um den ganzen Zerfall des absterbenden Novemberstaates zu beschleunigen.
3. Keiner von uns wird auch nach einem starken Wahlerfolg irgendein Ministeramt seitens der heutigen Herrschaften in Empfang nehmen, sondern im Gegenteil ein solches Anerbieten zurückweisen.
4. Wir beteiligen uns am Wahlkampfe, weil wir die aktiven Energien unserer Bewegung nicht brachliegen lassen, sondern ausnutzen wollen zu einem großen Propagandafeldzug für die völkische Idee im allgemeinen und für die nationalsozialistische im besonderen. Wir haben die Wahl

230 Zitiert nach Schmelzle, UE.

dazu auszunutzen, um den Namen unseres Führers und seinen Gedanken von Haus zu Haus und von Hof zu Hof zu tragen ...

5. Nach wie vor werden wir die Haupttätigkeit unserer Führer nicht im Parlamente sich auswirken lassen, sondern im Volke ...[231]"

Dr. Frick, der seit 1924 ununterbrochen Reichstagsabgeordneter blieb, drückte den Sinn und Zweck der parlamentarischen Tätigkeit der Nationalsozialisten Hitlerscher Prägung sinngemäß wie Buttmann nicht weniger offenherzig aus:

„Wir Nationalsozialisten haben diesen geschäftigen Müßiggang nie anders gewertet und sind auch nicht deshalb ins Parlament gegangen, um uns in diesem Sumpf munter mit zu tummeln und sogenannte ‚positive' Arbeit dort zu leisten, sondern um unsere Gegner mit ihren eigenen Waffen zu bekämpfen und auch dieses Mittel, die Parlamentstribüne, zur Werbung für unsere nationalsozialistische Weltanschauung und politischen Ziele zu benutzen, bis der Sieg unser ist.

Nur so fassen wir unsere Aufgabe im Reichstag auf. Daß wir daneben jede Gelegenheit wahrnehmen, um unsern notleidenden Volksgenossen mit allen parlamentarischen Mitteln zu helfen, ist selbstverständlich und hier und da sogar nicht ohne Erfolg geblieben.

Die parlamentarische Tätigkeit erschöpft sich in der Hauptsache in Palawer und Papierarbeit oder, genauer ausgedrückt, in

1. Anträgen, Interpellationen und Kleinen Anfragen.
2. Rede.
3. Abstimmungen[232]."

Diese Stellungnahme Fricks als des Führers der nationalsozialistischen Fraktion im Vorwort seiner Schrift aus dem Jahre 1931 galt auch unumschränkt schon für den Beginn der „parlamentarischen Tätigkeit" der Nationalsozialisten im Jahre 1924.

Gerade aus dieser Einstellung heraus ergaben sich schwere Reibungen mit der Deutschvölkischen, die im Gegensatz zu den Hitleranhängern durchaus parlamentarisch dachten und handelten.

231 Haase, Aufstand, S. 390 f.

232 Dr. Wilhelm Frick, Die Nationalsozialisten im Reichstag 1924—1931. Neu herausgegeben im Auftrage der nationalsozialistischen Reichstagsfraktion von Dr. Curt Fischer, München 1937, H. 37 der NS-Bibliothek, S. 6.

Für die Bewegung und ihre Organisation war die Abgeordnetentätigkeit ihrer Führer materiell von nicht zu überschätzender Bedeutung, weil sie für viele der Parteiführer mehr oder weniger Grundlage der wirtschaftlichen Existenz war, und die Freifahrkarte für die Redner und Agitatoren volle Bewegungsfreiheit im ganzen Reichsgebiet bot. Die Tätigkeit der Nationalsozialisten im Reichstag im Jahre 1924 war gekennzeichnet von der grundsätzlichen Ablehnung aller Dawesgesetze, der Forderung, die Juden unter Ausnahmegesetz zu stellen und von mehr oder weniger agitatorischen Anträgen auf dem Gebiet des Sozialwesens[233]. Irgendeine Wirkung war ihnen in der kurzen Legislaturperiode vom Mai bis Oktober 1924 — zu diesem Zeitpunkt wurde der Reichstag wieder aufgelöst — nicht beschieden. Die gerade in diesem Zeitraum rasch voranschreitende Zersetzung führte bei der zweiten Reichstagswahl zu einer schweren Niederlage und verurteilte die Nationalsozialisten und die Deutschvölkischen für die nächsten Jahre auf parlamentarischem Gebiet zu völliger Bedeutungslosigkeit.

Im bayerischen Landtag konnten die 23 Abgeordneten des Völkischen Blocks eine gewisse Rolle als Oppositionspartei spielen, da sie immerhin fast ein Fünftel aller Sitze innehatten. Hier wurde auch die erste programmatische Parlamentsrede eines Nationalsozialisten gehalten, von Gregor Strasser, der dann im Dezember 1924 in den Reichstag als Abgeordneter einzog[234].

Die bayerische Landtagsfraktion des Völkischen Blocks zerfiel bald; ihre Streitigkeiten und Kämpfe in den nächsten Jahren boten den besten Aufschluß für die Hintergründe der endgültigen Trennung zwischen den Völkischen und den Hitlerschen Nationalsozialisten.

Die Wahlniederlage vom 7. Dezember 1924 wirkte sich auf den bayerischen Landtag, der erst 1928 wieder neu gewählt wurde, nicht aus, dagegen bei der ebenfalls am 7. Dezember stattfindenden Münchner Stadtratswahl.

---

233 Die Nationalsozialisten im Reichstag, siehe oben.
234 Gregor Strasser, Kampf um Deutschland, München 1932, S. 11—34.

6. Der Führungsstreit: Verlagerung des Schwerpunktes nach Norddeutschland

Der innnere Konflikt schwelte zunächst unterirdisch zwischen der „Großdeutschen Gemeinschaft" und dem „Völkischen Block" in München und Bayern, zwischen den Hitleranhängern der verbotenen NSDAP in Norddeutschland und der DVFP. Die bevorstehende Landtagswahl in Bayern und die Reichstagswahl am 4. Mai sowie der Hitlerprozeß ließen die Gegensätze zunächst noch zurücktreten. Es kam allerorten zu Wahlvereinbarungen, um den Auftrieb durch den Hitlerprozeß auszunützen und daraus Erfolg zu schlagen. Das gelang gerade bei den bayerischen Landtagswahlen und den ersten Reichstagswahlen.

Ab Mai 1924 traten die Gegensätze aber unverhüllt zutage, und die Streitigkeiten zwischen den einzelnen Führern und denen, die es sein und werden wollten, wurden vor aller Öffentlichkeit in widerwärtiger Weise ausgetragen, zum Wohlbehagen aller Gegner.

Als Dr. Buttmann, Führer der Landtagsfraktion des Völkischen Blocks, in einer Versammlung am 6. Juni über Ziel und Zweck parlamentarischer Arbeit sprach, wurde er von Esser angegriffen. Esser erntete mit seiner Forderung nach scharfem Auftreten im Parlament großen Beifall. Es war für die Stimmung und die Einstellung der Versammlungsteilnehmer höchst kennzeichnend, daß Buttmann, der anschließend sein Bedauern über Essers Auftreten aussprach, niedergeschrien wurde[235].

Eine Massenkundgebung im Bürgerbräukeller am 16. Juli 1924 mit Esser und Streicher als Redner wurde vom „Völkischen Kurier" als „die erste Versammlung, die im alten Geiste wieder gehalten" wurde, bezeichnet[236]. Absplitterungen der verbotenen NSDAP, meist bedeutungsloser Art, gab es verschiedentlich, die mit unterschiedlichen Bezeichnungen die alte Partei weiterführen oder als neue sich auftun wollten. So berichtete die Polizei über „eine Unabhängige Nat.Soz.Arbeiterbewegung" in Mannheim folgendes:

„Am 21. Juli wurde in Mannheim von dem bekannten, mehrfach vorbestraften Nationalsozialisten Emil Jansen obige Partei gegründet. Beson-

235 VK, Nr. 107 v. 10. 6. 1924.

236 VK, Nr. 138 v. 17. 7. 1924; Nr. 140 v. 19. 7. 1924. Das Thema der Versammlung lautete: „Was ist Hitlertreue?"

dere Statuten wurden nicht aufgestellt. Jansen bekannte sich zur republikanischen Staatsform und zu den Ideen Hitlers. Nach dem Ausscheiden Jansens übernahm das bisherige Vorstandsmitglied Richard Cordier die Führung der Bewegung unter der Bezeichnung „Deutschvölkische Bewegung". Die Partei, die nur geringen Anhang hatte, hat sich inzwischen wieder aufgelöst[237]."

In Bayern trat, wie bereits geschildert, der Streit um die Führung mit der Rückkehr Essers ins entscheidende Stadium. Die Tätigkeit der legitimen Nachfolgerin der NSDAP, der „Großdeutschen Gemeinschaft", wurde dadurch weitgehend gelähmt. Der Schwerpunkt der illegalen Parteiarbeit verschob sich nach Norddeutschland. Das sollte für die spätere Entwicklung der Partei von großer Bedeutung werden. Der Hauptgrund für diese Schwergewichtsverschiebung nach Norddeutschland lag darin, daß die hitlertreuen Nationalsozialisten dort über eine bessere Führerschicht verfügten als die bayerischen Anhänger Hitlers. Das erklärte sich wieder aus der selbständigen Tätigkeit der Norddeutschen, die organisatorisch von München weitgehend unabhängig geblieben waren, und aus ihrer größeren Erfahrung in illegaler Arbeit seit 1922.

Mittelpunkt der norddeutschen Hitleranhänger wurde Niedersachsen mit Hannover-Göttingen.

Die Ortsgruppe Hannover erhielt im Januar 1924 von der geheimen Parteileitung eine Weisung über die Zusammenarbeit mit den Deutschvölkischen unter Graefe. Jedoch wurde die Selbständigkeit der nat.soz. Ortsgruppen im norddeutschen Raum betont[238]. Im Brief der Münchner Leitung an die OG Hannover vom 10. 1. 1924 hieß es unter Punkt 3:

„Nach persönlicher Rücksprache der Leitung mit Herrn von Graefe hat das Verhältnis zwischen den beiden ein loyales zu sein, wie es in einem Abkommen zwischen Adolf Hitler und Herrn von Graefe vom 24. Oktober 1923 niedergelegt wurde (vgl. Punkt 4 dieses Abkommens). Dieses Abkommen schließt aber keineswegs eine Unterstellung der nationalsozialistischen O.Gr. unter eine freiheitsparteiliche Leitung in Berlin ein. Die NSDAP-O.Gr. sind nach wie vor selbständig und unterstehen in der Befehlsausgabe ausschließlich der Münchner Leitung der NSDAP. Die freiheitsparteiliche

237 BHSTA, SA, I, 1508, NSDAP, Absplitterungen. Bericht vom 1. 10. 1924.
238 Haase, S. 378.

Leitung Berlin wird lediglich loyalerweise über alle Norddeutschland betreffenden Anordnungen der NSDAP-Leitung München verständigt.

Mit deutschem Gruß!
Rolf Eidhalt."

Über die Gültigkeit des Abkommens vom Oktober 1923 konnten sich die beiden Gruppen nicht einigen. Es war zwischen Graefe und Esser geschlossen worden; Hitler war an sich damit nicht einverstanden, weil Esser es ohne seine Zustimmung abgeschlossen hatte, ließ aber den Vertrag bestehen, um Esser nicht bloßzustellen.

Am 24. Februar 1924 kam schließlich ein Vertrag zwischen Rosenberg als dem Beauftragten Hitlers für die geheime Parteileitung und der DVFP mit folgenden Punkten zustande[239]:

„1. Es steht beiden Parteibewegungen uneingeschränkt frei, in ganz Deutschland eigene Ortsgruppen und Kreisverbände zu bilden. Das kameradschaftliche Zusammenarbeiten muß jedes Werben innerhalb der etwa am gleichen Orte bestehenden Verbände der Bruderpartei ausschließen.

2. Die Organisationen der Landesverbände sollen aber überall zwecks Sicherung der gemeinsamen völkischen Front für Nationalsozialisten und Freiheitspartei einheitliche sein. Für die Durchführung dieses Grundsatzes gelten nachstehende Richtlinien:

   a) Wo zahlenmäßig nur unbedeutende kleine Gruppen der einen Organisation im Bereiche eines starken Landesverbandes der anderen vorhanden sind, werden sie sich unter Wahrung ihrer Parteizugehörigkeit praktischerweise dem betreffenden Landesverbande der Bruderpartei angliedern (z. B. die Freiheitsparteigruppen in Bayern und evtl. in Sachsen dem dortigen Landesverband der Nationalsozialisten, die nationalsozialistischen Gruppen in Mecklenburg dem dortigen Landesverband der Freiheitspartei usw.)

   b) Wo beide Parteiorganisationen etwa gleich vertreten sind oder starke Minoritäten der einen vorhanden sind, ist der Landesvorstand gemeinsam zu bilden.

239 Haase, S. 386.

Eines der schwersten Probleme der Weimarer Republik waren die Reparationsforderungen der Siegermächte. Auf der Pariser Reparationskonferenz 1924 (Dawes-Konferenz) sollte ein internationaler Sachverständigenausschuß die deutsche Zahlungsfähigkeit prüfen.
V. l. n. r.: Flore und Picelli (Italien); Alix und Parmentier (Frankreich); der Vorsitzende Charles Dawes und Owen Young (USA); Kindersley und Stamp (Großbritannien); Franqui (Belgien).

Adolf Hitler spricht in einer Versammlung zur Neugründung der NSDAP.

Nationalsozialistische Deutsche Arbeiterpartei

Nationalsozialisten! Alte Parteigenossen u. Genossinnen!

Freitag den 27. Februar 1925, abends 8 Uhr findet im Münchener Bürgerbräu-Keller Rosenheimerstraße

zur Wiederbegründung

der Nationalsozialistischen Deutschen Arbeiterpartei die erste

Große öffentl. Massenversammlung

statt / Es wird sprechen: Pg.

Adolf Hitler

über:

Deutschlands Zukunft und unsere Bewegung

Eintritt zur Deckung von Saal- und Plakatunkosten 1 Mk. Der Ueberschuß soll die Bildung des Kampfschatzes der Bewegung einleiten.

Juden haben keinen Zutritt

Einberufer: Amann

Karten im Vorverkauf ab Donnerstag den 26. Februar 1925 Thierschstr. 15/I (Buchhandlung) erhältlich

Aufruf der NSDAP für die große öffentliche Massenversammlung am 23. Februar 1925.

c) Ergeben sich in diesen Fragen Meinungsverschiedenheiten, so sind solche von den obersten Führern der beiden Zentralorganisationen gemeinsam und für alle bindend zu entscheiden.

3. Die allgemeinen politischen Richtlinien, welche demnächst grundsätzlich und später von Fall zu Fall hinausgegeben werden, werden von den Hauptleitungen gemeinsam niedergelegt. Die rein nationalsozialistischen Landesverbände erhalten ihre Anordnungen von der Münchner Leitung, die rein freiheitsparteilichen von ihrer Berliner Zentrale, die aus Vertretern beider Parteien zusammengesetzten mit der Unterschrift beider Parteiführer. Unberührt hiervon bleiben alle speziellen Anordnungen, welche die nationalsozialistischen oder freiheitsparteilichen Verbände in ihrer besonderen Eigenschaft als solche betreffen. Von diesen Spezialverordnungen geben sich die beiden Leitungen gegenseitig Kenntnis.
4. Falls aufkommende Meinungsverschiedenheiten sachlicher oder persönlicher Art durch die Landesleitung nicht geschlichtet werden können, sind diese sofort den beiden politischen Zentralen zur gemeinsamen Entscheidung vorzulegen.
5. Unter Berücksichtigung besonderer lokaler Verhältnisse ist ein Zusammenarbeiten mit anderen völkischen Verbänden möglich, jedoch nur unter vorhergehender Zustimmung der beiden Parteiführungen. Die Entscheidung wird gemeinsam getroffen.
6. Dieses Abkommen gilt auf die Dauer von sechs Monaten.

gez. Rolf Eidhalt."

Die Münchner Parteileitung übersandte den Text des Vertrages am 11. März 1924 mit folgendem Begleitschreiben[240]:

„Das anliegende Abkommen mit der DFP geht an unsere Ortsgruppen hinaus, um den guten Willen der NSDAP zu bekunden, mit der DFP ein loyales Zusammenarbeiten herbeizuführen. Noch bevor das Abkommen allen unseren Ortsgruppen zugeleitet war, erfährt die Leitung, daß sich die Freiheitspartei nicht an dieses Programm gehalten hat.

Wir ersuchen deshalb unsere Ortsgruppen erneut um protokollarische Mitteilung, inwiefern die DFP gegen dieses Abkommen verstoßen hat. Die Leitung erklärt jetzt schon, daß ein erneutes illoyales Verhalten der DFP sie zu einem endgültigen Bruch mit dieser veranlassen würde."

240 Haase, S. 389.

Ludolf Haase weigerte sich, diese Anordnungen auszuführen mit der Begründung, daß die NSDAP „damit an Händen und Füßen gefesselt“ sei[241]. Außerdem erließ die geheime Parteileitung für die Bildung des „Völkisch-Sozialen Blocks“ mit der DVFP am 27. Februar 1924 noch folgende Anweisung[242]:

„Die NSDAP arbeitet vollkommen selbständig von allen andern völkischen Organisationen oder Parteien. Sie kann Ortsgruppen gründen, wo irgend die Voraussetzung dazu geschaffen ist. Die Landesleitungen und Bezirke der NSDAP schließen sich zunächst rein organisatorisch für die Dauer der Wahlperiode mit der DFP zu einem „Völkisch-Sozialen Block“ zusammen. Die Loyalität unsererseits soll nach wie vor gewahrt bleiben, jedoch unter unbedingter Vertretung unserer wohlberechtigten Interessen und unter Zurückweisung eines möglicherweise illoyalen Verhaltens seitens der Vertreter der DFP.“

Inzwischen war eine wichtige organisatorische Anordnung von der Münchner Parteileitung ergangen, die zeigt, welches Gewicht Hannover-Göttingen zu diesem Zeitpunkt besaß.

Mit Datum vom 6. März 1924 hatte Ludolf Haase folgende Vollmacht erhalten[243]:

„Herr Haase, Göttingen-Hannover, ist beauftragt und ermächtigt, die in dem Bezirk Hannover stehenden Gruppen der NSDAP zu sammeln und organisieren. Herr Haase übernimmt gleichzeitig die politische Leitung des Bezirks. Zur Finanzierung ist Herr Haase berechtigt, Gelder zu sammeln und Geldwerbungen zu veranstalten.

Die politische Leitung	Das Oberkommando der SA der NSDAP
(Rotes Zeichen)	(Violettes Zeichen)
Rolf Eidhalt	gez. Schreck.“

Damit war der erste Gauleiter außerhalb Bayerns ernannt: der Gau Süd-Hannover-Braunschweig war der erste Gau in Norddeutschland.

Die Führung in diesem Raum war auf Ludolf Haase übergegangen, nachdem Bruno Wenzel wieder nach Spanien zurückgekehrt war.

Haase hatte bereits einige Wochen vorher auch nach bis dahin vergeblichen Bemühungen bei der Münchner Parteileitung erreicht, daß diese gegen

241 Ebda, S. 387.
242 Ebda, S. 390.
243 Ebda, S. 365 f.

Georg Quindel, der durch seine Machenschaften die Ortsgruppe Hannover weitgehend zerstört hatte, Stellung nahm[244].

Die Münchner geheime Parteileitung ging mit Haase einig in der Ablehnung einer Verschmelzung der NSDAP mit der DVFP. Der entscheidende Förderer des engen Zusammengehens der NSDAP mit der DVFP war General Ludendorff. Vornehmlich auf sein Einwirken ging auch die Wahlvereinbarung für die Reichstagswahl vom 4. Mai zurück, die Aufstellung einer gemeinsamen Liste als „Nationalsozialistische Freiheitsbewegung"[245]. Der General bemühte sich dabei auch, die Wünsche Hitlers, nach eigener Angabe, zu berücksichtigen und fuhr des öfteren nach Landsberg zu Besprechungen mit Hitler[246]. Ludendorff bekannte sich zur völkischen Bewegung als einer revolutionären Bewegung im Geiste Hitlers mit dem Ziele, einen Staat zu schaffen, der den Arbeiter zum vollwertigen Glied der Gemeinschaft mache, für den er auch zu sterben bereit sei[247]. Ludendorff war seit 1923 in starke Abhängigkeit von der DVFP geraten und rief daher mit seinen Einigungsbestrebungen einen steigenden Widerspruch vor allem bei den norddeutschen Hitleranhängern hervor. Besonders Ludolf Haase war ein entschiedener Gegner der DVFP; er fürchtete mit Recht die Bestrebungen Graefes, Wulles und Hennings, die NSDAP ähnlich aufzusaugen wie die „Großdeutsche Arbeiterpartei". In diesem Sinne hatte er in einem Rundschreiben vom 17. Februar 1924 „An die Ortsgruppenführer der illegalen NSDAP" gegen die DVFP Stellung genommen[248]. Haase war auch ein entschlossener Gegner jeder Parlamentarisierung der Bewegung, die besonders von der DVFP angestrebt wurde[249]. Die wichtigsten Beschwerden gegen die DVFP faßte Haase in seinem am 26. März 1924 an Ludendorff gerichteten Brief zusammen[250]:

„. . . Es gibt im völkischen Lager zwei grundsätzlich verschiedene Richtungen: die parlamentarische, die sich allerdings gern parlamentsfeindlich gebärdet, und die antiparlamentarische. Oder die deutschvölkische Partei

244 Ebda, S. 234.
245 Auf dem Weg zur Feldherrnhalle, S. 90 f.
246 Ebda, S. 90 f.
247 Ludendorff auf der „Deutschen Woche"; zitiert nach MNN, Nr. 181 v. 6. 7. 1924.
248 Abgedruckt bei Werner Jochmann: Nationalsozialismus und Revolution. Ursprung und Geschichte der NSDAP in Hamburg 1922—1923, Dokumente, Frankfurt 1963, S. 61 ff.
249 Haase, Aufstand, S. 306.
250 Ebda, S. 307 ff.

und die deutschvölkische Volksbewegung. Selbstverständlich gehört letzten Endes auch die Partei zur großen Volksbewegung, aber der fundamentale Unterschied ist der, daß die Parteipolitiker mit der Bewegung nichts anderes anzufangen wissen, als sie abzufangen und in den überengen Rahmen einer Parlamentspartei zu zwängen, wo sie, von allen Lastern des jüdischen Systems angefressen, notwendigerweise zugrundegehen muß. Das alte System klammert sich also nochmals im völkischen Gewande — ohne daß seine völkischen Vertreter das fühlen — an das neue aufstrebende Leben. Beide aber, das Kranke und Gesunde, werden an dieser widernatürlichen Ehe, wenn sie nicht gelöst wird, sterben müssen.

So wird die ‚Deutschvölkische Freiheitspartei' zur Schicksalsfrage der völkischen und vor allem nationalsozialistischen Bewegung. Es handelt sich hier nicht um kleine Zänkereien, sondern einfach darum: soll der Nationalsozialismus noch eine Zukunft haben oder nicht? Wenn ja, so muß der erforderliche Schritt getan werden, und das ist der Bruch mit Berlin.

Das Wesen der Freiheitspartei als eines Teiles des untergehenden Systems äußert sich vor allem in drei charakteristischen Merkmalen. Sie sind:

1. Die Entartung des Führergedankens;
2. Nomadentum;
3. Unehrlichkeit.

Hier können nicht Einzelheiten, sondern nur große Züge aufgezeigt werden.

1. Die Entartung des Führergedankens.

Wirklich fähige und erstklassige Menschen findet man nicht an führenden Stellen, denn die Entwicklung hat gezeigt, daß die drei leitenden Männer kein anderes Interesse kennen als das der Partei und ihrer Herrschaft in der durch die Partei ...

Der Führergedanke ist zum Bonzengedanken entartet . . . Bezeichnend dafür ist der Aufbau der Parteiorganisation nach rein parlamentarischen Grundsätzen und die seitens der DFP an München gestellte Forderung, die Landesvorstände gemeinsam nach der Zahl beiderseitiger Mitglieder zu besetzen (Salzburg, den 31. 1. 1924). Also nicht nach Persönlichkeit und Fähigkeit, sondern nach dem Gewicht der in den Büchern verzeichneten Masse soll die Auswahl erfolgen ...

2. Nomadentum.

Dem Nomadentum haftet die Unfähigkeit an, selbst Werte zu schaffen, vielmehr Vorhandenes abzugrasen. Diese Tätigkeit zeigt sich leider auch nur zu deutlich bei der DFP. Seit langem haben die Führer der DFP immer wieder versucht, die Leere ihrer eigenen Reihen dadurch aufzufüllen, daß man andere Verbände in sie hineinzwang ... Natürlich richteten die Berliner Herren ihr Augenmerk auch auf die NSDAP. Überblicke ich die Ereignisse der letzten zwölf Monate, so kann ich nur zu dem Schluß gelangen, daß man auch hier planmäßig auf eine Aufsaugung hingearbeitet hat. Die Etappen dazu dürften folgende sein:

1. Ausscheiden aus der ‚Deutschnationalen Partei' und Nichteinordnen in den bereits damals machtvoll vordringenden Nationalsozialismus, vielmehr Gründung einer eigenen, von München unabhängigen parlamentarischen Partei.
2. Aufsaugen der ‚Großdeutschen Arbeiterpartei' am 10. Februar 1923. Der Vorgang gibt zu den schwersten Bedenken Anlaß.
3. Die dauernden Bemühungen der DFP im Jahre 1923 um einen festen Vertrag mit der NSDAP. Der Oktobervertrag wurde von Esser ohne vorherige Einwilligung Hitlers geschlossen.
4. Obgleich der Oktobervertrag laut Münchener Rundschreiben keinerlei Handhabe bot, wurden dennoch in Norddeutschland unausgesetzt Versuche gemacht, die am 10. Februar 1924 noch nicht aufgesogenen Ortsgruppen dadurch an sich zu reißen, daß man an sie herantrat, mit der Behauptung, ein Vertrag bestimme die Unterstellung unter Berlin. Insbesondere betätigte sich der Abgeordnete Henning so.
5. Die dauernden Versuche der DFP im Jahre 1924, während der Haft Hitlers einen derartigen Vertrag tatsächlich zu erreichen und womöglich die Festsetzung der allgemeinen politischen Richtlinien von der Zustimmung Berlins abhängig zu machen. (‚Gemeinsame' Festsetzung! Ende der selbständigen NSDAP!)

3. Unehrlichkeit.

Versuch der DFP, die norddeutschen Nationalsozialisten zu verleumden z. B. mit der Behauptung, daß Wenzel von Class bestochen sei, um die völkische Einheitsfront zu zerschlagen, oder daß sie von Kautter (OC) ihre Befehle erhielten usw. ..."

Ludendorff beantwortete den Brief bereits am 28. März, ein Zeichen, wie sehr ihm die Angelegenheit am Herzen lag[251]:

„Geehrter Herr Haase!

Sie befürchten, daß die völkische Bewegung Partei wird. Die Gefahr ist da, nun aber sind die Wahlen beschlossen und dazu gehört eine Organisation, die nur zu leicht an Parteiorganisation erinnert, aber eben nötig ist. Das müssen Sie und meine anderen Leute bedenken. Im einzelnen hoffe ich, daß in Berlin Vereinbarungen getroffen werden, die einen Teil Ihrer Bedenken beseitigen und will auch Sorge tragen, daß das Verhältnis Graefe/Hitler denkbar gut ist und Hi[tler] mit allen bisher getroffenen Vereinbarungen einverstanden ist. Diesem muß Rechnung getragen werden. Ich bin jedenfalls nur solange in der Lage, mich an der völkischen Bewegung zu beteiligen, als ein enges Zusammenleben zwischen Nationalsozialisten und F.P. stattfindet, sonst ziehe ich mich zurück. Mit Mißtrauen ist ein Arbeiten unmöglich.

Ich kenne Henning seit 1910, er ist ein Ehrenmann. Er wird verfolgt, seitdem er versucht hat, den N.S. statt hinter Class hinter meine Person zu stellen ...

Graefe betrachtet sich im Norden als mein und Hi[tlers] Sachverwalter. N.S. kann er nicht sein, sonst wäre er verloren. Er ist damals auch auf meinen Wunsch im Parlament geblieben. Solange das Parlament da ist, muß mit ihm gerechnet werden. Daß das Gefahren hat, sagte ich schon, aber darüber ist Entscheidung getroffen, die auch gar nicht hier in Bayern zu umgehen sein wird. Wenn Sie schreiben, es sei ein unüberbrückbarer Abgrund zwischen Berlin und München, so irren Sie sich. Sollte es wahr sein, so bedauere ich, am 9. 11. nicht gefallen zu sein. Seien Sie sich klar, was mit solchen Behauptungen ausgesprochen wird. Ich erwarte Vertrauen und festen Willen von meinen Freunden.

Mit deutschem Gruß!
Ludendorff."

Haase erwiderte darauf am 3. April[252]:

„Den Brief Ew. Excellenz habe ich erhalten, und meine Mitarbeiter sind mit mir von tiefster Trauer erfüllt, daß wir Ew. Excellenz so betrüben müssen. Es besteht für uns der schwere Konflikt zwischen dem Wunsch, unserem

251 Haase, ebda; BA, NS 1924.
252 Haase, ebda.

Führer Schmerzliches zu ersparen, und der Pflicht, das zu sagen, was wir als wahr erkannt zu haben glauben.

Wir können als Deutsche nur den Weg der Pflicht gehen.

Am 30. III. traf ich in Berlin auch mit den nat.soz. Vertretern von Pommern, Schleswig-Holstein, Hamburg und Bremen zusammen. Ich kannte die Herren größtenteils noch nicht und war daher überrascht, daß sie sämtlich wie aus einem Munde Anschauungen äußerten, die sich mit den unserigen vollkommen deckten. Die Übereinstimmung war geradezu erstaunlich und zeigte, daß eben überall sich die grundsätzlich gleichen Erscheinungen wiederholen.

Zwischen der heutigen D.F.P. und dem Nationalsozialismus bestehen in der Tat schwere Gegensätze, die im Wesentlichen aus der mangelnden inneren Überwindung des Parlamentarismus zu erklären sind.

Ich sehe bei Ew. Excellenz Stellungnahme nur einen Ausweg. Während man die nat.soz. Organisationen sich ungestört, ohne Unterstellung unter Berlin, ohne gemischte Zusammensetzung der Landesvorstände, entwickeln läßt, muß ein Umbau der D.F.P. versucht werden. Die verhängnisvollen Ideen des Parlamentarismus mit ihren Konsequenzen müssen ausgemerzt, das ‚Bonzentum' entfernt werden. In Hannover hat im Augenblick eine Selbstreinigung eingesetzt. In Berlin hörte ich jetzt das Schlagwort: ‚Hitler ist ein Führer, v. Gräfe ein Vorsitzender'. Die parlamentarische Struktur der D.F.P. wird dadurch blitzartig gekennzeichnet.

Wie weit es gelingen kann, auch in der Frage des merkwürdigen Gespenstersehens, das in der Praxis so verhängnisvoll wirkt und geradezu krankhaft anmutet, eine Gesundung noch herbeizuführen, wage ich nicht zu entscheiden. Wenn es einmal möglich sein sollte, aus der D.F.P. eine dem Nationalsozialismus gleichgeartete Bewegung zu machen, so könnte dann natürlich eine völlige Verschmelzung nur dringend erwünscht sein. Im Augenblick aber wäre eine engste Gemeinschaft so wesensfremder Gruppen für den Nationalsozialismus ein Unglück.

Ew. Exzellenz werden mir meine Offenheit verzeihen.

Möge die Entscheidung so fallen, wie es für die Zukunft des Vaterlandes notwendig und richtig ist!"

Ludendorff vermerkte handschriftlich auf dem Brief:

„Ich hoffe, es wird doch gehen, wir haben es hier gesehen und werden es im Reich sehen. M. d. Gruß. Ihr Ludendorff."

Die Tagung des „Völkischen-Sozialen Blocks" in Berlin, auf die Ludendorff in seinem Brief anspielte, fand am 29./30. März statt[253]. Dort wurden die Wahlvereinbarungen zwischen DVFP und NSDAP festgelegt. Der für den Reichstagswahlkreis Süd-Hannover-Braunschweig — den Gau Haases — festgelegte Stimmzettel enthielt folgende Namen:

Hitler-Ludendorff-Graefe, Weidenhöfer, Rust, Seifert, Kind[254]. Für Schleswig-Holstein wurden folgende Kandidaten aufgestellt: Graf Reventlow; Kelb, Arbeitssekretär; Klagges, Mittelschullehrer; Kühl, Landwirt[255].

Für Pommern wurde, nachdem Haase die angebotene Kandidatur abgelehnt hatte, Universitätsprofessor Dr. Theodor von Vahlen aufgestellt, „der bekanntlich einige Jahre später in seiner Eigenschaft als Rektor Magnificus die schwarz-rot-gelbe Fahne der Republik am Verfassungstage niederholte und dafür aus seinem Amte vertrieben wurde"[256].

Vierzehn Tage nach der Reichstagswahl trafen sich am 25. Mai in Hamburg zum ersten Male „alle diejenigen Nationalsozialisten, die grundsätzlich entschlossen waren, an der NSDAP und ihrem Führer unentwegt festzuhalten. Um aber die Lage endlich ganz genau zu klären, wurde der Plan gefaßt, eine Abordnung zu Adolf Hitler nach Landsberg zu schicken". Die Wahl fiel auf Josef Klant, Hamburg, Joachim Haupt und Reinhard Sunkel, beide als Vertreter von Pommern, und auf Ludolf Haase, den Gauleiter von Süd-Hannover-Braunschweig[257].

Auf der Tagung wurde die Denkschrift von Joachim Haupt: „Die Krisis der völkischen Bewegung" einstimmig als Grundlage für die weitere Arbeit angenommen. Joachim Haupt, Student der Germanistik an der Universität Greifswald, geb. 1900, war durch die Preußische Kadettenanstalt gegangen und hatte dort sein Abitur abgelegt. Von Beginn seines Studiums an (in Frankfurt/Main) bereits in der völkischen Bewegung tätig, war er der theoretisch führende Kopf der norddeutschen Hitleranhänger. Die „Denkschrift" beginnt[258]:

„Die völkische Bewegung ist seit dem 8. November 1923 durch Kompromisse mit den herrschenden Mächten von ihrer Bahn abgelenkt worden.

253 Haase, Aufstand, S. 408.
254 Ebda, S. 410.
255 Allgemeine Richtlinien, Flugblatt, Original.
256 Haase, S. 410.
257 Ebda, S. 450.
258 Original, Privatbesitz.

Sie hat dabei äußerlich an Breite gewonnen, was sie an Tiefe und Stehkraft verlor . . .“ Über „Ursprung und Politik der völkischen Bewegung“ heißt es dann: „Die herrschenden Mächte, jüdische Demokratie (Geld) und reaktionäre Oberschicht (Schwerte) herrschen im wesentlichen durch das System der parlamentarischen Parteien.“ Die völkische Bewegung dürfe sich von den herrschenden Mächten nicht die Waffen zum Kampf vorschreiben lassen; das habe Adolf Hitler erkannt und nichtparlamentarische Waffen gefunden: persönliche Werbung und die Gründung geschlossener Kampforganisationen. „Der natürliche Weg der völkischen Bewegung wäre es gewesen, über ganz Deutschland geschlossene Kampfbundzellen mit weiteren, aber auch fest organisierten Ortsgruppen darum zu verbreiten und auf diesem Wege einen Staat im Staate zu bilden, um dann eines Tages die Macht zu übernehmen.“

„Taktische Erwägungen aus der Innen- und Außenpolitik durften in der Begründungs- und Jugendzeit der Bewegung nicht die geringste Rolle spielen.“

Über die Entwicklung nach dem 9. November äußerte sich Haupt, die Bewegung habe sich „auf den Weg der Realpolitik und des äußeren Erfolges“ mit zwei Schritten begeben: 1. dem „Bündnis mit der Freiheitspartei“, 2. dem „Wahlschwindel“. „Der Kampf der Hitlerleute gegen die Freiheitspartei ist ein Kampf auf Leben und Tod. Es ist ein Kampf des völkischen Freiheitswillens gegen den nationalen Staatswillen der Oberschicht, der Reaktion. Es geht darum, ob der neue Staat von unten her oder von oben her gebaut werden soll, über oder aus dem Volke.“ Das Ziel der Hitlerpolitik hätte sein müssen, sich an die Spitze der politischen Freiheitsbewegung auch im Norden zu setzen, dann wäre die DVFP dieser Führung nachgelaufen. Statt dessen schloß die schwächliche Münchner Leitung, nachdem Hitler ausgefallen war, das Abkommen vom Februar 1924. Dadurch wurde der DVFP auf dem Wege über die Wahlen die Führung im Norden gesichert. „Durch den Entschluß, uns an den Wahlen zu beteiligen, haben wir uns in das demokratische System hineinbegeben. Weil hier die Anzahl entscheidet und die Hitlerleute ein Stoßtrupp, eine Führergruppe, also notwendig eine Minderheit sind, können wir im demokratischen System niemals siegen. Die Hitlerleute sind jetzt einem Stoßtrupp zu vergleichen, der hartnäckig behauptet, er könne seine Aufgabe auch im Schützengraben lösen. Eben noch waren die Hitlerleute eine Führerbewegung, die an den großen einzelnen glaubte, jetzt müssen sie an die große Anzahl glauben.“ Da die Hitlerbewegung in Norddeutschland erst nach dem 8. November plötzlich zu wachsen anfing, sei sie durch die parlamentarische Form weit mehr gefährdet als die Bewegung im Süden, die von Anfang eine streng antiparlamentarische Überlieferung habe. Die Folge des „Wehrbefehls“ der Münchner Leitung sei „die gesicherte Vorherrschaft der von jeher parlamentarischen Freiheitspartei“. Der Versuch der Münchner Leitung, das Abkommen aufzuheben, sei von Ludendorff verhindert worden, „der dem Einfluß des Herrn von Graefe untersteht“. „Bei einer gemeinsamen Hitler-v. Graefe-Fraktion im Reichstag wird der parlamentarische Anschluß an die Deutschnationalen unvermeidlich sein.“ „Damit wäre die völkische Bewegung an ihrem Ende und hätte mit einer Lüge geendet . . . Schon heute trägt die völkische Bewegung die Verantwortung für das ganze Volk, sie ist die letzte Instanz des Volkes und eine Katastrophe der Hitlerbewegung wird bereits eine Katastrophe des deutschen Volkes sein. Die Hitlerbewegung ist noch nicht reif für Bündnisse mit fremden Gruppen, wie die Freiheitspartei . . . Sie ist auch noch nicht reif zur Übernahme der Verantwortung für den Staat, weil ihr die Macht zur Durchsetzung ihrer Ziele und vor allem eine ausgebildete Führerschaft fehlt. Durch den Wahlschwindel sind z. Z. Agitatoren, Redner, Parlamentarier, aber keine Führer in die Führung der Hitlerbewegung gekommen. Die völkische Bewegung muß also auf äußere Erfolge verzichten und sich innerlich durchorganisieren und Führer heranbilden . . .“ Haupt schloß seine Ausführungen mit den Sätzen:

„Das Ziel der Hitlerführung ist die innere und äußere Organisation des Volkes im reinen National-Sozialismus. Staat und Parteien kommen zunächst nur als Gegner, nicht als Teilhaber in Betracht.“

Haupt hatte damit das Credo der studentischen Freunde und jungen Revolutionäre Haase, Sunkel, Karpenstein usw. formuliert. Haase verwies auch darauf, daß die DFP den Vorschlag Rosenbergs, die Reichsliste Hitlers „Vereinigte NSDAP und DFP“ zu nennen, übergangen habe. Die Wahlergebnisse in Bayern wurden in der Statistik nur unter dem Namen der DVFP aufgeführt[259]. Rosenberg meinte immer an dem Abkommen vom Oktober 1923 festhalten zu müssen als Grundlage für die Zusammenarbeit mit der DVFP; erst viel später habe er erfahren, daß das Abkommen nicht

259 Haase, Aufstand, S. 450.

bindend war. Er habe, nach einer angeblichen Äußerung Hitlers, „wie ein Löwe gekämpft, aber er war einem ungeheuren Druck ausgesetzt“[260].

In der ersten Fraktionssitzung der „Nationalsozialistischen Freiheitspartei“ am 24. Mai 1924 wurde folgende Entschließung verfaßt:

„Es ist der Wille der völkischen Führer General Ludendorff, Hitler und von Graefe, daß alle ihre Anhänger im ganzen Reiche künftig nur noch eine einzige, gemeinsame politische Organisation bilden sollen, und jegliche politische Sonderorganisationen zu unterbleiben haben. Nähere Anweisungen werden folgen. Die von der ‚NSDAP‘, der ‚DVFP‘ und anderen befreundeten völkischen Vereinigungen gewählten Reichstagsabgeordneten haben demgemäß auch eine vollkommen einheitliche Fraktion unter dem Namen ‚Nationalsozialistische Freiheitspartei‘ zu bilden und alle ihre Wähler aufzufordern, entsprechend der Anweisung der Führerschaft im Sinne der Schaffung der erstrebten einheitlichen Organisation zu arbeiten[261].“

Diese Erklärung stand im Widerspruch zu den Beschlüssen der gleichzeitig in Hamburg stattfindenden Tagung der norddeutschen Hitleranhänger und ihrer in der Denkschrift Haupts festgelegten Marschrichtung.

Die Abordnung, die auf der Tagung in Hamburg gewählt worden war — Klant, Haase, Sunkel, Haupt —, besuchte am 26./27. Mai 1924 Adolf Hitler in Landsberg. Haase schilderte seinen Eindruck: „Adolf Hitler trafen wir strahlend vor Gesundheit in der heimatlichen Tracht, der ‚kurzen Wichs‘. Im Gegensatz zu seinen Leidensgefährten war er der allgemeinen Festungskrankheit, der Niedergeschlagenheit, in keiner Weise anheimgefallen, zumal er an seinem Werk ‚Mein Kampf‘ schrieb, das er damals noch ‚Viereinhalb Jahre Kampf gegen Lüge, Dummheit und Feigheit‘ nennen wollte. Er pflegte den übrigen Gefangenen Abschnitte daraus vorzulesen . . .[262]“. Hitler hatte auch die Denkschrift Haupts zur Kenntnis genommen und sie als gut bezeichnet. Das Ergebnis der Landsberger Aussprache wurde von Haase in einem Rundschreiben Nr. 5, datiert von Göttingen, den 4. Juni, bekanntgegeben[263].

260 Ebda, S. 382.
261 Zitiert nach Haase, S. 474 f. Haase entnahm sie der Hannoverschen Zeitung „Volkswille“ v. 27. Mai 1924.
262 Haase, S. 453.
263 Ebda, S. 454 ff.

„. . . Adolf Hitler erklärte:

1. Die Wahl sei gegen seinen ausdrücklichen Willen gemacht worden. Aller Bewegungsfreiheit bar, wäre ihm . . . nur das Mittel eines öffentlichen Protestes im letzten Augenblick übrig geblieben. Adolf Hitler hat auf dieses Mittel verzichten müssen aus Gründen, die er angab.
2. Das Abkommen vom 24. Februar 1924 ist Adolf Hitler ebenfalls als vollendete Tatsache vorgelegt worden. Infolge bereits stattgefundener Veröffentlichung, deren Zustandekommen besonders charakteristisch ist, war nur noch eine nachträgliche Befristung des Vertrages auf sechs Monate möglich[264].
3. Kurz vor Eintreffen der Abordnung war Herr v. Graefe in Landsberg gewesen, um über eine etwaige Durchorganisation der ‚Nationalsozialistischen Freiheitspartei' auch im Lande zu verhandeln. Obgleich die Unterredung, wie Hitler sich ausdrückte, völlig negativ verlief, ist seitens der DVFP unter dem Vorsitz v. Graefes dennoch die Falschmeldung an die Presse gegeben worden, Adolf Hitler wolle die Verschmelzung. Der Abordnung wurde ausdrücklich erklärt:
   a) Trägerin der völkischen Erneuerung sei einzig und allein die NSDAP (dem Sinne nach).
   b) Aus diesem Grunde sei überall die NSDAP ohne Bindungen auszubauen. Wo das der Verbote halber nicht möglich sei, trete an die Stelle der NSDAP die ‚Großdeutsche Volksgemeinschaft'.
   c) Die Leitung der Bewegung liege unter keinen Umständen bei der Fraktion, da die Bewegung sonst zugrundegehen müßte, sondern nach wie vor bei Adolf Hitler bzw. bei seinen Vertretern.
   d) Zentrale der Bewegung bleibe nach wie vor München und nicht Berlin.
   e) Der Name ‚Nationalsozialistische Freiheitspartei' gelte nur für die Fraktion.

   Obige Tatsachen bedürfen keines weiteren Kommentars. Den Befehlen Adolf Hitlers ist selbstverständlich Folge zu leisten, soweit nicht bereits nach ihnen verfahren wurde."

Die Auswirkung des Besuches in Landsberg war die sofortige Einberufung einer neuen Tagung nach Hamburg. Dort wurde auf Anregung von Haupt der Beschluß gefaßt, ein Direktorium der „Norddeutschen Ver-

264 Als Punkt 6 dem Abkommen nachträglich mit anderer Maschine hinzugefügt; Haase, S. 387.

bände“ zu bilden mit Dr. Adalbert Volck, Lüneburg, Reinhard Sunkel, Greifswald, und Ludolf Haase, Göttingen-Hannover. Volck erhielt alle Vollmachten eines „wirklichen Führers“, Sunkel und Haase begnügten sich damit, an Volcks Seite als Berater zu wirken[265].

Haase teilte am 11. Juni Hitler das Ergebnis der Hamburger Tagung mit[266]:

„Die am 3. Juni in Hamburg vertretenen Landesverbände der GVG Pommern, Schleswig-Holstein, Hamburg, Bremen, Hannover-Süd, ferner vertretene Gruppen aus Westfalen und Hannover-Ost haben sich zu einer engen Gemeinschaft zusammengeschlossen und lehnen eine Verschmelzung mit der DVFP ab. Man beschloß, die Führung dieser auf dem alten Boden in Treue zu Ihnen stehenden Gruppen Herrn Volck anzutragen, der inzwischen die Leitung auch übernommen hat. Als Kampfblatt wird der ‚Norddeutsche Beobachter‘ erscheinen. Mit deutschem Gruß! Haase.“

Am gleichen Tag, an dem Haase Hitler unterrichtete, erschien im „Pommerschen Beobachter“ eine „Berichtigung“ von Ludendorff, in der es u. a. hieß[267]:

„Hitler hat sich mir gegenüber klar und deutlich über die Notwendigkeit des Ineinanderaufgehens der ‚DVFP‘ und ‚NSDAP‘ auch außerhalb des Reichstages in eine Parteibildung ausgesprochen. Ich füge ausdrücklich hinzu, daß Herr Rosenberg und ich das in der ersten Fraktionssitzung bekanntgegeben haben. Mitglieder der Freiheitspartei sind dabei nicht zugegen gewesen.“

Da diese Ludendorffsche Erklärung den Äußerungen Hitlers gegenüber der Abordnung völlig widersprach, entstand große Verwirrung. Haupt bezeichnete die „Berichtigung“ Ludendorffs als falsch, denn Ludendorff hatte sie schon „vor unserer Besprechung mit ihm abgeschickt“. Prof. Vahlen hatte sie ohne Wissen Haupts in die Zeitung setzen lassen[268]. Ludendorff verfolgte hartnäckig sein Ziel der Verschmelzung weiter, durchaus im Sinne Graefes. Das ging auch aus einem Briefwechsel zwischen ihm und Vertretern hitlertreuer Völkischer in Westfalen zu diesem Zeitpunkt hervor. Da

265 Haase, S. 458; siehe auch Jochmann, Nationalsozialismus und Revolution, S. 73 f.
266 Haase, S. 462; ferner Jochmann, S. 76.
267 Haase, S. 474.
268 Der „Pommersche Beobachter“ glitt ab Juni 1925 ins Fahrwasser der DVFP ab, laut Mitteilung Karpensteins v. 30. 6. an Volck. Haase, S. 495. Karpenstein gab ab 1. 7. 1924 den „Norddeutschen Beobachter“ für Vorpommern heraus. Haase, S. 488.

auch in Westfalen eine Spaltung unter den Völkischen eingetreten war, schlugen Max und Wilhelm Pferdekaemper vor, die Rückkehr Hitlers aus Landsberg abzuwarten, um die Dinge zu klären und weitere Verwirrung zu verhüten. In diesem Sinne hatte Max Pferdekaemper sich auch mit Hptm. von Pfeffer abgesprochen[269]. Darauf erwiderte Ludendorff postwendend[270]:

„Ich empfehle dringend mit dem Aufziehen der Bewegung in Westfalen-Süd von Münster aus nicht zu warten. Die Entlassung Hitlers steht nicht so dicht vor der Tür, mehr jedenfalls eine Neuwahl. Wir haben keine Zeit zu warten, sondern müssen ununterbrochen tätig sein ..."

Inzwischen hatte Hitler, des ewigen Durcheinanders müde, in der Erkenntnis, daß er von der Festungsanstalt aus die Bewegung nicht in seinem Sinne steuern konnte, eine klare Entscheidung gefällt. Er schrieb am 16. Juni an Haase[271]:

„Sehr geehrter Herr!

Ich erhielt soeben Ihr Schreiben vom 14. Juni, das ich auch hiermit gleich beantworte.

Ich muß zuerst eine kleine Richtigstellung vornehmen. Es ist nicht richtig, daß ich gegenüber den Herren der Landesverbände eine Verschmelzung der beiden Parteien als solche etwa grundsätzlich abgelehnt habe. Ich teilte damals den Herren mit, daß durch die Partei in Thüringen an mich das Ansinnen nach Vereinigung gerichtet wurde; daß ich darauf hin Exllz. L. die Angelegenheit vortrug mit dem Bemerken, persönlich dann einverstanden zu sein, wenn die Voraussetzungen hierfür gegeben seien. Diese Voraussetzungen mußten in meinen Augen doppelte sein: erstens in bezug auf die ideelle Leitung, zweitens durch Gründung einer einheitlichen Organisation. Um diese Voraussetzungen zu erhalten, bat ich um eine sofortige Besprechung mit Herrn v. Graefe.

Herr von G. kam zunächst nicht, statt dessen wurde eine Erklärung veröffentlicht, die ich, da nach meiner Meinung von damals, Herr v. G. ihr Ver-

269 Max Pferdekaemper an Ludendorff am 8. 6. 1924, Abschrift, Archiv Pferdekaemper.
270 Ludendorff an Max Pferdekaemper am 10. 6. 1924, Archiv Pferdekaemper.
271 Brief Hitlers an Haase v. 16. 6. 1924. — Der Brief ging erst am 24. 6. ab, lt. handschriftl. Notiz auf dem Schreiben. EM (Abkürzung von Emil Maurice, der in Landsberg Sekretär Hitlers war). — Siehe auch Brief Hermann Fobke an Haase v. 23. 6. 1924, abgedruckt bei Jochmann, S. 90—92; dort am Schluß die Bemerkung über die noch nicht erfolgte Absendung von Hitlers Brief an Haase. Jochmann, S. 77 f.

fasser und Urheber war, für illoyal halten mußte. Dies war allerdings ein Irrtum, insoferne die Erklärung durch Exllz. L. veranlaßt war, in dem Glauben, die zwischen Herrn v. Graefe und mir noch stattfindende Besprechung werde ein günstiges Ergebnis haben. Diese Zusammenkunft fand auch statt, jedoch mit negativem Resultat. Herr v. G. teilte mir dabei die bereits erfolgte Veröffentlichung nicht mit.

Exllz. L., der die Sache nun aufklärte, veranlaßte eine neue Zusammenkunft, in der Hoffnung, diesesmal zu einer möglichen Grundlage kommen zu können. Tatsächlich wurden besonders von Exllz. L. meine Forderungen als zumindest theoretisch richtig anerkannt und auch von Ihm persönlich auf das wärmste vertreten. Auch Herr v. G. änderte seinen Standpunkt in so wesentlichen Punkten, daß sich in der Folge eine nicht schädliche Verschmelzung ergeben könnte. Da die Verhandlungen nicht abgeschlossen wurden, bat mich Herr v. G. zu veranlassen, daß nicht in der Zwischenzeit durch gegenseitigen Kampf die weiteren Verhandlungen zerschlagen würden. Ich unterschrieb einen kurzen Aufruf in diesem Sinne.

Dies ist der Hergang der Sache.

Wie ich nun aus einer ganzen Reihe von Zuschriften und Kundgebungen ersehe, lehnen zahlreiche Ortsgruppen und einzelne Verbände das Zusammengehen mit der Freiheitspartei grundsätzlich ab.

Endlich erfahre ich vom Ausschluß einer Anzahl alter Parteigenossen aus der Bewegung, durch Tagungen, deren Zusammensetzung mir unklar ist. Es ist mir unter solchen Verhältnissen nicht mehr möglich von hier aus irgendwie einzugreifen, oder gar eine Verantwortung zu übernehmen.

Ich habe deshalb beschlossen, mich auf solange von der ganzen öffentlichen Politik zurückzuziehen, bis mir die wiedergegebene Freiheit auch die Möglichkeit eines *tatsächlichen* Führens bietet.

Ich muß Ihnen deshalb erklären, daß ab jetzt niemand mehr das Recht besitzt, in meinem Namen zu handeln, sich auch mich zu berufen oder in meinem Namen Erklärungen abzugeben.

Ebenso bitte ich von jetzt ab keine Briefe politischen Inhalts mehr an mich zu richten.

Mit treudeutschem Heilgruß
Ihr Ihnen persönlich und den anderen Herren herzlich
ergebener
Adolf Hitler"

Damit war die „Hitlerbewegung“ nun endgültig ohne Kopf, für die Zeit von Hitlers Festungshaft. Der Kampf um ihre Führung, um Macht und Einfluß in ihr und auf sie nahm nun erst recht wilde Formen an. Hitler sah klar, wie die Entwicklung der Bewegung nun ins bürgerliche Fahrwasser abglitt; er schrieb darüber am 23. Juni an einen Parteigenossen[272]:

„... ich sehe den Weg, den die Bewegung heute läuft und der sie immer mehr zu einer rein bürgerlichen Konkurrenzpartei abstempeln wird. Leider bin ich augenblicklich nicht in der Lage, von hier aus das Steuer herumzureißen und die Front wieder in die alte Richtung zu bringen. Da ich aber nicht gewillt bin, die Verantwortung für den heutigen Kurs auch nur dem Namen nach zu übernehmen, habe ich ja die Führung der Bewegung vor einer Woche niedergelegt, um mich auf die Dauer meiner Haft von der politischen Betätigung loszulösen.“

7. Vergebliche Einigungsversuche: Die beiden Tagungen in Weimar. „Reichsführerschaft Ludendorff-Graefe-Strasser“ gegen „Norddeutsches Direktorium“.

Dr. Adalbert Volck erließ nach seiner Ernennung zum Leiter des Direktoriums bereits am 4. Juni 1924 einen Befehl mit der Anweisung, sämtliche Landesverbände „von jetzt ab nach diktatorischem Prinzip durchzuorganisieren“[273]. Im Befehl Nummer zwei hob er hervor, „daß Adolf Hitler unser Vorbild und Führer ist“[274]. In den nächsten Befehlen, die alle vom Juni 1924 stammen, wandte er sich schärfstens gegen den Parlamentarismus und gegen die Verschmelzung der NSDAP mit der DVFP[275].

Dr. Adalbert Volck, der nun in Norddeutschland der diktatorische Führer der hitlertreuen Nationalsozialisten geworden war, stammte aus Dorpat aus einer baltendeutschen Familie. Schon sein Vater, Professor Dr. D. W. Volck, hatte gegen die Russifizierung seiner baltischen Heimat gekämpft.

272 Haase, S. 500 f.
273 Abgedruckt bei Jochmann, Nationalsozialismus und Revolution, S. 83.
274 Ebda, S. 84.
275 Ebda, S. 85—89.

1905 organisierte Adalbert Volck den baltischen Selbstschutz in Nordlivland. Er gelangte im Ersten Weltkrieg auf abenteuerlicher Flucht quer durch Rußland über Japan und Amerika im Jahre 1916 nach Deutschland, ließ sich zunächst in Berlin, dann in Lüneburg nieder. Er war Rechtsanwalt und Bankdirektor[276]. Von Lüneburg aus betrieb er völkische Arbeit. Auf dem Coburger Treffen im Oktober 1922 lernte er Adolf Hitler kennen; mit Dietrich Eckart hatte er dort eine längere Aussprache. Im November 1922 wirkte er bei der Gründung der DVFP in Berlin mit. Er wurde im Frühjahr 1924 aus der DVFP ausgeschlossen, weil er sich mit Graefe, Wulle und Henning nicht verstand. Von diesem Zeitpunkt an war er ein entschiedener Verfechter der Hitlerbewegung. Die Gründe seines Ausscheidens aus der DVFP teilte er Ludendorff im März 1924 mit[277]. Da Ludendorff hartnäckig an der Verschmelzung der beiden Richtungen im Sinne der DVFP festhielt, kam es zu einem gereizten Briefwechsel zwischen ihm und Volck[278].

Neben Haase in Hannover-Göttingen waren die aktivsten Vorkämpfer der Hitlerbewegung in Norddeutschland die an der Universität Greifswald

---

276 Adalbert Volck, Völkisches Erleben und Wollen, Lübeck 1924.

277 Haase, S. 464, 473.

278 Brief Ludendorff an Volck: Berlin, den 28. 6. 1924.
„Geehrter Herr Volck!
Nehmen Sie meinen Dank für Ihren Brief vom 27.
Mitte Mai hat mir Herr Hitler aus sich heraus in Gegenwart von Kriebel, Rosenberg, Dr. Weber, Hptm. Weiß erklärt, er wünsche die Verschmelzung.
Wenn Hitler später schwankend geworden ist, so ist das auf die Tätigkeit gewissenloser Saboteure zurückzuführen. Am 12. 6. 1924 nahm Hitler einen ähnlichen Standpunkt ein, wie Mitte Mai; er hielt damals die Grundlage für die Verschmelzung in naher Aussicht und befahl seinen Anhängern, bis zum Abschluß der Verhandlungen jeden gegenseitigen Kampf und Sonderbestrebungen zu unterlassen.
Sie schreiben nun in Ihrem Brief, Hitler wäre gegen die Vereinigung und darum hätten Sie sich einer Sondergruppe angeschlossen. Hitler sagte mir das letzte Mal, als ich ihn sah (15. 6.), es wären nicht alle einverstanden und gab mir Abschrift Ihres Briefes an ihn vom 11. Ich erwähne das deshalb, damit Sie die Verantwortung erkennen, die Sie tragen, wenn Sie, wie ich zu Hitler sage ‚400%‘ Nationalsozialisten folgen. Im übrigen will ich nicht auf Sie einwirken, bedauere aber, daß schließlich persönliche Momente immer wieder bestimmend zu sein scheinen. Haben Sie keine Sorge, daß die Bewegung abstirbt. Sie wird auch von keinem Freikorps geführt (?). Leider fehlt uns jede Organisation und will man eine einrichten, so kommen die 400%! Damit geht Kraft und Arbeit verloren. Diese Verantwortung tragen Sie mit.
Ich nütze dem Volke da, wo ich kann und wo ich Wirkungsfeld habe für meine Absichten. Die Redewendung ‚ich wäre für das ganz Volk da‘ ist abgedroschen. Das ganze Volk will mich ja nicht, auch nicht einmal die 400%. Jedenfalls danke ich für Beteuerungen, wenn man nur Schwierigkeiten macht. Ob ich klar sehe oder nicht, ist meine Sache; z. Zt. sehe ich noch recht klar!
Mit deutschem Gruß! Ludendorff.“
APf:

wirkenden Studenten Haupt, Sunkel und Karpenstein. Sie machten Pommern zu einem Vorposten der Bewegung im norddeutschen Raum. Wilhelm Karpenstein, Student der Rechte, unterstellte sich dem Direktorium für Vorpommern; er gab den „Norddeutschen Beobachter" heraus. In Stettin war der Werkmeister Eduard Heinze für die Hitlersache tätig. Er war der „Führer aller bedeutenden Gruppen Mittelpommerns, meist Arbeiter, bewußt mit allen Leuten Nationalsozialist"[279]. Heinze teilte am 8. Juli 1924 an Volck den vollzogenen Bruch mit der DVFP mit und hob auch rühmend die Unterstützung durch Karpenstein und Fobke hervor[280]. Fobke war Besitzer einer Stempelfabrik in Stettin, sein Sohn Hermann gehörte dem Stoßtrupp Hitler an und mußte in Landsberg die Haft verbüßen. Dort war er der Verbindungsmann der Norddeutschen zu Hitler.

Haase traf als „Landesleiter der NSDAP" Ende Juni für die SA seines Gaues eine Vereinbarung mit dem Wehrring. Demnach traten die SA von Niedersachsen und das Regiment Hindenburg als Kampfbund mit Major a. D. von Waldow als Führer in den Großdeutsch-Völkischen Wehrring ein. Der Landesleiter der NSDAP behielt sich in Fragen der Wehrhaftmachung die letzte Entscheidung vor[281].

Bei all den inneren Schwierigkeiten und Streitigkeiten in der Bewegung darf nicht übersehen werden, daß die Hitlerbewegung als Organisation verboten war und getarnt arbeiten mußte. Mit einem halben Dutzend Decknamen und Organisationen als „Aushängeschilder der einen NSDAP" wurde

279 Haase, S. 491 ff.
280 Ebda, S. 495 f.
281 Ebda, S. 284:
„Vereinbarung.
1. Die SA der NSDAP Niedersachsens tritt mit dem Verband Hindenburg in den Großdeutsch-Völkischen Wehrring.
2. Regiment Hindenburg und SA Niedersachsens bilden in dem Wehrring einen Kampfbund.
3. Führer des Kampfbundes ist Major a. D. v. Waldow.
4. Die Verwendung des Kampfbundes erfolgt im gegenseitigen Einvernehmen zwischen dem Landesleiter der NSDAP und dem Führer des Verbandes Hindenburg.
5. Die vereinigten Führer der SA der NSDAP Niedersachsen werden in allen Fragen der Wehrhaftmachung dem Führer des Kampfbundes Major a. D. von Waldow unterstellt.
6. Von allen wichtigen Entscheidungen in Fragen der Wehrhaftmachung ist dem Landesleiter der NSDAP vorher vom Führer des Kampfbundes Kenntnis zu geben.

Der Verband Hindenburg
Leitung.
Hannover, den 24. Juni 1924
gez. v. Waldow

Landesleiter der NSDAP
Göttingen, den 25. Juni 1924
gez. Haase."

die geheime Tätigkeit der Partei fortgesetzt. So rief Haase am 15. Juni 1924 einen „Geheimen Rat des Arbeiter- und Mittelstandes" ins Leben[282]. Er schickte Hitlers Brief vom 16. Juni unmittelbar nach Empfang am 26. Juni an Studienrat Bernhard Rust, den Vorsitzenden der nat.soz. Freiheitspartei in Hannover. Trotzdem hielt die Freiheitspartei an dem Entschluß der Verschmelzung fest.

Am 22. Juni wurde von der Vertretertagung der DVFP das Bedauern ausgesprochen, „daß die Richtung, die von Herrn Haase in Hannover-Süd vertreten wird, die Bedenken gegen eine Vereinigung nicht zurückzustellen vermag ..." Ferner wurde in der Entschließung bekanntgegeben:

„Für die Dauer der Inhaftierung Hitlers hat Ludendorff Herrn Strasser von der ehemaligen NSDAP für die Reichsführerschaft berufen. Herr Rosenberg, München, hat sein Amt ebenfalls niedergelegt[283]."

Für den 13. Juli berief das Direktorium die ihm unterstehenden Verbände zu einer Tagung nach Harburg ein. Vertreten waren: Pommern, Hamburg, Schleswig-Holstein, Hannover-Ost, Hannover-Süd, Westfalen (Bielefeld). Folgende Beschlüsse wurden gefaßt[284]:

1. Volck sollte über Fobke, Landsberg, feststellen, ob Hitler die Führung völlig niedergelegt habe und ob Strasser von ihm zum Vertreter ernannt worden sei. „Wir waren der Ansicht", so schrieb Haase, „daß der Führer seine Leitung bis zu seiner Befreiung nur ruhen lasse, auch bestanden Gründe dafür, an der Ernennung Strassers durch Adolf Hitler zu zweifeln.
2. Ludendorff wurde als militärischer Führer anerkannt, doch wurde bestimmt, daß ohne Wissen und Einwilligung des Direktoriums auch mit ihm keine Verhandlungen geführt werden durften.
3. Sturmtruppen durften nur vom Direktorium Ludendorff unterstellt werden.
4. Kontaktpflege mit Abgeordneten.
5. Herausgabe einer Zeitung „Nordischer Beobachter" in Hamburg.
6. Für die Teilnahme an der Tagung in Weimar wurden vorgesehen: Gumm, Haase, Lohse, Sunkel, Volck.

---

282 Haase, S. 508 ff.
283 Ebda, S. 518 f.
284 Ebda, S. 523; siehe auch Jochmann, S. 93.

Fobke antwortete am 18. Juli auf die Anfrage Volcks, Hitler habe die Führung der Bewegung „nur für die Dauer der Haft" niedergelegt. Hitler habe weder Strasser noch sonst jemand zu seinem Nachfolger oder Stellvertreter ernannt. Strasser sei von Ludendorff ernannt worden, mit Hitlers Zustimmung. Hitler habe niemandem Vollmachten gegeben, auch nicht an Ludendorff; niemand könne daher in Hitlers Namen befehlen oder handeln[285].

Bereits Anfang Juli zeichnete sich der vollständige Bruch zwischen den Hitleranhängern und der unter Führung von Ludendorff-Graefe und nun auch Strasser stehenden völkischen Bewegung mit der Zentrale in Berlin ab. Fobke schrieb darüber aus Landsberg am 15. Juli 1924 an Heinze (Stettin)[286]:

„... Ich begrüße den Bruch (...) und kann nur bestätigen, daß die Aufbauarbeit Hitlers nach seiner Befreiung sich *nur* auf uns stützen wird, die wir heute in den Augen und der Propaganda der Gegenrichtung als Rebellen und Saboteure dastehen. Also durchhalten!"

Nachdem Volck über Fobke sich noch einmal der Haltung Hitlers genau vergewissert hatte, gab er für den auf den 20. Juli in Weimar anberaumten nationalsozialistischen Parteitag am 18. Juli folgende Richtlinien an die ihm unterstehenden Verbände heraus[287]:

„1. Es unterliegt keinem Zweifel, daß ich mit Absicht nicht eingeladen worden bin. Sollte dieser Standpunkt von den Gegnern aufrechterhalten werden, so erwarte ich, daß alle Nationalsozialisten des Nordens die Versammlung mit der Begründung meiner Nichteinladung verlassen, und wir dann in eigene Tagung eintreten und den Versuch machen, Nationalsozialisten aus anderen Teilen Deutschlands zu uns herüberzuziehen ...

5. Auf eine Majorisierung lassen wir uns nicht ein. Wir beugen uns in grundsätzlichen Gewissensfragen keinem Mehrheitsbeschluß. Sollte Abstimmung vorgeschlagen bzw. verlangt werden, so werde ich erklären, daß wir im Norden ganz unabhängig von den in Weimar zu fassenden Be-

285 Haase, S. 525 f.; siehe auch Jochmann, S. 94 f.
286 Auszug aus Fobkes Brief, Durchschlag, APf.
287 Haase, S. 527; siehe auch Wortlaut bei Jochmann, S. 96 f.

schlüssen auf unserem Standpunkt der Nichtunterordnung unter Partei und Fraktion verharren werden.

6. Unser Programm lautet mit zwei Worten: ‚Adolf Hitler'.

Lüneburg, den 18. Juli 1924. gez. Adalbert Volck."

Das Treffen der Nationalsozialisten in Weimar am 20. Juli 1924 sollte eine Einigung über den Zusammenschluß mit der DVFP herbeiführen. Es nahmen etwa 80 Nationalsozialisten daran teil[288]. Die Tatsache, daß Volck nicht eingeladen worden war, ließ bezeichnende Rückschlüsse auf die Einstellung der Einberufer zu. Volck erhielt erst am Morgen des 20. Juli — er war am Abend des 19. Juli zusammen mit Haase und Sunkel in Weimar eingetroffen — durch Vermittlung von Dr. Gansser eine Einladung nach dessen Rücksprache mit Gregor Strasser. Dieser eröffnete die Sitzung als „Treuhänder Hitlers", wie er sich bezeichnete. Bis zum Eintreffen Ludendorffs hielt Esser eine Ansprache. Nach Ludendorffs Ankunft hielt Alfred Rosenberg eine längere Rede, deren Inhalt die Auseinandersetzung mit der DVFP war[289]. Daraus ging hervor, daß die DVFP seit ihrem Bestehen auf eine regionale Arbeitsgebietsteilung mit der NSDAP hinzielte. In diesem Sinne wurde ein erstes Abkommen zwischen Hitler und Graefe im *März 1923* geschlossen: Norddeutschland wurde der DVFP als Betätigungsfeld vorläufig zugestanden, weil die NSDAP dort ohnehin verboten war. Die Forderung Graefes nach einer parlamentarischen Vertretung für den Norden hatte Hitler, laut Rosenberg, geduldet, obwohl er im Grunde nicht einverstanden gewesen war. „Es wurde dabei ausdrücklich festgelegt, daß im Falle der Wiedergenehmigung der Partei es den Nationalsozialisten freigestellt sei, sich selbständig zu organisieren."

Diesem Abkommen folgte im *Oktober 1923* ein zweites, das zwischen Graefe und Esser vereinbart, aber *ohne* Zustimmung Hitlers vorzeitig von der DVFP veröffentlicht worden war. Darüber war Hitler sehr aufgebracht gewesen. Um aber Graefe nicht bloßzustellen und Esser zu decken, bat sich Hitler aus, daß von diesem Abkommen kein Gebrauch gemacht werden solle. Diese Stellungnahme Hitlers habe er, Rosenberg, erst im Juni 1924 von Hitler erfahren, während Graefe das Abkommen als feststehende Tatsache gegen-

---

288 Bericht Adalbert Volck v. 21. 7. 1924, Durchschlag mit Originalunterschrift Volcks, APf.

289 Inhaltsangabe der Rede Rosenbergs bei Haase, S. 531—548; siehe auch Jochmann, S. 103—119.

über ihm, Rosenberg, im Januar 1924 vertreten habe. Die dritte Vereinbarung wurde am *24. Februar 1924* getroffen; er, Drexler und Jacob hätten zugestimmt. Voraus ging eine Besprechung in Salzburg vom 31. Januar; er, Rosenberg, habe sich geweigert, den Entwurf der dortigen Niederschrift, den ihm Graefes Vertreter von Tettenborn zur Unterschrift vorgelegt hatte, zu unterzeichnen, weil er die darin enthaltene regionale Einteilung, daß Süddeutschland seine Richtlinien aus München, Norddeutschland sie aus Berlin erhalten solle, ablehnte. In dem Abkommen vom 24. Februar wurde dieser Wunsch Graefes fallengelassen. Hitler selbst hatte dann nachträglich an dieses Abkommen den Zusatz anhängen lassen, daß es auf sechs Monate befristet sein solle.

Rosenberg machte dann der DVFP schwere Vorwürfe wegen ihres unredlichen Verhaltens beim Wahlkampf mit der klaren Absicht, die NSDAP aufzusaugen oder mindestens der Führung der DVFP zu unterwerfen. Der Kampf der DVFP richtete sich nicht in erster Linie gegen ihn, Rosenberg, und den hitlertreuen NS-Vertreter in Berlin, Dr. Römmer, sondern gegen Hitler selbst. Aus Rosenbergs Ausführungen ging auch hervor, daß Hitler an der Verwirrung und den widerwärtigen Streitigkeiten zwischen seinen Anhängern und der DVFP große Schuld hatte.

Als Rosenberg ihn zusammen mit General Ludendorff in Landsberg im Mai besuchte, machte Hitler selbst „den mich sehr überraschenden Vorschlag, nicht nur eine einheitliche Fraktion, sondern auch eine einheitliche Partei im Lande zu organisieren". Er sehe darin das geringere Übel. „Hitler erklärte, daß er vorher noch Graefe sprechen wolle. Rosenberg nahm gegenüber Ludendorff mündlich, gegenüber Hitler schriftlich gegen diesen Plan Stellung mit dem Hinweis auf die oppositionelle Haltung aller norddeutschen Nationalsozialisten gegen die DVFP. Hitler hatte allerdings noch den Vorbehalt gemacht, daß die Leitung in München bleiben müsse. So ging dann die bekannte Pressemeldung hinaus. Tags darauf erklärte aber Graefe: So wie Hitler es sich denkt, geht es nicht." Auf Wunsch Graefes erließ dann Hitler noch einen Befehl an seine Anhänger, „jeden Kampf gegen die DVFP bis zum Abschluß der Verhandlungen einzustellen und Sonderbestrebungen zu unterlassen". Schließlich kam sein Entschluß des Verzichtes auf jegliche politische Tätigkeit, solange er inhaftiert sei. Ohne Zweifel hatte Hitler, wie Rosenbergs Ausführungen zeigen, diesen schwerwiegenden Entschluß gefaßt, weil er die ganze Entwicklung nicht mehr durchschauen konnte.

Der schwerwiegendste Vorwurf gegen die DVFP, den Rosenberg erhob, war die Erklärung in der Zeitung „Deutsches Tageblatt" der DVFP, Hitler habe General Ludendorff und v. Graefe gebeten, die Leitung an seiner Stelle zu übernehmen. „Das ist eine glatte Unwahrheit ..." Der Artikel war überschrieben: „Hitlers völkische Tat. Die Heerführer Ludendorff und v. Graefe" und schloß mit den Worten: „... und Ludendorff und v. Graefe sind seine Führer (des völkischen Einheitsgedankens!) bis an den Tag, da der befreite Held von München als Dritter wieder in ihren Kreis treten kann." Rosenberg kommentierte den Schlußsatz mit folgenden Worten: „Gnädig als Dritter! Nicht als selbstverständlicher Führer der Nationalsozialisten![290]" Rosenberg sagte abschließend: „Wir haben die schlimmsten Erfahrungen gemacht. Ich für meine Person habe keinerlei Vertrauen mehr. Die DVFP wird sich nicht verändern ... Wir können mit der DVFP als mit einer anderen Partei ruhig verhandeln, aber sie und ihre Führer auch als unsere Führer anerkennen gibt es nicht, wenn wir überhaupt Nationalsozialisten bleiben wollen ...[291]" Zum Schluß erklärte Rosenberg, daß er seine Ämter niederlege[292].

Rosenberg fand wenig Anklang, weil die überwiegende Mehrheit der Versammlung sich durch Ludendorff auf den Gedanken der Verschmelzung mit der DVFP hatte festlegen lassen. Insbesondere Esser und Streicher griffen Rosenberg in hemmungsloser Weise an. Sie vertraten die Ansicht, der Wunsch Ludendorffs müsse für alle Anwesenden Befehl sein. Schließlich erteilte Strasser dem Leiter des Norddeutschen Direktoriums das Wort. Adalbert Volck gab folgende Erklärung ab[293]:

„Obgleich ich nach dem von Herrn Rosenberg verlesenen Artikel des ‚Deutschen Tageblatts' auch nur zu den ‚kleinen Geistern' gehöre, die nur mit ‚Nadelstichen' arbeiten, halte ich es doch für meine Pflicht, meine Ansicht zur Frage des Zusammenschlusses auszusprechen. Ich stehe hier als Vorsitzender eines Direktoriums, das von den Nat.Soz. ff. Gebiete gewählt ist: Pommern, Schleswig-Holstein, Groß-Hamburg, Hannover-Ost, Hannover-Süd, Bremen und Umgebung und eines Teiles Westfalens. Dieses Direk-

290 Nach Jochmann, S. 115.
291 Nach Haase, S. 548.
292 Diese Schlußerklärung Rosenbergs ist in der von Jochmann abgedruckten Rede nicht enthalten; dagegen bringt sie Haase, S. 548. Tatsächlich hat Rosenberg seine Ämter niedergelegt.
293 Originalbericht, APf.; siehe auch Jochmann, S. 98 ff.

torium betrachtet sich nur als Platzhalter für Hitler, seine drei Glieder halten es für ihre Pflicht, alle echt nat.soz. Denkenden zu sammeln, ihre Zahl nach Möglichkeit zu vergrößern, um das so Erhaltene bzw. Geschaffene Hitler nach seiner Befreiung zu übergeben. Das Direktorium verfolgt keinen Selbstzweck, sobald H. frei ist, verschwindet es von der Bildfläche, um H. die weiteren Entscheidungen zu überlassen. Die Tatsache, daß der von uns allen anerkannte H. der Freiheit beraubt ist, legt uns, wenn überhaupt möglich, ein noch größeres Treueverhältnis zu ihm auf. Dazu gehören aber vornehmlich Ablehnung des ganzen Parlamentarismus und alles, was dazu gehört. Ich bin gebeten worden, meine Erfahrungen mit der Freiheitspartei schriftlich zusammenzufassen und heute hier vorzutragen; ich habe das abgelehnt. Alles, was ich persönlich erlebt habe, soll versunken und vergessen sein, ich kämpfe nicht persönlich, nur sachlich, und Personen als solche können bei den zu fassenden Beschlüssen keine ausschlaggebende Bedeutung für mich gewinnen. Ich achte die mir entgegengesetzte Ansicht der hier anwesenden Herren, erwarte selbstverständlich, daß dieselbe Achtung auch meiner Arbeit entgegengebracht wird; wer das nicht tun kann oder will, soll es lassen, ich werde das zu tragen wissen. Heute ist die Ansicht ausgesprochen worden, daß der Wunsch des Herrn General L-ff uns ein Befehl sein müsse, d. h. daß wir gezwungen sein sollen, uns bedingungslos zu fügen und das in einer grundsätzlichen Frage, die nur nach ernster Gewissensprüfung von jedem einzelnen entschieden werden kann, insbesondere von mir, der ich Verantwortung für weite Gebiete zu tragen habe. Durch die verlangte Stellungnahme zu der Ansicht des Herrn General L-ff bin ich als Balte in einen besonders schweren Gewissenskonflikt versetzt worden; ich kann niemals vergessen, daß im Jahre 1918, als auch ich mit meinen unzulänglichen Kräften um die Befreiung meiner unglücklichen baltischen Heimat rang, wir es letzten Endes General L-ff verdankten, daß meine Heimat befreit, und daß Zehntausende meiner Landsleute dadurch vor dem sicheren Tode durch die viehischen Bolschewisten bewahrt wurden. Solche Dankbarkeit und die aus ihr fließende Verehrung vergißt sich nicht. Um so schwerer fällt es mir, mich dem Wunsche des General L-ff nicht fügen zu können, und ich bin der Überzeugung, daß er mit aufrechten deutschen Männern zu tun haben will und anerkennen wird, daß man auch ihm gegenüber eine ihm entgegengesetzte Meinung vertritt, wenn nach ernsterer Prüfung die Überzeugung das verlangen sollte. Und so muß ich zu meinem Bedauern erklären namens der genannten Gebiete, daß ich für diese den Zusammenschluß ablehnen muß. Die Hochziele unserer Bewegung vertragen nicht Unterordnung unter Partei und Fraktion."

Bei diesen Worten setzte ein Tumult ein, einige Bravorufe, aber überwiegend „lehnsknechtisches" Gebrüll, Streicher schrie: „Sie sind hartherzig". Esser kreischte: „Balten seien keine Deutsche".

Volcks Ausführungen lösten lauten Widerspruch aus. Ludendorff ergriff nach der Mittagspause das Wort und zeigte sich empört über den Widerspruch, den Volck gegen ihn gewagt hatte: „er sagte kurz: nach den heutigen Erfahrungen sei ihm speiübel geworden, wenn das die völkische Bewegung sein solle, dann bedanke er sich für dieselbe, und bedauere in unserer Mitte geweilt zu haben". Schließlich sagte er wörtlich: „Ich bin der einzige von Ihnen, der der Bewegung Opfer gebracht hat, ich könnte mich auf meinen wohlverdienten Ruhm zurückziehen, brauchte nicht zu kämpfen."

Im weiteren Verlauf der Sitzung zeigte sich, daß das norddeutsche Direktorium mit seiner kritischen Haltung gegenüber Ludendorff und der DVFP nicht allein stand. Die Vertreter von Berlin, Dr. Römmer, und Ostsachsen, Kaptlt. a. D. Mücke, brachten heftige Anschuldigungen gegen die DVFP vor. Zum Schluß wurde abgestimmt, wer für den Zusammenschluß und die Reichsleitung Ludendorff-Graefe mit Ludendorff auch als politischem „diktatorischen Befehlshaber" sei. Die große Mehrzahl war dafür. Dagegen stimmten Volck für das Direktorium, Römmer für Berlin, Schlange und Knebel für Potsdam I und II, Mücke für Ostsachsen und Kellermann für Bremen. „Der anwesende Vertreter Badens legte infolge der Eindrücke von dieser Tagung sein Amt nieder[294]."

Volck schrieb seinen Bericht am 21. Juli nieder. Er machte am 2. August folgenden Nachtrag[295]:

„Nachrichten aus Landsberg erhärten die Richtigkeit unseres Standpunktes. Ich ersuche nun Alle ehrlich zu prüfen, ob sie zu kämpfen fest entschlossen sind. Wem das zu schwer fällt, soll es offen erklären. Das Direktorium wird weiter seine Pflicht tun. Die Zerrüttung durch den Parlamentarismus schreitet fort, das bewies Weimar, wo man in Gewissensfragen wie ein Rekrut einschwenken sollte. Unsere Verantwortung im Norden ist viel größer, als es manchem scheinen mag. Von uns wird es zum großen Teil ab-

294 Bericht Volck.
295 Bei Jochmann, S. 102, fehlt dieser Nachtrag.

hängen, ob H. seine Aufgaben mit Erfolg wird wieder aufnehmen können. Alle wichtigen Vorfälle, auch Äußerungen aus dem Lager der Fr.P. sind sofort dem Direktorium zu melden. Durch Beschlüsse auf dem Reichsparteitage in Weimar dürften wir uns nicht beeindrucken lassen. Die Politik des Totschweigens der Tagung in Weimar vom 20. 7. ist zu erwarten, ebenso die öffentliche Erklärung des Reichsparteitages, daß die Einigung ‚vollzogen' ist. Es wird noch zu entscheiden sein, ob und wie wir solchen Falschmeldungen zu begegnen haben werden. Lüneburg, den 2. 8. 24."

Volck schickte seinen Bericht sofort nach Landsberg an Hitler; Fobke schrieb ihm darauf im Auftrag Hitlers[296]:

„Die übersandten Blätter habe ich Herrn Hitler vorgelegt mit einigen erklärenden Worten. Der Eindruck auf ihn war ebenso erschütternd wie auf mich. Er las Ihr Memorandum sofort den Herren Dr. Weber und Oberstlt. Kriebel vor. In der anschließenden Unterhaltung ergab sich zu meiner großen Freude, daß er in den Hauptpunkten mit der von Ihnen vertretenen Auffassung übereinstimmt, Sie also durchaus auf dem richtigen Wege sind."

Aus der anschließenden Korrespondenz zwischen Volck—Haase auf der einen Seite und Hermann Fobke als Mittelsmann zu Hitler auf der anderen Seite ging jedoch hervor, daß Hitler keineswegs eine eindeutige Haltung einnahm[297], offensichtlich aus dem Bestreben heraus, sich nach keiner Seite von den streitenden Parteien festlegen zu lassen. Auch distanzierte er sich in keiner Weise von Esser und Streicher, obwohl er sich über beide abfällig äußerte[298]. Er hielt sich, wie aus Fobkes Berichten über seine Haltung deutlich wird, nach allen Seiten die Türe offen.

Haase, der an der Sitzung teilgenommen hatte, berichtete, daß Dinter, Thüringen, gegen Rosenberg schwere Vorwürfe erhoben habe, in der An-

---

296 Haase, S. 560; Briefwechsel auch bei Jochmann, S. 120 ff.

297 Jochmann, S. 125—137.

298 Brief Fobke an Volck v. 29. 7. 1924; siehe Jochmann, S. 123; Plümer, S. 34, berichtet von einem von Hitler dem Vorsitz Röhms unterstellten Ehrengericht, vor dem Esser sich hätte verantworten sollen. Esser anerkannte es jedoch nicht. „Während der Tagung in Weimar", so wußte Plümer, S. 46, zu berichten, „verließen, angewidert durch das pöbelhafte Benehmen Essers und Streichers eine Reihe rheinischer Vertreter den Saal. H. Esser und dem Hauptlehrer Streicher war es nämlich vorbehalten gewesen, durch höchst unsachliche Angriffe auf Dr. Volck von Lüneburg einen Mißton in die Einigkeit zu bringen. Zwei rheinische Vertreter erklärten wörtlich: ‚Diese beiden handeln doch im Auftrag von Moskau. Das ist bewußte Zerstörungsarbeit. Gott beschütze Exz. Ludendorff vor solchen Freunden!'"

schuldigung gipfelnd: „Was ich Ihnen am wenigsten verzeihen kann, ist, daß Sie mir mein Reichstagsmandat hintertrieben haben!"

Das Ergebnis der Weimarer Zusammenkunft war negativ: Eine Entscheidung über die Verschmelzung wurde nicht gefällt, eine allgemeine Zustimmung zur „Reichsführerschaft" wurde nicht erzielt[299]. Deshalb bemühten sich die Anhänger dieser Bestrebungen mit Ludendorff an der Spitze um eine neue Tagung. Diese kam wieder in Weimar zustande (15. bis 17. 8. 1924). Die Leitung lag in den Händen von Feder, Wulle und Streicher[300]. An ihr nahmen auch die Vertreter der DVFP teil. Ludendorff führte in seiner Rede u. a. aus[301]:

„Wenn ich hier spreche, gibt mir der 9. November vorigen Jahres das Recht dazu. Der Zug am 9. November diente dazu, die nationale Sache vor dem Treubruch dreier Männer zu retten. Durch Hitlers Inhaftnahme habe ich die Führung übernommen, mit dem großen Ziel, eine freie Bewegung, ein freies Deutschland zu schaffen und das Deutsche Volk zu einer großen Kampfgemeinschaft erziehen. Dazu bedarf es der Lösung der Arbeiter- und anderer sozialer Fragen, der Lösung der Kapitalfrage usw. Noch gebricht es unserer Bewegung an Wucht. Wenn jeder von uns den deutschen Gedanken erfaßt, wird es gelingen, alle Widersacher und Spaltpilze zu beseitigen. Notwendig ist die Sammlung aller Verbände, die auf dem Boden des Wehrgedankens stehen, der Zusammenschluß aller Fraktionen im Reichstag und Landtag, die auf nationalem Boden stehen, damit auch gesetzgeberisch keine Lücke entsteht, wenn wir die Macht ergreifen. Zum Kampf brauchen wir Vertrauen und Volkstreue. In unserer Bewegung stehen Führer und Gefolgsleute eng zusammen wie im alten Heere. Aber es fehlte noch an Zucht, weil wir uns noch nicht zu den lichten Höhen des Nationalsozialismus erhoben haben. Es gibt Unterführer, die sich überschätzen in eitler Verblendung. So bildet sich ein Partei-Bonzentum, so schlagen Spaltpilze immer wieder Wurzeln in unserer Partei, und es wird ihnen nicht entgegengetreten. Die Unterführerkrise bleibt ein ernstes Zeichen für uns. Wir haben Männer unter uns, die nicht zu uns gehören. Lehnen wir als Mitglieder grundsätzlich alle ab, die noch Bindungen haben außerhalb unserer Weltanschauung! Verlangen Sie von den Führern, daß sie richtig führen. Bringen Sie in diesem Namen, der

299 VK, Nr. 165 v. 19. 8. 1924.
300 Haase, S. 551 f.
301 SEG, 65, 1924, S. 59 f., Reichskonvent am 15.—17. 8. 1924 in Weimar.

entheiligt ist durch Ereignisse, die wir nicht anerkennen, das zustande, damit es heißen kann: ,Von hier aus beginnt eine neue Epoche!'

Abg. Prof. Mergenthaler verliest das von ihm ausgearbeitete Organisationsprogramm, auf dessen Grundlagen die Dtschvölk. Freiheitsp. und die Ntsoz. Arbeiterp. eine gemeinsame Bewegung bilden sollen. Der Name der neuen Bewegung soll lauten: ,Dtsch.-Nat.-Soz. Freiheitsbewegung'. Ihr Sitz soll sich in München befinden. Zweck der Bewegung ist die Durchsetzung der 25 Programmpunkte Hitlers und die gemeinsamen Grundlagen, die zwischen den beiden Bewegungen vor den Reichstagswahlen in Berlin gefunden wurden. Mitglied kann jeder Deutschblütige werden, doch darf er keiner anderen Vereinigung angehören, die andere politische Bedingungen besitzt als die Nat.Soz.P. Grundsatz der gemeinsamen Bewegung ist schärfste Durchführung des Führergedankens. Die Schwierigkeiten in den eigenen Reihen sind entstanden, weil die Partei bei sich selbst einen üblen Parlamentarismus großgezogen hat."

Alle Entscheidungen sollten in Zukunft nicht durch Mehrheitsbeschlüsse, sondern durch die Reichsführerschaft Ludendorff-Graefe-Strasser gefällt werden. Die Landesführer wurden für die Verbände verantwortlich gemacht und mußten von der Reichsführerschaft bestätigt werden. Der vorgesehene Reichsausschuß, den die Reichsführerschaft einzuberufen hatte, sollte nur beratende Stimme haben[302].

Dieses Programm Mergenthalers wurde in einer Geheimsitzung verhandelt und angenommen. Graf Reventlow hielt am 16. August einen Vortrag über Weltpolitik; darauf wurde eine Entschließung gegen den Dawesplan angenommen[303]. Sämtliche Dawesgesetze wurden von der Reichstagsfraktion abgelehnt. Außerdem wurden Referate gehalten von Prof. Bartels, Feder und Wilhelm Weiß[304].

Die „Reichsführerschaft" gab am 25. August 1924 folgende Erklärung heraus[305]: „Es hat sich unter den Herren Volck, Haase, Sunkel ein ,Direk-

302 CVZ, Nr. 34 v. 21. 8. 1924, S. 507: „NS-Parteitag in Weimar".

303 SEG, 65, 1924, S. 60 f. u. Haase, S. 554, zu der zweiten Weimarer Tagung: „Die Unbelehrbaren hingegen trafen sich einige Wochen später wiederum auf einer Weimarer Tagung mit den Herren der DFP . . ." „Schon der Name ,Reichsführerschaft' machte deutlich, wie weit man vom wirklichen NS entfernt war." Adolf Hitler sagte darüber, „so wenig es eine ,Kompanieführerschaft' gäbe, sondern immer nur den Kompanieführer, so wenig könne an der Spitze unserer Bewegung eine RFS stehen."

304 VK, Nr. 165 v. 19. 8. 1924.

305 Haase, S. 566; ferner Jochmann, S. 138.

torium der nationalsozialistischen Arbeiterpartei' gebildet. Dieses Direktorium besitzt keine gültigen Vollmachten des Herrn Hitler und wird von den Unterzeichneten nicht anerkannt.

gez. Ludendorff, Strasser, v. Graefe."

Darauf erwiderte das Direktorium mit folgender Gegenerklärung vom 30. August 1924[306]: „... 2. Hitler hat alle Vollmachten zurückgezogen: auch die Herren Ludendorff, Strasser, Graefe besitzen keine Vollmachten von ihm. Herr Strasser ist von General Ludendorff zum Vertreter Hitlers ernannt worden. 3. Vom denunziatorischen Beigeschmack der Notiz in der ‚Mecklenburger Warte' will ich noch absehen. Anerkennung oder Nichtanerkennung seitens der ‚Reichsführerschaft' ist belanglos. gez. Volck."

Die Verwirrung in den Reihen der Bewegung wurde durch all diese Vorgänge gefördert. Auch in den dem Direktorium unterstehenden Verbänden war durch die Entschlüsse der zweiten Weimarer Tagung Unsicherheit hervorgerufen worden. So hatte Hinrich Lohse, Schleswig-Holstein, an dem „Reichskonvent" am 15./17. August teilgenommen und war mit der Überzeugung zurückgekehrt, daß Ludendorff hinter Hitler stehe. Er forderte eine Zusammenkunft des Direktoriums, um die schwebenden Fragen zu klären[307].

Deshalb wurde für den 7. September 1924 eine neue Tagung der dem Direktorium unterstehenden Verbände anberaumt[308]. Vertreten waren folgende Gebiete: Hannover-Süd, Hannover-Ost, Potsdam I und II, Sachsen, Baden, Magdeburg, Halle. Das Ergebnis der Tagung war für das Direktorium ein triumphaler Erfolg; es wurde in seiner Zusammensetzung Volck-Haase-Sunkel erneut bestätigt. Alle Beschlüsse wurden einstimmig gefaßt. So wurde beschlossen, die Bezeichnung: „Nationalsozialistische Arbeitsgemeinschaft" anzunehmen. Joachim Haupt stellte fest: „In Weimar, dem Geburtsort der Novemberrepublik, ging die alte NSDAP im Zeichen freiheitsparteilicher Einigungs- und Beherrschungstaktik unter. In den ‚Norddeutschen Verbänden', im Stammgebiet der Nordischen Rasse, ist sie wieder auferstanden. Hitlers Geist kann nicht untergehen." Mit diesen Sätzen schloß Haupt seinen Bericht über die Tagung ab[309]. Der Verlauf der Tagung be-

306 Haase, S. 566; (fehlt bei Jochmann!)
307 Lohse an Volck am 23. 8. 1924; Volcks Antwort v. 25. 8. 1924, siehe Jochmann, S. 139—142.
308 Haase, S. 569 ff.
309 Haase, S. 570; Jochmann, S. 144—150.

rechtigte zu einem solchen Abschluß des Berichtes. Volck hatte eingangs erklärt, daß er nicht gegen Ludendorff kämpfe, sondern sich als Sachwalter Hitlers betrachte, und deshalb eine politische Diktatur Ludendorffs ablehnen müsse. „Ludendorff steht dauernd an falscher Stelle und mit falscher Haltung. Das in Weimar gefallene Wort ‚der Wunsch von Ludendorff ist uns Befehl' ist ein Schlag ins Gesicht der völkischen Idee." Volck forderte die einzelnen Landesvertreter zur Stellungnahme auf. Alle erklärten sich für das Direktorium, auch der Hamburger Vertreter, der von einem teilweisen Übertritt der Anhänger zur „Reichsführerschaft" in Hamburg berichtete[310].

Das Direktorium setzte nach seiner erneuten Bestätigung den Kampf gegen die „Reichsführerschaft", gegen den Parlamentarismus, gegen die DVFP fort. Obwohl es mit großen materiellen Schwierigkeiten zu kämpfen hatte, hielt es durch in der Hoffnung, daß Hitler im Oktober aus der Haft entlassen würde. Diese Hoffnung trog jedoch. Volck geriet in ernsthafte Schwierigkeiten. Er war in seiner Tätigkeit als Leiter des Direktoriums durch Geldmangel zunehmend stark gehemmt. Infolgedessen konnte er nicht herumreisen, sondern nur vom Schreibtisch aus lenken[311]. Auch die Pläne mit der Zeitung hatten sich mangels Geld zerschlagen. Schließlich wurde „Der Vortrupp", ein in Schwerin von Hermann Priebcke in unregelmäßigen Abständen herausgegebenes Blättchen, zum inoffiziellen Sprachrohr des Direktoriums erklärt[312].

Die Hoffnung der Hitleranhänger, Hitler würde Anfang Oktober aus der Haft entlassen — er selbst hatte auch fest damit gerechnet — erfüllte sich nicht[313]. Das erschwerte ihnen die Weiterarbeit und lähmte teilweise ihre

---

310 Bericht Haupt.

311 Volck an Fobke am 13. 10. 1924; Jochmann, S. 163 f.

312 Haase, S. 587 f.

313 SEG, 65, 1924, S. 89:
„Der Beschwerde der Staatsanwaltschaft gegen den Beschluß des Amtsgerichts München I v. 25. September, der Hitler und Kriebel ab 1. Oktober die Bewährungsfrist bewilligte, gibt das Oberste Landesgericht München statt, indem es die Entscheidung über die Beschwerde des Staatsanwaltes bis zur hinreichenden Klärung der Frage aussetzt, ob Hitler und Kriebel sich an der Gründung des ‚Frontbanns' und an der Fortführung verbotener Verbände beteiligt haben, und der Verdacht von Zuwiderhandlungen gegen die Vorschriften des Strafgesetzbuches über Geheimbündelei, oder gegen die Vorschriften des Republikschutzgesetzes, oder gegen die Verordnung des bayerischen Generalstaatskommissars v. 9. u. 11. Nov. 1923 begründet ist. — Hitler und Kriebel bleiben also wie Dr. Weber, bei dem bereits das Landgericht die Entscheidung über die Bewährungsfrist ausgesetzt hat, weiter in Haft, bis der Leipziger Staatsgerichtshof über die Erhebung der Anklage gegen die beiden in der Angelegenheit des ‚Frontbannes' Beschluß gefaßt hat."

Tätigkeit. Inzwischen wurde im Oktober der Reichstag wieder aufgelöst; es wurden kurzfristig Neuwahlen für den 7. Dezember angesetzt. Bei diesem Wahlkampf wirkte sich die innere Zersetzung der Bewegung voll aus.

Fobke schrieb am 2. September in Beantwortung von Volcks Schreiben, Hitler werde nach seiner Entlassung alle leitenden Herren der Bewegung, auch Volck, zu sich bitten, um eine reinliche Scheidung vorzunehmen. Eine „Reichsführerschaft" anerkenne Hitler nicht. „An eine Führerverbindung Hitler-von Graefe-Ludendorff wird nie zu denken sein." Hitler habe sich begeistert über die Denkschrift von Dr. Hans Wolf, dem Leiter des Notbundes Halle, geäußert und sie „als das Beste" bezeichnet, „was in der letzten Zeit geschrieben worden ist[314]".

8. Kampf aller gegen alle

Auf der Landesvertretertagung der GVG am 18. Oktober legte Esser ein Bekenntnis zu Hitler und Ludendorff und zur Reichsführerschaft ab. Die Tagung endete mit folgendem Beschluß: „Die GVG ist grundsätzlich bereit, sich aufzulösen unter den Voraussetzungen, die für die neue Organisation den national-sozialistischen Charakter gewährleisten. Die GVG steht unbedingt hinter der Reichsführerschaft[315]."

Wenige Tage später wurde ein Landesverband Bayern der nationalsozialistischen Freiheitsbewegung Großdeutschlands unter der Bezeichnung „Der Völkische Block, Nationalsozialistische Freiheitsbewegung Großdeutschlands (Landesverband Bayern)" gegründet. Ihm schloß sich auch die Sektion Innere Stadt der GVG unter Max Sesselmann an, der ein entschiedener Gegner Essers und Dinters war[316]. Dieser beachtliche Erfolg der Reichsführer-

314 Dr. Hans Wolf, Leunawerke, Merseburg, Leiter des Notbundes Halle, hatte in seiner Denkschrift mit genauer Begründung herausgearbeitet, warum ein Zusammenleben mit der DVFP abzulehnen sei. Die damit verbundene Gefahr der Parlamentarisierung der Bewegung würde ihr die Stoßkraft nehmen. Brief Haase v. 15. 4. 1965.

315 VK, Nr. 219 v. 21. 10. 1924. — Ludendorff, zur Tagung eingeladen, aber am Erscheinen verhindert, hatte in einem Brief vom 17. 10. zur Einigkeit und zum Zusammenschluß gemahnt. NPL., APf.

316 Sesselmann zählte auch den späteren Reichsschatzmeister Schwarz zu seinen Gegnern, da er ihn zusammen mit Esser und Dinter im Jahre 1924 aus einer Versammlung der „Großdeutschen Volksgemeinschaft" im Hofbräuhaus verwiesen hatte. Auf diesen Vor-

schaft in Bayern erhielt dann seine besondere Note dadurch, daß gleichzeitig Esser und Streicher ausgeschlossen wurden, offensichtlich auf Betreiben Gregor Strassers[317]: „Die Herren Hermann Esser, Journalist in München, und Julius Streicher, Hauptlehrer in Nürnberg, die seit Monaten durch ihre persönlichen ehrgeizigen Quertreibereien und andauerndes unvölkisches Handeln Zwistigkeiten in der völk.nat.soz. Bewegung Bayerns herbeigeführt haben und immer weiter nähren", so lautete der Beschluß, „werden aus der zur Reichsorganisation gehörenden Organisation: ‚Der völkische Block, Nat.-soz. Freiheitsbewegung Großdeutschlands, Landesverband Bayern' ausgeschlossen, da alle auf der Landesvertreter-Tagung vertretenen Kreise aus ganz Bayern aus sittlichem Empfinden und in ernster Verantwortung der unbedingt sauber und rein zu erhaltenden Bewegung gegenüber ein Zusammenarbeiten mit diesen beiden Einzelpersonen unbedingt ablehnen.

Dieser Beschluß tritt mit sofortiger Wirkung in Kraft. Strasser. Landesführer[318]."

Esser und Streicher setzten sich zur Wehr und nahmen in einer scharfen Erklärung gegen den ‚Völkischen Block' Stellung[319]. Sie lehnten auch den von der „Reichsführerschaft" eingesetzten Ehrenhof, vor dem sie sich rechtfertigen sollten, ab[320]. In diesem Punkt errangen sie einen eindeutigen Erfolg. Das Ehrengericht unter Vorsitz von General a. D. Heinemann fällte am 24. November den Spruch, daß Esser und Streicher in ihrer Ehre unverletzt seien, weil die Angriffe der Gegenseite unbewiesen geblieben seien[321]. Streicher hatte außerdem in einem offenen Brief an General Ludendorff, den er in Form eines Flugblattes veröffentlichte, sich gegen die Anschuldigungen

---

fall führt Sesselmann die Tatsache zurück, daß er nach seinem Parteibeitritt, der erst im Jahre 1932 erfolgte, nie das Mitgliedsbuch erhielt. Wegen Esser hatte sich Sesselmann mit Hitler schon 1920 überworfen. Brief Sesselmann an Verfasser vom 1. Mai 1965; Original.

317 VK, Nr. 235 v. 28. 10. 1924; Nr. 224 v. 26./27. 10. 1924.

318 Original, NPl., APf.

319 Die Erklärung ist von Esser und von Bouhler unterzeichnet. NPl., APf.

320 Die „Reichsführerschaft" hatte den Beschluß der Landesvertreterversammlung anerkannt und den Ehrenhof eingesetzt (27. 10. 1924), Abschrift, NPl., APf.

321 „Der Nationalsozialist", Nr. 3 v. 29. 11. 1924. — Versammlung der GVG am 31. 10. im Löwenbräukeller mit Streicher und Esser als Rednern. MNN, Nr. 299 v. 1./2. 11. 1924, Artikel: „Die streitenden Völkischen". Der persönliche Kleinkrieg der Intrigen und Verleumdungen ging ununterbrochen weiter. So verklagte Rosenberg Esser „und seine Genossen" wegen Verleumdung. VK, Nr. 230 v. 4. 11. 1923: „Eine Erklärung Rosenbergs".

Nationalsozialistischer Deutscher Arbeiterverein

Serie B Unverzinslicher 007409

Schuldschein

über

10 Mark

Diese Schuldscheine werden vom „Nationalsozialistischen Deutschen Arbeiterverein Sitz München“ (laut Beschluß der Mitgliederversammlung vom 19. Januar 1923) zur Deckung der bei Erwerbung des „Völkischen Beobachters“ von dem Verein übernommenen Schuldenlast, zur Erhaltung und zum weiteren Ausbau dieser Zeitung herausgegeben.

Jeder Schein wird in der Zeit vom 19. Januar 1928 bis 19. Januar 1940 durch Loos eingezogen. Dem Besitzer, der arischer Abstammung sein muß, wird der volle Betrag des Nennwertes ausbezahlt. Die Auszahlung erfolgt in jeweiliger gesetzlicher Währung. Die zur Einlösung gelangenden Scheine werden mit ihren Nummern im „Völkischen Beobachter“ bekanntgegeben. Scheine, deren Einlösung binnen drei Monaten nach erfolgtem Aufruf nicht stattfindet, verfallen zu Gunsten des Nationalsozialistischen Deutschen Arbeitervereins.

Der „Völkische Beobachter“ ist das Kampfblatt der nationalsozialistischen Bewegung Großdeutschlands. Er soll streiten für Deutschlands Befreiung aus Juden- und Franzosenknechtschaft.

Jede Nachahmung dieser Scheine wird als Fälschung von Privatdokumenten gerichtlich verfolgt werden.

A. Drexler

Deutsche Volksgenossen sorgt für die Schaffung einer germanischen Presse

Ein unverzinslicher Schuldschein über 10 Mark.

Hitler im Kreise seiner Getreuen; links von ihm Heinrich Himmler und Wilhelm Frick, rechts von außen: Hermann Göring, links hinter Hitler Joseph Goebbels.

München, Thierschstr. 15 / 5. Aug. 1921.

Lieber Herr Doktor,

jeden Tag erwarte ich ein Lebenszeichen von Ihnen, aber gewiß auch Sie von mir, und zwar mit mehr Recht! Nun, ich bin halb hin, von lauter Plackereien und – Hitze dazu eine höllische Wut über den Saustall, den uns die anonymen Schufte durch ihr Flugblatt (vgl. „Beobachter" No 61 und 62!) eingerichtet haben. Ich glaube kaum, daß das neue zurück- und auf die Partei [illegible] [illegible] [illegible]; es war aber doch unsere Schuld, als wir den Juden Gelegenheit gegeben hatten, den Inhalt aufzugreifen und in der Öffentlichkeit maßlos zu vergrößern. Es wird eine Weile dauern, bis wir die Verpflichtung aus der Welt geschafft haben werden; dann aber stehen wir umso fester, sintemal Hitler jetzt tatsächlich die uneingeschränkte Leitung hat (ihm einstimmig zugesprochen).

Mit der Geldbeschaffung will es gar nicht vorwärts. Ich weiß wirklich nicht, ob ich nicht den „Beobachter", wenn ich ihn am 12. Aug. offiziell ~~[illegible]~~ übernommen haben werde, gleich in die [illegible] gehen lassen muß, was natürlich auch für mich persönlich eine fürchterliche Blamage wäre.

Herrn Franck habe ich das schon vor mehreren Tagen ausführlich nach Berlin geschrieben, [illegible] aber bis jetzt noch ohne Antwort. Ob er noch nicht von der Schweiz zurück ist? Würden Sie nicht die große Güte haben und schleunigst zu ihm hingehen? Es steht für unsere Sache so glänzender Bewegung eine Menge auf dem Spiel, wenn der „Beobachter" verkracht. Irgendwoher muß ich schon dieser Tage einen größeren Betrag bekommen; ich kann sonst mit dem besten Willen nicht weiter.

Unter Umständen käme ich auch sofort nochmals nach Berlin. Tun Sie Ihr Möglichstes, lieber Freund! Und telegrafieren Sie mir, wenn etwas ins Rollen kommt.

In rasender Eile

herzlichst

Ihr dankbarer

Dietrich Eckart

Viele Grüße v. Hitler usw.!

Die versprochenen Bücher kommen bald!

Ihnen die [illegible] [illegible] Nummern des „Beobachter", [illegible] [illegible] D. E.

Originalbrief Dietrich Eckarts an Dr. Emil Gansser. (Siehe auch Seite 299.)

mit Berufung auf eine angebliche Äußerung Hitlers verteidigt: „Wer einen Amann, Esser oder Streicher beleidigt, der beleidigt mich[322]."

Die GVG veranstaltet am 2. November einen „Reichsparteitag" in den Augustiner-Bierhallen in München. Dort wurde folgender Beschluß gefaßt[323]:

1. Die GVG war bereit, in der NSFB mitzuarbeiten unter der Voraussetzung, daß Hitlers alleinige Führung nach Entlassung gewährleistet ist. Diese Bedingung wurde von der Landeskonferenz des völkischen Blocks am 26. Oktober verworfen, und Streicher und Esser wurden ausgeschlossen. Die GVG erklärte sich daher erneut als selbständige Reichsorganisation.
2. Uneingeschränktes Vertrauen für Esser und Streicher.
3. Die Leitung der GVG wird durch Beitritt von Dr. Arthur Dinter erweitert.
4. Beteiligung an der Reichstagswahl mit eigener Liste wird abgelehnt, um die Zersplitterung im völkischen Lager nicht noch zu vermehren.

Dr. Artur Dinter (Thüringen) verband sich mit Esser und Streicher, weil er für Thüringen die Reichstagskandidatur anstrebte, die schon im Mai sein Wunsch gewesen war[324]. Dinter griff nun Ludendorff heftig an; er hielt am 7. November 1924 im Löwenbräukeller in München eine Rede gegen den General unter dem Titel: „Der kritische Punkt in der Hitlerbewegung"[325]. Rosenberg habe, so führte Dinter aus, als Beauftragter des Führers völlig versagt. Wörtlich führte er u. a. aus: „Ich achte Ludendorff als Feldherrn, aber was den politischen Führer Ludendorff anbelangt, so mußte ich aus eigenstem Erleben meine Ansicht aufs gründlichste revidieren. Bei dem Wahlkampf in Bremen erteilte Ludendorff den Nationalsozialisten den Befehl, sich aufzulösen (Zuruf: Polnischer Ochse!) ...

Wir haben noch keinen Beschluß gefaßt über die Wahlparole, aber das steht fest: Diesen Reichstagskandidaten der sogenannten ‚NS-Freiheitspartei' nicht eine einzige Stimme! Kann man Vertrauen zu Führern haben,

---

322 Flugblatt, Original, datiert v. 29. 10. 1924, NPl., APf. — Das Blatt ist in sehr respektvollem Ton abgefaßt.

323 „Der Nationalsozialist", Nr. 1 v. 15. 11. 1924. — Die Zeitung wurde von Hermann Esser seit dem 15. November wöchentlich zweimal herausgegeben.

324 Plümer, Die Wahrheit, S. 50.

325 „Der Nationalsozialist", Nr. 1 v. 15. 11. 1924. — Dinters Rede wurde auch in norddeutschen Zeitungen beachtet und wiedergebracht. Haase, S. 613, zitierte sie ausführlich nach der sozialdemokratischen Zeitung „Volkswille" (Hannover).

welche den Verrat an Hitler begangen haben und Hitler am liebsten ewig im Gefängnis haben wollen? Die 17 000 Leute, die hinter uns stehen, sind alte, echte Nationalsozialisten. Die sind ja viel mehr wert als die halbe Million von dem Gelichter des ‚Völkischen Blocks' unter Führung von Strasser und Ludendorff. Wir drei (Esser, Streicher, Dinter) wissen ganz genau, was wir wollen, wenn wir auch heute noch nicht darüber reden. Wir sind entschlossen, den Kampf durchzuführen, weil wir die Überzeugung haben, daß die Reichsführerschaft und die Fraktion mißbraucht wird, die Hitlerbewegung zu vernichten."

In Norddeutschland blieb von der wahltaktischen Zusammenarbeit aus der Zeit der ersten Reichstagswahl 1924 ebensowenig übrig wie in Süddeutschland. Haase zog einen Vergleich zwischen Pommern und Baden. Da es in Baden keine deutschvölkische Freiheitspartei gab, „war es möglich, bis zur Freilassung des Führers die gesamte Organisation geschlossen stehen zu lassen, während in Pommern der Bruch zwischen Nationalsozialisten und DVFP unvermeidlich war". „Wir arbeiten also los", schrieb ein badischer Nationalsozialist an Volck am 30. September 1924, „und zwar kann ich schon melden, daß unsere Aussichten sich mehr und mehr bessern gegenüber der Position der derzeitigen Herrscher in der badischen NSF-Bewegung. Im Einverständnis mit unserem Vorkämpfer Robert Roth werden wir nicht aus der Bewegung ausscheiden, sondern, weil wir uns stark genug fühlen, die Gegner zu werfen, werden wir drin bleiben, um das Steuer herumzuwerfen im Sinne Hitlers . . .[326]" Volck lud die Mitglieder der dem Direktorium unterstehenden Verbände für den 2. November zu einer Sitzung nach Ülzen ein[327]. Er konnte in seinem Rechenschaftsbericht darauf hinweisen, daß das Direktorium mit fünf Landesverbänden zu arbeiten angefangen habe, ohne Geld und ohne Propagandamöglichkeit, und nun dreizehn Verbände zähle. Der Landesverband Mecklenburg-Schwerin (Graefes Hochburg) habe sich ohne Werbung angeschlossen[328]. Das Direktorium verfüge auch über eine Zeitung („Der Vortrupp"). Die Reichsführerschaft wurde entschieden abgelehnt. Volcks Vorschlag der Wahlenthaltung wurde nach längerer Diskussion angenommen. Außerdem wurde beschlossen, daß jeder

326 Haase, S. 496.
327 Jochmann, S. 170.
328 Volck an Fobke am 13. 10. 1924. — Die Landesleitung Mecklenburg der NSDAP veröffentlichte in der Zeitung „Der Vortrupp" Nr. 17, Oktober 1924, S. 6, folgende Erklärung: „‚Nationalsozialistische Freiheitspartei': Auf verschiedene Anfragen geben wir

Landesverband einen Mindestbetrag monatlich an das Direktorium abzuführen habe, um diesem einen finanziellen Rückhalt zu geben[329].

Die „Nationalsozialistische Freiheitspartei" (Ludendorff-Graefe-Strasser) erließ zur Reichstagswahl einen Aufruf, der sich besonders gegen die Dawesgesetzgebung richtete[330].

Die antijüdische Hetze lief als roter Faden auch durch die Agitation zu dieser Reichstagswahl. „Deutschvölkische und Deutschnationale haben den Wahlkampf mit einer schamlosen Judenhetze eingeleitet", schrieb die CVZ in ihrem Wahlaufruf zur Reichstagswahl[331], und fuhr fort: „Daß uns der Wahlaufruf der Völkischen beschimpft, entspricht ihrer *unentwegt judenfeindlichen* Einstellung. Zertrümmerung alles dessen, was den deutschen Juden heilig ist, ist den Völkischen ja Lebensaufgabe. Mit Empörung und Erbitterung haben wir aber die Parole der Deutschnationalen Volkspartei: ‚Gegen Juden- und Franzosenherrschaft gelesen' . . ." Gleichzeitig fanden auch die Wahlen für den Preußischen Landesverband jüdischer Gemeinden statt. Die CVZ verlangte „eine nachdrückliche und scharfe Ablehnung des Begriffs der Volksgemeinde[332]. Die Schaffung dieser Volksgemeinde erstreben die Jüdisch-Nationalen." Als Begründung wird angeführt: „Volksgemeinden, statt der Religionsgemeinden schaffen, heißt anerkennen, daß wir zum deutschen Volke nicht gehören, bedeutet unsere heiligen religiösen Angelegenheiten mit politischen verquicken. Wir fühlen uns nicht als ‚Gäste im Wirtsvolk', sondern als Angehörige des deutschen Volkes und sehen unsere Heimat im deutschen Boden. Wir sind überzeugt, daß die Politisierung der jüdischen Religionsgemeinschaft, das Streben nach Schaffung einer

hiermit bekannt, daß Nationalsozialisten und Deutschvölkische auch in Norddeutschland durchaus nicht gemeinsam die ‚Nationalsozialistische Freiheitspartei' gründeten. Es bestehen auch weiterhin wie z. B. in Mecklenburg getrennte Landesverbände. Auf einer Versammlung der deutschvölkischen Freiheitspartei, Ortsgruppe Schwerin, wurde keine Vereinigung beider Parteien, sondern lediglich eine Umbenennung des Namens ‚Deutschvölkische Freiheitspartei' in ‚Nationalsozialistische Freiheitspartei' vorgenommen. Der Name ‚Nationalsozialistische Freiheitspartei' wird somit von dieser Ortsgruppe zu Unrecht geführt. Der Landesverband Mecklenburg der NSDAP besteht weiter. Sämtliche Nationalsozialisten haben mit der Landesleitung sofort Verbindung aufzunehmen. Die Landesleitung Mecklenburg ist außerdem der Nationalsozialistischen Arbeitsgemeinschaft, die sich über Norddeutschland, Westfalen, Baden, Sachsen und Berlin ausdehnt, angeschlossen. Das Organ der Landesleitung ist lediglich der Vortrupp. Die Landesleitung Mecklenburg untersteht der Führung des Reichsdirektoriums, welches sich wiederum als Platzhalter Adolf Hitlers betrachtet."

329 Bericht Sunkel über die Tagung in Ülzen, Jochmann, S. 172—179.

330 Reichstagshandbuch, III. Wahlperiode, 1924, S. 153 ff.

331 CVZ, Nr. 45 v. 7. 11. 1923 (Titelseite).

332 Ebda, 43 v. 23. 10. 1924, S. 647.

neuen jüdisch-hebräischen Weltkultur, nach Hebraisierung des bürgerlichen Lebens, nach Erziehung unserer Jugend im jüdisch-nationalen Sinne ein schweres Unglück für den religiösen Inhalt des Judentums und für die politische Stellung der jüdischen Deutschen innerhalb unseres Vaterlandes bedeuten ..."

Der Direktor des Centralvereins der deutschen Staatsbürger jüdischen Glaubens, Dr. Holländer, hatte sich auch in einem „Offenen Brief" an den Reichsminister des Innern, Dr. Jarres, darüber beschwert[333], daß bei einer von der Reichsregierung anberaumten Gedenkfeier für die Gefallenen des Weltkrieges kein jüdischer Feldgeistlicher sprechen durfte. Auf die Antwort des Ministers, dem Ministerium habe jede Zurücksetzung der deutschen Staatsbürgers jüdischen Glaubens ferngelegen, erwiderte Dr. Holländer u. a.: „Wir glauben das ohne weiteres und es berührt uns besonders schmerzlich, das glauben zu müssen. Denn was müssen wir uns sagen, Herr Minister, wenn wir diese Ihre Versicherung seelisch nachprüfen. Wir waren in der Weltgeschichte von jeher die Aschenbrödel. Insbesondere waren wir ... die Aschenbrödel des deutschen Volkes. Seit 30 Generationen hat man uns zurückgesetzt, nicht geachtet, übersehen und übersehen wollen. Unter diesen Umständen ist Übersehen schlimmer als Verachten ..."

Das Ergebnis der Reichstagswahl im Dezember 1924 war gekennzeichnet durch Gewinne der Parteien, die die Dawesgesetze angenommen, und durch Verluste derjenigen, die den Dawesplan abgelehnt hatten. Das waren die Rechts- und Linksradikalen, die „Nationalsozialistische Freiheitspartei" und die Kommunisten. Die NSFP fiel von 32 Mandaten auf 11 zurück und war somit nicht mehr in der Lage, eine Fraktion zu bilden (Mindestzahl 15). Von den 11 Abgeordneten der NSFB waren 4 Nationalsozialisten: Hans Dietrich, Gottfried Feder, Wilhelm Frick, Gregor Strasser[334].

Das Ergebnis der gleichzeitig stattfindenden Landtagswahlen in Braunschweig, Hessen, Bremen und Preußen fiel nicht besser aus. In Bayern verlor der Völkische Block gegenüber der ersten Reichstagswahl von 1924 rund zwei Drittel seiner Stimmen (450 000 gegen 150 000). Der bayerische Landtag entsprach in seiner Zusammensetzung nicht mehr dem Willen der Wähler[335].

333 CVZ, Nr. 33 v. 14. 8. 1924 (Titelseite).
334 Reichstagshandbuch, III. Wahlperiode, 1924, S. 153 ff.
335 Schwend, Bayern, S. 288.

Insgesamt war die Reichstagswahl vom Dezember 1924 eine vernichtende Niederlage für die äußerste Rechte; sie war dadurch zur Bedeutungslosigkeit abgesunken[336].

Ein besonderes Augenmerk verdienen die ebenfalls am 7. Dezember in München abgehaltenen Stadtratswahlen. Dazu hatte Franz Xaver Schwarz, der dem Vorstand der GVG angehörte, für die nationalsozialistischen Wahlkandidaten folgende Verpflichtungserklärung erlassen, die von den Kandidaten unterzeichnet werden mußte[337]:

„Verpflichtung und Erklärung.

Ich, Unterzeichneter, bin damit einverstanden, daß mein Name auf die Liste der Nationalsozialisten für die Gemeindewahl am 7. Dezember gesetzt wird.

Ich erkläre hiermit feierlich, daß ich ohne Einschränkung oder Bedingung auf dem Boden des Programms Adolf Hitlers stehe, daß ich alle nach dem 9. November 1923 von verschiedenster Seite gemachten Versuche einer Abschwächung oder Verwässerung dieses Programms auf das Entschiedenste ablehne und bekämpfe. Ich versichere ausdrücklich, daß ich ein etwa mir zufallendes Mandat lediglich als das Mandat Hitlers ansehe und bereit bin, auf dessen Wunsch oder Befehl bedingungslos mein Mandat niederzulegen. Ich werde mein Mandat nur als Mitglied der Fraktion der ‚Großdeutschen Volksgemeinschaft' im Stadtrat ausüben, es sei denn, daß durch Herrn Adolf Hitler eine Änderung meines Fraktionszugehörigkeitsverhältnisses einzutreten hat.

Ich erkläre weiterhin, daß ich keiner geheimen Verbindung, verbotenen Vereinigung, Freimaurerloge (einschließlich der Schlaraffia) angehöre, noch ein ... Freimaurer bin.

Außerdem erkläre ich auf Ehrenwort, daß ich wegen gemeiner Verbrechen oder Vergehen nicht vorbestraft und auch in keine Untersuchung wegen derartiger ... verwickelt bin. Franz Xaver Schwarz."

Auch in der Wahlpropaganda zeigte sich die völlige Ausrichtung auf den Führer Adolf Hitler. So fuhr ein Auto herum mit einem großen Schild, das

336 Zum Ausgang der Wahl brachte Essers Organ, „Der Nationalsozialist", Nr. 6/7 v. 13. 12. 1924 einen Artikel: „1 Million Tote." Damit war der Verlust von einer Million Wählerstimmen für die NSFP im Reichstag gemeint.

337 Dokumente der Zeitgeschichte, S. 157.

in geschmücktem Rahmen die weithin sichtbare Aufschrift trug: „Heil Hitler“[338].

Der Ausgang der Münchner Stadtratswahlen war für die Völkischen noch niederschmetternder als im sonstigen Bayern und im Reich. Die Zahl ihrer Wähler war von 105 000 (April Landtagswahl) auf 30 000 abgesunken. Zudem war die Stadtratsfraktion gespalten: drei Vertreter des Völkischen Blocks (Fiehler, Fuchs, Dr. Buckeley) und drei Hitleranhänger (Ulrich Graf, Max Amann, Dr. Meyr)[339].

Ein weiteres Zeichen der völligen Auflösung des Völkischen Blocks war auch der Austritt Ernst Pöhners aus dem Völkischen Block[340]; er schloß sich den Deutschnationalen an.

Der Dezember 1924 bedeutete den Tiefpunkt der Hitlerbewegung. Die Reichstagswahlen, die Landtagswahlen und vor allem auch die Münchner Stadtratswahlen hatten den Beweis erbracht, daß sie zur völligen Bedeutungslosigkeit herabgesunken war; allem Anschein nach war ihr Ende damit gekommen. Das Jahr 1924 hatte bewiesen, daß sie ohne ihren Erwecker und Führer Adolf Hitler auf die Dauer nicht lebensfähig war. Da trat die entscheidende Wendung in ihrem Schicksal durch die Entlassung Hitlers aus der Festungshaft ein.

„Das Oberste Landesgericht hat die Beschwerde der Staatsanwaltschaft vom 29. September gegen den Beschluß des Landgerichts München I, durch den Hitler und Kriebel Bewährungsfrist bewilligt worden ist, verworfen. Es erhalten also Hitler und Kriebel für den Rest ihrer Strafen Bewährungsfrist ...[341]“

Am Samstag, dem 20. Dezember 1924, mittags, wurde Hitler auf freien Fuß gesetzt. Er fuhr mit dem Auto „eines Münchner Freundes“ nach München und traf mittags 2.10 Uhr in der Thierschstraße Nr. 41 in seiner Wohnung ein. Dort erwarteten ihn Ulrich Graf und Christian Weber. Am Hauseingang wurden ihm durch eine Abordnung der Sektion Schwabing der GVG unter der Führung des Sektionsleiters Woltereck Blumengrüße überreicht,

338 Dokumente der Zeitgeschichte, S. 159.

339 Schwend, S. 288. — Nach „Der Nationalsozialist“, Nr. 6/7 v. 13. 12. 1924, erzielte der Völkische Block 18 001, die GVG 18 602 Stimmen. Das wären insgesamt knapp 37 000 Stimmen. So auch Högner, Der Außenseiter, S. 37. In Nürnberg erhielt der Völkische Block 5000, die Liste Streicher 25 000 Stimmen. „Der Nationalsozialist“, ebda. — VK, Nr. 266 v. 16. 12. 1924.

340 VK, Nr. 256 v. 4. 12. 1924.

341 SEG, 65, 1924, S. 117; ferner Schwend, S. 292 ff.

„für die er in der herzlichsten Form und mit Händedruck dankte. Ergreifend war das Wiedersehen mit seinem treuen Hunde ‚Wolf‘ . . .[342]“

Hitler empfing als ersten Besuch seinen Geschäftsführer der NSDAP, den Verleger seines Buches, Max Amann. Um 4.00 Uhr nachmittags begaben sich Hermann Esser und Julius Streicher, nachdem sie vorher angefragt hatten, ob ihr Besuch genehm sei, zu ihm. Hitler begrüßte seine alten Mitarbeiter und Freunde „in einer Form, die wohltuend war. Auf Essers Frage, was er nun zu tun gedenke, antwortete Hitler, er werde zunächst sein Werk ‚Mein Kampf‘ fertigstellen und die Hinterbliebenen der Gefallenen vom 9. November 1923 besuchen und sich über die politische Lage informieren[343]“.

Den ersten „politischen Besuch“ stattete Hitler bei Pöhner ab. Mit Pöhner war er durch Max Krieger schon 1920 bekannt gemacht worden; mit Kriegers („eines Münchner Freundes“, wie es in dem oben zitierten Zeitungsbericht hieß) Kraftwagen war er in Landsberg abgeholt worden. Mit Pöhner und Krieger zusammen konferierte er unmittelbar nach seiner Ankunft in München noch vor Weihnachten in Pöhners Wohnung. Max Krieger vermittelte dann das Gespräch mit Ministerpräsident Held[344].

Hitlers wichtigstes Anliegen nach seiner Entlassung konnte nur die rasche Wiedergenehmigung seiner Partei, die Erlaubnis zu politischer Tätigkeit sein. Das Parteiverbot mußte aufgehoben werden. Deshalb trat er auf Rat Kriegers und Pöhners Anfang Januar 1925 den „Canossagang“ zu Held an, der von Krieger entsprechend vorbereitet war. Hitler überzeugte Held von seiner ehrlichen Absicht, sich nur noch auf dem Verfassungsboden in streng gesetzlicher Weise zu betätigen. Held sagte ihm die baldmöglichste Aufhebung des Parteiverbotes zu[345].

Der Gang zu Pöhner und zu Held war eine Absage an Ludendorff, dessen antikatholische, kulturkämpferische Einstellung für Hitler jedenfalls zu diesem Zeitpunkt eine unerträgliche Belastung war. Dieses Verhalten gegenüber Ludendorff war gleichzeitig das Ende der Zusammenarbeit mit der „Nationalsozialistischen Freiheitsbewegung“, mit den Völkischen überhaupt. Sehr bezeichnend in dieser Hinsicht war auch Hitlers Auftreten gegenüber

342 „Der Nationalsozialist“, Nr. 10/11 v. 25. 12. 1924; VK, Nr. 272 v. 23. 12. 1924.
343 „Der Nationalsozialist“, Nr. 10/11 v. 25. 12. 1924; ferner „Dokumente der Zeitgeschichte“, S. 162 ff.
344 MM Max Krieger; Schmelzle, UE.
345 Schwend, S. 298 ff. bringt Darstellung aus der Warte der BVP. — MNN, Nr. 8 v. 9. 1. 1925, Artikel: „Hitler bei Dr. Held.“ Der Empfang ging auf Hitlers Initiative zurück.

dem angekündigten Besuch der Sektionsführer und Ortsgruppenführer der Münchner Ortsgruppe der NSFB; er lehnte diesen Besuch mit den Worten ab[346]:

„Dafür habe ich keine Zeit. Ich kenne diese Sektions- und Ortsgruppenschmerzen; darüber bin ich längst hinaus. Das läuft an mir herunter wie Wassertropfen auf Wachsleinwand. Das kommt ja alles aus einer Fabrik. Bedingungen gibt's für mich nicht! Wer Mitglied des Völkischen Blocks ist, ist kein Nationalsozialist. Entschließungen wandern restlos in den Papierkorb und werden dann unter meiner Aufsicht in den Ofen geheizt, um als Rauch durch den Schornstein abzuziehen."

Adalbert Volck, der Leiter der hitlertreuen „Nationalsozialistischen Arbeitsgemeinschaft" in Norddeutschland, veröffentlichte am 21. Dezember auf die Kunde von Hitlers Entlassung aus der Festungshaft folgenden Aufruf im „Vortrupp"[347]:

„Hitler frei!

Unser Führer ist seiner Aufgabe zurückgegeben. Wenn wir an sein Geschick denken, so packt uns Scham und Wut über das neue Deutschland, das seine besten Söhne verfolgt. Hitler wird in der langen Einsamkeit gewachsen sein und seine Pläne haben. Vergessen wir aber nie, daß ein Führer ohne *selbstlose* Hilfe seine Gedanken nicht in die Tat umsetzen kann. An Selbstlosigkeit, Ehrlichkeit und wahrer Dienstbereitschaft hat es gefehlt, weil man die völkischen Reihen von Strebern und unehrlichen Elementen durchsetzen und zersetzen ließ. Die NSAG darf für sich in Anspruch nehmen, ihre Reihen rein gehalten zu haben. Wenn diese nicht leichte Aufgabe gelang, so ist das dem unter uns herrschenden Vertrauen zu danken, das die einzige Quelle wirklicher Disziplin bildet. Dafür danke ich allen, die mir die Möglichkeit der Leitung gaben. Die hinter uns liegenden Kämpfe, die zu fassenden, oft schwerwiegenden Entschlüsse sollen uns mit neuem Zutrauen in die Zukunft erfüllen, die in allererster Linie von der Arbeit der Völkischen abhängen wird. Man kann sich durchsetzen, wenn man selbstlos und rücksichtslos will. In diesem Sinne wollen wir Adolf Hitler die Wege zu bereiten suchen."

346 Plümer, Die Wahrheit, S. 56. — Für das Wunschdenken der Völkischen war die Schreibweise des VK höchst bezeichnend (Nr. 271 v. 21. 12. 1924): Leitartikel: „Heil unserem Führer Hitler!" und die Schlagzeile: „Hitlers erster Gang zu Ludendorff!"

347 „Der Vortrupp" v. 23. 12. 1924.

Adalbert Volck hielt Wort: er hatte sich immer nur als freiwilliger Platzhalter Hitlers betrachtet; jetzt, nachdem Hitler wieder auf freiem Fuße war, legte er die Leitung der Nationalsozialistischen Arbeitsgemeinschaft am 12. Januar 1925 nieder. Ludolf Haase betreute sie im Einvernehmen mit Volcks Zustimmung weiter bis zur endgültigen Übernahme durch Hitler[348].

In seinem Rundschreiben vom 15. Dezember 1924 an die Mitglieder der Nat.Soz. Arbeitsgemeinschaft — eine Woche vor dem oben zitierten Aufruf — schrieb Volck, er vertrete grundsätzlich die Ansicht, „daß wir niemals unsere Grundeinstellung aufgeben dürfen, daß Hitler der Führer ist und bleibt . . ." In den Schlußsätzen legte er aber eine Auffassung zutage, die ihn in unüberbrückbaren Widerspruch zu Hitler selbst bringen mußte: „Sollte Hitler uns überhaupt nicht wieder zurückgegeben werden, so müßten wir natürlich selbständig handeln, denn die Völkische Bewegung kommt aus dem Innern des Volkes und ist als solche nicht von Personen abhängig, sonst wäre sie auch durch Siechtum oder Untergang des Führers erledigt! Müßte ich das glauben, ich wäre nicht völkisch. Da wir aber auf baldige Befreiung Hitlers rechnen dürfen, so wollen wir uns bereit machen. Ein Brief aus Landsberg sagt mir, daß die Nat.Soz. Arbeitsgemeinschaft auf dem Wege sich befindet, den Hitler gut heißt . . .[349]"

Adolf Bartels, der völkische Literaturhistoriker, veröffentlichte 1924 eine Schrift: „Der Nationalsozialismus, Deutschlands Rettung." Dort vertrat er die Ansicht, Adolf Hitler sei der Hauptvorkämpfer der nationalsozialistischen deutschen Arbeiterbewegung; dann aber stellte er im gleichen Sinne wie Adalbert Volck fest:

„Im übrigen ist der Fortgang der nationalsozialistischen Bewegung, wie schon erwähnt, nicht mit seiner Person verknüpft, sie ist eine wahrhaft völkische, d. h. aus dem ganzen Volke kommende Bewegung[350]."

Volck schrieb am 3. Februar 1925 einen Brief an einen Professor (Vahlen?), aus dem bereits seine tiefe Enttäuschung über die ersten vorbereitenden Schritte Hitlers zur Wiederbegründung der Partei sprach; dort hieß es u. a.[351]:

„Die Lektüre der Erlasse Hitlers hat mich deprimiert. Wenn man alles unserer Bewegung gern geopfert, in und an ihr viel länger, als die heutigen

348 Haase, S. 736.
349 Rundschreiben Volcks v. 15. 12. 1924, zitiert nach Jochmann, S. 184—187.
350 Bartels, S. 12, 17.
351 Jochmann, S. 188—192.

Gebieter gearbeitet hat, dann könnte man mutlos werden, wenn ein Führer, der sich selbst für unfehlbar erklärt, unsere Aufgaben, die Zeitgeschichte nicht kennt . . . Ich bin froh, so gehandelt zu haben. Bin geräuschlos verschwunden . . . Hitlers Erklärungen zeigen, daß er die seit seiner Verhaftung vergangene Zeit, die ungeheueren Geschehnisse ignoriert. Er will den am 9. 11. 1923 gerissenen Faden einfach wieder anknüpfen . . . Auch Führer sind nur dienende Nutznießer der Volksseele, aus der die Bewegung stammt . . . Damit komme ich zu einem grundlegenden Widerspruch zwischen Hitler und mir: Ohne eine durchschnittliche Höhenlage unseres kranken Volkes erreicht zu haben, können wir unsere Ziele nicht verwirklichen. Durch Gebieterschaft, absolute Herrschaft, Demagogie u.s.f. wird man hier und da Teilerfolge, vielleicht sogar einen ‚gelungenen Putsch' erzielen können, aber der wahre Erfolg wird ausbleiben, wenn die Geführten nicht eine gewisse innere Höhenentwicklung genommen haben. Woran scheiterte Ludendorff? Am versuchten Gehorch und Befehl. Will H. dasselbe Fiasko erleben? Vorübergehende Massenerfolge dürfen uns nicht beirren . . . Wahren Dienst an der Seele des Volkes lehnt H. ab. Er beginnt mit dem Programm, das ich auf den Lokus wünschte. Programme sind Notbehelfe für Hinkende, die es immer geben wird. Arbeitet ein gebietender Führer mit Programmen, so gesteht er seine Schwäche ein. Die Programme gebühren den Parlamentariern, wir brauchen nur große Richtlinien . . . Kein Wort findet er von der Schuld unseres Volkes selbst. Nur der Jude soll bekämpft werden. Ich will ihn auch loswerden, aber ohne den Juden im Deutschen durch Einkehr niedergerungen zu haben, kommen wir nicht zum Ziel. Tut Buße und arbeitet an Euch. Da allein liegt das Geheimnis der Bewegung. Nur so kann der Boden für Taten bereitet werden.

Und der Marxismus ist doch nur eine Krankheitserscheinung an unserem Volkskörper . . . Glaubt Hitler, Materialismus, Pazifismus u.s.f. durch Vertreibung des Marxismus bannen zu können? Letzterer ist doch zur Weltanschauung geworden, dem unsere Weltanschauung entgegengestellt werden muß. Von einer solchen redet Hitler gar nicht . . .

Nach den gewonnenen Eindrücken muß ich fürchten, daß die bayerischen Nazis kein Verständnis für Niedersachsen . . . aufbringen werden . . . Ein Teil meiner diesbezüglichen Arbeit ist von den blöden Parteivölkischen zerschlagen, die südlichen Nazis werden ihr wohl den Rest geben . . . Und was im Norden zu tun ist, kann man mich nicht lehren. Hier liegt unsere Kraft.

Wer die nordische Psyche nicht versteht, wird sie nicht in Bewegung setzen. Strassers und Essers mögen ihre Südländer zu bedienen suchen.

Auf den Wunsch vieler Freunde werde ich nach München fahren. Habe mich bei H. zum 7. bis 8. 3. angemeldet und um Telegramm gebeten, falls diese Tage nicht passen. Mit welchen Empfindungen ich reise, brauche ich nicht zu sagen. Bin oft in führenden Stellungen gewesen, weiß nur, daß es so nicht geht. Nehme an, daß meine Unterhaltung mit H. kurz und schmerzlos ergeben wird, daß wir nicht zusammen stimmen.

Schon ein Gehorsamsgelübde muß ich ablehnen. Treue habe ich H. durch manche Kämpfe gehalten, aber den Grad der Gefolgschaft kann nur ich bemessen.

Dieser Brief ist vertraulich, sende ihn auch über Haase an Fobke. Ob Sie oder Fobke ihn H. geben, muß ich Ihnen überlassen."

Volck hob zwar als Verdienst Hitlers hervor, daß er „die großdeutsche Idee am reinsten vertreten, obgleich er nur ein ‚Auslandsdeutscher'" sei. Ganz entschieden wandte sich aber Volck „gegen den Versuch, unsere Bewegung mit bestimmten Personen zu identifizieren . . . Deutschland ist zum großen Teil am Lehnsknechtstum zugrundegegangen"[352]. Mit dieser Kritik stand Volck nicht allein, wie schon die zitierte Äußerung Prof. Bartels zeigte. Aber auch Graf Reventlow und Theodor Fritsch erhoben damals ihre warnende Stimme gegen den Personen- und Führerkult[353]. „Einen Sterblichen zum Schirmherrn oder gar zum ‚Schöpfer der deutschen Freiheitsbewegung' stempeln zu wollen, ist nicht nur abwegig, sondern kann auch verhängnisvoll werden", schrieb Volck. Auch Scharnhorst, Gneisenau und Yorck hätten sich nicht als „Schöpfer der damaligen Freiheitsbewegung" gefühlt, sondern als „Erwecker" und „Entzünder". „Wie Hitler sich, in weiser Selbstbeschränkung einen ‚Trommler' genannt hat." „Wir brauchen", so faßte Volck seine Kritik zusammen, „ersehnen alle Heldenverehrung; Heldenverhimmelung lehnen wir ab. Auch der Held ist zuerst ein deutscher, völkischer Mann[354]."

Da Haase inzwischen schwer erkrankt war, hatte Hermann Fobke, der am 20. Oktober aus der Landsberger Festungshaft entlassen worden war, die provisorische Leitung der NSAG übernommen[355]. In einem Rundschrei-

352 Adalbert Volck, Völkisches Erleben und Wollen, S. 297, 306.
353 Ebda, S. 304.
354 Ebda, S. 306 f.
355 Haase, MM v. 8. 3. 1964.

ben vom 10. Februar 1925 teilte er den norddeutschen Nationalsozialisten die Gesprächsergebnisse mit Hitler von Ende Januar 1925 mit[356]:

1. „Hitler denkt nicht daran, mit der Freiheitspartei zu paktieren ..."
2. Sobald die NSDAP in Bayern wieder zugelassen sei, werde Hitler eine Aufforderung zur Neugründung im Reich erlassen. Die Zusage vom bayerischen Ministerpräsidenten habe er bereits in der Tasche.
3. Hitler wird sich nicht an einzelne Gruppen binden.
4. Hitler habe zugesagt, in den Norden zu kommen, um „ihn intensiv zu bearbeiten".
5. Eine Bindung gegenüber Held habe Hitler nicht eingegangen, mit Ausnahme der Zusage, keinen Putsch zu machen.
6. Hitlers Verhältnis zu Ludendorff sei kein politisches gewesen, „sondern L. sei der militärische Führer, er dagegen der politische Führer gewesen".
7. Hitler sei durch die Haft nicht zermürbt, sondern frisch und arbeitsfähig.
8. Hitler betonte, daß sein Kurs der alte sei, d. h. daß der Kampf gegen den Marxismus an erster Stelle stehe.

Am 16. Februar 1925 tagte unter Vorsitz Ludendorffs die „Reichsführerschaft" der NSFB in Berlin im Reichstag. „In der Aussprache bedauerte man den Plan Hitlers, die NSDAP wieder ins Leben zu rufen, und Ludendorff erklärte, er werde sich, wenn Hitler seinen Plan tatsächlich ausführen sollte, trotz seiner freundschaftlichen Beziehungen zu Hitler von ihm trennen."

Ludendorff, Graefe und Strasser legten die „Reichsführerschaft" nieder und erklärten die NSFB für aufgelöst. Ein „Freundeskreis der völkischen Bewegung" unter Führung von Ludendorff, Reventlow, Feder und Jürgen Ramin zur Vertiefung der völkischen Anschauung wurde gegründet[357].

Während sich unter dem Eindruck des Wiederauftretens Hitlers die völkische Bewegung auflöste, schlossen sich Ende Januar der „Stahlhelm", der „Jungdeutsche Orden" und der „Nationalverband Deutscher Berufsver-

---

356 Zitiert nach Jochmann, S. 193 f.

357 Auszug aus Lagebericht Berlin, Februar 1925, Rechtsradikale Bewegung. — Am 17. Januar hatte bereits der Vertretertag für Preußen die Neugründung der NSDAP bedauert. Der Gau Berlin hatte sich am 19. Januar mit der zweckmäßigen Ausgestaltung des „Deutschen Tagblatts" beschäftigt, dessen Leitung Wulle in die Hand zu nehmen gewillt war. „Die seit 1. Januar 1925 jeden Monat erscheinende ‚Völkische Wochenschau', das Nachrichtenblatt der Reichsführerschaft und Pflichtorgan der nationalsozialistischen Landesverbände, Kreis- und Ortsgruppen, führte seit dem 1. Februar den Namen: ‚Deutsche Wochenzeitung'".
BHSTA, SA I, 1509, siehe oben. — Siehe auch SEG, 66, 1925, S. 30.

bände" zu einer großen Organisation, dem „Nationalausschuß", zusammen[358].

Am 16. Februar 1925 wurde in Bayern der Ausnahmezustand aufgehoben[359]; die Verbote für die Kommunistische und Nationalsozialistische Partei fielen damit auch in Bayern weg[360]; Hitler konnte neu beginnen.

Die letzte Nummer des Organs der GVG „Der Nationalsozialist" brachte einen von Esser, Streicher und Dinter unterzeichneten Aufruf folgenden Inhalts als Kommentar zur Auflösung der „Reichsführerschaft"[361]:

„Nieder mit dem Verräterkonzern. Es lebe Adolf Hitler! An alle Hitlertreuen! Nationalsozialisten! Anhänger der Großdeutschen Volksgemeinschaft!

Wir können unsere Aufgabe nur darin erblicken, alle alten Nationalsozialisten von echtem Schrot und Korn um ein gemeinsames Banner zu scharen: Dies ist um so gebotener, als Adolf Hitler schon seit Wochen in der schändlichsten Weise angegriffen und besudelt wird. Das von den Wulle, Graefe, Reventlow zu Berlin inszenierte und offenbar die stillschweigende Duldung der Buttmann, Glaser und Sesselmann zu München findende Kesseltreiben muß auch dem Letzten die Augen öffnen, was für Schindluder mit Treu und Glauben getrieben wird ..."

Dieser Schwanengesang auf die Zusammenarbeit mit den Völkischen wurde noch durch eine Randglosse ergänzt, die einen vielsagenden Ausblick auf die künftige Entwicklung des Verhältnisses zwischen Völkischen und Nationalsozialisten im besonderen, auf den Verkehrston und den politischen „Stil" der wiedererstehenden Hitlerpartei im allgemeinen gewährte. Die Glosse war betitelt: „Traurige Tatsachen"[362]; Punkt 4 lautete: „Die politischen ‚Picolos' dieser größenwahnsinnig gewordenen völkischen, wotansüchtigen Illuminatengesellschaft im Norden, dieser von Ostelbiersnobismus und Ostelbiertroddelosis triefenden Korona in Berlin, nämlich die blockvölkischen ‚Führer'-elemente Dr. Alexander Glaser und Dr. Rudolf Buttmann in München, haben die Maske der Hitlertreue von sich geworfen und nicht einen Finger gerührt, zu all' der Schmach und Schande!"

358 SEG, 66, 1925, S. 24.
359 Schwend, S. 299.
360 Essers Sprachrohr „Der Nationalsozialist" hatte schon Ende des Jahres 1924 (Nr. 8/9 v. 20. 12. 1924) darauf hingewiesen, daß die NSDAP in Preußen, Württemberg, Thüringen, Bremen und Lippe wieder zugelassen sei.
361 „Der Nationalsozialist", Nr. 24 v. 14. 2. 1925.
362 „Der Nationalsozialist", Nr. 24 v. 14. 2. 1925 (letzte Nummer).

V. Schlußbetrachtung

Der außenpolitische Zwang, dem Deutschlands innere Entwicklung unterworfen war, hatte im Jahre 1923 auch die Hitlerbewegung völlig in Bann geschlagen. Der Ruhrkampf unterwarf sie wie alle anderen Rechtsverbände der totalen Militarisierung. Während Hitlers persönliche Geltung sich vom „Trommler" zum „Führer" entwickelte, sank seine Entscheidungsfreiheit im Zuge des allgemeinen Geschehens nahezu auf den Nullpunkt. In der Auseinandersetzung mit der staatlichen Macht am 1. Mai hatte er eine Niederlage erlitten, weil die Reichswehr ihm die Unterstützung versagt hatte. Er verbündete sich mit Ludendorff in der Hoffnung, auf diese Weise die Reichswehr gewinnen zu können. Die Massenbewegung, die er entfesselt hatte, drängte ihn zum Losschlagen, die Umstände zwangen ihn zu überstürztem Handeln und verurteilten ihn zum Scheitern. Die Folgen des mißlungenen Abenteuers aber trafen nicht in erster Linie die Hitlerbewegung, sondern ihre Verbündeten und ihre staatlichen Gegner. Kahr und Ludendorff waren die eigentlichen Verlierer der mißglückten nationalen Konterrevolution.

Die Schüsse an der Feldherrnhalle beendeten den Ersten Weltkrieg; die zwanzig Toten — sechzehn des Kampfbundes, vier der Polizei — waren die letzten Gefallenen des großen Völkerringens. So wurde der Hitlerputsch zum Schwanengesang des Ersten Weltkrieges. Bismarcks Staatsschöpfung hatte den zehnjährigen Sturm überdauert.

Die mächtige internationale demokratisch-sozialistische Umsturzwelle, die im Jahre 1917 von Amerika und Rußland her über Mitteleuropa sich ergossen und die monarchische Staatsordnung hinweggespült hatte, war von 1920 an langsam abgeebbt. Das Pendel der Bewegung schlug vielerorts zum anderen Extrem aus, vornehmlich bei den Besiegten, aber nicht nur bei ihnen, wie Italien als Siegerstaat, Spanien als neutraler Staat zeigten. In Rußland war nach dem kurzen demokratischen Zwischenspiel des Jahres 1917 der Umschlag zum totalen Staat im Frühjahr 1918 bereits endgültig erfolgt. Italien folgte auf dem Wege zur autoritären Staatsführung im Herbst 1922,

Spanien im September 1923, die Türkei im Oktober 1923. In Deutschland scheiterte der Anlauf zu einer nationalen Diktatur im Herbst 1923 aus innen- und außenpolitischen Gründen; die eiserne Klammer der Reichswehr hielt den Bismarckschen Staat zusammen.

Der Versuch, die durch den Weltkrieg verschärfte internationale Krise von Staat, Gesellschaft und Kultur auf der nationalen Ebene durch eine autoritäre Staatsführung zu lösen, schien nur in der Türkei geglückt.

In Sowjetrußland hatte sich die Einparteienherrschaft unter Lenin in den Jahren 1918 bis 1923 endgültig gefestigt, aber zunächst nur als Vehikel der international-proletarischen Weltrevolution. Die Verschmelzung des Bolschewismus mit dem nationalen Sendungsbewußtsein der Russen wurde erst von Stalin ab 1934 vollzogen, ein Jahr nach der nationalen Revolution in Deutschland.

Das Jahr des Parteiverbots (1924) hatte gezeigt, daß die Hitlerbewegung ohne Hitler auf die Dauer nicht leben konnte; es hatte bewiesen, daß Ludendorff als politischer Führer unmöglich war, es hatte gelehrt, daß völkische Bewegung und Hitlerbewegung unvereinbar waren.

Der Bannerträger Hitlers in Norddeutschland im Jahre 1924, Dr. Adalbert Volck, hatte wenige Wochen nach Hitlers Freilassung die kennzeichnenden Wesenszüge Hitlers und seiner Bewegung klar erkannt — und als alter Völkischer in tiefer Enttäuschung sich sofort zurückgezogen. Seine Kritik deckte sich in augenfälliger Übereinstimmung mit der fast gleichzeitigen eines Führers der Jugendbewegung, des evangelischen Pfarrers und späteren Bischofs Stählin[1]: Beide hoben als entscheidende Kriterien der Hitlerbewegung hervor:

1. die Neigung, als Alleinschuldigen am deutschen Unglück „den Juden" zum allgemeinen Sündenbock zu machen;
2. die fehlende Einsicht, daß mit der Hitlerschen Kriegserklärung gegen den Marxismus ebenfalls nur ein Symptom, aber nicht die Ursache der deutschen Krankheit bekämpft wurde;
3. in dieser Zielsetzung der Hitlerbewegung — Kampf gegen Judentum und gegen Marxismus — zeigte sich ein Mangel an Selbstkritik, an Selbstbe-

1 Wilhelm Stählin, „Die völkische Bewegung und unsere Verantwortung", in: Grundschriften der deutschen Jugendbewegung, hsgb. von Werner Kindt, Düsseldorf 1963, S. 446—467.

sinnung, an Erkenntnis eigener Fehler und eigener Schuld, an geistiger Vertiefung überhaupt;

4. die hemmungslose, brutale Demagogie, das Bestreben, den Bolschewismus mit bolschewistischen Mitteln zu bekämpfen;

5. der Führerkult.

Daher gab es keine Brücke zwischen völkischer und Jugendbewegung auf der einen, der Hitlerbewegung auf der anderen Seite. Jede mußte ihren eigenen Weg gehen.

Die Hitlerbewegung war von ihrer Wurzel, der Deutschen Arbeiterpartei her, kleinbürgerlich-proletarischen Ursprungs, im Gegensatz zu der rein bürgerlichen völkischen Bewegung und der überwiegend von der akademischen Jugend geprägten Jugendbewegung. Sie war entstanden als eine spontane, nationalistische Protestbewegung gegen die international-proletarische Umsturzbewegung der Jahre 1917 ff. Ihre eigentlichen Bannerträger aber wurden durch Hitler und seinen aus der Kaserne mitgebrachten Anhang Frontsoldaten und Freikorpskämpfer. Ihre seelischen Triebfedern waren die Empörung über den Betrug mit den vierzehn Wilsonschen Punkten und dessen Folgen, die Kapitulation und den „Friedensvertrag“, über die Novemberrevolution und das Versagen der sozialdemokratischen Partei. Viele enttäuschte Anhänger der Sozialdemokratie wandten sich der radikalen Rechten zu. Der Haß gegen die innen- und außenpolitischen Nutznießer der nationalen Katastrophe wurde der wichtigste Stachel ihrer Entfaltung. Existenzbedrohung und Existenzvernichtung durch die Inflation machten vor allem die mittelständischen Schichten zu Anhängern Hitlers. Der Haß dieser Schichten gegen den Staat, der ihnen durch die Geldentwertung die wirtschaftliche Existenz genommen hatte, und der Haß der politisch aktiven, nationalgesinnten Jugend gegen den Staat, der ihr keine Ideale und kein gemeinschaftsverpflichtendes Ethos geben konnte, fand seinen wirksamsten Sprecher in Adolf Hitler, machte den namenlosen Gefreiten des Weltkrieges binnen weniger Jahre zum Führer einer durch Zeit und Umstände zunächst auf Bayern begrenzten revolutionären Massenbewegung.

Hitler hatte als Schützling der bayerischen Reaktion gegen die Novemberrevolution, gegen die Weimarer Verfassung, gegen die Weimarer Republik seine Laufbahn als Massenbeweger begonnen und war von 1919 bis 1922 zu einem Machtfaktor der bayerischen Innenpolitik aufgestiegen. Im Jahre 1923 verbündete er sich mit Ludendorff gegen seine bayerischen Gönner. Kahr als der Repräsentant der bayerischen Gegner des Weimarer Staates und Ludendorff als der Vertreter des großpreußisch-zentralistischen Reichsgedankens glaubten, den „Trommler“ für ihre Zwecke benützen zu können. Beide verloren das Spiel mit ihm und um ihn. Die Hoffnung der bürgerlichen Rechten, deren Repräsentanten sie waren, scheiterte am 8./9. November 1923, die Hoffnung auf Restauration, auf Reform, auf Revanche. Die Massenbewegung, die Hitler ausgelöst und mit seinem Namen verknüpft hatte, schien durch den gescheiterten Staatsstreich vom November 1923, durch die Währungsstabilisierung und den Wirtschaftsaufbau zum Untergang verurteilt. Wäre sie nur Ausdruck wirtschaftlichen Massenelends gewesen, so hätten die genannten Ereignisse des Herbstes 1923 ihr unerbittlich das Ende bereitet, nachdem ihr Erwecker und Führer vom November 1923 bis Februar 1925 politisch völlig ausgeschaltet war.

Aber das Massenelend war nur die materielle Voraussetzung dieser Massenbewegung. Die geistige Notlage, die sittlichen Konflikte konnten durch die Währungsreform und die dadurch erzeugte künstliche Wirtschaftsblüte nicht behoben, nicht gelöst werden. Eben darin lag Hitlers große Zukunftsmöglichkeit. Er war kein gewöhnlicher Demagoge; er hatte nicht nur Deklassierte und Proletarisierte um sich gesammelt. Er hatte die Fähigkeit bewiesen, Angehörige aller Schichten, Stände, Klassen, Konfessionen anzusprechen, zu fesseln, zu faszinieren, auch viele Gebildete in Bann zu schlagen: Offiziere und Beamte, Generale und Professoren, Nobelpreisträger und Wirtschaftsführer schenkten ihm Gehör, sahen in ihm den nationalen Erwecker der Arbeiterschaft, bewunderten die Macht seiner Rede, anerkannten ihn als den wirksamsten Sprecher der nationalen Empörung, der sozialen Enttäuschung. Deshalb ermutigten sie ihn, unterstützten sie ihn als nützliches Werkzeug. Sie glaubten, in ihm den Mann entdeckt zu haben, der die Massen in ihrem Sinne lenken und leiten würde. Ob er sich selbst lenken und leiten ließ? Die bitteren Erfahrungen seiner Gönner und Helfer im Jahre 1923 wurden nicht beachtet.

Aber Hitler war auch weit mehr, als seine bürgerlichen Protektoren in ihm sehen wollten: er war der wirksamste Sprecher der Frontgeneration, er verkörperte geradezu alle Kräfte, die durch die seelische Revolution des Kriegs-, des Fronterlebnisses ausgelöst worden waren. Diese irrationalen Kräfte sammelten sich in der Hitlerbewegung; darin lag ihre Verheißung — und ihr Verhängnis.

Dokumenten-Anhang

Band I

Ursprung der Hitlerbewegung

Nationalsozialismus.

Ein Notruf an die Nationalversammlung.

Offener Brief an deren Mitglied Herrn Liz. Dr. Mumm.

Hochgeehrter Herr Doktor!

Leider machte bei Ihrem gestrigen Vortrag das undemokratische und unsoziale Verhalten der Radaubrüder, denen Versammlungsdisziplin und parlamentarischer Anstand fremde Begriffe sind, es mir unmöglich, Ihnen und durch Sie der Nationalversammlung die dringenden Bitten vorzutragen, die ich auf dem Herzen hatte. Ich hole dies hiermit nach und hoffe, daß Sie und Ihre Parlamentsgenossen sich der Notwendigkeit der

unverzüglichen Erfüllung

dieser Bitten nicht verschließen werden. Viel zu lange schon warten wir mit Schmerzen vergeblich darauf.

Ihr vortrefflicher Vortrag bewies (was denen, die Ihre Verdienste um die Sozialreform kannten, zu beweisen nicht mehr nötig war), daß Sie und viele Ihrer konservativen Parteigenossen, die man so gern als unsoziale Reaktionäre hinstellt, ernstlich bestrebt sind, das furchtbare soziale Problem zu entwirren, dessen unvollkommene Lösung neben der religiösen Not das größte Unglück unserer unseligen Zeit darstellt. Aber so hoch man die Bestrebungen und Erfolge der Christlich-Sozialen auf dem Gebiet der Arbeiterversicherung, des Arbeiterschutzes und der Arbeiterbewegung auch einschätzen mag, an der wichtigsten sozialen Frage gehen sie genau so vorbei wie die Sozialdemokraten, nämlich an dem Zinsproblem.

Das Geldmonopol des Staates und die Abschaffung der Zinssklaverei

ist die zunächst wichtigste und notwendigste Sozialisierung, die im Unterschied zu allen anderen die Privatinitiative (mit Ausnahme derjenigen der ganz überflüssigen und schädlichen Geldwucherer und Kuponabschneider) nicht nur nicht beseitigt und einschränkt, sondern in nie vorher gekannter Weise steigert und befreit. Wie das Christentum die Sklaverei, wie der Protestantismus (wenn auch nicht gleich, so doch in seinen Konsequenzen) die Leibeigenschaft unmöglich machte, so muß der neue freie deutsche Glaube, der an die Stelle des überlebten dogmatischen Kirchenglaubens und seiner liberalen Verwässerung treten muß, zur Aufhebung der Zinssklaverei führen, die in mehrfacher Hinsicht noch drückender und unerträglicher ist, als es die Sklaverei und Leibeigenschaft waren. Die Zinssklaven werden sich nur dieses furchtbaren Druckes meist nicht bewußt, weil sie in diesen Ketten geboren und erzogen wurden und die Kirche längst den Kampf dagegen aufgegeben hat. Dies habe ich in Heft 8 der Deutschen Ziele näher ausgeführt.

Eine Abart der Zinstyrannei ist der Bodenwucher, der es bisher unmöglich machte, jedem deutschen Staatsbürger die ihm zukommenden 400 Quadratmeter Land zu geben (ein Zehntel der vorhandenen Ackererde). Wenn Sie die Arbeiter vaterländisch machen wollen, müssen Sie ihnen ein Stückchen Vaterland geben, sonst schwebt dieser Begriff als inhaltsleere Phrase in der Luft. Ich bitte Sie daher (und appelliere dabei ebenso an Ihr nationales wie soziales Empfinden), in der Nationalversammlung einen Dringlichkeitsantrag einzubringen, es möge unverzüglich ein

Landverteilungsgesetz

geschaffen werden, das jedem deutschen Staatsbürger, der dies wünscht, innerhalb der nächsten fünf Jahre den Besitz oder die Pacht von 100 Quadratmetern, innerhalb der nächsten fünf Jahre von weiteren 100 Quadratmetern zu billigem

Preise garantiert. Die Schwierigkeiten sind groß, vielleicht sehr groß, ebenso wie bei der Abschaffung der Zinssklaverei, aber ebensowenig unüberwindlich wie s. Z. in Rom bei der Durchführung der licinischen Gesetze, beim Agrarsozialismus der Inkas in Südamerika, bei der Abschaffung der Sklaverei und Leibeigenschaft. „Jedes große Werk ist anfangs unmöglich" sagt Carlyle, und „das Unmögliche ist ein Hirngespinst der Furchtsamen und eine Ausflucht für Feiglinge" sagt Napoleon. Daß Sie nicht furchtsam sind, haben Sie gestern abend bewiesen (es gehört Mut dazu, solch unsozialen und undemokratischen Barbaren Trotz zu bieten); zeigen Sie diesen Mut auch bei Ihren Fraktionsgenossen und in der Nationalversammlung. Helfen Sie mit, uns von dem Drachen Mammonismus zu erlösen, der unser Volk mit tausend Klauen, vor allem mit der Zinssklaverei, dem Boden-, Lebensmittel- und anderem Wucher umklammert und erdrosselt.

Und noch eins: geben Sie Gewissensfreiheit! So würde Schiller wohl heute sagen, denn Gedankenfreiheit allein hilft uns nichts. Beantragen Sie, bitte, sofortige Einführung einer

provisorischen Gewissensklausel

für Impfgegner, sofortige Revision des Impfgesetzes, Einsetzung einer zu gleichen Teilen aus Impffreunden, Impfgegnern und Unparteiischen (Ärzten, Juristen und Laien) zusammengesetzten Kommission. Die Fortsetzung der aller Vernunft, Logik, Hygiene, Menschlichkeit und jeder freien Verfassung Hohn sprechenden Vergewaltigung von Millionen angeblich freier deutscher Staatsbürger durch verbohrte, durch keine Tatsachen belehrbare Impffanatiker ist heute nicht mehr möglich. Ich werde mich jedem ferneren derartigen Versuch mit äußerster Energie entgegensetzen und keine Strafe mehr freiwillig bezahlen. Wer beweist, daß die Impfung schützt und unschädlich ist, erhält einen

Preis von 10 000 Mark.

Früher waren jahrelang 100 000 Mark für diesen Beweis ausgesetzt, blieben aber unverdient.

Was Sie über Staat und Kirche sagten, war weder national noch sozial, weder logisch noch ethisch (entschuldigen Sie die harten Worte, aber sie sind nicht zu schroff).

Unser Volk braucht Religion so notwendig wie das tägliche Brot, aber wahre Religion kann nur auf dem Boden der Freiheit gedeihen, und der Staat muß jede religiöse Überzeugung in gleicher Weise achten und schützen, soweit sie ihn selbst nicht schädigt. Gegen Religionsunterricht in der Schule ist gar nichts einzuwenden, man kann ihn sogar obligatorisch machen und denen, die keiner Konfession angehören, einen Ersatz aus Staatsmitteln schaffen, aber niemals darf der Staat Religionslehrer bestimmter Bekenntnisse aus seinen Mitteln auf kosten der Gesamtheit bezahlen, es sei denn, daß er allen Bekenntnissen dieses Recht einräumt, was unmöglich ist. Der Religionsunterricht ist Sache der Kirche, und wenn Lehrer ihn erteilen, müssen sie von der Kirche dafür bezahlt werden. Ich bin aus freiheitlichen und pädagogischen Gründen für Zulassung freier, finanziell selbständiger Schulen unter staatlicher Oberaufsicht, also auch von Konfessionsschulen, so wenig ich die Gefahren der letzteren (besonders der Jesuitenschulen) verkenne. Die Freiheit hat eben ihre zwei Seiten, wie alles auf dieser unvollkommenen Welt.

Einheit und Freiheit, Ordnung und Fortschritt

sind die Zauberworte, die uns zum Frieden führen. Weder Reaktion, noch Radikalismus können uns das Heil bringen, sondern einzig die deutsche Revolution, welche das nationale, soziale und religiöse Problem im einheitlichen und freiheitlichen Sinne löst.

Deutschland schreit nach dem starken Mann, der es aus seiner nationalen, sozialen und religiösen Not erlöst. Es kann heute kein Luther sein, der an den leibhaftigen Gottseibeiuns glaubte und für die sozialen Nöte seiner Zeit kein genügendes Verständnis besaß, kein Bismarck, der mit eiserner Faust das (damals notwendige) verpreußte Deutschland schuf und durch das Sozialistengesetz Millionen deutscher Arbeiter geistig knebelte. Es muß ein Sozialreformer, ein Sklavenbefreier sein, der die Nöte der Zeit begreift und den Weg zu ihrer Heilung weist. Es muß ein Mann sein mit starkem und freiem deutschen (weder protestantischen noch katholischem) Glauben, dem Frömmigkeit und Gewissensfreiheit die kostbarsten Güter seines Volkes sind. Es muß ein Mann sein, dem die Liebe zu allen deutschen Stämmen, so weit die deutsche Zunge klingt, im Herzen brennt, dem „der Rhein Deutschlands Strom, nicht Deutschlands Grenze“ ist, der aber doch Sinn hat für Völkerverständigung und Menschheitsfragen. Es muß ein Deutscher sein nach Abkunft und Gesinnung.

Hat die Nationalversammlung diesen Mann in ihrer Mitte, dann möge sie ihn zum deutschen König küren (denn ein deutscher Präsident ist eine contradictio in adjecto, ein undeutsches Fremdgewächs), hat sie ihn aber nicht, dann möge sie ihn suchen, und wenn sie ihn ernstlich sucht, wird sie ihn auch finden. Vor 1000 Jahren haben die Deutschen in ähnlicher Not auch ihren Retter gefunden in Heinrich dem Sachsen. Am 14. April 919 wurde er zum König gewählt und 933 vernichtete er die Macht der räuberischen Ungarn.

Noch haben wir keinen Schmachfrieden geschlossen. Noch wäre es möglich, Deutschland vor vielleicht jahrzehntelanger Knechtung zu bewahren. Aber das kann nur der starke Mann mit weitem Blick; das können nicht kurzsichtige Nationalisten und schwächliche Pazifisten.

Möchte die Nationalversammlung ihre Pflicht in dieser Not erkennen, möchte Sie, Herr Doktor, ihr den Weg dazu weisen.

In aufrichtiger Hochachtung mit deutschem Heil! Dr. H. Molenaar.

Darmstadt, 24. März 1919.

Deutsche Ziele. Monatsblätter zur Pflege deutschen Sinnes. Mai 1919.

Programm des Kurses Nr. 1

beginnend **Donnerstag, 5. Juni,** endigend **Donnerstag, 12. Juni 1919.**

Donnerstag, den 5. Juni vorm. 8—10 Uhr, Universität, Hörsaal Nr. 148 Erdgeschoß links, Eingang Ludwigstraße: Vortrag Professor Karl Alexander von Müller: Die deutsche Geschichte seit der Reformation.

Nachmittags ½6—½9 Uhr, Hörsaal Nr. 148: Seminar.

Kursleiter: Karl Graf von Bothmer,
Kustos Dr. Dirr,
Dipl.-Ingenieur Gottfried Feder,
Professor Dr. Joseph Hofmiller,
Dr. Michael Horlacher, Geschäftsführer des Zweckverbandes landwirtschaftlicher Vereine und der Agrarindustrie,
Professor Karl Alexander von Müller.

Freitag, den 6. Juni vormittags 9—11 Uhr, Universität, Hörsaal Nr. 148: Vortrag Professor Karl Alexander von Müller: Die politische Geschichte des Krieges.

Nachmittags ½6—½9 Uhr: Seminar. Lehrkräfte die gleichen.

Samstag, den 7. Juni vorm. 8—10 Uhr, Universität, Hörsaal Nr. 148: Vortrag Karl Graf von Bothmer: Der Sozialismus in Theorie und Praxis.

Nachmittags 3—6 Uhr: Seminar. Lehrkräfte die gleichen.

Dienstag, den 10. und Mittwoch, den 11. Juni vormittags 9—11 Uhr, Universität, Hörsaal Nr. 148: Vortrag Dr. Michael Horlacher, Geschäftsführer des Zweckverbandes landwirtschaftlicher Vereine und der Agrarindustrie in Bayern: Unsere wirtschaftliche Lage und die Friedensbedingungen.

Nachmittags ½6—½9 Uhr: Seminar. Lehrkräfte die gleichen.

Donnerstag, den 12. Juni vorm. 8—10 Uhr, Universität, Hörsaal Nr. 148: Vortrag Karl Graf von Bothmer: Der Zusammenhang zwischen innerer und äußerer Politik.

Nachmittags 3—6 Uhr: Seminar. Lehrkräfte die gleichen.

16. Heft (50 Pfg). 1. Jahrgang. 1919

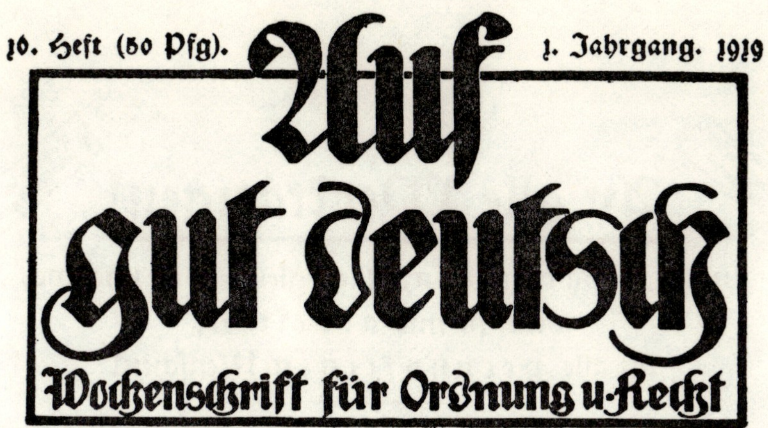

Herausgeber: Dietrich Eckart.

München, 30. Mai 1919.

Dieses Heft enthält: Deutsche Libertät / An die Arbeitsfront / Antisemitismus und Judenhetze / Aufkläricht / Advent / Sturmtage II.

Deutsche Libertät

...... Nichtsnutzig eine Freiheit, die vergißt,
Was sie der Reichesehre schuldig ist!
Nichtsnutzig eine deutsche Libertät,
Die prahlerisch im Feindeslager steht!
Geduld! Es kommt der Tag, da wird gespannt
Ein einig Zelt ob allem deutschen Land!
Geduld! Wir stehen einst um ein Panier,
Und wer uns scheiden will, den morden wir!
Geduld! Ich kenne meines Volkes Mark!
Was langsam wächst, das wird gedoppelt stark.
Geduld! Was langsam reift, das altert spat!
Wenn Andre welken, werden wir ein Staat.

Conrad Ferdinand Meyer.

An alle Werktätigen!

An alle, die arbeiten, ganz gleich, was und wo, wenn sie nur arbeiten! An alle vernünftigen Menschen!

Kein Besitz heutzutage, über den nicht gewettert würde. Industrie, Agrarier, Kirche, Bürger — wer Geld hat oder wenigstens zu haben scheint, jeder bekommt sein Fett ab. Nur von einem wird nicht gesprochen, darüber hört man nie ein Wort, nie eine Silbe; und es gibt doch nichts auf der Welt, was so ein Fluch der Menschheit wäre wie dieses. Ich meine

das Leihkapital!

Kennt ihr es? Gehört hat wohl jeder schon davon, aber kennen, so richtig kennen — ich glaube nicht, daß ihr es tut. Sonst würdet ihr noch heute allen Hader vergessen und hingehen, Arm in Arm, und das Scheusal erwürgen, eh's wieder Morgen wird.

Ich will es euch schildern, in kurzen Umrissen. Aber hört gut zu! Denn wenn irgendeine Aufklärung euch zu dem machen kann, was ihr ersehnt, nämlich zu freien, zu glücklichen Menschen — nur diese vermag es. Keine andre als diese!

Das Leihkapital bringt Geld ein ohne Arbeit, bringt es ein durch den Zins. Ich wiederhole: ohne daß er den Finger zu rühren braucht, vermehrt der Kapitalist durch Verleihen seines Geldes sein Vermögen. Es wächst von selbst. Noch so faul darf einer sein — wenn er Geld genug hat und es auf Zinsen legt, führt er das schönste Leben; und auch seine Kinder brauchen nichts zu arbeiten, seine Enkel, seine Urenkel, bis in alle Ewigkeit! Wie ungerecht das ist, wie schamlos, fühlt es nicht jeder?

Ins Unermeßliche wächst es, dieses Leihkapital, durch den Zinseszins. Nur ein Beispiel: Anno 1806 setzte das Leihgeschäft des Hauses Rothschild ein, mit den Millionen, die ihm der landesflüchtige Kurfürst von Hessen anvertraut hatte. Etwas über 10 Millionen werden es gewesen sein, auf keinen Fall mehr als zwanzig. Heute, nach rund 110 Jahren, beträgt das Vermögen der Rothschild 40 Milliarden!

40 Milliarden besitzt das Haus Rothschild!

Nicht Millionen, sondern Milliarden! Wenn das so fortgeht, wird es 80 Milliarden im Jahr 1935, wird es 160 Milliarden im Jahr 1950 und 320 Milliarden im Jahr 1965 besitzen. Milliarden! Wie der Wahn eines Tollhäuslers klingt das, aber es ist wahr! Nur verwalten brauchen die Rothschild ihr Vermögen, bloß dafür sorgen, daß es immer hübsch angelegt ist; arbeiten, wenigstens was man so unter Arbeit versteht, brauchen sie nicht.

Wer aber vermehrt ihnen und ihresgleichen das Geld in so gewaltigem Maße? Irgendwoher muß doch der Zins kommen, irgendwo müssen doch diese neuen Milliarden und aber Milliarden in harter Fron erarbeitet werden! Wer tut das? Ihr tut das, niemand anders als ihr! Jawohl, euer Geld ist es, unter Kummer und Sorgen mühsam verdient, das wie magnetisch angezogen hinüberfließt in die Kassen jener unersättlichen Leute!

Nochmals: das einzige Haus Rothschild besitzt 40 Milliarden. Aber davon hört man nichts, nie ein Wort! Immer nur hört man von den Agrariern, von der Schwerindustrie, von der Industrie überhaupt; und einzig und allein auf diese Wirtschaftszweige erstreckt sich, mit betäubendem Geschrei, der Verstaatlichungsplan unserer führenden Revolutionsmänner! „Nichts andres da zum Sozialisieren!" trommeln und pfeifen sie euch täglich ins Ohr, bis ihr's glaubt und froh seid, daß sich der Edelmut so um euch sorgt. Pfiffig gedacht, muß ich sagen, und pfiffig gemacht. Wißt ihr, wieviel das Kapital unserer gesamten Industrie beträgt?

Noch nicht 12 Milliarden beträgt das Kapital der gesamten deutschen Industrie!

Macht euch das klar! „Auf allen Gebieten, in unserer Industrie für Eisen und Kohlen, für Kleidung und Textilwaren, für Stein und Erden, Bergwerke und Schiffahrt, Holz und Glas, in unserem Baugewerbe, in den riesigen chemischen Fabriken, in unserer einst weltbeherrschenden elektrischen Industrie, in unseren Maschinen- und Lokomotivfabriken, Werften und Papierfabriken, in der Transport- und Lebensmittelindustrie, kurz und gut, in dem unendlich weiten Gebiet aller, aber auch aller Industrien, stecken noch keine 12 Milliarden!" Gerechnet nach dem glänzenden Stand der Friedenszeit! Schon damals aber besaß

40 Milliarden das einzige Haus Rothschild!

Was mag es wohl heute besitzen, nach den ungeheueren Zinsen, die ihm der Krieg bescherte! Sämtliche Agrarier der ganzen Welt dürft ihr zusammenfassen, und sie erreichen mit ihrem Barvermögen auch nicht annähernd die 40 Milliarden der einen Familie Rothschild!

Solche „Rothschild" gibt es aber bei uns eine ganze Anzahl: die Mendelssohn, die Bleichröder, die Friedländer, die Warburg, um nur ein paar der wichtigsten zu nennen. Und wenn auch keiner von ihnen dem gigantischen Vorbild es gleichtut, so hat doch wohl jeder an Kapitalsrenten mehr zu verzehren als unsere ausgesprochenen Agrarier alle zusammen! Trotzdem aber sind es gerade die Grundbesitzer, die wir von den „Rettern des Volkes" immer wieder als die schlimmsten, ja als die einzigen Ausbeuter gebrandmarkt bekommen, während der wahren Blutsauger nie einer Erwähnung geschieht, auch nicht die leiseste! Abgelenkt werden wir geflissentlich auf das weitaus geringere Übel, damit wir das Hauptübel nicht sehen, das alles verschlingende Leihkapital; und so wird es gehandhabt seit Marx und Lassalle bis herauf zu Levien, Landauer und Mühsam! Gehn euch jetzt die Augen noch nicht auf?

Weit über 200 Milliarden Leihkapital lasten auf dem deutschen Volk!

In welchen Händen sich das meiste davon befindet, brauche ich es euch noch zu sagen? Nicht 100 Milliarden Kapital in Gestalt der Kriegsanleihen besitzt das deutsche Volk, sondern 100 Milliarden Schulden hat es damit, für die es den Leihzins aufbringen muß, durch Steuern! Dazu weitere 50 Milliarden ungedeckter Schulden, die es ebenfalls zu verzinsen hat! Desgleichen 25 Milliarden Anleiheschulden der Staats- und Reichseisenbahnen, auch kein Pappenstiel! Dazu noch 12 Milliarden Schuldverschreibungen der Bodenkreditinstitute und 11 Milliarden Pfandbriefe der Hypothekenbanken, wofür das Volk in der Form von teueren Mieten die Zinsen bezahlen muß! Und schließlich hat es noch 6 Milliarden Schuldverschreibungen der deutschen Städte und Gemeinden zu verzinsen und wer weiß, was sonst noch alles!

Aber nicht nur bei uns, in der ganzen Welt ist es so! Wohin wir auch sehen, stöhnen die arbeitenden Menschen unter der Knechtschaft des Zinses. Polypenartig erstreckt sich das Leihkapital über den Erdenrund und saugt am Lebensmark der Völker. International hängt es in sich zusammen, muß es zusammenhängen, damit es überall, wo sich die Gelegenheit bietet, neue Nahrung findet. Mit den Mendelssohn, den Bleichrödern, den Friedländern, den Warburg im Bunde stehen unsichtbar die Löb, die Schiff, die Cahn, die Speyer, die Morgan Amerikas! Wie viele es sind, verriet uns einmal Rathenaus Eitelkeit. „300 Männer, die sich alle untereinander kennen, leiten die Geschicke Europas", triumphierte er vor etlichen Jahren.

300 Börsenleute beherrschen die Welt!

Durch ihr unermeßliches Leihkapital! Alles ist ihnen untertan und gefügig: die Presse, die Theater, die Kinos, alles, wodurch sich die öffentliche Meinung beeinflussen läßt! Auch unsere Fürsten waren es, auch unser Adel war es, weil tausendfältig mit diesen „Auserwählten" versippt! Aber das Gold ruht und rastet nicht; fressen will es unausgesetzt, und sich mästen! Aus dem Boden steigt es, in Afrika, in Asien, immerfort aufs neue und kennt nur einen Wunsch: angelegt zu werden, Zins zu tragen. „Es lebe der Krieg!"

„Mögen auch Häuser und Hütten, Eisenbahnen und Brücken von Granaten zerschmettert in Staub und Asche sinken: die Hypotheken bleiben bestehen, die Eisenbahn- und die Staatsschuld-Verschreibungen werden dadurch nicht ausgetilgt; ewig müssen die unglücklichen Besitzer ihrer zerstörten Wohnstätten, ewig die unglückliche Bevölkerung der von den Verwüstungen des Krieges betroffenen Länder fronen für die Schuldzinsen aus dem Leihkapital! Jubelnd sieht die goldene Internationale dem tollen Treiben der Menschheit zu; die wahnsinnigen Zerstörungen des Krieges, denen Dörfer und Städte, ganze Provinzen zum Opfer gefallen sind, geben die erwünschte Gelegenheit, neue Schuldverschreibungen zu errichten, bis schließlich restlos die ganze Menschheit als Zinssklave der goldenen Internationale dient!

Das ist die Wurzel des Weltkrieges!

Das ganz allein! Erkannt wurde das auch schon von anderen, aber — es blieb dabei. „Zweiundzwanzig Dynastien", schrieb zu Beginn der Revolution das Berliner Spartakistenblatt „Freiheit," „sind gefallen oder klammern sich noch verzweifelnd an den bröckelnden Felsen. Das waren nur die Puppen! Nun müssen die Drahtzieber heran! Das sind die Träger des Kapitalismus, die ungekrönten Könige in Börse und Büro; die wahren Urheber unseres Unglücks, der verbrecherischen Politik, die den Weltkrieg heraufbeschwor!"

So klang's einmal, deutlich genug, aber seitdem hört man nichts mehr davon. Man hört jetzt nur mehr, die Könige, die Militärs seien es gewesen. Warum wohl der Umschlag? Weil der Kapitalismus inzwischen sich auch der neuen Bewegung bemächtigt hat, mittelst seiner Agenten, die sich wunder wie vokslfreundlich gebärden! „Er kommt", wie der „Vorwärts" sich schüchtern vernehmen läßt, „den Massen entgegen, um sie zu betrügen. Er fühlt sich sicher — darum ist ihm die Sozialisierung nur halb so schlimm. Weiß er doch, daß er Mittel und Wege finden wird, sich durchzusetzen."

Da habt ihr es! Betrogen sollen wir wiederum werden, und zwar wiederum durch das Ränkespiel der Börse! Dagegen gibt es nur ein Mittel!

Brechen wir die Zinsknechtschaft des Leihkapitals!

Trauen wir keinem mehr, der an diesem Alpdrucke der Menschheit vorbeigesehen hat! Solche Führer sind von vorneherein verdächtig, und würden es doppelt sein, wenn sie jetzt, nachdem wir wissend geworden sind, plötzlich mit der Sprache herausrückten!

Wir Deutsche, voran wir Bayern, müssen damit beginnen!

Bei uns hat's angefangen mit dem Umsturz; an uns ist es auch, die Revolution ans wahre Ziel zu führen, nicht ans falsche, wohin sie kommen müßte, wenn wir uns weiter auf die fremden Geister verließen! Sagten sie nicht, es gäbe vorläufig nichts zu sozialisieren? Nun wißt ihr es besser!

Ehrliche Leute aus unserer Mitte müssen zusammentreten und beraten, auf welche Weise die Zinsherrschaft gebrochen werden kann! So schwer es scheint, es ist nicht allzuschwer! Hat ja doch schon 600 Jahre lang das deutsche Volk ohne Zins gelebt! Nur wollen und nicht nachlassen! Fort mit den Lügnern, die nur der Börse dienen!

Nur diese Revolution ist die echte!

Auf zur Tat! Alle Völker wird sie mit fortreißen! Keine andere vermag es! Die befreite Menschheit wird es uns brüderlich danken! Uns, den verlästerten Deutschen!

Dietrich Eckart

Herausgeber der Wochenschrift „Auf gut deutsch",

München, Tengstraße 38.

Wer mir beistimmt, möge mir unverbindlich seine Adresse mitteilen.

Bürger!

Schlagworte sind es, die Schlagworte vom „Bourgeois" und „Proletarier", mit denen seit Jahrzehnten die besten, die werktätigen Kräfte unseres Volkes gegeneinander verhetzt werden.

Als ob es nur Maschinenarbeit gäbe!

Als ob nicht auch der sogenannte Bürger sein gut Teil Arbeit hätte!

Als ob der Fabrikarbeiter kein Bürger wäre!

Ist denn jeder Seßhafte schon ein Faulenzer, ein „Kapitalist"? Wahrlich, allzuviel redlicher Sinn gehört nicht dazu, um erkennen zu lassen, welche Mühen und Sorgen und Kümmernisse aller Art gerade im deutschen Bürgerhaus sich verbergen! Und wie oft gilt als Herr, wer nur der Diener ist derer, die er beschäftigt!

Aber auch der Beamte muß arbeiten! Jeder Angestellte muß es!

Und alle sind sie Bürger ein und derselben Gemeinschaft!

Wozu also die Gegensätze? Man sehe doch nicht immer auf die Ausnahmen! Die **Regel** entscheidet! Der **Durchschnitt**! Und der Durchschnitt unserer Bevölkerung, der **deutschen** Bevölkerung, hat hart zu kämpfen von jeher!

Der Besitz macht es nicht! Er muß auch erhalten werden!

Ohne beständige Arbeit ist das unmöglich. So mancher glaubt, er brauchte nur zu **haben**, und weiß nicht, wie schwer es ist, zu **bewahren**. Fort mit dem Neid! Aber auch fort mit dem Prunk, mit dem falschen Schein! Einfach wollen wir wieder werden und lauteren Sinnes!

Deutsch wollen wir wieder werden!

Der internationale Schwindel hat uns genug des Leids gebracht! Macht verdrängte er durch Macht, Klüngel durch Klüngel! Sozialismus nennt sich das und ist nur **Parteiwirtschaft**!

Wir fordern den wahren Sozialismus!

Daß jeder, der arbeitet, sein Auskommen, nicht bloß sein Einkommen habe!

Ein menschenwürdiges Auskommen! Jeder, der arbeitet! Gieriger denn je erhebt sich das **Weltkapital** über unserem **zermarterten Volk**. Nur wenn wir Deutsche uns **einigen**, können wir seiner Macht entrinnen.

Lassen wir uns nicht mehr verhetzen!

Einfluß habe nur, wer rein-deutschen Blutes ist!

Anders werden wir **nie** zur Ruhe kommen, nie! Auf unsere eigene Kraft müssen wir uns besinnen, und diese ist groß! **Aufklären** müssen wir, **werben** müssen wir für den deutschen Gedanken!

Von Stadt und Land, jeder Arbeitende schließe sich uns an!

Auch der Unbemittelte! Gerade ihm wollen wir helfen!

Deutsche Bürgervereinigung

Im Auftrage: **Dietrich Eckart**

Beitrittserklärungen, auch von Frauen, **schriftlich** an die Geschäftsstelle der „Deutschen Bürgervereinigung", München, Schellingstraße 41.

Mitgliedsbeitrag nach Belieben.

Abschneiden und ausgefüllt an die Geschäftsstelle der „Deutschen Bürgervereinigung" einsenden!

Hiermit erkläre ich meinen Beitritt zur „Deutschen Bürgervereinigung".

Name: ______________________ **Stand:** ______________________

Wohnort: ______________________ **Kreis u. Bezirk:** ______________________

Datum: ______________________ 19__

Druck: Münchner Buchgewerbehaus M. Müller & Sohn

Dietrich Eckart an Dr. Emil Gansser.

München, Thierschstr. 15, 5. Aug. 1921.

Lieber Herr Doktor,

jeden Tag erwarte ich ein Lebenszeichen von Ihnen, aber gewiß auch Sie von mir, und zwar mit mehr Recht! Nun, ich bin halb hin, vor lauter Plackereien und — Hitze. Dazu eine heillose Wut über den Saustall, den uns die anonymen Schufte durch ihr Flugblatt (vgl. „Beobachter" No. 61 und 62!) eingerührt haben. Ich glaube kaum, daß das vom zurück- und aus der Partei ausgetretenen Ausschuß herrührt; er war aber doch inzwischen daran schuld, als er dem Juden Gelegenheit gegeben hatte, den Zwiespalt aufzugreifen und in der Öffentlichkeit maßlos zu verzerren. Es wird eine Weile dauern, bis wir die Nachwirkung aus der Welt geschafft haben werden; dann aber stehen wir um so fetser, sintemal Hitler jetzt tatsächlich die unumschränkte Leitung hat (ihm *einstimmig* zugesprochen).

Mit der Geldbeschaffung will es gar nicht vorwärts. Ich weiß wirklich nicht, ob ich nicht den „Beobachter", wenn ich ihn am 12. Aug. offiziell übernommen haben werde, gleich in den Konkurs gehen lassen muß, was natürlich auch für mich persönlich eine fürchterliche Blamage wäre.

Herrn Frank habe ich das schon vor mehreren Tagen ausführlich nach Berlin geschrieben, bin aber bis jetzt noch ohne Antwort. Ob er noch nicht von der Schweiz zurück ist? Würden Sie nicht die große Güte haben und schleunigst zu ihm hingehen? Es steht für unsere sonst so glänzende Bewegung eine Menge auf dem Spiel, wenn der „Beobachter" verkracht. Irgendwoher *muß* ich schon *dieser* Tage einen *größeren* Betrag bekommen; ich kann sonst mit dem besten Willen nicht weiter. Unter Umständen käme ich auch sofort nochmals nach Berlin. Tun Sie Ihr Möglichstes, lieber Freund! Und telegrafieren Sie mir, wenn etwas ins Rollen kommt.

In rasender Eile herzlichst Ihr dankbarer

Dietrich Eckart

Viele Grüße v. Hitler usw!
Die versprochenen Bücher kommen bald!

Schon die letzten beiden Nummern des „Beobachter", bereits von mir inspiriert, taten lebhafte Wirkung.

Nachlaß Eckart.

Dietrich Eckart an Dr. Emil Gansser.

Gerichtsgefängnis Stadelheim (München), den 9. Dezember 1923

Lieber Herr Doktor!

Seit dem 15. November habe ich die Ehre, als Freund des Hitler-Unternehmens eingesperrt zu sein. Angeblich Schutzhaft. Einzelzelle, mit dem ganzen Drum und Dran der Verbrecherstrafe. Wie lange das noch dauern wird, wissen die Götter.

Gesundheitlich geht es mir bei meinen 55 Jahren nicht gut, seelisch aber bin ich mobiler denn je. Gewiß, unsere Organisation hat einen harten Schlag abbekommen, die Bewegung aber ist unendlich gewachsen. Wir werden schneller, als man denkt, wieder hoch sein. Lassen Sie sich durch die Presse nicht irreführen! Das Lumpenzeug benutzt jetzt unsere Knebelung, um das blaue vom Himmel herunterzulügen. Wahrheit und Recht sind auf *unserer* Seite! Schon der erhabene Verlauf mit seinen 21 Todesopfern bezeugt das. Ich weiß nicht, ob ich das Leben noch ertragen würde, wenn ich nicht mit dabeigewesen wäre.

Drucken Sie von mir ab, was Sie wollen, selbstverständlich honorarlos. Daß Sie da noch fragen zu müssen geglaubt haben?! Leute (und wären sie noch so arm), die für ihre Verse Honorar beanspruchen, sind alles, nur keine Dichter!

Über diesen Brief, bitte, vorläufig Stillschweigen! Ihrer Sache wünsche ich viel Glück! Aber lassen Sie den Silvio Gesell weg! Der Kerl ist ein Gannef, seine Geldschwundidee jüdisch. Wenn ich kann, schicke ich Ihnen das neue Buch von *Gottfried Feder:* Der nationale Staat auf sozialer Grundlage (so ähnlich), Verlag Deutschvölkische Buchhandlung, München, Thierschstr. 15 — darin finden Sie die einzig mögliche Lösung. Großartig!

Heil! Ihr getreuer gez. Dietrich Eckart

Politischer Arbeiterzirkel.
Satzungen.

Allgemeines.

§ 1. Der Politische Arbeiter-Zirkel wurde am . . . 1918 in München gegründet.

Ziel und Grundsätze.

§ 2. Der Politische Arbeiter-Zirkel ist eine Vereinigung ausgewählter Persönlichkeiten zwecks Besprechung und Studium politischer Angelegenheiten.

Mitgliedschaft.

§ 3. Die Mitgliedschaft kann nur durch Berufung vom Zirkel oder durch dessen Vorsitzenden nach vorhergehender Zustimmung des Zirkels erworben werden. Austritt oder Ausschluß kann jederzeit erfolgen. Ein eigener Beitrag wird nicht erhoben, doch sind die Mitglieder des Zirkels verpflichtet, der Deutschen Arbeiter-Partei anzugehören. Die Zusammenkünfte finden in der Regel allwöchentlich statt. Die Mitglieder des Zirkels verpflichten sich ferner durch Handschlag über Ort und Zeit der Zusammenkünfte, Namen der Mitglieder und sonstige interne Angelegenheiten strengstens Stillschweigen zu bewahren.

Leitung.

§ 4. Die Leitung des Zirkels obliegt dem Vorsitzenden mit Unterstützung des Schriftführers und Kassenwarts.

Auflösung.

§ 5. Eine Auflösung des Zirkels kann bei Übereinstimmung aller Mitglieder nach Beratung in drei aufeinanderfolgenden Sitzungen jederzeit erfolgen.

Harrer, Loder, Gerisch I, Gerisch II, Brumer, Kufner, Lehner, Sauer, Drexler, Joas.

Vorstehende Abschrift stimmt mit der Urschrift überein.

München, den 18. 2. 36. Ant. Drexler

V E R T R A G :

=:=:=:=:=:=:=:=:=:=

zwischen Frau Therese Hemmann in Grafrath als Besitzerin des Anwesens Tal 54 und der Deutschen Arbeiter- Partei, vertreten durch Herrn Rudolf Posch, Schriftsteller Arcisstr. 2/1 Rgb. in München wurde nachstehendes vereinbart:

Frau Th. Hemmann vermietet ab 15. Januar 1919 (wenn fertiggestellt) das in ihrem Wirtschaftsanwesen Tal 54 parterre befindliche Nebenlokal (früher Reichsratszimmer) an die Deutsche Arbeiterpartei zu Vereinszwecken.

Die Miete beträgt monatlich Mk. 50.-- mit Worten fünfzig Mark und ist im voraus zu entrichten.

Als Kündigung wird gegenseitig eine vierteljährliche und zwar je am 1. eines jeden Monats zu erfolgende festgesetzt und hat dieselbe mittels eingeschriebenen Briefes zu erfolgen.

Die Einrichtung der elektrischen Beleuchtung, sowie die Beheizung des Lokales geht zu Lasten des Mieters.

Vorstehender Vertrag wurde in Duplo ausgefertigt und nach Durchlesen beiderseits anerkannt.

M ü n c h e n , den 22. Dezember 1919

Der Vermieter:

Der Vermieter

Der Mieter:

Theres Hemmann

Warum mußte die deutsche Arbeiterpartei kommen? Was will sie?

Das Deutsche Volk hat durch Weltkrieg, Umsturz und Bruderkrieg Furchtbares erlitten. Jene Männer, die sich nach den Novemberstürmen unter den schönsten Versprechungen als die allein berufenen Retter Deutschlands aufspielten, haben uns nun zu Tode regiert. Alle Bande der Ordnung, des Rechtes und der Sitte sind zerrissen. Die uns verheißene Freiheit äußert sich in einem noch nie gekannten Überhandnehmen des gemeinen Verbrechertums, wie der privilegierten Wucherer und Volksausbeuter. Das Alte stürzte — und nun grinst Zerstörung, aber blüht kein neues Leben aus den Ruinen! Es muß klar ausgesprochen werden: „Nicht ein Systemwechsel hat sich in den Spätherbsttagen 1918 vollzogen, sondern die Krönung des alten Systems. Die kapitalistische Konstitution hat vor der deutschen Revolution hinter den Kulissen regiert, hat mit der Revolution alle mißliebigen Personen durch ihre Günstlinge ersetzt und mißregiert uns weiter, bis wir durch Not, Hunger und Elend willenlose Sklaven des Weltkapitalismus — dessen Vertreter auch in Deutschland sitzen — geworden sind.

1,33 % Fremdrassige = 79 Regierungsanteil

98,67 % Deutschvölkische = 21 % Anteil an der Regierung ihres eigenen Heimatlandes.

Diese Zahlen sagen Alles!

Zwölf Milliarden betrug das Deutsche Industrie- oder Arbeits-Kapital. 250 Milliarden hingegen das Leih- und Börsen-Kapital.

Bekämpft wurde aber nur das Arbeits-Kapital, das in Gestalt von Werkzeugen, Maschinen, Schiffen und allen Betriebsmitteln Ernährerin des werktätigen Volkes war.

Das Leihkapital hingegen, das auf unserem eigenen Grund und Boden, auf unseren Bauten, Häusern und Mietskasernen lastet, wurde nicht nur **nicht** bekämpft, sondern geradezu gefördert. Die Vertreter und Agenten dieses Kapitalismuses setzten sich an die Spitzen der von ihnen selbst organisierten Kampftruppen gegen das Kapital und leiteten den Kampf auf das ihnen im Wege stehende Arbeitskapital. Mit dem Arbeitskapital ist das werktätige Volk auf Gedeih und Verderb verbunden und es muß — unter Verhinderung jeder Ausbeutung der Arbeitskräfte — geschützt werden.

Das Börsen- und Leih-Kapital hingegen, das mühelos durch fremde Arbeit wächst, das durch den ewigen Zins und Zinseszins ins Unermeßliche steigt, unter dessen Last heute schon alle Wirtsvölker schmachten, das nichts Geringeres, als die Vertrustung der gesamten menschlichen Arbeitskräfte anstrebt — unter Vernichtung jeder mittelständischen Existenz — das muß mit allen Mitteln bekämpft werden.

Die Welt sollte auf den Zustand gebracht werden, daß vierhundert bis fünfhundert Großbank-Menschen in der Lage sind, zu sagen: „Wenn **wir** die Taschen zuhalten, dann steht das Räderwerk der Welt.

Weltkrieg, Umsturz, Demokratisierung, jüdischer Kommunismus und Bolschewismus waren und sind die Mittel, diesen Zustand herbeizuführen. Nur zu ahnungslos haben Kaiser, Parteien, Volksvertreter und Volk am Zweck des Weltgeschehens der letzten 5 Jahre vorbeigesehen. Die Warner, deren es genug gab, wurden nicht gehört, nicht von oben, nicht von unten, und nur so konnte es gewissenlosen Führern gelingen, die blinden Massen ins Verderben zu peitschen.

Wohl mit bestem Willen arbeiteten die Parteien am Wiederaufbau. Sie waren aber ohnmächtig gegen diejenigen, deren Losung Vernichtung und Zerstörung war. Selbst von Elementen durchsetzt, die mit den Vernichtern einen Scheinkampf führten, hielten die volks- und staatserhaltenden Parteien es nicht für nötig, ihre Fremdkörper auszuscheiden. Wie alle Parteien, so ist auch das ganze Parlament von Volksvertretern durchsetzt, denen persönlicher Ehrgeiz und gute Geschäfte durch die Politik höher stehen, als das Gemeinwohl ihrer Wähler. (Erzberger!) Was Wunder, wenn gerade solche Leute als Handlanger der mächtigen Großkapitalisten gebraucht werden, wenn der materialistische Geist, der wie eine Seuche unter den Völkern wütet, dem Gott Mammon immer neue Opfer an den Altar schleppt.

Die kapitalistische Weltordnung, Materialismus und Mammonismus sind die Quellen alles Erdenübels.

Rettung kann nur kommen, wenn wir uns frei machen davon, nach jeder Richtung.

Welche der bisherigen Parteien hat sich redlich Mühe gegeben, den Mammonismus in seiner schädlichsten Form — im Leih- und Wucher-Kapital zu bekämpfen?

Die Sozialdemokratie oder Spartakus? **Keine!!!**

Beide wurden vielleicht unbewußt zu den besten Stützen des Bank- und Großleih-Kapitals und zur Schutztruppe desselben ausgebaut.

Zentrum oder Demokraten?

In ihren Reihen stehen Leute an maßgebenden Stellen, die sehr stark interessiert sind am Bank- und Leih-Kapital und deshalb auch hier kein ernster Kampf

Es gibt nur noch eine Möglichkeit, die Macht der Geldmächte zu brechen. Das ist eine Partei aller von der Arbeit ihrer Hände, wie des Geistes lebenden Menschen, eine Partei der Schaffenden, die frei ist von großkapitalistischen und deutschfremden Elementen in der Führung wie in der Mitgliederschaft, unabhängig von jedem geldmächtlichen Druck.

Die Rettung Deutschlands, die Befreiung der Menschheit aus dem Joche der Mammonfürsten liegt in einer Volksbewegung von **unten** und **innen** kommend. Entsagungsbereite, wirklich selbstlose Menschen, denen das Gesamtwohl des Volkes über Alles geht, müssen die Führer sein. Nur solchen Führer wird es möglich, das Volk von der materialistischen Seuche zu heilen und zurückzuführen zu Sitte und Moral, denn nur in der Verkümmerung und dem Fehlen dieser Charaktereigenschaften sehen wir die letzten Ursachen unseres Zusammenbruches, unseres heutigen Elendes.

Wir fordern ein strenges Gesetz gegen die bewußte politische Lüge in Rede und Schrift. Durch die politische Lüge wurden Völker gegen und untereinander bis zum Wahnsinn aufgehetzt. Millionen Todesopfer und abermals Millionen von Krüppeln forderte diese **Lügenseuche.**

Und wieder ist ihr Herd das internationale Börsen- und Leihkapital.

Der englische Lehrsatz: „Deutsche können nur durch Deutsche bekämpft werden" konnte nur durch eine umfangreiche Lügenpropaganda der auswärtigen, wie in einem großen Teil der inländischen Presse praktisch ausgenützt werden. In dem Moment, in welchem diese Propaganda einsetzte, hörten Deutsche auf, sich zu verstehen, ging das Zusammengehörigkeitsgefühl verloren. Wir konnten es erleben, daß internationalisierte Volksgenossen Angehörigen feindlicher Nationen mehr Sympathie entgegenbrachten, als ihren eigenen Brüdern, sofern diese auch nur National-Sozialisten waren. Nicht nur das Volk, auch seine Führer vergaßen, daß es niemals deutschen Interessen dienen kann, was uns von haßerfüllten Feinden angeraten wurde. Wir erlebten es, daß Zeitungen internationaler oder börsianischer Richtung durch rücksichtslosen Kampf gegen Deutsche unsere Belange mit Füßen traten und damit den Vernichtungskampf unserer Feinde unterstützten. Leider dauert auch heute noch dieser Zustand fort. „Wir wissen, daß im besetzten Gebiet unabhängige Blätter mit Geldern der Franzosen gegründet wurden", erklärte Minister Heine im Preußischen Landtage.

Was kann die Franzosen veranlassen, U. S. P.-Zeitungen mit französischem Gelde zu gründen? Die Liebe zu den Deutschen, oder ihr glühender Haß gegen die „Boches"? Was sind das für Deutsche, die solche Gelder annehmen? Ist es bei ihnen Liebe und Vertrauen zu den Franzosen oder glühender Haß gegen alles Deutsche?

Also soweit ist es mit uns gekommen?

Darum fort mit aller internationaler Gefühlsduselei, soweit sie ehrlich vorhanden ist. An den Galgen aber mit jenen, die bewußt die Geschäfte der internationalen Geldfürsten besorgen.

Wenn wir uns nicht selbst helfen, so hilft uns Niemand. Darum müssen und wollen wir National-Sozialisten sein.

Wir haben es satt, den Sozialismus als Deckmantel geldherrschaftlicher Bestrebungen benützen zu lassen. Wir wollen die Arbeiterschaft nicht mehr länger als verkappte Schutztruppen des Börsen- und Leih-Kapitals, des Juden- und Jesuitentums mißbrauchen lassen.

Wir wollen ehrlichen und wahren Sozialismus!

Wir haben es erkannt, daß die steten Forderungen für die Arbeiterschaft und die Erhaltung der Unzufriedenheit nichts anderes bedeutet, als: das Feuer unter dem Proletarier-Kessel immer lebendig zu halten, damit es in dem Kessel immer brodelt und die Arbeiterschaft zu Umstürzen immer zu haben ist. Denn: Was wäre für die mächtige Sozialdemokratie näher gelegen, als die von der Börse durch Auswucherung des Volkes vorgenommenen unerhörten Preissteigerungen zu verhindern? Nichts, wirklich nichts wäre näher gelegen! Die Sozialdemokratie hatte das vor und nach der Revolution noch mehr in der Hand, die Arbeiterschaft zufrieden zu machen. Statt dessen wirft man unter die sozialistische Arbeiterschaft die Brandfackel, teilt sie nach Kriegsausbruch in zwei Teile, nach der Revolution in drei Teile und läßt die Hetzgeschäfte dann von den Filialen machen, weil das Hauptgeschäft die Stunde seines Herrschaftsantrittes gekommen sieht und weil sich Regenten im Hetzgewand sehr schlecht ausnehmen würden.

Den ahnungslosen Arbeitern und Soldaten, die sich für die Revolution mißbrauchen ließen, denen man allein die schönen Posten und Pöstchen verdankt, wurde ein schlechter Lohn zuteil.

Ein drei- bis vierfacher Verdienst gegen früher, aber eine fünf- bis fünfzehnfache Verteuerung der Lebensgüter sind die sichtbarsten Errungenschaften der glorreichen Juden-Revolution; außerdem macht sich eine Korruptions- und Parteivettern-Wirtschaft breit.

Wir sind nicht Feinde des Freistaates, noch weniger aber auch Freunde einer auf kapitalistischem System ruhenden Monarchie. Wir sind aber die größten Feinde dieser Revolution, deren „unbewußter, wahrer und praktischer Gedanke" (nach Rathenau) war: „Verdrängung der feudalen Vorherrschaft durch die kapitalistische Bourgeoisie unter der Staatsform des (jüdisch-) **plutokratisch-konstitutionellen** Regiments" (Geldherrschaft).

Das ist der Freistaat, in dem „dirigierte" Proletarier über uns diktieren. Diese Diktatoren sind **erkannt** und **entlarvt!**

Konnte es aus all diesen Zuständen einen anderen Weg geben, als eine neue Partei zu gründen, die den Deutschen Sozialismus verwirklicht? oder kann uns die Diktatur des (über das) Proletariat retten? Wo kommt z. B. das Geld her für Spartakus und Bolschewismus? Wir sagen es Euch. Jüdische Großbanken und Großfirmen des In- und Auslandes! Wollt Ihr Beweise? Bleichröder, Warburg, Löwe und viele andere. Fördern Kapitalisten ihre eigenen oder die Interessen der sich von ehrlicher Arbeit Nährenden?

Gebt Euch diese Antwort selbst!

Wir sind den Weg gegangen, den uns unser Gewissen vorschrieb. Der Weg ist steinig, das wissen wir, aber er führt zum heiß ersehnten Ziel. Wir versprechen Euch keine goldenen Berge, von denen Ihr Euch die Taschen füllen könntet und wenn Ihr in der Nähe dieser Berge seid, so sinkt Ihr vor Erschöpfung und Enttäuschung zu Boden, weil die glänzenden Berge, die Euch von weitem gezeigt wurden, faule leuchtende Holzhaufen waren. Wir sagen Euch: Dem Arbeiter kann es nur in einem Staate gut gehen, dem es selbst gut geht, der blüht und gedeiht und für dessen Schutz sich das Volk, der Arbeiter einsetzt. Darum wollen wir National-Sozialisten sein. Wir sagen ferner: Wer nicht von und bis zu einem bestimmten Lebensalter geistig oder körperlich arbeitet hat keinen Anteil an den Lebensgütern der Nation! Jedes arbeitslose auf Kosten Anderer geführte Leben (das Drohnenleben) muß unmöglich gemacht werden.

Die Ziele sind gesteckt. Punkt für Punkt, ohne einen Schritt zu weichen, werden sie hartnäckig verfolgt. Arbeiter haben die Richtlinien entworfen, wirkliche Arbeiter, die sich in selbstloser Weise opfern und sich, weil es nicht mehr anders geht, mit ihrem ganzen Real-Idealismus, ja mit ihrem Leben für die rücksichtslose Durchführung des Programms einsetzen.

Seit fünften Januar 1919 ist die National-sozialistische Deutsche Arbeiter-Partei gegründet. Kümmerlich, weil alle Kapitalisten die Hände davon hielten, mußten wir uns fortfristen. Verschiedene Unterstützungen lehnten wir wegen Unsauberkeit ab. Durch Abhaltung von Versammlungen und durch kleine Spenden können wir erst heute mit Drucksachen an die Öffentlichkeit treten. Es war ein schwerer Weg bis hierher. Nun ists an Euch, Ihr Geistes- und Hand-Arbeiter, Ihr Schaffenden, diese reine, aus der Erkenntnis des ungeheuren Verrates an der Arbeiterschaft, aus Not und Elend entstandene Bewegung, nicht wie den Deutschen Geist verkümmern zu lassen.

Helft uns wieder aufwärts!

Wir setzen unser Leben ein für die Durchführung des Programmes. Ihr aber braucht nichts weiter, als uns Eure geistige und moralische Unterstützung zu leihen, indem Ihr unsere Gedanken verbreitet.

Gemeinnutz vor Eigennutz soll unsere Parole sein!

Das Vaterland, wie das Wohl des Volkes, über die Partei!

National-sozialistische deutsche Arbeiter-Partei

Geschäftsstelle: Sterneckerbräu, Tal 54

Fernruf 23620 Sprechstunden 4—7 Uhr nachmittags.

Auszug aus dem Programm
der national-sozialistischen
Deutschen Arbeiterpartei.

Das Programm der deutschen Arbeiterpartei ist ein Zeit-Programm. Die Führer lehnen es ab, nach Erreichung der im Programm aufgestellten Ziele neue aufzustellen, nur zu dem Zweck, um durch künstlich gesteigerte Unzufriedenheit der Massen das Fortbestehen der Partei zu ermöglichen.

1. **Wir fordern den Zusammenschluß aller Deutschen auf Grund des Selbstbestimmungsrechtes der Völker zu einem Groß-Deutschland.**

2. **Wir fordern die Gleichberechtigung des Deutschen Volkes gegenüber den anderen Nationen, Aufhebung der Friedensverträge von Versailles und St. Germain.**

3. Wir fordern Land und Boden (Kolonien) zur Ernährung unseres Volkes und Ansiedelung unseres Bevölkerungs-Überschusses.

4. Staatsbürger kann nur sein, wer Volksgenosse ist. Volksgenosse kann nur sein, wer deutschen Blutes ist, ohne Rücksichtnahme auf Konfession. Kein Jude kann daher Volksgenosse sein.

5. Wer nicht Staatsbürger ist, soll nur als Gast in Deutschland leben können und muß unter Fremden-Gesetzgebung stehen.

6. Das Recht, über Führung und Gesetze des Staates zu bestimmen, darf nur dem Staatsbürger zustehen. Daher fordern wir, daß jedes öffentliche Amt, gleichgültig welcher Art, gleich ob im Reich, Land oder Gemeinde nur durch Staatsbürger bekleidet werden darf.

Wir bekämpfen die korrumpierende Parlamentswirtschaft einer Stellenbesetzung nur nach Parteigesichtspunkten ohne Rücksichten auf Charakter und Fähigkeiten.

7. Wir fordern, daß sich der Staat verpflichtet, in erster Linie für die Erwerbs- und Lebensmöglichkeit der Staatsbürger zu sorgen. Wenn es nicht möglich ist, die Gesamtbevölkerung des Staates zu ernähren, so sind die Angehörigen fremder Nationen (Nicht-Staatsbürger) aus dem Reiche auszuweisen.

8. Jede weitere Einwanderung Nicht-Deutscher ist zu verhindern. Wir fordern, daß alle Nicht-Deutschen, die seit 2. August 1914 in Deutschland eingewandert sind, sofort zum Verlassen des Reiches gezwungen werden.

9. Alle Staatsbürger müssen gleiche Rechte und Pflichten besitzen.

10. Erste Pflicht jedes Staatsbürgers muß sein, geistig oder körperlich zu schaffen. Die Tätigkeit des Einzelnen darf nicht gegen die Interessen der Allgemeinheit verstoßen, sondern muß im Rahmen des Gesamten und zum Nutzen Aller erfolgen.

Daher fordern wir:

11. Abschaffung des arbeits- und mühelosen Einkommens.

Brechung der Zinsknechtschaft.

12. Im Hinblick auf die ungeheuren Opfer an Gut und Blut, die jeder Krieg vom Volke fordert, muß die persönliche Bereicherung durch den Krieg als Verbrechen am Volke bezeichnet werden. Wir fordern daher restlose Einziehung aller Kriegsgewinne.

13. Wir fordern die Verstaatlichung aller (bisher) bereits vergesellschafteten (Trust's) Betriebe.

14. Wir fordern Gewinnbeteiligung an Großbetrieben.

15. Wir fordern einen großzügigen Ausbau der Alters-Versorgung.

16. Wir fordern die Schaffung eines gesunden Mittelstandes und seine Erhaltung, sofortige Kommunalisierung der Groß-Warenhäuser und ihre Vermietung zu billigen Preisen an kleine Gewerbetreibende, schärfste Berücksichtigung aller kleinen Gewerbetreibenden bei Lieferung an den Staat, die Länder oder Gemeinden.

17. Wir fordern eine unseren nationalen Bedürfnissen angepaßte Bodenreform, Schaffung eines Gesetzes zur unentgeltlichen Enteignung von Boden für gemeinnützige Zwecke. Abschaffung des Bodenzinses und Verhinderung jeder Bodenspekulation.

18. Wir fordern den rücksichtslosen Kampf gegen diejenigen, die durch ihre Tätigkeit das Gemein-Interesse schädigen. Gemeine Volksverbrecher, Wucherer, Schieber usw. sind mit dem Tode zu bestrafen, ohne Rücksichtnahme auf Konfession und Rasse.

19. Wir fordern Ersatz für das der materialistischen Weltordnung dienende römische Recht durch ein Deutsches Gemein-Recht.

20. Um jedem fähigen und fleißigen Deutschen das Erreichen höherer Bildung und damit das Einrücken in führende Stellungen zu ermöglichen, hat der Staat für einen gründlichen Ausbau unseres gesamten Volksbildungswesens Sorge zu tragen. Die Lehrpläne aller

Bildungsanstalten sind den Erfordernissen des praktischen Lebens anzupassen. Das Erfassen des Staatsgedankens muß bereits mit dem Beginn des Verständnisses durch die Schule (Staatsbürgerkunde) erzielt werden. Wir fordern die Ausbildung geistig besonders veranlagter Kinder armer Eltern ohne Rücksicht auf deren Stand oder Beruf auf Staatskosten.

21. Der Staat hat für die Hebung der Volksgesundheit zu sorgen durch den Schutz der Mutter und des Kindes, durch Verbot der Jugendarbeit, durch Herbeiführung der körperlichen Ertüchtigung mittels gesetzlicher Festlegung einer Turn- und Sportpflicht, durch größte Unterstützung aller sich mit körperlicher Jugend-Ausbildung beschäftigenden Vereine.

22. Wir fordern die Abschaffung der Söldnertruppe und die Bildung eines Volksheeres.

23. Wir fordern den gesetzlichen Kampf gegen die bewußte politische Lüge und ihre Verbreitung durch die Presse. Um die Schaffung einer deutschen Presse zu ermöglichen, fordern wir, daß:

a) Sämtliche Schriftleiter und Mitarbeiter von Zeitungen, die in deutscher Sprache erscheinen, Volksgenossen sein müssen.

b) Nichtdeutsche Zeitungen zu ihrem Erscheinen der ausdrücklichen Genehmigung des Staates bedürfen. Sie dürfen nicht in deutscher Sprache gedruckt werden.

c) Jede finanzielle Beteiligung an Deutschen Zeitungen oder deren Beeinflussung durch Nicht-Deutsche gesetzlich verboten wird und fordern als Strafe für Übertretungen die Schließung einer solchen Zeitung, sowie die sofortige Ausweisung der daran beteiligten Nicht-Deutschen aus dem Reich.

Zeitungen, die gegen das Gemeinwohl verstoßen, sind zu verbieten. Wir fordern den gesetzlichen Kampf gegen eine Kunst- und Literatur-Richtung, die einen zersetzenden Einfluß auf unser Volksleben ausübt und die Schließung von Veranstaltungen, die gegen vorstehende Forderungen verstoßen.

24. Wir fordern die Freiheit aller religiösen Bekenntnisse im Staat, soweit sie nicht dessen Bestand gefährden oder gegen das Sittlichkeits- und Moralgefühl der germanischen Rasse verstoßen.

Die Partei als solche vertritt den Standpunkt eines positiven Christentums, ohne sich konfessionell an ein bestimmtes Bekenntnis zu binden. Sie bekämpft den jüdisch-materialistischen Geist in und außer uns und ist überzeugt, daß eine dauernde Genesung unseres Volkes nur erfolgen kann von innen heraus auf der Grundlage:

Gemeinnutz vor Eigennutz.

25. Zur Durchführung alles dessen fordern wir die Schaffung einer starken Zentralgewalt des Reiches. Unbedingte Autorität des politischen Zentralparlaments über das gesamte Reich und seine Organisationen im allgemeinen.

Die Bildung von Stände- und Berufskammern zur Durchführung der vom Reich erlassenen Rahmengesetze in den einzelnen Bundesstaaten.

Die Führer der Partei versprechen, wenn nötig unter Einsatz des eigenen Lebens, für die Durchführung der vorstehenden Punkte rücksichtslos einzutreten.

München, den 24. Februar 1920.

National-sozialistische deutsche Arbeiter-Partei

Geschäftsstelle: München, Corneliusstraße 12

Fernruf 23620 * Geschäftsstunden 9–12 u. 2–6 Uhr * Postscheckkonto: München 23319

Sprechabend für Parteimitglieder und Freunde jeden Montag abends.

Gründet überall Ortsgruppen!

Verlag der National-sozialistischen Deutschen Arbeiter-Partei / Deutsche Kunst im Buchdruck, Hermann Bauls, München NW. 19

National-sozialistische Deutsche Arbeiter-Partei

Hauptgeschäftsstelle München, Tal 54 (Sterneckerbräu)

Kommunisten!

Eine ungeheure Sehnsucht nach Befreiung vom Joche des Kapitalismus durchdringt die Werte schaffende Menschheit. Je tiefer ihr Elend, um so üppiger das Leben der Nichtstuer, der Drohnen.

Wer ist **Arbeiter?** Jeder, der mit Kopf oder Hand an der Befriedigung der leiblichen oder geistigen Bedürfnisse **der anderen mitwirkt.**

Wer ist Drohne? Wer, ohne Werte zu schaffen, von der Arbeit anderer lebt.

Ist der Bauer, der Handwerker, der Kaufmann, der Beamte, der Lehrer, der Künstler, der Gelehrte **kein** Arbeiter?

Also **hie Arbeiter — hie Drohnen: das** ist die natürliche Scheidung der Gesellschaft.

Was aber habt Ihr gelernt? Hie Proletariat — hie Bourgeoisie!

Das ist eine falsche Front! —

Was ist denn das: Bourgeoisie? Bauern, Handwerker, Kaufleute, Fabrikanten, Beamte, Lehrer, Künstler, Gelehrte. — Die Drohnen gehören ebenso wenig zum schaffenden Bürgertum wie zur Arbeiterschaft. **Sie sind eine Klasse für sich.**

Merkt Ihr was? Nämlich, das Eure Vorbeter den **Trennungsstrich** an der **falschen Stelle** gezogen haben? Nicht zwischen Arbeiterschaft und Bürgertum geht er, sondern **beide zusammen sind das schaffende Volk,** ihm gegenüber, **sein gemeinsamer Gegner** — das Drohnentum.

Warum man wohl diese handgreifliche Wahrheit verdreht hat? Um Euch auf Drohnen zu hetzen, die gar keine sind, und um die **wahren** Drohnen Euren Blicken zu verbergen. — Warum nur? Nun, darüber müßt Ihr selbst mal nachdenken. — —

Mindestens 50 Jahre hat die Arbeiterschaft für ihr Ideal — Befreiung vom Kapitalismus — Opfer gebracht, ein leuchtendes Zeichen für ihren Glauben an eine bessere, gerechte Zukunft.

Ihr waret Sozialdemokraten — Schwindel.

Die Revolution sollte das Heil bringen — Schwindel.

Jetzt erschienen die U.S.P.-Leute als Verkündiger der besseren Zukunft — Schwindel.

So seid Ihr einem Schwindel nach dem andern zum Opfer gefallen. Euerer deutschen Vertrauensseligkeit macht das alle Ehre, Euerer Klugheit gerade nicht, und so hat **sich vielen von Euch die bittere Erkenntnis aufgedrungen: wir Arbeiter sind immer die Dummen. Bis jetzt — stimmts.**

Wo sitzt der Haken? Ihr habt Jedem geglaubt, der Euch recht was Gutes und Schönes versprach, deutsch gesprochen — **vorschwindelte.**

Nun seid Ihr schlau geworden. Ihr habt die großartige Entdeckung gemacht, daß alle Demokratie, aller **Parlamentarismus, alles Gequassel nur eitel Schaumschlägerei ist.**

Ihr wißt jetzt: wenn etwas **Gutes** geschaffen **werden** soll, muß es **Einer** in die Hand nehmen, ein **Diktator,** einer der von Gerechtigkeit, Liebe und Kraft erfüllt, rücksichtslos alle Maulhelden beiseite schiebt und in ein paar Monaten schafft, was alle Parlamente der Welt nicht haben schaffen können — Befreiung vom Kapitalismus.

Hoffend richten sich Eure Blicke nach Rußland. Dort ist der **Kommunismus zur Tat** geworden. **Keine leuchtendere Idee als der Kommunismus: keine Herrschaft,** wirtschaftlich oder politisch, über den andern. Alle gleich. Allen das Gleiche. Kein Neid, kein Streit; wirklich Friede auf Erden. — Die Verwirklichung dieser liegt dort in den Händen zweier Männer: Trotzky und Lenin. Das ist nun zwar nicht kommunistisch. Ihr wolltet es erst anders — **Diktatur des Proletariats!** Man sagt Euch aber, das russische Proletariat sei noch unmündig, **es brauche also einen Vormund. Das ist Trotzky. — Eigentlich faul;** denn wozu haben wir die Monarchen gestürzt, wenn wir gleich wieder einen neuen schaffen? Der wird's eben besser machen — gut.

Er regiert 2½ Jahr. Da läßt sich schon was machen. In einem seiner letzten Ukasse, den er vom **„Hauptkomitee für allgemeine Arbeitspflicht"** unterschreiben läßt, sagt er:

> **„Die arbeitenden Städte und Teile des Landes ersticken unter dem Drucke des Hungers. Die Eisenbahneu kriechen kaum, Häuser sind zerstört, die Städte ersticken im Schmutz. Seuchen wüten, und der Tod mäht rechts und links. Die Industrie ist zerstört.**
>
> **Vor der Republik der Arbeit steht eine hohe Aufgabe: aus Niedrigkeit, Schmutz, Gestank und Krankheit sich erheben, hinaufsteigen."**

Ihr hattet Euch was Anderes von Sowjet-Rußland vorgestellt, als es hier Trotzky der Welt enthüllt — nicht wahr? Das ist die Frucht eines 2½jährigen Kommunismus?

Rußland geht an Schmutz, Hunger und Seuchen zugrunde

— nachdem es 2½ Jahr unter kommunistischer Herrschaft gestanden.

Diesmal braucht Ihr nicht erst denen nachzulaufen, die Euch Befreiung vom Kapitalismus **durch Kommunismus versprachen** — versprachen wie früher **Bebel,** Scheidemann, **Kautsky** — denn nun seht Ihr auch diesmal wieder: **Schwindel.**

Aber man sagt Euch doch, was **alles in kürzester Zeit** in Sowjet-Rußland geschehen soll: Voll-Sozialisierung von Industrie und Landwirtschaft. Ein elektrisches Riesennetz über ganz Rußland bis ins letzte Dorf. Öffentliche weiteste Fürsorge für **alle Kinder von Geburt an. Schulen für alle. Universitäten für alle Begabten ohne Unterschied.**

„Die Städte ersticken im Schmutz, Seuchen wüten, und der Tod mäht rechts und links" —

Das sind die Früchte der Diktatur **Trotzky. Das** andere sind **Versprechungen,** Versprechungen wie man sie Euch immer gemacht hat, die Ihr **immer** geglaubt habt und **die** sich **immer** als Schwindel erwiesen haben.

Jetzt lauft Ihr dem allergrößten Schwindel in die Arme!!

Rußland ist das Land der Potemkin'schen **Dörfer.** Einer der Hauptgünstlinge **der** russischen Kaiserin Katharina II. war Fürst Potemkin. Er beutete das Land schamlos zu seinem Nutzen aus. **Als endlich die Kaiserin** davon erfuhr, forderte sie von ihm Rechenschaft. **Er bewog** sie zu einer Reise von **Petersburg nach Moskau. Rechts** und links vom Wege **in der** Ferne lachende **Dörfer. Die** Kaiserin war befriedigt. Aber schließlich stellte sich heraus, daß Potemkin die Dörfer hatte — **malen lassen: Kulissendörfer.**

Genau so ein Potemkin ist Trotzky: **er malt Euch** ein in Frieden leuchtendes Rußland,

während dieses unter seiner Hand stirbt!

Die Toten aber stehen nicht wieder auf.

Ist es denn nun wirklich nichts mit dem Kommunismus?

Ja: **wenn** alle Menschen — Engel geworden sind. Seit Ihr das, Kommunisten? Menschen, die nichts anderes kennen, als ihre ganze Kraft und Liebe für das Gemeinwohl hinzugeben? Ihr habt sonderbare Bundesgenossen: Gefängnis- und Zuchthausbrüder und Leute von der edlen Zunft der Zuhälter — die sollen den Frieden auf Erden bringen.

Das glaubt Euch keiner, und Ihr sebst auch nicht.

Nein, es ist wirklich nichts mit dem Kommunismus. Edle Schwärmer haben oftmals versucht, ihn zu verwirklichen. Er ist immer gescheitert, muß immer scheitern

an der Natur der Menschen.

Alle Menschen sind **ungleich,** das zeigt jeder **Blick:** ungleich im Äußern und Innern, an Kraft, Gesinnung, Charakter, Gemüt. Deshalb ungleich in ihren Leistungen und ihrem Werte für die Allgemeinheit. (Euch hat man erzählt, und Ihr habt es geglaubt: Die Menschen sind gleich. Ebenso könnt Ihr glauben, daß 2 mal 2 = 5 ist.) Sie alle in gleichem Maße an dem Ertrage der Gesamtarbeit teilnehmen lassen — und das will der Kommunismus — wäre eine ebenso große Ungerechtigkeit wie der Kapitalismus, der ja auch die Nichtstuer vor den Schaffenden bevorzugt.

Nein, Kommunismus ist noch schlimmer als Kapitalismus: der zwingt noch zur Arbeit und läßt den Arbeitern immer noch den größten Teil ihres Arbeitsertrages.

Der Kommunismus aber zwingt zur allgemeinen Faulheit, zum allgemeinen Nichtstun. Denn wenn **der Fleißige so viel erhält wie der Faule, so faulenzt** er selbstverständlich auch; die Faulsten werden die Vorbilder: wer wird denn einen Finger mehr krumm machen, wenn er bloß eben so viel erhält wie der Faulste?

Diese Entwicklung ist in Rußland im vollsten Gange. Weil alles in Faulheit versinkt — ein paar Idealisten mögen eine Ausnahme machen — werden — **Prämien für Fleiß und Pünktlichkeit gegeben!** Wer immer pünktlich zur Arbeit kommt, erhält 100% Lohn-Aufschlag. So erzählen die Sendboten Moskaus. Also **ungleicher Lohn für ungleiche Leistungen,** also **kein Kommunismus!**

Der Bankrott wäre längst da, wenn ihn nicht der **Krieg** verschleierte: die arbeitslosen Soldaten werden ins Heer gesteckt, sonst verhungern sie; der Krieg rechtfertigt **das zwangsweise Beitreiben von Lebensmitteln, die der Bauer gegen das Sowjet-Geld nicht mehr herausgibt; denn das Papiergeld ist**

der aller-allergrößte Schwindel,

noch vielmals toller als in Deutschland. Bald ist es so wertlos, daß es nicht mehr die Druckkosten lohnt, und **dann bricht der Potemkin-Trotzkysche Lügenbau mit Krachen zusammen.**

Gibt es **keine Mittel gegen den Kapitalismus?**

Doch. Allerdings: **der Himmel auf Erden kommt** dann auch **noch** nicht — weil wir Menschen sind, mit Schwächen und Fehlern behaftet. Deshalb muß alles Menschenwerk mangelhaft sein. Nur Betrüger versprechen **das Blaue vom Himmel herunter.** Aber besser und gerechter kann es werden.

Hört mal: Was ist denn das Schädliche am Kapitalismus? **Daß er denen,** die keine Arbeitsmittel haben, solche liefert, doch sicherlich nicht. Sondern daß er einen unverschämten Tribut dafür fordert, den **Zins.**

Wo sitzt die Großmacht des Kapitalismus? In den Fabriken? In den Fabriken, die doch unentbehrliche Produktionsmittel sind? Nein, sondern in den

Großbanken

von deren Leihgeld und Gnade die Fabriken und Unternehmer abhängen. — Darum fordert

Sozialisierung der Banken und des Kreditwesens!

D. h. kein Privat-Kapitalist kann mehr auf Zinsen **Geld ausleihen** und wuchern. Will er sein Kapital nicht **verzehren,** so muß er es gegen bescheidenen Entgelt in **die** Staatsbanken geben. Diese leihen es an Einzel-Personen, Genossenschaften usw. nach der Kredit-Würdigkeit ohne Tribut-Zins

und das Ende der Herrschaft des Kapitals ist da.

— Ohne Bürgerkrieg und Gewalttat — höchst friedlich

Also Kommunisten, seht Euch um! Wer diese einfache Befreiungstat vollbringen will: **den macht zum Diktator!**

Damit Ihr endlich mal an einen ehrlichen Arbeiterfreund kommt!

Nicht wegwerfen! **Weitergeben!**

Verlag der National-sozialistischen Deutschen Arbeiter-Partei. / Deutsche Kunst im Buchdruck, Hermann Louis, München NW. 19.

Rundschreiben Nr. 1
an die Landesleitungen und Ortsgruppen der Nationalsozialistischen Deutschen Arbeiterpartei Großdeutschlands.

Wir machen Sie darauf aufmerksam, daß wir uns zu neuen organisatorischen Maßnahmen entschlossen haben, um unsere Bewegung möglichst immer mehr und mehr *über ganz Deutschland* auszubreiten. Zu diesem Zwecke ist es notwendig, daß sich unsere bisher bereits bestehenden Ortsgruppen in finanzieller, als auch propagandistischer Hinsicht zu möglichst starken und tatkräftigen Gebilden auswachsen. Um dies nach Möglichkeit zu erreichen, haben wir festgelegt, daß von jetzt ab je Anfangs und Mitte des Monats an sämtliche Landesleitungen und Ortsgruppen ein Bericht über den Stand der Bewegung sowie über verschiedene Programmpunkte und über die Stellungsnahme der Parteileitung zu den verschiedensten Fragen geht.

Es dürfte Ihnen bekannt sein, daß eine Partei nicht eingetragen, d. h. juristische Person sein kann. Die Nationalsozialistsiche Deutsche Arbeiterpartei ist deshalb auch als Nationalsozialistischer Deutscher Arbeiterverein in Registergericht eingetragen und ist deshalb jedes Mitglied der Partei auch Mitglied des Vereins. Eine Abschrift der Satzungen des Vereins wird Ihnen in der Beilage zugehen.

Weiter machen wir Sie darauf aufmerksam, *daß laut Mitgliederversammlung vom 19. Januar 1921 der Pflichtbeitrag auf monatlich 50 Pf* und außerdem ein weiterer Pflichtbeitrag von monatlich 50 Pf als Pressesteuer festgelegt wurde. Von den monatlichen Mitgliederbeiträgen führen die Ortsgruppen *20 %*, aus den freiwilligen Stiftungen *50 %* an die Landesgeschäftsstellen ab, soweit welche errichtet sind. Außerbayerische Ortsgruppen, die noch keiner Landesgeschäftsstelle angegliedert, führen die oben bezeichneten Beträge an die Hauptgeschäftsstelle München ab. Die Landesgeschäftsstellen führen von diesen erhaltenen Beträgen die Hälfte, d. h. 10 % aus Beiträgen und 25 % aus Stiftungen an die Hauptgeschäftsstelle München ab. Die monatliche Pressesteuer von 50 Pf pro Mitglied ist *restlos* an die *Hauptgeschäftsstelle München abzuführen.*

Es dürfte wohl bereits allen Ortsgruppen bekannt sein, daß die Partei den „Völkischen Beobachter" München als Partei- und Kampforgan erworben hat. Selbstverständlich konnte dies nur durchgeführt werden unter den schwersten Opfern und mit Übernahme einer großen Schuldenlast. Zur Deckung dieser Schulden wurden laut Beschluß der Mitgliederversammlung von 19. Januar 1921 unverzinsliche Schuldscheine zu je 10,— Mark hergestellt. Diese Schuldscheine sind nun fertig und es ist Pflicht aller Parteimitglieder durch Erwerb dieser Schuldscheine nach Möglichkeit sowie deren weiterste Verbreitung ins deutsche Volk unser Kampfblatt des „Völkischen Beobachter" die Existenz zu sichern. Außerdem muß jedem Mitglied zur Pflicht gemacht werden, den „Beobachter" zu bestellen und ebenfalls nach Möglichkeit zu verbreiten.

Außerdem findet vom 13. bis 15. August 1921 in *Linz* a. d. Donau (Oberösterreich) ein Gesamtparteitag aller Nationalsozialistischen Parteien der Tschecho-Slowakei, Deutschösterreichs und Deutschlands statt. Vorausgehend soll in München eine Zusammenkunft mindestens aller bayerischen Ortsgruppenvorsitzenden oder Delegierten, nach Möglichkeit auch außerbayerischen Vertretern stattfinden. Über den Zeitpunkt der Zusammenkunft in München geben wir noch Nachricht. Die Kosten für die Vertreter für diese beiden Tagungen müssen die Ortsgruppen selbst aufbringen.

Mit treudeutschem Heilgruß

Schüssler, Geschäftsführer A. Drexler

Rundschreiben Nr. 2
an die Landesleitungen und Ortsgruppen der Nat. Soz. Deutsch. Arb. Part.

I. Tagung in München.

Wir geben Ihnen hiermit bekannt, daß die in unserem Rundschreiben (1.) angekündigte Zusammenkunft der Ortsgr. Vors. oder Delegierten am *11. 8.* in München stattfinden soll. Alle Ortsgruppen, welche in der Lage sind, zu dieser Zusammenkunft einen Vertreter zu schicken, ersuchen wir bis spätestens *21. ds.* die Anschrift des hierfür bestimmt. Herrn bekannt geben zu wollen. Die Kosten hat die Ortsgr. zu tragen. Die Zusammenkunft in München soll hauptsächlich dem Zwecke dienen, zwischen den einzelnen Ortgr. u. den Führern der Partei eine Aussprache über Ziele und Organisation herbeizuführen. Eine nähere Tagesordnung über diese Zusammenkunft werden wir Ihnen noch zugehen lassen.

II. Tagung in Linz.

Wir haben Ihnen bereits mitgeteilt, daß vom 13. bis 15. 8. in Linz eine zwischenstaatliche Tagung der Nationalsoz. des gesamt. deutsch. Sprachgebietes stattfindet. Ortsgr., die in der Lage sind, zu dieser Tagung auf eigene Kosten einen Vertreter zu schicken, wollen uns die Anschrift des hierzu bestimmt. Herrn bis spätestens 15. 7. bekannt geben. Es wird zweckmäßig sein, für die beid. Tagung. ein u. denselb. Vertreter zu bestimmen.

III. „Völkischer Beobachter".

Es dürfte Ihnen bekannt sein, daß der „Völk. Beob." auf 1 Monat, d. h. bis 22. 7., verboten wurde. Dieses Verbot bedeutet in der jetzigen Zeit (Quartalsbeginn) eine schwere finanzielle Schädigung. Gleichzeitig dürfte es eine Reklame sein, da wir dadurch umso mehr bekannt werden. Als Ersatz hierfür haben wir uns entschlossen, während der Sperrung den „Nationalsozialisten" herauszugeben. Wir ersuchen bei den Abonnenten hinzuweisen, daß die Neubestell., sowie Quartalserneuerungen bei der Post auf den „Nationalsozialisten" zu machen sind. Nach Aufhebung d. Verbotes wird den Beziehern der „Völk. Beob." ohne weiteres zugestellt werden.

IV. Anteilscheine.

Zum weiteren Ausbau und Deckung der Schuldenlast d. „Beob." haben wir zinsl. Anteilsch. herausgegeben. Wir ersuchen die Ortsgr. um möglichst zahlreiche Abnahme derselben. Die Scheine werden in Kommission von uns abgegeben u. bitten die jeweils abgesetzt. Scheine mit der Hauptgeschäftsst. verrechnen zu wollen. Neubestell. werden erst berücksichtigt, wenn die vorhergehende Sendung abgerechnet ist.

V. Monatsabrechnung.

Zur Durchführung der mtl. Abrechnung legen wir Vordrucke bei. Die Abrechnung muß von jeder Ortsgr. bewerkstelligt werden. Um pünktliche Einhaltung wird gebeten. Bei dieser Gelegenheit machen wir nochn. darauf aufmerksam, daß der Mindestbeitrag mtl. 1,— Mk. beträgt.

VI. Vorträge.

Vielfach wird der Wunsch geäußert, Pg. Hitler möchte bei d. Ortsgr. sprechen. Dieser Wunsch muß zunächst zurückgestellt werden, da Hitler längere Zeit verreist ist.

Wir haben Herrn Dr. O. Dickel, Augsburg, als Mitglied sowie volkstümlichen u. ausgezeichneten Redner für unsere Bewegung gewonnen. Dickel hat sich bereit erklärt, für uns. Ortsgr. zu sprechen. Er ist d. Verfass. des Buches „Die Auferstehung des Abendlandes", welches einzelnen Ortsgr. bekannt sein dürfte. Erhältlich beim „Völk. Beob.", Tierschstr. 15.

Eine Vortragseinteilung für beide Herren (Hitler—Dickel) wird nächstens erfolgen.

München, den 5. Juli 1921.

Mit treudeutschem Heilgruß!

Nationalsoz. Deutsche Arbeiterpartei.

Schüssler, der Geschäftsführer Körner, der II. Vorsitzende

Bercht *Rundschreiben No. 3*

I. Mitgliederversammlung.

Da innerhalb der Parteileitung Unstimmigkeiten sich ergeben haben, sehen wir uns gezwungen, in einer außerordentlichen Mitgliederversammlung am 29. Juli 1921 dazu Stellung zu nehmen und ersuchen Sie deshalb, soweit es Ihre finanzielle Lage erlaubt, möglichst viele und führende Mitglieder zu entsenden.

Es wird ersucht, die Anzahl der zur Versammlung erscheinenden Mitglieder uns möglichst frühzeitig mitteilen zu wollen, damit von der Parteileitung aus die Quartiere, soweit als möglich, besorgt werden können (Privatquartiere). Nach Ankunft der Mitglieder in München wollen sich dieselben alsbald in der Geschäftsstelle *Tal 54* zwecks Rücksprache einfinden.

Wir möchten nochmals nicht unterlassen darauf hinzuweisen, daß äußerst wichtige Fragen zur Sprache gebracht werden und deshalb rege Beteiligung dringend zur Pflicht gemacht wird.

II. Ausschluß.

Wir teilen Ihnen mit, daß unser früherer Parteigenosse Herr Hermann *Esser* aus *schwerwiegenden* Gründen aus der Partei ausgegeschlossen werden mußte, folgedessen jede Verhandlung sowie Unterstützung von den einzelnen Ortsgruppen verboten wird.

III. Vorsitzniederlegung.

II. Vorsitzende der Parteileitung, Herr Oskar *Körner*, ist aus den Ausschuß der Partei ausgetreten, mithin in Parteiangelegenheit nicht mehr maßgebend.

IV. Besondere Angelegenheiten.

Für den Fall, daß die Ortsgruppe von irgend einer unberechtigten Seite aufgefordert worden wäre, daß sie sich nicht mehr der offiziellen Leitung (Vorsitzender und Ausschuß) unterstellen solle, geben wir Ihnen bekannt, daß die einzig zuständige Stelle nach wie vor der Ausschuß der Partei ist, der einzig und allein die gesamte Leitung in Händen hat. Wir ersuchen Sie daher Schriftstücke, die nicht vom Geschäftsführer, Herrn *Schüßler*, oder von unseren I. Parteivorsitzenden, Herrn Anton *Drexler*, unterzeichnet sind, zwecks Einsichtnahme umgehend an uns einsenden zu wollen.

V. Tagung in München.

Für die Delegiertentagung am 11. August 1921 ergehen besondere Anweisungen.

München, den 21. Juli 1921.

Mit treudeutschem Heilgruß!

Nationalsoz. Deutsche Arbeiterpartei.

Schüssler, der Geschäftsführer A. Drexler, der I. Vorsitzende

Rundschreiben No. 4.

1.) Parteileitung.

Durch Beschluß der Mitgliederversammlung vom 29. 7. 21 wurde die neue Parteileitung wie folgt zusammengesetzt:

1. Vorsitzender	Herr Adolf Hitler
2. Vorsitzender	Herr Oskar Körner
1. Kassier	Herr Singer
2. Kassier	Herr Wutz
1. Schriftführer	Herr Hesse
2. Schriftführer	Herr Angermeier

Zum Gründungs- und Ehrenvorsitzenden wurde Herr Anton Drexler bestimmt.

Gesetzlicher Vertreter und verantwortlicher Leiter der Partei ist auf Grund der Satzungen der 1. Vorsitzende. Als solcher wende ich mich heute zum ersten Male im Namen der gesamten Parteileitung an die einzelnen Ortsgruppen, bezw. ihre Führer sowie die Führer der Sektionen in München mit der Bitte, der neuen Parteileitung volle Unterstützung zuteil werden zu lassen.

Wenn die Parteileitung sich erst heute in einem Rundschreiben an die einzelnen Ortsgruppen wendet und damit den geregelten Dienst aufnimmt, so geschieht dies deshalb, weil ein unerhörter Wulst von Arbeit in der inneren Verwaltung der Bewegung zunächst zu erledigen war. Erst nach vollzogener Neuordnung ist es möglich, einen laufenden Dienstverkehr aufzunehmen.

2.) Geschäftsführung.

Zur technischen Führung der Geschäfte der Partei wurde Herr Max Axmann in den Parteidienst übernommen. Herr Amann ist ab jetzt als 1. Geschäftsführer allein zeichnungsberechtigt außer den Vorsitzenden der Partei. Herr Schüssler ist Parteibeamter und verbleibt als solcher im Dienste der Bewegung.

3.) Protokolle.

Das Protokoll d. letzten Mitgliederversammlung sowie die neuen Satzungen werden sofort nach ihrer behördlichen Genehmigung in Abzügen den einzelnen Ortsgruppen zur Verfügung gestellt; desgleichen eine Organisations- und Dienstanweisung für Ortsgruppen und Ortsgruppengründung.

4.) Ausschlüsse.

Die im Rundschreiben 3 verfügte Ausschließung der Parteigenossen *Esser*, *Wagner* und *Huber* wird durch Parteibeschluß als grundlos zurückgenommen.

Herr Otto *Dickel*, Augsburg, Verfasser des Buches „Auferstehung des Abendlandes", wurde durch einstimmigen Parteibeschluß aus der National-sozialistischen Deutschen Arbeiter-Partei ausgeschlossen.

Begründung: Herr Otto Dickel vertritt im obenerwähnten Werke Grundsätze, die den Tendenzen der am 5. I. 1919 gegründeten Deutschen Arb.-Partei widersprechen.

Herr Otto Dickel hat einen Widerruf seiner damaligen Gesinnungsäußerung bisher noch nicht vorgenommen. Im Gegenteil konnten die Führer der Bewegung, insbesondere auf einer Zusammenkunft in Augsburg, erneut feststellen, daß zwischen den Anschauungen Herrn Dr. Dickels und denen der Leiter und Gründer der Partei eine gewaltige Kluft sich befindet.

Eine ausführliche Schrift zur Begründung des Beschlusses wird gesondert herausgegeben.

5.) Ortsgruppenbesprechung.

Der Termin für die nächste Ortsgruppenbesprechung wird auf Mittwoch, den 21. Sept. 1921, nachm. 6 Uhr festgesetzt. Ort: Sterneckerbräu, Tal 54, Leiberzimmer.

Sämtliche Ortsgruppen, denen die Entsendung von Vertretern möglich ist, werden aufgefordert, die notwendigen Vorkehrungen zum Besuch der Besprechung zu treffen. Die Anwesenheit der Führer der Sektionen in München ist Pflicht.

6.) Beiträge.

Die Ortsgruppen werden dringend aufgefordert, die fälligen Mitgliedsbeiträge an die Hauptleitung der Partei unverzüglich einzusenden.

Laut Mitgliederbeschluß vom 29. 7. 21 beträgt der Mitgliedsbeitr. ab 1. 8. 21 monatlich 2 Mk. einschließl. 50 Pf. Pressesteuer. Es sind davon an die Hauptleitung abzuliefern 20 % des Mitgliedsbeitr. sowie die gesamte Pressesteuer.

7.) Nachrichtenabteilung.

Der Untersuchungsausschuß der Hauptleitung hat als Hauptaufgabe unter Anderem die Organisation eines gründlichen Nachrichtendienstes durchzuführen. In diesen Rahmen fällt auch die Anlegung eines Partei-Archives. Sämtliche Ortsgruppen sowie die Sektion München werden aufgefordert, von sämtlichen durch sie verfaßten Plakaten, Ankündigungen, Flugblättern, Aufnahmescheinen usw. usw. je ein Exemplar an die Hauptleitung einzusenden. Ebenso sämtliche durch die Ortsgruppen aufgegebenen Annoncen, Pressebesprechungen über Parteiversammlungen, sonstige wichtige Pesseartikel in einem Exemplar an die Parteileitung einzusenden. Die Einsendungen haben die Aufschrift „Nachrichtendienst“ zu tragen.

8.) Sturmabteilung.

Laut Beschluß der Mitgliederversammlung hat die Partei die Organisation einer Turn- und Sport-(Sturm-)Abteilung begonnen. Zweck: Schutz der Versammlungen, Abstellung des Sicherungs- und Ordnungsdienstes, gegenseitige Unterstützung bei gefährdeten Versammlungen usw. Nähere Anweisungen werden durch den Leiter der Sturmabteilung, Herrn Parteigenossen Klintzsch, bekanntgegeben. Mitglieder sollen nicht jünger als 17, nicht älter als 23 Jahre sein.

Die Organisation solcher Abteilungen ist einstweilen in den Ortsgruppen vorzubereiten durch Entgegennahme der Anmeldungen. Ihre besondere Ausgestaltung wird Parteigenosse Klintzsch in die Hand nehmen.

9.) Völkischer Beobachter.

Sämtliche Ortsgruppen sowie die Sektionen Münchens sind verpflichtet, dafür einzutreten, daß jedes einzelne Mitglied den Völkischen Beobachter im Abonnement bezieht.

Die Ortsgruppen sind verpflichtet, im Völkischen Beobachter ihre gesamten Veranstaltungen anzukündigen sowie Besprechungen über den Verlauf derselben einzusenden. Besprechungen kurz und bündig! Ankündigungen erfolgen kostenlos.

10.) Rosenheim.

Anläßlich einer von der Parteileitung organisierten Riesenkundgebung am Mittwoch, dem 31. 8. 21, gegen den Erzbergerrummel der Linksparteien trat an die Parteileitung zum ersten Mal die Notwendigkeit heran, zur Sicherung des Ordnungsdienstes an eine auswärtige Ortsgruppe die Bitte um Unterstützung zu richten. Bei der im Zirkus Krone stattgefundenen Riesenversammlung, die einen Besuch von rund 7000 Personen aufwies, machte ein Teil der Rosenheimer Sturmabteilung Dienst, Schulter an Schulter mit ihren Münchner Genossen. Sie haben dadurch wesentlich mitgewirkt an der Aufrechterhaltung der Disziplin, durch die diese Versammlung zu einer gewaltigen, einmütigen Kundgebung wurde.

Die Parteileitung drückt der Ortsgruppe Rosenheim sowie der dortigen Sturmabteilung den besonderen Dank auch dafür aus, daß die gesamten Kosten der Reise der Rosenheimer Sturmabteilung nach München von der Ortsgruppe Rosenheim in großherziger Weise getragen wurde.

Für die Parteileitung: gez: A. Hitler, I. Vorsitzender.

Erklärung des bisherigen revolutionären Ausschusses der Nationalsozialistischen Deutschen Arbeiterpartei.

Die Nationalsozialistische Bewegung ist bestimmt, das ganze deutsche Volk zu ergreifen. Darum soll dieses Volk heute schon teilnehmen an der Reinigung der Partei. Frei und offen soll der Kampf geführt werden.

König von München

zu sein, glaubt in seinem krankhaften Machtwahnsinn Herr Adolf *Hitler*. Dazu ist er aber ein „revolutionärer König"! Also revolutionär ist *H. Hitler* und Genossen.

Der bisherige Ausschuß ist die „parlamentarische Partei". Wie es aber mit Hitlers revolutionären Charakter in Wirklichkeit steht, zeigen folgende Tatsachen, die wir aus der Masse des Materials herausgreifen:

1. Der „Revolutionär" Hitler macht wochenlang einen Wanderredner für die parlamentarischen Partei der Nationalsozialisten in Österreich.

2. der antiparlamentarische „Revolutionär" Hitler erklärt: Wir gehen in den Stadtrat, und Landtag und wenn es sein muß, evtl. auch in den Reichstag.

3. Der „Revolutionär" Hitler hat keinen höheren Wunsch, als „Klubsessel und Perserteppiche" für das Parteilokal einer „Arbeiterpartei" zu erwerben. Bei den hohen Preisen war seine tagelange Ladenmustrung erfolglos.

Dagegen: „Die parlamentarische Partei". Beispiele:

1. Beisitzer im Ausschuß lehnen von vornherein ab einen Vorschlag für den Sitz im Stadtrat, Land- oder Reichstag.

2. Die „parlamentarische Partei" bekämpft Hitlers Phantasien über Klubsessel usw., verschmäht solch feudalen Sitz und arbeitet wie jeder schlichte Kopf- und Handarbeiter auf harten Stühlen und am alten Tisch.

Wer ist also in Wahrheit Revolutionär, wer parlamentarisch?

Aber der *revolutionäre König* hat gesiegt über den im Herzen wirklich nationalsozialistischen Ausschuß. Der gesamte Ausschuß, 4 Hand- und 1 Kopfarbeiter, 2 Kaufleute, kann eine Mitarbeit in Hitlers Richtung mit seinem Gewissen nicht mehr vereinbaren und ist geschlossen aus der Partei ausgetreten, solange Hitler regiert. Allein unser ewiger Idealist Anton *Drexler* hat sich, gezwungen durch Drohungen, geopfert als Märtyrer, um sein Werk vor Hitlers Putsch zu retten. *Arbeiter Münchens!* Wir überlassen es Eurem gesunden Menschenverstande, einem Manne zu folgen und zu glauben, der zuerst die redliche Arbeitervertretung hinausdrängt, um sich austoben zu können.

So wird der König zum „unausstehlichen Tyrannen"!

Der keinen selbständig Denkenden neben sich duldet, der die heilige Idee ausbeutet für seine Machtgelüste. Wir aber sind keine Monarchisten, wir wollen keinen König, erst recht keinen Tyrannen, auch keinen Hitler von Volkes Gnaden. Darum werden wir nicht eher ruhen als das Ziel erreicht ist:

Der Tyrann muß gestürzt werden.

Und wir ruhen nicht, bis „Seine Majestät *Adolf I*", derzeit „König von München", seine Rolle ausgespielt hat. Zugleich machen wir aufmerksam auf eine demnächst erscheinende Schrift, die sämtliches Material zur Erledigung *Hitlers* enthält.

Der bisherige revolutionäre Ausschuß.
gez. Settele.

Freie Nationalsozialistische Vereinigung München.
Erklärung.

Die unterzeichneten früheren Ausschußmitglieder der Nationalsozialistischen Deutschen Arbeiterpartei sehen sich zwecks Aufklärung der Mitglieder und weiterer Kreise sowohl als auch zur Verhütung falscher Auffassungen ihres Vorgehens zu folgender Erklärung veranlaßt:

1. Wir stehen nach wie vor fest auf dem Boden der durch den Werkzeugschlosser Anton Drexler gegründeten Nationalsozialistischen Deutschen Arbeiterpartei und ihres Programmes.

2. Wir bekämpfen den im Laufe der Zeit durch demagogische Schädlinge und diktatorische Streber in die Partei getragenen Geist, der dem uns bei anderen Parteien so verhaßten Bonzentum aufs Haar gleicht.

3. Im Kampfe gegen diese Schädlinge ist es uns leider vorläufig noch nicht gelungen, einem großen Teil der Parteimitglieder die Überzeugung von der Berechtigung und Ehrlichkeit unseres Kampfes beizubringen, jenem Teil, der unter dem Banne geschickter Wort- und Rednerkünstler auf eigenes Urteil und richtiges Denken verzichtet.

4. Da wir uns dem als schädlich erkannten demagogischen Terrorismus eines sogenannten geistigen Führers nicht fügen konnten und wollten, zogen wir die einzig richtige Folgerung des gemeinsamen Rücktrittes von den Geschäften des Ausschusses.

5. Dieser Rücktritt gibt uns die unbeengte Freiheit zur Führung eines Kampfes, den wir hiermit öffentlich aufzunehmen erklären im Interesse unserer nationalsozialistisch gesinnten Arbeiter und gegen jene diktatorischen Demagogen, die es geschickt verstanden haben, sich an die Spitze einer Bewegung zu stellen, die doch nur ihren eigenen Zwecken dienen soll.

6. Wir wurden in Verbindung gebracht mit der Herausgabe eines gegen Herrn Hitler gerichteten Flugblattes. Wir verurteilen sowohl Form als Inhalt und Kampfesweise dieses Blattes und erklären öffentlich, daß wir durch dieses Rundschreiben selbst unangenehm überrascht wurden, da es unseren Zwecken und Absichten nicht entspricht und daß wir ihm vollständig fern gegenüberstehen. Wir sind gewohnt, den Kampf in deutscher Art offen, nicht versteckt als „anonyme Lumpen" zu führen.

7. Demnächst wird eine Schrift erscheinen, in der wir offen und klar, belegt mit zwingenden Beweisen, alles zusammen getragen haben, was uns als notwendig erscheint, gewissen von uns bekämpften Persönlichkeiten, die wir als gefährliche Schädlinge erkannt haben, die Maske vom Gesicht zu reißen und sie als das zu entlarven, was sie sind — politische Abenteurer.

8. Die Schrift wird allen Mitgliedern zugänglich gemacht werden, ebenso der Öffentlichkeit. Wir erhoffen von ihr eine gründliche Aufklärung weitester Kreise.

9. Eine große Anzahl bisheriger Mitglieder der Partei hat in Erkenntnis der ungesunden Zwangszustände bereits ihren Austritt erklärt, ein großer Teil wartet ungeduldig auf Aufklärung. Allen diesen wahrheitssuchenden Gesinnungsgenossen wollen wir in unserer „Freien nationalsozialistischen Vereinigung", die wir bereits einen Grundstock der ehrlichsten und treuesten alten Mitglieder gebildet haben, Gelegenheit zur Sammlung geben. Sie soll allen, denen wirklich an einer gesunden Weiterentwicklung unserer nationalsozialistischen deutschen Arbeiterbewegung gelegen ist, zum Brennpunkt der Bewegung werden und zwar solange, bis es uns gelungen ist, sie zu befreien von allen schädlichen Schlacken. Das Wiedersehen unter dem alten Namen der Nationalsozialistischen Deutschen Arbeiterpartei wird dann hoffentlich ein baldiges und freudiges sein.

Meldungen zum Beitritt in die „Nationalsozialistische Vereinigung Münchens" werden von allen oben gezeichneten Mitgliedern entgegengenommen, am einfachsten beim

Zigarrengeschäft *J. Berchtold, Tal 54.*

Adolf Hitler an die Parteileitung.

München, den 14. Juli 1921.

Am 11. dieses Monats habe ich mich veranlaßt gesehen, dem Vorsitzenden bzw. dem Ausschuß der Nationalsozialistischen Deutschen Arbeiterpartei meinen Austritt aus der Partei anzuzeigen.

Ich gebe hiermit die Erklärung der Gründe ab, die mich zu diesem Schritte bewogen haben.

Die Nationalsozialistische Deutsche Arbeiterpartei wurde, soweit ich ihren Sinn je begriffen habe, einst gebildet, als revolutionär-nationale Bewegung.

Demgemäß steht sie auf extremvölkischem Boden und verwirft jede parlamentarische Taktik, ja selbst die Form des heutigen Parlamentarismus überhaupt. Sie soll in der Art ihrer Organisation unähnlich all den bestehenden (sogenannten) nationalen sonstigen Bewegungen derart gebildet aufgebaut und geleitet sein und werden, daß sie als schärfste Waffe befähigt wird, den Kampf zur Zertrümmerung der jüdisch-internationalen Herrschaft über unser Volk durchzuführen.

Sie ist aber endlich auch eine soziale, oder besser sozialistische Partei.

Statutenmäßig ist festgelegt, daß der Sitz ihrer Leitung München ist und München bleiben muß. Einmal für immer.

Ihr Programm wurde als unverrückbar und unverletzlich vor einer tausendköpfigen Volksmenge beschworen, in mehr denn hundert Massenversammlungen als granitene Grundplatte verwendet.

Die Partei hat sich bisher noch stets dem breiten Volk gegenüber verpflichtet für unbedingte Ehrlichkeit in ihren Reihen zu sorgen, die unentwegte Befolgung der niedergelegten Grundsätze zu verbürgen, jedes Abweichen davon auf das Schärfste zu bekämpfen, Heuchler oder gar verkappte Gegner in den Reihen der Bewegung nicht zu dulden, sondern unbarmherzig zu entfernen.

Ich habe meinen Austritt aus der Bewegung vollzogen, weil diese Punkte verletzt worden sind.

Ich stelle nun Folgendes fest:

Wider jede Vernunft, aber auch wider die Statuten wurde einst von seiten der Parteileitung in *Zeitz* ein Kontrakt unterzeichnet, der die Leitung der Bewegung nach Berlin verlegte. Unter unglaublichem Ärger war es meinem Dazwischentreten noch gelungen, diesen Wahnsinn zu verhindern.

Trotz meiner damaligen Erklärung im Falle einer Wiederholung eines solchen Vorfalles sofort aus der Partei auszuscheiden, fanden am 10. ds. Mts. in *Augsburg* neuerdings Verhandlungen statt, in denen neuerdings von der offiziellen Vertretung der Partei der Vorschlag nicht nur gut geheißen, sondern sogar selber unterbreitet wurde, über die Gesamtbewegung einen Aktionsausschuß zu stellen, der nicht nur seinen Sitz in Augsburg haben sollte, sondern der auch praktisch keinerlei Gewähr dafür zu bieten vermag, daß hierbei die Grundsätze der Bewegung noch weiter befolgt werden würden.

Im Gegenteil wurden diese Verhandlungen von vornherein mit Herren geführt, denen eine Berechtigung hierzu vollständig fehlte.

Trotzdem ich mich vor meiner Abreise nach *Berlin* warnend und abfällig über ein Buch geäußert habe, das unter dem Titel „Auferstehung des Abendlandes" erschien, wurde nichts desto weniger der Verfasser dieses Buches nicht nur ohne weiteres zu Vorträgen für die Bewegung eingeladen, sondern sogar mit der Leitung von wichtigsten Verhandlungen betraut.

Damit ist tatsächlich ein Mann in führende Stellung der Bewegung gekommen, der innerlich nicht zu derselben gehört, ja sogar als extremster Gegner gegenübersteht.

Ich mache der Parteileitung den Vorwurf, daß sie mit bodenloser Gewissenlosigkeit sich nicht die Mühe nahm, das Werk eines Mannes, dem man so bedeutenden Einfluß auf die Bewegung einzuräumen sich anschickte, auch nur ordentlich durchzulesen, geschweige denn zu studieren, denn sonst müßte ich mir die Frage gestatten:

Wie kommt die Parteileitung dazu einem Manne zu vertrauen, der (unter zahllosem Ähnlichem zitiere ich nur weniges) folgendes zu schreiben fertig brachte.

Seite 121. „Nun entwickelte sich mit unheimlicher Geschwindigkeit der jüdische Imperialismus in Deutschland. Das ist der Fluch, der heute auf uns lastet. Nur England hat sich von ihm freigehalten. Dort tritt von Tag zu Tag abendländisches Wesen mehr in den Vordergrund. Lloyd George, dieser große innen- und außenpolitische Staatsmann, war klug genug, während des Weltkrieges die Macht des Judentums in seine Rechnung zu stellen. Während seiner Dauer gab er sich den Schein eines Handlangers von Northcliffe. Wer in Wahrheit Diener, wer Meister war, zeigt die heute stets fortschreitende Lösung Englands aus jüdischer Knechtschaft."

Oder Seite 242. „Nur Torheit und Niedertracht kann die Regierung für die traurigen Zustände in unserem Vaterlande verantwortlich machen. Wer diese Männer mit Kot bewirft, verdient den Namen Deutscher nicht. Sie tun ihre Pflicht, sie mühen und plagen sich, sie geben ihr Bestes her und manchem blutet wohl das Herz dabei. Ihnen gebührt der Dank des ganzen Volkes dafür, daß sie überhaupt Mut und Lust besitzen, unter den herrschenden Zuständen ihr Amt zu versehen."

Oder Seite 99. „Ich greife als Gegenspiel zu Marx, der ohne Zweifel Idealist war, einen Mann der höheren Gesellschaftsklasse heraus, dessen Gesinnungsreinheit für mich wenigstens außer aller Frage steht: Rathenau. Er wird selbstverständlich ebenso und mit den gleichen Gründen angegriffen, wie jener. Die Ursachen sind dieselben. Er kann als Jude nicht los von seiner Kismetvorstellung und von seinem Internationalismus. Man fühlt aus seinen verschiedenen Büchern heraus, wie er ringt nach Vaterlandsgefühl, wie er selbst fest davon überzeugt ist, durch und durch deutsch zu denken. Usw."

Ich stelle es der Parteileitung anheim, sich vielleicht nur die Mühe zu nehmen, diese drei Zitate zu prüfen. Sie sind noch die harmlosesten.

Die letzte untrüglichste Begründung dafür, daß der Verfasser dieses Machwerkes auf jedem anderen Boden eher steht als auf dem unseren, hat er selber gegeben. Er forderte in Augsburg nicht nur die Verleugnung unseres Namens, sondern auch den Verzicht auf unser Programm, dessen Ersatz durch ein nichtssagendes, schwammig dehnbares Gebilde und endlich die Verwässerung der Organisation bzw. deren Zerstörung dadurch, daß auf Grund eines vorher vermutlich bis ins kleinste abgekarteten Planes die letzte Leitung der Bewegung in seine persönliche Hand gelegt werden sollte.

Als ich diesen Versuchen nach dreistündiger Geduldsprobe endlich durch meinen wahrhaft durch die Verhältnisse erzwungenen Weggang vom Verhandlungssaal ein kurzes Ende bereiten wollte, hat mich die dabei anwesende offizielle Vertretung der Partei nicht nur nicht unterstützt, sondern im Gegenteil die Verhandlungen weiter fortgesetzt.

Dabei wurden Vorschläge gemacht, die ich nicht mehr des Näheren zu erläutern brauche, da sie, soviel mir bekannt, dem Ausschuß bereits unterbreitet worden sind.

Ich stelle endlich fest, daß trotz statutenmäßiger Niederlegung des Gegenteils bei diesen wichtigen Verhandlungen ein besoldeter Parteibeamter anwesend war.

Durch die Duldung dieser Zustände hat die Parteileitung jenen Boden verlassen, der in Statuten, Programm, vor allem aber im Herzen unserer Mitglieder verankert ist. Dazu kommt ein vollständiges Abschwenken von den taktischen Grundsätzen der Bewegung, das sich, ich nehme nur ein Beispiel im letzten „Beobachter", soweit vertieft hat, daß eine deutschnationale Versammlung als Zeichen beginnender Dämmerung begrüßt wurde.

In einer solchen Bewegung will und kann ich nicht mehr sein.

Da mir gestern von Seiten des I. Vorsitzenden der Partei unter Anrufung der Vermittlung Dietrich Eckarts neuerdings der Antrag einer Regelung dieser Angelegenheit unterbreitet wurde, lege ich hiermit die Punkte nieder, von deren strikter Erfüllung ich meinen Wiedereintritt in die Bewegung abhängig mache.

1. Sofortige Einberufung einer außerordentlichen Mitgliederversammlung binnen acht Tagen, gerechnet von heute ab, mit folgender Tagesordnung: Der derzeitige Ausschuß der Partei legt seine Ämter nieder, bei der Neuwahl desselben fordere ich den Posten des I. Vorsitzenden mit diktatorischer Machtbefugnis zu sofortiger Zusammenstellung eines Aktionsausschusses, der die rücksichtslose Reinigung der Partei von den in sie heute eingedrungenen fremden Elementen durchzuführen hat. Der Aktionsausschuß besteht aus drei Köpfen.

2. Unverrückbare Festlegung des Grundsatzes, daß Sitz der Bewegung *München* ist und für immer bleibt. Daß endlich, solange die Bewegung nicht derartige Dimensionen erreicht hat, daß von den Mitteln der Gesamtbewegung aus eine eigene Parteileitung bestritten werden kann, diese von der Ortsgruppe München zu erfolgen hat.

3. Jede weitere Veränderung des Namens oder des Programms wird ein für allemal zunächst auf die Dauer von 6 Jahren vermieden. Mitglieder, die dennoch in dieser Richtung und zu diesem Zwecke tätig sind, werden aus der Bewegung ausgeschlossen.

4. Jeder weitere Versuch eines sogenannten Zusammenschlusses zwischen der Nationalsozialistischen Deutschen Arbeiterpartei und der sich unberechtigter Weise Deutsche nationalsozialistische Partei heißenden Bewegung hat künftighin zu unterbleiben. Für die Partei kann es niemals einen Zusammenschluß mit denjenigen geben, die mit uns in Verbindung treten wollen, sondern nur deren Anschluß. Kompensationen unsererseits sind vollständig ausgeschlossen.

5. Verhandlungen dieser Art dürfen nur mit meiner persönlichen Einwilligung stattfinden, die Wahl der Teilnehmer solcher Verhandlungen auf unserer Seite bleibt ausschließlich mir vorbehalten.

6. Der Parteitag in *Linz* wird als zwecklos nicht besucht.

Ich stelle diese Forderungen nicht, weil ich machtlüstern bin, sondern weil mich die letzten Ereignisse mehr denn je davon überzeugt haben, daß ohne eiserne Führung die Partei auch ohne äußerliche Namensänderung innerlich in kürzester Zeit aufhören würde, das zu sein, was sie sein sollte: Eine nationalsozialistische Deutsche Arbeiterpartei und kein Abendländischer Bund.

gez.: Adolf Hitler

Antwortschreiben der Parteileitung.

München, den 15. Juli 1921.

Herrn *Adolf Hitler, München.*

Der Ausschuß der „Nationalsozialistischen deutschen Arbeiterpartei" hat Ihr Schreiben vom 14. Juli erhalten und nimmt folgende Stellung dazu ein:

Eine außerordentliche Mitgliederversammlung kann unter 14 Tagen nicht stattfinden. Das Gesetz schreibt vor, daß die Versammlung mindestens 8 Tage vorher öffentlich (Presse) angekündigt werden muß.

Die in Ihrem Schreiben enthaltenen Vorwürfe gegen den Ausschuß weist dieser zurück. Der Ausschuß ist sich nicht bewußt, mit bodenloser Gewissenlosigkeit einem Mann (Dr. Dickel) Einfluß auf die Bewegung eingeräumt zu haben, „der innerlich nicht nur zu derselben nicht gehört, sondern ihr sogar als extremster Gegner gegenübersteht". Die erste Versammlung Dr. Dickels wurde von den Wiedenbacher Parteimitgliedern vorbereitet. Der II. Vorsitzende *Körner* und verschiedene andere Parteimitglieder waren von dem Vortrage Dickels sehr eingenommen, um nicht zu sagen, begeistert. Besonders Herr Körner setzte sich dafür ein, Dickel auch in München sprechen zu lassen. Im überfüllten Saale hat Dr. Dickel auch hier mit größtem Erfolg gesprochen.

Ein Buch, von dem Umfang des Dr. Dickelschen, kann von Leuten, die tagsüber ihrem Erwerb nachgehen und schließlich auch noch andere Arbeiten für die Bewegung zu leisten haben, nicht in kurzer Zeit geprüft werden.

Unvoreingenommen fällt es nicht leicht, bei der Gedankenfülle dieses Buches die Spreu von dem Weizen zu sondern.

Die Fehler, die gelegentlich der Zeitzer und Augsburger *unverbindlichen Besprechungen* gemacht wurden, sind nicht Fehler des Ausschusses, sondern des I. Vorsitzenden *Drexler*. In keinem Falle ist von Drexler, dessen gute Absichten über einen Zweifel erhaben sein dürften, ein Kontrakt unterzeichnet worden. Seine Erklärung in *Zeitz*, er werde den Zusammenschlußgedanken bis zur letzten Konsequenz *vertreten*, konnte nicht bindend sein, da er auf keine Grundlage festlegte und die Schlußverhandlungen immer noch genug Gelegenheit boten, gewichtige Gründe für die Unzweckmäßigkeit des Zusammenschlusses auf der von *Jung* entworfenen Grundlage anzuführen, um so mehr, als das Verhalten einiger Berliner nicht gerade einwandfrei war.

Der Ausschuß wurde von Drexler von dieser seinerzeitigen Erklärung in Kenntnis gesetzt. In beiden Fällen (Zeitz und Augsburg) war auch *Ihre* Meinung jedesmal richtiggenommen und und immer *Sie* als Führer der eigentlichen Verhandlungen gedacht und wurde den Herren der anderen deutsch-nationalsozialistischen Gruppen kein Zweifel darüber belassen.

In Augsburg verhält sich die Sache so, daß Sie, der Vorsprechungen mit den Herren hatten, wohl wissen konnten, um was es sich da handelte, sich aber nicht Gelegenheit nahmen, mit Drexler auch nur ein Wort darüber zu verlieren, resp. Verhandlungsmaßregeln mit ihm zu vereinbaren. Als Drexler um 10 Uhr an den Besprechungsort kam, wußte er nicht mehr, als daß es sich um Vorbesprechung zu einer Einigung mit den Nürnbergern und der Augsburger Werkgemeinschaft handelt.

Dies zur Richtigstellung Ihrer im Schreiben beliebten Darstellung dieser Fälle.

Um den Eindruck zu vermeiden, als ob schwerwiegende Verfehlungen den Rücktritt des Ausschusses notwendig machten, um Gerüchten über Ehrendelikte keinen Spielraum zu lassen, um den Mitgliedern wie auch unseren Gegnern nicht das Schauspiel „nationalsozialistischer Einigkeit" zu geben, hält der Ausschuß eine Mitgliederversammlung im gegebenen Augenblick nicht für zweckmäßig, da sich unter allen Umständen Weiterungen, Erklärungen und Gegenerklärungen bei der Versammlung ergeben würden.

Der Ausschuß hat auch moralisch wie Sie selbst ja auch die Verantwortung für die, durch Einwirkung von nichtverantwortlich zeichnenden Leitungsmitgliedern entstandenen finanziellen Verpflichtungen übernommen, und will sie weiter tragen, bis die Versprechungen, auf welche hin die Verschuldung gemacht wurde, erfüllt sind. Dann erst kann er in seiner Gesamtheit zurücktreten. Jetzt einem neuen Ausschuß vor einer Mitgliederversammlung *diese* Kasse zu übergeben, ist unmöglich.

Es ist eine Aussprache mit Ihnen, oder eine Rückäußerung Ihrerseits unbedingt darüber notwendig, wie die auf den Schuldscheinen unterschriebenen Ausschußmitglieder von ihrer Verantwortung entbunden werden können.

Nun zu Ihren Forderungen:

Der dreigliedrige Aktionsausschuß sollte schon nach der Jahresversammlung gebildet werden und ist dieser in der Fassung, wie Sie ihn fordern, von Drexler schon längere Zeit vor der Jahresversammlung angeregt und befürwortet und auch mit Ihnen besprochen worden. Sie haben damals es abgelehnt, den Aktionsausschuß zu bilden und in ihn einzutreten. Die Zeit hat gelehrt, daß es nicht richtig war, daß Sie nur als ein außen oder über der Sache Stehender, nur moralisch Verantwortlicher in der Leitung tätig sind.

Der gesamte Ausschuß begrüßt es, daß Sie nun auch als offizieller und verantwortlich Zeichnender an die erste Stelle des Ausschusses treten wollen. Der Ausschuß ist bereit in Anerkennung Ihres ungeheuren Wissens, Ihrer, mit seltener Aufopferung, und nur ehrenamtlich geleisteten Verdienste für das Gedeihen der

Bewegung, Ihrer seltenen Rednergabe, Ihnen diktatorische Machtbefugnisse einzuräumen und begrüßt es auf das freudigste, wenn Sie nach Ihrem Wiedereintritt, die ihnen von Drexler schon wiederholt und schon lange vorher angebotene Stelle des I. Vorsitzenden übernehmen. Drexler verbleibt dann als Beisitzer im Ausschuß und wenn es Ihrem Wunsche entspricht, als ebensolcher im Aktionsausschuß. Sollten Sie sein vollständiges Ausscheiden aus der Bewegung nützlich erachten, so müßte die nächste Jahresversammlung darüber gehört werden.

Überdenken Sie die Folgen, die aus einer Mitgliederversammlung bei den gegebenen Verhältnissen entstehen könnten. Der Wechsel kann ohne Beunruhigung unserer Mitglieder, ohne den uns umringenden Gegnern ein Fest zu bereiten, erfolgen.

Punkt 2, 3, 4, 5 und 6 erübrigt sich, nachdem Ihre Diktatur über die Bewegung anerkannt ist. Um Mißverständnissen vorzubeugen, erklärt aber der Ausschuß noch besonders sein Einverständnis damit.

Sollten Sie aber trotz der hier angeführten Gründe der Unzweckmäßigkeit einer außerordentlichen Mitgliederversammlung eine solche wünschen, so kann der Ausschuß erst in der Versammlung seine Ämter zurückgeben.

Uns allen, und wir denken auch Ihnen, geht die Sache weit, weit über die Person. Wir ersuchen um baldmöglichste Stellungnahme zu diesem Schreiben.

Mit deutschen Grüßen!
Im Auftrag des Gesamtausschusses:
gez. A. Drexler
gezeichnet: Jos. Mayer, Michel Fritz, Emmer Franz, Angermeier Benedikt,
Berchtold, C. Riedl.

P. N. D. *Nr. 294*

Nationalsoz. Deutsche Arbeiterpartei — Mitgliederversammlung Hofbräuhaussaal am 29. Juli 1921.

Beginn: 8 Uhr
Ende: 11 Uhr
Stimmung: lebhaft
Teilnehmerzahl: 1200
Vorsitz: *Esser,* Fritz

Tagesordnung:
1.) Erledigung äußerst wichtiger Tagesfragen und innerer Parteiangelegenheiten. Berichterstatter: A. Drexler.
2.) Erwiderung und Aussprache.
3.) Satzungsänderungen. Berichterstatter: B. Settele.
4.) Aussprache über Punkt 3 und Allgemeines.
5.) Anträge.

Schon vor Beginn der Versammlung, die um 7 Uhr anberaumt war, aber erst um 8 Uhr beginnen konnte, wurde das Flugblatt „Hitler ein Verräter“ nach den verschiedensten Richtungen hin besprochen und behauptet, dies sei eine Judenmache, die von Ehrenberger ausgehe.

Um 8 Uhr eröffnete *Esser* die Versammlung und gibt das Wort an Hitler. Beide werden bei Betreten des Saales mit nicht endenwollenden Beifall begrüßt.

Hitler, Adolf: Volksgenossinnen und Genossen! Vor Jahren trat ich der Bewegung bei, wir waren damals 13 Mitglieder.

Ich war gemeiner Soldat, habe mich nie um einen Posten gestritten, im Gegenteil, wiederholt den I. Vorsitz abgelehnt. Drei Monate mußten wir uns herumstreiten, um das erste Mal auftreten zu können. Es war am 24. 2. 20, wo wir uns an die Öffentlichkeit wagten. Mit unserem Programm, das ich selbst mit ausgearbeitet habe, falle ich, sobald ein Punkt nicht erfüllt werden kann. Eine Meinungsverschiedenheit zwischen mir und meinem Freund Drexler gibt es nicht.

Unsere Bewegung steht auf radikalen, revolutionären Boden. Wir haben jetzt 3000 Mitglieder, ein Beweis, daß gearbeitet wurde.

Wir sind getragen vom Idealismus im völkischem, nationalem Sinne.

Wir werden rücksichtslos vorgehen. *Die Erlösung Deutschlands kann nur durch Deutsche kommen, nicht vom Parlament, sondern durch die Revolution* (Beifall).

Wir wollen keinen Zusammenschluß, sondern Anschluß an die anderen Parteien, wir behalten aber die Führung. Wer sich nicht fügen will, kann gehen. Dies gilt für Nürnberg und Augsburg, wo andere Bewegungen Platz gegriffen haben. Unsere Bewegung ging von München aus und bleibt auch in München, nicht wie manche Quertreiber wollen, nach Berlin (niemals). Das heißt nicht wir, sondern die Mitglieder beschließen. Der Beobachter muß raus zum Norden. Ich bin Montag vor 8 Tagen ausgetreten. Redner verliest den Brief. Nachdem meine Freunde die Sache geklärt haben, bin ich wieder Mitglied (Beifall, Bravo).

Ich werde den I. Vorsitzenden-Posten übernehmen, ich verlange diktatorische Machtbefugnisse, es dürfen dabei aber keine Gegensätze bestehen. Wir wollten erst eine Massenversammlung einberufen, sind aber davon abgekommen. Der Ausschuß ist feige zurückzutreten, vorher hatte er die jungen tatkräftigen Leute ausgeschlossen.

Nun kam heute das Allergemeinste, das Flugblatt gegen Hitler und Esser. Dieser Lump ist so feig, daß er seinen Namen verschweigt, ist er hier dann herauf und gegen mich aufgetreten. Wenn Esser grob, saugrob geschrieben hat, so war dies noch nicht grob genug. Ich habe zu Esser gesagt, schreiben Sie so stark Sie können, gegen Rathenau (Beifall). Man wollte Drexler und Esser von mir trennen. Wenn der Beobachter nicht mehr revolutionär schreibt, wird er ein schleichender Wurm. (Unruhe. Namen der Verleumder nennen. Ehrensberger.) Wir waren heute früh bei der Polizei und haben Anzeige erstattet. Morgen gehen wir zum Staatsanwalt. Zum Namen nennen konnte der Feigling keinen Mut haben, sonst hätte er dies überhaupt nicht schreiben können. Ich bin Deutscher, habe in Deutschland gedient, wurde Maler, wollte Baumeister werden, bin jetzt Schriftsteller, wovon ich lebe. Auf den König von München will ich nicht näher eingehen, meine Freunde kennen mich.

Esser ein Spitzel? Jeder war einmal Sozialdemokrat. Wir müssen die Massen der Verführten zu uns heranziehen. Die gleichen Angriffe sind gegen den Gründer gerichtet worden. Wir werden den Kampf rücksichtslos führen. Wir werden nächsten Monat im Zirkus Krone arbeiten. Wir werden die Massen zusammenschließen zu einem Stahlblock. (Lang andauernder Beifall.)

Drexler: Wir dürfen nicht mehr rückwärts, sondern müssen vorwärts schauen, was gewesen ist vorbei. Der Tüchtigste und Fähigste gehört an die Spitze. Wir beabsichtigen, einen Aktionsausschuß zu gründen. Die Namen bleiben geheim. Redner gibt dann die Satzungsänderungen bekannt. § 6 (sieht einen Finanz-, Untersuchungs-, Jugendorganisations-, Propaganda-, Sport- und Turn- sowie Schlichtungsausschuß vor.

Hitler: Drexler soll als Gründer den Ehrenvorsitz erhalten. Er steht dabei über der ganzen Bewegung (einstimmig gewählt).

Die Satzungen werden gegen 1 Stimme angenommen.

Einstimmig werden sodann gewählt:

I. Vorsitz	Hitler, Adolf
II. Vorsitz	Körner
I. Kassier	Singer
II. Kassier	Butz
I. Schriftf.	Hesse
II. Schriftf.	Angermeier

Der Mindestbeitrag beträgt 2 Mark monatlich.

Schröpfer, Augsburg, kritisiert Hitler ein wenig, hebt dabei Dr. Dickel hervor. Redner gibt zu, daß Einigkeit herrschen muß. Er selbst war Kommunist, U.S.P. und M.S.P., sei jetzt aber überzeugter Angehöriger der Nationalsozialisten.

Hitler: Bis jetzt ist München noch maßgebend. Wir haben 16 000,— Mark eingenommen, davon sind aber nur 6000,— Mark in München verwendet worden. Die anderen 10 000,— Mark wurden fürs Land, auch für Augsburg, ausgegeben.

Eckart: ist gegen Dr. Dickel. Sein Buch widerspreche sich und enthalte ein Saudeutsch. Sagen sie das ihren Herrn Dr. Dinkel.

Drexler: dankt für den Ehrenvorsitz. Ich fühle das Blut in mir rieseln, um die Bande zu erwürgen. Wir werden nicht ruhen, bis wir uns vom inneren und äußeren Feind befreit haben.

Hitler: fordert nochmals zur Einigkeit auf und schließt um 11 Uhr die Versammlung.

Protokoll über die außerordentliche Mitgliederversammlung am Freitag, dem 29. Juli 1921, im Hofbräuhaus-Festsaal zu München.

Beginn: 8 Uhr 20. Ende 10 Uhr 55.

Vorsitzender und Leiter der Versammlung war der bisherige erste Vorsitzende des Vereins, Herr Anton *Drexler*.

Schriftführer: Parteigenosse Herr Hermann *Heße*.

Teilnehmer: 554 Eintritt zahlende Mitglieder der Ortsgruppe München.

Parteigenosse *Hitler* übernimmt die Leitung der Versammlung und gibt zunächst die Tagesordnung bekannt und zwar:

1.) Aufklärung über die letzten Vorgänge
2.) Abänderung bzw. Ergänzung der Satzungen
3.) Neuwahl des Ausschusses.

Er verliest hierauf den Entwurf der neuen Satzungen (siehe Beilage). Parteigenosse *Hitler* schreitet daraufhin als Leiter der Versammlung zur Abstimmung über die neuen Satzungen.

Die Satzungen werden daraufhin mit allen Stimmen gegen eine (Parteigenosse Posch) angenommen. (Stürmischer Beifall.)

Parteigenosse Anton Drexler nimmt darauf das Wort und macht den Vorschlag, Pg. Hitler zum ersten Vorsitzenden zu wählen.

Die Wahl wird unter stürmischen Zustimmungskundgebungen einstimmig angenommen.

Sämtliche vorgeschlagenen Herren und zwar als 2. Vorsitzenden Herr Oskar *Körner*, Kaufmann, München, werden unter großen Beifallskundgebungen einstimmig gewählt.

Für die Richtigkeit des Protokolls:

gez. A. *Drexler*	gez. Hermann *Heße*	gez. A. *Hitler*
Versammlungsleiter	1. Schriftführer	1. Vorsitzender

München, den 30. Juli 1921.

Satzungen
des Nationalsozialistischen Deutschen Arbeitervereins, e.V.
Sitz München.

§ 1. Der Verein hat die Aufgabe, alle ehrlich schaffenden Kreise unseres Volkes, gleich ob körperliche oder geistige Arbeiter, zusammenzuschließen, um in gemeinsamer Arbeit unserem Volke die Vorbedingungen zur Erringung seiner politischen Freiheit, seiner wirtschaftlichen Selbständigkeit zu schaffen.

Laut Vereinsprogramm hat dies zu geschehen durch Pflege der sittlichen Kräfte und körperliche Ertüchtigung des einzelnen sowie der Gesamtheit.

Vereinsprogramm ist das am 24. Februar 1920 zu München herausgegebene grundsätzliche Programm der Nationalsozialistischen Deutschen Arbeiterpartei.

Dieses Programm ist unabänderlich, es findet seine Erledigung nur durch seine Erfüllung.

§ 2. *Mitgliedschaft.* Die Mitgliedschaft des Nat. Soz. D. Arbeitervereins wird erworben durch die Ausfüllung des Aufnahmescheines der Nationalsozialistischen Deutschen Arbeiterpartei.

Jedes Mitglied dieser Partei ist zugleich Mitglied des Nationalsozialistischen Deutschen Arbeitervereins, e.V., Sitz München. Jeder unbescholtene Angehörige des deutschen Volkes kann die Mitgliedschaft erwerben, jedoch ist Vorbedingung rein arische Abkunft.

Jugendliche Personen gehören von der Schulentlassung bis zur Erlangung der Wahlberechtigung der Jugendabteilung an.

Über die Gültigkeit einer Aufnahme entscheidet in jeder Ortsgruppe des Vereines ein vom jeweiligen Vorsitzenden eingesetzter Untersuchungsausschuß. Oberste Instanz ist der vom 1. Vorsitzenden des Gesamtvereins eingesetzte Haupt-Untersuchungsausschuß.

Ablehnungen von Neu-Eingetretenen erfolgen ohne Angabe von Gründen. Jedes aufgenommene Mitglied erhält als Ausweis eine Mitgliedskarte bzw. ein Mitgliedsbuch.

§ 3. Der Austritt des einzelnen Mitgliedes aus dem Verein hat durch schriftliche Erklärung zu erfolgen. Der Mitgliedsbeitrag ist in diesem Falle für den Austrittsmonat noch voll zu bezahlen.

Mitglieder, deren Verhalten gegen die Satzungen im Sinne des Vereins verstößt, werden durch den Untersuchungsausschuß den jeweiligen Vorsitzenden der betreffenden Ortsgruppe zum Ausschluß vorgeschlagen. Jeder Auszuschließende muß durch Schreiben mit persönlicher Unterschrift des 1. Vorsitzenden der betr. Ortsgruppe von seinem Ausschluß unterrichtet werden. Der Ausschluß tritt zunächst sofort in Wirksamkeit und steht es den Ausgeschlossenen frei, dagegen bei der Mitgliederversammlung um Widerruf bzw. um Angabe der Gründe seines Ausschlusses schriftlich anzusuchen. Gegen den Entscheid der Mitgliederversammlung steht ihm der gleiche Weg zur Verfügung beim Haupt-Untersuchungsausschuß des Gesamtvereins. Gegen den Entscheid des Hauptausschusses steht ihm die Anrufung der in München jährlich in der 2. Hälfte des Januar tagenden großen Generalversammlung des Gesamtvereins zu.

Der Haupt-Untersuchungsausschuß hat die Befugnis, in dringenden Fällen im Einvernehmen mit dem 1. Vorsitzenden des Gesamtvereins selbständig den Ausschluß von Mitgliedern durchzuführen.

Dem Betroffenen steht in diesem Falle nur die Beschwerde an die große Mitgliederversammlung des Gesamtvereins frei.

Im Falle von Verfehlungen ganzer Ortsgruppen steht dem 1. Vorsitzenden der Gesamtpartei die Berechtigung zu, im Einvernehmen mit dem Untersuchungsausschuß den Ausschluß solcher Ortsgruppen aus dem Verein durchzuführen.

Das Vermögen dieser Ortsgruppen fällt in diesem Falle der Nationalsozialistischen Deutschen Arbeiterpartei zu.

Zu einen solchen Ausschluß ist nachträglich bei der darauffolgenden Generalmitgliederversammlung die Genehmigung derselben zu erholen.

§ 4. *Generalmitgliederversammlung.*

Alljährlich hat in der zweiten Hälfte des Januar in München die Tagung der General-Mitgliederversammlung zu erfolgen.

Ihre Einberufung erfolgt durch die Leitung des Vereins. Die Mitglieder sind von dieser Tagung zu verständigen bzw. zu ihr einzuladen durch Bekanntmachung in Partei- bzw. Vereinsorgan, Völk. Beobachter, durch Rundschreiben an die einzelnen Ortsgruppen sowie durch Plakatanschlag in München.

Falls die Bewegung in den Besitz mehrerer Zeitungen gelangen sollte, hat die Ankündigung der General-Mitgliederversammlung auch in diesen Zeitungen zu erfolgen.

Der Mitgliedsbeitrag wird durch die Generalmitgliederversammlung von Fall zu Fall festgesetzt.

Grundsätzlich wird bestimmt, daß 20 % des Mitgliedsbeitrages sowie eine von jedem Parteimitglied zu erhebende Pressesteuer von 50 Pfennigen an die Hauptleitung abzuliefern sind. Über die Versammlung ist ein Protokoll zu führen, das vom Schriftführer und vom Vorsitzenden zu unterzeichnen ist.

§ 5. *Organisation des Vereins.*

Sitz des Nationalsoz. Deutschen Arbeitervereins ist München. Die Vereinsleitung ist zugleich Parteileitung der Nationalsozial. Deutschen Arbeiterpartei.

Die Parteileitung als solche wird, solange dem Vereine durch die Einläufe aus den einzelnen Ortsgruppen nicht solche Mittel zur Verfügung stehen, daß dadurch eine eigene Reichsparteileitung finanziell erhalten werden kann, mit der Leitung der Gesamtpartei die Leitung der Ortsgruppe München verbinden.

Die Einnahmen der Ortsgruppe München als Muttergruppe der gesamten Bewegung werden nach wie vor in großzügigster Weise zur Verbreitung der Gesamtbewegung verwendet werden.

Gliederung des Vereins. Der Verein gliedert sich zunächst in Ortsgruppen, die der Hauptparteileitung unterstellt sind.

Je nach Bedarf werden diese in Unterabteilungen als Gauverbände, diese wieder als Landesverbände zusammengefaßt.

Um eine entschlossene Leitung der Bewegung zu ermöglichen, ist für die Führung des Gesamtvereins in erster Linie verantwortlich der 1. Vorsitzende des Gesamtvereins bzw. der Gesamtpartei.

Für die Leitung der einzelnen Ortsgruppen gilt als verantwortlich der jeweilige 1. Ortsgruppenvorsitzende. Der *1. Vorsitzende des Gesamtvereins ist gesetzlicher Vertreter desselben. In seiner Abwesenheit wird er durch den 2. Vorsitzenden vertreten. Die Hauptleitung* des Vereins bzw. der Partei besteht

1. aus dem gesetzlich durch die Mitgliederversammlung zu wählenden Ausschuß bestehend aus dem 1. und 2. Vorsitzenden, dem 1. und 2. Schriftführer, dem 1. und 2. Kassier.

2. aus den Unterausschüssen.

Da die eigentliche verantwortliche Leitung des Vereins in den Händen des 1. Vorsitzenden liegt, ist dessen Stellung als über dem Ausschuß stehend zu betrachten. Er ist verantwortlich nur der Mitgliederversammlung.

§ 6. Um einen großzügigen Ausbau der Organisation zu ermöglichen, werden außer dem von der Mitgliederversammlung gewählten Ausschuß noch eine Reihe von Unterausschüssen gebildet, die sich in dessen Arbeit zu teilen haben.

a) *der Propaganda-Ausschuß,* bestehend aus einem Vorsitzenden und 8 Beisitzern. Aufgabe: Erledigung aller die Propaganda betreffenden Fragen.

b) *Finanz-Ausschuß,* bestehend aus den von der Mitgliederversammlung gewählten 1. und 2. Kassenführern als Vorsitzenden und 5 Beisitzern. Aufgabe: Oberste Kontrolle über das gesamte Kassenwesen des Vereins, Sicherung der finanziellen Grundlagen der Bewegung, finanzielle Tätigkeit im allgemeinen.

c) *Ausschuß für Jugendorganisation,* bestehend aus einem Vorsitzenden und 6 Beisitzern. Aufgabe: Gründung und Ausbau der Jugendabteilung.

d) *Sport- und Turnausschuß,* bestehend aus einem Vorsitzenden und 6 Beisitzern. Aufgabe: Zusammenfassung und körperliche Ertüchtigung der sich in der Bewegung befindlichen männlichen Jugend als Sturmabteilung. Zweck derselben ist die Abstellung des Schutz-, Ordner- und Sicherungsdienstes für die Bewegung.

e) *Der Untersuchungsausschuß,* bestehend aus einem Vorsitzenden und 2 Beisitzern. Aufgabe: Prüfung aller Eintrittserklärungen und Anträge zu Ausschlüssen. *Unterausschuß zur Anlegung eines Nachrichtendienstes* ist von Beisitzenden des Untersuchungsausschusses zu bilden.

f) *Schlichtungsausschuß,* bestehend aus dem Gründungsvorsitzenden und Ehrenmitglied der Partei sowie 2 von ihm gewählten Beisitzern. Aufgabe: Friedliche Schlichtung von Streitigkeiten innerhalb der Partei bzw. des Vereins.

Zu den Unterausschüssen a, c, d und 3 werden die Vorsitzenden, im Unterausschusse e auch die beiden Beisitzer vom ersten Vorsitzenden des Vereins bestimmt. Die Beisitzer der Unterausschüsse a, b, c und d bestimmt der jeweilige Vorsitzende des Unterausschusses im Einvernehmen mit der Parteileitung.

§ 7. Um dem 1. Vorsitzenden der Partei in der Leitung derselben den freiesten Spielraum zu gewähren, ihn unabhängig von Majoritätsbeschlüssen des Ausschusses zu machen, aber das Verlassen des durch Parteiprogramm und Statuten vorgezeichneten Weges bzw. Rahmens zu verhindern, steht das Recht zur Einberufung einer außerordentlichen Mitgliederversammlung, um ihn vor dieser zur Verantwortung zu ziehen bzw. eine Neuwahl vorzunehmen, zu:

1) dem Gründungsvorsitzenden, Ehrenmitglied Anton *Drexler,*
2) dem von der Mitgliederversammlung gewählten Ausschusse, bestehend aus dem 2. Vorsitzenden, den beiden Schriftführern und Kassierern,
3) einem Zehntel von Mitgliedern der Gesamtbewegung.

§ 8. Die Organisation der Leitung der einzelnen Ortsgruppen ist nach ähnlichen Grundsätzen durchzuführen.

§ 9. *Gründungsvorsitzender.*

In Anbetracht der großen, unzerstörbaren Verdienste, die sich der Gründer der Bewegung in seiner bisher unermüdlichen Tätigkeit erworben hat, wird dessen Stellung auf die Dauer seiner ganzen Lebenszeit als über der Gesamtbewegung stehend, unabhängig von jeder Mitgliederversammlung festgelegt, durch dessen Anerkennung als Gründungsvorsitzenden und Ehrenmitglied des Gesamtvereins bzw. der Partei.

Ihm steht das Recht einer Überkontrolle der vom 1. Vorsitzenden des Gesamtvereins geleisteten Tätigkeit zu. Im Falle ihm der Weg, den dieser einschlägt, bedenklich und als im Widerspruch mit seinem gewollten Endziel stehend erscheint, kann er dem Gesamtausschuß die Aufforderung auf Einberufung einer außerordentlichen Mitgliederversammlung zugehen lassen.

Die Tagesordnung wird dabei durch den Gründungsvorsitzenden selbst bestimmt. Die Parteileitung hat in diesem Falle binnen 10 Tagen die Abhaltung der außerordentlichen Mitgliederversammlung durchzuführen. In dieser hat der 1. Vorsitzende des Gesamtvereins zunächst sein Amt niederzulegen und Rechenschaft von sich und seiner Tätigkeit zu geben. Die Versammlung entscheidet über seine Neuwahl.

Der Gründungsvorsitzende besitzt als unabhängig von jeder Mitgliederversammlung die Berechtigung, in jeder Mitgliederversammlung, gleich ob ordentlich oder außerordentlich, die Vorschlagsliste des Ausschusses vorzulegen.

Über Annahme oder Nichtannahme entscheidet die Mitgliederversammlung.

Dem Gründungsvorsitzenden steht ferner das Recht der Teilnahme an sämtlichen Ausschußsitzungen und Beratungen zu.

Er gilt in diesem Falle stets als stimmberechtigt.

§ 10. Um in Zeiten dringender Not eine straffe und energische Führung der Gesamtbewegung sicherzustellen, steht dem 1. Vorsitzenden das Recht zu, einen Aktionsausschuß, bestehend aus ihm und drei weiteren Mitgliedern einzusetzen. Die Namen dieser Mitglieder bleiben der breiten Öffentlichkeit gegenüber geheim, doch müssen sie die Billigung des Gründungsvorsitzenden finden.

Mitglieder dieses Ausschusses, die vom Gründungsvorsitzenden abgelehnt werden, sind sofort zu ersetzen.

§ 11. Zur Ermöglichung einer innigen Verbindung der dauernden Fühlungnahme der einzelnen Ortsgruppen mit der Parteileitung findet monatlich eine Besprechung statt. Ihren Termin bestimmt der erste Vorsitzende durch Rundschreiben. Die Ortsgruppen sind verpflichtet, für möglichst starken Besuch Sorge zu tragen.

§ 12. Im Falle sich geschlossene Gruppen anderer Verbände oder Vereinigungen, Parteien überhaupt, an den Nat. Soz. D. Arbeiterverein bzw. die Partei anzuschließen wünschen, kann dies nur unter Verzicht auf jede Gegenleistung von seiten des Vereins erfolgen.

Name, Programm und Tendenz der Bewegung sind unabänderlich.

§ 13. Der Nationalsozialistische Deutsche Arbeiterverein ist aus der Erkenntnis gegründet worden, daß der Verrat und Mißbrauch an Mitgliedern bisher bestehender Parteien, besonders aber der sozialistischen, nur möglich war, indem sich Kapitalistengruppen in streberhaften, materialistisch veranlagten Führern Helfershelfer für ihre eigenen Interessen heranzogen.

Um das Einreißen solcher, die Interessen des schaffenden Volkes auf das schwerste schädigenden Zustände von vornherein unmöglich zu machen, bestimmen die Gründer und bisherigen Leiter der Nat. Soz. Deutschen Arbeiterpartei, die bisher alle nur ehrenamtlich ihre Posten bekleideten, daß unverbrüchlich an den idealen Grundsätzen der Bewegung festzuhalten ist. Kein leitendes Mitglied irgend eines Ausschusses darf eine bezahlte Stelle in der Partei, sei es in der Geschäftsführung oder in der Parteileitung innehaben. Ausschußmitglieder, die in ein dauerndes Dienstverhältnis in der Bewegung eintreten, verlieren das Mitbestimmungsrecht der ordentlichen, d. h. nicht besoldeten ehrenamtlich ihre Pflicht erfüllenden Mitglieder der Bewegung.

Die Geschäftsführer der Partei haben in den Ausschußsitzungen kein Stimmrecht, sollen aber den Sitzungen mit beratender Stimme beiwohnen.

§ 14. Die Geschäfte des Vereins werden geführt in der Geschäftsstelle der Nat. Soz. Deutschen Arbeiterpartei. Geschäftsstelle sowie die gesamte Einrichtung derselben sind Eigentum der Deutschen Arbeiterpartei und stehen dem Vereine nur zur Mitbenutzung zur Verfügung.

Ausschließlich im Eigentum des Vereins stehen alle durch seine Eigenschaft als gesetzliche Korperation in seiner Verwaltung stehenden Unternehmungen und Beteiligungen an solchen. Diese Beteiligungen sind im Handelsregister eingetragen.

§ 15. Die Auflösung des Vereins kann nur erfolgen, wenn ein Rest von nicht mehr 5 Mitgliedern sich mit Mehrheit für die Auflösung entschließt.

R. Heß.
Elisabethstr. 6.
4 Tr. l. b. Schillberg.

München, 17. 5. 21

Eingel. am 21. V. 1921
M.-Pr.

Euer Exzellenz!

Ich hatte die Ehre am 14. d. M. zu der Abordnung zu gehören, welche mit Herrn Hitler von der „Deutschen Arbeiter Partei" bei Euer Exzellenz war.

Da Exzellenz bemerkten, Herrn Hitler vielleicht nochmals gelegentlich in kleinerem Kreis sprechen zu wollen, erlaube ich mir kurz einiges über den Mann und seine Zuverlässigkeit zu sagen.

H. stammt aus dem deutsch böhmischen Grenzgebiet; sein

Nationalempfinden wurde daher früh ausgeprägt. Aus ganz einfachen Verhältnissen kommend, führte er einen schweren Lebenskampf um sich durchzuringen. Durch eigenes Studium erwarb er sich ein anerkennenswertes vielseitiges Wissen, das besonders in der Geschichte weit über dem Durchschnitt steht. Damit vereint er ein seltenes Gefühl für das Volksempfinden, politischen Instinkt und eine gewaltige Willenskraft.

Dem ist es zu verdanken, daß H. im politischen Kampf in kurzer Zeit zu einer ebenso gefürchteten wie auf der anderen Seite verehrten Persönlichkeit wurde, deren Macht sehr viel weiter reicht als man in der Öffentlichkeit ahnt.

Über die Ziele seiner Bewegung dürften Exzellenz unterrichtet sein. – Der Kernpunkt ist, daß H. überzeugt ist, daß ein Wiederaufstieg nur möglich, wenn es gelingt die große Masse, besonders auch die Arbeiter, zum Nationalen zurückzuführen. Dies wiederum ist aber nur denkbar in Gemeinschaft mit einem vernünftigen, ehrlichen Sozialismus, nach Befreiung der Massen aus den Händen der fremdrassigen Führer. – Tatsächlich sind schon ehemalige Kommunisten u. U.S.P. Angehörige in großer Zahl der „National-

3

sozialistischen Deutschen Arbeiter-Partei' beigetreten. Im Zirkus Krone sangen am Schluß der hinreißenden Rede von H. etwa 2000 Kommunisten stehend das „Deutschland-Lied" mit. Klassengegensätze sind überbrückt, der Handarbeiter unterhält sich in den Versammlungen mit den Offizier u. Studenten. Für mich als Auslandsdeutschen der alle Parteiwirtschaft haßt, stellt diese Bewegung die „Partei über den Parteien" dar, der eine große Zukunft beschieden ist.

Herrn H. kenne ich persönlich sehr gut, da ich ihn beinahe täglich spreche und ihm auch menschlich nahe stehe. Es ist ein selten an-

4

- 2 -

ständiger lauterer Charakter, voll tiefer Herzensgüte, religiös, ein guter Katholik. Er hat nur ein Ziel: das Wohl seines Landes. Für dieses opfert er sich auf in selbstloser Weise, ohne daß er von der Bewegung einen Pfennig dafür erhält. Er lebt vom Honorar, welches er für Vorträge bekommt die er gelegentlich aus freien Stücken anderwärts hält.

Im Feld war H. den ganzen Krieg über an der Front, wobei er sich als einfacher Mann das E.K. I. erwarb. Bis 1916 verzichtete er freiwillig auf Urlaub.

Euer Exzellenz können H. unbedingt vertrauen. Auch kann

H. völlig schweigen, was ich

selbst ausprobierte.

Ich bin ausführlicher ge-

worden, als beabsichtigt. Ich

hoffe aber, daß Exzellenz Ein-

zelheiten über den Mann will-

kommen sind, vor einem aber-

maligen Empfang desselben.

Um meinen eigenen Worten

mehr Gewicht beizulegen,

möchte ich Euer Exzellenz

bitten, nötigenfalls über mich

Auskunft einzuholen bei

Herrn General Prof. Dr. Haus-

hofer, mit welchem ich eng

befreundet bin.

Euer Exzellenz

ganz ergebener

Rudolf Heß 6

N. S.: Das Schreiben richte ich an Euer Exzellenz ohne Wissen von Herrn Hitler.

GLI EBREI, LA PASSIONE
E LA RESURREZIONE DELLA GERMANIA

(IL PENSIERO DI UN TEDESCO) (1).

La questione germanica è oggi nel senso più profondo una questione religiosa e cristiana. Gesù Cristo, nella persona dell'accusato e del condannato fu il vincitore della morte: così quella parte del popolo germanico, che nella sua immensa caduta ha invisibilmente ritrovato la tradizione dell'onore e della purezza nutre la speranza, che la via crucis finisca nella resurrezione. Resurrezione nella vita libera e degna, o nella morte liberatrice.

Gesù Cristo fu crocifisso da quella parte del popolo ebraico che gli aveva giurato la morte dopo che il divino maestro aveva rovesciato i banchi degli affaristi e dei banchieri; dopo che aveva flagellato con divina ira questi farisei, pervertitori del senso comune, che pretendevano il **diritto d'usura** anche nel sacro tempio.

Ma che tremenda strada è la via crucis, principalmente per coloro che la percorrono col rimorso di avere troppo amato la vita e di non avere a tempo impedito il culto impuro del vitello d'oro.

Nell'8 e 9 novembre 1918, giorni della rivoluzione, la Germania si svegliò e vide come nuovo strato dominante non dei compatrioti indigeni e cristiani, ma una massa di ebrei, in parte recentemente affluiti dall'oriente, dalla Galizia, dalla Polonia, dalla Russia. Non si vedevano ancora — come più tardi — i loro legami cogli ebrei occidentali per via della « allience israelite universelle ».

E quei *conquistatori nuovi* pretendevano che tutto, anche in politica, in giornalismo, in arte, nell'esercito ecc. passasse per le loro mani. Gli impedimenti della tradizione, dell'ordine, dell'onore furono, come l'amata vecchia bandiera, sputati e disprezzati da questi eterni profittatori delle rivoluzioni. E loro alimentavano la diversità di opi-

(1) *Nel pubblicare questo notevole articolo noi ci dispensiamo dal fare delle riserve su alcuni giudizi e apprezzamenti dell'A. Ciascun lettore che segue la nostra rivista è in condizione di farle da sè.* — N. d. D.

Band II

Krisenjahr der Hitlerbewegung

Vereinbarungen zwischen den Verbänden der Arbeitsgemeinschaft.

1. Die N.D.A.P., 2. Bund Oberland, 3. Organisation Niederbayern, 4. Reichsflagge, 5. V.V. München haben sich zu einer Arbeitsgemeinschaft zusammengeschlossen.

2. Der Zweck der Arbeitsgemeinschaft ist, ein Zusammenarbeiten in allen nationalen Fragen sicherzustellen. Die Eigenart und die pol. Stoßkraft der einzelnen Verbände wird hierdurch nicht berührt.

3. Die Verbände haben sich auf der Grundlage der Gleichberechtigung zusammengeschlossen. Weder ein Spitzenverband noch ein gemeinsamer Führer ist bestimmt.

Den Vorsitz bei den Besprechungen der A.G. führen im Wechsel die einzelnen Verbände.

Zum Zwecke einer geregelten Geschäftsführung ist ein Geschäftsführer, der keinem Verband in führender Stellung angehören darf, ein Schriftführer und ein Schatzmeister bestimmt. Die auswärtigen Verbände bestimmen einen bevollmächtigten Vertreter in München.

4. Die Verbände schließen sich auf dem Grundsatz des augenblicklichen Machtverhältnisses zusammen.

Alle bestehenden Streitigkeiten werden für beendet erklärt; die gegenseitige Bekämpfung hört auf.

Werbungen in den in der A.G. zusammengeschlossenen Verbänden, um Angehörige eines Verbandes zum Übertritt in den anderen zu veranlassen, unterbleiben.

Dies gilt auch für Bezirke, die zweifelsfrei bereits von einem Verband erfaßt sind. Im übrigen sind die Verbände in ihrer Werbetätigkeit nicht beschränkt.

5. Übertritt von Angehörigen der Verbände von einem zum anderen Verband bedarf der Zustimmung der beteiligten Verbände.

Ausschluß aus einem Verband schließt die Aufnahme in einem anderen angeschlossenen Verband aus. Die Verbände teilen sich gegenseitig die Namen der ausgeschiedenen Mitglieder mit.

6. Die Arbeitsgemeinschaft ist berechtigt, zu den Sitzungen der einzelnen Verbände, in denen nationale Fragen besprochen werden, einen Vertreter zu entsenden.

7. Die Verbände verpflichten sich, sofort Sorge zu tragen, daß diese Vereinbarungen allen Unterstellen bekanntgegeben werden und ehrlich durchgeführt werden.

8. Die Vereinbarungen treten sofort in Wirksamkeit.

Vorstehende Vereinbarungen sind in der Ausschußsitzung vom 13. 3. 1923 endgültig angenommen worden.

Programm des „Blücherbundes".

1.) Die Rettung des *Deutschtums* vor völligem und unmittelbar vor Augen stehendem Untergange kann nur dadurch geschehen, daß ein *deutsches Staatswesen* geschaffen wird, aufgebaut auf den Grundlagen deutscher Art, ausgerüstet mit allen geistigen, moralischen, politischen, wirtschaftlichen und militärischen Machtmitteln, darauf abgestellt, das Band wieder zu schaffen und zu festigen, das *alle deutschen Stämme* in einem Reiche zusammenhält.

2.) Das wesentliche dieses Staatswesens besteht in seiner *völligen Unabhängigkeit* vom jüdischen Parlamentarismus und der rein jüdischen vorwiegend wirtschaftlich eingestellten Staatsauffassung einerseits, von *dynastischen und bycantinischen* Regierungsformen andererseits. Es muß die Bürgschaft gegeben sein, daß nur Männer, die nach Charakter und Geistesanlagen von Natur aus dazu berufen sind, die Staatsbelange nach Innen und nach Außen vertreten. Es kommen deshalb vorerst nur die Kampfnaturen in Frage, die unerschüttert dem herrschenden System des Betruges und der Völkerzersetzung die Stirne geboten haben.

3.) Die einzige Gewähr zur Erreichung dieses Zieles bietet zur Zeit *Bayern.* In Bayern hat sich eine stark ins Volk eingreifende Bewegung durchgesetzt, dazu angetan, die Massen aus den Krallen jüdischer Führung und Verhetzung zu befreien und gesunden Anschauungen Eingang zu verschaffen; diese Bewegung konnte sich durchsetzen, weil der Boden aufnahmefähig war und weil Männer in hohen staatlichen Ämtern die Hand über die Führung dieser Bewegung hielten. Beides ist im Norden, Osten und Westen des Reiches gar nicht oder nur in ganz geringem Maße der Fall.

4.) Aus diesen tatsächlichen Verhältnissen heraus gilt es, das *bayerische Staatswesen* in die richtige Form zu bringen, ihm nach *allen* Seiten hin Verhandlungsfreiheit zu verschaffen, an seine Spitze Männer zu bringen, die sich mit aller Kraft einsetzen für die Befreiung des Deutschtums aus den Fesseln der Juden und eine *Abwehr* schaffen, gegenüber den von allen Seiten eindringenden Feinden. Diese Männer müssen aus den Kriegs- und Revolutionszeiten gelernt haben, auf die Nöte aller Klassen und Berufsschichten zu achten und müssen wissen, daß diese nur zu meistern sind, wenn die *besten Kräfte zur Mitarbeit* herangezogen werden.

5.) Zur Erreichung des ins Auge gefaßten Zieles in möglichster Beschleunigung sind *alle* Mittel gerechtfertigt. Es ist ein heiliger Zweck, der *jedes* Mittel adelt. Es gibt *keine* Gewissensbindung, die hemmend wirken könnte. Jeder hat als Feind zu gelten, der sich der Verwirklichung dieses Zweckes entgegenstellt oder sie aufzuhalten bemüht ist. Die mit Riesenschritten herannahende *restlose* Vernichtung deutscher Freiheit drängt zu entschlossener Gegenwehr.

München, im Dezember 1922.

gez. Rudolf Schäfer
gez. Hans Brendel
gez. Dr. Arnold Ruge

„Freundschaftsverhältnis zwischen den ‚Vereinigten Vaterländischen Verbänden Bayerns (VVVB)' und der Arbeitsgemeinschaft der vaterländischen Kampfverbände:

Die V.V.V.B. haben in ihrer letzten Plenarsitzung ihren Präsidenten, Herrn Prof. Bauer, beauftragt, die von der Arbeitsgemeinschaft der Kampfverbände gesuchte Fühlung mit dieser Arbeitsgemeinschaft aufzunehmen und zwar in der Weise, daß die Vorstände der beiden Verbände in wesentlichen gemeinsamen Fragen miteinander Fühlung nehmen, um Klarheit darüber zu schaffen, ob und eventuell auf welchem Wege solche Fragen gemeinschaftlich angegangen werden, wobei sich jedoch jeder Verband seine Selbständigkeit ausdrücklich vorbehält. Vor allem sollen sich die beiden Verbände verpflichten, sich durch ihre Vorstände in wichtigen nationalen Fragen von Fall zu Fall rechtzeitig zu unterrichten.

In dieser Weise ist ein freundschaftliches Zusammenarbeiten der beiden Vorstände bereits in die Wege geleitet.

Wir begrüßen diesen Schritt um so mehr, als damit die Zusammenarbeit, wie sie in den unteren Verbänden praktisch bereits in vielen Orten vorhanden ist, auch bei den Spitzen angebahnt wurde und als durch diese Zusammenarbeit bei der Lösung wichtiger nationaler Fragen durch die gegenseitige rechtzeitige Verständigung und Aussprache wohl eine gewisse Garantie gegeben ist, daß die Lösung solcher Fragen in einer dem allgemeinen Staatswohl dienenden Weise behandelt wird, und Wege, die dem einen oder anderen Verbande untunlich und unzweckmäßig erscheinen, nicht gegangen werden. Ebenso ist die bei dem Freundschaftsverhältnis gewahrte Selbständigkeit der beiden Verbände zu begrüßen, denn für einen bindenden Zusammenschluß im Sinne des Aufgehens eines Verbandes in den anderen sind bei der Verschiedenheit in der Auffassung mancher Fragen die Voraussetzungen noch nicht gegeben."

Neue Heimatland-Briefe. Vaterländisch. Wochenblatt, zugleich Nachrichtenblatt für den „Bund Bayern und Reich", 1. Jg., Nr. 2, v. 27. April 1923, S. 4.

Sturmabteilung der N.S.D.A.P., Oberkommando

Ausgang . . . Juli 1923, B. No. B 62

Verhalten der Kampfverbände am 1. Mai 1923

Die Mitglieder der einzelnen im *„Ring München der Vaterländischen Kampfverbände"* zusammengeschlossenen Organisationen (Bund Oberland, Reichsflagge und unsere S.A.) hatten mit großer Besorgnis die Vorbereitungen der Internationale zum 1. Mai verfolgt und haben schließlich durch ihre Führer die Regierung auf eine mögliche Gefahr einerseits, aber auch auf das Provozierende dieser Feier für jeden vaterländisch gesinnten Mann andererseits hingewiesen.

Der 1. Mai hat in der Geschichte Münchens eine ganz besondere Bedeutung; ist es doch der Tag, an dem vor 4 Jahren die Stadt und damit in rascher Folge das gesamte Bayernland durch Deutsche aller Landesteile von der roten Judenherrschaft nach heftigem Kampfe befreit wurde. Die großprahlerischen Ankündigungen der Internationalen waren ein Hohn auf diesem Gedenktag für München und die damalige Arbeitsgemeinschaft der vaterländischen Verbände hat erfolgreich mit allen Mitteln dahin gewirkt, daß den Roten der ursprünglich vom Polizeipräsidenten genehmigte Riesenumzug vom Friedensengel durch die Stadt zur Theresienwiese sowie das Mitführen und Entrollen von roten und besonders von Sowjetfahnen verboten wurde.

Als dann am 29. und 30. April Gerüchte auftauchten und zum Teil auch Unterlagen amtlicher Art beigebracht wurden, daß die Roten stärkere Kräfte von auswärts nach München, angeblich zu ihrer Verherrlichungsfeier der Internationale zusammenzögen, wurde die Regierung noch mehrmals gebeten, um Beunruhigung der Bürger zu vermeiden, die Feier gänzlich zu untersagen. Die Arbeitsgemeinschaft der vaterländischen Verbände ging dabei davon aus, daß es im Interesse des Ansehens des gesamten Reiches in einer Zeit der äußersten Bedrückung durch die Feinde und bei der doch allmählich deutlich zu Tage tretenden Aufdeckung des Schwindels von der internationalen Solidarität, nicht ratsam wäre, unseren Feinden durch solche Komödien offensichtlich in die Hand zu arbeiten.

Es ist uns leider unmöglich, zu den weiteren Vorgängen betreffend des Verhaltens der Staatsregierung Stellung zu nehmen. Das O.K. muß es heute ablehnen, irgendwie Kritik zu üben in dieser Richtung. Nur soviel sei noch gesagt:

sicherheitshalber, da ein Verbot der Feier nicht erging, da im benachbarten Sachsen mit absolutem Recht eine staatszerstörende Umwälzung erwartet werden konnte, und vor allem aus dem Gefühl heraus, daß keiner unserer Anhänger Lust hatte, sich durch Schritte der verführten Massen erneut wie am 9. November 1918 vor ähnliche Ereignisse überraschend gestellt zu sehen, sammelten die S.A. und Reichsflagge, denen sich noch einige andere Verbände anschlossen, auf dem Oberwiesenfeld, Bund Oberland im Maximilianeum und hielten sich bereit, dem Ruf der Regierung Folge zu leisten.

Daß dabei Waffen gefaßt wurden, wird uns heute zum Vorwurf gemacht. Unsere Stellungnahme dazu müssen wir uns auch heute noch vorbehalten, da die ganze Angelegenheit durch den Staatsanwalt untersucht wird und wir die mannigfachen Gründe des Handelns nicht vorzeitig preisgeben können.

Hier sei nur die Tatsache erwähnt und ebenso sei ausdrücklich betont, daß die Verbände *aus eigenem Entschluß, ohne Befehl und ohne irgendeinen Druck von irgendeiner Seite* in dem Augenblick selbständig die Waffen wieder niederlegten und abgaben, als nach der kläglich verlaufenen „Feier" der Roten keine Gefahr mehr bestand. Grundsätzlich sei ausdrücklich betont, daß bei jeder Rücksprache mit Mitgliedern der Staatsregierung immer wieder von seiten der Arbeitsgemeinschaft betont wurde, daß alle von seiten dieser zu ergreifenden und beabsichtigten Maßnahmen lediglich im Interesse dieser Staatsregierung geschähen.

Das ist im wesentlichen der Verlauf der Dinge vor dem 1. Mai und an diesem Tage selbst.

Was nun „Bayern und Reich" in dieser Angelegenheit betrifft, so kann nur kurz gesagt wurden, daß „Bayern und Reich" mit diesen Ereignissen nichts zu tun gehabt hat. „Bayern und Reich" gehörte nicht zu der Arbeitsgemeinschaft und hat an keinem der vorhergeschilderten Vorgänge irgendwie einen Anteil.

Wenn nun von der Leitung dieses Bundes behauptet wird, daß die Stellung von „Bayern und Reich" an diesem Tage vollkommen einwandfrei und richtig war, so überlassen wir es jedem einzelnen, sich ein Urteil darüber zu bilden. Wir wollen allerdings nicht versäumen, darauf hinzuweisen, daß der Bund dadurch, daß er überhaupt keine Stellung zu der geplanten Feier der Roten am 1. Mai genommen hat, für alle Zeiten jegliches Anrecht verwirkt hat, unter seiner augenblicklichen Führung zu einem Verband kampffreudiger *Männer* zu zählen, denn der Bund „Bayern und Reich" hat nicht offiziell und öffentlich Stellung genommen:

1) zu dem geplanten Riesenumzug durch die Stadt (der durch die Schritte der Arbeitsgemeinschaft verhindert wurde);

2) zu dem beabsichtigten Entrollen von roten und Sowjetfahnen, wie es doch öffentlich angekündigt war (dies wurde ebenfalls durch die Schritte der Arbeitsgemeinschaft schließlich verboten);

3) zu der Tatsache, daß ein solcher Umzug am 1. Mai für jeden in den Mauern Münchens lebenden vaterländischen gesinnten Mann eine unerhörte Provozierung bedeute in einer Zeit stärkster Bedrückung durch unsere Feinde, und an einem Tage, der für München eine besondere vaterländische Bedeutung hätte.

Der „Bund Bayern und Reich", dem leider viele national und völkisch gesinnte Männer angehören und der sich eines solchen Anhangs absolut nicht wert gezeigt hat, hat damit erneut bewiesen, daß er weiter nichts sein will als eine Organisation, die für die Parlamentarier vom Schlage Held und Konsorten wirbt und wohl ihre Hauptaufgabe darin sieht zu versuchen, möglichst viele deutsche Männer abzuhalten, in die Verbände einzutreten, die gewillt sind Gut und Blut einzusetzen für die kommende *großdeutsche Freiheitsbewegung.*

Das Oberkommando der Sturmabteilung
der Chef des Stabes:
gez. Hoffmann

Sturmabteilung der N.S.D.A.P. München, den 4. Juli 1923.
Oberkommando

Ausgang: 5. Juli 1923 *Geheim*

An alle S.A.-Bezirksführer.

Mehrfache Schreiben der letzten Zeit zeigen, daß im Lande noch immer nicht die erforderliche Klarheit darüber besteht, in wieweit die einzelnen Verbände zusammenarbeiten. Es sei daher im nachstehenden nochmals zusammenfassend kurz das Verhältnis dargelegt:

1) Vaterländische Kampfverbände Bayerns.

Die im engsten Zusammenhang arbeitenden Verbände, die sich als Kampfverbände Bayerns zusammengeschlossen haben, sind:

S.A. der N.S.D.A.P. Reichsflagge (Sitz Nürnberg)
Bund Oberland Unterland (Sitz Ingolstadt)

hiervon bilden

das O.Kdo. der S.A. der N.S.D.A.P.
die Reichsflagge Oberbayerns
die Leitung des Bundes Oberland

zusammen den Ring München der vaterländischen Kampfverbände Bayerns.

Es ist selbstverständlich, daß innerhalb dieser genannten Verbände jede Werbetätigkeit gegeneinander auf jeden Fall zu unterbleiben hat. Außerdem verpflichten sich die Verbände untereinander, jeden wegen Disziplinarwidrigkeit oder gar unehrenhafter Handlung aus einem Verband herausgeworfenen Mann oder Führer nicht bei sich aufzunehmen. Wir ersuchen nochmals, mit den örtlichen Leitungen der genannten Verbände von sich aus ein gutes kameradschaftliches Verhältnis anzubahnen und örtlich Schutz- und Trutzbündnisse zu schließen.

2) Die Vaterländischen Vereine Münchens (V.V.M.)

nur in München selbst vertreten, stehen im losen Verhältnis zu uns. Die V.V.M. ist zur Zeit in der Umbildung begriffen und wird nach Vollendung wohl ein gutes Sturmbataillon ergeben, das dann den Kampfverbänden beitritt.

3) Das Zeitfreiwilligenkorps Münchens (jetzt Hermannsbund)

steht ebenfalls im losen Verhältnis zu uns, jedoch vertritt es in allen Fragen der Ausbildung usw. den gleichen Standpunkt wie wir und es ist damit zu rechnen, daß es unserem Verbande gelegentlich beitritt.

4) Wikingbund

behauptet von sich, der militärische Niederschlag der N.S.D.A.P. zu sein, das stimmt nicht. Der Wikingbund ist eine besondere in keinem Zusammenhang mit der S.A. der N.S.D.A.P. stehenden Organisation, die allerdings bislang in einem besonderen Kartellverhältnis zur S.A. gestanden hat. In letzter Zeit hat jedoch der Wikingbund, ohne auch nur im geringsten eine Lösung des Kartellverhältnisses anzukündigen, zum Kampf mit allen Mitteln gegen die Partei sowohl wie gegen die S.A. aufgerufen. Wir bedauern das umsomehr, als wir immer den Standpunkt vertreten haben, daß der Wikingbund eigentlich in unsere Reihen gehörte und es wäre dem Bunde ein leichtes gewesen, dieses zu erreichen, es bedurfte nur der Entfernung von zwei in der Leitung sitzenden Personen. Solange das jedoch nicht geschah, konnte die Oberleitung der vaterländischen Kampfverbände das Gesuch des Wikingbundes nicht im bejahenden Sinne entscheiden, umso weniger, als die Leitung des Wikingbundes im Fuchs-Machaus-Prozeß doch eine äußerst fragwürdige Rolle gespielt hat.

Wir stehen noch heute auf dem Standpunkt, daß kein Grund zum Kampfe gegen diesen Verband vorliegt, und geben daher die Richtlinien heraus: Trennung unserer S.A.-Mitglieder von denen des Wikingbundes und Vermeidung des Kampfes solange, solange es sich mit der Ehre der S.A. und unseres *Führers* und *Gründers*

Herrn *Adolf Hitler*,

verträgt. Werden jedoch auch im Lande Wege von seiten des Wikingbundes beschritten, die jedem Anstand zuwiderlaufen, dann ziehen Sie den Trennungsstrich und wenn nötig, kämpfen Sie mit allen Mitteln gegen die Intriganten dieses Bundes.

Es ist selbstverständlich, daß diejenigen Stellen, die mit dem in Bayern nur schwach vertretenen Wikingbund in irgendeiner Form in Gegnerstellung kommen, uns sofort dann zu benachrichten haben.

5) Bund Blücher

ist ein verworrenes Unternehmen, das von großer Bedeutung wohl kaum sein dürfte. Der Bund ist mit dem Wikingbund eng verschwägert.

6) Bund Bayern und Reich

Das Oberkommando der S.A., sowohl wie die Oberleitung der vaterländischen Kampfverbände hat mit der Leitung des Bundes „Bayern und Reich“ nichts zu tun. „Bayern und Reich“ ist eine Organisation der bayr. „Volks“partei. Der Bund wird nur nach den Weisungen der Herren Held und Konsorten arbeiten und da ist es nicht ausgeschlossen, daß sich der Bund mit der S.A. des Herrn Auer ebenso bei Gelegenheit verschwägert, wie dies die bayerische Volkspartei mit den Sozis tut, wenn es die Parteibelange im Parlament erfordern. Es ist nur bedauerlich, daß eine stattliche Anzahl völkisch gesinnter Leute in absoluter Verkennung der Tatsache in jenen Reihen stehen. Da wir in letzter Zeit jedoch von zahlreichen Stellen hören, daß die Führer der örtlichen Gruppen von „Bayern und Reich“ mit ihrer Leitung nicht einverstanden sind, beabsichtigt der Leiter, Herr Sanitätsrat Dr. Pittinger, und entweder Herr Held oder Herr von Kahr im Juli und August herumzureisen, um Aufklärungsreden zu halten. Wir wissen schon heute, daß man allerhand buntes Zeug über die Kampfverbände und besonders über uns erzählen wird, das wird uns nicht stören. Sicherheitshalber geben wir jedoch in den nächsten Tagen noch eine kurze Erklärung zu unserem Verhalten am 1. Mai heraus, die alle ersehen lassen wird, mit welcher Gleichgültigkeit die angebliche Kampforganisation „Bayern und Reich“ die Machenschaften der Roten hinnahm. Im Bund „Bayern und Reich“

zu werben, bestehen keine Bedenken, denn aktivistisch und völkisch gesinnte *groß-deutsche* Männer gehören dort nicht hin. Wo es geht, kann im Einvernehmen mit der örtlichen Leitung in S.A.-Angelegenheiten zusammengearbeitet werden, jedoch ist der Charakter der S.A. absolut zu wahren; wo dies nicht möglich ist, muß mit allen Mitteln zersetzend auf diesen Bund gewirkt werden.

Soweit eine generelle Stellungnahme zu den einzelnen Organisationen. *Wir ersuchen zum 20. Juli um kurze Meldung:*

1) wie ist die Zusammenarbeit mit den Gruppen der im Kampfverband zusammengeschlossenen Organisationen;

2) wie ist die Stellung zu: a) Wikingbund, b) Blücherbund, c) Bayern und Reich;

3) gibt es noch irgendwelche andere und angeblich vaterländische Organisationen in ihrem Bezirk?

a) wie heißen sie?

b) wer ist der Führer?

c) wo hat die Leitung ihren Sitz?

d) kann etwas über die politische Richtung angegeben werden? Welcher Partei steht die Organisation nahe? Ist sie großdeutsch und *völkisch?*

Das Oberkommando der S.A.
Der Chef des Stabes:
gez. *Hoffmann*

Vaterländische Kampfverbände Bayerns
Der militärische Führer
Nr. 102

München, den 14. 7. 1923
Zum Akt: 1
Vertraulich
Durch Offizier geschrieben.
Eingang: 18. Juli 1923
B.No. 423/23

An

Oberkommando Hitler
Oberland
Reichsflagge Landesverband
Reichsflagge München
V.V. München.

Betrifft: *Notpolizei und Reichswehrausbildungsverpflichtung.*

I) Nach einer längeren Aussprache mit Oberregierungsrat *Stauffer* im Justizministerium, an der teilnahm Hauptmann Göring, S.A., Dr. Weber, Oberland, Hauptmann Heiss, Reichsflagge, und ich, die sich mit dem Eintritt der der Arbeitsgemeinschaft angeschlossenen Verbände in die Notpolizei befaßte, haben sich Oberland und Reichsflagge entschlossen, der Notpolizei mit ihren Verbänden beizutreten, während die S.A. diesen Beitritt ablehnte. Die Besprechung hatte das erfreuliche Ergebnis, daß wir feststellen konnten, daß die Staatsregierung, als solche den Eintritt der S.A. in die Notpolizei begrüßt hätte. Der bisherige ablehnende Standpunkt des Ministeriums des Innern war damit verlassen. Während Reichsflagge und Oberland entschlossen waren, sich bei Aufrechterhaltung des ablehnenden Verhaltens der Staatsregierung sich mit der S.A. solidarisch zu erklären, kam dies in dem Augenblick nicht mehr in Frage, als die Nichtbeteiligung an der Notpolizei dem freien Entschluß der S.A. entsprang. So sehr ich daher als militärischer Führer bedauere, daß in dieser wichtigen Frage keine einheitliche Stellungnahme der Verbände erzielt werden konnte, möchte ich aber doch ausdrücklich betonen, daß diese verschiedene Stellungnahme keinerlei Rückwirkung auf die innere Festigkeit der Arbeitsgemeinschaft hat. Die Regierung hat ausdrücklich erklärt, daß trotz dieser offiziellen Stellungnahme des Oberkommandos der S.A. die einzelnen National-Sozialisten jederzeit in die Notpolizei aufgenommen werden können.

Für die Verbände Oberland und Reichsflagge handelt es sich jetzt darum, den Eintritt in die Notpolizei kräftig durchzuführen. Ich bitte diese beiden Verbände, die aus inneren Gründen verständliche Stellungnahme des Oberkommandos der S.A., wenn nötig, ihren Mitgliedern entsprechend klarzulegen und dabei zu betonen, daß dadurch im sonstigen Zusammenarbeiten kein Wandel eintritt.

II) In der Besprechung mit Exzellenz von Lossow am 13. 7. nachm. war außer der Arbeitsgemeinschaft (Hptm. Heiss war wegen dringender Abreise schon am Vorm. bei Exz. v. Lossow) der Bund Bayern und Reich, der Hermannsbund, die Regierung durch Oberregierungsrat Stauffer und Baron Freyberg, die Landespolizei durch Oberst von Seisser vertreten. Es wurde zunächst die Verfügung besprochen, über die Neuorganisation der Lagerung und Verwaltung der Waffen und der kommenden Umlagerung mit Rücksicht auf die Aufstellung bestimmter Formationen. Nach dieser Verfügung bleiben die Waffen wie bisher in Verwahrung und Bewachung der vaterländischen Verbände. Die Umlagerung erfolgt mit deren Hilfe und Zustimmung. Bis 1. September ist dem Landeskommandanten eine Liste der Organisation der Waffenlager einzureichen. Ich bitte, die Listen an mich zu senden. Die in diesen Listen enthaltenen Waffenlager werden von der Regierung gedeckt, die übrigen nach Entdeckung beschlagnahmt. Waffen für Notpolizei und die Formationen im besonderen Fall werden später getrennt behandelt. — Obige Ausführungen sind streng *vertraulich* und nicht weiterzugeben.

In dieser Verfügung tritt zum ersten Mal der neue Begriff „Staatstreue vaterländische Verbände" auf. Diesen Begriff legte Oberregierungsrat Stauffer klar und eindeutig folgendermaßen fest: Staatstreu ist der Verband, der entweder die Verpflichtung zur Notpolizei oder die Verpflichtung zur Ausbildung bei der Reichswehr unterschreibt. Wer keine der beiden Verpflichtungen unterschreibt ist nicht staatstreu, seine Waffen werden von der Regierung nicht gedeckt, sondern beschlagnahmt. Auf meine Veranlassung wurde dann festgestellt, daß die Verpflichtung eines Verbandes nur gegen den äußeren sich zur Verfügung des Vaterlandes zu stellen, den Begriff der Staatstreue nicht erfüllt.

Die A.G. war nun bei der Beratung über die Annahme der Ausbildungsverpflichtung der Reichswehr dadurch in eine sehr schwierige Lage gekommen, weil die S.A. durch Nichtannahme der Notpolizei-Verpflichtung dann unter den Begriff der Nichtstaatstreuen verfiel, wenn sie nun auch die Verpflichtung der Reichswehr ablehnte. Die Verhandlungen wären für mich viel leichter zu führen gewesen, wenn diese Gefahr nicht bestanden hätte, denn wir wissen ja alle, daß die Absicht der bayerischen Volkspartei und des in ihrem Fahrwasser segelnden Ministerium des Innern darauf ausging, die National-Sozialisten zu isolieren und dadurch nach seiner Ansicht leichter erledigen zu können.

Wir können trotzdem mit dem Erfolg des nach dreieinhalbstündigen, hartnäckigen Verhandlungen erzielten Ergebnisses einigermaßen zufrieden sein.

Ich habe im Einverständnis mit General Ächter, Hauptmann Heiss und Hauptmann Göring der Ausbildungsverpflichtung schließlich zugestimmt, nachdem General von Lossow dadurch unser Mißtrauen gegen ihn und seine Verfügung beseitigt hatte, daß er erklärte, der Grund für das Verlangen der Einzelverpflichtung liege lediglich darin, daß er nur auf diese Weise die Mitglieder der Nationalsozialisten — S.A. — bei seinen Truppen ausbilden lassen könne. Die Gründe eignen sich nicht zur schriftlichen Festlegung.

Für die Verpflichtung ergibt sich nun folgender Modus: Der Führer (oder Unterführer) der Auszubildenden eines Verbandes versammelt diese unter Anwesenheit des die Ausbildung leitenden Reichswehroffiziers, verpflichtet sich vor seinen Leuten dem Reichswehroffizier auf die Punkte a und b der Verpflichtung, welche lauten:

a) dem Aufrufe des Landeskommandanten, Exzellenz von Lossow, zum Dienste mit der Waffe ohne Vorbehalt zu folgen;

b) nicht aufgerufen an keiner feindseligen oder gewalttätigen Handlung gegen die bayerische Reichswehr oder Landespolizei zu beteiligen, und befiehlt dann seinen Leuten, diese selbe Verpflichtung und die auf der Punkte c, d, und e einzugehen und durch Unterschrift zu bestätigen.

Die Punkte c, d und e lauten:

c) Davon, daß ich von der Reichswehr ausgebildet werde, nicht zu sprechen, so daß kein Landesfeind hiervon Kenntnis bekommen kann;

d) In Ausbildungssachen und während der Übungszeiten den Befehlen und Anordnungen des Übungsleiters und seiner Vorgesetzten unbedingt zu gehorchen;

e) Als aufgerufener Soldat den geltenden militärischen Pflichten und Strafgesetzen sich zu unterwerfen.

Nachdem dies geschehen, unterschreiben die Auszubildenden die bereitliegenden Verpflichtungen, die dann nach Unterschrift durch den Verbandsführer dem Reichswehroffizier ausgehändigt werden. Um bei Wechsel infolge Ausscheidens einzelner Mitglieder aus dem Verbande die Reichswehr immer auf dem Laufenden halten zu können, hat der betreffende Verband oder Unterführer eine Abschrift der Liste der Verpflichteten für sich anzufertigen.

Diese Art der Verpflichtung ist der normale Fall. In Ausnahmefällen, wie z. B. bei Teilnahme an der Ausbildung durch einzelne z. B. in Grafenwöhr, wird die Verpflichtung durch den ausbildenden Reichswehroffizier vorgenommen. Sache des Verbandes ist es, dafür zu sorgen, daß jedes Mitglied, das auf diese Weise verpflichtet wird, dieses seinem Verband mitteilt.

gez. *Kriebel*

Sturmabteilung der N.S.D.A.P. München, den 23. August 1923.
Oberkommando

Ausgang: 23. August 1923 Zum Akt: 8

An alle S.A.-Bezirksführer und S.A.-Führer.

Von seiten des Wiking-Bundes und des Blücher-Bundes ist in der vorigen Woche durch den Führer des Wiking-Bundes bei mir eine allgemeine Aussprache über die etwa seit dem 1. Mai ds. Jahres aufgetauchten Differenzen, die zum Teil innerhalb der Leitung und auch in den verschiedenen Orts-Gruppen zu sehr scharfen Gegensätzen geführt haben, nachgesucht worden. Am Dienstag, dem 21. 8. 1923, hat daraufhin eine Aussprache über diese Angelegenheiten begonnen.

Dieselbe wurde nach zweieinhalbstündiger Dauer unterbrochen, da verschiedene Teilnehmer für diesen Tag durch anderweitige Dinge in Anspruch genommen waren. Man ging auseinander mit dem Plan, die Besprechung an einem geeigneteren Termin möglicherweise noch in dieser Woche fortzusetzen. Inzwischen ist bei unserem Führer Adolf Hitler ein Brief von Herrn Schäfer, dem Leiter des Blücher-Bundes eingegangen, dessen Inhalt derartig anmaßend, verletzend und vollkommen unrichtig und unzutreffend ist, daß es für uns Nationalsozialisten nunmehr ein Ding der Unmöglichkeit ist, mit Herrn Schäfer überhaupt zu verhandeln. Wir haben bezüglich des Bundes Blücher die Verhandlungen daher abgebrochen und geben nunmehr an alle Bezirke zur unverzüglichen Weiterleitung an die unterstellten Ortsgruppen der Bewegung und sämtliche S.A. nachstehenden Befehl heraus:

Innerhalb aller Ortsgruppen unserer Bewegung und in sämtlichen Sturmabteilungen ist mit allen Mitteln der Kampf gegen die eigenartigen Bestrebungen des Herrn Schäfer und alle unter ihm weiterhinstehenden Mitglieder des Blücherbundes aufzunehmen in der Gestalt, daß überall über diesen Vorfall Aufklärung in die Reihen des Blücherbundes hineingetragen wird, um auf diese Weise die guten Teile des Blücherbundes, die außerdem zum größten Teil Nationalsozialisten sind, für die deutsche Freiheitsbewegung unter der Führung Adolf Hitlers zu retten.

Es ist überall Klarheit zu schaffen, daß diejenigen, die Mitglieder und Anhänger unserer Bewegung sind, nach diesem Vorfall nicht mehr in den Blücherbund hineingehören, sondern einzig und allein in die S.A. unserer Bewegung. Wer weiterhin im Blücherbund bleibt und damit durch die Führung des Bundes sich in Gegnerschaft zu unserem Führer Adolf Hitler setzt — denn wer hinter Herrn Schäfer steht, unterstützt die von Herrn Schäfer erhobenen Anwürfe gegen Adolf Hitler —, hat aufgehört, Nationalsozialist zu sein und wir sehen uns daher genötigt, diese Mitglieder aus unserer Bewegung auszuschließen!

Das Oberkommando der S.A. der NSDAP.
Der Kommandeur
gez. *Göring*

„Ein jedes Volk bestimmt sich selbst sein Los zur Freiheit oder Sklaverei."

Das Schicksal eines Volkes wird gestaltet durch den Willen, der durch die Erkenntnis beherrscht wird. Aus Erkenntnis und Wille muß die befreiende Tat geboren werden.

Furchtbar lastet die Faust des Feindes auf unserem Vaterlande. Das Versailler Diktat ist das Todesurteil für Deutschland als selbständiger Staat und als Volk.

Unser innerstaatliches Leben ist zersetzt von den Auswirkungen der Revolution.

Revolution und Versailles stehen miteinander in untrennbarem, ursächlichem Zusammenhang.

Aus dem Willen zur Überwindung der Revolution und ihrer zerstörenden Auswirkungen im Innern und nach außen ist die vaterländische Bewegung entstanden. Sie ist aus der Erkenntnis geboren, daß nur opferbereiter Wille und Entschlossenheit das Schicksal ändern und meistern kann.

Die Erlösung des deutschen Volkes aus dem namenlosen Elend unserer Zeit ist unser Ziel.

Wir wollen Befreiung unseres Vaterlandes aus Knechtschaft und Schmach.

Wir wollen Freiheit!

Die Freiheit muß erkämpft werden durch die nationale Selbsthilfe des Volkes. Der in Weimar errichtete neudeutsche Staat kann nicht Träger der deutschen Freiheitsbewegung sein. Denn seine Existenz ist abhängig vom Willen des Feindes. Die Wahrung der vollen Unabhängigkeit der vaterländischen Bewegung von allen Revolutions- und nicht wahrhaft vaterländischen Regierungen bildet daher eine Hauptvoraussetzung für ihren Erfolg.

Wir sind eine vaterländische Kampfbewegung, keine Partei! Wir treiben keine Parteipolitik, sondern wollen Kämpfer sein und Kämpfer sammeln auf dem Weg in die deutsche Freiheit, Kämpfer gegen alles, was sich an Widerständen ihr entgegenstellt.

Wir bekämpfen vor allem die Schergen des äußeren Feindes: die marxistische Bewegung, die Internationale in jeder Form, das Judentum als Fäulniserreger im Völkerleben und den Pazifismus.

Wir bekämpfen den Geist der Weimarer Verfassung, die Erfüllungspolitik, das parlamentarische System mit seiner öden Mehrheitsanbetung; wir sind Gegner der Herrschaft des internationalen Kapitals und des volkszerstörenden Klassenkampfes.

Wir bekämpfen alle Verfallserscheinungen, die dazu führen, die körperliche und geistige Kraft als Grundlage der völkischen Widerstandsfähigkeit zu zerstören.

Die Träger dieses Kampfes sind die Kampfverbände.

Sie bilden die geistige Waffenschmiede für den Befreiungskampf. Ihre Aufgabe ist die Wiedererweckung des wehrhaften Geistes und der Manneszucht im deutschen Volk.

In die Reihen unserer Verbände gehören die deutschen Männer, die im Geist der alten Frontkämpfer von 1914 für ihr Vaterland zu leben und zu sterben bereit sind; vor allem die opferbereite deutsche Jugend, für die Schlageters Heldentod das leuchtende Beispiel von Pflichterfüllung und Treue bietet.

Der Zusammenschluß der Kampfverbände in einem einigen Vaterländischen Kampfbund verbürgt den Sieg unserer Bewegung.

„Brüder, so kann's nicht weitergeh'n,
Laßt uns zusammensteh'n,
Duldet's nicht mehr!
Freiheit, dein Baum fault ab,
Jeder am Bettelstab
Sinkt bald ins Hungergrab,
Volk ans Gewehr!"

Durch Kampfgemeinschaft zur Volksgemeinschaft!

Die deutsche Volksgemeinschaft umfaßt alle deutschen Stämme in einem Deutschen Reich.

Der deutsche Staat ist die Heimat der Deutschen. Er ist völkisch. Das Staatsbürgerrecht muß erdient werden. Er ist verknüpft mit dem Wehrrecht und abhängig von der Erfüllung der staatsbürgerlichen Pflichten im deutschen Geist.

Das Deutsche Reich ist kein Einheitsstaat mit Zentralregierung und Provinzialverwaltungen, sondern ein *Bundesstaat im Geiste Bismarcks, in dem die Staatspersönlichkeit* der *Einzelstaaten gewahrt* ist. Die Ausübung der Rechte und Machtmittel, die für die Geltung des Reiches nach außen notwendig sind, ist ausschließlich Aufgabe des Reiches.

Dem deutschen Wesen entspricht die Zusammenfassung der Staatsgewalt in einer Spitze. Dem Träger der Staatsgewalt stehen die Besten des Volkes als Ratgeber zur Seite.

Alle Zweige wirtschaftlicher Betätigung müssen den Aufgaben und Zwecken einer wahrhaften Volkswirtschaft dienen. In Zeiten der Not tritt die Wirtschaft ausschließlich in den Dienst des Vaterlandes.

Das Privateigentum wird als die Grundlage wertschaffender Arbeit vom Staate anerkannt und geschützt. Enteignung durch Steuergesetze ist Mißbrauch der Staatsgewalt.

Die Herrschaft der überstaatlichen Geldmächte in Staat und Wirtschaft ist zu brechen, Kapital und Wirtschaft dürfen keinen Staat im Staate bilden.

Die Jugenderziehung ist im vaterländischen und völkischen Geiste auf christlicher Grundlage zu leisten. Ihr Ziel ist die Heranbildung von Charakteren.

Schule, Bühne, Schrifttum, Presse, Kunst und Lichtspiel müssen in den Dienst der deutschen Erneuerung gestellt werden.

Wer für sein Vaterland kämpft und blutet, hat Anspruch auf den Dank des Vaterlandes. Dieser kommt zum Ausdruck in der Sorge des Staates um das Wohl und Wehe der Kämpfer und Kriegsopfer und in einer weitgehenden Wohnungsfürsorge.

Unser Recht bedarf einer durchgreifenden Erneuerung im Sinne des deutschen und völkischen Rechtsempfindens. Wir brauchen Gesetze zum Schutze des Vaterlandes. Wer deutsches Land und deutsches Volk verrät, muß es mit dem Tode büßen.

Auf diesen Grundlagen soll das Deutsche Reich aufgebaut werden. Über den Ausbau im einzelnen sollen einst die Führer und Kämpfer der deutschen Freiheitsbewegung entscheiden. Aber dieses Reich wird nur von Dauer sein, wenn es getragen und geschützt wird durch eine starke bewaffnete Macht, die sich gründet auf die Wehrhaftigkeit des deutschen Volkes, dem die Wehrpflicht zum Wehrrecht des freien Mannes geworden ist.

Durch unseren Zusammenschluß in einen *Vaterländischen Kampfbund* möge Wirklichkeit werden, was uns alle mit heißer Sehnsucht erfüllt:

Unter der schwarz-weiß-roten Flagge
ein geeintes Volk in einem freien Deutschen Reich,
„nach außen eins und schwertgewaltig,
nach innen reich und vielgestaltig".

Nürnberg, am „Deutschen Tag", 1./2. September 1923.

Kampfgemeinschaft Bayern:

Bund Oberland	Reichsflagge	Sturmabteilung der N.S.D.A.P.
gez. Dr. *Weber*	gez. *Heiß*	gez. Adolf *Hitler*

Allgemeine Richtlinien bei Gründung einer S.A.

Die S.A. soll der militärische Niederschlag der Partei sein. Ihre vornehmste Friedensaufgabe besteht darin, im engsten Einvernehmen mit der Ortsgruppenleitung der Partei zusammenzuarbeiten, in allen Fragen betreffend den Schutz der Versammlungen und Veranstaltungen der Partei.

Im übrigen ist die S.A. eine von der Ortsgruppen- und Parteileitung getrennt zu bearbeitende Sonderorganisation innerhalb der nationalsozialistischen Bewegung. Sie untersteht einer besonderen Befehlsstelle, dem Oberkommando der S.A. der N.S.D.A.P. in München.

Das Oberkommando ist jedoch nicht in der Lage, mit allen einzelnen Gruppen direkt in ständiger Verbindung zu bleiben und wird nach einiger Zeit eine Anordnung dahin gehen lassen, daß die S.A. einer besonderen Befehlsstelle im Lande unterstellt wird. Diese Befehlsstelle (S.A.Bezirksführer) regelt dann von sich aus alles weitere und trifft die Entscheidung selbständig. In allen besonderen Fragen wendet sie sich an das O.K., das natürlich immer vorgesetzte Dienststelle des S.A.-Bezirksführers ist.

Grundsätzlich werden für die Bildung einer S.A. folgende allgemeine Regeln herausgegeben:

1) Werbung von Mund zu Mund;

2) peinlichste Auswahl, wer seinen Beitritt erklärt, muß sich noch in einem besonderen Verpflichtungsschein verpflichten;

3) ein als Unterführer geeigneter S.A.-Mann, möglichst Feldzugsteilnehmer, übernimmt die Führung und bleibt bis auf weiteres der S.A.-Führer.

Er muß nach Übernahme des Amtes vom O.K. oder vom S.A.-Bezirksführer bestätigt werden. Diese Bestätigung sagt aber nur, daß er vorerst S.A.-Führer ist. Zeigt sich im Laufe des Anwachsens der S.A., daß er als Führer nicht geeignet ist oder erklärt er selbst, daß er nicht in der Lage ist, die Führung zu behalten, so wird vom Bezirksführer ein anderer als Führer bestimmt.

Diese Regelung ist nötig, da es niemand verantworten kann, daß die Kämpfer für unsere Idee falsch oder schlecht geführt werden, und so nutzlos geopfert werden.

4) Mitglied der S.A. kann nur werden, wer mindestens 18 Jahre alt, gesund und kräftig ist.

5) Die Hauptaufgabe des Führers hat organisatorisch sofort darin zu bestehen, daß er unter seiner Führung zwei Gruppen bildet:

a) die gedienten und ausgebildeten Männer;

b) die ungedienten.

Die Gruppen sind dann als Züge auszubauen und später als volle Hundertschaft.

Stärke: 1 Hundertschaft sind 9 Gruppen zu je 8 Mann, dazu
9 Gruppenführer;
je 3 Gruppen bilden einen Zug, der durch einen Zugführer geführt wird, so daß zu einer vollständigen Hundertschaft gehören:
1 Hundertschaftsführer;
3 Zugführer;
9 Gruppenführer;
72 Mann (9 und 8 Mann).

Bis zu einer Zuteilung zu einem S.A.-Bezirksführer untersteht die neugebildete S.A. dem O.K. und unterrichtet dasselbe laufend über den Fortgang der Entwicklung.

Die neugegründete S.A. kann und darf nicht eine feste Verpflichtung und Bindung mit irgendwelchen anderen Organisationen und Verbänden übernehmen ohne vorherige Genehmigung des O.K., wobei grundsätzlich betont werden muß, daß die S.A. immer und unter allen Umständen ihre absolute Selbständigkeit zu wahren hat.

Das Oberkommando der S.A.
Der Chef des Stabes:
Hoffmann.

N.S.D.A.P. München, den 7. Mai 1923
3. Hundertschaft

An den
Führer der Deutschen Freiheitsbewegung, Herrn Adolf Hitler, München

Zu den Vorgängen innerhalb der S.A. erlaube ich mir, Ihnen meinen sowie den Standpunkt der 3. Hundertschaft darzulegen.

Seit meiner Tätigkeit in der S.A. beobachte ich mit steigender Sorge die vollkommen falsche Arbeitseinstellung einzelner Herren und das Hineinziehen von Leuten als Organisatoren und Führer in die S.A., die zu diesen Posten vollkommen ungeeignet sind. Ich habe des öfteren mir erlaubt, zu behaupten, daß die S.A. schon viel weiter ausgebaut sein müßte, wenn die geeigneten Leute an der Spitze stünden. Die Vorgänge des 1. Mai haben nun jedem einzelnen das Vertrauen zur militärischen Leitung genommen. Ich will nur einzelne Beispiele aus dem Sündenregister der Führung herausgreifen, das Register ist zu umfangreich, als daß man restlos alles niederschreiben könnte.

1. Ein Leichtsinn ersten Ranges ist es gewesen, den Befehl zu erteilen, durch *rote* Alarmzettel zu alarmieren. Herr Hptm. Göring hat bei einer Führerbesprechung im Febr. erklärt: „Wird ‚Rot' alarmiert, dann können Sie ruhig Ihren Beruf aufgeben." Demnach ist die rote Alarmierung vorgesehen gewesen für den Tag der Abrechnung. Hatte man nun die Garantie dafür, daß der 1. Mai der Beginn der Abrechnungszeit sei und daß die Aktion von Erfolg begleitet sei? Ich glaube, daß diese Garantie nach den Vorfällen in der Nacht (Waffensuche durch Kriminalbeamte), (der fast fluchtartige und plötzliche Abzug nach Oberwiesenfeld) nicht vorhanden war. Im Batl.Bef. vom 30. 4. schreibt der Führer des II. Batl. sogar folgendes:

„Beruflich gebundene haben ihre Tätigkeit vorübergehend einzustellen, es wird dafür gesorgt, daß ihnen daraus kein Nachteil erwächst."

Würde die Leitung heute praktisch in der Lage sein, aus ihren Arbeitsstätten wegen der Teilnahme an der Alarmierung entlassenen Sturmleuten zu helfen? Kann man die Verantwortung so leichten Herzens tragen, daß man Menschen, und schließlich noch Verheiratete, brotlos macht? In welch schwierige Lage zur Mannschaft sind wir Hundertschaftsführer durch die Bekanntgabe dieses Befehls gebracht worden!

2. War es nötig, die S.A. schon am Abend des 30. 4. zu alarmieren? Wäre es nicht früh genug gewesen, den Alarm auf 5 oder 6 Uhr morgens anzusetzen? In der alten Armee, der wir doch nacheifern wollen, war es selbstverständlich, daß der Soldat vor einer anstrengenden Aktion seinen Schlaf hatte. Die Entschuldigung, daß morgens nur die Hälfte der Leute gekommen wäre, ist nicht stichhaltig genug — wer es ehrlich meint mit seinem Nationalsozialismus — der wäre auch morgens dagewesen und auf die anderen pfeife ich.

3. Merkwürdig finde ich das Gebaren der Herren Brückner und Heß, die sich nachts, als ein Offizier mit einigen Mannschaften der Landespolizei nach ihnen verlangte, verdrückten. Die Herren befürchteten, daß sie verhaftet werden sollten. Ich glaube, daß die S.A. wohl stark genug gewesen wäre, eine Verhaftung zu verhindern. Weshalb haben sich also die Herren gedrückt?

4. Die verausgabten Waffen waren in einem saumäßigen Zustande. Von den MG waren 8/10 nicht verwendungsfähig. Dabei haben wir Waffenmeister in der S.A. Warum wurden diese Leute zur Prüfung der Waffen nicht herangezogen?

5. Zu Herren, die weder die einfachsten Exerzierkommandos kennen noch klare Befehle erteilen können, wie Herr Lt. Heß, und von uns verlangen, den Dienst in der S.A. unserem Beruf voranzustellen (Herr Brückner) — ich möchte nur einmal wissen, wie die Herren sich das vorstellen — kann ich kein Vertrauen haben. Für mich sind diese Herren keine Führer. Herr Heß verlangte am 1. Mai vorm. 11 Uhr von meinem Feldwebel, daß die Hdscht. *zur Strafe* exerziere, weil ein Mann einen Schuß unvorsichtigerweise abgab. Mein Feldwebel hat mit Recht die Ausführung dieses Befehls verweigert im Interesse der Disziplin innerhalb der Hdschft. Außerdem habe schließlich doch *ich* den Befehl zum Exerzieren zu geben. Über den Regts.-Adjutanten Herrn Beneke etwas zu schreiben, das ersparen Sie mir bitte. Einen unfähigeren Menschen in verantwortlicher Stellung sah ich noch nie. Was Herr B. schon in der S.A. verdorben hat, ist so leicht nicht wieder gutzumachen. In den Stellen, in denen bei uns diese unfähigen Herren sitzen, saßen früher im Heere nur Offiziere, die durch fleißige, langjährige Arbeit und Studium sich in diese Stellen emporgearbeitet haben. Glauben Sie, Herr Hitler, daß heute Herren, von denen viele noch nicht wissen, wie eine Gruppe richtig aussieht und geführt wird, diese Stellen erfolgreich bekleiden können?

6. Eine Regts.-Geschäftsstelle ist eine militärische Einrichtung. In einer militärischen Geschäftsstelle haben Weiber nichts verloren. Wir haben Arbeitslose genug, die statt der Weiber dort beschäftigt werden könnten. Wer garantiert mir dafür, daß diese Damen den Mund halten über Geheimnisse gegenüber den Linken bzw. der Polizei? Glaubt man, daß die vielen Frauenspersonen in der Geschäftsstelle auf Außenstehende einen guten Eindruck machen? Die Hschft. sollen jetzt namentliche Listen und Fotografien abgeben. Ich habe kein Verlangen, mich und die 3. Hdschft. in der Kartei der K.P.D. oder sonst wo über kurz oder lang wiederzusehen. Solange ich nicht die Gewißheit habe, daß die Fotografien in sichere Hände kommen, verweigere ich die Herausgabe der Bilder.

7. Oberkommando, Regt. und Batl. schließen die Sturmleute Theobold und Ehmer ohne Zutun der Hundertschaft aus der S.A. aus und wissen kurze Zeit darauf nicht mehr, weshalb diese ausgeschlossen wurden.

8. Trotz wiederholter Anforderung von nötigstem Material (Papier, Ziffern usw.) erhält die H. nichts. Seit Wochen liefert mein Feldwebel, ein 8jähriger Soldat, *mit Absicht* keine Wochenberichte mehr ab — kein Hahn kräht danach.

9. Der neueste Batl.-Befehl vom 5. ds. ist das Meisterwerk eines Dillettanten. Man ersieht daraus, daß man die eigentliche Sachlage vollkommen übersieht.

10. Samstag abend hat der Batl.-Adjutant des II. Batl. über den Kopf des H.-Führers hinweg ebenso ohne Wissen des Feldwebels 8 Mann der H. alarmiert!!!

11. Anläßlich Ihres Wiegenfestes äußerte ein Oberwachtmeister der Polizei, als der Feldwebel mit einigen Mannschaften vor dem Zirkus Ordnung schaffen wollte:

Wie könnt ihr denn Ordnung halten, wenn schon innerhalb eurer Leute, die bald dies bald jenes befehlen, keine Ordnung herrscht. Sie machen die Verwirrung eher größer, weil kein Mensch mehr weiß, was er zu tun hat, sondern nur immer die Befehle von allen möglichen Seiten in Empfang zu nehmen hat.

Angesichts dieses belastenden Materials kann die 3. Hundertschaft kein Vertrauen zur jetzigen militärischen Leitung der S.A. mehr haben. Soll sie sich aber noch weiter in den Dienst der Bewegung stellen, so verlange ich die restlose Erfüllung folgender Bedingungen:

a.) sofortige Besetzung aller wichtigen Führerstellen einschl. Adjutantenstellen mit geeigneten Offizieren, deren mil. Dienstgrad die Garantie gibt, daß sie für den Posten geeignet sind. Ich verlange zum mindesten die Besetzung der Stellen durch Infanterie-Offiziere, deren Ausbildung uns die Gewähr gibt, daß sie eine Truppe führen können.

b.) Entfernung sämtlicher weiblicher Arbeitskräfte von den militärischen Geschäftsstellen und Besetzung dieser Stellen durch vertrauenswürdige Männer.

c.) Beschleunigte restlose Einkleidung und Bewaffnung der S.A. mit Pistolen.

d.) Beim Vergeben von Arbeitsstellen werden in erster Linie die Angehörigen der S.A. berücksichtigt.

Wenn diese Forderungen nicht angenommen werden, sehe ich mich leider gezwungen, meinen Posten als H.-Führer niederzulegen. Desgleichen erklärt mein Feldwebel den Austritt aus der S.A., falls obige Mindestforderungen nicht angenommen werden. Gleichzeitig gebe ich bekannt, daß die 3. H. geschlossen hinter mir steht und mir ihr Vertrauen ausgesprochen hat.

Zum Schluß gebe ich Ihnen namens der 3. Hundertschaft noch folgendes bekannt:

Wie wir zur militärischen Leitung kein Vertrauen mehr haben können, so sprechen wir *Ihnen* aber erneut unser volles Vertrauen aus. Es liegt uns fern, uns von der Bewegung zu trennen. Unser Ideal ist der Nationalsozialismus, unser Führer heißt *Hitler*. Das Ihnen gegebene Versprechen, Treue zu halten, brechen wir nicht. Aber wir haben andererseits auch nicht nur die Pflicht, bei jeder Gelegenheit unseren Kopf hinzuhalten, sondern wir haben auch das Recht, auf Mißstände hinzudeuten, und ihre Abstellung in unserem eigensten Interesse energisch zu verlangen.

Ich schlage Ihnen daher bis zur Erledigung unserer Forderungen vor, die 3. Hundertschaft unter Ihren direkten Befehl als selbständige Formation zu stellen, damit der Kontakt bestehen bleibt. Die Ausbildung der Truppe bleibt mir überlassen, ebenso die Diensteinteilung.

Ich garantiere Ihnen dafür, daß die Ausbildung, wenn mir keine Steine in den Weg gelegt werden, eine gute und ausreichende sein wird.

Sie haben so oft, Herr Hitler, in Ihren glänzenden Vorträgen gefordert, daß nur solche Männer Führer sein dürfen, die auch tatsächlich zum Führer geeignet sind. Ich glaube, daß die Vorkommnisse in der S.A. Ihnen jetzt die Möglichkeit geben, diese Forderung in die Tat umzusetzen. Greifen Sie rücksichtlos durch, dann werden Sie über kurz oder lang eine S.A. hinter sich haben, die Ihr und unser Stolz sowie für jeden Deutschen ein Hoffnungsstern mehr sein wird. Es wird höchste Zeit, daß Sie sich auch innerhalb der Partei und S.A. als der starke Mann zeigen, es geht um Ihre Bewegung!

Zur weiteren restlosen Klärung aller die S.A. betreffenden Fragen stehen mein Feldwebel und ich Ihnen täglich von 8 Uhr abends ab zur Verfügung.

Bis zum Empfang einer Antwort fühle ich mich vorläufig an die Befehle der S.A. nicht mehr gebunden.

W. Lehmke, Hundertschaftführer

In Abschrift an das Oberkommando der S.A.

Stellungnahme Hitlers.

An die
Staatsanwaltschaft
beim Landgerichte München I.

München, den 16. Mai 1923.

Betr.: Vorgänge am 1. Mai.

Die Nationalsozialistische deutsche Arbeiterpartei wurde am 5. Januar 1919 gegründet. Ihr einziges Ziel ist die Beseitigung derjenigen Ursachen herbeizuführen, die zum Zusammenbruche des Vaterlandes innere Veranlassung gaben.

Demgemäß richtet sich ihr Kampf in erster und fast ausschließlicher Weise gegen die marxistische Lehre der Verneinung von Person, Volk und Staat, der Bejahung des Klassenkampfes. Die Bewegung sieht in dieser Lehre die wesentlichste Ursache der schweren Erschütterungen der gesamten heutigen Staatsgebilde überhaupt. Sie weiß sich einig in ihrem Kampfe mit den Tendenzen einer anderen großen, eine Nation aufrichtenden Strömung, die einen europäischen Staat bereits versucht aus den Klauen des internationalen Irrwahns zu retten.

Untrennbar, weil innerlich wesensverwandt, ist von dieser marxistischen Theorie die formale parlamentarische Demokratie. Wenn der Parlamentarismus einst schon jahrelang in Deutschland schalten und walten konnte, ohne zunächst grob sichtbare Folgeerscheinungen zu zeigen, dann nur deshalb, weil ihm in Krone, Armee und Beamtenkörper drei wirklich staatserhaltende Faktoren gegenüberstanden. Mit der Vernichtung der beiden ersteren, der Zersetzung des letzteren beginnt der demokratische Parlamentarismus erst seine verheerende Wirkung auf Staat und Volk ungehemmt auszuüben.

Die nationalsozialistische Bewegung ist demgemäß Todfeindin des heutigen parlamentarischen Systems. Sie bekämpft die demokratische Majoritätsauffassung und wünscht an ihre Stelle eine germanische Demokratie der Führerautorität.

Demgemäß ist die Bewegung nicht Feindin einer starken Regierung, wohl aber eines unfähigen Parlaments.

Ihre Ziele sucht die Bewegung zu erreichen durch gründlichste Propaganda und Volksaufklärung sowie durch schärfsten Kampf gegen die Schuldigen am Zusammenbruch des Vaterlandes.

Solange die Partei ihren Gegner als „ungefährliche Phantasterei einiger Ideologen" erschien, die einer tieferen Beachtung nicht bedürfe, spielte sich der Kampf der Bewegung in ruhigen Formen ab. Die sozialdemokratische Presse beachtete die junge Bewegung kaum. In eben dem Maße, in dem die neue Lehre jedoch Fuß und Boden faßte und bis in die Fabriken hineingriff, begann gerade diese Presse mehr und mehr zu hetzen und das ehemalige Schweigen verwandelte sich in einen wütenden Haß. Die marxistische Welt, die mehr dem Terror ihren Bestand verdankt als irgendeine andere Zeiterscheinung, griff auch unserer jungen Bewegung gegenüber zu diesem Mittel. Vom Jahre 1920 ab setzte ein ununterbrochener Angriff in Form von Versammlungssprengungen, Rednerüberfällen usw. ein. Das Abhalten von Aufklärungsversammlungen außerhalb Münchens war um die Wende des Jahres 1920/21 zum Teil vollständig unmöglich. Es gab kaum einen Versammlungsleiter, kaum einen Redner, der nicht schon blutig geschlagen den Saal verlassen mußte. Diesem Terror entgegenzutreten, die Versammlungen durchzuführen, Redner und Leiter zu schützen, wurde aus jüngeren Parteigenossen im Jahre 1921 eine Schutzabteilung gebildet, die, da ihre Aufgabe zum Schluß ja immer den Angriff auf eine im Saal befindliche zahlenmäßig meist gewaltig überlegene terroristische Opposition bedingte, sich Sturmabteilung taufte.

Die im August 1921 ins Leben gerufene Sturmabteilung war gänzlich unbewaffnet und erst die Tatsache, daß die marxistische Sprengkolonnen meist mit Bleirohren, Eisen- und Brechstangen und ähnlichen Werkzeugen bewaffnet in unsere Versammlungen eindrangen, führte zur Anwendung des Gummiknüttels.

Solange dieser Anwendung kein Hindernis in den Weg gelegt wurde, konnte erstens annähernd die Ruhe in den Versammlungen wieder hergestellt werden und wurden zweitens ernstere Verletzungen von unserer Seite aus vermieden. Das Bewußtsein, daß im Saale eine Ordnertruppe mit 80 oder 100 Gummiknüppeln anwesend war, dämpfte die Sprenglust an und für sich meist schon stark.

Das Verbot der bayerischen Staatsregierung, das das Tragen und die Anwendung von Gummiknüppeln durch den Versammlungsschutz untersagte, führte

1.) zu einer ungeheuren Steigerung der Versammlungssprengungen, da man ja nun die Versammlungsteilnehmer ungesichert wußte, aber

2.) auch zu sehr schweren Verletzungen, da die Versammlungsteilnehmer eben jetzt zu einer anderen Waffe griffen, in der Not des Augenblicks zum Stuhlbein oder Messer, oder manchesmal auch eben zur Pistole.

Um Versammlungen in bisher noch nicht bearbeiteten Gebieten zu ermöglichen, war die Bewegung gezwungen, ihre Sturmabteilungen auch außerhalb ihrer Standorte einzusetzen. Zu diesem Zwecke fand eine bestimmte Gliederung in Achtergruppen und Hundertschaften statt.

Die im Laufe des Jahres 1922 sich immer mehr häufenden terroristischen Anfälle gegen Parteigenossen, die einen weiteren Anreiz erhielten durch das allmähliche Bekanntwerden der Tatsache, daß die Staatsregierung Angehörigen der nationalsozialistischen Bewegung grundsätzlich Waffenpässe verweigerte mit einer Konsequenz, daß selbst krummgeschossene Offiziere mit höchsten Auszeichnungen nun nicht mehr die Ehre hatten, eine Pistole tragen zu dürfen, weil sie Mitglied der nationalsozialistischen Bewegung waren, führten zu einer wilden Bewaffnung auf eigene Faust, da trotz aller Achtung vor der Staatsautorität dem einzelnen doch nicht zugemutet werden darf, sich wehrlos abschlachten zu lassen. *Im Großen jedoch als Organisation war die Sturmabteilung der nationalsozialistischen Deutschen Arbeiterpartei zum Unterschied aller anderen der Regierung wohlbekannten Organisationen bis zum Dezember 1922 unbewaffnet.*

Eine Änderung dieses Zustandes trat ein, als mit der Besetzung des Ruhrgebietes die Frage des Seins oder Nichtseins Deutschlands endgültig aufgeworfen wurde.

Zwei Möglichkeiten blieben der Nation nun noch offen: Verhandlungen mit Erfolg, d. h. Räumung des Ruhrgebiets oder Verhandlungen ohne Erfolg, d. h. dauernder Verlust des Ruhrgebietes. Das erste ist nur möglich, wenn der Verhandelnde Macht besitzt und diese Macht, sie setzt in Deutschland voraus die grundsätzliche Lösung der Frage: *National oder International?*

Die zweite Möglichkeit, der Verlust des Ruhrgebiets bedeutet Krieg.

Infolge der Vorgänge beim Parteitag der Nationalsozialistischen Deutschen Arbeiterpartei fand ein Zusammenschluß derjenigen Verbände statt, die grundsätzlich bereit waren, ihre Mitglieder, *wenn notwendig gegen den Feind im Innern oder den Feind nach außen zum Kampf antreten zu lassen.*

Diese Arbeitsgemeinschaft der vaterländischen Kampfverbände stand damit vor zwei Aufgaben:

1.) *Sicherung einer nationalen Regierung Deutschlands und dort, wo sie nicht gegeben ist, Herbeiführung einer solchen.*

2.) *Sicherung einer evtl. Verteidigung Deutschlands gegen Frankreich.*

Das enge Bündnis der Kampfverbände ergab zunächst die Möglichkeit einer gemeinsamen Organisation und Leitung. Ihre politische Führung hat als Aufgabe die Wiederherstellung der Ehre des deutschen Namens, ihre militärische Führung, die Aufgabe der Wiederherstellung der Bereitwilligkeit, für diese Ehre, wenn notwendig, mit der Waffe einzutreten.

Die Leitung dieser Arbeitsgemeinschaft trat in Verbindung mit Regierung und Reichswehr und sicherte dadurch

1.) *die Ausrüstung.*

2.) *die Ausbildung,*

3.) *die Organisation der Mobilmachung der in den vaterländischen Kampfverbänden zusammengeschlossenen Mitglieder.*

In der Folge dieser von der Arbeitsgemeinschaft nunmehr übernommenen Aufgabe ergab sich für die S.A. der N.S.D.A.P. die Notwendigkeit einer Neuorganisation der S.A. nunmehr nach militärischen Gesichtspunkten in Zusammenarbeit mit den Reichswehrbehörden, also Gliederung in kriegsbrauchbare Formationen, weiter die Versorgung mit Waffen und endlich die Durchführung einer militärischen Führerbesetzung.

Wie aus einer Reihe von Abkommen, die teils mündlich, teils schriftlich sowohl mit der bayerischen Staatsregierung als auch mit der Leitung der bayerischen Reichswehr getroffenen wurden, zweifelsfrei und klar hervorgeht, ist die Bewaffnung der vaterländischen und damit auch der S.A. der Regierung kein Geheimnis gewesen. Wie aus weiteren Vereinbarungen auch erwiesen wird, daß im Gegenteil staatliche Institutionen (Reichswehr) den einzelnen Verbänden gegenüber die Instandsetzung der Waffen übernommen haben.

Die von der N.S.D.A.P. unter schweren Geldopfern zum Teil aus ausländischen Schieberhänden dem Vaterlande geretteten Waffenbestände wurden auf Grund genauester Zusicherungen ebenfalls der Reichswehr mit der Bitte überstellt, sie in einen kriegsbrauchbaren Zustand zu versetzen. Ausdrücklich wurde festgelegt, daß die Organisation die alleinige Besitzerin des gesamten Materials ist und bleibt und berechtigt ist, jeden Tag die Waffen wieder an sich zu nehmen, und daß erst in der Stunde, in der Deutschland bzw. Bayern zum bitteren Kampf nach außen antreten muß, die Waffen Eigentum des bayerischen Staates sind.

Die Kampfverbände haben ihre Mitglieder im Zusammenarbeiten mit den in Frage kommenden Staatsstellen an diesen Waffen ausbilden lassen. Sie haben zu diesem Zwecke auch Übungen veranstaltet, die zum Teil unter Waffen stattfanden. Der Aufruf erfolgte stets von der Leitung der Kampfverbände.

Die Stellung der vaterländischen Kampfverbände zur Maifeier war durch zwei große Sorgen bestimmend beeinflußt.

1.) Wenn auch viele Deutsche nicht, dann erkennt aber doch zumindest die ganze andere Welt, daß die tiefste Ursache unseres Unglücks in unserer internationalen Verseuchung und Vergiftung liegt. Mit Wohlgefallen blicken die Feinde Deutschlands und mit Besorgnis seine wenigen Freunde auf eine Entwicklung, die auch heute noch diesem entsetzlichsten Irrsinn huldigen. Ein einziges Land schien sich für Freund und Feind aus diesem Verderben allmählich befreien zu wollen, Bayern. Die großen Hoffnungen, die von vielen der besten Deutschen heute auf Bayern gesetzt werden, sind gegründet auf dem Glauben, daß von hier aus die Befreiung des Vaterlandes aus den Händen seiner internationalen Verderber erfolgen würde.

Die Feier des ersten Mai, die in diesem Jahre in München in einem Umfang stattfinden sollte, wie noch nie zuvor, mußte diesen Glauben gerade in einem Augenblick aufs schwerste erschüttern, in dem das übrige Reich mehr denn je Stärkung nötig hat. Es mußte diese Feier aber niederdrückend für die überwältigende Menge einer Stadt wirken, die in der roten Fahne des 1. Mai das Blut der Geiseln vom Jahre 1919 sehen und fühlen muß. Die Staatsregierung hätte nicht nur Rücksichten zu nehmen auf die Gefühle der den Mai meist unter unglaublichstem Terror Feiernden, sondern doch mehr auf die, die in dieser Feier und in dieser Flagge die schmerzlichste Erinnerung an das zusammenbrechende Vaterland sehen. Hunderttausende der besten Deutschen, nämlich derjenigen, die vielleicht mit ihrem Blute gutzumachen haben, was die Verbrecher der roten Fahne einst verschuldeten, sehen in dieser Feier eine unerhörte Provokation, sie empfinden es als schamlos, an der Waffe ausgebildet zu werden und vielleicht schon in wenigen Tagen wieder dem Tod für das Vaterland entgegenzugehen, während diese gleiche Regierung, die sie dafür vertragsmäßig verpflichtet, die Vernichter des Vaterlandes unter ihren behördlichen Schutz nimmt.

und

2.) Bei der Spannung, in der sich Deutschland befindet und die nicht ewig aufrecht erhalten wird, sondern die so oder so zur Entladung drängt, konnte so wie an jedem Tag, besonders an diesem 1. Mai in Mitteldeutschland eine Entwicklung sich vervollständigen, für die die rote Fahne nicht mehr Partei-, sondern Staatsfahne sein wird. Die Ankündigungen der roten Presse reden hier eine zu drohende Sprache, als daß der, der nicht durch sträflichen Leichtsinn einen 7. November 18 heraufbeschwören sollte, gleichgültig zusehen könnte. Die Behauptung, daß die staatlichen Machtmittel genügten, um die Autorität der Regierung zu sichern, ist ein Irrsinn und wird durch die gewaltigsten historischen Tatsachen widerlegt. Sie haben nicht genügt im Jahre 1918, sie haben nicht genügt in der ganzen Revolutionsperiode des Jahres 1919, 20 und 21, sie haben nicht in Oberschlesien genügt und genügend jetzt nicht an der Ruhr und werden vielleicht schon morgen in der schwersten Katastrophe, die Deutschland je im Innern traf, genau so versagen. Immer noch mußte der Appell an die Liebe zum Vaterland zahlreicher junger Deutscher gerichtet werden, die dann mit ihrem Blut gutzumachen hatten, was staatliche „Autorität" vorher versäumte.

Aus diesen Erwägungen heraus haben die vaterländischen Kampfverbände den Entschluß gefaßt, einerseits an die Regierung mit der dringendsten Bitte heranzutreten, diese Feier des 1. Mai in einer Stadt zu verbieten, die diese Feier in ihrer überwältigenden Majorität als Provokation empfindet, andererseits an diesem Tage in vollster Bereitschaft dafür zu sorgen, daß München nicht ein zweites Mal den Sowjetstern über seinen Mauern aufgehen sehen wird.

Als Deutscher, als ehemaliger Soldat und als Christ fühle ich keine Reue über die Haltung auch meiner Bewegung und meiner persönlichen Stellungnahme an diesem Tage, sondern nur Scham über die Haltung eines Staates und einer Staatsregierung, die sich zur Schützerin jüdischer Sowjetfeste aufraffte, die bereit war, zum Schutze der Vaterlandszerstörer mit der Waffe gegen die kommenden Vaterlandsverteidiger vorzugehen. Ich fühle weiter keine Reue darüber, weil ich weiß, daß eine spätere Nachwelt auch in dieser Frage gerechter urteilen wird.

Tatsächlich haben die Vaterländischen Kampfverbände für den 1. Mai ihre Mitglieder alarmiert und trafen dieselben denn auch zum Teil in der Nacht, zum Teil am frühen Morgen in ihren Bereitschaftsstellungen ein.

Die Sturmabteilung der N.S.D.A.P. sammelte im Laufe des frühen Morgens auf Oberwiesenfeld, also außerhalb der Bannmeile, faßte dort einen Teil der der Bewegung gehörenden Waffen und — exerzierte. *Es hat kein Mann mit Waffen das*

Oberwiesenfeld verlassen, bis nach Beendigung der roten Sowjetfeier die Bereitschaft aufgehoben, die Waffen wieder abgeliefert und die Mannschaften wieder abrückten.

Aus diesem Vorfalle versucht die Staatsanwaltschaft den § 127 des R.Str.G.B. in Anwendung zu bringen. Da ich seit Wochen in Presse und Landtagen auf das ungeheuerlichste beschimpft werde, die Organisation als Schaden des Vaterlandes, ja Verbrechen am deutschen Volk hingestellt wird, ohne daß mir infolge der Rücksicht, die ich dem Vaterlande schuldig bin, die Möglichkeit einer öffentlichen Verteidigung zur Verfügung steht, bin ich dem Schicksal nur dankbar, daß es mir nun gestattet, diese Verteidigung im Gerichtssaale und damit frei von diesen Rücksichten führen zu können.

Ich erkläre damit, daß ich die Anwendung des § 127 R.St.G.B. als unzulässig finde aus folgenden Gründen:

1.) Befand sich an diesem Tage auf Oberwiesenfeld nicht ein „Haufen", sondern eine im Einvernehmen mit der Staatsregierung sowohl als der Reichswehr wohldisziplinierte, nach militärischen Grundsätzen durchorganisierte Truppe.

2.) Wurde diese Truppe nicht „unbefugt" bewaffnet, sondern es sind diese Waffen anerkanntes Eigentum dieser Organisation genau so wie die der anderen Organisationen auch, können jederzeit in Empfang genommen werden und sind in Empfang genommen worden, nicht zum Schaden, sondern zum Schutze des Vaterlandes.

Es ist mit ihnen kein Mißbrauch getrieben worden.

3.) Die Ansammlung fand außerhalb der Bannmeile statt und hat diese nirgends berührt. Das Recht zum Aufruf zu dieser Ansammlung steht der Organisation zu und stand ihr bis dorthin auch zu.

Tatsache ist, daß die Organisationen bisher noch immer ihre Verbände selbst aufgerufen haben, zu allen Übungen, auch unter Waffen, und Tatsache ist weiter, daß das auf dem Oberwiesenfeld aufgebotene Regiment ebenfalls übte, d. h. von 7 Uhr morgens bis 1 Uhr mittags exerzierte.

Im übrigen füge ich noch bei, daß in einer Reihe anderer Orte die vaterländischen Kampfverbände und darunter besonders die S.A. der N.S.D.A.P. an diesem Tage ebenfalls unter Waffen in engster Fühlung mit Behörden für die Sicherheit und Ordnung eingetreten sind.

Als Angeklagter mache ich weitere Angaben nicht, bin jedoch entschlossen, durch meine Verteidiger einen umfangreichen Beweis für die Richtigkeit meiner Auffassung anzutreten. Weiter werde ich für die Wahrheit meiner tatsächlichen Behauptungen durch Vorlage von schriftlichem Beweismaterial als auch durch Benennung mündlicher Zeugen Beweis erbringen.

gez. Adolf Hitler

Grundsätzliches zur Deutschen Frage.
von Gottfried Feder.

Deutsche „Frage", ein tiefschmerzliches Wort für jeden Deutschen, aber leider bittere Wahrheit. Der Ausdruck „Deutsche Frage" kennzeichnet leider nur zu gut die Fragwürdigkeit des deutschen Schicksals, denn dieses Schicksal ist heute nicht mehr allein von uns selbst abhängig, sondern von Mächten und Kräften außerhalb und innerhalb des deutschen Volkes. Es ist immer sehr lehrreich, sich über Grundstimmungen aus allgemein gebrauchten Redewendungen Aufschluß zu holen und zwar aus Redewendungen, die nicht Gefühle und angelernte Phrasen wiedergeben, sondern die der meist hilflose Ausdruck für die vorliegenden einschneidenden Fragen sind.

Ein solcher Ausdruck ist: „So kann's nicht weitergehen", oder „wie soll das noch werden". Hierin drückt sich klar und deutlich die schon an Verzweiflung und Hoffnungslosigkeit heranreichende gequälte Frage nach dem persönlichen und vor allem nach dem deutschen Schicksal aus. Ratlos und hilflos stehen die Regierungen, soweit sie in ihren Mitgliedern wirklich deutsche Belange vertreten oder wenigstens zu vertreten meinen, den schrecklichen allgemeinen Krankheitserscheinungen auf politischem, wirtschaftlichem und sozialem Gebiete gegenüber.

Ratlos und hilflos stehen die verschiedenen Weltkonferenzen dem deutschen Problem gegenüber. Die Unerfüllbarkeit des Versailler Diktates ist trotz der dauernden unbegreiflichen Erfüllungszusicherungen des Leistungsverpflichteten klar geworden.

Die viel beachteten Äußerungen Mac Kenna's, des früheren britischen Schatzkanzlers, lassen in dieser Hinsicht sehr tief blicken. Die deutsche Reparationsschuld erklärt er zwar als übermäßig groß, unterstreicht aber gleichzeitig die riesige Produktionsfähigkeit Deutschlands. Seine Erklärung, daß England seinen Schuldverbindlichkeiten nachkommen werde, eröffnet im Zusammenhalt mit der grundsätzlichen Bestimmung des Versailler Vertrages Teil VIII Anlage II § 12, Abs. b, wonach das deutsche Steuersystem genauso drückend sein müsse als das einer anderen Macht, keineswegs irgendwelche Aussichten auf eine wirkliche Besserung der Lage Deutschlands.

Die Vollmachten der „Wiedergutmachungskommission" sind derartig umfassende, daß daneben eine deutsche Reichsregierung eigentlich nur als Fiktion erscheint. Alle sonst eine „Regierung" ausmachenden Machtvollkommenheiten, die Finanzhoheit, die Militärgewalt, die Steuerhoheit, die Gesetzgebung, die Verwendung der Einkünfte des Reiches, sind praktisch vollkommen ausgeschaltet. Selbst Empfindungen und Auffassungen zu haben über Maßnahmen und Handlungen des Feindbundes, wie z. B. über Repressalien durch weitere Besetzungen deutschen Landes, durch wirtschaftliche und finanzielle Zwangsmaßnahmen etc. sind der deutschen Regierung verboten! — Empfindungen sind verboten! — Und es dürfen solche Zwangsmittel nach § 18 der Anlage II von Teil VIII des Versailler Diktates nicht als feindliche Handlungen angesehen werden! ! — Und dazu hat sich die sogenannte Regierung des sogenannten deutschen Reiches verpflichtet! !

Die sogenannte Regierung des sogenannten deutschen Reiches ist daher in Wirklichkeit nur die gehorsame Vollstreckerin des feindlichen Vernichtungswillens. Leute, die sich dazu hergeben, in einer solchen Regierung zu sitzen, stellen sich damit schon von vornherein gegen ihr eigenes Volk, und sich persönlich außerhalb der deutschen Schicksalsgemeinschaft. Damit im engsten Zusammenhang steht die Feststellung, daß von einem selbständigen souveränen *Deutschen Reich* überhaupt keine Rede mehr sein kann. Als *politischer* Gegenspieler auf dem Welttheater kommt dieses macht- und wehrlose Gebilde überhaupt nicht in Frage; als *Militärmacht* ist Deutschland so gründlich entwaffnet, daß es als ernsthafter militärischer Gegner auf absehbare Zeit nicht in Betracht kommt. Die Wirtschaftskraft Deutschlands steht unter so großen Druckzuständen, von oben und unten, von innen und außen, der gesamte Nutzeffekt dient ausschließlich der Reparation, daß nicht einmal auf diesem Gebiet von Selbstbestimmung oder Selbstverfügung gesprochen werden kann. Innerpolitisch und parteipolitisch war die Uneinigkeit und Zerrissenheit der Deutschen noch nie so groß wie jetzt. Wir müssen eigentlich eine völlige

Zersetzung des Volksempfindens feststellen. Zu der Zerreißung des deutschen Volkes in Parteien kommt noch die tiefe Spaltung in nationale und internationale Gruppen, kommt eine tiefe Gegensätzlichkeit zwischen Arbeitnehmern und Arbeitgebern, kommen die Gegensätze zwischen Föderalisten und Unitaristen; kommen die Gegensätze zwischen Stadt und Land, zwischen Erzeugern und Verbrauchern, die Mißklänge zwischen dem verarmenden Mittelstand und den neuen Reichen. Die Regierung selbst entbehrt jeder wirklichen Autorität und versucht diese durch Schutzgesetze zu erzwingen. Der vorherrschende Einfluß des geschlossenen machtbewußten Judentums in Bank und Börse, in Schriften und Theater wirkt nach dem selbstbewußten Rathenauschen Wort zersetzend als Staat im Staat.

Nichts aber auch gar nichts mehr ist vorhanden von dem, was man ein Deutsches Reich nennen könnte, etwa im Sinne des gewaltigen, aller Welt Achtung gebietenden Bismarck-Reiches, oder im Sinne alter deutscher Kaiserherrlichkeit.

Das Reich, das die Sehnsucht der 48er Demokraten war, das Reich, das den rückwärtsgerichteten Blicken der Konservativen und Nationalliberalen vorschwebt als das wieder zu erstrebende Hochziel der zukünftigen Entwicklung, dieses Reich, das vier Jahre lang einer Welt von Feinden in Ehren standhielt, dieses Reich ist versunken. Das was man jetzt Reich nennt, ist weder im äußeren Umfang — wir gedenken hier mit Schmerz der geraubten Gebiete —, noch in seiner Weltgeltung, noch in seinem inneren Aufbau, das Reich, an das man denkt, wenn man jetzt so geflissentlich von der Aufrechterhaltung der Einheit des Reiches spricht. Alle Insignien der Selbstbestimmung und der Souveränität sind uns genommen, geblieben ist nur die rein technische Verwaltungsmaschinerie; aber selbst in dieser ist wenigstens in den Spitzen ein anderer Geist eingezogen. Dieser Beamtenmechanismus dient heute nicht mehr in erster Linie den Belangen des deutschen Volkes, sondern der Erfüllung des feindlichen Ausplünderungswillens.

Nur die Umstimmigkeit zwischen der Weltfinanz und französischen Chauvinismus läßt das deutsche Schicksal noch fraglich erscheinen. Die Weltfinanz möchte die deutsche Arbeitskraft ausbeuten bis an die äußerste Grenze der Leistungsfähigkeit, diese deutsche Arbeit soll mit höchstem Nutzeffekt dauernd tributpflichtig gegenüber dem Weltkapital erhalten werden; deshalb möchte die Weltfinanz und als Vormacht derselben England Deutschland gerade an der Grenze des Existenzminimums halten, daß es arbeitsfähig bleibt. Frankreich in seinem hysterischen Haß möchte die deutsche Volkskraft schwächen, weil es die deutsche Rache fürchtet; es übersieht dabei, daß durch die Bedrückung der Haß erst erzeugt wird in unserem Volke, das allzu gerecht und zu matt zum Hassen ist, und daß es auch für Frankreich viel sicherer wäre, wenn die weitaus gefährlichere Methode der Weltfinanz sich durchsetzen würde. Ein Helotenvolk ist nicht mehr gefährlich, ein gewaltsam zerrissenes und gedrücktes Volk kann einzeln oder durch die äußere Not zusammengeschweißt, sich auf sich selbst besinnen und die Ketten zerreißen.

So unbequem der französische Chauvinismus der Weltfinanz auch ist, so ist er doch, wie mir scheint, im letzten Grund den Interessen der Geldmacht dienlich. So ein kläffender Hund beißt erstens nicht, wie Keynes in seiner Hamburger Rede nicht mit Unrecht ausgeführt hat, aber er erfüllt um so sicherer den Zweck, die deutsche Hammelherde in den Pferch der Weltfirma zu treiben, wo dann die Schächtung, d. h. Ausblutung der deutschen Wirtschaftskraft, nach allen Regeln der Kunst erfolgt. Dabei stirbt dann ganz sicher die deutsche Seele.

Innerpolitisch hängt die deutsche Frage — wie überhaupt innere und äußere Politik nicht zu trennen sind — an dem gleichen Drehpunkt. Die „Einheit des Reiches", „das letzte was uns geblieben ist", ist die Phrase, die an die politische Urteilsfähigkeit der Deutschen die schwerste Anforderung stellt. Es hängt dies aber alles damit zusammen, daß man sich nachgerade daran gewöhnt hat, es als der politischen Weisheit letzten Schluß anzusehen, wenn man die Dinge nicht beim richtigen Namen nennt.

Wenn man den bisherigen Ausführungen gefolgt ist, so ist auch schon die innenpolitische Seite „der Deutschen Frage" der Lösung näher gebracht, ohne daß wir die innerpolitischen Seiten schon besprochen haben.

Von einer „Einheit" des Reiches, um derentwillen wir alles Mögliche opfern müßten, kann eigentlich gar keine Rede sein, denn die Deutschen haben kein Reich mehr, das den Namen „Reich" verdienen könnte. Und unter „Einheit" des Reiches denkt sich der unkritische und unpolitische Durchschnittsdeutsche meistens etwas sehr Schönes und Wertvolles, ungefähr das, was er in der Schule auf der Landkarte als Deutsches Reich in seiner geographischen Ausdehnung, was er in wirtschaftlicher Hinsicht als geschützte und gesicherte Arbeitsstätte schätzen gelernt hat, was in außenpolitischer Beziehung in dem Namen Bismarck umschlossen ist und was in militärischer Hinsicht in den Namen Hindenburg und Ludendorff sich kristallisiert hat. Dieses geschlossene gewaltige Reich schwebt dem Einheitsträumer vor, aber das ist eben nur Träumerei und keine Wirklichkeit. Wirklichkeit ist das zerfetzte, verstümmelte frühere Reichsgebiet, das entrechtete, wehrlosgemachte Deutschland, das durch Sachleistungen ebenso wie durch uferlose finanzielle Leistungen dauernd wirtschaftlich ausgeplündert werden soll, das Land, dem jede Staatshoheit genommen ist, dessen Flüsse internationalisiert sind, dessen Eisenbahnen in wesentlichen Punkten fremden Wünschen nachzukommen haben, das kein Heer halten darf, das keine Luftflotte, keine Seeflotte bauen darf usw. Was unzerreißbar bleibt, trotz dieser jämmerlichen Zustände, ist die einfache Tatsache, daß das Deutschtum, das sich als kulturelle Einheit ausdrückt, als Gleichheit der Sprache und Sitte allen Einzelbelangen der deutschen Stämme oder Länder übergeordnet bleibt.

Hiermit kommen wir dem Kern der „Deutschen Frage" nach ihrer innerpolitischen Seite näher: Handelt es sich um die Gegenwart und Zukunft des deutschen Volkes, oder um den zentralistischen Verwaltungsmechanismus von Berlin.

Das ist die Deutsche Frage.

Das „Reich" ist heute das Gebiet, wohin die Berliner Gewalt reicht. Zu diesem „Reich" gehören also keineswegs die westpreußischen, oberschlesischen, österreichischen, elsaß-lothringischen oder schleswigischen Gebiete, dagegen verwahrt sich ja auch die Berliner Regierung mit aller Entschiedenheit, sogar Bayern ist etwas verdächtig und wird so etwas außerhalb der Berliner Botmäßigkeit erachtet. Einheit heißt, was bei der jetzigen Wirtschaft sich wohlfühlt, mittut, oder wenigstens nicht Opposition macht. Gegen mißliebige Nörgler und gegen „die Feinde auf der rechten Seite" sind Maulkorbgesetze erlassen. Die „Einheit" besteht in der immer geistloseren Zentralisierung nach Berliner Schablone, in der Unterdrückung der Bundesstaaten usw. Die Einheitsschwärmer und Träumer verstehen allerdings etwas ganz anderes darunter, sie verstehen darunter in historischen Erinnerungen schwelgend, die Vereinigung der deutschen Stämme zu einem geschlossenen Großdeutschland, wie es die Sehnsucht der Kämpfer der 48er Jahre war, oder sie verstehen darunter die kraftvolle militärische Zusammenfassung Deutschlands unter preußischer Hegemonie, aber sie vergessen, daß dies jetzt nicht ist, und daß nur die „Einigkeit" aller Deutschen wertvoll ist. — Nicht *Einheit* sondern *Einigkeit* ist das große völkische deutsche Ziel. Wer gewohnt ist, auch hier nicht nur die Worte zu hören, und sich unter diesen Worten etwas Beliebiges zu denken, sondern den inneren und wichtigen Sinn der Worte zu erfassen, dem muß der tiefe Wesensunterschied der Worte

Einheit und Einigkeit sofort klar werden. Einheit ist etwas Formales, Äußerliches, Seelenloses, Mechanisches; wir denken an die Maß- und Gewichts-Einheit, an eine taktische Einheit, an die Münzeinheit usw. Einigkeit dagegen ist etwas Innerliches, Seelisches, etwas Gemütliches, etwas sittlich Begründetes. Die „Einheit des Reiches" ist nur etwas Äußerliches, etwas Letztes, die Einigkeit der deutschen Stämme, die Einigkeit aller Deutschen ist das weitaus Wichtigere und Wertvollere für Deutschlands Erneuerung. Über die *Berliner Einheit führt aber jedenfalls dieser Weg zu Deutschlands Erneuerung auf keinen Fall.* Dies muß einmal mit aller Deutlichkeit und Entschiedenheit ausgesprochen werden. Ich gehe so weit zu sagen, daß im Rahmen dieser „Einheit des Reiches" die deutsche Frage überhaupt nicht zu lösen ist.

Deutschland, und sein äußerer Ausdruck, das versunkene Deutsche Reich, lebt nur mehr draußen in der Provinz, am meisten noch in Bayern, das ja so gerne ganz zur Berliner Provinz gemacht werden soll.

Hier sehen wir den Angelpunkt der inner-deutschen Frage: Bayern und Berlin. Wer von beiden wird im Reiche schließlich die Oberhand behalten, und die Führung übernehmen, oder wird Bayern im Interesse des deutschen Volkes seinen eigenen Weg gehen?

Im Grunde laufen ja die beiden Fragen bzw. Möglichkeiten auf das Gleiche hinaus, denn ein Kampf um die Hegemonie in Deutschland wird zunächst immer dazu führen, daß Bayern aus dem sog. Reichsverband ausscheiden muß, weil es eben im Rahmen der jetzigen „Berliner Einheit des Reiches" nur die schließlich völlige Unterwerfung unter die Berliner Botmäßigkeit gibt. Bleibt aber Bayern treu seiner *deutschen* Aufgabe, dann ist ein Konflikt mit Berlin gar nicht mehr zu umgehen, es ist dann, fast möchte ich sagen Geschmackssache, ob dieser Bruch von Seite Bayerns defensiv oder offensiv erfolgt. Beide Möglichkeiten haben ihr Für und Wider; die defensive Lösung vermeidet das Odium, daß Bayern selbst den entscheidenden Schritt getan hat, ein Moment von nicht zu unterschätzender Bedeutung, nachdem der Phrasennebel von der „Einheit des Reiches" und der „Reichstreue" (zu diesem Reich!) sich erst langsam zu verflüchtigen beginnt, dagegen gilt natürlich hier wie überall, daß der Offensivstoß die größere Aussicht auf Erfolg für sich hat. Defensiv hat Bayern ja keine Stellungen mehr zu verlieren. Es kämpft ohnedies schon im aller-allerletzten Graben, nachdem es bereits fast alle seine Hoheitsrechte seiner „Reichstreue" geopfert hat.

Für die offensive Führung des Kampfes spricht der Umstand, daß der deutsche Gedanke im jetzigen Bereich der Berliner Regierung unbedingt eine Führung braucht, von Bayern diese Führung erwartet und zwar darauf wartet, wie ein Ertrinkender auf das Rettungsboot. Darüber darf man leider nicht in Zweifel sein, daß der deutsche Gedanke unter den Erdrosselungsversuchen der Berliner Schutzgesetze nur mehr eine ganz kurze Galgenfrist hat. Hat schließlich die Erkenntnis zur Tat geführt — die Unterlassung der Tat ist der Tod des Deutschtums —, dann tut sich die Charybdis auf, daß ein solches Vorgehen in französisches Fahrwasser gerät.

Dies ist der wundeste Punkt. Berlins Feldgeschrei ist selbstverständlich und unter allen Umständen: „Nieder mit dem Reichsverräter", „Nieder mit dem Separatisten", „Nieder mit den Französlingen". Die Ausgabe einer solchen Parole von seiten Berlins wirkt natürlich wie ein Peitschenhieb, und ist vielleicht die gefährlichste Waffe gegen Bayern. Deshalb muß die Unangreifbarkeit der bayrischen Politik in dieser Beziehung über jeden Zweifel erhaben sein. Wer in dieser Richtung einigermaßen die Volksseele kennt, der weiß, daß der einfachste Mann gegen Frankreich sofort wieder zur Waffe greifen würde. Eine Politik, die sich mit Frankreich in engere Beziehungen einließe, liefe Gefahr, die Sympathien weiter Kreise zu verlieren. Man braucht die Meinungen und Stimmungen des Volkes nicht allzu sehr überschätzen in ihrer Richtung gebenden Kraft auf die Staatsführung; aber in diesem Punkte kann diese Stimmung nicht hoch genug eingeschätzt werden, weil es sich hier nicht um eine gewöhnliche, von der Presse gemachte sog. öffentliche Meinung handelt, sondern um eine auf tiefstem und unbeirrbarem völkischen Empfinden wurzelnde Grundstimmung handelt. Auf jeden Fall könnte ein Mißachten dieses Umstandes für Quertreibereien den fruchtbarsten Nährboden abgeben.

Einer derartigen Parole von Berlin gegen Bayern müßte mit allem Nachdruck entgegengesetzt werden: „Die Erfüllungspolitik der Berliner Regierung hat das deutsche Volk ins tiefste Elend gebracht". Warum schweigt Berlin gegen die Schuldlüge, warum kämpft Berlin gegen die nationalen, rechtsstehenden Parteien und Verbände? Berlin ist der Verbündete des Weltwucherkapitales! Berlin ist die Hochburg des Wucher- und Schiebertums. Der Berliner Finanzbolschewismus hat den ganzen deutschen Mittelstand an den Bettelstab gebracht. Berlin ist nur der gehorsame Lakai des Feindbundes, die Berliner Regierung hat der völligen Entrechtung, Verstümmelung, Entehrung und Aussaugung des deutschen Volkes niemals ein Halt! zugerufen, geschweige denn jemals ihren anfänglichen Weigerungen die Tat folgen lassen. Eine solche Antwort vermöchte der Berliner Regierung innerpolitisch so große Schwierigkeiten zu machen, daß sie möglicherweise ihre Handlungsfreiheit gegenüber Bayern einbüßen würde, und die Befreiungsaktion Bayerns von Berlin auch in den übrigen deutschen Bundesstaaten Schule machen würde.

Mit diesen Überlegungen, die die innere deutsche Frage berühren, ist aber noch nicht die Außenpolitik umschrieben. Immerhin führt uns der Gegensatz Berlin—München, als Kern der innerdeutschen Frage: Hier internationales Spekulantentum, hier nationale Selbstbesinnung — wieder zwanglos zurück zum Ausgangspunkt unserer Betrachtungen. Im größeren Rahmen der Weltpolitik ist für das deutsche Volk Frankreich die kleinere Gefahr. Nicht an Leib und Leben, da ist Frankreich gefährlicher, aber als Gefahr für das Weiterbestehen Deutschlands als Volk. In dieser Hinsicht zielt die Berliner Politik als Vormacht des Weltjudentums auf den völkischen Tod ab. Gewiß, das Leben von Mammons Gnaden wird auf diese Weise den Bewohnern des mittleren Europa geschenkt, aber was für ein Leben! Ein Leben ohne Ehre, ohne Selbstbewußtsein, ohne Nutzeffekt, ein Leben, das gerade in harter Arbeit das Leben fristen läßt, das Leben eines Helotenvolkes. Gewiß werden sich dabei auch zahllose Existenzen ganz gut stehen, denn es ist ja nicht leicht, eine Masse von 60 Millionen dauernd zins- und tributpflichtig zu erhalten, da braucht man viele Sklavenaufseher und Oberaufseher, und diese werden gut bezahlt werden; und es gibt viele, die sagen: besser ein lebendiger Sklavenaufseher, als ein toter Held.

Die großen Gegenüberstellungen: Bayern als Vorkämpfer des deutschen Gedankens gegen Berlin, als den östlichen Vorort der westlichen Weltplutokratie, die den völkischen Tod Deutschlands in sich schließt, muß man sich klar vor Augen halten, wenn das Bild sich nun zu verwirren scheint, in einem scheinbaren Gegeneinander politischer, wirtschaftlicher und völkischer Interessen.

Der französische Chauvinismus und Militarismus würde eine Zerreissung des jetzigen Reiches begrüßen, aus traditioneller Feindschaft gegen Preußen. Daraus ergibt sich möglicherweise eine günstigere außenpolitische Einstellung Frankreichs gegenüber Bayern. Recht warm und herzlich braucht dies trotzdem nicht zu sein, denn so klug ist Frankreich auch, daß es Bayern niemals gegen Preußen gebrauchen kann. — Preußen ist aber etwas anderes als Berlin, besonders heute. Andererseits versucht die französische Industrie mit der deutschen Industrie auf einen „modus vivendi" zu kommen; es genügt in dieser Hinsicht auf das Abkommen Stinnes—Lubersac hinzuweisen. Hier bahnt sich eine neue Form internationaler Wirtschaftsbeziehungen an, die zwar große Verdienste verspricht, die aber ganz losgelöst von den Nöten des deutschen Volkes eben nur das nackte Gewinnstreben unterstützt.

England hat sein ursprüngliches Kriegsziel, die Vernichtung der deutschen industriellen Konkurrenz aufgegeben — es hat sein Kriegsziel in diesem Punkte nicht erreicht. Das britische Weltreich durchlebt jetzt Jahre der allergrößten inneren Spannungen und Schwierigkeiten. Die jahrhundertalte englische Tradition, auf dem europäischen Kontinent für ein gewisses Gleichgewicht der militärischen Kräfte zu sorgen, ist heute praktisch nicht mehr möglich. Nach der Bolschewisierung Rußlands und der völligen Entwaffnung und Niederwerfung Deutschlands herrscht das militärische Frankreich auf dem ganzen europäischen Kontinent unbeschränkt. Die allenglische Politik will daher eine völkische Vernichtung Deutschlands sicher nicht — allerdings nur in seinem eigenen Interesse —, dagegen ist der gute Beschäftigungsgrad der deutschen Industrie den Engländern ein Greuel. Die Arbeitslosigkeit in England ist immer noch außerordentlich groß, während Deutschland nur mehr wenig, und Frankreich, das jeden Unbeschäftigten ohne Weiteres ins Heer steckt, praktisch gar keine Arbeitslose hat.

Amerikas Interesse an Deutschland ist in der Hauptsache händlerisch orientiert, immerhin ist ein bemerkenswerter Umschwung in der Beurteilung Deutschlands, das als größter Kriegsverbrecher wirklich drüben gehaßt worden war, zu verzeichnen. Über eine gewisse moralische Rückensteifung wird aber dieses amerikanische Interesse nicht hinausgehen.

Hoch über der allfranzösischen und allenglischen Politik steht aber die Politik der Weltfinanz. Diese Weltmacht im umfassendsten Sinn des Wortes, hat nur ihre zinskapitalistischen Interessen. Völkische Gegensätze sind Dinge von ganz untergeordneter Bedeutung für sie, die höchstens die Bedeutung von zutreibenden Momenten haben. Die französische Erpresserpolitik gegenüber Deutschland ist natürlich der Weltfinanz nicht immer angenehm, das sie die „Ruhe und Ordnung" in dem Schuldenland Deutschland stört, und weil sie dem Schuldenland Frankreich zu viel Geld kostet. Dagegen sieht es die Weltfinanz besonders gerne, daß Frankreich durch diese Gewaltpolitik sich den nationalen Haß der Deutschen zuzieht. So als Prügeljunge ist Frankreich der Weltfinanz gerade recht. Für das größte Schuldenland Deutschland wünscht die Weltfinanz natürlich erst recht die Aufrechterhaltung von „Ruhe und Ordnung" sowie die Erhaltung der „Einheit des Reiches". Beides ist ja geradezu die Voraussetzung für den geordneten Eingang der Schuldzinsen. Daß die deutsche Regierung so freundlich und dienstwillig ist, die Zinszahlung an das Weltkapital bis zum Weißbluten Deutschlands immer wieder zu sichern, hat dieser Regierung ja auch die gute Zensur bei den Blättern der Weltfinanz in Deutschland, dem Berliner Tagblatt, der Frankfurter und Vossischen Zeitung eingetragen.

Die Nöte des britischen Imperiums interessieren die Weltfinanz ebenfalls nur wenig. Ihr genügt es, daß England mit 8 Milliarden Pfund an das Weltkapital zinspflichtig verschuldet ist. England verdankt seinen steten Aufstieg zur Weltmacht in weitestem Umfang dem Parallelismus der allenglischen und alljüdischen Interessen. England als Vormacht des Weltjudentums — der Londoner City — hat nun aber seine schönsten Zeiten hinter sich; heute hat New York London von der ersten Stelle verdrängt. Die Weltfinanz steht heute in allen Völkern *über* allen Völkern. Die nationalen Nöte der Völker berühren die überstaatliche Geldmacht nicht, alle Völker sind ihr gleichmäßig zinspflichtig geworden. Die verzinslichen Staatsschuldverschreibungen sind die Herrschaftsurkunden des Weltwucherkapitals über die Arbeitskraft aller Völker des westlichen Kulturkreises.

Wohl ahnen die Völker dumpf diesen Zustand, aber befangen in jahrzehntelang eingetrichterten sog. nationalökonomischen Vorstellungen wagen sie nicht das Übel zu nennen. Wohl hat Keynes und letzthin MacKenna das Verschuldungsproblem als das allergrößte und vordringlichste Weltproblem bezeichnet. Aber bisher bewegen sich die Gedangengänge der Delegierten zu diesen Konferenzen noch durchaus in der Richtung ihrer Auftraggeber, nämlich der Weltfinanz, die die gewonnene Herrscherstellung nicht nur nicht aufgeben, sondern erst richtig fruchtbar gestaltet sehen möchte. Die Sicherstellung der Zinsen ist das A und O dieser Politik. Der feste Zins ist das Ideal einer mammonistischen Weltregierung, die die Völker vermaterialisiert und mechanisiert und der Weltfinanz die unbedingte Herrschaft sichert.

Damit kehren wir zurück von weltweiten Ausblicken zur „Deutschen Frage". Ein Lösungsversuch der deutschen Frage im Sinne einer grundsätzlichen Auseinandersetzung zwischen Bayern und Berlin muß wissen, daß er nicht stehen bleiben darf und kann bei innerdeutschen Fragen, daß er nicht nach alten Rezepten im Rahmen der zinskapitalistischen Wirtschaftsreform verfahren kann, das würde baldiges Versanden und Versumpfen bedeuten. Es handelt sich um viel viel mehr als um bloß ein innerdeutsches „Los von Berlin" oder gar um ein selbstzufriedenes Kleinbayern, das sich selbst genug ist. Es handelt sich um letzte und größte Entscheidung, um die *Erhebung* des noch gesunden Kernes eines nationalen deutschen Stammes gegen die Unterjochung unter das Weltkapital. Dieser größte und schwerste Kampf der Weltgeschichte muß mit aller sittlicher Kraft und Entschlossenheit geführt werden, er muß geführt werden als Vorkampf für die deutsche *Freiheit*, und darüber hinaus in dem Bewußtsein, daß Bayern damit der Bannerträger wird für die Befreiung der ganzen Welt von den goldenen Sklavenketten des Weltkapitales.

Nur große Entscheidungen bringen großen Lohn.
Kleine Maßnahmen verschlechtern nur das Übel, das sie heilen sollen.

gez. *G. Feder.*

Der Reichskanzler richtet später, am 13. Oktober, an den Kardinal Faulhaber folgenden Brief:

In den acht Wochen, seitdem ich an der Spitze der Reichsregierung stehe, habe ich unendlich viel an Trübsal aus deutschen Landen erfahren, und fast unerträglich war der außen- und innerpolitische Druck der Verantwortung, der auf mir lastet. Der Mut zur Verantwortung ist in Deutschland auf ein Mindestmaß gesunken. Der Gedanke, daß der einzelne Opfer auf sich nehmen muß gegenüber dem Staate, ist zurückgetreten gegenüber einem Egoismus, der uns am Volke verzweifeln läßt. Manchmal hatte ich die Empfindung, als wenn ich bei meinem Versuch, das Reichsschiff durch die Brandung hindurchzusteuern, ganz allein stände, und als wenn ich an Stelle positiver Unterstützung nichts als negative Kritik auch von denen, die mir sonst nahestanden, zu erwarten hätte. In dieser Situation, die mich seelisch außerordentlich bedrückte, waren mir die Mitteilungen über die Stellungnahme Ew. Eminenz eine große Stärkung. So wie meiner Meinung nach der Wiederaufstieg des deutschen Volkes nur aus der sittlichen Idee heraus erwachsen kann, so kann auch derjenige, der an verantwortlicher Stelle die Führung hat, nur dann etwas erreichen, wenn neben seinem Gewissen ihm die Seele gestärkt wird durch die Überzeugung, daß hervorragende Freunde des Vaterlandes in ihren Gedankengängen ihm nahestehen und mit ihrer Kraft und ihren Wünschen ihn unterstützen. Dafür Ew. Eminenz meinen aufrichtigen Dank zu sagen, ist mir ein Bedürfnis.

Wenn ich darüber hinaus eine Bitte an Ew. Eminenz richten darf, so ist es die, sich mit dem großen Einfluß Ihrer Persönlichkeit für den Gedanken der sittlichen Erneuerung des Volkes auch über den Rahmen des bisher Geleisteten hinaus in der Öffentlichkeit einzusetzen. Überall sehen wir gegenwärtig nur destruktive und subversive Tendenzen am Werke. Nie war *die Reichseinheit so schwer bedroht wie gegenwärtig*, weil in dem Verhältnis der Länder zum Reiche an die Stelle einer großen ideellen Kraftquelle, die im Reichsgedanken wurzelt, vielfach ein Eigennutz tritt, der die Frage aufwirft, ob der einzelne nicht Vorteile erringen könne, wenn er sich aus dem Ganzen löse. Nie war der Eigennutz unter den Parteien größer, die sich ihrerseits wieder die Frage vorlegen, was sie zu verlieren oder zu gewinnen haben, wenn sie diese oder jene Stellung einnehmen. Nie war der Gegensatz der Interessen lebhafter als in dieser Zeit; nie waren wir so weit entfernt von jener Gesinnung, der einst in der napoleonischen Zeit Deutschland seinen Wiederaufstieg verdankte. Damals konnte eine preußische Regierung es wagen, ihren Beamten ein Drittel des Gehaltes zu kürzen. Damals verkaufte der König sein goldenes Tafelgeschirr, um die Finanzen des Reiches zu bessern; damals nahmen die ostpreußischen Stände auf ihr Privateigentum die Anleihe auf, um dem Staate die Existenz zu retten. Heute glauben viele, daß man den *größten Krieg der Weltgeschichte verlieren, weniger* arbeiten und *höhere Ansprüche an den Staat stellen können als früher.* Was bedeutet alle Gesetzestechnik, was bedeuten Parlamentarismus und Regierung gegenüber der großen Frage, die sittlichen Kräfte des Volkes wiederzuerwecken, ohne die wir über den starken außenpolitischen Druck und die innerpolitischen Sorgen nicht hinwegkommen werden!

In dem Kampfe um die Volksseele haben die katholische Kirche und ihre Führer stets einen großen Einfluß auszuüben vermocht. Darüber hinaus sehe ich es aber als eines der wenigen erfreulichen Ergebnisse des Weltkrieges an, daß der früher oft hervorgetretene Gegensatz der Konfessionen jetzt zurückgetreten ist und man im großen allgemeinen Gedanken christlicher Lebensauffassung sich über diesen Gegensatz hinweg die Hand gereicht hat in allen den Fragen, die das Vaterland angehen. Wenn Ew. Eminenz die Güte haben, sich in den Dienst der Sache dieser sittlichen Wiedergeburt des Volkes zu stellen, so werden die Worte Ew. Eminenz weit über die Grenzen Ihrer Glaubensgenossen hinaus von dem ganzen deutschen Volke gehört werden. Wir brauchen Reden an die deutsche Nation, die uns den Weg aus der Tiefe zur Höhe, aus der Finsternis zum Licht zeigen, die uns den Weg weisen aus der Zerrissenheit zur Einigkeit und uns wieder aufleben lassen in dem Glauben an die Zukunft.

Wenn Ew. Eminenz diesem Rufe sich nicht versagen wollen, so bitte ich, überzeugt zu sein, daß die Reichsregierung es sich zur Ehre anrechnen wird, Ew. Eminenz bei diesem Werke alle Unterstützung zuteil werden zu lassen, die irgend möglich ist, und ich bitte, in dieser Beziehung über mich verfügen zu wollen.

Wenn Ew. Eminenz Weg dabei nach Berlin führen sollte, so würde ich es mir als große Ehre anrechnen, Ew. Eminenz in meinem Hause als Gast sehen zu dürfen und die Gedanken, die mich bewegen, Ew. Eminenz gegenüber ausführlich darzulegen und dabei vielleicht auch dazu mit beizutragen, den vielen Mißdeutungen meiner Absichten entgegenzutreten, die zu meinem tiefen Schmerze gerade von *Bayern* ausgehen.

München, den 6. November 1923

Sr. Exzellenz
Herrn Reichskanzler Dr. Stresemann
Berlin

Geehrter Herr Reichskanzler!

In Ihrer geschätzten Zuschrift vom 13. Oktober haben Sie wiederholt einen Gedanken ausgesprochen, der auch in Ihren öffentlichen staatsmännischen Reden zum Teil wiederklingt, daß nämlich nur in der sittlichen Wiedergeburt des deutschen Volkes die starken Wurzeln seiner wirtschaftlichen und völkischen Wiedererhebung liegen und daß die katholische Kirche für diese Rettung der Volksseele einen großen Einfluß auszuüben im Stande sei. Dieser Gedanke ist mir so ganz aus der Seele gesprochen und enthält eine so hohe Einschätzung der friedlichen Zusammenarbeit von Kirche und Staat, daß ich mich verpflichtet fühle, Euerer Exzellenz für den Brief vom 13. Oktober ergebenst zu danken. Es ist mir leider aus gesundheitlichen Gründen und aus kirchenrechtlichen Bedenken nicht möglich, für den in Ihrem Briefe gemachten Vorschlag mich zur Verfügung zu stellen, ich darf aber, ohne in rein politische Entwicklungen eingreifen und zu allen politischen Tagesfragen von heute Stellung nehmen zu wollen, Euerer Exzellenz die Versicherung geben, daß die Kirche es als eine Gewissenspflicht empfindet, an der sittlichen Wiedergeburt des Volkes, im besonderen an dem Abbau der Kritiksucht und an der Pflege des Autoritätssinnes, an dem Abbau des Hasses und der Standesgegensätze und an der Pflege des Gemeinschaftssinnes, an dem Abbau der Selbstsucht und an der Pflege des Opfersinnes nach Kräften mitzuarbeiten. Ich schreibe diesen Brief auf meine persönliche Verantwortung, weiß mich aber gedankeneinig mit dem diesjährigen Hirtenschreiben der in Fulda versammelten Bischöfe. Wie sollen berufene Staatsmänner auf die Dauer den Mut haben, in der Regierung die Last der Verantwortung zu tragen, wenn ihnen fortwährend die Zirkel gestört und alle Kundgebungen und Maßnahmen der Regierung mit unfruchtbarer rein negativer Kritik statt mit positiver Mitarbeit beantwortet werden? Wie sollen wir über die ins Riesenhafte gewachsene wirtschaftliche Not, über das mit der Arbeitslosigkeit kommende Elend dieses Winters Herr werden, wenn nicht alle sittlichen Mächte ohne Unterschied der Konfession und Standesschicht und Partei zusammenhelfen? Wie wollen wir sonst den Haß abbauen, der blindwürtig über unsere israelitischen Mitbürger oder über andere Volksgruppen in Bausch und Bogen, ohne Schuldnachweis von Kopf zu Kopf, den Stab bricht, oder dem Bürgerkriege wehren, der unabsehbare neue Verwüstungen anstiften und die Verelendung unseres armen Volkes durch Selbstzerfleischung besiegeln würde? Nach dem Zeugnis der Geschichte waren Bürgerkriege noch immer die verbittertsten und blutigsten und wundenreichsten Kriege. Ich habe nie ein Hehl daraus gemacht, daß ich die föderalistische Umgestaltung der Weimarer Verfassung für eine staatsmännische Notwendigkeit halte, um die schleichenden Bruderkriege zu beendigen und wertvolle Kräfte aus dem Eigenleben der deutschen Volksstämme für den Dienst am Ganzen zu gewinnen. Ich habe nie ein Hehl daraus gemacht, daß alle reichsschulgesetzlichen Versuche, die bisher zu Recht bestehende Bekenntnisschule in ihrem Rechtsbestande zu bedrohen und damit in die Freiheit der Elterngewissen einzugreifen, das Vertrauen weiter Volkskreise zum neuen Reich erschüttern. Ich habe nie ein Hehl daraus gemacht, daß die Treue des bayerischen Volkes zu seinem Königshaus das Recht der völkischen Selbstbestimmung für sich in Anspruch nimmt. Das alles aber darf nur auf verfassungsmäßigem, unblutigem Wege geschehen, nicht durch Umsturz und gewalttätige blutige Eingriffe in den Gang der Entwicklung. Möge es mit Gottes Hilfe gelingen, in erster Linie unserem armen Volke Brot und Arbeit zu geben, mit den Nachbarvölkern zu einem friedlichen Ausgleich auf dem Boden der Gerechtigkeit und Billigkeit zu kommen und die Schrecken eines Bürgerkrieges fernzuhalten.

Es war mir ein Bedürfnis, geehrter Herr Reichskanzler, Ihnen das als Antwort auf Ihren geschätzten Brief zu schreiben.

Mit dem Ausdruck ausgezeichneter aufrichtiger Hochschätzung bleibe ich

Euerer Exzellenz ergebener
M. Cardinal Faulhaber
Erzbischof von München.

Landesleitung
der Deutschen nat.-sozialistischen Partei
Geschäftsstelle Salzburg
Getreidegasse Nr. 3/II

Salzburg, den 29. 8. 1923.

Die Entwicklung der politischen Lage innerhalb der NSDAP seit dem Salzburger Parteitag bis zum heutigen Tage ist folgende:

Am Dienstag, dem 21. August, fand in Wien die erste Sitzung des Vollzugsausschusses statt. Hier erklärte Dr. Walter Riehl, daß er die Salzburger Beschlüsse nicht anerkennen könne. Die NSDAP Deutschösterreichs könne einer parlamentarischen Vertretung nicht entraten, da die bayerische Taktik eines außerparlamentarischen Kampfes auf Österreich nicht anwendbar sei. Er verlange daher die Einberufung eines neuen außerordentlichen Parteitages im September 1923 zum Zwecke der Revidierung der Salzburger Beschlüsse.

Der Vollzugsausschuß, bestehend aus den Herren Obmannstellvertreter *Schulz*, 2. Obmannstellvertreter *Umlauff*, Parteigenosse *Zwerina*, Professor *Suchenwirth*, *Grabert*, *Marinhart*, lehnte diesen Antrag *einstimmig* ab. Hierauf gab Herr Dr. Riehl folgende Erklärung ab: Er sei unter diesen Umständen nicht in der Lage, weiterhin als Obmann der NSDAP Deutschösterreichs tätig zu sein, und lege sein Amt nieder. Außerdem werde er am nächsten Tage (22. d. Mts.) in Form eines Interviews in der Deutschösterreichischen Tageszeitung — einem führenden großdeutschen Organ — seine Stellungnahme zu den Salzburger Beschlüssen und seinen Rücktritt von der Führung der Parteigeschäfte der Öffentlichkeit bekanntgeben.

Dem Vollzugsausschuß gelang es nicht, Dr. Riehl von diesem Vorhaben abzubringen. Das Interview erschien am 22. cr. Dr. Riehl ist am gleichen Tage von der Leitung der Partei bis auf weiteres zurückgetreten. Diese Vorgänge und die sich daranschließende Pressekampagne hat unsere Partei in der Öffentlichkeit natürlich heillos kompromittiert, sehr zur Freude der parlamentarischen Parteien von den Sozialdemokraten bis zu den Christlichsozialen und Großdeutschen.

Welche Einflüsse den Dr. Riehl zu seinem Vorgehen bewogen haben, steht noch nicht fest. Jedenfalls dürfte der Gewerkschaftsvertreter *Gattermayer* eine maßgebliche Rolle spielen. Persönlich bin ich der Ansicht, daß ein solches Vorgehen von vornherein geplant war, und habe Befürchtungen dieser Art verschiedenen Stellen gegenüber schon in Salzburg geäußert.

Die Stellungnahme der Länder ist folgende: Tirol, Steiermark, Kärnten, Oberösterreich und Niederösterreich verlangen geschlossen die Aufrechterhaltung der Salzburger Beschlüsse, in Wien ist das Verhältnis 27:1 Ortsgruppe für Salzburg.

Die Parteigeschäfte führt zur Zeit der Vollzugsausschuß unter Obmannstellvertreter *Schulz*.

Am Sonntag, dem 2. September, findet in Wien eine erweiterte Parteileitungssitzung statt, die zu diesen Ereignissen Stellung nehmen wird. Sie wird von größter Bedeutung für die Zukunft der NSDAP Deutschösterreichs sein. Auf Grund meiner Vollmacht werde ich an ihr teilnehmen.

Lechner.

Rede des Baron Aufseß am 20. Oktober 1923 bei den „Boyaren" im Wittelsbachergarten, München.

Im Namen und Auftrag Sr. Exz., des Herrn Generalstaatskommissar Dr. v. Kahr, der durch dringende Abhaltungen nicht in der Lage ist, Ihrer Einladung Folge zu leisten, spreche ich Ihnen seinen Dank und seine Wünsche aus. Er wäre sicher gerne gekommen, aber Sie müssen ihn entschuldigen, *er sitzt mit der Lunte vor dem offenen Pulverfaß*. Auch ich konnte Ihrer Einladung nicht früher Folge leisten, da ich als *stellvertretender Staatskommissar* ebenfalls sehr in Anspruch genommen bin und mich nicht früher losmachen konnte.

Meine Damen und Herren! Der *Bruch zwischen Bayern und Berlin ist heute abend 8 Uhr 30 erfolgt*, und wir sind froh, daß er erfolgt ist. Es heißt für uns nicht los von Berlin, wir sind keine Separatisten, es heißt für uns: Auf nach Berlin.

Wir sind seit Wochen von Berlin in einer unerhörten Weise belogen worden, das ist auch nicht anders zu erwarten von dieser Judenregierung, an deren Spitze ein Matratzeningenieur steht. Ich habe seinerzeit gesagt: In Berlin ist aller verebert und versaut, und ich halte das auch heute noch aufrecht. Herr Ebert hat damals gegen mich vorgehen wollen, aber man hat ihm gesagt, er solle sich mit mir nicht einlassen, er würde den Kürzeren ziehen, ich hätte ein Schwertmaul.

Die Reichsregierung ist sich der Gefahr bewußt, die ihr von Bayern droht. Reichsarbeitsminister Braun kam heute abend in das Kommissariat, um zu vermitteln. Er wurde gefragt, ob er in amtlichem Auftrag erscheine. Er sagte: Nein, das gerade nicht; aber usf. usf. Es wurde ihm sehr kurz und deutlich erklärt, seine Anwesenheit sei nicht weiter erwünscht, Als er sich dann noch herumdrückte und nicht gehen wollte, erklärte ihm Herr von Knilling, wo die Tür sei. Bahn, Post und Finanzhoheit haben wir verlangt; jetzt haben wir sie uns genommen. Es kommt nichts mehr über die Grenze, kein Geld, keine Lebensmittel usw.

Der „Völkische Beobachter" darf wieder erscheinen. Wir haben auch keine Veranlassung, einen Ehrhardt zu verhaften. Auch die Erzbergermörder können hier ruhig ihrem Beruf nachgehen; wir werden sie niemals ausliefern. Ich rufe Sie zur Einigkeit auf, stellen Sie sich hinter Kahr. Es wird uns immer, insbesondere von der Seite Hitler, vorgehalten, wir tun nichts, es dauert zu lange, man muß doch endlich einmal einen Erfolg sehen. Es geht aber nicht alles auf einmal.

Hitler wollte gleich losschlagen, aber wir müssen diplomatisch vorgehen, damit wir nicht ins Unrecht gesetzt werden können. Es wäre besser gewesen, wenn die, die abseits gestanden sind, mitgearbeitet hätten. Dann wären wir heute schon weiter. Heute gehen wir mit Hitler zusammen.

Wir wollen nicht los vom Reich, nichts gegen das Reich; aber gegen die Reichsregierung. Man wartet in Norddeutschland bloß darauf, daß wir losschlagen; aber das muß alles vorbereitet sein. Es waren Vertreter bei uns von Ostpreußen, Mecklenburg, Pommern, Hamburg, Hannover, Württemberg, die uns ihre vollste Unterstützung zugesagt haben. Der General Müller in Sachsen hat seine Truppen aufgestellt und sie gefragt, wer für rechts und wer für links sei. Er hat sie dann getrennt untergebracht, die einen in die eine, die anderen in andere Kasernen und hat selbst das Kommando über die rechts stehenden Truppen übernommen.

Die württembergische Reichswehr wurde angeblich zum Schutze der Bevölkerung von Plauen nach Hof beordert. Wir haben aber aus bestimmter Quelle erfahren, daß diese Truppen als erste zur Abriegelung gegen Bayern bestimmt waren. Der dortige württembergische Kommandeur hat uns aber bereits die Zusicherung gegeben, daß er gegen bayrische Reichswehr nicht vorgehen werde. Wir haben der württembergischen Reichswehr zu Ehren in Hof einen Deutschen Tag abgehalten.

Meine Damen und Herren! *Halten Sie sich bereit, wenn in den nächsten Tagen der Aufruf zu den Waffen* an alle diejenigen ergeht, die schon mit Gewehr und Säbel umgegangen sind. Meine Damen! Lassen Sie ihre Angehörigen, Ihre Brüder ziehen zum großen Befreiungskampf (oder für die große deutsche Sache). Er wird nur kurze Zeit dauern.

Das Volk mit den zerschnittenen Stimmbändern

Unter dieser Überschrift veröffentlichte die *schwedische* Zeitung *„Barthold Lundens Vidi"* am 16. August folgenden Artikel:

Wenn ich an das heutige Deutschland denke, tritt immer, auch eine nicht weit hergeleitete Gedankenverbindung, die Erinnerung an die armen Hunde in Stockholm hervor. Diese wurden seinerzeit durch den „wissenschaftlichen" Doktor Olivecrona ganz „wissenschaftlich" ihrer Stimmbänder beraubt, damit sie nicht durch ihre Klage über erlittene schlechte Behandlung die Menschen stören sollten.

Mancher wundert sich, daß die Deutschen heute so ruhig sind und daß das Land, ohne den geringsten Schrei des Schmerzes, Zornes oder der Verzweiflung, die grausame Vergewaltigung und Tortur seiner teuflischen — sowohl inneren wie äußeren Quälgeister ertragen kann. Nur ab und zu kann man einen leisen Wehlaut vernehmen. Aber im übrigen scheint Deutschland jetzt ebenso erfolgreich verstummt zu sein wie Doktor Olivecronas arme Hunde. Die Erklärung ist aber ebenso leicht gefunden wie entsetzlich: So wie den Hunden hat man der deutschen Nation mit ihren siebzig Millionen Menschen die Stimmbänder — die Zeitungen — gelähmt, verstummt, zerschnitten.

Und das Bemerkenswerte ist, daß es keine anderen als Deutschlands Juden sind, die Doktor O.s Rolle spielen.

Es ist den Juden Deutschlands durch eine äußerst raffinierte und geschickt geleitete Lügenpropaganda gelungen, dem Auslande die Auffassung beizubringen, daß *Stinnes* den größten Teil der deutschen Zeitungen besitzt, während eigentlich *sie selbst* die Presse regieren.

In einem typisch deutsch-jüdischen Lügenartikel beklagte sich vor kurzem die von Juden bezahlte „Vossische Zeitung" über die unerträgliche Zensur, welche Stinnes, der Besitzer von 90 Prozent der deutschen Presse, ihnen auferlegt.

Da sich aber starke Proteste gegen diesen Artikel erhoben, sah sich die Zeitung gezwungen, denselben zu widerlegen und entschuldigte sich mit einem Druckfehler (!?). Es sollten statt 90 Prozent 9 Prozent sein. Versehentlich war eine kleine unbedeutende Null in den Bericht geraten.

Nebenbei bemerkt ist auch diese Behauptung unrichtig, da Stinnes nicht eine einzige große Zeitung von wirklicher Bedeutung besitzt. (Doch, die „D.A.Z.", die Red.)

Man kann übrigens auch die Rolle, welche Stinnes spielt, mit ziemlich großem Mißtrauen betrachten. Er ist mit dem jüdischen Großkapital stark verbunden und dient oft als Renomierchrist der Juden. Er ist vor allem Geschäftsmann und absolut kein typischer Repräsentant der deutschen Nation.

In ganz Deutschland — Bayern ausgenommen — gibt es heute keine einzige tägliche Zeitung von größerer Bedeutung, die sich getraut, den Kampf gegen Juden und Franzosen aufzunehmen.

Und sollte eine Zeitung einen Angriff gegen einen noch so frechen oder strafbaren *jüdischen* Jobber oder Wucherer wagen und ihn bloßstellen, so würde der Verwegene sofort vor den von den Männern der neuen Republik gebildeten „Staatsgerichtshof" geführt werden, und eine Zuchthausstrafe von vielen Jahren wäre ihm so sicher wie das Amen in der Kirche. Christliche Geschäftsleute deutscher Abstammung können dagegen so viel und so grob wie nur möglich von den Zeitungen beschimpft und der Ehre beraubt werden, sollten sie sich des im neuen Deutschen Reiche großen Verbrechens schuldig erweisen, ihr Vaterland zu lieben und hochzuhalten.

Ökonomisch besitzen also die Juden so gut wie die ganze deutsche Presse, und diese muß nach der Pfeife des jüdischen Großkapitals tanzen.

Aber was kümmert einen deutschen Juden die bittere Not, Leiden und unendlichen Qualen des armen deutschen Volkes? Wie kann er das geringste Gefühl dafür haben? Und sollte wirklich eine Stimme die abgrundtiefe Not und die Verzweiflung Germanias in die Welt schreien, sind augenblicklich „Berliner Tageblatt", „Frankfurter Zeitung", „Vorwärts" und wie sie alle heißen mögen, diese jüdischen Sprachrohre, bereit, und wettern und wüten gegen — die deutsche Reaktion und bitten die übrige Welt, sich ja nicht darum zu kümmern.

Zeitungen, Theater, Literatur und Gericht, *alles* ist während der viereinhalb Jahre, die seit dem deutschen Revolutionsausbruch verstrichen sind, in die Klauen der jüdischen Großfinanz geraten.

Kein Wunder also, wenn die deutschen Zeitungsberichte und die wirkliche Lage in Deutschland infolge jüdischer Zensur grundverschiedene Begriffe sind.

Es ist auch sehr bezeichnend, daß dagegen die pornographische Literatur, und zwar in ihrer widerlichsten und unverhülltesten Form, in dem heutigen Deutschland vollkommen frei gestattet ist. Die deutsche Jugend wird von frechen, jüdischen Geschäftsleuten förmlich verfolgt, die allerlei pornographische Erzeugnisse frei ausbieten, ohne daß die Behörden etwas tun, um ihre entsetzliche für Land und Volk verderbliche Arbeit zu unterdrücken. Das deutsche Volk soll auf jede Art verdorben, vergiftet, zerstört werden. Das ist das Ziel, und um das zu erreichen, ist kein Mittel so niedrig, schmutzig und gemein, daß die Juden sich scheuen würden, es zu benützen.

Es gibt also heute keine freie, rein deutsche Presse, Kunst oder Literatur. Die internationalen Juden haben alles geknechtet, und die Leiden, Ohnmacht und Demütigungen des deutschen Volkes geben ihnen die herrlichsten Gelegenheiten, sich — vor allem in Bankschiebungen und Börsenschwindel — Riesenprofite zu schaffen.

Und bei all dem Entsetzlichen ist die deutsche Nation — *stumm!* Man hat ihr die Stimmbänder zerschnitten. Sie ist zu unverbrüchlichem Schweigen verurteilt. Und das vergrößert das Leiden noch mehr!

Ein Norweger über Hitler

Bei Adolf Hitler, dem Führer der deutschen Freiheitsbewegung

Von Jonas Schauche Jonassen („Aftenposten", 20. Okt. 1923).

„ . . . Heute sind die Augen der Welt auf Bayern gerichtet, wo die ‚bayerischen Fascisten', die Nationalsozialisten, unter ihrem Führer Adolf Hitler kampfbereit stehen. Was wollen denn diese jungen Leute, welche sich Nationalsozialisten nennen, und wer ist dieser ihr angebeteter Führer?

Es lohnt sich am besten, zuerst mit dem Mann Bekanntschaft zu machen, denn es ist mit dem Nationalsozialismus wie mit dem italienischen Fascismus: beide sind undenkbar ohne Adolf Hitler und Benito Mussolini. Die Bewegungen als solche sind in diesen beiden Erscheinungen inbegriffen, und bekanntlich sind es die Männer, welche Geschichte schaffen, nicht die Massen."

Nach einer Schilderung von Hitlers Werdegang fährt der Norweger fort:

„Ausschließlich aus Liebe zu seinem Land und in der festen Überzeugung, daß es seine Mission wäre, dieses Land zu retten, warf Hitler sich mit seiner ganzen riesigen Energie in den Kampf.

Heute ist der Nationalsozialismus eine Volksbewegung geworden und zählt seine Anhänger in allen Volksschichten, doch hauptsächlich unter den aufgeklärten und selbständig denkenden Arbeitern."

„ . . . Vor einigen Tagen hörte ich ihn sprechen im Zirkus Krone vor einer Menschenmenge von über 8000 Personen. Ich möchte ihn ohne Bedenken als einen der größten Volksredner Europas bezeichnen. So hinführend und blendend und zugleich so einfach und klar und mit einem solchen würzigen Humor habe ich nur zwei Staatsmänner sprechen hören: Lloyd George und Mussolini. In mehr als 1½ Stunden fesselte er diese gewaltige Versammlung, ja, er spielte mit ihr, brachte sie zum Weinen und Lachen und peitschte sie schließlich in eine solche Stimmung hinein, daß man glauben möchte, das Riesengebäude müßte zusammenstürzen unter dem ‚Heil' der Tausende von Stimmen, welche der kleinen, schwarzgekleideten Gestalt auf der Tribüne entgegenbrausten. War es nur der Klang seiner tiefen, drohenden Stimme und die rednerische Zusammenstellung der vielen schönen Worte, die solch eine heilige Kampfstimmung auslöste? Nein, es war etwas anderes. Man saß nämlich da mit dem bestimmten und unentwegten Eindruck, daß dieser Mann bereit sein würde, für seine Sache zu sterben. Hier waren keine halben Redensarten, keine Kompromisse möglich. Hier war ein klarer, leuchtender Wille, zu siegen oder zu sterben — als ein Held."

„Deutsche" aber werfen Hitler einen Knüppel nach dem anderen zwischen die Füße.

Judenaustreibung aus Bayern

Unter dieser Überschrift veröffentlicht die „Jüdische Rundschau" u. a. folgendes:

Am 17. Oktober erschienen frühmorgens gleichzeitig je vier Kriminalbeamte bei fast allen in München lebenden Ostjuden und nahmen in den Wohnungen Hausdurchsuchungen vor. Es wurde dabei eine regelrechte Bestandsaufnahme über das Vermögen des Betroffenen und ein Protokoll über seine ganze bisherige Lebenshaltung aufgenommen. Das Verhalten der Beamten bei diesen Amtshandlungen war nach den vorliegenden Meldungen im allgemeinen einwandfrei.

Am 20. Oktober wurden vierzig Ausweisungsbefehle erlassen, welche auf eine Frist von 14 Tagen lauten. Die Befehle haben alle den folgenden Wortlaut:

Beschluß: X. D. wird hiermit mit seiner Frau: geb. . . . und seinen Kindern . . . aus München und dem Freistaat Bayern ausgewiesen. Gebühren bleiben außer Ansatz, die Kosten des Verfahrens und der Ausweisung fallen den Ausgewiesenen zur Last. Gründe: . . . es folgen dann irgendwelche beliebige Scheingründe, z. B. irgendeine Polizeistrafe vor langer Zeit. Ein besonders krasser Fall: Der Betroffene war auf Grund der Denunziation eines Nationalsozialisten eines Raubmordes verdächtigt worden; der wirkliche Mörder wurde aber inzwischen abgeurteilt, so daß die Anklage gegen den Ostjuden wegen völliger Haltlosigkeit der Beschuldigung niedergeschlagen wurde. Vielfach war die einzige Begründung die, daß die Betroffenen vor Jahrzehnten in ärmlichen Verhältnissen eingewandert seien, nun aber reich seien, „daß sie also verstanden haben, sich während der tiefsten Not des deutschen Volkes zu bereichern". Nirgendwo fehlt der Schluß: X. D. sei also ein gefährlicher Schädling des deutschen Volkes, der eine Wiedergesundung des deutschen Volkes behindere und demgemäß auszuweisen sei. Es folgen dann noch die Angaben der rechtlichen Bestimmungen, auf die sich die Ausweisungen stützen: die Verordnungen des Gesamtstaatsministeriums über den Ausnahmezustand; die verschiedenen Erlässe des Generalstaatskommissars v. Kahr; dann wird gleichzeitig auf Grund des Erlasses vom 17. Oktober des Generalstaatskommissars die Beschlagnahme der Wohnung des Ausgewiesenen ausgesprochen. Als Rechtsmittel wird angegeben, eine bei der Polizeidirektion einzureichende Beschwerde an den Generalstaatskommissar innerhalb dreier Tage, die aber keine aufschiebende Wirkung hat. Falls eine Beschwerde eingereicht wird, tritt die Wohnungsbeschlagnahme am Tage des die Beschwerde verwerfenden Bescheides des Generalstaats-Kommissars in Kraft. Gezeichnet sind die Ausweisungsbefehle vom Polizeipräsidenten Mantel und für die beglaubigte Unterschrift vom Kriminaloberkommissar Prohaska.

Außer in München sind derartige Ausweisungsbefehle auch in anderen bayerischen Städten ergangen.

Infolge der Ausweisungen hat sich der in München lebenden Juden große Erregung bemächtigt. Eine Intervention beim Leiter des Fremdenamtes der Münchener Polizeidirektion hatte kein Resultat. Dieser bezeichnete im Gegenteil es als Vergünstigung, daß die zunächst für drei Tage vorgesehene Ausweisungsfrist auf vierzehn Tage verlängert worden ist. Interventionen beim Minister für Soziale Fürsorge und beim Handelsminister waren resultatlos. Ein Protest des Industriellen-Verbandes blieb wirkungslos. Die Ausweisungen wurden fortgesetzt.

Die Betroffenen sind zumeist polnische Staatsangehörige. Der polnische Generalkonsul hat seiner Empörung über die Vorgänge Ausdruck gegeben und erklärt, daß er nicht glaube, daß seine Regierung gegen dieses Vorgehen keinen Widerspruch geltend machen werde. Die Warschauer Regierung wurde vom Konsulat sogleich eingehend informiert. (Diese Drohung mit Polen beweist wieder einmal, wie wenig sich die Juden, trotz gewisser Versicherungen, aus Zweckmäßigkeitsgründen als Deutsche fühlen. Die Schriftl.)

Ausgewiesen wurden ferner in zwei Fällen auch reichsdeutsche Juden nichtbayerischer Landeszugehörigkeit. Die Münchener Behörden scheinen also der Ansicht zu sein, daß auch die reichsdeutschen nichtbayerischen Juden ausgewiesen werden dürfen.

In politischen Kreisen wird behauptet, daß diese Austreibung der Preis sei, um den der augenblickliche Friede zwischen Hitler und Kahr erkauft worden sei. Hitler hätte sich nur durch die Darlegung der wirtschaftlichen Folgen des von ihm verlangten Vorgehens davon abbringen lassen, daß die Ausweisungsaktion sich gleichzeitig auf alle Juden erstrecke und sich damit zufriedengestellt, daß diese Ausweisung etappenweise erfolge. Ausgewiesen sind bisher 70 Familien. Die Ausweisung weiterer 200 Familien ist zu erwarten.

Die Ausgewiesenen sind wirtschaftlich zugrundegerichtet, da bei den großen und weitverzweigten Betrieben, die manche besitzen, eine Liquidation innerhalb von vierzehn Tagen undurchführbar ist. Es kommt hinzu, daß das Finanzamt die Ausgewiesenen als Auswanderer ansieht und zur Sicherung der Steuern für mehrere Jahre hinaus Vermögensbeschlagnahme vorsieht. Ein Teil der Ausgewiesenen ist mittellos und besitzt nicht einmal die Übersiedlungskosten.

Band III

Putsch und Verbotszeit der Hitlerbewegung

Offener Brief an die bayer. Regierung.

Die unmittelbar bevorstehende Errichtung der Währungsbank und der ganze Plan der sog. Währungsreform bedeutet, so wie er jetzt vorliegt und beabsichtigt ist, eine restlose Auslieferung der gesamten deutschen Wirtschaft, des deutschen Volkes und Staates an das internationale Großkapital. Die Verpfändung der auf die gesamten deutschen Werte zu legenden Zwangshypotheken und sonstiger Rechtstitel an ein eigens zu schaffendes „Privatinstitut", die restlose Verstrickung des ganzen Volkes und Staates in die Schuld dieses Unternehmens sind ein neues Versailles, und darum unannehmbar.

Wir fragen hiermit offen: Was hat die bayerische Regierung getan, und was gedenkt sie zu tun, um diese ungeheuerliche Gefahr in der letzten Minute noch abzuwenden? Wer sind die Hintermänner, die als Träger der Währungsbank die Nutznießer dieser Riesenschiebung sein sollen?

Wir fordern von der bayerischen Regierung, daß unter gar keinen Umständen bayerische Pfänder und bayerische Staatseinrichtungen und Staatsgewalten dieser privatkapitalistischen Berliner Bankgründung unterstellt werden dürfen, daß man auch nicht etwa auf eine „selbständige" rechtlich und tatsächlich der Berliner Privatbank aber Handlangerdienste leistende „bayerische Stelle" hereinfällt.

Wir verlangen, daß, wenn eine Währungsbank errichtet wird, für Bayern ein eigenes, dem Staate und nicht Privatkapitalisten gehörendes Institut geschaffen, und daß ausschließlich einem solchen Institut die Gesamtsumme der ins Auge zu fassenden Pfänder überwiesen wird, und daß auf direktem Wege, unmittelbar durch den Staat, die neue Währung, durch diese Sachwerte gedeckt, ins Volk gegeben wird, unter Vermeidung der zweifachen Verteuerung und Zinspflicht, wie sie bei der Währungsbank zugunsten der Taschen des Großkapitals erfolgen soll.

Im Namen der von uns vertretenen Volksgenossen fordern wir unbedingte Ablehnung dieser Versklavungsversuche und sofortiges energisches Handeln.

Für den Deutschen Kampfbund:
gez. *Heiß, Hitler, Weber.*

Für den Kampfbund zur Brechung der Zinsknechtschaft:
gez. *Feder, Drexler, Dr. Buckeley.*

Völkischer Beobachter, Nr. 198, v. 26. 9. 1923.

A .v. Graefe-Goldebee in der „Mecklenburgischen Warte":
Offener Brief an die schaffenden Stände und ihre Berufsorganisationen

„Mit brutaler Konseqenz hat die internationale jüdische Börsenwelt ihren Raubzug auf alle Geldwerte seit der von ihr durch Krieg und Revolution hinterlistig inszenierten verhängnisvollen Erschütterung der deutschen Volkswirtschaft durchgeführt. Erfüllungspolitik bis zum Weißbluten auf der einen Seite, Valutaschwindel und Notenpresse auf der anderen haben den reell erarbeiteten Geldbesitz fast restlos aus den Händen der schaffenden Volksteile in die gierigen Finger der nur raffenden Spekulationsgewinnler gebracht. Der kaufmännische, gewerbliche und geistig arbeitende Mittelstand liegt bereits in seinem Todeskampf! Während die Träger deutschen Gewerbes, deutscher Kultur und jeglicher deutscher Volkskraft dem bittersten Elend zugetrieben werden, spreizt sich in den Großstädten, den Bädern und an allen Stätten oft zweifelhafter Vergnügungen die größtenteils fremdrassige Clique der ausgerechnet durch die Not unseres Volkes emporgekommenen neuen Reichen.

Der erste Akt dieser Tragödie ist zu Ende gespielt, der zweite soll beginnen. Der Raubzug auf die Geldvorräte und das gemünzte Gold ist so gut wie vollendet; die Plünderung der Sachwerte und der Betriebsmittel soll folgen.

Die Form des Zustandekommens dieser ruinösen Gesetze beweist dabei gleichzeitig den vollkommenen Bankerott des Parlaments. Denn einerseits haben unter dem künstlich aufgemachten ‚Druck der Straße' auch alle bürgerlichen Parteien des Reichstags — mit alleiniger Ausnahme der ‚Deutsch-Völkischen Freiheitspartei', die unter schärfstem Protest als einzige dagegen stimmte — die Nerven total verloren, indem sie den Widersinn beginnen, diese den Anfang absoluter Sozialisierung unseres Wirtschaftslebens bedeutenden Expropriationsgesetze mit anzunehmen, andrerseits maßt sich die neue Reichsregierung unserer ‚parlamentarischen Republik' unter völliger Mißachtung des ohnmächtigen Reichstags direkte diktatorische Gewalt an, wenn sie den Artikel 48 der Reichsverfassung so auszulegen sich erkühnt, daß sie z. B. die neue Devisenordnung aus eigener Machtvollkommenheit und ohne Zustimmung der Volksvertretung verfügen zu können wähnt. Wenn das der Sinn des Art. 48 der Verfassung sein sollte, dann ist der Reichspräsident auf allen Gebieten der Legislative und nicht nur in den Grenzen der Exekutive, die der Gesetzgeber zweifelsohne vornehmlich im Auge gehabt hat, ohne weiteres unbeschränkter Diktator, sobald nur irgendwo der Mob eine drohende Geste macht. Denn dann kann man alles und jedes als ‚zur Wiederherstellung der öffentlichen Sicherheit' interpretieren.

Ich meinerseits erkenne in solcher Auslegung der Verfassung, deren Artikel 1 bekanntlich lautet ‚Die Staatsgewalt geht vom Volk aus', geradezu eine rechtswidrige Außerkraftsetzung der Verfassung selbst, eine Auslieferung des ‚souveränen Volkes' an eine usurpierte diktatorische Gewalt! Und das ausgerechnet zur kalten Durchführung der ganz gewiß von der überwiegenden Mehrheit dieses Volkes nicht gewollten Sozialisierung, die schließlich zum gänzlichen Ruin unserer Volkswirtschaft führen muß."

Völkischer Beobachter, Nr. 178, v. 2. 9. 1923.

Aufruf des Deutschen Kampfbundes.
Deutsche Volks- und Kampfgenossen! Bayern!

Das *zweite Diktat von Versailles* ist dem *deutschen Volke auferlegt* und von *seinen Regierungen angenommen worden.*

Rhein und Ruhr sind aufgegeben — unsere kämpfenden Brüder sind verraten — wie seinerzeit die an der Front kämpfenden Armeen.

Eine neue deutsche Sklavenkolonie ist für das französische Rentnervolk und für den Internationalen Kapitalismus zur Tatsache geworden.

Schlageter und seine Gesinnungsgenossen sind wie die Kämpfer des Weltkrieges umsonst in den Tod gegangen.

Der sterbende Parlamentarismus sucht sich in letzter Stunde der ihm drohenden Abrechnung durch die

Errichtung einer parlamentarischen „Diktatur der Mitte"

zu entziehen.

Durch Ernennung eines Parlamentariers zum Diktator für das Reich und einer Reihe von Staatskommissaren für die Länder soll die unhaltbar gewordene Lage gerettet werden.

Gleichzeitig ist in Bayern Dr. v. Kahr, dem an ihn ergangenen Ruf des Gesamtstaatsministeriums zum Generalstaatskommissar in Bayern gefolgt. Ihm sind seitens des Parlaments diktatorische Vollmachten übertragen worden.

Die Diktatur Kahr ist damit das Ergebnis eines Kompromisses parlamentarischer Kreise, die der völkischen Freiheitsbewegung bisher kühl, wenn nicht ablehnend, gegenüberstanden.

Eine Diktatur aber, die *von unkontrollierbaren Bindungen abhängig ist, ist ein Widerspruch in sich selbst.*

Deshalb haben die im Deutschen Kampfbund zusammengeschlossenen Kampfverbände die Unterstützung des Herrn Generalstaatskommissars abhängig gemacht von der Haltung, die dieser den in der Kundgebung des Deutschen Kampfbundes vom 1. und 2. September aus Nürnberg niedergelegten Grundsätzen gegenüber einnimmt.

Der Deutsche Kampfbund vertritt nach wie vor den Standpunkt, daß es sich in diesen deutschen Schicksalstagen ausschließlich darum handelt, das deutsche Volk vor der Versklavung zu retten und ihm den Weg in die Freiheit zu bahnen.

Deshalb tritt für uns die Staatsform zurück vor der Not des Vaterlandes sowohl in Bayern wie in Preußen und im Reich. Wir bekämpfen den, der es außerdem wagt, die gegenwärtige politische Hochspannung zu konfessionellen Geschäften zu mißbrauchen.

Darum warnen wir davor, die historische Aufgabe Bayerns auf die eifersüchtige Wahrung rein bayerischer Belange innerhalb der weißblauen Grenzpfähle zu beschränken und die berechtigte Forderung nach Rückeroberung bayerischer Eigenstaatlichkeit im Rahmen des Reiches der notwendigen Befreiung Großdeutschlands voranzustellen. Ein gesundes Bayern inmitten einer roten Flut von der Wolga bis zum Rhein ist undenkbar.

Wahre deutsche Treue, die *in jedem Bayernherzen lebt,* muß sich dann *am besten bewähren, wenn es gilt, unseren bedrohten Brüdern in Mittel- und Norddeutschland zu Hilfe zu kommen.*

Nicht nur die *bayerische* Zukunft, sondern die *deutsche* Zukunft *entscheiden sich heute in Bayern.*

Darum ist die *Losung des Kampfbundes: Nicht fort vom Reich,* sondern *für das Reich, ins Reich!*

Zusammen mit unseren Brüdern aus allen deutschen Stämmen wollen wir unter der schwarzweißroten Flagge kämpfen für die Auferstehung Deutschlands als völkischer Bundesstaat:

„Nach außen eins und schwertgewaltig,
Nach innen reich und vielgestaltig!"

München, den 29. September 1923.

Deutscher Kampfbund

Reichsflagge	Sturmabteilung der N.S.D.A.P.	Bund Oberland
gez. *Heiß*	gez. Adolf *Hitler*	gez. Dr. *Weber*

Völkischer Beobachter, Nr. 203, v. 1. 10. 1923.

Vertraulich Heidelberg, 27. September 1923.

Professor Lenard an Justizrat Claß

Hochgeehrter Herr Justizrat!

Ich habe mich sehr gefreut, die „Alld. Blätter" wieder kommen zu sehen und die so treffenden Darstellungen der Lage und des zu Erstrebenden von kundigsten Seiten her zu lesen. Welche Freude, zu sehen, daß selbst von Berlin aus noch deutsch denkende Menschen — und aus so altem, immer nach deutscher Geltung im besten Sinne strebendem Verbande — ihre Stimme wieder erheben!

Aber Eines macht mir bange: Die Zersplitterung, beziehlich Uneinigkeit, von der ich Ihnen schon neulich beklagend schrieb. Ich meine aber heute nicht die doch nur kleinen Gruppen oder gar nur Einzelpersonen, die innerhalb Preußens gegen den „Alld. Verband" oder gegen Ihre Person „kämpfen"; die sind doch von oberstem Standpunkt aus gesehen wohl von wenig Belang. Anders ist es aber, wenn man neben dem „Alld. Verband" an die andere, neue sehr große und bedeutende Gruppe der „Nationalsozialisten" und der mit diesen zusammengeschlossenen „Kampfverbände" denkt. Es sind das nicht nur mächtige, klare geistige, sondern auch körperliche Kampfverbände, die eben deshalb, weil sie das sind, ohne Zweifel eine wichtige Rolle bei der Entwicklung des deutschen Schicksals in nächster Zeit haben werden, und in dieser Beziehung hat es mir leid getan (wenn es nicht kluges Schweigen war) keine Andeutung einer geistigen Verbindung von „Alldeutschen" und „Nationalsozialisten" oder sagen wir von Claß und Hitler in jenen Darstellungen in den „Alld. Blättern" zu sehen. Daß keine Gegnerschaft besteht, scheint mir sicher von beiden Seiten her; aber es müßte noch mehr des Guten zu sagen oder zu denken sein. Wenn nun beispielsweise Bayern sein „Nicht los von Berlin, sondern auf nach Berlin" wirklich ins Werk setzt, sollte da der „Alld. Verband" nicht schon gerüstet sein, Fühlung zu haben, ja sogar zeitweilig sich mit seinen geistigen Kräften ganz und gar zur Verfügung stellen? Ich wünschte mir, als Mitglied des „Alld. Verb." das doch sehr als gesichert annehmen zu dürfen, damit nichts fehle, was nach menschlichem Ermessen doch noch einmal eine segensreiche Entwicklung deutschen Geistes auf Erden ins Werk setzen könnte. Auch die Wissenschaft, die ich treibe, sinkt zur Bedeutungslosigkeit — ja zum Ekel — herab, wenn nicht deutscher Geist mehr über sie walten darf. Dies sei meine Entschuldigung, wenn ich als Einzelperson und bloßer Gelehrter, dazu noch in gebundener Stellung, Ihnen von diesen Dingen schreibe; Sie geben mir gewiß recht, daß sie jeden Deutschen bewegen dürfen, ja sollten, und meine nun schon alte Zuneigung und Bewunderung für Sie — meinen lieben „Einhart" — hat mir eingegeben, das Vorstehende (gleich als eine herzliche Bitte) an Sie zu schreiben.

Stets — mit freundlichen Grüßen — Ihr ergebener gez. P. *Lenard.*

Bundesarchiv Koblenz

Vertraulich!
und mit der Bitte um
Vernichtung des Briefes nach
dem Lesen aus naheliegenden Gründen.

Heidelberg, 27. Sept 25.

Hochgeehrter Herr!

Ich komme um Ihrer Klarheit und Energie meine Bewunderung zu zollen nicht nur, sondern um auch einen bestimmten Gedanken zu äussern, der mir als Mitglied des „Alldeutschen Verbandes" naheliegt.

Dieser Verband war in der Kriegszeit und auch lange vorher schon der einzige, der ähnliche Klarheit des Denkens zugleich mit Sachkenntnis und Menschenkenntnis für vaterländische Ziele betätigte. Er hat jetzt an Bedeutung vielleicht eingebüsst, dürfte aber immer noch ansehnlich sein der Mitgliederzahl und auch seiner Verbreitung nach im ganzen Reich.

Mein Gedanke ist der, dass „Nationalsozialisten" und „Alld. Verb" eine Annäherung suchen müssten. Dem steht vielleicht entgegen, dass der „Alld Verb" anscheinend sich selbst ganz an der Spitze der völkischen Bewegung dünkt, was ja in der Tat nicht zutrifft; siehe hierzu die beiden roten Fragezeichen in der anliegend übersandten letzten Nr der „Alld. Bl.", die im übrigen sehr treffende Gedanken zu enthalten scheint. Ich glaube aber, dass bei der unzweifelhaften Reinheit der Gesinnung in der Leitung des „Alld Verb" diese Fragezeichen keine Rolle spielen werden wenn persönliche Fühlungnahme statthat.

Dass ich auch nach der anderen Seite hin meinen Teil zu tun bemüht war um solche Fühlungnahme, falls etwa noch nötig, anzuregen, mögen Sie aus anliegender Abschrift meines gleichzeitigen Briefes an den mir persönlich bekannten Vorsitzenden des „Alld. Verb", Justizrat Class in Berlin ersehen. Der Brief zeigt auch alles Weitere, was von mir aus noch zu sagen wäre. PhL

Die Einsicht über Juden und Judengeist ist bei Herrn Class und in der Verbandsleitung vorhanden; zu den Parteien des Schwatzbudensystems hängt der Verband auch nicht; denn er hat in der „Deutschen Zeitung" schon recht lange her und öfter wiederholt den Diktator als einzig möglichen Retter des Vaterlandes verlangt. Ich nehme an, daß er sich auch genügend frei von etwaigen kapitalistischen Einflüssen (Großindustrie?) machen kann. Dynastische Gedanken sind ihm fern nach den großen Enttäuschungen damit.

Meinen Namen nach bin ich Ihnen — wenn nicht anders — vielleicht als einer der Überwinder der Einstein'schen „Lehre" bekannt oder als der Heidelberger Professor der Physik der im vorigen Jahre und später wegen des Rathenau-Tages in Schwierigkeiten gekommen ist.

Es sei Ihnen als dem kommenden Retter deutschen Geistes und damit auch aller Möglichkeit des Wiederaufblühens echter Naturwissenschaft, herzlich Glück gewünscht

P. Lenard.

Professor Lenard an Adolf Hitler

Vertraulich
und mit der Bitte um
Vernichtung des Briefes
nach dem Lesen aus naheliegenden Gründen.

Heidelberg, 27. Sept. 23.

Hochgeehrter Herr!

Ich komme, um Ihrer Klarheit und Energie meine Bewunderung zu zollen, nicht nur, sondern um auch einen bestimmten Gedanken zu äußern, der mir als Mitglied des „Alldeutschen Verbandes" naheliegt.

Dieser Verband war in der Kriegszeit und auch lange vorher schon der einzige, der ähnliche Klarheit des Denkens zugleich mit Sachkenntnis und Menschenkenntnis für vaterländische Ziele betätigte. Er hat jetzt an Bedeutung vielleicht eingebüßt, dürfte aber immer noch ansehnlich sein der Mitgliederzahl und auch seiner Verbreitung nach im ganzen Reich.

Mein Gedanke ist der, daß „Nationalsozialisten" und „Alld. Verb." eine Annäherung suchen müßten. Dem steht vielleicht entgegen, daß der „Alld. Verb." anscheinend sich selbst ganz an der Spitze der völkischen Bewegung dünkt, was ja in der Tat nicht zutrifft; siehe hierzu das rote Fragezeichen in der anliegend übersandten letzten Nr. der „All. Bl.", die im übrigen sehr treffende Gedanken zu enthalten scheint. Ich glaube aber, daß bei der unzweifelhaften Reinheit der Gesinnung in der Leitung des „Alld. Verb." dieses Fragezeichen keine Rolle spielen wird, wenn geschickte Fühlungnahme statthat.

Daß ich auch nach der anderen Seite hin meinen Teil zu tun bemüht war, um solche Fühlungnahme, falls etwa noch nötig, anzuregen, mögen Sie aus anliegender Abschrift meines gleichzeitigen Briefes an den mir persönlich bekannten Vorsitzenden des „Alld. Verb.", Justizrat Claß in Berlin, ersehen. Der Brief zeigt auch alles Weitere, was von mir aus noch zu sagen wäre.

Die Einsicht über Juden und Judengeist ist bei Herrn Claß und in der Verbandsleitung vorhanden. An Parteien des Schwatzbudensystems hängt der Verband auch nicht; denn er hat in der „Deutschen Zeitung" schon recht lange her und öfters wiederholt den Diktator als einzig möglichen Retter des Vaterlandes verlangt. Ich nehme an, daß er sich auch genügend frei von etwaigen Kapitalisten (Großindustrie?) machen kann. Dynastische Gedanken sind ihm fern nach den großen Enttäuschungen damit.

Meinem Namen nach bin ich Ihnen — wenn nicht anders — vielleicht als einer der Überwinder der Einsteinschen „Lehre" bekannt oder als der Heidelberger Professor der Physik, der im vorigen Jahre und später wegen des Rathenau-Tages in Schwierigkeiten gekommen ist.

Es sei Ihnen als dem kommenden Retter deutschen Geistes und damit auch aller Möglichkeit des Wiederauflebens echter Naturwissenschaft herzlich Glück gewünscht.

P. Lenard

Bundesarchiv Koblenz.

Ullersricht Bei Weiden/Obpf., den 29.September 1923

Zum Akt

Haus Schöneck

34 **Zum Akt**

Empf. ...
Erledigt ...
unter B. Nr. ....

Herrn Adolf Hitler.

München

Sehr geehrter Herr Hitler!

Mein verehrter Freund Lenard, der weltberühmte Heidelberger Physiker, der wegen seiner deutsch-völkischen Gesinnung schon schwere Verfolgungen erleiden musste, hat mich gebeten, das anliegende Schreiben an Sie zu übermitteln. Ich komme seiner Bitte nach, nicht deswegen, weil ich seinem Vorschlag zustimme, sondern deswegen weil ich wünsche, dass Sie die Wertschätzung von Seite eines so grossen Mannes als Ermutigung empfinden mögen.

Ich habe Herrn von Kahr den Wunsch vorgetragen, im Interesse des deutschen Freiheitskampfes einen Weg der Zusammenarbeit mit Ihnen zu finden, und möchte auch Ihnen gegenüber den Wunsch äussern, sich mit Kahr zu verständigen. Ein offenes Wort über Herrn v. Scheubner im Interesse der deutschen Sache! Wenn Herr v. Scheubner auch tatsächlich kein jüdisches Blut in den Adern hat, so sieht er doch äusserlich wie ein Jude aus und scheint mir aus diesem Grunde nicht geeignet zu sein, den Deutschen Kampfbund nach aussen hin zu vertreten.

Mit vorzüglicher Hochachtung

Ihr ergebener

Univ. Prof. J. Stark

Dienstanweisung
für den *Stab* des *Oberkommandos der S.A.*

Mit dem heutigen Tage tritt folgende Dienstanweisung für den Stab des Oberkommandos in Kraft:

a) Gliederung.

Kommandeur der Sturmtruppen	Hauptmann *Göring*
Chef des Truppenstabs (a)	Major *Hühnlein*
Chef des Organisationsstabes (IIa)	Kapitänleutnant *Hoffmann*
Quartiermeister (Ib)	Major *Streck*
Sanitätswesen:	Dr. *Schulze*
1. Adjutant	. . .
2. Adjutant	Leutnant *Baldenius*
Stabsfeldwebel	Vzfw. *Schreck*
Transportabetilung	*Weber*

b) Einteilung.

Verteilung der Büroräume: Zimmer 1: Hoffmann—Streck—1. Adjutant
Zimmer 2: Baldenius—Schreck

Folgende Zeiten sind absolut innezuhalten, damit ein geregelter Geschäftsbetrieb möglich ist.

Hoffmann:	Anwesend:	10.30 bis 1.30 4.00 bis 6.00	Büro
	davon Sprechstunde	10.30 bis 1.30 5.00 bis 6.00	
Streck:	Anwesend:	11.30 bis 1.30 3.00 bis 5.00	Büro
	davon Sprechstunde	11.30 bis 12.00 4.30 bis 5.00	

Hühnlein: 11.00 bis 1.00 im Büro.
Sprechstunde in der Wohnung nach vorheriger Vereinbarung.

Kommandeur: 12.00 bis 1.00 (außer Mittwoch)
Während der Zeit Vortrag der Herren Referenten, gemeinsame Sitzung, Sprechstunde des Kommandeurs:
1.30 bis 2.30 (außer Mittwoch).

1. Adjutant: 9.00 bis 2.30 Büro
davon Sprechstunde: 10.00 bis 11.00

Baldenius: 8.30 Wohnung des Kaptl. Hoffmann
9.30 bis 1.30 Büro
3.00 bis 6.30 Büro

Schreck: 8.30 bis 12.00 Büro
1.30 bis 6.30 Büro

Brückner: Jeden Tag, außer Mittwoch, 12.00 bis 1.00 auf dem Okdo.

Ich ersuche alle Herren, nur in dringenden Fällen von diesen Zeiten abzuweichen. Telefonische Mitteilungen an Adjutantur über Gründe des Fernbleibens und Aufenthalt.

Allgemeine Dienstanweisung.

Die gesamte Post (Ein- und Auslauf) geht nach Eintragung in das Briefbuch an IIa, der sie nach Kenntnisnahme verteilt für die einzelnen Ressortchefs. Die Post wird dann nach Auszeichnung durch die Adjutantur den Ressortchefs zur Kenntnisnahme und Beantwortung vorgelegt. Nach Bearbeitung geben die Ressortchefs die Post direkt an IIa, der dann für die weitere Erledigung verantwortlich ist. Jeder Ressortchef hält zu der festgesetzten Referentenbesprechung mittags 12.00 bis 1.00 möglichst im Beisein der anderen Referenten dem Kommandeur kurz Vortrag und holt von ihm für besondere Dinge die Entscheidung ein. Für diese dem Kommandeur vorzulegende Post sind besondere Mappen angefertigt, die die Ressortchefs in eigener Verwahrung haben.

Wegen des Raummangels müssen in dem Zimmer 1 zu den Sprechstundenzeiten Besuche von Herren, die sich nur kurz informieren wollen, möglichst ferngehalten werden. Es ist jeder Besucher darauf hinzuweisen, daß die Erledigung der umfangreichen Arbeit nur möglich ist, wenn die Besuche in die Zeit nach 1.00 verlegt werden. In allen Büroräumen ist für unbedingte Ruhe zu sorgen und für möglichst leise Unterhaltung zur Zeit der Sprechstunden. Führerbesprechungen usw. sind stets so zu legen, daß sie den allgemeinen Bürobetrieb (Sprechstundenzeit und Referentenbesprechung) nicht stören. Es ist nach Inkrafttretung dieser Dienstanweisung darauf hinzuwirken, daß die Sprechstunden schon jetzt genau innegehalten werden. Ausnahmefälle sind auf das Mindestmaß zu beschränken.

In der Adjutantur werden kleine Zettel klar gehalten, auf denen jeder der Angemeldeten Name, Wohnort und genaue Anschrift angibt. Es kann dabei den Angemeldeten gesagt werden, daß die Zettel nach Vorlage stets sofort vernichtet werden. Donnerstags mittags ist in der Referentenbesprechung beim Kommandeur das Nachrichtenblatt zu besprechen. Die Beiträge der einzelnen Referenten werden nach Einverständniserklärung des Kommandeurs an I b zur Zusammenstellung des Blattes gegeben. I b ist für das Nachrichtenblatt (N.Bl.) verantwortlich, das Freitag fertiggestellt sein muß, so daß es Freitag mit der Post auslaufen kann.

Dienstag und Freitag mittags meldet sich zur kurzen Information der Leiter der Transportabteilung beim Kommandeur.

München, den 20. Oktober 1923.

Das Oberkommando der S.A.
Der Kommandeur
gez. *Göring*

Bundesarchiv Koblenz

Gott will es!

Betrachtung über den gegenwärtigen Zustand Deutschlands.

von Houston Stewart Chamberlain.

Stockenden Atems, Brust und Herz beklommen: so stehen wir da und harren der kommenden Ereignisse; denn ein jeder fühlt mit mehr oder weniger Deutlichkeit, daß wir an einem weltgeschichtlichen Wendepunkt angelangt sind. Alle, denen der Star gestochen wurde, erblicken den Satan leibhaftig gegenwärtig unter uns, und manchen ist zumute, als verspürten sie den Hauch Gottes. Wir entnehmen daraus die Überzeugung, daß es diesmal nicht bloß um menschliche, sondern um göttliche Dinge geht.

In der Tat, es geht um das Dasein des Deutschtums, des Deutschgedankens! Dies aber ist der heiligste Gedanke Gottes, der bisher auf Erden Gestalt gewann. Das mag demjenigen eine chauvinistische Übertreibung erscheinen, dessen Blick, umdüstert von der Gegenwart, mit Entsetzen soviel Niedertracht, Feigheit, frevelhaften Leichtsinn unter deutschem Namen die Welt erfüllen sieht. Doch bleibt es ewig wahr, daß ein ganz reiner deutscher Mann — sagen wir ein Schiller — die Krone der bisherigen Schöpfung ist. Und so ein Mensch hervorragendster Art läßt sich gar nicht vereinzelt denken, er entsprießt einer Gemeinsamkeit, wird von ihr getragen, gebildet und genährt, er lebt in Wechselwirkung mit ihr, findet seinen Resonanzboden in ihr. So vielfältig ist der Mann bedingt durch seine Umgebung. Das Leben eines Schillers zeugt für das Dasein von Millionen von Menschen, die in größerem oder geringerem Grade an den Eigenschaften teilhaben, die wir in Schillers Wesen als besonders deutsch anerkennen müssen.

Welches glänzende Zeugnis deutschen Mannestums — noch unter der täuschenden Oberfläche lebendig — gab nicht der Kriegsausbruch 1914! Er herrschte damals eine Ebbe des bewußt Deutschen; Juda und der Mammonismus waren auf der ganzen Linie schon seit Jahren Trumpf; und wie verschwanden alle diese Schattengestalten im Nu! Zwar tauchten sie nur zu bald wieder auf. Doch inzwischen trotzen die Besten vier Jahre lang an allen Grenzen zugleich, und verwehrten dem übermächtigen Feinde, an irgendeiner Stelle Fuß zu fassen.

Freilich entbehren wir jetzt schmerzlich in unserem Kampf gegen „das andere Deutschland" drei Millionen der besten Deutschen; doch inzwischen wächst eine neue Jugend heran, die ihrer Väter würdig zu werden verspricht. Fände sich der Mann, dessen Herz im Einklang mit dem ihrigen schlüge — der geborene Führer —, so wäre mir nicht bange um die Zukunft des Deutschtums.

Und raunt man nicht allerorten, daß der Mann erschienen ist und unter uns auf seine Stunde harrt?

Brüder auf! Die Welt zu befreien!
Kometen winken, die Stund' ist groß.
Alle Gewebe der Tyranneien
Haut entzwei und reißt euch los!
Hinan! — Vorwärts — hinan!
Und das Werk, es werde getan!
So erschallt nun Gottes Stimme,
Denn des Volkes Stimme, sie erschallt,
Und entflammt von heiligem Grimme,
Folgt des Blitzes Allgewalt.
Hinan! — Vorwärts — hinan!
Und das große Werk wird getan.

Bayreuth, 6. November 1923

Völkischer Beobachter, Nr. 229, v. 9. 11. 1923.

Der Sieg des Hakenkreuzes

Ein düsterer, regnerischer Novemberabend über München, doppelt niederdrükkend für das Gemüt in dieser furchtbaren Zeit des tiefsten Elends und der größten Schmach für das deutsche Volk. Fröstelnd eilt man durch die finsteren Straßen, und die Erinnerung steigt in einem auf, daß just vor fünf Jahren die von Juden und

Judengenossen gemachte Revolution jenen heimtückischen Dolchstoß gegen unser unbesiegtes Frontheer von rückwärts führte, der es fällen sollte wie Hagen den Siegfried. Fünf Jahre grauenhaftester Schmach und Schande, wie sie nur je auf einem Volke gelastet hatten nach einem unerhört heldenmütigen, siegreichen Ringen gegen eine Welt von Feinden. Und kein Ausblick auf eine bessere Zukunft will sich zeigen, alles in Nacht und Nebel gehüllt, in das starrende Eis mutloser Verzweiflung, wie im letzten und tiefsten Höllenringe Lucifer in seiner Eiswüste sitzt . . .

Plötzlich stutzt man auf einsamer Wanderung durch eine menschenleere Straße, zwei grelle Augen flammen durch das Dunkel, das schwere Rattern eines Lastautos kommt näher und näher, Waffen blitzen, und aus jugendlichen Kehlen erschallt ein brausendes Heil! Ganz anders klingen diese Rufe als vor fünf Jahren, wo Etappenschweine und großstädtischer Auswurf, rote Fetzen schwingend, das Gewehr liederlich umgehängt, Revolution machten. Aber noch immer weiß man nicht, was sich ereignet hat, denn an demselben Abend war vaterländisches Fest der Reichskriegsflagge. Aber bald kommen neue Autos, hoch flattert die schwarz-weiß-rote Fahne, hoch flattern unsere Hakenkreuzbanner, und nun fliegt es in Windeseile durch die schon schlafende Stadt: Die völkische Revolution ist auf siegreichem Vormarsch! Deutschland erwacht aus seinem wüsten Fiebertraum, und eine neue große Zeit bricht in strahlendem Glanze durch die Wolken, die Nacht lichtet sich, es wird Tag, und stolz erhebt sich wieder das Symbol deutscher Macht und Größe: Der Aar!

Nun muß sich alles, alles wenden, und wenn auch noch in der Natur ein langer Winter vor uns liegt, so ist es doch heute Frühling geworden in allen den Millionen deutscher Herzen, die den Glauben an das Wiederauferstehen des deutschen Volkes nicht verloren hatten, die an das ewige Deutschland glaubten. Der marxistische Spuk, dieses teuflische Erzeugnis, entstanden aus einer Kreuzung talmudistischen Geistes und materialistischen Irrwahns, zerstiebt vor der christlich-germanischen Weltanschauung, die mit einem Ruck die Fesseln sprengte, in die sie von den Dämonen der Finsternis geschlagen worden waren. Der ewige Kampf zwischen Ormuzd und Ahriman, zwischen dem Lichte und der Finsternis, hat wieder einmal mit dem Siege der Sonne geendet, deren Symbol das uralte arische Heilszeichen, das Hakenkreuz ist!

Die Weltgeschichte wird niemals von der Masse, sondern nur von Persönlichkeiten gemacht als den Trägern politischer Ideen, allein „wie sich der Sonne Scheinbild in dem Dunstkreis malt, bevor sie kommt, so schreiten den großen Geschicken die Geister voran, und in dem Heute zeigt sich schon das Morgen". So kennzeichnet der große deutsche Idealist Friedrich von Schiller das Werden des Neuen, für das aber auch der nötige Resonanzboden vorhanden sein muß, bevor die berufenen Männer ans Werk schreiten können.

Dies war auch diesmal der Fall. Viel früher, bevor es in Erscheinung trat, war in unserem so schwer geprüften Volke die Sehnsucht rege geworden, aus dem Chaos seines Elends, seiner Schmach und Schande, verschuldet vor allem durch die verwirrende Tätigkeit des alljüdischen Mammonismus, wieder aufzutauchen in das Bewußtsein seines ureigenen Wesens. Da fanden sich aber auch schon die Männer, die dem unbestimmten Sehnen feste Form gaben und ihm die Richtung wiesen, vor allem unser Adolf *Hitler,* selbst ein Kind aus dem Volke. Niemand von den Außenstehenden hat eine Ahnung davon, welch einer ungeheuren Arbeit es aber bedurfte, die nationalsozialistische, die völkische Bewegung zu solcher Größe anschwellen zu lassen, daß sie endlich den vernichtenden Schlag gegen die inneren Feinde unseres heißgeliebten Vaterlandes führen konnte, der das deutsche Volk aus den Fesseln der überstaatlichen Weltbörse und — so Gott will! — auch aus denen des Versailler Schand- und Versklavungsfriedens befreien soll!

Neben Adolf Hitler unser General *Ludendorff*, mit dem Feldmarschall von Hindenburg zusammen der Sieger in unzähligen Schlachten und die leuchtende Verkörperung des deutschen Wehrgedankens. Dann Dr. *Pöhner*, ein Mann, der als Hauptmann während des ganzen Weltkrieges mit seiner Kompanie im Schlamm des Schützengrabens gelegen hatte, und dem es gelang, nach dem Zusammenbruch des Marxismus in Bayern aus dem zweitgrößten Bundesstaate Deutschlands eine Oase in dem Chaos rings umher zu schaffen, auf der sich die deutschbewußten Kreise sammeln konnten; Dr. von Kahr, dieser Repräsentant des musterhaften alten deutschen Staatsbeamten, der nur eines kannte, den getreuen Dienst am Volke und am Staate, General von Lossow, der tapfere Heerführer, Oberst von Seisser, und wie sie alle heißen, die Männer, die in unermüdlicher Arbeit unverdrossen an dem Wiedererwachen des deutschen Volksgeistes um und mit unserem Adolf Hitler gewirkt haben — sie alle sind die Träger des neuen nationalsozialen Deutschlands!

Es wäre aber eine törichte Einbildung, zu glauben, daß jetzt mit einem Schlage alles wieder gut werden würde. Schwer war die Arbeit, die bisher geleistet wurde, und noch schwerer wird die Arbeit sein, die erst zu leisten ist. Gilt es doch zunächst den ganzen Augiasstall auszuräumen, den die Novemberverbrecher hinterlassen haben, gilt es doch jetzt, aus den Trümmern des Bismarckreiches das neue Deutschland aufzubauen! Wir sind erst am Anfang der Erlösung des deutschen Volkes. Nun auf zum Marsch nach Berlin, nicht eher dürfen wir im ersten Anlauf uns eine Ruhepause gönnen, bevor nicht von dem altehrwürdigen Berliner Schlosse die Hakenkreuzfahne weht!

J. St-g.

Völkischer Beobachter, Nr. 230, v. 9. 11. 1923.

An das deutsche Volk!

Am 9. November 1918 wurde das um sein Dasein kämpfende deutsche Volk hinterrücks überfallen und verraten. Seit dieser Zeit wird deutsche Ehre von Verrätern und Meineidigen straflos mit Füßen getreten; seit diesem Tage wurde das deutsche Volk ausgebeutet durch seine inneren Todfeinde, und sein Gut und Blut verschachert an die Todfeinde jenseits der Grenzen; seit dem 9. November 1918 ist eine planmäßige Deutschenverfolgung eingetreten, um die Nutznießer des Novemberverrats die Früchte ihres Verbrechens ungehindert genießen zu lassen.

Das ist jetzt zu Ende!

Am 9. November 1918 siegte der Hochverrat, am 9. November 1923 beginnt die Sühne, das gerechte Gericht an den Volksbetrügern.

Freiheit hatten sie versprochen und haben uns in die elendeste Sklaverei geliefert; Brot wollten sie schaffen und haben alles Getreide durch ihre jüdischen Börsenherren verschieben lassen; Würde wollten sie und Schönheit zeigen, dabei aber haben sie ehrlos deutsche Würde verkauft und verschachert, um ihrer äußeren Anerkennung willen; Menschenverbrüderung wollten sie bringen und haben uns die jüdische Ausbeutung, die französische Peitsche und die schwarze Schmach, den gemeinsten und feigsten aller Kriege beschert . . .

Das Maß war voll, der Hohn zu groß, die Gemeinheit zu niedrig.

Die führenden Schufte des Verrats vom 9. November 1918, soweit sie nicht schon hinter Schloß und Riegel ihrer Aburteilung harren, sind ab heute als vogelfrei erklärt.

Jeder Deutsche, welcher Ebert, Scheidemann, Oskar Cohn, Paul Levi, Theodor Wolff, Georg Bernhard und ihre Helfer und Helfershelfer ausfindig machen kann, hat die Pflicht, sie tot oder lebendig in die Hand der Völkischen Nationalregierung zu liefern!

Wiederherstellung der deutschen Ehre ist höchstes Ziel der völkischen Freiheitserhebung. Sie wird ferner sorgen für:

Sicherung der ehrlich-schaffenden produktiven Arbeit, rücksichtslose Enteignung des erwucherten Kapitals, Schutz der deutschen Wirtschaft, Tod dem Wuchertum! Für überführte Spekulanten mit deutschem Gut gibt es nur eine Strafe: den Galgen!

Säuberung des Beamtenapparats von den nur auf Grund ehrloser november-republikanischer Gesinnung angestellten Schmarotzern.

Sicherung der Ernährung der durch die Novemberverbrecher um ihr Hab und Gut betrogenen Schichten des deutschen Volkes. Sofortige Errichtung von Volksküchen.

Baldige Einführung einer durchgreifenden Währungsreform, um endlich wieder *deutsches Geld* zu schaffen.

Deutsche Volksgenossen! Die Novemberrepublik hat uns um alles bestohlen. Wir versprechen nicht, in wenigen Tagen euch ein sorgenfreies Leben zu schaffen. Ihr werdet kämpfen müssen, da man euch jahrelang mit der Lüge betrogen hat, als könne ohne Kampf sich ein Volk gesund erhalten, frei bleiben.

Aber es gibt nur eines:

Kampf oder Untergang.

Diesen Kampf werden wir führen und das deutsche Land mit eurer Hilfe rein fegen von allem Schmarotzertum und alle Volksbetrüger ihrem verdienten Schicksal entgegenführen, auf daß einst aus diesem Kampf um Ehre, Freiheit und soziale Gerechtigkeit hervorgeht das

Heilige völkische Großdeutschland!

Völkischer Beobachter, Nr. 230, v. 9. 11. 1923.

Proklamation an das deutsche Volk!

Die Regierung der Novemberverbrecher in Berlin ist heute für abgesetzt erklärt worden. Eine provisorische deutsche Nationalregierung ist gebildet worden. Diese besteht aus General Ludendorff, Adolf Hitler, General von Lossow und Oberst von Seisser.

Die Revolution der Novemberverbrecher ist mit dem heutigen Tage beendet, das Regiment wirtschaftlicher Schieber und politischer Gauner gebrochen, eine

deutsche Nationalregierung

ist proklamiert.

Fünf Jahre sind heute vollendet, seit dem Tage, da unter dem Gejohle elender Deserteure, aus Gefängnissen entkommener Verbrecher das deutsche Heldenvolk den Dolchstoß des Verrats erhielt.

Friede, Freiheit, Schönheit und Würde logen die Nationalverbrecher unserem gutgläubigen Volke als kommende Segnungen ihrer Tat vor.

Beendigung der kapitalistischen Wirtschaft, Beseitigung des militaristischen Geistes der Welt, der Beginn einer internationalen Völkerversöhnung, Weltfriede und Weltglück wurde versprochen.

Und was ist gekommen? Zusammengebrochen steht heute unser unglückseliges Volk am Rande seines eigenen Grabes. 17 Millionen Deutsche sind dem Vaterland entrissen, schmachvoll entehrt, werden wir schlimmer behandelt auf dieser Welt als Negerstämme. Hunger und Not wüten in den breiten Schichten unseres arbeitenden und schaffenden Volkes, und jeder Fleiß, er war unter dem Regiment dieser fluchbeladenen Verbrecher nur Anreiz zu einer neuen Vergewaltigung.

Das ehrliche Schaffen des Redlichen, es wurde unter diesem System belohnt mit der Aussicht auf sicheres Verhungern, das völkische Empfinden mit Kerker und Zuchthaus.

Nur dem wirtschaftlichen Spekulanten und Schieber öffneten sich die Pforten des Reichtums, dem politischen Betrüger allein die Stellungen der Verwaltung und staatlichen Führung.

Eine unverschämte Verschleuderung von Nationalvermögen, Mißwirtschaft in allen Staatsämtern und Betrieben, Korruption der gesamten Verwaltung mußte zu jener Währungskatastrophe zwangsläufig führen, die das deutsche Volk in diesen Stunden zur letzten Verzweiflung bringt.

Gewissenlose Verbrecher fühlen sich durch die Treulosigkeit dieser verkommenen Regierungen ihren Volksgenossen gegenüber berechtigt, in ähnlicher Treulosigkeit aus dem Vaterlande Gebiet um Gebiet loszulösen und wegzureißen.

Lächerliche Proteste werden ihnen zur Antwort gegeben.

Und in einer Stunde, da das Deutsche Reich in Todeszuckungen liegt, reden die Urheber all dieses Unglückes von der Notwendigkeit der Erhaltung von Ruhe und Ordnung.

Ein ehemaliger Bordellwirt als würdiger Repräsentant des Novemberverbrechens usurpiert den Stuhl eines Reichspräsidenten und entwürdigt das deutsche Volk und die deutsche Republik zugleich.

Parlamentarische Opportunitätsgruppen kleben krampfhaft an ihren Stühlen, nur von dem einen Gedanken ihrer Mandate beherrscht.

Von solchen Stellen Hilfe zu erwarten, hieße ein Narr sein.

In dieser Erkenntnis wurde am 8. November 1923, am Jahrestage der tiefsten deutschen Schmach, die Regierung der Novemberverbrecher zu Berlin für abgesetzt erklärt und eine neue provisorische Nationalregierung wie folgt proklamiert:

Proklamation an das deutsche Volk!

Die Regierung der Novemberverbrecher in Berlin ist heute für abgesetzt erklärt worden. Eine provisorische deutsche Nationalregierung ist gebildet worden. Diese besteht aus General Ludendorff, Adolf Hitler, General von Lossow und Oberst von Seisser.

Völkischer Beobachter, Nr. 230, v. 9. 11. 1923.

Flugblatt: *Die Wahrheit.*
Verfaßt und hsgb. von Dr. Friedrich Weber am 10. November 1923.

Aus den seit Wochen zwischen Hitler, von Lossow und von Seisser und von mir geführten Verhandlungen hat es sich gegen Anfang November eindeutig ergeben, daß Lossow und Seisser persönlich von der Notwendigkeit der Errichtung einer Reichsdiktatur: Hitler, Ludendorff, Lossow, Seisser, gestützt auf das Land Bayern, unter Führung von Pöhner und Kahr überzeugt und dafür gewonnen waren. Bei der Besprechung am 6. 11. nachmittags 4.30 im GSTK erklärte Kahr, daß eine Reichsdiktatur von Bayern aus geschaffen werden müsse, da sie im Norden aus eigener Kraft nicht kommen könne und daß dafür jetzt der anormale Weg (Kahrs eigener Ausdruck) unter allen Umständen vorzubereiten sei. Eine Rücksprache zwischen Hitler, Kriebel und mir ergab, daß, bevor von uns gehandelt würde, eine Aussprache zwischen Kahr, Lossow, Seisser und Hitler erreicht werden müsse, um nochmals zu versuchen, Kahr von dem ewigen Vorbereiten, Prüfen und Wägen zum Handeln zu bestimmen, da ein längeres Zuwarten uns aus verschiedensten Gründen (Stimmung im Volk, in den Verbänden, Witterungsverhältnisse, wirtschaftliche Lage) unmöglich erschien. Kahr lehnte am Mittwoch die von Ludendorff angeregte Aussprache ab, so daß wir uns Mittwoch nachmittag entschlossen, am Donnerstagabend die Plattform zu schaffen, die es diesen Dreien ermöglichen sollte, das zu tun, wozu ihnen aus eigenem, trotz bester Erkenntnis, die Entschlußkraft fehlte, was aber wegen Deutschland geschehen mußte.

Es ist keine Bedrohung durch die Pistole erfolgt, wie Kahr nun behauptet. General Lossow sagte im Bürgerbräu zu Ludendorff: „Wenn Exzellenz zusagen, bin ich bereit. Die Bitte von E. ist mir Befehl!", und gelobte mit Handschlag Ludendorff treue Mitarbeit. Dasselbe tat unverzüglich Seisser. Es bedurfte jetzt eines beinahe halbstündigen Bittens, Flehens von Hitler, Ludendorff, Pöhner, bis Kahr erklärte: Schweren Herzens bin ich bereit, der deutschen Sache und meiner bayerischen Heimat wegen das Amt des Landesverwesers von Bayern zu übernehmen. Worauf er erst Ludendorff, dann Hitler die Hand gab ...

Nachlaß Plümer.

„Der weltgeschichtliche Sinn der völkischen Bewegung." von Theodor von der Pfordten.

Was heute am Boden liegt und unter welterschütternden Zuckungen verendet, ist das Zeitalter des Materialismus, ist der letzte Ausläufer der Aufklärungszeit ... Der so oft totgesagte, verlästerte und belächelte Idealismus erhebt in Denken und Handeln wieder sein Haupt ... Und was wäre nun die völkische Bewegung anders denn ein Teil der idealistischen Strömung, die heute durch die gequälte Menschheit geht ... ? Schon die wahrhaft religiöse Inbrunst der Bewegung konnte es uns sagen ... Alles Große, was menschliches Leben auf neue Bahnen riß, hat die Geister zunächst gespalten, hat eifernde Liebe und wilden Haß erweckt. Die Herrschaft des Staates muß in die Hände der Besten, der Tüchtigsten, der Uneigennützigsten gelegt werden. Der Kampfgedanke der völkischen Bewegung ist also doch wohl nur die folgerichtige Auswirkung eines Weltgedankens. Die Vereinigung von Christentum und Germanentum zeitigte ihre schönste Blüte in der mittelalterlichen Idee des Rittertums. Der Sinn für die Größe dieser Idee ist in der neudeutschen Bewegung wieder erstarkt. Nur sehen wir ihre Verkörperung nicht mehr in den Angehörigen eines bevorzugten Standes, sondern in jedem einfachen Mann, der sich ritterlich für das Ganze einsetzt ... Die aus mechanisch-materialistischen Gedankengängen geborene parlamentarische Staatsauffassung hat den Staat drei zerstörenden Gewalten ausgeliefert: dem Parteiwesen — also der geistigen Beschränktheit — dem Zerfall und dem politischen Strebertum ... Man wird der völkischen Lebens- und Staatsauffassung nie gerecht werden, wenn man sie ausschließlich mit dem Verstand beurteilt: sie ruht letzten Endes auf den geheimnisvollen Willenskräften der deutschen Seele, ist weniger aus überlegenem Denken als aus dem Empfinden herausgewachsen. Gerade darin erweist sich ihr geschichtliches Recht im Weltgeschehen ... Sie fordert Glauben und sie hat in einer glaubensarmen Zeit den Deutschen auch wieder Glauben gelehrt ... Unsere Weltanschauung war in Stücke zerbrochen, weil wir ihr mit lauter Denken, Forschen und Untersuchen zuletzt jeden festen Boden genommen hatten. Der Deutsche, der wieder an sein Volkstum, an deutsche Ehre und Kraft, an deutsche Zukunft glauben gelernt hat, der Hingebung und Opfermut aus der deutschen Idee neu gewonnen hat, er wird auch in seiner ganzen Lebensbetätigung den Glauben an eine höhere Welt wieder finden, die jenseits alles zeitlichen und räumlichen Erkennens liegt. So ist die deutschvölkische Bewegung fest eingebettet in einen größeren Strom menschlichen Geisteslebens, der der seelischen Erneuerung zustrebt. Darum brauchen wir auch nicht bange zu sein um unsere Zukunft. Nicht die politischen Maßnahmen der Gegner, nicht die verständnislose Gleichgültigkeit unserer geistesarm gewordenen Bildungsschicht, nicht der Hohn und Spott der Lauen und Halben werden sie mehr eindämmen. Man mag ihr Hindernisse entgegenstellen, man mag ihren Lauf verzögern, sie wird das nicht zu fürchten haben — hat sie doch jenen Glauben an sich selbst, den nur das Bewußtsein einer überzeitlichen Sendung verleiht. —

„Großdeutsche Zeitung", Nr. 8, vom 6. 2. 1924, S. 3: „Das Vermächtnis eines Toten." Zuerst veröffentlicht in „Heimatland. Vaterländisches Wochenblatt", F. 46, vom 10. 11. 1923.

Meine Stellung zur Novemberrepublik

Von Oberstlandesgerichtsrat Pöhner.

Durch den Verlauf des Prozesses, der sich auf Grund der Ereignisse vom November 1923 vor dem Volksgericht München in der Zeit von Ende Februar bis Ende März 1924 abgespielt hat, ist eine Reihe von Problemen zur Erörterung gekommen, die aufs engste und unmittelbarste zusammenhängen mit der nationalen Katastrophe, vor der sich Deutschland befindet; Probleme, von deren Lösung es abhängen wird, ob dieser nationale Zusammenbruch das Ende Deutschlands in der Weltgeschichte bedeutet oder ob Möglichkeiten zu seiner Überwindung und zu einem neuen Aufstieg Deutschlands vorhanden sind. Eine noch viel größere Zahl von Tatsachenkomplexen und von Problemen, deren Klarstellung zur richtigen Beurteilung der Vorgänge vom 8. und 9. November 1923 unerläßlich ist und von der gesamten öffentlichen Meinung Deutschlands dringend gefordert wurde, ist gar nicht zur Erörterung gelangt, nicht einmal angeschnitten worden; man kann sich des Eindrucks nicht erwehren, daß hierbei in gewissen Regierungskreisen das systematische Bestreben obgewaltet hat, die Vorgänge vom 8. und 9. November 1923 unter Zerreißung der geschichtlichen Zusammenhänge und unter Abschnürung von der vorangegangenen geschichtlichen Entwicklung für sich allein zum Gegenstand der Erörterung in dem Strafverfahren und zur Unterlage der Urteilsfindung gegen die sogenannten Hochverräter zu machen. Die öffentliche Meinung Deutschlands fühlt instinktmäßig — das hat der Verlauf des Prozesses unverkennbar gezeigt — ganz richtig heraus, daß sie von den Machthabern des neuen Deutschland seit Jahren bewußt irregeführt worden ist; und das, was an Unterdrückung der Wahrheit in öffentlichen Angelegenheiten seit einem halben Jahre in Bayern sich abspielt, das ist in seinen Methoden eine kitschige Kopie dessen, was Deutschland vor 100 Jahren unter dem System des Fürsten Metternich erlebt hat; allerdings mit einem Unterschied: Metternich war immerhin eine in sich abgeschlossene einheitliche Persönlichkeit und der Repräsentant einer Weltanschauung; der Generalstaatskommissar von Kahr dagegen ist nur ein Repräsentant des Systems der Halbheiten, wie man es zur Genüge in den letzten 30 Jahren in Deutschland kennengelernt und das seine typische Verkörperung in der Person von Bethmann-Hollweg gefunden hat.

Wenn nun die derzeitigen Machthaber in Deutschland und die von ihnen abhängigen, bezahlten Kreaturen den Anspruch auf Gehorsam seitens des Staatsbürgers, den Anspruch auf besondere Treuepflicht von seiten des Staatsbeamten mit besonderem Nachdruck erheben und zur moralischen Festigung ihrer Machtstellung ihm Furcht gegenüber Staat und Obrigkeit, gegenüber Recht und Gesetz, gegenüber Regierungs- und Verfassungseinrichtigungen predigen, so drängt sich doch nachgerade auch dem blödesten Staatsbürger und dem loyalsten Subalternbeamten immer mehr der Gedanke auf: Was ist denn das eigentlich für ein Staat, der im November 1918 geschaffen worden ist, und was sind das eigentlich für Leute, die sich seit dieser Zeit als Obrigkeit und Regierung ausgeben? In immer weiteren Kreisen des deutschen Volkes bricht sich die Überzeugung Bahn, daß das, was wir im November 1918 erlebt haben und was als deutsche Revolution bezeichnet wurde, weiter nichts war, als ein ungeheurer Betrug, der von gewissen jüdischen Geschäftemachern, Deserteuren und von bezahlten sogenannten Arbeiterführern, in Wahrheit von bestochenen Landesverrätern am deutschen Volke verübt worden ist. Was sich seit dem November 1918 als sogenannte Reichsregierung aufspielt, das ist gar keine Obrigkeit in dem althergebrachten Sinne; das sind keine Führernaturen, die von einer sittlichen Staatsidee erfüllt und von dem Gefühl höchster Verantwortlichkeit gegenüber Gott und der Geschichte durchdrungen sind; es sind weiter nichts als politische Streber, Schieber und Dilettanten, die sich von Eitelkeit, Machtgier, Gewinnsucht, und Pfründenhunger leiten lassen und die Staatsmaschine nach den Anweisungen und für die Vorteile desjenigen Parteiklüngels ausnützen, als dessen Exponenten sie abgestellt worden sind. Man braucht nur daran zu denken, was für Leute seit November 1918 als sogenannte Reichskanzler gewirkt haben und wie durch deren jämmerliche Geschäftsgebarung die letzten Reste des Bismarckschen Erbes politisch verwirtschaftet worden sind, dann wird es auch für das einfachste Gemüt eines Frontsoldaten aus dem Weltkriege zur selbstverständlichen Überzeugung, daß diese Machthaber ja nur Karikaturen auf den Begriff der Staatsautorität sind. Denn wie jede Art von Autorität, so muß ganz besonders die Staatsautorität, wenn sie dauerhaft sein soll, auf Achtung und Vertrauen gegründet sein; das ist die unerläßliche sittliche Voraussetzung für wahre Autorität. Nicht einmal beim Militär genügen die Unteroffizierstressen und die Offiziersachselstücke für sich allein zur Schaffung eines wahren Autoritätsverhältnisses, vielmehr kommt es darauf an, wer die Tressen und die Achselstücke trägt, und was der Träger leistet; diese lebendige Autorität wird nicht mit äußerlichen Abzeichen verliehen und ist nicht an den Besitz eines Titels oder einer Stellung geknüpft, sie muß vielmehr auf Achtung und Vertrauen sich gründen und durch die persönlichen Leistungen erworben werden. Hierfür hat namentlich der Frontsoldat aller Dienstgrade im Kriege eine recht gute Witterung gehabt und ein recht feines Unterscheidungsvermögen erlangt. Und was von der militärischen Autorität gilt, das gilt noch in viel höherem Maße von denjenigen, die als politische Führer den Anspruch auf Autorität für sich erheben. Dabei muß es jeder deutsche Mann und ganz besonders jeder von uns deutschen Frontsoldaten, die wir uns vier Jahre lang für unser Vaterland eingesetzt haben, jeden

Tag aufs neue als einen nationalen Skandal und als eine völkische Schmach empfinden, daß an der Spitze des Deutschen Reiches als sogenannter Reichspräsident seit fünf Jahren ein Mann sich befindet, der zu den Urhebern und Drahtziehern des Novemberbetruges gehört und der schon vorher — im Januar 1918 — als Vorstand der sozialistischen Partei durch seine Mitwirkung beim Munitionsarbeiterstreik dem deutschen Heere bei dessen großer Offensive im Frühjahr 1918 in den Rücken gefallen ist, und der mit dem Schandmal des Landesverrates (nicht nur im übertragenen Sinne, sondern in der rechtlichen Bedeutung des Strafgesetzbuches) gebrandmarkt ist. Die Erscheinung eines solchen Usurpators, der überhaupt niemals vom Volk gewählt, sondern durch seinen Parteiklüngel unter Ausnützung der Berliner Gesetzgebungsfabrik in seinen Sessel hineingesetzt worden ist, ist kennzeichnend für das, was sich im neuen Deutschland als Obrigkeit aufspielen darf und unter diesem Titel von dem gedankenlosen und schwachherzigen deutschen Staatsbürger Ehrerbietung und Gehorsam beansprucht. Nach deutschem Rechtsempfinden und nach christlicher Weltanschauung sind alle diese Revolutionsregierungen keine Obrigkeiten, vielmehr nichts anderes, als eben die Nutznießer jenes jüdischen Volksbetruges, der im November 1918 an unserem Volke verübt worden ist; alle diese Regierungen und Regierungsfunktionäre im Reiche und in den Ländern sind behaftet mit dem Ludergeruch der Revolution. Ist es nicht eine lächerliche Phrase, wenn diese Regierungsfunktionäre von einer Majestät der Republik faseln, die durch sie repräsentiert werde und von ihnen gewahrt werden müsse, und wenn sich diese Afterregierungen auf die gleiche Stufe stellen mit einer Regierung, die mit der politischen Geschichte und mit der kulturellen Entwicklung eines Volkes innerlich verwachsen ist und die durch ihre Leistungen für das Volk ein geschichtliches Anrecht auf Unterordnung, Gehorsam und Ehrfurcht seitens der Volksgenossen sich erworben haben? Es ist eben nicht wahr, daß der Begriff der Obrigkeit sich erschöpft mit der Ausübung des tatsächlichen Machtbesitzes und sich deckt mit der Tätigkeit einer Gewaltherrschaft; denn dann müßten logischerweise die jüdisch-kommunistischen Verbrecher in Moskau für Rußland und ebenso die Hochstapler- und Abenteurerbanden des Separatistengesindels mit ihren französischen Spießgesellen in den Rheinlanden als legitime deutsche Obrigkeit angesprochen werden, denen der Staatsbürger Gehorsam, Treue und Ehrfurcht schuldet. Wenn ein Volk sich aufbäumt gegen solche Gewalthaber, so ist das nicht Auflehnung gegen eine dem Volksganzen entsprechende, sittlich durch die Geschichte stabilisierte Obrigkeit, sondern es ist nach dem Grundsatz Gewalt gegen Gewalt weiter nichts als ein Kampf gegen fremde Eindringlinge, die sich zu Unrecht obrigkeitliche Befugnisse über das deutsche Volk anmaßen. Von diesem Gesichtspunkte aus begreift man auch als sittlich berechtigt die Erbitterung, von der die besten Teile des deutschen Volkes gegenüber dem sogenannten Republikschutzgesetz und dem Staatsgerichtshof in Leipzig erfüllt sind; denn durch diese Gesetze und Einrichtungen soll ja in Wahrheit gar nicht eine bestimmte Staatsform geschützt werden; sie sind vielmehr bestimmt zur Knechtung des deutschen Volkes und zur Unterdrückung der deutschen Freiheit und sollen ein Mittel bilden zur Befestigung der Judenherrschaft, welche seit November 1918 über deutsche Lande und deutsches Volk in Berlin aufgerichtet worden ist. Es ist kein Wunder, wenn gerade in denjenigen deutschen Kreisen, in welchen der Gedanke der wahren Staatsautorität traditionsmäßig gepflegt und hochgehalten wurde, weil sich damit hohe sittliche Vorstellungen verbunden haben, jenes Zerrbild von Staatsautorität, wie es uns in den Revolutionsregierungen, ihren Einrichtungen und Verfassungen entgegentritt, abgelehnt und bekämpft wird, weil es eben mit deutschen Rechtsempfinden und mit christlicher Weltanschauung, also mit den beiden Grundlagen unserer Kultur überhaupt nichts mehr zu tun hat. Nachgerade gehen allmählich auch dem blödesten Zeitgenossen die Augen über den wahren Charakter jener Pseudodemokratie auf, die sich seit fünf Jahren als Obrigkeit in deutschen Landen aufspielt, wenn er Tag für Tag sehen und am eigenen Leibe spüren muß, welche Früchte in politischer, wirtschaftlicher und kultureller Hinsicht aus jenem Landesverrat herangereift sind: Politisch die vollständige Wehrlosmachung des deutschen Volkes, so daß dieses nur noch den Gegenstand der Verachtung seitens des gesamten Auslandes bildet, das gleichgültig zusieht, wie deutsche Volksgenossen in den Rheinlanden und in Schlesien schutzloser Willkür der Franzosen und Pollaken preisgegeben sind, wirtschaftlich eine Verelendung, die zum Verfall aller volkswirtschaftlichen Werte und zur gewissenlosen Auspowerung des gesamten arbeitenden Volkes durch bestimmte Cliquen von Schmarotzern und Raffern geführt hat; moralisch eine Verluderung des Volkes in allen Ständen, Schichten und Altersklassen und ein in allen Lebensäußerungen zutage tretender Zersetzungsprozeß hinsichtlich aller ethischen Grundlagen, auf denen eine sittliche Volksgemeinschaft aufgebaut sein muß.

Das sind die Errungenschaften des November 1918; das sind die Leistungen der Berliner Regierungsmänner von der roten, schwarzen und goldenen Couleur in den letzten fünf Jahren. Auf Grund dieser Leistungen schuldet das deutsche Volk seinen Revolutionsregierungen Gehorsam, Treue und dankbare Verehrung; jeder Staatsbürger und noch mehr jeder Staatsbeamte muß freudig entschlossen sein, für diese deutsche Obrigkeit sich restlos einzusetzen, für sie zu kämpfen und zu sterben. Wer anderer Anschauung ist und gegen diese neue Staatsautorität sich bäumt, ist Rebell und wird auf Befehl des Staates ohne weiteres an der Feldherrnhalle niedergeschossen. Wer unliebsamerweise mit dem Leben davonkommt, wird zum Schutz der Staatsautorität wegen Hochverrats eingesperrt. Also geschehen in München am 9. November 1923 und 1. April 1924. Von Rechts wegen! —

„Deutschlands Erneuerung". Monatsschrift für das deutsche Volk, Jg. 17, 1933.

Aus der Bewegung

Adolf Hitler an die völkische Studentenschaft

Der Reichsführer der Deutschvölkischen Studentenbewegung, Herr Hans Lutz, hatte am 25. April 1924 die Möglichkeit, in Landsberg am Lech bei Adolf Hitler vorzusprechen; Herr Lutz bat ihn im Auftrag der Deutschvölkischen Studentenbewegung, die Ehrenmitgliedschaft übernehmen zu wollen.

In großer Bescheidenheit lehnte jedoch Adolf Hitler diese Ehrung ab, dies damit begründend, daß er bisher ja noch nichts tatsächlich Sichtbares für sein deutsches Volk geleistet habe, erst bis wieder die Landsberger Zeit vorüber sei und er wieder von neuem mit aller Kraft sich der völkischen Freiheitsbewegung widmen könne und dann tatsächlich Großes geleistet habe, dann würde er gern diese Ehrung übernehmen können. Große Arbeit stehe noch bevor, aber man dürfe nicht nachgeben, erst müßten die dreizehn Millionen deutscher Arbeiter überzeugt und erfaßt werden. Erst wenn der letzte Marxist von dem Gifte, das ihn erfaßt habe, geheilt sei, erst dann könne man von einer Gesundung des deutschen Volkes sprechen, nicht eher! Um dies aber erreichen zu können, brauche die Bewegung die Intelligenzkreise, die studierende akademische Jugend. In diesem Sinne begrüße er die Deutschvölkische Studentenbewegung, da er es für dringend geboten erachte, daß ein geistiges Rückgrat für die Bewegung vorhanden sei. Der Marxismus hätte die Juden als geistiges Rückgrat, wir brauchen die deutschvölkische akademische Jugend, die diese Arbeit verrichtet. Es wird keine leichte Arbeit sein, denn es ist schwer, 3000 Studenten zu überzeugen, schwerer aber ist es, 3000 Arbeiter, die vom marxistischem Gifte zersetzt sind, gewinnen zu können. Das müsse unser erstes Ziel sein. Die Frage der Staatsform erscheine ihm augenblicklich unwichtig, die Frage, ob Monarchie oder Republik, ist seiner Ansicht nach jetzt nicht aufzurollen, in dieser Unfreiheit sei an eine Monarchie nicht zu denken, denn dann würde der unsterbliche deutsche Kaisergedanke Schaden leiden. Zuerst müsse die Freiheit errungen werden. Diese Freiheit könne aber nicht durch schöne Reden „erstritten" werden, sondern nur durch die Tat. Nicht früher werden die Franzosen aus den Rheinlanden marschieren, bevor nicht der erste deutsche Grenadier dort einmarschiert. Bei dieser Befreiung unseres Volkes komme es aber nicht nur auf die Waffen an, das wichtigste sei der Wille zur Freiheit. Bevor er nicht den letzten Arbeiter beseelt, ist eine Befreiung ausgeschlossen. Dazu auch benötige die völkische Bewegung die geistige Führerschaft, dazu die deutschvölkische Studentenschaft, denn aus der Jungmannschaft müsse die Führerschaft erwachsen. Diese erobernde Schicht braucht unser Volk ebenso wie die erhaltende Schicht, die dann das Eroberte bewahrt. —

Völkischer Kurier, 2. Beilage, Folge 99, v. 30. 5. 1924.

Adolf Hitler — der völkische Führer
Adolf Hitler zum Geburtstag

> „Der marxistische Internationalismus wird nur gebrochen werden durch einen fanatisch extremen Nationalismus von höchster sozialer Ethik und Moral." (Hitler.)

Ein *Deutscher* feiert am Ostersonntag sein Wiegenfest. Hinter Festungsmauern, denn er hat „Hochverrat" begangen! Ein Volksgericht hat ihn für schuldig befunden, die Verfassung der deutschen Republik verletzt zu haben. Ein Paragraph des Strafgesetzbuches, der das deutsche Kaiserreich vor republikanischen Umtrieben schützen sollte, hat nun die Republik geschützt. Den Nutznießern der Novemberrevolution winkt noch eine Gnadenfrist.

Der Buchstabe des Gesetzes hat frisches, pulsendes Leben besiegt. In Festungshaft hält man den Mann, der sich das Amt der strafenden Gerechtigkeit den wahren Novemberverbrechern gegenüber vorbehalten hat. Der Glaube an die sittliche Macht des Rechts ist in Millionen deutschen Herzen erschüttert. Es will nicht in die ungekünstelten Gedankengänge des schlichten Volksgenossen hinein, daß ein Gesetzesparagraph Leute beschützen soll, die ihn selbst mit Füßen getreten haben. Hier trennen sich die Wege des formalen Rechts von dem Empfinden des Volkes.

Zwar freuen sich viele Leute in Deutschland über die verhängte „Strafe"! Prüft man sie näher, so erkennt man, daß es nur solche Menschen sind, die Hitler zu fürchten haben. Ob sie nun am 9. November für ihre Partei, ihre Rasse oder ihr Bankdepot gezittert haben, *sittlich* ist ihre Genugtuung nicht! Dagegen haben unzählige deutsche Herzen ihm zugejubelt, weil sie in ihm das deutsche Gewissen erkannt und gefühlt haben.

Hitler ist eine in der deutschen Geschichte einzigartige Erscheinung. Ein echter Sohn des Volkes, hat er es verstanden, große Massen national feindselig eingestellter Menschen für das Vaterland zu begeistern.

Man muß sich die soziale Schichtung Deutschlands in Erinnerung rufen, um das schwere Wagnis Hitlers richtig würdigen zu können.

Es war ein merkwürdiges Ding geworden, der deutsche Patriotismus. Von Hause aus ein recht schwächliches Geschöpf, konnte er meist nur durch künstliche Nahrung am Leben erhalten werden. Viele, viele Wärter und Pfleger setzten ihm durch Sondermittel und -mittelchen zu, bis er sich vor lauter verschiedenen Einflüssen gar nicht mehr richtig entwickeln konnte.

Und dazwischen schlichen dunkle Gestalten heran und mischten Gift in seine Arzneien. Was wunder, daß er immer kraft- und lebloser wurde und nach immer seltener werdenden Anfällen gesteigerter Lebenskraft endlich hoffnungslos dahinsiechte.

Die dynastische Gliederung Deutschlands hat der Entwicklung eines gesunden, instinktiven Nationalgefühls Abbruch getan. Erst nach dem Kriege von 1870/71 war es möglich, *deutsches* Gemeinschaftsgefühl zu pflegen. Doch hatte damals schon die internationale Arbeiterbewegung Wurzel gefaßt. Der neudeutsche Patriotismus wurde entsprechend der sozialen Gliederung von oben herab gepflegt, aber auch befohlen und rationiert! Man konnte sich eine spontane Aufwallung des Nationalgefühls von unten herauf kaum vorstellen. Trotzdem war in breitesten Schichten des Volkes viel gesundes Nationalgefühl zu finden, bis es der zersetzenden jüdischen Propaganda endlich gelang, dem Deutschen die Freude an seinem Vaterlande gründlich zu verekeln. Gewöhnt, Abhilfe gegen alle Mißstände von einer weisen Regierung zu erwarten, überließ sich der politisch ungeschulte Normalbürger schutzlos der täglichen Beeinflussung durch die gewissenlose jüdische Presse.

Bald hatte es diese durch systematische Hetz- und Minierarbeit dahin gebracht, daß der Deutsche sich schämte, seine Gefühle zum Ausdruck zu bringen. Das empfindliche Gemüt des Deutschen verträgt keinen Hohn; sieht er sich schutzlos den hämischen und frechen Auslassungen jüdischer Journalisten ausgesetzt, so verbirgt er seine Gefühle oder täuscht gar deren Gegenteil vor, um nicht den „Witz"-Blättern vom Schlage eines „Ulk" zur Zielscheibe zu dienen. Während das Judentum so in die oberen Schichten und in denen des Mittelstands mit seiner zersetzenden Satire eindrang, konnte es seine Ziele in den unteren Schichten unverhüllt verfolgen. Deutschland war so sehr ein Kastenstaat geworden, daß die einzelnen Kasten vom Seelenleben der anderen sehr wenig wußten. Nur ein starkes gemeinsames Nationalgefühl hätte die Standesunterschiede überbrücken können; kein Hurrahpatriotismus, in dessen Veranstaltungen Rang und Würden ebenso zum Ausdruck kamen, wie im gewöhnlichen täglichen Leben. — Das ist die große Schuld der zwei vorhergegangenen Generationen, daß sie die Fühlung mit dem „Volke" verloren haben, so daß sich als unzuverlässiger Dolmetscher das Judentum einnisten konnte. Nicht die Industrialisierung hat das Nationalgefühl zerstört, sonst gäbe es in England und Amerika wenig Patrioten, sondern der Standesdünkel und der Hochmut der emporgekommenen Reichen auf der einen Seite und das Gefühl der Verlassenheit auf der anderen, die in dem geistig und in der Bildung überlegenen Juden ihren Anwalt und Vertreter suchte, den die obere Schicht ihr zu stellen sich weigerte.

Da sich außerdem auch noch andere internationale Einflüsse auf *alle* Klassen der Bevölkerung bemerkbar machten, konnte es nicht wundernehmen, daß das Nationalgefühl immer mehr schwand.

Das Erlebnis des Weltkrieges war für *alle* Deutschen so erschütternd, daß das ganze Volk sich wieder als eine Schicksalsgemeinschaft empfand. Aber die Aufwallung dauerte nicht lange, und wieder wurde den unterirdischen Mächten der Weg durch die Gleichgültigkeit und Verständnislosigkeit der Regierung geebnet. Die Lethargie, mit der die politische Leitung des deutschen Reiches offenen Auges in den revolutionären Strudel glitt, ist in der Weltgeschichte wohl alleinstehend.

Der Ausgang des Krieges hätte gemildert werden können, wenn das ganze Volk in nationaler Geschlossenheit eine letzte Kraftanstrengung gewagt und an der Grenze des Reiches verzweifelten Widerstand geleistet hätte. Auch der Feind war ermüdet.

Aber die „Führer" des Volkes hatten sich inzwischen in das internationale Lager gestellt. Von diesen war kein Aufruf zur nationalen Verteidigung zu erwarten. Im Gegenteil, ihr Wunsch war, „Deutschland solle seine Kriegsflagge einrollen, ohne sie zum letzten Male siegreich nach Hause getragen zu haben".

Ein solches Deutschland fand der Erwecker des Nationalsozialismus, *Adolf Hitler*, vor!

Seine Persönlichkeit ist das deutliche Zeichen des Anbruchs einer neuen Zeit! Hätte man sich im polizeilich geregelten Obrigkeitsstaat von 1914 den Apostel einer nationalen Wiedergeburt in der Person eines schlichten jungen Handwerkers vorstellen können? Eines Mannes, der weder einen amtlich abgestempelten Staatsangehörigkeits-Ausweis noch das Abgangs-Zeugnis einer Mittelschule als Befähigungsnachweis vorlegen konnte! Hätte damals irgend jemand annehmen können, daß dieser Mann Angehörige der „oberen Stände" durch die Macht seiner Beredsamkeit so in seinen Bann schlagen könnte, daß sie sich ihm begeistert zur Mitarbeit anbieten würden! Wir wissen ganz genau, daß der unselige Kastengeist auch heute noch soviel Gewalt über national fühlende Persönlichkeiten übt, daß sie ganz unter sich und im Stillen an der Herkunft und dem Stande unseres Hitler mäkeln! Statt daß jeder Deutsche gerade darauf stolz ist, daß Hitler nicht den früher bevorzugten Klassen angehört, sondern ein echtes Kind des Volkes ist, frei von den Vorurteilen der oberen wie auch der unteren Klassenkämpfer.

Adolf Hitler hat im Bunde mit nur sechs Freunden den Kampf um die Seele des deutschen Arbeiters aufgenommen, in einer Zeit, in der ein solches Unternehmen aussichtsloser denn je aussah. Und doch — der Erfolg griff weit über das gesteckte Ziel hinaus. Eine Rednergabe, die weniger durch ausgebildete Technik denn durch die Macht durchzitternder, wahrer Begeisterung wirkt, gewann Hitler große Scharen von Mitarbeitern und Anhängern aus allen Kreisen der Bevölkerung. Die Macht seiner Persönlichkeit wirkt nicht nur auf seine unmittelbaren Zuhörer, sondern durch die Lauterkeit seiner Ziele auch auf weit entfernte Volksgenossen. Die Weckung der reinen nationalen Idee von unten herauf ist die hohe Aufgabe, die Hitler zu erfüllen hat, nachdem die nationale Führung der oberen Schichten so schmählich versagt hat! Noch einmal ist dem deutschen Volke Gelegenheit geboten, sich seines Volkstums zu erinnern! Versagt es auch diesmal, dann hat es sich selbst sein Schicksal gesprochen! Dann wird in den Grenzprovinzen der im Herzen Europas angrenzenden Staaten der gemeinsame Dialekt der Bewohner daran erinnern, daß diese Landstriche einst von einem freien Volke bewohnt waren, das seine staatliche Unabhängigkeit verlor, weil es zu uneinig in sich, lieber den Einflüsterungen feindlicher Mächte Gehör schenkte, als den Worten seiner Brüder; dann wird das Deutsche Reich eine geschichtliche Episode gewesen sein und auf deutschem Boden werden fremde Völker gebieten!

In den eingangs erwähnten Worten Hitlers ist das Heilmittel enthalten, mit dem er das Übel bannen will, „Ein fanatisch extremer Nationalismus von höchster sozialer Ethik und Moral“.

Schon sieht man die Lauen die weisen Köpfe schütteln. Das Wort „fanatisch“ macht sie gruseln. Und doch *müssen* wir fanatische Nationalisten werden, wenn wir die zahllosen Widerstände besiegen wollen, die sich offen und heimlich unserer nationalen Wiedergeburt entgegenstellten. Nur ein Überschuß an nationaler Kraft kann uns die Reserven gewährleisten, die wir für den Endkampf zur Verfügung haben müssen.

„Höchste soziale Ethik und Moral“, die zweite Bedingung. Hitler will bewußt keinen Nationalismus ohne eine solche Beseelung. Nackter, reiner Nationalismus, das ist etwas, was auch die Juden in fremden Ländern predigen können. Sie haben es ja nicht überall so bequem, wie in Deutschland. In Frankreich, England, Italien und allen anderen Ländern würden sie einfach totgeschlagen, wenn sie das Land, in dem sie wohnen, so beschimpfen würden, wie bei uns.

Dort müssen sie Nationalsozialisten sein, und zwar sind sie dann der Sicherheit halber gleich Übernationalisten. Aber — ohne soziale Ethik und Moral! Sie hetzen dort die Volksklassen ebenso aufeinander, wie bei uns, nähren Unzufriedenheit und Neid, nur rühren sie nicht nationales Gefühl. Im Gegenteil, sie steigern es zur Siedehitze und hetzen so Volk gegen Volk. Ohne die jüdische Presse vom Schlage eines Matin wäre eine friedlichere Atmosphäre zwischen Deutschland und Frankreich denkbar. Wo die Völker aufeinander gehetzt werden, sieht man die Juden als Drahtzieher. In den Redaktionen dieser Blätter in allen Ländern sitzen dieselben Typen, die man ruhig austauschen dürfte, wenn die ganze Welt hebräisch lesen könnte.

Wir Völkischen wollen unser Teil beitragen, daß soziale Ethik und Moral in Deutschland einziehen. Seelen- und Wirtschaftsfriede zwischen allen Volksgenossen muß die Vorbedingung sein, wenn wir die Prüfung als Volk bestehen wollen. Dazu müssen wir zuvörderst diejenigen ausscheiden, die den Frieden grundsätzlich untergraben. Es sind nicht *nur* Juden; aber, wenn diese erst den Bestimmungen eines Fremdenrechts unterworfen sind, werden wir mit den anderen inneren Reichsfeinden leichter fertig werden.

In diesem Sinne wollen wir uns am Geburtstage unseres Hitlers sein anderes Wort in Erinnerung rufen:

„Die Rettung des Vaterlandes jedoch ist begründet erst in der Stunde, da der letzte Marxist entweder bekehrt oder vernichtet ist.“ —

Völkischer Kurier, Folge 66, v. 19. 4. 1923. Leitartikel.

Worte Hitlers

Deutschland wird nur gerettet werden durch Zertrümmerung der Majorität.

Du sagst: Ehre sei vielleicht — nichts. Dann bist du auch *nichts.*

Geschlagen zu werden ist keine Unehre.

Die Erde ist nicht da für feige Völker.

Es ist eine Gesinnungs- und Charakterlosigkeit, Pazifist zu sein.

Erst wenn die Wehrfrage der Nation, die in erster Linie nicht eine technische, sondern eine geistige, eine Willensfrage ist, gelöst ist in dem Sinne, daß das deutsche

Volk wieder begreift, daß man Politik nur macht mit Macht und wieder Macht, dann ist der Wiederaufbau möglich.

Im Kampf um die Rasse gibt es kein Paktieren! Bist du entschlossen, dich endlich zu wehren, deutsches Volk, dann werde unbarmherzig!

Ihr redet von „Ruhe und Ordnung". Ja, weil Ihr die Kirchhofsruhe braucht für die Leichenfledderer des Volkes.

Wenn 60 Millionen Menschen nur den einen Willen hätten, fanatisch national zu sein — aus der Faust würden die Waffen herausquellen! —

Völkischer Kurier, Folge 66, v. 19. 4. 1924.

Denkschrift über den Frontbann vom 7. 11. 1924

Das deutsche Volk steht noch im Kriege; er ist durch den Versailler Friedensvertrag auch vorübergehend nicht abgeschlossen worden. Lediglich die Erscheinungsformen haben gewechselt, wobei die Frage offen bleiben kann, ob die vom Feinde im jetzigen Kriegsabschnitt angewandten Waffen den Lebensnerv des Volkes nicht mehr treffen als die Methoden in den Kriegsjahren 1914—1918!

Neben diesem seit 1914 andauernden Kriegszustand läuft in Deutschland, etwa mit der Mitte des Jahres 1917 beginnend, der Zustand der Revolution, die im November 1918 und den darauffolgenden Monaten in den Soldatenmeutereien und roten Aufständen ihren sichtbaren Ausdruck und ihren scheinbaren Ausgang nahm. Auch die Revolution ist durch den Erlaß der Verfassung von Weimar weder aufgehoben noch gar beendigt worden. Die Entwicklung geht weiter.

Krieg und Revolution halten so seit nunmehr etwa einem Jahrzehnt Deutschland in Atem; das deutsche Volk ist durch die schweren Zeiten der Kriegs- und Revolutionszeit in seinen innersten Tiefen aufgewühlt.

Die endgültige Beruhigung wird erst dann eintreten, wenn Krieg und Revolution durch einen Frieden und einen Rechtszustand, der den nationalen und sozialen Hoffnungen des Volkes gerecht wird, zum Abschluß gebracht ist.

In solchen Zeitläufen hat immer in der Geschichte das Volk selbst tätigen Anteil an der Erringung der Freiheit genommen. Denn die Regierung eines unter feindlichem Druck stehenden Landes kann — selbst bei vorhandenem Willen — von Staatswegen nicht alle Mittel erschöpfen, die zur Erringung und Wiedergewinnung der Freiheit führen.

Zu allen Zeiten haben es auch vaterlands- und freiheitsliebende Männer auf sich genommen, zu ihrem Kampf für Volk und Vaterland Unterdrückung und Verfolgung auf sich zu nehmen. Über Unterdrückung und Verfolgung hinweg haben sie aber immer der Freiheit den Weg geebnet und die Grundlagen für die Erneuerung geschaffen. Erst eine spätere Geschichte hat ihrem Wollen und Streben die Krone des Verdienstes gegeben.

Es mag unerörtert bleiben, ob die vom Feindbund dem Deutschen Reich zugebilligten staatlichen Machtmittel ausreichend sind, um inneren Aufständen staatsfeindlicher Bestrebungen die Spitze zu bieten. Es kann aber keinem Zweifel unterliegen, daß diese Machtmittel für eine Auseinandersetzung mit dem äußeren Feind nicht genügen.

Gerade wenn man sieht, wie Frankreich sein Volk militarisiert, müssen wir nach gleichem streben, wenn wir nicht den letzten Rest der Hoffnung auf Freiheit aufgeben wollen.

Diese Tatsache staatlicher Ohnmacht hat heute — wie zu allen Zeiten gleicher staatlicher Ohnmacht — dahin geführt, daß neben den staatlichen Machtmitteln sich Verbände und Organisationen zusammenschließen, die die Ergänzung und Verstärkung der staatlichen Wehrmacht für den Kampf nach außen zum Ziele haben.

Der Staat wird freilich solche Einrichtungen meist nicht billigen und unterstützen können. Dennoch wird Prüfstein und Voraussetzung für das Bestehen eines Verbandes immer sein, ob er seine Angehörigen für den Kampf nach außen vorbereitet und zur Verfügung stellt. Unter diesen Gesichtspunkt beleuchtet, muß man wohl allen vaterländischen Wehrverbänden das Lebensrecht zubilligen. Absprechen muß man es dem Reichsbanner Schwarzrotgold, solange es das Kennwort „Nie wieder Krieg“ auf seine Fahnen geschrieben und damit eine Daseinsberechtigung verwirkt hat.

Was die Stellungnahme zu der inneren Erneuerung des Volkes betrifft, so wird in der Regel für die Verbände die Forderung aufgestellt, daß sie „unpolitisch“ sein müssen. Diese Forderung ist insofern scheinbar richtig, als naturgemäß eine parteipolitische Einstellung und eine Beteiligung an den Tagesfragen der Parteipolitik den Aufgaben eines Wehrverbandes zuwiderläuft. Erfahrungsgemäß sind aber gerade oft die Verbände, die ihre unpolitische Einstellung am lautesten betonen, bewußt oder unbewußt Parteizwecken dienstbar. Daß das Reichsbanner ein Instrument der sogenannten republikanischen Parteien zur Erzwingung gewisser Forderungen dieser Parteien ist, wird von diesen selbst nicht bestritten. Aber auch eine Reihe der sogenannten nationalen Verbände ist durch die Person ihrer Führer oder durch den Einfluß ihrer Gönner oder Geldgeber parteipolitisch gebunden. Es braucht hier bloß etwa auf den „Stahlhelm“ im Reich oder auf den Bund „Bayern und Reich“ in Bayern verwiesen werden.

Eine parteipolitische Bindung lehnt dagegen der „Frontbann“ in schroffer Form ab. Statt dessen fordert er aber von seinen Anhängern das Bekenntnis zu jener Weltanschauung, von der er sich allein die Befreiung des Vaterlandes verspricht. Die „Nationalsozialistische Freiheitspartei“ hat mit dem Frontbann als solchem gar nichts zu tun. Der Frontbann ist streng geschieden von der parteimäßigen Erfassung der nationalsozialistischen Bewegung (siehe die dienstlichen Anordnungen), er verbietet, daß militärische Führer gleichzeitig politische Führer sind, er fordert nicht einmal die Zugehörigkeit seiner Anhänger zur politischen Partei.

Es mag hier ein Wort über die nationalsozialistische Weltanschauung eingeschaltet sein:

Die nationalsozialistische Bewegung ist geboren auf den Schlachtfeldern des Weltkrieges. Der Krieg hat mit seinem furchtbaren und schönen Erleben den neuen Menschen, den Frontsoldaten, geschaffen. All das Trennende, das bis dahin zwischen den einzelnen Klassen und Schichten des Volkes lag, hat die stete Nähe des Todes beiseite geschoben. Die Front hat den Geist der Einigkeit, der Zusammengehörigkeit in Not und Tod, der Kameradschaft, der Treue, der jedes Opfer bringenden Liebe und Hingabe zu Volk und Vaterland, des Mutes und der Selbstlosigkeit gezeugt, sie hat aber ebenso die Verachtung von Eigennutz, Treulosigkeit, Vaterlandslosigkeit und Feigheit in das Herz des Frontsoldaten gegraben. Dieser neue Mensch, der Frontsoldat, ist über die Schwelle der Revolution in das neue Deutschland geschritten. Auf den Scherben und Trümmern des durch Krieg und Revolution zusammengebrochenen alten Deutschlands will er das junge Deutschland bauen helfen im Geist der Front, die Deutschland viereinhalb Jahre vor feindlichem Einbruch geschützt hat. Von diesem Geist der Front geleitet, hat ein Adolf Hitler die Freiheitsbewegung uns Deutschen geschenkt und kein Geringerer als General Ludendorff, der wohl wie kein anderer im Kriege beurteilen konnte, was Frontgeist vermag, ist ihm zur Seite getreten. Der Frontsoldat weiß, daß der Sieg nur durch harten, opfervollen Kampf erstritten werden kann, er weiß, daß ein Volk die Freiheit, die es verloren, nur durch Kampf wiedergewinnen kann. Nicht erträumen, nicht erschwätzen, nicht erhandeln werden wir unsere durch eigenes Verschulden verlorene Freiheit; wir müssen zu jedem Opfer an Gut und Blut bereit sein, uns zum Kampfe stählen und kämpfen, dann werden wir siegen und frei sein. Das ist der tiefe Sinn der Freiheitsbewegung Jungdeutschlands, der Frontbewegung, der nationalsozialistischen Bewegung Adolf Hitlers. Die Schlacken, die heute dieser großen Bewegung in ihrer Zeit der Gärung und Gestaltung noch anhängen, können ihren idealen Wert nicht mindern, sie werden auch den endlichen sicheren Sieg des wahren nationalen Sozialismus nicht hindern können.

Die Auffassung des Staatsgerichtshofes geht dahin, „daß hinsichtlich des Frontbanns Grund zur Annahme besteht, daß er die Bestrebung verfolge, die verfassungsmäßig festgestellte Staatsform des Reiches und der Länder zu untergraben".

Wenn überhaupt eine auf nationalem Boden stehende Richtung oder Bewegung zur Frage der republikanischen Staatsform klar Stellung genommen hat, so ist es wohl die nationalsozialistische Bewegung, die in diesem Belange ihre Stellung unzweideutig festgelegt hat. Die nationalsozialistische Bewegung nimmt für sich nicht einmal in Anspruch, mit den gesetzmäßig zulässigen Mitteln eine Änderung der republikanischen Staatsreform anzustreben, sie hat stets und überall durch den Mund ihrer Führer eindeutig ausgesprochen, daß die Frage der Staatsform für sie außer Betracht bleibt. Die Erörterung der Frage, ob Monarchie oder Republik, kommt auch für die monarchistisch eingestellten Anhänger — zu denen ich mich nachdrücklich bekenne — erst zu einem Zeitpunkt in Frage, wo das deutsche Volk sein Selbstbestimmungsrecht wieder gewonnen hat, d. h. nach Beseitigung des Versailler Vertrages.

In der Richtung der Herbeiführung von Änderungen an gesetzmäßigen Einrichtungen der Republik, also etwa des Reichspräsidenten, der Volksvertretung usw. ist die nationalsozialistische Bewegung auch nach außen hin klar erkenntlich nach dem 9. 11. 1923 auf eine neue Bahn getreten, indem sie ihre Vertreter in die Volksvertretungen entsendet. Sie hat hier ihren Abgeordneten die Aufgabe gestellt, die ihr notwendig erscheinenden Verbesserungen mit den ihr nun gesetzmäßig zustehenden Mitteln schrittweise herbeizuführen. Vor diesem Forum wird wohl auch einmal die immer wieder beregte Frage der Diktatur zur Sprache kommen. Wenn im Werdegang geschichtlicher Entwicklung außerordentliche Verhältnisse diese außerordentliche Maßnahme erforderlich machen sollten, so ist naturgemäß die Hoffnung unseres Freundes die völkische Diktatur. Für die Formen dieser Diktatur heute schon Richtpunkte aufzustellen, ist nicht möglich; sie werden sich der jeweiligen Lage anpassen müssen. Immerhin wird die heutige Diktatur der Bayerischen Volkspartei im Freistaate Bayern in mancher Beziehung als richtung- und beispielgebend verwendet werden können.

Allenfalsige Erörterungen und Erwägungen über Staatsform und Staatseinrichtungen — insonderheit von unverantwortlicher Stelle — können daher kaum zum Ausgangspunkt des Verdachtes der Untergrabung der gesetzmäßigen Staatsform genommen werden.

Muß es so auffallen, daß diese Unterstellung überhaupt dem Frontbann gegenüber gemacht wurde, so ist es doppelt befremdlich, daß der Anstoß hierzu von der bayerischen Regierung ausging.

Steht doch der bayerische Ministerpräsident auf dem Standpunkt, daß die Pflege des Königsgedankens zu den Aufgaben einer um die Stärkung des bayerischen Staatsgedankens bemühten bayerischen Politik gehört. Es kann nun doch wohl nicht geleugnet werden, daß die Pflege des Königsgedankens das Ziel hat, die verfassungsmäßige republikanische Staatsform zu untergraben. Wenn dafür die Rede des bayerischen Ministerpräsidenten in Tuntenhausen oder die Ausführungen seines Organes, des „Regensburger Anzeigers", keine genügenden Anhaltspunkte bieten sollten, so braucht wohl bloß auf die Wirksamkeit des unter dem Schutz und der Duldung der bayerischen Staatsregierung arbeitenden „Heimat- und Königbundes" verwiesen zu werden, um die fehlenden Grundlagen zu gewinnen. Wenn dieser Bund in der bekannten Kolbermoorer Entschließung vom bayerischen Offizierkorps verlangt, „daß es nur eine Spitze kennt, nämlich den Obersten Kriegsherrn", und wenn schlechthin von allen Offiziersvereinigungen mit Ausnahme des D.V.O. der Fahneneid für alle Offiziere der bayerischen Armee als bindend festgelegt wird, so ist es mehr als unverständlich, daß eine bayerische Regierung, die alle Bestrebungen kennt, fördert und unterstützt, einem Verbande, der gerade wegen seiner ablehnenden Haltung den sogenannten „Königsmachern" gegenüber den Haß dieser Kreise sich zugezogen hat, ausgerechnet wegen Untergrabung der republikanischen Staatsform den Prozeß macht.

Der Schlüssel liegt wohl darin, daß ursprünglich Verfehlungen gegen die Verordnung des Generalstaatskommissars wegen Fortführung verbotener Verbände angenommen wurden; eine Unterstellung, die aber schon in den ersten 48 Stunden nicht mehr zu halten war.

Ich muß hier auf die Mitteilung zu sprechen kommen, die ich am 18., 19. und 20. September gelegentlich meiner Vorstellungen wegen der Verhaftung meiner Freunde in München erhielt. Sowohl Staatsminister Stützel wie Staatsanwalt Full klärten mich dahin auf, daß meine Freunde wegen Fortführung verbotener Verbände in Haft genommen seien. Wohl „aus Versehen" war damals auch Herr Meyding mitverhaftet worden, der aber sofort auf freien Fuß gesetzt wurde, nachdem eine hohe staatliche Stelle eingegriffen hatte. Herr Meyding hatte sich nämlich mit dem vom Herrn Generalstaatskommissar aufgelösten Bund Oberland dem „Staat" zur Verfügung gestellt. Das war wohl auch die Veranlassung, daß man am 19. September das Verfahren gegen meine Freunde wegen Fortführung der Verbände fallen ließ, statt dessen ein Verfahren gegen das Republikschutzgesetz einleitete und sofort dem Staatsgerichtshof übergab. Ich stelle gegenüber die Auskunft, die ich am 19. 9. vom Staatsanwalt Full erhielt: „Es handelt sich nicht um Sie und den Frontbann, sondern Ihre Freunde sind in Haft, weil sie die verbotenen Verbände weitergeführt haben", und die Auskunft, die mir am 20. 9. der Untersuchungsrichter Weißenberger gab, das Verfahren richte sich gegen den Frontbann, die Akten seien schon dem Staatsgerichtshof nach Leipzig übersandt. Damit liegt für mich auf der Hand, daß man zunächst einmal für alle Fälle zu den Verhaftungen geschritten ist, um den erwünschten Anlaß zu schaffen, die Freilassung Hitlers und seiner beiden Freunde hinauszuzögern. Auf Grund des beschlagnahmten Materials sollte dann erst entschieden werden, in welcher Richtung ein Verfahren eingeleitet werden könnte. Die unmittelbare Auslösung der Verhaftungen war nach meiner Kenntnis folgender Vorgang: Ein Bursche, der einen Befehl des Frontbanns zu befördern hatte, trug diesen zu den Abgeordneten Erhard Auer. Dieser fuhr mit dem Befehl sofort zum Staatsministerium des Innern. Auf Grund dieser Anzeige erfolgten am nächsten Morgen die Haussuchungen, Beschlagnahmen und Verhaftungen auf Anordnung des Staatsministers des Innern.

Ich kann die Erörterungen, die ich am 18. 9. im Beisein des Abg. Straßer und des Regierungsrats Eichner und am 19. 9. ohne Zeugen mit dem bayerischen Innenminister pflog, übergehen. Sie bewegten sich vorzüglich auf der Linie, daß ich meine Überraschung und Entrüstung geltend machte wegen des Vorgehens der bayerischen Behörden unter Hinweis auf meine Vorträge, die ich am 29. 7. und 1. 8. dem Minister erstattet hatte. Ich hatte bei diesen Empfängen, ausgehend von einem der Öffentlichkeit zu übergebenden Aufruf, die Ziele des Frontbanns ausführlich klargelegt. Ich habe insbesondere versucht, die Bedenken zu zerstreuen, als ob eine parteipolitische Truppe geschaffen werden sollte. Ich habe nur für meinen Verband das gleiche Recht verlangt, das man beispielsweise dem „Bund Bayern und Reich" oder dem „Reichsbanner" zubilligt. Das Ergebnis dieser Aussprachen war für mich insofern unbefriedigend, wenn auch nicht überraschend, als ich keine klare Stellungnahme des Ministers erreichen konnte. Von einem Verbot war aber in keinem Zeitpunkt die Rede. Der kurzen Unterredung mit Ministerialrat Zeltmaier habe ich deshalb keine Bedeutung beigemessen, weil mir die politische Einstellung dieses Beamten, insbesondere unserer Bewegung gegenüber, aus früheren Rücksprachen bekannt war. Daß er meinen Gedankengängen fremd und ablehnend gegenüberstand, war für mich ohne weiteres klar.

Aber auch von seiner Seite erfolgte auf meine bestimmte Frage, ob der Frontbann verboten würde, nur die Antwort, daß gegen den Verband dann vorgegangen würde, wenn er sich Gesetzwidrigkeiten zuschulden kommen ließe.

Jedenfalls war für mich sowohl nach den gepflogenen Aussprachen als nach dem Briefwechsel, der wohl bei den Akten liegt, kein Anlaß, von der Gründung des Frontbanns Abstand zu nehmen.

Was insbesondere Anlaß zu Besorgnis gegeben hatte, war die Annahme, daß der Frontbann eine Fortführung verbotener Verbände darstelle.

Diese Annahme wäre dann berechtigt, wenn der Frontbann sich ausschließlich aus den in Teilen des Reiches verbotenen Verbänden: S.A., Oberland und Reichskriegsflagge zusammengesetzt und das Vermögen oder die Schulden dieser Verbände übernommen hätte. Beides trifft nicht zu: Der Frontbann ist eine Organisation, die sich über ganz Deutschland und Deutsch-Österreich erstreckt, also über Gebiete, in denen diese Verbände zum Teil überhaupt niemals vorhanden waren. Es ist richtig und ganz selbstverständlich, daß dem Frontbann frühere Angehörige der verbotenen Verbände in den Ländern, wo diese verboten waren, z. B. auch ganze S.A.-Verbände in den Ländern, in denen ein Verbot nicht bestand, beigetreten sind. Der Führer des „Schützen- und Wanderbundes", dem zum Teil Angehörige des früheren „Oberland" angehörten, hat aber bezeichnenderweise nicht nur den Beitritt der alten Oberlandverbände in den Ländern, wo ein Verbot nicht erfolgt war, sondern auch der Ortsgruppen des „Schützen- und Wanderbundes" deshalb abgelehnt, weil ich als Führer des Frontbanns ein Weiterbestehen der bisherigen Verbände, die in einigen Ländern verboten waren, nicht zugelassen habe. Maßgebend für meinen Entschluß war einerseits mein Wille, von vornherein allen Schwierigkeiten wegen Fortführung verbotener Verbände aus dem Weg zu geben, andererseits aber auch die Erkenntnis der Schwächen, die die aufgelösten Verbände überhaupt gehabt hatten. Daß ich keinen Widerspruch erhoben habe, daß aus Gründen der Tradition die alten Bezeichnungen geführt wurden, ist für jeden Soldaten verständlich. Ich bin heute und werde zeitlebens ein „Zehner" sein, da ich dem Kgl.

Bayer. 10. Infanterie-Regiment König angehört habe, obwohl dies seit 1919 aufgelöst ist. Und ebenso ist und bleibt eben jeder, der einmal dem Freikorps oder dem Bund „Oberland“ angehört hat, ein „Oberländer“, wenn der Verband noch sooft verboten ist oder nicht mehr besteht. Auch der Umstand, daß führende Persönlichkeiten verbotener Verbände noch immer einen Freundeskreis aus den aufgelösten Verbänden um sich haben und im Frontbann wieder führende Stellungen eingenommen haben, ist angesichts der Tatsache, daß verhältnismäßig wenige Offiziere aus wirtschaftlichen oder politischen Gründen sich einer Wehrbewegung zur Verfügung stellen können, nicht überraschend.

Die Schwächen der Verbände lagen hauptsächlich auf dem Gebiete der militärischen Schulung.

Ich bin eingangs davon ausgegangen, daß meiner Ansicht nach das Kriterium eines Verbandes überhaupt darin besteht, ob er seine Angehörigen zum Kampf gegen den äußeren Feind vorbereitet oder nicht.

Die dem deutschen Volk durch den Friedensvertrag zur Zeit fehlende militärische Schulung muß von den Verbänden übernommen werden. Der militärisch überhaupt noch nicht Ausgebildete muß zum Soldaten erzogen, der frühere Soldat, der durch die Revolution vielfach den militärischen Sinn verloren, muß zur militärischen Zucht und Ordnung zurückgeführt werden. Ich habe seit meiner Rückkehr vom Felde dauernd an diesem Ziele gearbeitet; besonders in meiner Eigenschaft als Generalstabsoffizier bei General von Epp und im Wehrkreiskommando VII. Ich kenne auch durch meine dienstliche und außerdienstliche Tätigkeit Geburt, Werdegang und Zustand fast aller sogenannten vaterländischen Verbände in Bayern. Bei der Einwohnerwehr Bayerns der Orgesch, dem Bund „Bayern und Reich“ war ich auf Befehl meiner Vorgesetzten selbst bei Gründung und Aufbau tätig. Ich habe immer die gleiche Erfahrung gemacht, daß die Vereinsmeierei schließlich den militärischen Wert der Verbände auf ein Mindestmaß herabgedrückt hat. Dazu kam vielfach geradezu eine Spielerei mit den anvertrauten Waffen. Da ich jahrelang gerade ausschließlich in dieser Richtung gearbeitet habe, kenne ich diese Frage vielleicht wie kein anderer im Reiche.

In meiner dienstlichen Eigenschaft habe ich auf Befehl meiner Vorgesetzten vier Jahre lang auftragsgemäß gegen das Gesetz und erlassene Verordnungen gehandelt. Sollte diese Tatsache in Zweifel gezogen werden, so müßte ich auf einer eidlichen Vernehmung meiner damaligen Vorgesetzten bestehen. Es mag die Frage auftauchen, was diese Tätigkeit mit dem Frontbann zu tun hat. Die Antwort liegt darin, daß der Frontbann das praktische und das notwendige Ergebnis dieser meiner Arbeit ist. Ohne meine Tätigkeit als Generalstabsoffizier, ohne meine Erfahrungen in diesen meinen Sondergebieten, ist die Gründung und Art der Organisation Frontbann nicht begreiflich. Aufgebaut unter Berücksichtigung dieser langjährigen umfassenden Erfahrungen, sollte die Organisation des Frontbanns derart durchgeführt werden, daß er die militärisch beste Organisation würde. Das mag nach dem Grundgesetz, das in Deutschland vertragsmäßig oberstes Gesetz ist, dem Versailler Vertrag, verboten und nach ihm strafbar sein; zum Bewußtsein dieser Rechtswidrigkeit bin ich nie gekommen und werde mich nie durchringen.

Ich habe daher bewußt von Anfang an den Verband straff militärisch aufgebaut. Es konnte sich für mich nur darum handeln, der Verfolgung des Feindes zu entgehen. Gegenüber dem Feind ist dies Mittel erlaubt. Es mußte daher jede Veröffentlichung usw., die den im Lande sitzenden Spionen und Verrätern zugänglich war, daraufhin geprüft werden, ob sie der Entente Anlaß zu Vorstellungen und Repressalien bieten könnte.

Die dienstlichen Verordnungen usw. trugen daher meist den Vermerk: „Nicht in Feindeshand fallen lassen."

Dagegen bin ich von vornherein auf dem Standpunkt gestanden, daß ich der Regierung gegenüber gar nichts zu verheimlichen habe. Ein doppeltes Gesicht ihr gegenüber, um den Schein zu wahren, habe ich immer für eine kindische Spielerei gehalten. Es ist selbstverständlich, daß, wenn ich einen Verband aufstelle, das ein militärischer Verband werden soll und kein Gesangverein. Das weiß die Regierung sowieso und rechnet auch damit. Die Reichsregierung hat in Oberschlesien und im Ruhrgebiet mit dem militärischen Charakter und Werk der Verbände gerechnet — die Verhandlungen und Vereinbarungen zwischen dem Reichskanzler Cuno und anderen Reichsstellen und dem Oberleutnant Roßbach stehen mir beispielsweise aktenmäßig zur Verfügung — ebenso hat die bayerische Regierung im September 1923 die Organisation C als militärische Formation zum Grenzschutz eingeteilt. Wozu also hier ein doppeltes Spiel treiben? Wo überhaupt hier die Grenzen ziehen?

Ich habe daher bewußt auf alles Vereinsbeiwerk verzichten wollen. Zunächst einmal deshalb, damit der Angehörige des Wehrverbandes zur Überzeugung kommt, daß er hier nur Soldat und nicht Partei- oder Vereinspolitiker ist. Gerade dadurch sollte die strenge Trennung zwischen der politischen und der Wehrbewegung jedem Wehrverbandsmann klar zur Erkenntnis kommen. Dann aber deshalb, damit unsere jungen Leute überhaupt wieder soldatisches Gefühl in sich aufnehmen und ihnen soldatische Zucht und Ordnung in Fleisch und Blut übergeht. Darum habe ich in dieser Richtung — trotz Widerratens meiner Freunde — auf jeden Kompromiß verzichtet. Es sind militärische Dienstbezeichnungen gewählt worden, Dienstvorschriften wurden ausgegeben und der Befehlsgang war nach militärischen Normen geregelt. Ich meine, die militärische Erziehung ist so unendlich wichtig, aber auch schwierig, daß unser wehrfähiger Nachwuchs bei dem Verband so vorgeschult werden muß, daß er bei der Truppe nicht umlernen und nur das allein der Truppe Vorbehaltene hinzulernen brauchen soll. Der aktiven Truppe muß die Schulung mit der Waffe vorbehalten bleiben. Im Verband kann in dieser Richtung wirklich Gutes nicht gelehrt werden, deshalb verzichtet man am besten überhaupt darauf. Halbheiten und Spielereien verderben hier nur mehr, als sie Gutes schaffen. Ich habe daher auch gar keinen Wert auf den Besitz von Waffen gelegt. Ich bin der Auffassung, daß auf die Dauer eine zweckentsprechende Pflege bei den Verbänden ganz unmöglich ist. Ich habe mich auch in diesem Punkte nicht ganz mit allen meinen Freunden im Einklang befunden. Ich kann aber von meiner Auffassung nicht abgehen, daß bei den Verbänden der Besitz von Waffen vielfach nur eine Prestigefrage oder ein Sport ist. Was vor drei und vier Jahren noch gut und richtig war, ist es heute nicht mehr. Letzten Endes kommt es doch darauf an, daß die Dinger im Ernstfall schießen. Und das bezweifle ich, wenn die richtige und sorgsame Pflege, die nur bei der aktiven Truppe möglich ist, fehlt. Ich glaube auch, daß wir in den Fällen, in denen wir Waffen brauchen, diese schon irgendwoher bekommen werden.

Und deshalb habe ich in den teilweise schon ausgegebenen, teilweise in Bearbeitung befindlichen Ausbildungs- und Schulungsbestimmungen lediglich die Ausbildung ohne Waffe dem Verband vorbehalten.

Ich kann mir vorstellen, daß eine deutsche Behörde auf Befehl des Feindes mit zusammengebissenen Zähnen gegen vaterländische Bestrebungen vorgehen muß; daß sie aus sich heraus ohne feindlichen Zwang sich dazu entscheidet, ist wohl undenkbar. Als ich den letzten Brief des Staatsministers Stützel erhielt, war ich mir vollkommen klar, daß ein Vorgehen gegen den Frontbann bevorstehe; ich habe darin sogar fast eine loyale Voransage erblickt. Trotzdem habe ich bei meiner letzten Anwesenheit in München dem Stabschef, Leutnant *Oßwald*, Anweisung erteilt, nichts wegzuräumen, da der Frontbann nichts verheimlichen wolle.

Ich hatte zwar von der, wie ich sagen muß, nicht gerade glücklichen Privatkorrespondenz des Leutnants *Oßwald* keine Kenntnis, muß aber doch hervorheben, daß Privatbriefe niemals als dienstliche und damit als verantwortliche Anordnungen gewertet werden können. Ich muß auch dagegen Einspruch erheben, daß Teile von durch das Gericht beschlagnahmten Privatbriefen zu amtlichen Erörterungen in der Öffentlichkeit verwendet werden.

Der Staatsminister des Inneren, Stützel, hat mir auf meinen Vorhalt, warum gegen das Reichsbanner, das doch der augenblicklichen bayerischen Regierung ebenfalls nicht genehm wäre, nicht vorgegangen werde, bei der Unterredung im Beisein des Abg. Straßer eine Antwort gegeben, von deren Wiedergabe ich hier absehen will. Sie hat mich aber gelehrt, daß eine Welt uns Nationalsozialisten von einer solchen Einstellung trennt.

Es wird unsere Schwäche sein, daß wir offen und rückhaltlos das sagen, was wir wollen und auf diplomatische Feinheiten in diesem Belange verzichten; es wird aber auch immer unsere Stärke sein und, des bin ich gewiß, uns den endlichen Sieg bringen.

Ob der Staatsgerichtshof zum Schutze der Republik auf Grund vorstehender Ausführungen, der bisherigen Vernehmungen oder des beschlagnahmten Aktenmaterials sich zur Erhebung der Anklage gegen den Frontbann entschließen wird, weiß ich nicht. Sollte aber hier wieder der Satz: *„Fiat justitia, pereat mundus!"*, den der Vertreter der Anklage im Hitlerprozeß sich zu eigen gemacht hat, aufgestellt werden, so muß dem Angeklagten wie dem Kläger Gelegenheit zur Wahrnehmung seiner Interessen gegeben sein.

Man spreche nicht wieder davon, daß deutsche Männer, die alle samt und sonders für des Vaterlandes Wohl in der schwersten Zeit seiner Not Gut und Leben eingesetzt haben, die alles fürs Vaterland geopfert haben, „um des Vaterlandes willen" vor den Schranken des Gerichts schweigen sollen.

Der Fuchs-Machhaus-Prozeß, der Thormann-Grandel-Prozeß, der große und die kleinen Hitler-Prozesse und zuletzt der Prozeß gegen die Organisation Consul haben den Männern, die vor dem Gerichtshof ihre Freiheit zu verteidigen hatten, Schweigen auferlegt in den Dingen, die einen Nachteil des Reiches zur Folge gehabt hätten. Noch immer haben diese Männer ihre heiße Vaterlandsliebe, die ihren Mund in solchen Lagen gegen ihr Interesse verschloß, mit der Freiheit bezahlt. Deutschland wird, wenn es so weitergeht, arm sein an aufrechten deutschen Männern.

Die Märtyrer unserer Bewegung sind, wie ein Schlageter, französischen Kugeln zum Opfer gefallen; sie sind es, die in der weit überwiegenden Anzahl in den französischen Kerkern für ihren Kampf um Deutschlands Freiheit an Rhein und Ruhr geschmachtet haben oder noch schmachten; sollen auch die deutschen Gefängnisse von ihnen immer voll sein? Lumpen und Vaterlandsverräter laufen auf Geheiß des Feindes frei herum; die besten Deutschen, die nur dem Vaterland und dem Volk ihr ganzes Leben widmen, verzehren ihre Zeit hinter Gefängnismauern!

Dem muß ein Halt geboten werden! Wohlan, das Vaterland verlangt jedes Opfer von uns, wir werden es geben! Aber auch das Reich muß das Interesse des Vaterlandes allem voranstellen!

Zerstört das Reich und seine Organe den Glauben an die Gerechtigkeit, dann zerstört es das Vaterland.

Soll wirklich nur der tote Buchstabe Recht und Geltung bekommen, dann muß auch der Angeklagte das unbeschränkte Recht der Verteidigung haben. Dann kann auch für ihn nicht mehr die Rede davon sein, das Wesentliche zu verschweigen.

Nicht der Angeklagte, sondern der Kläger wird dann vor dem deutschen Volke die Verantwortung zu übernehmen haben, wenn Dinge zur Sprache kommen, die dem Interesse des Vaterlandes nicht zuträglich sind. *Videant consules, ne quid detrimenti capiat res publica!*

Bemerkung: Aus den schon früher angeführten Gründen habe ich einige Sätze der Denkschrift gestrichen oder teilweise geändert.

Aus: Ernst Röhm, „Die Geschichte eines Hochverräters“.

Großdeutsche Volksgemeinschaft e. V.
Sitz München.

München, den 16. Juli 1924.

Sehr geehrter Herr!

Der Unterzeichnete gestattet sich die Mitteilung zu machen, daß er, ab 15. Juli 1924, bestätigt durch die Wahl der außerordentlichen Generalmitgliederversammlung München vom 9. 7. 24. in Übereinstimmung mit dem Willen der überwiegenden Mehrheit der alten Freunde und Parteigenossen und Billigung durch Herrn Adolf Hitler sowohl als auch S. E. Herrn General Ludendorff die Leitung der Großdeutschen Volksgemeinschaft München übernommen hat. Im Anschluß an die bereits vor einiger Zeit an verschiedene Vertrauensleute Norddeutschlands ergangene Einladung seines Vorgängers Alfred Rosenberg zu einer Zusammenkunft in Weimar zum Zwecke der Regelung aller schwebenden Organisationsfragen, insbesondere zur Regelung und Besprechung der Verhältnisse gegenüber der Deutschvölkischen Freiheitspartei in Berlin erlaubt er sich, Sie nochmals dringend für Sonntag, den 20. Juli 1924. Vormittags 9 Uhr in das Hotel Hohenzollern nach Weimar zu bitten.

Mit deutschem Gruß!
gez. Hermann Esser
i. A. Bouhler Geschäftsführer

Bouhler

Nachlaß Plümer

N.S. Landesverband Rheinland Elberfeld, 29. Juli 1924
Elberfeld, Brausenwerth 17.

Herrn Landtagsabgeordneter *Strasser, München,* Landtag

Ich bestätige den Empfang Ihres Schreibens vom 24. ds.

Ich erkläre für den von mir vertretenen *Landesverband Rheinland,* daß wir nach den geschilderten und selbst erlebten Vorkommnissen jede *Zusammenarbeit mit dem Schädling Esser,* ganz gleich in welcher Form, *unter allen Umständen ablehnen.* Für sein gezeigtes würdeloses Verhalten fehlt uns jeglicher Ausdruck.

Wir sprechen die feste Hoffnung aus, daß es gelingen wird, unsere Bewegung von der *Gefahr Esser* recht bald zu befreien. Beifolgend erlaube ich mir, nochmals daran zu erinnern, daß ich der baldigen Erledigung meines letzten Schreibens gerne entgegensehe, da ich die schriftliche Bestätigung durch den Stellvertreter des Herrn Hitler, Herrn Strasser, dringend benötige.

Mit deutschem Gruß
gez. *Karl Kaufmann* gez. *A. Jüngerl*

Für die Richtigkeit der Abschrift: München, den 19. Februar 1926.
gez. *Thassengeller*
Schriftführer der Fraktion des
Völkischen Blocks.

Nachlaß Plümer.

Beschluß
der Kreisversammlung des Kreisverbandes der Völkische Block, Niederbayern.

Die von fast allen Obmännern und allen Stimmkreisleitern besuchte Kreistagung des Völk. Blocks, Niederbayern, vom 15. Juni 1924, in Plattling faßt einstimmig folgenden Beschluß:

1) dem Abg. Strasser sowie der gesamten Landtagsgruppe des Völk. Blocks wird das unbedingte Vertrauen des Kreisverbandes Niederbayern ausgesprochen.

2) der Kreis Niederbayern wendet sich energisch gegen alle Versuche, die in mühevoller Arbeit und unter großen persönlichen Opfern eines jeden einzelnen aufgebaute Organisation zu zerstören. Er spricht *Esser,* der am 9. November die Bewegung feige im Stiche ließ, jedes Recht ab, heute von Verrat an der Bewegung zu sprechen und ersucht die *Landesleitung* folgende Punkte einer genauen Prüfung zu unterziehen:

a) Warum hat Esser, wenn ihm die Reinhaltung der Bewegung angeblich so sehr am Herzen liegt, sie in der Zeit vom 9. November bis Mai, 24., allein gelassen?

b) Warum ist Esser nach seiner Verhaftung sofort wieder freigelassen und ihm bis heute noch kein Prozeß gemacht worden?

3) der Kreisverband spricht Esser als Führer jedes Vertrauen ab und verlangt, wenn Esser sich der allgemeinen Disziplin nicht fügt, sofortigen Ausschluß aus der Bewegung als Schädling.

Für den Kreisverband „Der Völk. Block" Niederbayern
Der 1. Vorsitzende
gez. *K. Vielweib.*

Die Richtigkeit der Abschrift bestätigt: München, den 19. Februar 1926.
gez. *Thassengeller*
Schriftführer der Fraktion des
Völkischen Blocks.

Nachlaß Plümer.

Zeugnis

Herr Anton *Drexler* war bei der Großdeutschen Zeitung als Schriftleiter tätig. Seine tiefgehende aus eigenem Erleben stammende Kenntnis der Psyche des neuzeitlichen Arbeiters und der mit dem Arbeiterproblem zusammenhängenden politischen, wirtschaftlichen und gesellschaftspolitischen Fragen sowie sein unermüdlicher Fleiß haben Herrn Drexler in kurzer Zeit zu einem unentbehrlichen Mitglied des Redaktionsstabes gemacht. Durch die Vornehmheit seiner Gesinnung, durch sein gesundes Urteil auch in rein praktischen Angelegenheiten, und nicht zum wenigsten durch seine Fähigkeit, die eigene Person stets der Sache, für die er kämpfte, unterzuordnen, hat sich Herr Drexler die Achtung nicht nur seiner vielen Freunde, sondern selbst seiner politischen Gegner zu erwerben vermocht. Aber erst in einem größeren Wirkungskreis, als ihm die Großdeutsche Zeitung bieten konnte, werden Herrn Drexlers wertvolle Eigenschaften als Mensch und Schriftsteller voll zur Auswirkung kommen. Ich wünsche aufrichtig, daß er diesen Wirkungskreis finden möge.

München, den 1. Juni 1924.

gez. Dr. Paul *Tafel*
Hauptschriftleiter

Nachlaß Drexler.

München, den 3. August 1924.

Sehr geehrter, lieber Herr Drexler!

Da ich erfreulicher Weise [illegible] Ihrer geschätzten Frau Gemahlin [illegible] bekannt wurde und aus Ihren Worten die Stimmung gedrückter Teile vernahm, andrerseits aber auch die reine ungeschminkte Liebe und Treue zu dem Idealprogramm der national sozialistischen Bewegung und dessen Führer Adolf Hitler aufgenommen, möchte ich noch schriftlich Sie Herr Drexler für den Sprechabend Sektion „Innere Stadt" am 18. August einladen und in einem Vortrag zu uns zu sprechen. Außer mir wünschen noch hunderte von Mitgliedern, daß Sie zu uns kommen. Durch Ihr Erscheinen wird so manchem dummen Geschwätz ein Ende bereitet. Die Sympathie aller Vernünftigen ist Ihnen Herr Vogler heute so gewiß wie ehemals. Alle tiefer Denkenden wissen auch die bedeutungsvolle Tätigkeit der völkischen Abgeordneten voll und ganz zu würdigen. Es ist schließlich ja ganz gut, daß Esser jetzt wieder den Agitator der Bewegung macht, leider ist aber mit seiner ehemals bekannten radikalen Tätigkeit das Verbot der neugeschaffenen Organisation in gewisse Nähe gerückt. Es sind noch zwei Monate dann kommt unser Hitler wieder, er kennt seine Getreuen, er wird in seiner überragenden Geistesschärfe auch den richtigen Weg weisen, er wird uns allen das Rezept niederschreiben wie wir am besten die Wirkung als Sauerteig im Volke ausüben können. Wir brauchen Übergangsstationen für die von der Sozialdemokratie so gut wie für die von der Volkspartei. Wir können die nicht von uns stoßen, welche vorerst nicht bereit sind unser ganzes Programm zu verstehen. Durch aufklärende Arbeit kommt schon die notwendige Erkenntnis. Unsere Bewegung darf sich nicht mit Haß abwenden von allen anderen Richtungen wir müssen vielmehr in Ziel klarem Streben die Sympathie unseres gesunden Volkes uns erwerben. Wir müssen es so weit bringen, daß alle ausgenommen die Landesverräter und Juden uns lieben müssen. Nie habe ich mich heran gedrängt an die Führer der N.S.D.A.P. trotzdem ich oft viel am Herzen hatte diesmal sah ich mich veranlaßt Sie in der Wohnung auf zu suchen, weil es sein muß; daß Sie zu uns kommen. Ersuche höflichst, daß Sie mir Antwort zu kommen lassen ob Sie an diesem oder einem folgenden Montage zu uns kommen, wegen Veröffentlichung möchte ich auch um Bezeichnung des Referats bitten. Herr Drexler ich bitte Sie, unliebsame Äußerungen, welche da und dort von Unverantwortlichen gegen völkische Abgeordnete fallen, nicht aufzunehmen als wären alle die Ihrigen so. Fassen Sie Mut und seien Sie unser lieber Führer.

Mit Liebe und Hochachtung
grüßt Sie und Ihre getreue Gattin
Leonhard Hastel
Werkmeister
Theaterplatz 1c I. l.

München 12. August 1924.

Mein lieber Herr Prestl!

Für die Einladung, in der Sektion „Innere Stadt" am 18. ds. zu sprechen, sage ich Ihnen herzlichen Dank. Leider kann ich nicht zusagen, da ich in der Zeit bereit für die Oberpfalz Vorträge halte. –
Sie können sich leicht vorstellen, daß seit der Versammlung vom 6. Juni im Mathäser, in der ich sehr deutlich merken konnte, daß das von gewisser Seite gestreute Mißtrauen auf fruchtbaren Boden gefallen ist, mir es sehr verleidet wurde, wieder in einem solchen Kreis zu sprechen.
Seit dieser Zeit hat sich nun vieles geändert.
Nicht nur, daß es möglich war, das Mißtrauen gegen mich zu vergrößern, sondern es fanden während dieser Zeit Versammlungen statt, in denen ich ohne Protest der Versammlung, von Herrn Esser selbst, oder einem seiner Anhänger angegriffen werden konnte. Versetzen Sie sich nur einmal in meine Lage u. Sie werden selbst herausfühlen, daß ich keine Veranlassung habe, mir das Vertrauen zurückzuerobern. Es kommt eben ganz darauf an, wer Mißtrauen sät. Tut das ein Esser, so könnte es mich kalt lassen, weil ich annehmen muß, daß er sich dabei nur selbst schadet, wenn er den immerhin ersten Nationalsozialisten in Deutschland verleumdet u. angreift, der für die heilige

Sache doch auch schon ein klein bißchen was geleistet und gelitten hat. Und gerade gebüßt hat, als sich der andere Herr für die gute Sache nach „Salzburg" rettete.

Da ich mich aber in der Annahme täuschte, daß Herr Esser bei seinen Angriffen auf Widerstand stößt, im Gegenteil sich sogar in die Herzen redete u. „Bravo" machte, – allerdings durch einen, gegen die Satzungen gröblichst verstoßenden Trick – kann ich mich nunmehr dazu entschließen durch den Besuch eines Sprechabends „manchem dummen Geschwätz ein Ende zu bereiten u. die „Sympathie aller Vernünftigen" auf die Probe zu stellen.

Ich bin felsenfest davon überzeugt: Hätte ich mich als völkischer Führer mit einem höflichen Schreiben an die Post. Ztg. gewandt, eine Erklärung mit der Drohung von Enthüllungen zu veröffentlichen, ich wäre bei allen wahrhaft Völkischen, einfach unmöglich.

Das ist aber noch lange nicht der einzige Grund, warum ich Esser als Führer ablehne. Seine denkenden Anhänger werden bei Zeiten noch draufkommen, wem zuliebe sie Andere fallen ließen.

Sind Sie überzeugt, Herr Kastl, daß ich nur als Nationalsozialist sterben kann, aber verlangen Sie von mir nicht, daß ich mir mein Prestige als solcher in Versammlungen, bestehend aus Vernünftigen u. Unvernünftigen, rauben werde.

Ich hoffe zuversichtlich, daß auch die Letzteren wieder zur Vernunft kommen u. an ihrem „Führer" bald genug haben.

Bis dahin bitte, haben Sie Geduld mit mir.

Mit nationalsoz. Heilgruß Ihr Ant. Drexler

Der Schicksalstag des 4. Mai

Was sagt das Reich?

Folgender Notruf möge alle Säumigen aufreißen:

In wenigen Wochen sind die Reichstagswahlen.

Mit allen Mitteln arbeiten unsere Feinde

auch im Reiche, um zur maßgebenden Macht zu gelangen.

Und was sind ihre Ziele?

An den Plakatsäulen stand und steht es geschrieben:

„Entziehung der Staatsbürgerrechte! Geduldet als Gäste auf Ruf und Widerruf!"

Brutale Entrechtung von uns deutschen Juden ist die tatsächliche Absicht. Gewalttat und Totschlag sind Wegweiser für die ersehnte „Befreiung" des deutschen Volkes vom „Gifte" des Judentums. Jahrelange Saat von Haß und niederträchtiger Verleumdung tragen ihre Früchte in den Hirnen einer urteilsunfähigen, irregeleiteten, verhetzten Masse!

Wollt ihr da, ihr deutschen Juden, die Hände tatenlos in den Schoß legen? Wollt ihr weiterschlafen, bis es zu spät ist mit dem Erwachen? Geben euch die 12000 jüdischen Jünglinge und Männer, die für dasselbe deutsche Vaterland gefallen sind, das unsere Feinde uns nicht zugestehen wollen, nicht endlich die Kraft, euch zu wehren?

Euch zu wehren für euer Leben und euer Gut, für eure Ehre und für die Ehre der 12000 Toten, für euer Recht auf den Namen eines deutschen Bürgers und vor allem für unser deutsches Vaterland selbst, das unsere Feinde mit ihrem Judenhaß, mit ihrer Vergewaltigung wirklichen deutschen Empfindens für Recht und Gerechtigkeit, mit ihrer Besudelung wahren christlichen Geistes und Menschentums zum Gespött und Abscheu der wirklich gesitteten Menschheit degradiert haben!

Fühlt ihr nicht, ihr deutschen Juden, die Pflicht und die Notwendigkeit, aus der Lethargie aufzuwachen?

Und für eure gute Sache, die die Sache des Rechtes, der Menschlichkeit und unseres deutschen Vaterlandes ist, mit allem einzustehen, was ihr seid und was ihr habt?

Daher Ehrenpflicht und bedingungsloses Muß für jeden jüdischen Deutschen und jede jüdische Deutsche, am 4. Mai zu wählen. Wehe dem, der seine Wahlpflicht nicht ausübt! Er vermehrt durch Fernbleiben von der Wahlurne die völkischen Stimmen.

Abwehr tut bitter not.

Und dann Geld! Mit Geld arbeitet die völkische Propaganda! Mit Geld hat sie ihre Erfolge errungen! Gift gegen Gift! Geld gegen Geld!

Gegen die Lügenpropaganda unserer Feinde die Propaganda der Wahrheit und der Sittlichkeit!

Darum gebt!

Verzichtet für die nächste Zeit auf alle Anschaffungen und Ausgaben, die nicht unbedingt notwendig sind, und spendet dafür für Wahrung eures Rechts und eurer Ehre,

spendet für die Rettung Deutschlands,

das nicht gesunden kann, solange völkische Haßsucht die Einheitsfront aller anständigen und vaterlandsliebenden Deutschen jedweder Religion und Abstammung zunichte macht.

Soweit der erschütternde Notruf aus dem Reich. Will jemand wagen, nicht zu wählen? Will jemand wagen, keine geldlichen Opfer zu bringen? Kein wahrer deutscher Jude kann solche schwere, gewissensbedrückende Unterlassung auf sich nehmen. Zahlstellen sind bei allen Landesverbänden und Ortsgruppen. Groß-Berliner und Brandenburger Mitglieder zahlen auf Postscheckkonto Berlin 115 501, auf Dresdner Bank, Berlin SW 68, Lindenstraße 7, Wechselstube C, oder an das Bureau Berlin SW 68, Lindenstraße 13.

Centralverein deutscher Staatsbürger jüd. Glaubens

Bayern! Deutsche!
Werktätiges Volk aller Berufe und Stände!

Mehr als fünf Jahre unerhörtester Schmach liegen hinter Euch. Nichts von dem allem, was die parlamentarischen Parteien seit der jüdischen Börsenrevolution am 9. November 1918 versprochen haben ist verwirklicht worden. Verlassen und verraten, geschändet und von Wucherern ausgeplündert, steht unser schaffendes Volk da. Aus der Not unserer Zeit heraus aber wurde eine Volksbewegung geboren, die alles Schaffende, alles Ehrliebende, und das heißt alles bewußt Deutsche, zusammenschmiedet: die

Völkische Bewegung.

Alles nach neuer Staatsanschauung Ringende fühlte immer deutlicher: der Staat der engen Kabinettspolitik war zusammengestürzt; verhaßt wurde allen das demokratische Schieberwesen; erkannt haben Millionen den Betrug der marxistischen Führerschaft, welche unser ganzes schaffendes Volk widerstandslos dem westlichen Kapitalismus und den Wucherern im Lande auslieferte; von Ekel ergriffen wandten sich in Bayern hunderttausende von der im volksverräterischen Separatismus mündenden Politik der bayerischen Volkspartei ab. In München wurde

unter Adolf Hitlers Führung

das neue völkische, und das heißt sozialgerechte Deutschland geboren. Von hier verbreitete sich das Feuer der Begeisterung aus ins rote Sachsen, nach Westfalen, nach dem fernen Ostpreußen. Was deutsche Art war in aller Welt, blickte auf das Bayernland als Wiege der kommenden deutschen Freiheit.

Der 9. November 1923 hat dank der Taten des Herrn von Kahr und der Bayerischen Volkspartei aus Bayern, als der Vorhut des deutschen Freiheitswillens, eine Provinz des jüdischen Berlins gemacht. Aber dieser Tag hat die völkische Bewegung nur noch besser geschmiedet. Der Trennungsstrich zwischen ihr und den sogenannten Vaterländischen, der überlebten Reaktion, wurde jetzt restlos gezogen.

Zur völkischen Bewegung gehören heute alle schaffenden Deutschen; jene, welche den marxistischen Betrug erkannt haben: die um ihren Glauben betrogenen deutschen Arbeiter; jene, welche einsahen, daß die Bayerische Volkspartei mit der Religion schmählichen Mißbrauch getrieben hat, um ihrer Parlamentssitze willen; die bayerischen Bauern und der Mittelstand; jene Kreise endlich, welche früher an die völkische Aufrichtigkeit der Deutschnationalen, der Bayerischen Mittelpartei glaubten und deren ganze Jämmerlichkeit gesehen haben.

Sämtliche Parteien haben versagt,

weil keine von ihnen einen lebenspendenden Glauben mehr hatte. Die Völkische Freiheitsbewegung mit *Hitler* und *Ludendorff* an der Spitze erklärt allen Parteien, die samt und sonders überlebt sind, den Kampf.

Die im

Völkischen Block

zusammengeschlossenen Verbände werden mit keiner dieser Parteien eine Koalition eingehen. Der Völkische Block nimmt an den Wahlen teil, um dem erwachenden Volke die Möglichkeit zu bieten, sein Urteil abzugeben, was durch ein unerhörtes Terrorregiment der Bayerischen Volkspartei bisher verhindert worden ist. Der Völkische Block geht als

Todfeind des parlamentarischen Schiebersystems

ins Parlament, nicht um die Novemberrepublik und ihr an diese ausgeliefertes bayerisches Anhängsel aufzubauen, sondern um sie abzubauen. Gesühnt werden muß der ganze Betrug vom 9. November 1918 und der schmähliche Verrat vom 9. November 1918 und der schmähliche Verrat vom November 1923. Wir werden die Parteien zwingen, Stellung zu nehmen zu den Fragen, um welche sie sich bisher feige herumgedrückt haben. Wir wollen arbeiten für die

Wehrhaftmachung des deutschen Volkes.

Wir werden eintreten für einen Gerichtshof *zur Wahrung deutscher Ehre, zur Wahrung des Christentums beider Confessionen vor Beschimpfung; für Sicherung bayerischer Lebensnotwendigkeiten,* vor der Berliner jüdischen Auswucherung. Wir fordern *Schutz aller schaffenden Stände in Stadt und Land, Sicherung des ehrlich erworbenen Eigentums, Verstaatlichung der Privatbanken,* jener Wucheranstalten, welche sich durch eine von keiner Regierung gehemmte verräterische Spekulation vom Schweiß unseres Volkes mästen. Das in der Novemberrepublik zur Herrschaft gekommene Schiebergesindel muß mit Stumpf und Stiel ausgerottet werden. Deshalb fordern wir Vermögenseinziehung zum Besten sozialer Fürsorge, Zuchthaus- und

Todesstrafe für Wucherer und Schieber!

Angesichts der Rassenzersetzung und Verschmutzung treten wir ein für Volks- und Rassenschutz, Ausschließung der Juden von allen Staatsbürgerrechten.

Bayern, Deutsche aller Berufe und Stände! Wendet der morschen, verfaulten Vergangenheit den Rücken! Helft der Freiheitsbewegung des schaffenden Volkes, damit einst unser Vaterland wieder ehrlich und groß auferstehen möge aus seiner jetzigen Schmach und Schande.

Jeder Schaffende in Stadt und Land gebe deshalb seine Stimme nur dem Kandidaten des

Völkischen Blocks!

Geschäftsstelle München.
Sendlingertor-Platz 1/II. Fernruf 5 72 13
Postscheckkonto (Hamburg-bayerische Mineralöl-Kommanditgesellschaft Treuberg u. Co., München) Nr. 105 79.

Völkischer Kurier, Folge 52, v. 3. 4. 1924.

Allgemeine, grundsätzliche Richtlinien

festgelegt und angenommen von den

vereinigten Führerschaften der National-Sozialistischen Arbeiterpartei und der Deutschvölkischen Freiheitspartei.

Für weitere Unterrichtung in Einzelfragen und Gesichtspunkten sei verwiesen auf die Schrift Gottfried Feder's: **„Der deutsche Staat auf nationaler und sozialer Grundlage"**, auf die Wochschrift **„Der Reichswart", Berlin SW 11, Dessauer Str. 6'** und auf die **Großdeutsche Zeitung, München.**

Staatsrechtlich:

Die Staatsform soll späterem Volksentscheid überlassen bleiben.

Aufbau einer berufsständisch und politisch gegliederten Volksvertretung auf gesunder Grundlage eines völkisch-sozialen Wahlsystems.

Staatsbürgerlich:

Deutscher Staatsbürger kann nur sein, wer Volksgenosse ist. Volksgenosse ist, wer zur deutschen Blutsgemeinschaft, Kulturgemeinschaft und Schicksalsgemeinschaft gehört und sich dazu bekennt. Kein Jude kann daher Volksgenosse sein.

Außenpolitisch:

Befreiung vom Schand- und Lügenvertrag von Versailles. Notwendige Vorbedingung bildet der Kampf gegen die Schuldlüge, denn auf sie gründet das Versailler Papier seine Bedingungen und Forderungen.

Rückgabe des deutschen Kolonialbesitzes:

Aufrichtung eines geschlossenen Nationalstaates, der alle deutschen Stämme umfaßt.

Loslösung der deutschen Außenpolitik aus der Abhängigkeit von großindustriellen und finanzkapitalistischen Interessen.

Die deutsche Außenpolitik muß zur Grundlage haben: ein deutsch geführtes, sozial geleitetes und im völkischen Geist geeintes deutsches Volk. Die völkische Außenpolitik erstrebt in Ergänzung der völkischen Innenpolitik Befreiung und Freiheit des Arbeiters wie aller Volksgenossen.

Wirtschaftspolitisch:

Der völkische Staat erkennt das Privateigentum an und schützt es.

Das Wohl des Volkes zieht jedoch maßloser Reichtumsanhäufung in den Händen Einzelner Grenzen.

Konzerne, Syndikate und Trusts werden als antisozial bekämpft.

Wucherei und Schiebertum, sowie gewissenlose Bereicherung auf Kosten und zum Schaden des Volkes sind mit den schwersten Strafen, unter Umständen mit der Todesstrafe zu ahnden.

Ausbau des berufsständischen und genossenschaftlichen Gedankens.

Erhaltung bezw. Schaffung eines gesunden Bauernstandes als der Kraftquelle des Volkes und des Staates.

Einführung eines Arbeitsdienstjahres für jeden Deutschen.

Finanzpolitisch:

Das Geldwesen steht im Dienst des Staats.

Befreiung des Staats und damit des Volkes aus seiner zinspflichtigen Verschuldung gegenüber dem Großleihkapital. Brechung der Zinsknechtschaft.

Verstaatlichung der Reichsbank A.-G., sowie sämtlicher Notenbanken, Stellung der Privatbanken unter Staatsaufsicht. Zurückführung der Effekten-, Sorten- und Warenbörsen auf treuhänderische Vermittlung der Volkswirtschaft unter Aufsicht des Staats.

Finanzierung aller großen Staatsanlagen (Verkehrswege usw.) nur durch den Staat.

Schaffung einer gemeinnützigen Bau- und Wirtschaftsbank für Gewährung zinsloser Darlehn.

Durchgreifende Umgestaltung des Steuerwesens nach sozialen volkswirtschaftlichen Grundsätzen. Wirksame Entlastung des Konsums von der Bürde unsozialer indirekter Steuern, sowie aller Steuern, welche die Produktion einengen.

Sozialpolitisch:

Das allgemeine Wohl ist oberstes Gesetz.

Großzügiger Ausbau der Altersversorgung.

Höchste Pflicht des völkischen Staates ist die Sicherstellung der Opfer des Krieges (Kriegsbeschädigten- und Kriegshinterbliebenen-Fürsorge), damit wahr werde: „Des Vaterlandes Dank ist Euch gewiß."

Beteiligung aller an produktiven Unternehmungen Beschäftigten, je nach Leistung und Alter an den Erträgnissen des Werks, unter gleichzeitiger Verantwortlichkeit für die Erfüllung der volkswirtschaftlichen Aufgaben desselben.

Schaffung eines gesunden und zufriedenen Berufsbeamtentums. Schnellste Wiedergutmachung des von den nachrevolutionären Regierungen am Berufsbeamtentum begangnen Unrechts.

Einziehung aller nicht auf ehrlicher Arbeit beruhenden Kriegs- und Revolutionsgewinne, sowie von Hamster- und Wuchergut und deren Verwendung für den Aufbau der sozialen Fürsorge.

Behebung der Wohnungsnot durch umfangreiche Wohnungsneubauten im ganzen Reich mit den Mitteln der neuzuschaffenden Bau- und Wirtschaftsbank.

Grundsätzliche Aufrechterhaltung des achtstündigen Arbeitstages; abgesehen von Betrieben, deren Eigenart eine längere (z. B. landwirtschaftliche Betriebe) oder eine kürzere Arbeitszeit (z. B. gesundheitlich-schädliche Betriebe) notwendig macht.

Bemessung des Lohnes nach der persönlichen Leistung.

Militärisch:

Wehrhaftmachung des Volks. Einführung des Wehrrechts für jeden freien Deutschen.

Aufhebung der von den Feinden aufgezwungenen Söldnertruppe. Schaffung eines Volksheeres zur Verteidigung der Heimat.

Kulturpolitisch:

Erziehung der Jugend zu körperlich und sittlich gesunden, geistig freien Menschen im Sinne der großen Ueberlieferungen des deutschen Geisteslebens.

Freiheit der Religion und des Gewissens.

Schutz der christlichen Glaubensbekenntnisse.

Unterdrückung aller schädlichen Einflüsse in Schrifttum und Presse, Bühne, Kunst und Lichtspiel.

Durchdringung der Lehrpläne aller Erziehungs- und Bildungsanstalten in Theorie und Praxis mit dem Geiste deutschen Volkstums. Neben Pflege und Entwicklung des Verstandes soll die Entwicklung des Charakters und des Gemüts besonders gepflegt werden und voll zu ihrem Recht kommen; dazu stärkere Anpassung an die Erfordernisse des praktischen Lebens.

Sonstige Reformen:

Reform des Pressewesens im deutschen Geist.

Schaffung eines deutschen Rechts:

a) Bodenrechtes: grundsätzliche Anerkennung des Eigentumsrechts am Boden; Befreiung des Bodens aus der Hand des Finanzkapitals; in der Folge Unbeleihbarkeit des Bodens durch das Privatkapital; Vorkaufsrecht des Staats; Recht und Pflicht staatlichen Eingreifens bis zur Enteignung, bei liederlicher, bezw. unsozialer Bewirtschaftung.

b) Zivilrechtes: Weit strengerer Schutz der persönlichen Ehre und Gesundheit gegenüber dem heute herrschenden einseitigen Rechtsschutze des Eigentums. Durchgreifender Schutz gegen alle Delikte, die sich gegen das allgemeine Wohl richten (Unterbindung der Möglichkeit der Ausplünderung des Volkes durch staatlich konzessionierte Kriegsgesellschaften, Großbanken usw.).

Beseitigung des Gesetzes zum Schutze der Republik. Einsetzung eines Volksgerichtshofes zur Wahrung deutscher Ehre.

*

Unser Hochziel ist die Volksgemeinschaft. — Der Weg zu ihr geht über grundstürzende und grundlegende Wirtschaftsreformen. Damit verknüpft ist die Lösung der sozialen Frage. Die soziale Frage hat ihre gegenwärtige volkzerspaltende unheilvolle Schärfe in erster Linie durch die Arbeit des internationalen Großkapitals erhalten. In seinen Fesseln winden sich das deutsche Volk und seine Wirtschaft. Ohne Lösung der sozialen Frage kann der Gedanke, unser Ziel: — die Volksgemeinschaft, der völkische Staat, — nicht verwirklicht werden. Der augenblickliche Zustand trennt die in Klassen zerklüfteten Volksgenossen von einander, macht uns ohnmächtig und unfrei. Nur eine Volksgemeinschaft, ein völkischer Staat, in welchem jeder Volksgenosse fühlt, daß er auf Gedeih und Verderben mit dem Schicksal seines Volkes verbunden ist, findet die innere, sittliche Kraft auch zur äußeren Befreiung.

An das deutsche Volk wenden wir uns, vor allem an unsere Zukunft: die deutsche Jugend, und rufen sie auf zum Kampf für Deutschlands innere und äußere Befreiung.

Unser Wille ist Freiheit!
Unser Weg ist Kampf!
Es lebe das völkische,
soziale Großdeutschland!

Darum wählt den Wahlvorschlag

des völkisch-sozialen Blocks für die Provinz Schleswig-Holstein.

Spitzenkandidaten:

für die **Reichstagswahl**

1. Graf Reventlow,
2. Kelb, Arbeitersekretär,
3. Klagges, Mittelschullehrer,
4. Kühl, Landwirt.

für die **Kommunalwahl**

1. Hans Ockel, Kaufmann,
2. Bernh. Huep, kaufm. Gehilfe,
3. Karl Weidenhaupt, Dr. jur., Staatsanwaltschaftsrat i. R. u. Rechtsanwalt
4. Georg Klug, Werkmeister.

Geschäftsstelle des völkisch-sozialen Blocks, Ortsgruppe Kiel, Schuhmacherstr. 20. Fernruf 160.

Sr. Excellenz
General von Ludendorff,
München.

Göttingen, den 3. IV. 1924
Ob. Karspale 17a I

Ew. Excellenz!

Den Brief, Ew. Excellenz, habe ich erhalten, und meine Mitarbeiter sind mit mir von tiefster Trauer erfüllt, daß wir, Ew. Excellenz, so betrüben müssen. Es besteht für uns der schwere Konflikt zwischen dem Wunsch, unserem Führer Schmerzliches zu ersparen, und der Pflicht, das zu sagen, was wir als wahr erkannt zu haben glauben.

Wir können als Deutsche nur den Weg der Pflicht gehen.

Am 30. III. traf ich in Berlin auch mit den nat.soz. Vertretern von Pommern, Schleswig-Holstein, Hamburg und Bremen zusammen. Ich kannte die Herren größten Teils noch nicht und war daher überrascht, daß sie sämtlich wie aus einem Munde Anschauungen äußerten, die sich mit den unserigen vollkommen deckten. Die Übereinstimmung war geradezu erstaunlich und zeigte, daß oben überall sich die grundsätzlich gleichen Erscheinungen wiederholen.

Zwischen der heutigen D.F.P. und dem Nationalsozialismus bestehen in der Tat schwere Gegensätze, die im Wesentlichen aus der mangelnden inneren Überwindung des Parlamentarismus zu erklären sind.

Ich sehe bei Ew. Excellenz Stellungnahme nur einen Ausweg: Während man die nat. soz. Organisationen sich ungestört, ohne Unterstellung unter Berlin, ohne gemischte Zusammensetzung der Landesvorstände, entwickeln läßt, muß ein Umbau der D.F.P. versucht werden. Die verhängnisvollen Ideen des Parlamentarismus mit ihren Konsequenzen müssen ausgemerzt, das „Bonzentum" entfernt werden. In Hannover hat im Augenblick eine Selbstreinigung eingesetzt. In Berlin hörte ich jetzt das Schlagwort: „Hitler ist ein Führer, v. Gräfe ein Vorsitzender". Die parlamentarische Struktur der D.F.P. wird dadurch blitzartig gekennzeichnet.

Wie weit es gelingen kann, auch in der Frage des merkwürdigen Gespenstersehens, das in der Praxis so verhängnisvoll wirkt und geradezu krankhaft anmutet, eine Gesundung noch herbeizuführen, wage ich nicht zu entscheiden. Wenn es einmal möglich sein sollte, aus der D.F.P. eine dem Nationalsozialismus gleichwertige Bewegung zu machen, so könnte dann natürlich eine völlige Verschmelzung nur dringend erwünscht sein. Im Augenblick aber wäre eine engste Gemeinschaft so wesensfremder Gruppen für den Nationalsozialismus ein Unglück.

Ew. Excellenz werden mir meine Offenheit verzeihen.

Möge die Entscheidung so fallen, wie es für die Zukunft des Vaterlandes notwendig und richtig ist!

Ew. Excellenz stets treuergebener

gez. *Haase.*

Marginalie von Ludendorff: *Ich hoffe, es wird doch gehen, wir haben es hier gesehen und werden es im Reich sehen. M. d. Gruß Ihr Ludendorff.*

Ludolf Haase: Aufstand in Niedersachsen.

Erklärung.

Abgeordneter Dr. Schäffer hat am *15. Juli d. J.* im Verfassungsausschuß des bayer. Landtags sogenannte „Enthüllungen“ zu den Ereignissen gebracht, die zur Schaffung des Generalstaatskommissariats und zur Haltung des Kampfbundes zum Generalstaatskommissar bestimmend beigetragen haben sollen. Es handelt sich um ein angebliches „Aktionsprogramm“ des Kampfbundes vom 22. oder 23. September 1923 und um ein weiteres Schreiben, das Graf Treuberg über Herrn von Kahr an Herrn Dr. Glaser gerichtet habe.

Die unterzeichneten Mitglieder der erst am 25. September 1923 gebildeten Kampfbundleitung erklären:

Das von Herrn Dr. Schäffer erwähnte „Aktionsprogramm“ wie der Brief über Herrn von Kahr war keinem von uns dem Sinne oder Wortlaut oder überhaupt nur seiner Existenz nach bekannt, hat auf unsere Haltung und Einstellung der Regierung wie dem Generalstaatskommissariat gegenüber daher auch keinerlei Einfluß ausüben können. Die Herren Dr. Glaser, Graf Treuberg und Schriftleiter Rosenberg standen mit der Kampfbundleitung in keiner Beziehung und konnten auf deren Tätigkeit und Entschlüsse auch keine Einwirkung ausüben. Der *Adressat* des „Aktionsprogramms“, Dr. von Scheubner-Richter, war wohl Geschäftsführer der politischen Leitung des Kampfbundes, doch lag die Entscheidung über irgendwelche politischen Schritte und Handlungen ausschließlich bei der politischen Führung. Außerdem war, wie schon erwähnt, der am 9. November gefallene Herr von Scheubner-Richter lediglich der Adressat des „Aktionsprogramms“.

Es ist unzulässig, den Inhalt eines von dritter Seite verfaßten Programms dem Empfänger, als dessen geistiger Einstellung entsprungen, zu unterschieben.

Die von Abgeordneten Dr. Schäffer auf Grund der gemachten „Enthüllungen“ gezogenen Schlüsse sind daher falsch und unhaltbar.

Wir Unterzeichneten sind bereit, vorstehende Erklärung eidlich zu erhärten, und begrüßen zwecks restloser Klärung der ganzen Angelegenheit und der neuerdings erhobenen verleumderischen Angriffe die vom Landtag geplante Einsetzung eines Untersuchungsausschusses.

Landsberg/Lech, den 23. Juli 1924.
Festungshaftanstalt.

Adolf Hitler	Dr. *Fr. Weber*	*Hermann Kriebel*
Politischer Führer des Kampfbundes	Führer des Bundes Oberland	Oberstleutnant a. D Militärischer Führer des Kampfbundes

Dokumente der Zeitgeschichte, München 1938.

Die Krisis in der völkischen Bewegung.

von Joachim Haupt.

Geschrieben Mitte April 1924

Teil I: *Ursprung und Politik der völkischen Bewegung.*
Teil II: *Die Entwicklung der völkischen Bewegung nach dem 8. November.*
Das Bündnis mit der Freiheitspartei.
Der Wahlschwindel.
Folgerungen und Richtlinien.

Die Krisis in der völkischen Bewegung.

Die völkische Bewegung ist seit dem 8. November 1923 durch Kompromisse mit den herrschenden Mächten von ihrer Bahn abgelenkt worden. Sie hat dabei äußerlich an Breite gewonnen, was sie an Tiefe und Stoßkraft verlor, wie das immer in der Geschichte der Erfolg von Kompromissen gewesen ist. Weil nach dem 4. Mai ein neues und diesmal zerstörendes Kompromiß droht, wird hiermit in letzter Stunde der Versuch gemacht, durch eine klare Darstellung unserer Lage unsere Bewegung auf ihren ursprünglichen Weg zurückzubringen.

I. Ursprung und Politik der völkischen Bewegung.

Die herrschenden Mächte, jüdische Demokratie (Geld) und reaktionäre Oberschicht (Sachwerte) herrschen im wesentlichen durch das System der parlamentarischen Parteien. Dies System beruht auf dem Prinzip der zahlenmäßigen Mehrheit. Die zahlenmäßige Mehrheit wird in unserem abhängigen, proletarisierten Volke gelenkt durch wirtschaftlichen Druck, Priestertum und Presse, also durch diejenigen Mittel, die sich in den Händen der Demokratie und der Reaktion befinden.

Wenn die völkische Bewegung die herrschenden Mächte bekämpfen will, dann darf sie sich nicht von ihnen diejenigen Waffen vorschreiben lassen, die sich bereits im ausschließlichen Besitz dieser Mächte befinden. Die Waffe der zahlenmäßigen Mehrheit z. B. ist also ungeeignet für den völkischen Kampf, weil wir die Mittel zu ihrer Erringung nicht erlangen können.

In richtiger Erkenntnis dieser Lage hat Adolf Hitler von vornherein auf das Unmögliche verzichtet und nach anderen, nicht parlamentarischen Waffen gesucht. Er hat diese Waffen gefunden.

1.) In persönlicher Werbung.

Sie arbeitet langsamer, aber gründlicher als Presse und wirtschaftlicher Druck.

2.) In der Gründung geschlossener Kampforganisationen.

Sie gründeten sich auf gemeinsamen Führerglauben, persönliche Kameradschaft und gleiche Weltanschauung.

Die Organisation Hitlers (z. B. S.A.-Kampfbund, Nat. Soz. Partei) war von verschiedener in die Breite nachlassender Geschlossenheit, immer aber weit geschlossener als alle politischen Parteien einschließlich der Kommunisten.

Trotzdem war die Technik der Organisation schlecht, weil das süddeutsche Volk organisatorisch nicht gut veranlagt ist.

Der natürliche Weg der völkischen Bewegung wäre es gewesen, über ganz Deutschland geschlossene Kampfbundzellen mit weiteren, aber auch fest organisierten Ortsgruppen darum zu verbreiten.

Auf diesem Wege hätte sich ein Staat im Staate gebildet, der im Gegensatz zu der ähnlichen, kommunistischen Organisation weltanschaulich- und persönlich im deutschen Volk verwurzelt, sich in steigendem Maße auf den aktiven Kern und die Intelligenz des Volkes stützen konnte. Eine straffe zentralisierte Leitung hätte dies völkische Staatsgerippe aktionsfähig gemacht und innerlich verbunden. Die Werbekraft dieses Bundes wäre unermeßlich gewesen und hätte einen Resonanzboden für jede Aktion geschaffen. Das politische Interesse der Wahlzeit hätte voll ausgenutzt werden können zur Werbung. Durch Nichtbeteiligung an den Wahlen ausgenutzt werden können zur Werbung. Durch Nichtbeteiligung an den Wahlen und politischer Einheitlichkeit im ganzen Reich hätte sich die völkische Bewegung im Norden auf einen großen politischen Gedanken — statt auf Wahlschwindel — begründen können. Dieser Gedanke wäre gewesen: Die Organisation des Volkes unterhalb und außerhalb des parlamentarischen Staates, politische und wirtschaftliche Selbstverwaltung der völkischen Bewegung bis zu eigener staatlicher Bedeutung. Die Folge wäre gewesen: Zerfall des bestehenden Polizeistaates der oberen, heute demokratischen, ab 4. Mai nationalen Schicht, allmähliches Reifen von Führerschaft und Organisation bis zur fast reibungslosen Übernahme der Staatsgewalt in einer mehr seelischen als handgreiflichen völkischen Revolution. (Eine völkische Revolution als sichtbares Ereignis ist und bleibt das Ziel unserer Bewegung. Eine „legale Überführung demokratischer Zustände in völkisch" ist innerlich unmöglich, eine Sünde wider den Geist. Sie ist auch realpolitisch unmöglich.)

Durch diesen intensiven, unteren, völkischen Weg wäre das organische Wachstum der Bewegung gesichert worden. Dies Wachstum hätte sich während der kommenden deutschnationalen Periode bis zur Reife entwickeln können.

Die völkische Bewegung hätte sich von der deutschnationalen Schicht ebenso reinlich gelöst, wie sie während der demokratischen Regierung sich von der demokratischen Schicht gelöst hat. Nach den Pendelschlägen der Demokraten und Deutschnationalen hätte das Volk seine höhere Einheit und Ruhe in der völkischen Bewegung gefunden.

Taktische Erwägungen aus der Innen- und Außenpolitik dürften in der Begründungs- und Jugendzeit der Bewegung nicht die geringste Rolle spielen. Eine wertvolle Bewegung muß wenigstens zu Anfang ganz rein ihren Sinn, ihre Seele bewahren. Erst wenn der Sinn stark und innerlich im Volke gesichert ist, darf Bewegung zur Organisation und Partei werden, darf die Realpolitik und Erfolgsfrage mitsprechen. Im heutigen Stadium der völkischen Bewegung gilt es ausschließlich, die Quelle rein zu halten, auch wenn politische Gelegenheiten und Erfolge dabei verpaßt werden. Der Verzicht von heute ist dann ein für morgen gesicherter Sieg.

II. Die Entwicklung der völkischen Bewegung nach dem 8. November.

Der 8. November hatte eine revolutionäre und *sozialistische* Vertiefung der Hitlerbewegung bringen sollen. Das Blut der Gefallenen hätte unsere Fahnen dunkelrot färben sollen. Auch die norddeutsche Arbeiterschaft wäre diesen Fahnen in Massen gefolgt.

Aber nach dem 9. November wich die Hitlerbewegung von der Politik der Imponderabilien ab und begab sich auf den Weg der Realpolitik und des äußeren Erfolges. Zwei Schritte führten uns von der völkischen Linie ab: Das Bündnis mit der Freiheitspartei und der Wahlschwindel.

I. Das Bündnis mit der Freiheitspartei.

Die deutschvölkische Freiheitspartei kommt aus der entgegengesetzten Richtung wie Hitler.

Ihre Führer v. Graefe, Wulle und Henning sind langjährige Berufsparlamentarier, die geistesgeschichtlich mit der nationalen Oberschicht verbunden und zugleich mit dieser völkisch entwurzelt sind. Die nationale Oberschicht fehlt überall, daß sie dem Volke entfremdet in der Luft schwebt. Sie sucht deshalb Anschluß an das Volk um jeden Preis und zu jeder Zeit — von oben her.

Die lebendigen Kräfte der nationalen Oberschicht sind von den anschlußsuchenden Worten der Deutschnationalen zu anschlußsuchenden Taten in der Freiheitspartei vorgestoßen. Die Freiheitspartei legte sich also — von oben her — fest auf die völkische Bewegung Hitlers, die im Norden noch zu jugendschwach ist, um diesen Druck ertragen zu können. Deshalb wehrt sich die junge Hitlerbewegung im Norden verzweifelt gegen die nicht völkische, sondern radikalnationale Freiheitspartei.

Der Kampf der Hitlerleute gegen die Freiheitspartei ist ein Kampf auf Leben und Tod.

Er ist ein Kampf des völkischen Freiheitswillens gegen den nationalen Staatswillen der Oberschicht, der Reaktion. Es geht darum, ob der neue Staat von unten her oder von oben her gebaut werden soll, über oder aus dem Volke.

Hitler steht zu Herrn v. Graefe ebenso, wie er zu Herrn v. Kahr im Süden stand! Aus dem 8. November sollen wir lernen!

Es mußte das Ziel der Hitlerpolitik sein, an der Freiheitspartei vorüber im Volke vorwärtszudringen, sich *absolut* an die Spitze der politischen Freiheitsbewegung zu setzen, auch im Norden.

Dann wäre die Freiheitspartei, wie alle Nationalen, notwendig dieser Führung *nachgelaufen*. Sie wäre im Augenblick genügender eigener Stärke von Hitler aufgenommen, wie es politisch der Bund Oberland tat. So hätte sich ein Teil der nationalen Oberschicht wieder ins Volk eingegliedert, hätte den Anschluß gefunden, ohne von oben her der völkischen Bewegung zu schaden.

Anstatt dessen wurde mit der Freiheitspartei vorzeitig ein Abkommen geschlossen, auf dem grundfalschen Boden der Gleichberechtigung mit dem praktischen Enderfolg des juristischen und organisatorischen Primats der Freiheitspartei in Norddeutschland (Abkommen vom 24. 2. 1924).

Über die vorgegebenen taktischen Gründe dafür zu reden, ist heute praktisch zwecklos. Der wahre Grund war das innere Schwächegefühl und Anlehnungsbedürfnis der Münchener Leitung nach dem 8. November und Hitlers Ausscheiden, das von der Freiheitspartei diplomatisch ausgenutzt wurde. Die Folge des Abkommens war:

1. Ein starker reaktionärer Einschlag in die erst beginnende völkische Bewegung Norddeutschlands, die damit an der Quelle vergiftet wurde.

2. Eine völkische Umkehrung des politischen Weges der Bewegung. War bisher von unten, mit Ortsgruppen, mündlicher Werbung usw. begonnen worden, so fing man nun an, nach nationaler Methode von Berlin aus Geschäftsstellen einzurichten, einen leeren Apparat zu konstruieren, in den „das Volk“ erst nachträglich hineinorganisiert werden sollte. Und „das Volk“ waren zunächst die vorhandenen Hitlerleute, die auch weiterhin den Boden schufen, auf den sich die Freiheitspartei nachher stellte.

3. Der Wahlschwindel, der ohne Abkommen mit der Freiheitspartei kaum möglich gewesen wäre, und ihr zunächst die praktische, politische Führung im Norden gesichert hat.

II. Der Wahlschwindel.

Durch den Entschluß, uns an den Wahlen zu beteiligen, haben wir uns in das demokratische System hineinbegeben. Weil hier die Anzahl entscheidet und die Hitlerpartei ein Stoßtrupp, eine Führergruppe, also notwendig eine Minderheit sind, können wir im demokratischen System niemals siegen. *Die Hitlerleute sind jetzt mit einem Stoßtrupp zu vergleichen, der hartnäckig behauptet, er könne seine Aufgabe auch im Schützengraben lösen.* Eben noch waren die Hitlerleute eine Führerbewegung, die an den großen einzelnen glaubte, jetzt müssen sie an die große Anzahl glauben. Am 8. November noch wollte Hitler die Masse auch gegen ihren Willen zum völkischen Staate zwingen — das war Führertum. Jetzt gehen die Hitlerleute bittend zur Masse hin und lassen sich von ihr einen Ausweis über Hitlers künftige Bedeutung ausstellen.

Für die alten Hitlerleute in Bayern ist die Wirkung dieses falschen Schrittes nicht zerstörend, weil sie eine lange antiparlamentarische Schulung durch Hitler bekommen haben.

In Norddeutschland fing aber die Hitlerbewegung erst nach den 8. November, teilweise erst in den letzten Wochen an, plötzlich zu wachsen. Und hier wurde sie zugleich zu Beginn in parlamentarischer Form, womöglich als Wahlrede, gebracht. Hier kann durch den Wahlschwindel die völkische Bewegung für immer verfälscht und abgebogen werden. Nicht nur taktisch, sondern weltanschaulich ist hier die Grundlage verschoben, auf der doch noch vieles gebaut werden soll. Wenigstens im Anfang muß eine Bewegung ganz rein, sittlich wertvoll, radikal sein, auch auf Kosten politischer Vorteile. Im Süden hatte man diese reine Jugendzeit. Für den Norden hat der Münchener Wahlbefehl den reinen Anfang verdorben und unmöglich gemacht. Realpolitik und Taktik, Kandidatenstreit und Wahlreden stehen an der Wiege der norddeutschen Hitlerbewegung.

Es ist unbestreitbar, daß dieser Weg zum baldigen politischen Erfolge führt, Thüringen, Mecklenburg und Bayern haben das gezeigt. Aber diese Prozenterfolge errichten ein hohes Haus auf Sand. Die weltanschauliche und organisatorische Grundlage fehlt noch. Die Wahlpropaganda hat eine völkische Seifenblase aufgetrieben, die bei jeder Bewährung zerplatzen wird.

Man muß sich klar darüber sein, was für Aufgaben die völkische Bewegung zu lösen hat. Sie soll die innere Volkseinheit des Deutschtums wieder herstellen. Nur bei wirklicher, jahrelang durchgehaltener Echtheit wird sie die Kraft zur Lösung ihrer Hauptaufgabe, zu religiöser Neugestaltung besitzen. Gelingt ihr das nicht, dann werden politische Teilerfolge bloße Tageserscheinungen bleiben, die den Verfall des Volkstums aufhalten, aber nicht verhindern können.

Folgen des Wahlbefehls.

1. Als erste und schwerste Folge stellte sich heraus die gesicherte Vorherrschaft der von jeher parlamentarischen Freiheitspartei.

Im Augenblick des Betretens der parlamentarischen Ebene hatte der geübte Parlamentarier v. Graefe die norddeutsche Führung auch der „Bruderpartei" in seiner Hand. Wo es sich um Realpolitik und Tageserfolge, um das tägliche Schachspiel handelt, ist die Freiheitspartei in ihrem Element und die Hitlerbewegung tritt wegen Jugend und Unreife zurück. Der Realpolitiker v. Graefe schafft keine Mächte, aber er schiebt mit ihnen. Die Mächte wachsen auf den Boden der Hitlerbewegung, aus ihnen selbst hätten allmählich Organisationen und Führer entstehen können. Durch den Wahlbefehl ist die unreife Bewegung in die Hand des von oben her zugreifenden Politikers v. Graefe gelangt.

2. Die Münchner Leitung hat nachträglich versucht, das Abkommen zu lockern oder aufzuheben. Das ist verhindert worden u. a. von General Ludendorff, der dem Einfluß des Herrn v. Graefe untersteht.

Das Streben Ludendorffs nach einer national-völkischen Einheitsfront hat unter v. Graefes Einfluß die Münchener Hitlerleitung mit der Freiheitspartei zusammengefesselt. Der große Augenblickserfolg einer leicht zu schaffenden völkisch-nationalen Einheitsfront von Hitler bis . . . würde für das deutsche Volk nur eine in die Ferne gezogene Katastrophe sein.

Das nationale Element in der Führung der völkischen Bewegung wird auf dem Umweg über die Freiheitspartei täglich stärker. Dr. Dinter schreibt in der deutschnationalen „Deutschen Zeitung" über positive Mitarbeit im Parlament, Karl Rohm in Württemberg als Führer der Nat. Soz. geht mit den Deutschnationalen zusammen. Dr. Dinter tritt in die nat. soz. Partei ein und bleibt gleichzeitig in der Freiheitspartei usw.

Bei einer gemeinsamen Hitler-v.-Graefe-Fraktion im Reichstag wird der parlamentarische Anschluß an die Deutschnationalen unvermeidlich sein.

Damit wäre die völkische Bewegung an ihrem Ende und hätte mit einer Lüge geendet. Die unteren Volksschichten würden bei Kunze kleinbürgerlich entkräftet, die Arbeiterschaft würde weiterhin marxistisch den Juden folgen. Der Gegensatz Bürgertum—Arbeiterschaft wäre für die nächsten Jahre wiederhergestellt, ebenso die darauf beruhende Schaukelpolitik der abwechselnden jüdischen und reaktionären Herrschaft. Schon heute trägt die völkische Bewegung die Verantwortung für das ganze Volk, sie ist die letzte Instanz des Volkes und eine Katastrophe der Hitlerbewegung wird bereits eine Katastrophe des deutschen Volkes sein. Die Hitlerbewegung ist noch nicht reif für Bündnisse mit fremden Gruppen, wie die Freiheitspartei, Deutschnationale u.a.m. Sie ist auch noch nicht reif zur Übernahme der Verantwortung für den Staat, weil ihr die Macht zur Durchsetzung ihrer Ziele und vor allem eine ausgebildete Führerschaft fehlt. Durch den Wahlschwindel sind z. Zt. Agitatoren, Redner, Parlamentarier, aber keine Führer in die Führung der Hitlerbewegung gekommen. Die völkische Bewegung muß also auf äußere Erfolge verzichten und sich innerlich durchorganisieren und Führer heranbilden. Sentimentale Argumente, wie eine liberale „deutsche Einheit" und dgl. dürfen bei einer zielbewußten Führung der Hitlerbewegung überhaupt nicht auftauchen. Das Ziel der Hitlerführung ist die innere und äußere Organisation des Volkes im reinen National-Sozialismus. Staat und Parteien kommen zunächst nur als Gegner, nicht als Teilhaber in Betracht.

gez. *Joachim Haupt.*

Großdeutsche Volksgemeinschaft e.V.
Sitz München

München, den 22. 10. 1924.

Rundschreiben

an sämtliche Ortsgruppen der „Großdeutschen Volksgemeinschaft e.V."

Der Reichstag ist aufgelöst. Die G.V.G., obwohl grundsätzlich antiparlamentarisch eingestellt, wird mit Rücksicht auf die gesamte völkische Bewegung ihre Anhänger anläßlich der kommenden Reichstagswahlen *nicht* zur Wahlenthaltung auffordern, sondern empfehlen, nach Möglichkeit *bewährte,* jedem Kompromiß feindliche, charakterfeste Nationalsozialisten aufzustellen und zu versuchen, lieber 1 oder 5 echte als wie 20 oder 30 verwaschene Hitlermänner in die öffentliche Vertretungen zu entsenden. Jedenfalls wird heute schon, ohne vorläufig die Einzelheiten für die Beteiligung der G.V.G. an dem kommenden Wahlkampf festzulegen, darauf verwiesen, daß die Leitung bemüht ist, unter allen Umständen eine Wiederholung der Vorgänge und Enttäuschungen zu unterbinden, wie sie sich nach den

Wahlen zum bayerischen Landtag herausgestellt haben. Die endgültigen Bestimmungen und die Kandidatenaufstellung erfolgen auf der nächsten Landeskonferenz der G.V.G., zu der noch Einladung ergehen, die aber voraussichtlich am Sonntag, den 2. 11., stattfinden wird. Es ist klar, daß die Frage der Reichstagswahlen dann gleichzeitig gelöst werden muß mit der Frage, ob wir unsere Ortsgruppen in der Nationalsozialistischen Freiheitspartei aufgehen lassen wollen sowie mit der Gemeindewahlangelegenheit.

Für heute wird den Og. empfohlen, sofort, besonders in den größeren Städten bis zum 7. 12., die zur Abhaltung der Versammlung notwendigen Säle im voraus zu belegen. Mit Rücksicht darauf, daß wir nicht wissen, ob die Verhandlungen mit den anderen völkischen Gruppen zu einer Einigung führen und unter Berücksichtigung des Umstandes, daß der G.V.G. nur verhältnismäßig wenige bekannte oder sogenannte große Redner zur Verfügung stehen, schlägt die Hauptleitung vor, daß mit Rücksicht auch auf die Münchner Verhältnisse in *Nürnberg* der 29. 10., der 1. 11., der 10. 11., der 14. 11, der 17. 11., der 22. 11., der 27. 11. und der 3. 12. sicher als Versammlungstermine angesetzt werden. Für *Bamberg* sollen bestimmt freigehalten werden: der 3. 11., der 12. 11., der 26. 11., und der 4. 12. An diesen Tagen ist für die anderen Og. auf die Herren Esser und Streicher voraussichtlich nicht zu rechnen; jedoch können Verschiebungen unter Umständen noch gemacht werden.

Bestimmt werden die beiden Vorsitzenden der G.V.G. während des Wahlkampfes in folgenden Städten sprechen:

Bamberg, Augsburg, Kempten, Memmingen, Freising und Lindau. Der folgende erste Wahlaufruf der G.V.G. ist sofort in allen Versammlungen, Sektionsabenden oder Sprechabenden unter geeigneten Begleitworten zu verlesen und womöglich anzuschlagen. Weitere Rundschreiben werden folgen.

Stempel:
Großdeutsche Volksgemeinschaft e. V.
gez.: *Bouhler*

Für die Leitung der G.V.G.
gez.: *Hermann Esser*

Nachlaß Plümer

Großdeutsche Volksgemeinschaft e. V.
Sitz München

München, 27. 10. 1924.
Theatinerstr. 17/II.

An die
Ortsgruppen der Großdeutschen Volksgemeinschaft.

1.) Die Landeskonferenz der *G.V.G.* am 19. 10. hat unter Überwindung vieler *berechtigter und begründeter Bedenken* sich auf meine Befürwortung hin entschlossen, sich *unter gewissen Begingungen* zum Eintritt in die sogenannte „Nationalsozialistische Freiheitsbewegung Großdeutschlands" unter der Führung Ludendorffs, Strassers, Graefes bereit zu halten.

2.) Dieser von uns gezeigte *gute Wille* hat ein schmähliches Entgegenkommen gefunden.

3.) Die Landeskonferenz des Völkischen Blocks in Bayern, an der auch General Ludendorff teilnahm, hat sich *gnädigst bereit* erklärt, die G.V.G., die älteste auf nationalsozialistischem Boden stehende Organisation nach dem 9. November in die Freiheitsbewegung hereinzulassen, die Leiter der G.V.G. aber, Streicher und Esser, aus der Nationalsozialistischen Freiheitsbewegung auszuschließen. Es wurde aber als Zeichen besonderer Gerechtigkeit *gnädigst* genehmigt, daß ein Ehrenhof gebildet wird, vor dem die Herren Streicher und Esser „ihre persönliche Ehre" wiederherstellen können, dagegen hat diese Rehabilitierung nicht zur Folge, daß die beiden Herren wieder in die Nationalsozialistische Bewegung aufgenommen werden können.

Dazu haben wir Folgendes zu erklären:

Streicher und Esser sind Mitglieder der G.V.G. Diese hat ihnen auf der letzten Landesversammlung einstimmig ihr Vertrauen ausgesprochen.

4.) Nicht der Völkische Block, *auch nicht die Reichsführerschaft,* sind dazu berufen, *die beiden Herren* aus der „Nationalsozialistischen Bewegung" auszuschließen. Der einzige Mann, der ein Recht hat, jemand, der sich einen Platz in der Bewegung der Nationalsozialisten seit Jahren erkämpft hat, *aus dieser auszuschließen,* ist einzig und allein Adolf Hitler.

5.) Wenn die Herrschaften des Völkischen Blocks heute sich den Namen *„Nationalsozialisten"* beilegen — nachdem das Wort *„Völkisch" keinen Hund mehr hinter dem Ofen hervorlockt* — so ist das an und für sich schon eine *Anmaßung sondergleichen.*

6.) Wenn aber Herrschaften, die noch vor *8 Tagen erklärt* haben, daß sie nie Nationalsozialisten waren und sein können, die durch ihre bisherige Tätigkeit im Landtag bewiesen haben, daß sie alles andere sind als wie Bannerträger der Idee Adolf Hitlers, Männer, die jahrelang als die engsten Mitarbeiter Adolf Hitlers gearbeitet haben, aus der Nationalsozialistischen Bewegung ausschließen, so ist das eine Unverschämheit, die nur beweist, daß es den Herren nicht um den Nationalsozialismus und um dessen Erhaltung zu tun ist. Daß Exzellenz Ludendorff die Sache gebilligt hat, beweist nur, daß er nicht in der Lage ist, zu durchschauen, mit welchen Mitteln gewisse Kräfte die letzte Hitlerbewegung langsam erdrosseln. Auf eine weitere Charakterisierung der Stellungnahme Ludendorffs, vor allem mit Rücksicht auf seine bisherige Haltung, wird aus naheliegenden Gründen verzichtet.

7.) Daß der *sachliche Kampf,* den wir in den letzten Monaten gegen die Entwicklung im völkischen Lager geführt haben, *berechtigt ist,* zeigt sich immer deutlicher. Ganz abgesehen davon, daß die sogenannte Reichsführerschaft nicht in der Lage war, organisatorisch die Bewegung — sei es auch nur in Preußen, kräftig zu erfassen und ihr den nationalsozialistischen Stempel aufzudrücken — die aus allen Teilen Deutschlands eingehenden Zuschriften alter Nationalsozialisten beweisen dies auf das beste — zeigt auch der von der Reichsführerschaft erlassene Wahlaufruf zur Reichstagswahl alles andere als wie Verständnis für die Psyche des deutschen Arbeiters und der zu seiner Erfassung einzig und allein geeigneten alten Nationalsozialisten.

8.) Jedenfalls fühlen wir uns stark genug, um *jetzt* gerade *vor der Entscheidung der kommenden Reichstagswahlen nochmals den Versuch zu machen, die alte nationalsozialistische Bewegung zu erfassen* und in den Kampf zu werfen. Wir wenden uns diesmal über Bayerns Grenzen hinaus an alle jene, die seit Monaten schon in verbissener Wut zur Seite stehen, weil sie als aufrechte Vertreter der alten Hitleridee sich mit der Entwicklung der völkischen Bewegung zu einer Offiziers- und Doktorenpartei nicht einverstanden erklären konnten, aber auch nicht stark genug waren, sich durchzusetzen. Wir berufen für kommenden *Sonntag, den 2. 11., vorm. 11.00 h* im „Roten Saal" der Augustiner-Bierhallen zu München, Neuhauserstr. 16, einen *Reichsparteitag der G.V.G.* ein und lassen dazu mit Rücksicht auf die kommenden Reichstagswahlen und das allgemeine Interesse, das unser Vorgehen gefunden hat, Einladung ergehen an alle Einzelpersonen und Gruppen, die seit Jahren an führender Stelle in der Hitlerbewegung gestanden sind. Die Ortsgruppen der G.V.G. werden aufgefordert, restlos Vertreter zu entsenden, jeder Og.-Führer wird gebeten, zwei seiner besten und vertrauenswürdigsten Leute als Beisitzer mitzubringen.

Für die Richtigkeit
Großdeutsche Volksgemeinschaft e. V.
(Stempel)

gez. *Bouhler*, Geschäftsführer gez. *Hermann Esser*

Nachlaß Plümer.

Wahlaufruf der GVG zum 7. 12. 1924.
Schaffende aller Stände! Nationalsozialisten!

Der Reichstag ist aufgelöst. Klar und deutlich steht die Ursache dieser Maßnahme vor unser aller Augen:

Die elende Jämmerlichkeit des demokratisch-parlamentarischen Systems, dessen höchstes Ziel nicht das Wohl des Volkes, sondern der Sieg im Kampf um die Regierungssitze ist.

Den im Auftrag der jüdischen Weltbörse und der Weltfreimaurerei handelnden Erfüllungspolitikern von Crispien bis Tirpitz soll die Neuwahl den Schlüssel geben zur reibungslosen Verteilung des Judaslohnes für den Verrat am deutschen Volkstum, am deutschen schaffenden Volk.

Angesichts dieser Tatsache erkennen wir mehr denn je die Berechtigung der Forderung des Programmes unseres von der schwarz-rot-goldenen Majorität gefangen gehaltenen Führers Adolf Hitler, die verlangt, daß anstelle der Majoritätsbestimmung jüdisch-demokratischer Auffassung die Autoritätsbestimmung germanisch-deutscher Art trete.

Wir rufen Euch daher für die kommenden Wahlen zum Reichstag zu:

Schmeißt sie hinaus, die Götzendiener des Majoritätsfimmels, die Erfüllungsfanatiker von Hergt bis Levi,
die ewigen „Ja“-Sager und Verräter deutscher Ehre,
die Arbeiter- und Volksfeinde unter der heuchlerischen Maske der Retter des Vaterlandes und Proletarierführer.

Setzt Euch ein im Kampfe gegen

die Ausführung der Dawes-Gesetze,
den Beitritt Deutschlands zu einem verlogenen Völkerbund, der in Wirklichkeit ein Bund zum Raub unserer Arbeitskraft ist,
die demokratische Schein-Republik, die mit ihrem Ausnahmezustand in Wirklichkeit ein Zuchthausstaat ist.

Kämpft für die einzige Bewegung, deren Vertreter im letzten Reichstag sich als einzige bewährt haben als

Wahrer deutscher Ehre und Ansehens,
Mahner und Verkünder sozialer Gerechtigkeit,
unerschrockene Verfechter der berechtigten Forderungen des deutschen, schaffenden Volkes aller Schichten,
aufrechte Kämpfer für das vergewaltigte Deutschtum auf allen Gebieten staatlichen und wirtschaftlichen Lebens.

Setzt Euch restlos ein für die von

Adolf Hitler

geschaffene und von ihm und dem großen Führer im Weltkriege geleitete Bewegung des

Deutschen Nationalsozialismus.

Nieder mit dem marxistischen Volksverrat!
Nieder mit der klassenbürgerlichen Mandatsschinderei!
Nieder mit der kommunistischen oder demokratischen Judendiktatur!
Es lebe das kommende nationalsozialistische Deutschland!

Großdeutsche Volksgemeinschaft:
Julius Streicher, M.d.L. *Hermann Esser.*

Nachlaß Plümer.

Wahlaufruf der Nationalsozialistischen Freiheitspartei zur Reichstagswahl am 7. Dezember 1924.
(Geschäftsstelle: Berlin SW 11, Dessauer str. 6)

I.

Die Nationalsozialistische Freiheitsbewegung hat durch ihre Kampfgruppe im Reichstage im Gegensatz zu den politischen Parteien eine deutsche, klare und einheitliche Politik verfochten.

Bekämpft und abgelehnt hat sie die Dawes-Gesetzentwürfe und damit die Versklavung des deutschen Volkes durch und unter die jüdischen Mächte des internationalen und jüdischen Kapitalismus, als dessen Vollzieherin die deutsche Politik erscheint. In dieser Politik unterstützt und dazu instand gesetzt wurde auch die Regierung durch die politischen Parteien, welche teils wie sie selbst internationalistisch und kapitalistisch geartet sind, auch wenn sich davon eine im besonderen als „Wirtschaftspartei" bezeichnet, teils eine scheinnationale, charakterlose Taktik befolgen, teils auf ein blutiges kommunistisches Chaos hinarbeiten.

Die Nationalsozialistische Freiheitsbewegung ist durch ihre Kampfvertretung im Reichstage ohne Winkelzüge, ohne sogen. parlamentarische und sonstige Rücksichten, ihren Weg gegangen. Sie hat die Dawes-Gesetze in der klaren Erkenntnis abgelehnt, daß diese nur Knechtschaft und Siechtum kennen, nicht Freiheit und Gesundung. Sie hat sich aber nicht auf die Ablehnung beschränkt, sondern in Anträgen und Reden sachlich begründete, positive Wege gewiesen, die politisch und sozial unser Volk aus seiner furchtbaren Lage herauszuführen allein geeignet sind. Die Nationalsozialistische Freiheitsbewegung hat auch allein erkannt und im Reichstage durch ihre Kampfgruppe vertreten, daß der Kampf gegen die Kriegsschuldlüge mit dem Kampf gegen die Dawes-Gesetze vor deren Bewilligung zu verknüpfen, und daß so, aber nur so ein Erfolg für beides zu erreichen war.

Nun ist der weltgeschichtliche Frevel gegen das deutsche Volk Tatsache geworden. Die Regierung und ihre Parteien haben sich sogar erlaubt, in krassem Widerspruch gegen Gesetz und Verfassung die Dawes-Gesetzentwürfe zum Gesetz zu erklären; verfassungswidrig, denn keiner dieser Gesetzentwürfe, abgesehen allein vom Eisenbahngesetzentwurf, hat die gesetzlich notwendige Stimmenmehrheit enthalten.

Die Nationalsozialistische Freiheitsbewegung erkennt den durch die Abstimmung vom 29. August geschaffenen gesetz- und verfassungswidrigen Zustand nicht an und fordert den Kampf gegen ihn, während die politischen Parteien die ihnen nur zu oft genehme internationale Knechtschaft verewigen, und unter deren Schirmherrschaft allermeist ihr Parteigeschäft auf Kosten des Wohles und der Freiheit des Volkes machen wollen.

Die Nationalsozialistische Freiheitsbewegung ruft heute, nach dem verdienten schmachvollen Ende einer schmachvollen Parlamentstagung, die Deutschen auf zu einer Freiheits- und Befreiungspolitik.

Sie will keine kriegerischen Abenteuer, aber als deutsche Lebensbedingung betrachtet sie den Willen und die Kraft zur völkischen Selbstbehauptung.

Von außen wird dem deutschen Volke Hilfe und Rettung nicht kommen, sondern nur aus sich selbst und aus völkischem Handeln.

Wir wollen den völkisch-sozialen, Eigentum und Person sichernden Staat, den Staat der wahren Volksgemeinschaft, in der der deutsche Kopf- und Handarbeiter als auf allen Gebieten des Lebens gleichberechtigt und gefestigt dasteht, befreit aus der Umklammerung des internationalen, kapitalistischen und jüdischen Polypen; sein Enterbtsein wollen wir beseitigen und so den sozialen Frieden herstellen; denn davon hängt es vor allem ab, ob der Bau des neuen Großdeutschland auf Granit stehen wird.

In diesem Großdeutschland wollen wir unser heute in Parteiwirtschaft und Bürokratie erstarrtes Volksleben immer reineren und höheren Zielen entgegenführen und es darum vor jeder Überfremdung durch rassefremde Elemente schützen.

Die Nationalsozialistische Freiheitsbewegung verlangt als erste im einzelnen:

Die Wiederherstellung der Finanz- und Eisenbahnhoheit des Reiches. Die Bereitstellung billiger, künftig zinsfreier Kredite, damit die deutsche Wirtschaft von den Weltgoldhyänen nicht durch Wucherzinsen weiter zugrundegerichtet wird.

Billiges, künftig zinsfreies Geld für den Ausbau aller der ehrlichen Arbeit dienenden Betriebe in Stadt und Land zur höchsten Wirtschaftsmachtentfaltung für die Genesung des Volkes, Beseitigung der Dawes-Gesetze, welche auch Ausnahmegesetze gegen die Lebenshaltung, ja das nackte Leben aller Schichten des gesamten werktätigen deutschen Volkes, namentlich der Gehalts- und Lohnempfänger sind.

Kampf gegen die in diesen Gesetzen zur Eintreibung der „Reparationen" vorgesehenen Erhöhung der indirekten Steuern und gegen den im Zusammenhang mit jenen Gesetzen bevorstehenden Abbau der Arbeitslöhne.

Beseitigung der dritten Steuernotverordnung, die den am Eigentum des deutschen Volkes begangenen Raub und Diebstahl gutheißt.

Sofortige Wiederherstellung des Kapitals des deutschen Sparers im Rahmen einer sozial-gerechten Aufwertung.

Beteiligung des Arbeiters am Ertrag und, wo es die Art des Betriebes erlaubt, auch am Werk.

Wiederherstellung gesicherten Rechtes für die Berufsbeamten.

Schutz der wohlverdienten Vorzugsrechte der Frontkämpfer und alten Soldaten, dazu vor allem auch unbedingte Erfüllung der Gewissenspflicht des Staates: Fürsorge für die Kriegsbeschädigten und Hinterbliebenen.

Für sie und jeden deutschen Volksgenossen das elementare Recht auf eine Wohnung.

Herstellung überhaupt gleichen Rechtes für alle Volksschichten, Freiheit und Schutz für alle vaterländische Betätigung.

Schutz der Persönlichkeit unseres Adolf Hitler, Kriebel, Weber und anderer völkischer Männer.

Nach außen geht unser Kampf weiter gegen die Lüge einer deutschen Schuld am Kriege, gegen das „zweite Versailles" vom 29. August, gegen das „dritte Versailles": die Eingliederung Deutschlands in den vom jüdisch-kapitalistischen Internationalismus geleiteten, in Genf vertretenen Konzern, genannt „Völkerbund", für die Wiederherstellung des deutschen Ansehens und der deutschen Ehre in der Welt.

Das sind keine Utopien, das ist ein Kampf des Geistes und völkischen Willens, der noch jedes geknechtete Volk zur Freiheit geführt hat. Diesen geraden Weg wahrhaften Wollens wollen wir zielbewußt gehen inmitten aller Korruption und allen Schwankens.

Faßt in Verantwortungsfreudigkeit einen ganzen Entschluß, um den ihr nie herumkommt. Bekennt euch zu uns trotz aller Gefahren, die es euch bereiten kann, damit unsere nationalsozialistische Weltanschauung sich durchsetzt, damit das große Volksziel erreicht wird im Kampf gegen den Imperialismus des Geldes, der Lüge und der Gewalt.

Die Reichsführerschaft

Ludendorff *Strasser* *v. Graefe*

II.

Auf die Schanzen!
Kundgebung der nationalsozialistischen Freiheitsbewegung.

Die Reichsführerschaft der nationalsozialistischen Freiheitsbewegung richtet folgenden Appell an ihre Organisation im Reiche:

Der Reichstag ist nach wenigen Monaten schmachvoller Tagung aufgelöst worden, äußerlich nicht etwa, weil über eine akute Schicksalsfrage unseres Vaterlandes das Volk selbst entscheiden soll, sondern weil Parteibonzen- und Schiebertum sich um die Ministersessel nicht einigen konnten. Ein widerliches Schauspiel, das den Ekel des ganzen ehrlichen Volkes, ganz unabhängig von der bisherigen Einstellung des einzelnen, vor der Parlamentswirtschaft der Novemberrepublik hervorrufen muß. Es liegt nahe, daß diese nur zu berechtigte Abscheu die Besten unseres Volkes und namentlich die treuesten Kämpfer für die völkische Wiedergeburt zunächst veranlassen möchte, dieser ganzen elenden Wahl- und Parlamentswirtschaft, die unserem Volke keine Rettung bringen kann, fern zu bleiben. Aber, Freunde und Kameraden, das wäre ein verhängnisvoller Fehler; denn wenn auch die Rettung, wie gesagt, nicht durch Reichstag und Parteiwirtschaft kommen kann, so können uns diese Faktoren, wenn wir sie ruhig gewähren lassen, doch die endgültige Vernichtung unseres Volkstums bringen. Darum die Augen aufgemacht und nicht verantwortungslos beiseitegestanden!

So jämmerlich der äußerliche Anlaß dieser Neuwahl erscheint, unsere Feinde verstecken dahinter trotz alledem Entscheidungen, um die Mann für Mann zu kämpfen uns Völkischen heilige Pflicht sein muß.

Denn in Wirklichkeit geht dieser Kampf um zwei entscheidende Ziele:

1. Die Regierung hat mit der Durchführung der Dawes-Gesetze den verfassungsmäßigen Rechten des Volkes unter unbegreiflichem Schweigen auch der sogenannten nationalen Parteien in unverantwortlicher Weise Gewalt angetan. Die sämtlichen Dawes-Gesetze sind unbestreitbar verfassungsändernde Gesetze, bedurften also

einer Zweidrittel-Mehrheit im Reichstage; nur ein einziges von ihnen hat diese Mehrheit gefunden, die anderen sind also abgelehnt worden. Die Fraktion der nationalsozialistischen Freiheitsbewegung hatte deshalb eine schleunige Interpellation gegen diesen flagranten Verfassungbruch eingebracht. — Durch die Reichstagsauflösung versucht die Regierung, sich dem zu entziehen, ihren Verfassungsbruch einzugestehen. Darum gilt es, durch die Neuwahl eine Mehrheit im Reichstage zu erreichen, die den Verfassungsbruch der Regierung zerschlägt, und dadurch das deutsche Volk doch noch von den furchtbaren Sklavenketten der Dawes-Gesetze befreit. Es geht tatsächlich doch noch um die entscheidende Schicksalsfrage des deutschen Volkes, wenn auch die Gerissenheit der Parteien diese Entscheidung unwahr zu verschleiern sucht.

2. Der Aufruf der Reichsregierung, die sich einmal wieder entgegen dem Geiste, sogar der Weimarer Verfassung parteipolitisch in den Wahlkampf einmischt, spricht es ohne Scheu und Scham aus, daß die „radikalen" Parteien — damit ist doch in erster Linie die nationalsozialistische Freiheitsbewegung der Völkischen gemeint — zertrümmert werden sollen. Wir danken der Regierung für diese Unverfrorenheit, denn was diese Regierung angreift, das ist gut. Ihre übermütige Kampfansage muß den letzten völkischen Mann und die letzte völkische Frau zum äußersten Eifer im Wahlkampfe anspornen und alle, alle am Entscheidungstage an die Wahlurne rufen, damit die verblendete Regierung erkenne, wo die wahren Kräfte unseres Volkes noch pulsieren.

Wir rufen euch darum zu: Überwindet den nur zu berechtigten Ekel vor diesen Verhältnissen, gebt jeder das Beste eurer Kraft her: packt zu in diesem uns angesagten Kampfe, schärft allen Freunden das Gewissen: es geht trotz allen heuchlerischen Scheins um Freiheit oder dauernde Versklavung des deutschen Volkes, um sein Sein oder Nichtsein! Täusche sich darüber niemand! Jeder fühle sich verantwortlich für die Volksgemeinschaft, die wir erstreben — Gott hilft nur dem, der sich selbst hilft!

Ludendorff *Strasser* *v. Graefe.*

Reichstagshandbuch, III. Wahlperiode, 1924.

Einzelnummer 10 Goldpfennig

Berlin, 7. November 1924
III. Jahrgang • Nr. 45

C.V.-Zeitung

Blätter für Deutschtum und Judentum.

Organ des Central-Vereins deutscher Staatsbürger jüdischen Glaubens e.V.

Allgemeine Zeitung des Judentums

Monatsabonnement 40 Goldpfennig

Verlag und Schriftleitung: Berlin SW 68, Lindenstr. 13. ∴ Fernsprecher: Amt Dönhoff 3594, 3595. ∴ Bankkonto: Dresdner Bank, Wechselstube G, Berlin SW 68, Lindenstr. 7
Alleinige Anzeigenannahme: Annoncen-Expedition Rudolf Mosse, Berlin SW 19, und deren Filialen. Anzeigenpreise: 0,75 Goldmark für die 7gespaltene Zeile nach Rudolf Mosses Normalzeilenmesser Nr. 4, Familienanzeigen und Stellengesuche für Mitglieder des Central-Vereins 0,40 Goldmark, die 90 mm breite Reklamezeile 4 Goldmark

An unsere Mitglieder und Freunde!

Der 7. Dezember entscheidet für unabsehbare Zeit auch über das Schicksal der deutschen Judenheit. **Deutschvölkische und Deutschnationale haben den Wahlkampf mit einer schamlosen Judenhetze eingeleitet.**

Daß uns der Wahlaufruf der Völkischen beschimpft, entspricht ihrer unentwegt judenfeindlichen Einstellung. Zertrümmerung alles dessen, was den deutschen Juden heilig ist, ist den Völkischen ja Lebensaufgabe.

Mit Empörung und Erbitterung haben wir aber die Parole der Deutschnationalen Volkspartei: „Gegen Juden- und Franzosenherrschaft" gelesen.

Der Zweck dieser Zusammenstellung ist unverkennbar: Herabwürdigung der vaterländischen Arbeit der deutschen Juden. **Kann man sich eine größere Ehrenkränkung der jüdischen Deutschen in den besetzten Gebieten denken?** Haben unsere jüdischen Brüder nicht ebenso standhaft und treu in allen Nöten der Besetzungszeit zu ihrem deutschen Vaterland gehalten?

Gerade die **letzten Wochen** haben erneut den Beweis erbracht, daß die Völkischen sich nicht auf **leere Drohungen** beschränken. **Was** wir von den Völkischen zu erwarten hätten, wenn es ihnen gelänge, mit den **gleichgesinnten** Deutschnationalen ans Ruder zu kommen, zeigen die an anderer Stelle wiedergegebenen **„Dienstvorschriften"** des **„Großdeutschen Frontbann"**. Diese durch einen Zufall an die Oeffentlichkeit **gebrachten Geheimbefehle**, die sicherlich nicht vereinzelt dastehen, müssen auch dem Unbesorgten unter uns zeigen, daß **nach wie vor die Völkischen ihre ganze Arbeit der Bedrohung von Leib und Leben des deutschen Judentums widmen.**

Darum auf zum Kampf gegen den vereinigten Judenhaß!

Wir kämpfen für unsere Ehre und unser Leben. Wir kämpfen für das Andenken unserer 12000 Toten. Wir kämpfen für Einigkeit, Recht und Freiheit als der allein möglichen Grundlage für den Aufbau unseres Vaterlandes, das durch die Schmach des Judenhasses schon genug Ansehen in der Kulturwelt eingebüßt hat.

Jeder deutsche Jude muß uns in diesem Kampfe unterstützen, in den wir unverzagt eintreten und den wir mit allen uns zur Verfügung stehenden Kräften führen werden.

Voraussetzung ist Opferwilligkeit unserer Mitglieder und Freunde.

Niemand glaube, daß seine Hilfe, auch wenn sie nur gering sein kann, zu entbehren ist.

Deutsche Juden und deutsche Jüdinnen! Ihr wißt, was auf dem Spiele steht. **Wir** werden in dem bevorstehenden schweren Ringen im Bewußtsein unserer großen Verantwortung vor keiner Aufgabe zurückschrecken, auch wenn sie übermenschliche Anforderungen an uns stellen sollte. Um so größeres Recht haben wir, von **Euch** das viel leichtere Opfer der wirtschaftlichen Unterstützung für den Kampf zu fordern, **den wir für Euch führen.** Den Judenhaß zu bekämpfen sind wir durch unsere Einrichtungen und Erfahrungen am besten in der Lage.

Laßt eine große Stunde kein kleines Geschlecht finden.

Centralverein deutscher Staatsbürger jüdischen Glaubens.

Dr. Julius Brodnitz, 1. Vorsitzender

Einem jeden wird von dem für ihn zuständigen Landesverbande oder seiner Ortsgruppe eine briefliche oder andere Mitteilung zugehen, wohin er seinen Wahlbeitrag senden soll. **Groß-Berliner und Brandenburger Mitglieder** zahlen auf Postscheckkonto des Central-Vereins Berlin 115 501 (Sonderkonto), auf Dresdner Bank, Wechselstube G, Berlin SW 68, Lindenstraße 7, oder an das Bureau Berlin SW 68, Lindenstraße 13.

An unsere Mitglieder in Preußen.

Am 7. Dezember finden die Wahlen für den **Preußischen Landesverband jüdischer Gemeinden** statt. **Wahlberechtigt und wählbar sind alle volljährigen einer Verbandsgemeinde angehörigen Juden beiderlei Geschlechts, die mindestens ein Jahr vor Auslegung der Wählerlisten innerhalb einer Verbandsgemeinde ihren Wohnsitz gehabt haben.**

Der Preußische Landesverband jüdischer Gemeinden ist ein Organ der jüdischen Religionsgesellschaft. Auf ihm lastet eine Fülle von Aufgaben zur Erhaltung zahlreicher um ihren Bestand ringender Gemeinden, zur Belebung des Judentums und Verbreitung der Kenntnis und richtiger Würdigung seiner Lehre. **Deshalb wird die Wahl zum Verbandstag eine Schicksalsfrage für Judentum und Judenheit.**

Aufgabe der Mitglieder und Freunde des Central-Vereins muß es deshalb sein, dafür Sorge zu tragen, daß der kommende Verbandstag **in überwältigender Mehrheit** Männer und Frauen zu seinen Mitgliedern zählt,

welche Begeisterung für die Erhaltung und Pflege jüdischer Ideale mit dem bewußten Gefühl ihrer unlösbaren Verwurzelung im deutschen Vaterlande verbinden.

Die Gesamtarbeit des Central-Vereins, die von den Gedanken der Leitworte unseres seligen Führers **Eugen Fuchs**: „Vermählung zwischen Deutschtum und Judentum" getragen ist, fordert von uns allen eine Stärkung und Kräftigung der jüdischen Gemeinden als **Religionsgemeinde**. Das bedeutet

eine nachdrückliche und scharfe Ablehnung des Begriffs der Volksgemeinde.

Die Schaffung dieser Volksgemeinden erstreben die Jüdisch-Nationalen.

Volksgemeinden, statt der Religionsgemeinden schaffen, heißt anerkennen, daß wir zum deutschen Volke nicht gehören, bedeutet unsere heiligen religiösen Angelegenheiten mit politischen verquicken. Wir fühlen uns nicht als „Gäste im Wirtsvolk", sondern als Angehörige des deutschen Volkes und sehen unsere Heimat im deutschen Boden. Wir sind überzeugt, daß

die Politisierung der jüdischen Religionsgemeinschaft,

das Streben nach Schaffung einer neuen jüdisch-hebräischen Weltkultur, nach Hebraisierung des bürgerlichen Lebens, nach Erziehung unserer Jugend in jüdisch-nationalem Sinne **ein schweres Unglück für den religiösen Inhalt des Judentums und für die politische Stellung der jüdischen Deutschen innerhalb unseres deutschen Vaterlandes bedeuten.**

Das werden wir verhindern, indem wir, Männer und Frauen, am 7. Dezember unserer Wahlpflicht genügen und dafür sorgen, daß **jüdisch-nationale Bestrebungen unter allen Umständen im Parlamente und auf dem Verbandstage ohne Bedeutung bleiben.**

Auf zur Wahl!

Der Vorstand des Central-Vereins deutscher Staatsbürger jüdischen Glaubens E. V.
Dr. Julius Brodnitz, 1. Vorsitzender.

Zur dringenden Beachtung.

Wer sich nicht schleunigst für die Landesverbandswahlen in die Listen seiner Gemeinde eintragen läßt, verliert sein Stimmrecht.

Männer und Frauen sind wahlberechtigt.

In Groß-Berlin geben das **Gemeindebureau (Berlin N 24, Oranienburger Straße 29/30)** sowie alle Synagogenkastellane Anmeldekarten aus.

Der deutsche Nationalsozialismus
sein Werden und sein Ziel.
Von Bruno Wenzel, 1924.

Begriffserklärung. Der Nationalsozialismus, so wie er in München in knappe programmatische Form geprägt wurde, stellt unserer Ansicht nach einen *ersten Versuch zu deutschbewußtem, politischen Denken und Handeln* dar. Aus dem Bewußtsein des deutschen Wesens heraus, als des Ausflusses von Freiheitsliebe, Wahrheitsdrang und Pflichtgefühl, den angeborenen Eigenschaften des deutschen Volkstums, erwächst hier das klar formulierte, erstrebenswerte deutsche Idealbild, d. h. die schon von Goethe gesuchte „Volkheit" einer ihrer selbst bewußt werdenden völkischen Gemeinschaft. Deutschbewußt ist im Nationalsozialismus die grundlegende Ehrfurcht vor der historisch-rassischen Entwicklung unseres Volkes; ebenso die aus Pflichtbewußtsein geborene Unterordnung unter eine starke Führung; und schließlich insbesondere der diese ganze Bewegung durchziehende heldische Kampfgedanke.

Als eine tatsächlich erstmalige Regung solchen deutschen Selbstbewußtseins mußte diese in dem seit Jahrhunderten *unbewußt* entwickelten deutschen Volkskörper ähnlich wirken, wie die zu plötzlicher Entwicklung frei werdenden Zellen einer Krebswucherung. Sie mußte alle übrigen Organe zu intensivster Reaktion anstacheln und den Gesamtorganismus in höchste Aufregung versetzen. Unter Verzicht auf eine weitere Ausspinnung oder exakte Rechtfertigung dieses Vergleiches läßt sich aber eine solche Wirkung im politischen Leben unserer Gegenwart schon ziemlich genau feststellen.

Allgemeine Lage. Von dem wuchernden Gedanken des deutschen Nationalismus wurden am erkennbarsten ergriffen: zunächst die stets begeisterungsfähige Jugend und der jugendliche Teil der ehemaligen Frontkämpfer. In diesen Gruppen aber, insbesondere mit ihrem starken Einschlag landsknechtischer Elemente, überwiegt naturgemäß die politische Unreife und ein gewisser Mangel an sittlichem Ernst. — Ferner fühlen sich angezogen die guten Elemente aus den Kreisen der Handarbeiter und sogenannten kleinen Leute, und zwar sowohl aus Masseninstinkt, als auch aus bitterer seelischer Not. Andererseits aber wurden auch alle gegnerischen Kräfte von dieser deutschbewußten Äußerung aufs energischste beeinflußt. Genau wie im Kriege, erschöpften diese zuerst erfolglos ihre einzelnen Kampfmittel (Totschweigen, Terror, Presse etc.) bis sie, den gemeinsamen Feind erkennend, sich auf eine einheitliche Front zurückzogen und auch ihre Kampfesweise nach und nach vereinheitlichten.

Die gemeinsame Grundlage aller Gegner des Deutschbewußtseins ist die Lüge und die politische Intrige, die beide ihre höchste systematische Vollendung finden im *demokratischen Parlamentarismus.* Diese unheimliche Waffe ist um so gefährlicher, als sie bis tief hinein in die Reihen der Deutschbewußten gar nicht einmal als feindlich erkannt wird. Gerade diese scheinbare Harmlosigkeit aber wissen unsere Gegner sehr wohl zu schätzen. So wurde z. B. im Kriege die Revolutionierung Bulgariens dem „deutschfreundlichen" Vatikan übertragen, der zu diesem Zwecke „neutrale" Agenten in das sonst wohlweislich verschlossene Land schickte. In einem spanisch-klerikalen Bericht über die seelsorgerische Tätigkeit dieser ehrlichen Retter hieß es damals zynisch: „ . . . aber unser Geist reicht weiter, als unsere Person dringen kann"! Diese Art der unmerklichen Durchseuchung mit vergifteten Gedankengängen bildet also auch heute den *Kern der Einheitsstrategie* aller Deutschenfeinde gegen das erwachende Deutschbewußtsein.

Nun ist gegenüber dem schleichenden Durchsickern der gegnerischen Kampfesweise das *Wesen des deutschen Nationalsozialismus tatenfroh und revolutionär.* Mit der Klarheit dieser Erkenntnis steht und fällt die praktische Bedeutung der Bewegung. Schon die geringste Verwischung des Begriffs „revolutionär", insbesondere aber dessen Verwechselung mit seiner jüdischen Verfälschung, mußte unweigerlich die schädlichsten Folgen für den Nationalsozialismus nach sich ziehen. Als solche Folgen (um die hier schon vorwegzunehmen) sind bereits klar erkennbar die Tatsachen, daß 1.) sehr viele gute Elemente innerhalb der kulturtragenden Volksschichten von der Mitarbeit am praktischen Nationalsozialismus abgehalten werden; 2.) in den Kreisen des Nationalsozialismus selbst die Vertiefung in deutsche Weltanschauung zurückgedrängt wird, auf Kosten von wilden Darstellungen blutiger Straßenkämpfe, Galgen, Schaffott und ähnlichen Dingen; und 3.) sogar die Leitung der Bewegung dazu verführt wurde, den praktischen Entwicklungsgang des Nationalsozialismus aus verkehrter Perspektive zu betrachten.

Demgegenüber muß festgestellt werden, daß unter revolutionär in wahrheitlichem Sinne nur eine Handlungsweise zu verstehen ist, die ohne jede Rücksicht auf das ehrwürdige Alter überkommener, aber als falsch erkannter Anschauungen, also z. B. auch auf den Wert von Menschenleben, Staatsbegriffen, Rechtsanschauungen, Wirtschaftsinteressen, Kircheninstitutionen usw., selbst wenn diese von noch so vielen irrenden Menschen geteilt werden, das eigene, in tiefster Brust als wahr und echt erkannte Ideale unvermittelt und brutal an die Stelle des bisherigen setzt. Es liegt demnach auf der Hand, daß die Inangriffnahme und Durchführung einer Revolution verschieden ausfallen muß, je nach der höheren oder geringeren Sittlichkeit des treibenden Ideals. *Alle* bisherigen Revolutionen waren getragen vom jüdisch-nomadischen Ideal der Völkervernichtung und demnach ausgeführt mit den entsittlichenden Mitteln der Untergrabung jeglichen göttlichen und menschlichen Autoritätsglaubens. Daher war von jeher das Vollzugsorgan aller dieser jüdischen Revolutionen der Mob, der Großstadtauswurf! Die Richtung ihres revoltierenden Wirkens ging also stets von unten nach oben, und dessen verbrecherischer Pesthauch vergiftete schon rein äußerlich den an sich in der ganzen Natur ja gar nicht so selten auftretenden Begriff des Revolutionären. — Umgekehrt aber liegt gerade im *deutschen* Wesen des Nationalsozialismus das Bestreben begründet, göttliche und menschliche Autorität gegenüber dem jüdischen Plebejer-Ideal wieder aufzurichten, und zwar (wiederum aus dem heldisch-kämpferischen Grundgedanken heraus) unter Anwendung brutal revolutionärer Mittel. Folgerichtig zwingt dies aber zu einer *Wirkungsrichtung von oben nach unten*, d. h. zu einer Zwangsanwendung der Besten gegen die nur Guten und die Schlechten. — Hieraus ergibt sich ferner aber, das zur Führung der Nationalsozialistischen Revolution nicht nur ausschließlich die *lautersten Charaktere* gehören, sondern daß mit dieser Eigenschaft auch noch schärfste Klarheit des Denkens und ebenso absoluteste *Freiheit des Handelns* verbunden sein müssen.

Grundsätzliche Einstellung und tatsächliche Entwicklung.

Diese Auffassung war auch in der Leitung der N.S.D.A.P. noch vorherrschend bis vor etwa eineinhalb Jahren. Damals prägte Hitler den für seine Organisation gültigen Zeitsatz: *„Es gibt Regierungen, die nicht einmal eine Revolution wert sind."* Bis zu jener Zeit wurde in der Partei auch noch mehr Gewicht auf Charakterreinheit gelegt, als auf zugkräftige Namen, Spezialkenntnisse, glänzende Titel und einflußreiche Ämter. Bei wachsendem Massenzustrom aber senkte sich das Durchschnittsniveau. Jene, an sich gar nicht tadelnswerte Merkmale begannen dadurch unverhältnismäßig zu glänzen; dann wurden sie nach und nach überschätzt, und schließlich sogar ganz unmerklich *verwechselt* mit innerlichem nationalsozialistischem Führertum. Ebenso die sich dreist hervordrängenden lauten Mäuler und groben Fäuste. Charakter verschwand nach und nach. So geriet Hitlers deutscher Revolutionsgedanke in Gefahr, zur *jüdischen Revolte* zu werden. Diese aber mußte selbstverständlich den stärkeren Machtmitteln und den feineren Intrigenspielen des doch ebenfalls jüdischen Staates unterliegen. Hitlers ursprünglicher Gedanke reißt genau in dem Moment ab, wo er einer Gruppe von ausgesprochenen Vertretern des alten jüdisch revoltierenden Gedankens zutraut, eine deutsche Revolution durchzuführen. Von da ab tritt Hitler hinter die Idee, anstatt vor sie. — Mit abgedroschenen demokratischen Mitteln der Massenbeschwatzung suchte man suggestiv zu wirken, anstatt revolutionär alte Normen zu zerschlagen und unvermittelt, aus eigener Schöpferkraft Neues an die Stelle zu setzen. Man suchte sich also dem altgewohnten trägen Anschauungsvermögen anzupassen, anstatt die eigene urwüchsige Neugestaltung der gesamten widerstrebenden Gegenwart brutal aufzuzwingen.

Der wahrscheinlich selbst allen Beteiligten noch immer rätselhafte Zusammenbruch der so glänzend begonnenen nationalsozialistischen Bewegung erklärt sich aber gerade aus dieser seltsamen Vermischung von altüberlieferten undeutschen Gedankengängen und Handlungsweisen mit der neudeutschen Ideenwelt des rechtsrevolutionär bedingten echten Nationalsozialismus.

Als Schöpfer und Leiter dieser Ideenwelt gilt aber Adolf Hitler. Er glaubte sich stark genug, um jenen veralteten Anschauungen und Methoden scheinbar unbedeutende Zugeständnisse machen zu können, zur Befriedigung des innerlich und äußerlich immer stärker drängenden Bedürfnisses nach „Erfolg". Weil Hitler auch nur einen winzigen Schritt in das ihm scheinbar so naheliegende Alte zurücktrat, kam der schwere Rückschlag! Er, der Führer, hat es jetzt in der Hand, ob die ganze Bewegung, anstatt revolutionär zu siegen, parlamentar-revolutionär verendet!

Wir tun hier einen tiefen Einblick in das Geheimnis des deutschen Führergedankens und begreifen, warum Führer über das *deutsche* Volk in so überaus seltenen, ganz überragenden Persönlichkeiten erstehen können, wohingegen deutschblütige Führer an der Spitze *anderer Völker,* mit größerem geistigen Abstande von ihnen, verhältnismäßig oft und leicht Großes leisten.

Einzelheiten: Aus dem deutsch-wahrheitlichen Wesen des Nationalsozialismus ergab sich als erste politische *Gefechtsstellung* diejenige gegen die am weitesten vorgeschobene Kampftruppe der jüdischen Lüge, nämlich die Sozialdemokratie. Dies zwang auf unserer Seite zur Massenentwicklung und zur Einstellung auf Proletarierpsychologie. Beide Faktoren aber, die dem feindlichen Ideenkreise angehören, hätten im Lager des Nationalsozialismus nur *streng überwachte Diener* der Idee bleiben müssen, während sie sich in Wirklichkeit zu Herren der Idee entwickelten. Trotz aller Beschäftigung mit den „Weisen von Zion" übersahen die Führer dennoch deren politische Grunderkenntnis von der absoluten politischen Unreife *aller* „ewig blinden" Volksmassen.

Ebenso ergab sich aus obiger Gefechtsstellung die Notwendigkeit, dem militarisierten Terror der Roten eine ähnliche oder bessere deutsche Waffe entgegenzustellen. Der technische und moralische Ausbau einer solchen war verhältnismäßig leicht aus den vorhandenen Trümmern des alten Heeres. Aber die so gegebene Führung war nicht aus der nationalsozialistischen Idee *herausgewachsen*, sondern nur mehr oder minder äußerlich von ihr *erfaßt.* Diese militärische Organisation wurde daher sehr bald zu einem Sondergebilde, das sogar nach und nach das eigentliche Wesen des Nationalsozialismus auszumachen schien. Dies war um so gefährlicher, als der Geist dieser Truppe, wenngleich aus der guten alten Überlieferung geboren, doch unter Zustrom landsknechtischer Elemente unedler wurde. Auch *ihr* hemmungsloses Erstarken führte, ebenso wie die politische Massenentwicklung, zwangsläufig zur jüdischen Revolutionsform von unten nach oben.

Typisch charakterisiert wird diese Entwicklung durch die Namen: Klintzsch — Göring — Roßbach. Ein Roßbach als Stabschef der Nationalsozialisten deckt sich aufs Haar mit einem Scheidemann als „kaiserlicher" Staatssekretär! Diese beiden unter Verkennung ihrer Berechtigung als Hilfswerkzeuge, zu wesentlichen Merkmalen des Nationalsozialismus selbst gewordenen Faktoren hatten, wie gesagt, zur Folge 1) ein Abschrecken der staatsbildenden, kulturtragenden Schichten, die in erster Linie die geeigneten Persönlichkeiten zur Durchführung der nationalsozialistischen Revolution von oben her hätten stellen müssen; und 2) seitens der Nat.-Soz. Leitung die nunmehr unvermeidliche *Zwangslage* des Zurückgreifens auf Hilfskräfte *jeder* Art, die nur irgend den deutsch-revolutionären Gedanken *zur Schau* trugen, ob sie auch innerlich noch so sehr in der überalterten Ideenwelt wurzelten. So entstand folgerichtig aus dem Zwang der so betrachteten Entwicklung die Mißgeburt der nationalsozialistischen Idee in einem jüdisch-parlamentarischen Körper. Und weiterhin ergab sie unerbittlich aus dem ersten kleinen, wohl mehr passiven Zugeständnis an die selbstherrliche Berechtigung der „Organisation" als der Trägerin des „Erfolges", nicht des „Gedankens", die ganze weitere Folge von Opportunitätskompromissen, bis zur jetzt vollendet vorliegenden Parlamentarisierung des ehemals deutschen Nationalsozialismus.

Verwässerung. Diese schon heute wieder ganz den überalterten Geist atmende und virtuos mit allen Kunstkniffen jüdischer Parteidoktrin arbeitende „evolutive" Politik begann mit dem Severingschen Parteiverbote und der damit in ursächlichem Zusammenhang stehenden Gründung der D.F.P. Diese, aus nichts gewachsene, sondern in einem Fraktionszimmer des Reichsparlaments ausgeheckte künstliche Bildung sucht sich der lebendigen Organisation der N.S.D.A.P. zu bemächtigen. Sie hatte aber damit zunächst wenig Glück, weil ihr Wesen und Handeln bei den damals zwar zahlenmäßig noch schwachen, aber im Geiste deutscher Wahrhaftigkeit starken Nationalsozialisten Norddeutschlands instinktiv abgelehnt wurde. Um so emsiger wurde in München gebohrt, wo mit erdichteten „Übertritten, Verständigungen" und dergl. operiert wurde, genau so wie man gleichzeitig die widerstrebenden norddeutschen Gruppen mit angeblichen „Abmachungen mit Hitler", „völliger Übereinstimmung", und dem berühmt gewordenen „innigen Freundschaftsverhältnis" u. ä. schönen Dingen zu blenden versuchte. Hüben und drüben wurden dadurch falsche Vorstellungen erweckt, die wiederum falsche Entschlüsse zur Folge hatten. Gleichzeitig wurde sinn- und verstandlos „auf Masse" gearbeitet, wobei selbst das Mittel *falscher Zahlenangaben* (Roßbachs Hundertschaften, Fahrenhorsts Gewerkschaften) nicht verschmäht wurde. Bewußt und systematisch verseuchte also Berlin die bis dahin reine Ideenwelt des deutschen Nationalsozialismus.

Festgestellt muß hier allerdings werden die jämmerliche politische Organisation Münchens, die durch einfache Rückfrage oder persönliche Besprechung in den norddeutschen Bezirken diese ganze Diplomatie allerübelster orientalischer Prägung hätten zerreißen können und müssen! Aber es lag ja nicht *allein* an diesem technischen Mangel, sondern hemmend trat mehr und mehr der leise Bruch einer im stillen anwachsenden Sucht nach „Erfolg" hervor. Massen wollte man haben, Soldaten, Begeisterung, öffentlichen und politischen Einfluß! Und hier winkte dann ja auch ein Name, an den sich nicht nur dieses alles knüpfte, sondern (das muß hier einmal furchtlos ausgesprochen werden) auch geldliche Unterstützungen. Während der Valutakatastrophe war auch die Nat.-Soz. Organisation im wesentlichen auf die Unterstützung ausländischer Freunde angewiesen, und hier insbesondere fragte man immer nach der Stellung dieser Bewegung zu dem großen Feldherrn, von dem das Ausland, nach dem dort nun einmal üblichen demokratischen Brauch, auch für Deutschland noch eine ausschlaggebende *politische* Betätigung erwartete. Der General war aber schon längst mit den Berliner Majoren identifiziert worden, und so mußten mit diesem auch jene „übernommen" werden. Man übersah nun auf einmal geflissentlich deren bisher so verhaßtes Parlamentariertum; man glaubte blindlings den glatten Diplomaten und man übertäubte sowohl innere Zweifel wie von außen kommende Vorwürfe durch herrische Grobheit und cäsarische Unnahbarkeit.

Preußisch-Jerusalem hatte gesiegt!

Wie wenig inneren Wert und eigene Festigkeit aber diese parlamentarischen Verbündeten — denen jetzt sogar unser ehrlicher Name geopfert werden soll — in Wirklichkeit besitzen, geht ganz besonders deutlich aus ihrer geradezu lächerlichen Gespensterfurcht gegenüber den angeblich freimaurerisch, jesuitisch, großkapitalistisch usw. verseuchten Deutschnationalen und Alldeutschen hervor. Wer selbst gedanklich fest auf dem Nationalsozialismus gegründet ist, und außerdem Charakter hat, dem kann weder der schwarz-rot-goldene, noch viel weniger der schwarz-weiß-rote verschleierte Jude gefährlich werden. Ein untrügliches Zeichen des absoluten *Fehlens* dieser beiden Eigenschaften aber ist es, wenn man mit den häßlichsten Mitteln der Unwahrheit alles verunglimpft, was sich nicht bedingungslos der eigenen angemaßten, aber auch nicht durch die allergeringste geistige Überlegenheit gerechtfertigten, engstirnigen Parteileitung unterwirft.

Falsche Front. Umgekehrt darf man aber auch die unbestreitbare Tatsache der Abwendung guter völkisch-nationaler, wenn auch innerlich noch nicht ganz nationalsozialistischer Kreise von der Verbindung mit unserer Organisation nicht nur ausschließlich dem Überwuchern des Radaumachertums bei uns zuschreiben, sondern viel eher noch der so engen Verbindung mit jenen Geistern, die von allen bedeutenden Persönlichkeiten genau so abgelehnt werden, wie ja auch instinktiv oder bewußt von allen denjenigen Nationalsozialisten, denen das tiefste Wesen dieser Weltanschauung einmal zum inneren Erlebnis wurde. — Nur unter diesem Gesichtspunkte ist übrigens auch das fast allgemein in die Erscheinung getretene Mißverhältnis der völkisch-sozialen Stimmen zwischen den Reichstags- und Kommunalwahlen richtig zu verstehen.

Angebahnt wurde diese für den Nationalsozialismus so ungeheuer belastende Bindung mit jenen Exponenten des jüdischen Parlamentarismus durch deren systematische Wühlarbeit zur völligen Isolierung, ja selbst zur schroffsten Verfeindung Hitlers mit *allen* bedeutenden Persönlichkeiten unseres deutschbewußten öffentlichen Lebens, die aber abseits und im Gegensatz zum Parlament stehend, Hitlers naturgemäße Verbündete hätten werden können. Genannt seien nur die Namen Erhardt und Claß, ohne jedoch hier auf die Berechtigung der gegen beide vorgebrachten schweren Verdachtsmomente einzugehen. Behauptet werden darf und muß aber unter allen Umständen, daß in den durch jene Namen doch nur angedeuteten Kreisen sich zweifellos eine ganze Reihe von Persönlichkeiten befinden, die nicht nur intellektuell viel mehr in der Lage sind, die Kernprobleme des Nationalsozialismus zu erfassen, die nicht nur an Lauterkeit des Charakters und Reinheit der Mittel wesentlich höher stehen, sondern die tatsächlich auch von jeder Art innerer und äußerer Bindungen an die Welt der Gegner viel freier und unabhängiger sind, als die dem jüdischen Parlamentarismus mit Haut und Haaren verfallenen Freiheitler. — Das einzige, was diese nur so frei und hemmungslos erscheinen läßt, ist höchstens ihre geradezu beneidenswerte Unabhängigkeit der eigenen geistigen Unterjochung.

Kein Vernünftiger verlangt, daß Hitler *alles* kann, alles sein und alles allein tun soll. Er selbst weiß am besten, daß dies unmöglich wäre. Darum wandte er einmal auch auf sich selbst den Vergleich des „Trommlers" an. Wir aber wollen, daß, wenn Hitler trommelt, die *Besten* im Volke erwachen und sich um ihn scharen — nicht landläufiger Durchschnitt, der gehört *hinter* ihn!

Schlußfolgerung. Wenn also, wie oben gesagt, nur reine Charaktere und Männer mit unbehinderter Denk- und Handlungsfreiheit zur Führung des deutschen Nationalsozialismus tauglich sind, so erscheint uns dessen *schnellste und völlige Loslösung* vom jüdischen Parlamentarismus als allerhöchste Pflicht einer verantwortlichen Leitung. Denn nichts verdirbt bekanntlich so schnell und so gründlich den Charakter wie das Parlamentarisieren. Und nichts hemmt so sehr die Denk- und Handlungsfreiheit wie das Parlament mit seinen tausend Bindungen aller Art. — Es ist bitter, immer wieder sehen zu müssen, daß unsere Bewegung und ihr Führer *solange nicht mehr ernst genommen werden* als sie im „Bunde mit", d. h. in Wirklichkeit *unter* v. Graefe stehen.

Wir aber wollen, daß unser Nationalsozialismus, und an seiner Spitze unser Adolf Hitler, von ernsthaften deutschen Männern in ihrem, wie auch immer im einzelnen gearteten, deutschsuchenden Streben durchaus ernst genommen und als das anerkannt wird, was wir darin erblicken, nämlich das hehre Idealbild einer selbstbewußten deutschen Volkheit.

Praktische Notwendigkeiten. Vor allen Dingen ist es unbedingt erforderlich, die ganz aus jüdischem Geist geborene Verfilzung mehrerer nur ähnlicher, aber nicht identischer Geistesrichtung klar und unzweideutig wieder zu entwirren. Anstelle der trüben Mischung „Hitler — Ludendorff — Graefe" muß Klarheit treten: Hitler *oder* Ludendorff *oder* Graefe! — Haben wir deshalb die Cunosche „Einheitsfront" bekämpft, um jetzt in den gleichen Fehler zu verfallen? Wo ist denn nur, seit dem „Hineinspielen der Weisen von Berlin", unsere ehemals so gesunde politische Urteilsfähigkeit geblieben?! — Diese ganz klare Trennung der *Waffengattungen*, die durchaus keine Eifersüchteleien untereinander, noch viel weniger engherzige Bekämpfung voraussetzt, sondern bei der lediglich jeder Gruppe nur die ihr angemessene Aufgabe zugewiesen werden, ist von ausschlaggebender Wichtigkeit. Denn jeder neue Anlauf zu einer deutschen Umwälzung mit Hilfe der heute gegebenen durch inneren Widerspruch siegunfähigen Elementen, ist als wiederholter „Versuch mit untauglichen Mitteln" von vornherein zum Scheitern verurteilt. Deutschland ist aber nicht allein an seinen schlechten Elementen, sondern ebenso sehr an den Allzuvielen, die „das Beste wollten", zu Grunde gegangen! Die heutige Lage ist blutig ernst. Noch ein einziger gescheiterter Nationalistenputsch — der ja von Regierung und Börse systematisch vorbereitet wird —, und Deutschland liegt verblutet am Boden.

Über alle Einzelheiten in der *Form* der notwendigen Klärung sowohl als in der Vorbereitung und Rollenverteilung der einzuschlagenden, aus dem deutschen Wesen dieser Bewegung ohne weiteres abzuleitenden Politik besteht unsererseits völlige Klarheit. Hierüber kann jederzeit in Besprechungen eingetreten werden. Unerläßlich dafür ist nur, daß das innerste Wesen des deutschen Nationalsozialismus klar herausgeschält wird, und daß dieser, *unter seinem von jeder Einzelbindung wieder völlig befreiten Führer,* wieder sichtbar *vor* die Front tritt.

Ihn und uns alle erinnere ich an das tiefgründige Wort, das Hitler noch zur Zeit seiner gedanklichen Unabängigkeit einmal prägte: „Ein politischer Führer kann sich in seinen faktischen Mitteln noch so oft irren, er bleibt dennoch der Führer, wenn sein Ausgangspunkt und sein Ziel *grundsätzlich* richtig bleiben.“ Für keinen ehrlichen unter uns bildet der taktische Fehler einer versuchsweisen Verschmelzung mit der parlamentarischen D.F.P. einen Grund zur Verurteilung der Parteileitung. Aber wir verlangen umgekehrt auch, daß unser Führer nicht zum *dauernden* Knecht *einmaliger* Mißgriffe wird, sondern stets und in allen Dingen das Grundsätzliche dem jeweiligen Praktischen vorausstellt.

Grundsätzlich ist der deutsche Nationalismus revolutionär von oben nach unten. Wer das beschmutzte *deutsche Haus* reinigen will, der muß seine eigene Stube peinlichst sauber halten und die Hausordnung in den eigenen Wohnräumen nach diesen seinen erkennbaren Grundsätzen schon durchführen.

Ludolf Haase: Aufstand in Niedersachsen.

QUELLEN- UND LITERATURVERZEICHNIS

Quellenverzeichnis

1. Unveröffentlichte Quellen

Bayerisches Hauptstaatsarchiv, München, Sonderabgabe I, Nationalsozialismus.

Akten des Bayerischen Heeresarchivs, jetzt Hauptstaatsarchiv IV, München
- a) der Reichswehr;
- b) des Reichswehrgruppenkommandos IV (Übergangsheer);
- c) der bayerischen Landespolizei;
- d) der Freikorps;
- e) der bayerischen Einwohnerwehren;
- f) Personalakten.

Akten der Bayerischen Staatskanzlei, München (Ministerratsprotokolle, Korr. d. bayer. Min.-Präs.); Der Hitlerprozeß, Masch.schriftl. Niederschrift, 4 Bde.

Akten des Kreisarchivs Oberbayern, München;

Akten des Stadtarchivs München.

Akten Bund Bayern und Reich. BGSTA München.

Niederschriften über die Sitzungen des Ausschusses zur Untersuchung der Vorgänge vom 1. Mai 1923 und der gegen Reichs- und Landesverfassung gerichteten Bestrebungen vom 26. 9. bis 9. 11. 1923. BGStA, München, DR, Ma 1943, DR, Nr. 476.

Nachlaß Kahr (Erinnerungen) im Bayer. Hauptstaatsarchiv München.

Bundesarchiv Koblenz: Parteiarchiv der NSDAP. — Akten der alten Reichskanzlei.

Nachlaß Seeckt, BA — MA, Freiburg.

Nachlaß Friedrich von Boetticher, Privatbesitz.

Nachlaß Anton Drexler, Privatbesitz.

Nachlaß Friedrich Plümer, Privatbesitz.

Archiv Max Pferdekaemper, Privatbesitz.

Nachlaß Generaloberst Rüdel, BA-MA.
Akte Holl. Akte Lenz. Akte Zezschwitz.

Urkundliches Material zur Geschichte der „Deutschen Arbeiterpartei“, der „Deutschsozialistischen Partei“ und der „Nationalsozialistischen Deutschen Arbeiterpartei“ aus Privatbesitz.

Mündliche und schriftliche Mitteilungen von Mitbegründern der „Deutschen Arbeiterpartei“, der „Deutschsozialistischen Partei“ und der „Nationalsozialistischen Deutschen Arbeiterpartei“, von führenden Persönlichkeiten der vaterländischen Verbände, von Freikorpsführern und Politikern der Weimarer Zeit.

Unveröffentlichte Erinnerungen von:
Staatsrat Dr. Hans Schmelzle, Leiter des Bayerischen Außenministeriums 1920—1927;
Professor Georg Fuchs, München (Fuchs-Machaus-Prozeß);
Major a. D. Alexander Siry, München;
General a. D. Wilhelm Schubert, München.
General a. D. Friedrich von Boetticher;
Ulrich Graf;
Richard Suchenwirth.

Unveröffentlichte Tagebücher von:
Forstrat Dr. Georg Escherich. (Einwohnerwehren.)

2. Publizistische Quellen

a) Zeitungen

„Arminius" (früher „Völkischer Kurier"), 1926;
„Bayerischer Kurier", 1923;
„Bayerische Staatszeitung", 1923;
„Berliner Tageblatt", 1924;
„Bayern und Reich", 1923;
„Centralvereinszeitung der deutschen Staatsbürger jüdischen Glaubens", 1923, 1924;
„Das bayerische Vaterland", 1923;
„Der Nationalsozialist", 1924;
„Der Vortrupp", 1924;
„Die Deutsche Nation", 1923;
„Frankfurter Zeitung", 1924;
„München-Augsburger Abendzeitung", 1923;
„Münchner Neueste Nachrichten", 1923;
„Münchner Post", 1923;
„Münchner Zeitung", 1923;
„Neue Heimatlandbriefe. Vaterländisches Wochenblatt, zugleich Nachrichtenblatt für Bund Bayern und Reich", 1923;
„Osservatore Romano", 1924;
„Völkischer Beobachter", 1923;
„Völkischer Kurier", 1924;
„Volkswehr. Nat.Soz. Wochenblatt für die werktätige deutsche Bevölkerung, Gablonz, 1923;
„Vorwärts", 1923, 1924;
„Vossische Zeitung", 1924;

b) Zeitschriften

„Archiv für Sozialgeschichte", 1962;
„Das Münster am Hellweg. Mitteilungsblatt des Vereins für die Erhaltung des Essener Münsters", 1966;
„Jahrbuch für die Geschichte M.O.Deutschland", 1962;
„La Vita Italiana", 1922;
„Saeculum", 1966;
„The Dearborn Independent", 1920—1921;
„The Journal of Modern History", 1958 ff.;
„Vierteljahreshefte für Zeitgeschichte", 1953 ff.;
„Wehrwissenschaftliche Rundschau", 1957 ff.;
„Wille und Macht", Heft 17, 1937;
„Wissenschaft und Weltbild", 1971;

3. Aktenveröffentlichungen und Dokumentationen

Der Hitlerputsch. Bayerische Dokumente zum 8./9. November 1923. Eingeleitet und herausgegeben von Ernst Deuerlein. Stuttgart 1962.

Dokumente der Zeitgeschichte, München 1938.

Hitler und Kahr. Die bayerischen Napoleonsgrößen von 1923. Ein im Untersuchungsausschuß des bayerischen Landtags aufgedeckter Justizskandal. 2 Teile, München 1928. Hsgb. vom Landesausschuß der SPD in Bayern.

I Documenti Diplomatici Italiani (Tertia Serie).

Nationalsozialismus und Revolution. Ursprung und Geschichte der NSDAP in Hamburg 1922—1923. Dokumente. Hsgb. von Werner Jochmann, Frankfurt/M., 1963.

Ursachen und Folgen, Band V: Die Weimarer Republik. Das kritische Jahr 1923.

Verhandlungen des Bayerischen, Badischen, Preußischen, Württembergischen Landtags und des deutschen Reichstags.

4. Nachschlagewerke

Brockhaus Konversationslexikon, 15. Auflage, 1928 ff.; 17. Auflage, 1966 ff.

Darstellungen aus den Nachkriegskämpfen deutscher Truppen und Freikorps, 8 Bde., Berlin 1936 ff.

Deutsches Judentum in Krieg und Revolution 1916—1923. Ein Sammelband, hsgb. von Werner E. Mosse, Tübingen 1971. Schriftenreihe wissenschaftlicher Abhandlungen des Leo Baeck Instituts, 25.

Handbuch der deutschen Geschichte von Bruno Gebhardt, Bd. 4, 1960.

Handbuch der deutschen Geschichte von A. O. Meyer, neu hsgb. von Leo Just, Bd. 4, Abschnitt 1—3.

Handbuch des deutschen Reichstags, II. und III. Wahlperiode, 1924.

Juden im deutschen Kulturbereich, 2. A., Berlin 1959.

Ploetz: Konferenzen und Verträge, ² II, 1914—1959, Würzburg 1959.

Purlitz: Deutscher Geschichtskalender, 1922/23.

Reichshandbuch der Deutschen Gesellschaft, Berlin 1931.

Schultheß' Europäischer Geschichtskalender, Bd. 64, 1923; Bd. 65, 1924;

Sperling's Adreßbuch, 1923.

Staatslexikon, hsgb. von der Görres-Gesellschaft, 6 Freiburg/Breisgau, 1957 ff.

Literaturverzeichnis

(nur zitierte Literatur wird angeführt)

Allen, Henry T. D. Mein Rheinland-Tagebuch, Berlin 1923

Angress, Werner Stillborn Revolution. The Communist Bid for power in Germany 1921 — 1923, Princeton 1963. Deutsche Ausgabe: Die Kampfzeit der KPD, Düsseldorf 1973.

Auer, Johann Zwei Aufenthalte Hitlers in Wien, in: VjZG, XIV, 1966.

Baker, Ray St. Woodrow Wilson and World Settlement, 3 Bde, Gloucester/Mass. 1960

Baruch, Bernhard M. The Making of the Reparation and Economic Sections of the Treaty, New York 1920.

Baruch, Bernhard M. My own story, New York 1957.

Baruch, Bernhard M. The Public Years, New York 1960. Deutsche Ausgabe: Die Jahre des Dienens, München 1960.

Bayerisch-Deutsch oder Bayerisch-Französisch (anonym), München 1923.

Berghahn, Volker R. Der Stahlhelm. Bund der Frontsoldaten 1918—1933, Düsseldorf 1966.

Beck, Friedrich A. Kampf und Sieg. Geschichte der NSDAP im Gau Westfalen-Süd, Dortmund 1938.

Bennecke, Heinrich Hitler und die SA, Stuttgart 1962.

Besson, Waldemar Friedrich Ebert. Verdienst und Grenze, Göttingen 1963.

Benoist-Méchin, Jacques L'histoire de l'armée allemande, 2. Bde., Paris 1936/38.

Bewley, Charles Hermann Göring, Göttingen 1957.

Bewley, Charles Hermann Göring and the Third Reich, 1962.

Boepple, Ernst Adolf Hitlers Reden, München 1933.

Bonnin, Georges Le Putsch de Hitler à Munich en 1923, Les Sables d'Olonne 1966.

Bouhler, Philipp Adolf Hitler. Das Werden einer Volksbewegung, München 1932.

Bouhler, Philipp Adolf Hitler. Sammlung der Reden, Erlasse, München 1943.

Brammer, Karl Politische Prozesse, Heft V, Berlin 1924.

Breuer, Robert Der Hitler-Ludendorff-Prozeß vor dem Münchner Volksgericht, Berlin 1924.

Bronnen, Arnolt Roßbach, Berlin 1930.

Buchrucker, Ernst Im Schatten Seeckts, Berlin 1928.

Caro, Kurt, und Oehme, Walter Schleichers Aufstieg. Ein Beitrag zur Geschichte der Gegenrevolution, 1932.

Carsten, F. L. Die Reichswehr und Politik, Köln 1964.

Ciller, Alois Deutscher Sozialismus in den Sudetenländern und in der Ostmark, Hamburg 1944.
Curtius, Ludwig Deutsche und antike Welt, Stuttgart 1950.

D'Abernon, Edgar, Viscount Memoiren, 2 Bde., Berlin 1929.
Deutsch, Julius Die Fascistengefahr, Wien 1923.
Dirr, Pius Französische Geheimpolitik am Rhein, München 1923.
Drage, Charles The amiable Prussian. London 1958.
Dünow, Hermann Der Rote Frontkämpferbund, Berlin (Ost) 1958.

Erdmann, K. D. Adenauer in der Rheinlandpolitik nach dem Ersten Weltkrieg, Stuttgart 1966.

Favez, Jean Cl. Le Reich devant l'occupation Franco-Belge de la Ruhr en 1923, Genf 1966.
Felice, De Renzo I rapporti tra fascismo e nazionalsocialismo fino all'andata al potere di Hitler (1922—1933). Appunti e documenti, Napoli 1971.
Fenske, Hans Konservativismus und Rechtsradikalismus in Bayern nach 1918 (Diss.), 1968.
Fischer, Ruth Stalin und der deutsche Kommunismus, 1949.
Flechtheim, Ossip Die KPD in der Weimarer Republik, Stuttgart 1969.
Ford, Henry Der internationale Jude, 1924.
Frantz, Konstantin Nationalliberalismus und Judenherrschaft, München 1874.
Franz, Georg Liberalismus. Die deutschliberale Bewegung in der Habsburgischen Monarchie, München 1955.
Franz-Willing, Georg Ursprung der Hitlerbewegung, 2. Auflage, Preußisch Oldendorf 1974.
Franz-Willing, Georg Die Bayerische Vatikangesandtschaft 1803—1934, München 1965.
Freksa Kapitän Ehrhardt. Abenteuer und Schicksale, Berlin 1924.
Friedensburg, Werner Die Weimarer Republik, Berlin 1946.

Gescher, Dieter B. Die Vereinigten Staaten von Nordamerika und die Reparationen 1920—1924. Eine Untersuchung der Reparationsfrage auf der Grundlage amerikanischer Akten. Bonn 1956.
Geßler, Kurt Reichswehrpolitik in der Weimarer Zeit, München 1958.
Glombowski, Friedrich Organisation Heinz (O. H.), Berlin 1934.
Görlitz, Walter, und Quint, Herbert Adolf Hitler, Stuttgart 1952.
Gordon, Harold J. Die Reichswehr und die Weimarer Republik 1919—1926, Frankfurt 1959.
Gordon, Harold J. Politischer Terror und Versailler Abrüstungsklausel in der Weimarer Republik, in: WR, 1966, S. 36—54.
Gordon, Harold J. Die Reichswehr und Sachsen, in WR, 1961, S. 677—692.
Gordon, Harold J. Ritter von Epp und Berlin 1919—1923, in: WR, 1959, 619—633.
Gordon, Harold J, jr. Hitlerputsch 1923. Machtkampf in Bayern 1923—1924, Frankfurt/Main 1971.
Gritzbach, Erich Hermann Göring. Werk und Mensch, München 1938.
Groener-Geyer, Dorothea General Groener. Soldat und Staatsmann. Frankfurt/M. 1955.
Grundschriften der deutschen Jugendbewegung, Düsseldorf 1963.
Gumbel, E. Vom Fememord zur Reichskanzlei, Heidelberg 1962.

Hallgarten, Georges W. Hitler, Reichswehr und Industrie, Frankfurt 1955.
Hanfstaengl, Ernst The missing years, London 1957.
Harbeck, Karl-Heinz Das Kabinett Cuno (22. 11. 1922 — 12. 8. 1923). Akten der Reichskanzlei. Weimarer Republik, Bd. 1, Boppard/Rhein 1968.
Hasselbach, Ulrich Die Entstehung der nationalsozialistischen deutschen Arbeiterpartei 1919—1923, Leipzig 1931 (Diss.).
Heberle, Rudolf Landbevölkerung und Nationalsozialismus, Stuttgart 1963.
Heiden, Konrad Geschichte des Nationalsozialismus, 1932.
Hilger, Gustav Wir und der Kreml. Deutsch-Sowjetische Beziehungen 1918—1941, Frankfurt/Main 1956.

Hoegner, Wilhelm Der schwierige Außenseiter, München 1959.
Hoegner, Wilhelm Die verratene Republik, München 1958.
Hofmann, Hans H. Der Hitlerputsch. Krisenjahre deutscher Geschichte 1920—1924, München 1961.
Hertzmann, Lewis DNVP. Right Wing Opposition in the Weimar Republic, 1918—1924. Lincoln 1963.
Hitler, Adolf Mein Kampf, 2 Bde. (Jubiläumsausgabe, ungekürzt in einem Band), München 1935.

Jasper, Gotthard Der Schutz der Republik. Studien zur staatlichen Sicherung der Demokratie in der Weimarer Republik 1922—1930. Tübingen 1963.
Jedlicka, Ludwig Die Anfänge des Rechtsradikalismus in Österreich, in: „Wissenschaft und Weltbild", Juni 1971.

Kampffmeyer, P. Der Fascismus in Deutschland, Berlin 1923.
Kanzler, Rudolf Bayerns Kampf gegen den Bolschewismus, München 1931.
Kastning, Alfred Die deutsche Sozialdemokratie zwischen Koalition und Opposition 1919—1923, Paderborn 1970.
Kessel, Eberhard Seeckts politisches Programm, in: Spiegel der Geschichte. Festgabe für Max Braubach, hsgb. von K. Repgen und St. Skalweit, Münster 1964.
Klaß, Gert von Hugo Stinnes, Tübingen 1958.
Koerber, Adolf Viktor von Adolf Hitler. Sein Leben, seine Reden, München 1923.
Koudoulas, George History of the Greek Communist Party, London 1965.
Krebs, Albert Tendenzen und Gestalten der NSDAP. Erinnerungen an die Frühzeit der Partei, Stuttgart 1959.
Kruck, Alfred Geschichte des Alldeutschen Verbandes, Wiesbaden 1954.
Krüger, Gabriele Die Brigade Ehrhardt, Hamburg 1971.
Kuron, Hans Jürgen Freikorps und Bund Oberland, Erlangen 1960 (Ungedr. Diss.).

Lang, R. P. Die Meinung in den USA über Deutschland im Jahr des Ruhrkampfes und des Hitlerputsches, in: Saeculum, XVII, 1966.
Lania, Leo Der Hitler-Ludendorff-Prozeß, Berlin 1925.
Lauffenburg, Heinrich-Wolffheim, Fritz Revolutionärer Volkskrieg oder konterrevolutionärer Bürgerkrieg? Erste kommunistische Adresse an das deutsche Proletariat, Hamburg 1919.
Leverkuen, Paul Posten auf ewiger Wache. Aus dem abenteuerlichen Leben des Max von Scheubner-Richter, Essen 1938.
Lewinsohn, Richard Das Geld in der Politik, Berlin 1930.
Liebe, Werner Die Deutschnationale Volkspartei 1918—1924, Düsseldorf 1956.
Ludendorff, Erich Auf dem Weg zur Feldherrnhalle, München 1938.
Ludendorff, Margarete Als ich Ludendorffs Frau war, München 1929.
Luedecke, Kurt I knew Hitler, London 1938.
Luxburg, Graf Nachdenkliche Erinnerungen, 1935.
Luther, Hans Politiker ohne Partei, Stuttgart 1960.

Mackay, Charles Extraordinary Popular Delusions and the Madness of Crowds, New York 1932.
Martini, Winfried Freiheit auf Abruf, Köln 1960.
Marx, Wilhelm Der Nachlaß des Reichskanzlers W. Marx, Teil 1—4, Köln 1968.
Maslowski, Peter Thälmann, Leipzig 1932.
Meier-Welcker, Hans Seeckt, Frankfurt/Main, 1967.
Mikusch, Dagobert von Waßmuß, der deutsche Lawrence, Berlin 1939.
Müller, K. A. von Im Wandel einer Welt. Erinnerungen Band 3 (1919—1932), München 1966.
Murphy, Robert Diplomat unter Kriegern. Berlin 1966.

Noske, Gustav Von Kiel bis Kapp, Berlin 1920.

Oertzen, F. W. von Die deutschen Freikorps 1918—1923, München 1936.
Orlow, Dietrich The organizational history and structure of the NSDAP 1919—1923, in: The Journal of Modern History, Juni 1965.
Orlow, Dietrich The history of the Nazi Party 1919—1933, Pittsburg 1969.
Pese, Walter W. Hitler und Italien, in: VjZG, III, 1955, S. 113—126.
Plümer, Friedrich Die Wahrheit über Adolf Hitler und seinen Kreis, München 1925.
Pölnitz, Götz von Emir. Das tapfere Leben des Freiherrn Marschall von Bieberstein, München 1938.
Petersen, Jens Hitler und Mussolini. Die Entstehung der Achse Berlin—Rom 1933—1936, Tübingen 1973.

Radbruch, Gustav Der innere Weg. Aufriß meines Lebens, Stuttgart 1951.
Rathenau, Walter Kritik der dreifachen Revolution, Berlin 1919.
Rauch, Georg Lenin und die verpaßte Revolution, in: The Annals of the Ukrainian Academy of Arts and Sciences in the USA, IX, 1961, Nr. 1—2.
Reich, Albert Vom 9. 11. 1918 bis 9. 11. 1923. Die Entstehung der deutschen Freiheitsbewegung, München 1933.
Reitsch, Hanna Fliegen, mein Leben, Stuttgart 1951.
Reitter, Ekkehard Franz Gürtner. Politische Biographie eines deutschen Juristen 1881-1941, Berlin 1976.
Reventlow, Graf Völkisch-Kommunistische Einigung?, 1924.
Röhm, Ernst Die Geschichte eines Hochverräters, München 1928.
Roßbach, Gerhard Mein Weg durch die Zeit, Weilburg/Lahn 1950.
Rothenbücher, Karl Der Fall Kahr, Tübingen 1924.
Rühle, Gerd Das 3. Reich. Die Kampfjahre 1918—1933, Berlin 1936.
Rühmland, Ulrich NVA. Nationale Volksarmee der SBZ in Stichworten. Bonn 1968.
Rosen, Edgar R. Mussolini und Deutschland 1922—1923 in VjZG, 5, 1957, S. 17—41.
Rosenstock, Morton Louis Marshall, Defender of Jewish Rights, Detroit 1965.

Salomon, Ernst von Die Geächteten, Berlin 1933.
Salomon, Ernst von Die Kadetten, Hamburg 1957.
Seeckt, Hans von Die Zukunft des Reiches, Berlin 1929.
Sendtner, Kurt Rupprecht von Wittelsbach, Kronprinz von Bayern, München 1954.
Severing, Karl Im Wetter- und Watterwinkel, Bielefeld 1927.
Severing, Karl Mein Lebensweg, 2 Bde., Köln 1950.
Sinowjew, G. Zwölf Tage in Deutschland, Hamburg 1921.
Speckmann, Herbert Die Ordnungszelle Bayern, Erlangen 1955.
Spengler, Oswald Briefe, 1913—1936, München 1963.
Spethmann, Hans Der Ruhrkampf 1923—1925, Berlin 1933.
Schacht, Hjalmar 76 Jahre meines Lebens, Bad Wörishofen 1953.
Schattenhofer, Michael (Herausgeber) Revolution und Räteherrschaft in München. Aus der Stadtchronik 1918/19, München 1968.
Schenck, E. G. Das menschliche Elend im 20. Jh., Herford 1965.
Schilling, Alexander Dr. Walter Riehl und die Geschichte des NS, Leipzig 1933.
Schmidt-Pauli, Edgar von Geschichte der Freikorps von 1918—1924, Stuttgart 1936.
Schott, Georg Das Volksbuch von Hitler, München 1924.
Schröder, Ernst Otto Wiedfeldt. Eine Biographie, Essen 1964.
Schröder, Ernst Wiedfeldt und die Seeckt-Ebertschen Direktoriumspläne des Jahres 1923, in: Das Münster am Hellweg, 19. Jg., Heft 11, Nov. 1966, S. 129—141.
Schubert, Günther Anfänge nationalsozialistischer Außenpolitik, Köln 1963.
Schüddekopf, Otto-Ernst Das Heer und die Republik, Frankfurt/Main 1955.
Schüddekopf, Otto-Ernst Linke Leute von rechts. Die nationalrevolutionären Minderheiten und der Kommunismus in der Weimarer Republik, Stuttgart 1960.
Schüddekopf, Otto-Ernst Karl Radek in Berlin. Ein Kapitel deutsch-russischer Beziehungen im Jahre 1919, in: Archiv für Sozialgeschichte, II, 1962, S. 87—166.
Schwarz, Albert Die Weimarer Republik, Konstanz 1958.
Schwend, Karl Bayern zwischen Monarchie und Diktatur, München 1954.

von Schwerin-Krosigk, Lutz, Graf Es geschah in Deutschland, Stuttgart 1951.
Schweyer, Franz Politische Geheimverbände, Freiburg 1925.
Stadtler, Eduard Lebenserinnerungen, 3 Bde., Düsseldorf 1936.
Stampfer, Friedrich Die vierzehn Jahre der ersten deutschen Republik. Köln 1953 (Gewerkschaftsausgabe).
Stoltenberg, Gerhard Politische Strömungen im schleswig-holsteinischen Landvolk 1918—1933, Düsseldorf 1962.
Stresemann, Gustav Vermächtnis, 3 Bde., Berlin 1932.

Trebitsch-Lincoln, J. T. Der größte Abenteurer des 20. Jahrhunderts? Leipzig 1931.

Volkmann, E. O. Revolution über Deutschland, Oldenburg 1930.
Volz, Hans Daten zur Geschichte der NSDAP, Berlin 1943.

Weber, Hermann Die Wandlung des deutschen Kommunismus. Die Stalinisierung der KPD in der Weimarer Republik. Frankfurt/Main, 1962, 2 Bde.
Weber, Hermann Zu den Beziehungen zwischen der KPD und der Komintern, in: VjZG, 1968, S. 177 ff.

Zimmermann, Ludwig Frankreichs Ruhrpolitik von Versailles bis zum Dawesplan, Göttingen 1971.
Zinoviev, G. Les problèmes de la Révolution Allemande, Paris 1923.

PERSONENREGISTER

Die Namen Hitler und Ludendorff sind wegen ihrer Häufigkeit nicht aufgenommen.

Amann, Max 72, 122, 177, 204, 218, 219, 278, 279.

Bartels, Adolf 268, 281.
Bechstein 122.
Berchem, Otto von 82, 87, 103, 124, 169.
Berchtold, Josef 70, 123, 204.
Bernreuther 26, 82.
Blume, Heinrich 234.
Bieberstein, Marschall von 105.
Bouhler, Philipp 73, 204, 219, 220, 223.
Brückner, Wilhelm 122, 172, 177, 212.
Buckeley 9, 214, 228, 278.
Buttmann, Rudolf 74, 219, 228, 235, 236, 238, 285.

Chamberlain, H. St. 76.
Claß, Heinrich 139, 140, 175, 188.

Danner, Jakob von, General 91, 103, 192.
Dard, Emil 161.
Dawes, Charles 144, 146, 147.
Dinter, Artur 266, 271, 273, 274, 285.
Dietrich, Hans 53, 234, 276.
Drexler, Anton 9, 71, 72, 74, 122, 195, 196, 204, 206, 214, 215, 216, 219, 224, 228, 262

Ebert, Friedrich 75, 124, 125, 155, 156, 173.
Eckart, Dietrich 13, 33, 121, 123, 193, 204.
Ehrhardt, Hermann 33, 34, 52, 70, 88, 92, 94, 132, 138, 166, 180, 181, 196.
Epp, Franz, Ritter von 20, 106, 115.
Escherich, Georg 27, 109.
Esser, Hermann 72—74, 88, 123, 199—202, 204, 216, 218—224, 226, 227, 238, 240, 261, 263, 265, 271—274, 279, 285.

Faulhaber, Michael, Kardinal 75, 95, 190, 191, 192.
Feder, Gottfried 9, 73, 106, 107, 195, 196, 204, 214, 233, 234, 267, 268, 276, 284.
Fischler-Treuberg, Graf 24, 200, 201, 228.
Fobke, Hermann 258—260, 266, 271, 283.
Freyberg, Baron 26, 92, 93.
Frick, Wilhelm 36, 89, 122, 177, 234, 236.

Gansser, Emil 234, 261.
Germanus Agricola 164.
Glaser, Julius 24, 219, 221, 228, 285.
Göring, Hermann 37, 47, 54, 66, 81, 110, 111, 112, 114, 123, 171, 201, 205, 209.
Graefe, Albrecht von 70, 113, 205, 206, 208, 210, 211, 219, 224, 230, 239, 240, 248, 251—256, 260—263, 265, 268, 269, 271, 274, 275, 284, 285.
Graf, Ulrich 70, 78, 79, 97, 98, 111, 113, 114, 278.
Gürtner, Franz 82.

Haase, Ludolf 242—247, 250, 251, 253, 254, 257, 259, 266, 268, 283.
Hanfstängl, Ernst 89, 123, 199, 200, 201, 204.
Haniel 34, 60, 62.
Haupt, Joachim 248—251, 253, 269.
Heiß, Adolf 9, 20, 26, 33, 36, 138, 179.
Held, Heinrich 31, 95, 159, 176, 279.
Helldorf, Graf 62, 77, 78, 209.
Henning, Wilhelm 138, 139, 205, 206, 213.
Heß, Rudolf 71, 74, 79, 82, 123, 177.
Himmler, Heinrich 192, 193.
Hindenburg, Paul von 16.
Hoffmann, Alfred, Kaleu 89, 123, 195, 199, 200, 204, 205.
Hoffmann, OWM 18, 98, 102, 173.
Hofmann, Hansgeorg, OTL 105, 106, 115.
Hühnlein, Adolf 110, 122.

Jacob, Hans 204, 214—216, 218, 228, 234, 262.

Kaas, Ludwig 185.
Kahr, Gustav von 20, 24, 27—32, 34—36, 39, 41—44, 47, 51—53, 59, 62, 64, 68, 69, 71, 73, 74, 77—80, 82—85, 89, 91—94, 96, 97, 99, 100, 102, 107, 108, 117, 118, 132, 133, 136, 137, 139—141, 157, 162, 166, 174, 175, 177—180, 183, 184, 188, 188, 189, 191, 192.
Karpenstein 250, 258.
Kautter, Eberhardt 35, 92, 93, 133, 134, 139.
Klagges, Dietrich 248.
Klant, Josef 248, 251.
Kleinhenz, von 17, 18, 138, 171.
Klotz, Helmut 73, 89, 138, 195.
Körner, Oskar 113, 114.
Krausneck, Wilhelm 94, 96.
Kreß von Kressenstein 91, 92, 103, 157, 192.
Kriebel, Hermann, OTL 16—18, 20, 24, 27, 34, 35, 45—48, 52, 53, 62—64, 66, 68, 105, 110, 111, 112, 123, 131, 133, 170—172, 177, 208, 210—212, 234, 266, 278.
Kriebel, Karl, Hptm. 49, 52, 124.
Krieger, Max 279.

Lenard, Philipp (Physiker) 216—218.
Lenk, Gustav 194.
Leupold, Ludwig 100, 101, 103—105.
Lohse, Hinrich 259.
Lossow, Otto von 14, 47, 50, 52, 54—57, 62, 68—70, 74, 77, 79—86, 89, 91, 93, 94, 97—99, 101—103, 105, 107, 108, 110, 118, 125, 131, 134, 136, 157, 162, 174, 175, 177—180, 188, 189, 191, 192.
Lüdecke, Kurt 200.

Macdonald 148, 149.
Marx, Wilhelm 137, 142, 143, 157, 187.
Matt, Franz 94—96.
Mayr, Karl 154.
Meinel, Wilhelm von 94, 96.
Mergenthaler, Christian 234, 268.
Mittelberger, Hilmar von, OTL 54, 104.
Mücke, Helmut 265.
Müller, K. A. von 86, 135.

Neunzert, Max 109.

Oswald, Wilhelm 94.

Pernet, Heinz 78, 81, 123, 177.

Pfeffer, Franz von 211.
Pfordten, Theodor von 99, 113, 120, 121, 135.
Pittinger, Otto 20, 25, 117.
Plümer, Friedrich 219, 220.
Pöhner, Ernst 20, 25—27, 34—36, 55, 70, 71, 82, 83, 85, 89, 122, 135, 165, 166, 177, 179, 185, 221, 278, 279.

Rathenau, Walter 144.
Rechberg, Arnold 21.
Reventlow, Ernst Graf 248, 268, 283—285.
Röhm, Ernst 16, 17, 20, 28, 36, 37, 44, 74, 88, 106, 110, 112, 115, 116, 122, 131, 155, 159, 172, 194, 195, 204, 209, 210—214, 224, 234.
Rosenberg, Alfred 12, 74, 78, 138, 193, 196, 199—201, 205, 214, 215, 218, 219, 222, 228, 240, 250, 261—263.
Roßbach, Gerhard 28, 33, 37, 49, 59, 71, 88, 94, 123, 209, 210.
Roth, Christian 25, 26, 55, 132, 179.
Rothenbücher, Karl 183, 184, 185.
Ruith, Adolf von, General 91, 103, 192.
Rupprecht, Kronprinz 14—19, 22, 23, 31, 44, 59, 60, 109, 118, 171, 179, 191, 192.

Seeckt, Hans von 27, 33, 47, 55, 104, 124, 125, 127, 131, 143, 152, 153.
Seisser, Hans von 20, 34, 36, 47, 51, 52, 55, 57—59, 61, 64, 77—80, 82—86, 91, 93, 94, 100, 103, 107, 108, 118, 131, 136, 157, 162, 166, 174, 177—180, 189, 191, 192.
Sesselmann, Max 39, 72, 113, 114, 271, 285.
Severing, Karl 153.
Siry, Alexander 94, 97, 105, 139.
Soden, Joseph Graf 14, 15, 19, 191.
Spengler, Oswald 189.
Sunkel, Reinhard 248, 250, 251, 253, 258, 259, 268.
Schachleiter, Alban 189.
Schäffer, Fritz 136.
Scheubner-Richter, Max E. von 10—15, 20, 23, 24, 26, 33, 34, 48, 53, 60, 66, 70, 77, 78, 79, 81, 89, 111, 112, 114, 120, 133, 205.
Scheubner-Richter, Mathilde von 11, 60.
Schiedt, Adolf 68, 99.
Schmelzle, Hans 87, 94—96, 137, 159, 160, 176.
Schraut, Rudolf 195.
Schreck, Julius 195, 196, 242.
Schulze, Walter 114, 115, 121.
Schwarz, Franz X. 219, 223, 277, 278.
Schweyer, Franz 82, 132, 166.
Stark, Johannes (Physiker) 216—218.
Stolzing—Cerny 203, 214.
Strasser, Gregor 54, 122, 177, 211, 221, 222, 227, 237, 256, 259, 261, 263, 268, 269, 272, 275, 276, 284.
Streck, Hans 87, 112, 113.
Streicher, Julius 39, 113, 122, 177, 216, 220, 222, 223—228, 263, 267, 272, 274, 285.
Stresemann, Gustav 33, 47, 124—126, 129—131, 142, 192.
Stützel, Karl 160, 183, 213.

Thälmann, Ernst 154.
Tirpitz, Alfred 189.
Tittmann, Fritz 234.

Vahlen, Theodor von 234, 248, 253.
Viktoria, Prinzessin 15.
Vogts, Major 62.
Volck, Adalbert 253, 256, 257, 259—261, 263—266, 268—271, 274, 280—283.

Wagner, Robert 122, 173, 177.
Weber, Christian 204, 219, 278.
Weber, Friedrich 16, 21, 24, 26, 39, 50, 55, 64, 66, 69, 78, 81, 83, 86, 97, 99, 112, 122, 131, 175, 177, 179, 210—212, 266.
Weiß, Wilhelm 24, 138, 196, 214, 268.
Wiedfeldt, Otto 144.
Wilhelm II. 21.
Wilson, Woodrow 146.
Winnig, August 16.
Wulle, Reinhold 138, 205, 206, 267, 285.

Young, Owen 145.

Zentz, Eugen 64, 68.

VERZEICHNIS DER ABKÜRZUNGEN

Abg.	Abgeordneter
Anm.	Anmerkung
APf	Archiv Pferdekämper
Art.	Artikel
Bayer.	Bayerisch
BB	Bayerischer Bauernverband
Ber.	Bericht
betr.	betreff, betreffend
BA	Bundesarchiv Koblenz
BGStA	Bayerisches Geheimes Staatsarchiv
BHStA	Bayerisches Hauptstaatsarchiv
BHA	Bayerisches Heeresarchiv München, jetzt Hauptstaatsarchiv IV
BK	„Bayerischer Kurier“, Hauptorgan der Bayerischen Volkspartei
BOB	Bayerischer Ordnungsblock
BVC	Bayerische Volkspartei Correspondenz
BVP	Bayerische Volkspartei
BL	Bayerischer Landtag
BStZ	„Bayerische Staatszeitung“
CVZ	Centralvereinszeitung der deutschen Staatsbürger jüdischen Glaubens
DAP	Deutsche Arbeiterpartei
DDP	Deutschdemokratische Partei
DNSAP	Deutsche Nationalsozialistische Arbeiterpartei (Tschechoslowakei)
DNVP	Deutschnationale Volkspartei
DSP	Deutschsozialistische Partei
DVFP	Deutschvölkische Freiheitspartei
DVSCHTRB	Deutschvölkischer Schutz- und Trutzbund
DZ	Dokumentenzentrale
ebd.	ebenda
GSTK	Generalstaatskommissar(iat)
hsgb. v.	herausgegeben von
HZ	Historische Zeitschrift
Innenmin.	Innenministerium oder Innenminister
Kaleu	Kapitänleutnant
KPD	Kommunistische Partei Deutschlands
MAA	„München-Augsburger Abendzeitung“
MM(-en)	Mündliche Mitteilungen oder Mitteilungen
MGM	„Militärgeschichtliche Mitteilungen“
MGFA	Militärgeschichtliches Forschungsamt
Min. d. Äuß.	Minister des Äußeren
Min. Präs.	Ministerpräsident
MNN	„Münchner Neue Nachrichten“, bürgerliche Zeitung
MP	„Münchner Post“, Hauptorgan der bayerischen Sozialdemokraten
MRP	Bayerische Ministerratsprotokolle
MSP	Mehrheitssozialistische Partei
ND	Nachlaß Drexler

NK	Nachlaß Kahr
NPl	Nachlaß Plümer
NR	Nachlaß Generaloberst Rüdel
NSDAP	Nationalsozialistische Deutsche Arbeiterpartei
öff.	öffentlich
op.	opus
OTL	Oberstleutnant
Orgesch	Organisation Escherich
Orka	Organisation Kanzler
OWM	Oberwachtmeister
PND	Politischer Nachrichtendienst
Pol. Dir.	Polizeidirektion
Privatkorr.	Privatkorrespondenz
Prop.	Propaganda
Prot.	Protokoll
Reichskom.	Reichskommissar
Rep.	Repertorium
Reg.	Register
RKF	Reichskriegsflagge
SA	Sturmabteilung
s. a.	siehe auch
s. b.	siehe besonders
SEG	Schultheß' Europäischer Geschichtskalender
Sitzg.	Sitzung
SPD	Sozialdemokratische Partei Deutschlands
SP	Sozialdemokratische Partei
St.-Bln.	Stuttgart-Berlin
TE	Tagebuch Escherich
Tel. Ztg.	Telegramm-Zeitung
Unver. Erinn.	Unveröffentlichte Erinnerungen
UE	Unveröffentlichte Erinnerungen
Unters. Aussch.	Untersuchungs-Ausschuß
UAL	Untersuchungsausschuß des bayerischen Landtags
USPD	Unabhängige Sozialdemokratische Partei Deutschlands
VB	„Völkischer Beobachter", Hauptorgan der NSDAP
VK	„Völkischer Kurier"
VBL	Verhandlungen des bayerischen Landtags
vgl. a.	vergleiche auch
VjZG	Vierteljahreshefte für Zeitgeschichte
VSPD	Vereinigte Sozialdemokratische Partei Deutschlands
VVM	Vaterländische Vereine München
VVV	Vereinigte Vaterländische Verbände
VVVB	Vereinigte Vaterländische Verbände Bayerns

VERZEICHNIS DER DOKUMENTE

Band I:

Deutsche Ziele. Monatsblätter zur Pflege deutschen Sinnes, 1919 . . 291
Programm des Kurses Nr. 1, 1919. Akten des Bayer. Kriegsarchivs 294
Auf gut deutsch. Wochenschrift für Ordnung und Recht.
Hsgb. Dietrich Eckart, Mai 1919 295
An alle Werktätigen. Flugblatt von Dietrich Eckart 296
Bürger! Flugblatt von Dietrich Eckart 298
Brief Dietrich Eckarts an Dr. Emil Gansser v. 5. 8. 1921
Nachlaß Eckart (siehe auch Faksimile im Bildteil) 299
Brief Dietrich Eckarts an Dr. Emil Gansser v. 9. 12. 1923 300
Politischer Arbeiterzirkel. Satzungen. Nachlaß Drexler 300
Vertrag 301
Warum mußte die deutsche Arbeiterpartei kommen? Was will sie?
1. Flugblatt der DAP, 1919 302
Auszug aus dem Programm der nationalsozialistischen Deutschen
Arbeiterpartei. Flugblatt der NSDAP, 1920 306
Kommunisten! Flugblatt der NSDAP, 1921 308
Rundschreiben 1 der NSDAP, 1921 310
Rundschreiben Nr. 2, 1921 311
Rundschreiben Nr. 3, 1921 312
Rundschreiben Nr. 4, 1921. 1. von Hitler verfaßtes Rundschreiben . 313
Erklärung des bisherigen revolutionären Ausschusses der NSDAP . 315
Freie nationalsozialistische Vereinigung München 316
Brief Hitlers an Parteiausschuß vom 14. 7. 1921 317
Antwort des Parteiausschusses an Hitler vom 15. Juli 1921 320
P.N.D. Nr. 294: Nationalsoz. Deutsche Arbeiterpartei
Mitgliederversammlung Hofbräuhaussaal am 29. 7. 1921 322

Protokoll über die außerordentliche Mitgliederversammlung v. 29. 7. 1921 324
Satzungen des Nationalsozialistischen Deutschen Arbeitervereins . . 325
Brief Heß' an Ministerpräsident von Kahr vom 17. 5. 1921 330
Gli Ebrei, la passione e la resurrezione della Germania, in: La Vita Italiana, August 1922 337
Schuldschein der NSDAP (befindet sich im Bildteil)

Band II:

Vereinbarungen zwischen den Verbänden der Arbeitsgemeinschaft . 339
Programm des „Blücherbundes" 339
Freundschaftsverhältnis zwischen „Vereinigten Vaterländischen Verbänden Bayerns" (VVVB) und der „Arbeitsgemeinschaft der vaterländischen Kampfverbände" 340
Verhalten der Kampfverbände am 1. Mai 1923. Stellungnahme des Oberkommandos der SA 341
Oberkommando der SA an alle Bezirksführer am 4. 7. 1923. . . . 343
Vaterländische Kampfverbände Bayerns. Der militärische Führer (Kriebel) betreff Notpolizei und Reichswehrausbildungsverpflichtung am 14. 7. 1923 345
Oberkommando der SA an alle Bezirksführer und SA-Führer am 23. 8. 1923 347
Aufruf der Kampfgemeinschaft Bayern am Deutschen Tag in Nürnberg am 1./2. 9. 1923 348
Allgemeine Richtlinien bei Gründung einer SA 350
Hundertschaftsführer Lehmke an Hitler am 7. 5. 1923 352
Hitlers Stellungnahme zum 1. Mai 1923 355
Denkschrift Gottfried Feder: Grundsätzliches zur deutschen Frage . 359
Reichskanzler Stresemann an Kardinal Faulhaber am 13. 10. 1923 . 366
Antwort Kardinals Faulhaber an Stresemann am 6. 11. 1923 . . . 368
Landesleitung der Deutschen nationalsozialistischen Partei zur Entwicklung der politischen Lage innerhalb der NSDAP vom 29. 8. 1923 369

Rede des Baron Aufseß am 20. 10. 1923 bei den „Boyaren" im Wittelsbachergarten in München 370
Das Volk mit den zerschnittenen Stimmbändern. Artikel der schwedischen Zeitung „Barthold Lundens Vidi" v. 16. 8. 1923 371
Ein Norweger über Hitler, in „Aftenposten" v. 20. 10. 1923 373
Judenaustreibung aus Bayern 373

Band III:

Offener Brief an die bayer. Regierung in: VB, Nr. 198 v. 26. 9. 1923 377
A. v. Graefe-Goldebee in der „Mecklenburgischen Warte",
VB, Nr. 178 v. 2. 9. 1923 377
Aufruf des Deutschen Kampfbundes vom 29. 9. 1923 378
Brief Prof. Lenards an Justizrat Claß v. 27. 9. 1923.
Bundesarchiv Koblenz 380
Brief Prof. Lenards an Hitler v. 27. 9. 1923 381
Brief Prof. Starks an Hitler v. 29. 9. 1923 384
Dienstanweisung für den Stab des Oberkommandos der SA
v. 20. 10. 1923 385
Gott will es! Artikel vom H. St. Chamberlain im VB am 9. 11. 1923 386
Der Sieg des Hakenkreuzes. Artikel im VB v. 9. 11. 1923 387
An das Deutsche Volk! Aufruf im VB v. 9. 11. 1923 389
Proklamation an das deutsche Volk am 9. 11. 1923 390
Flugblatt „Die Wahrheit" von Dr. Friedrich Weber 391
Der weltgeschichtliche Sinn der völkischen Bewegung.
Artikel von Theodor von der Pfordten 392
Oberstlandesgerichtsrat Ernst Pöhner:
Meine Stellung zur Novemberrepublik 393
Adolf Hitler an die völkische Studentenschaft, in VK v. 30. 5. 1924 396
Adolf Hitler, der völkische Führer. Leitartikel in VK v. 19. 4. 1924 397
Worte Hitlers, in VK v. 19. 4. 1924 400
Denkschrift über den Frontbann v. 7. 11. 1924 von Ernst Röhm . . 401
Rundschreiben Esser-Bouhler v. 16. 7. 1924. Nachlaß Plümer . . . 410

Brief Karl Kaufmanns an Gregor Strasser v. 29. 7. 1924 411
Beschluß des Kreisverbandes Niederbayern des Völkischen Blocks v. 15. 6. 1924 411
Zeugnis von Dr. Tafel für Anton Drexler. Nachlaß Drexler . . . 412
Brief Prestels an Drexler v. 3. 8. 1924 413
Antwortschreiben Drexlers an Prestel v. 12. 8. 1924 417
Wahlaufruf des Centralvereins deutscher Staatsbürger jüdischen Glaubens zur Reichstagswahl am 4. 5. 1924. CVZ . . . 419
Wahlaufruf im „Völkischen Kurier“ vom 3. 4. 1924 zu den bayerischen Landtagswahlen am 6. 4. 1924 420
Allgemeine, grundsätzliche Richtlinien der NSDAP und der DVFP . 422
Brief Ludolf Haases an General Ludendorff v. 3. 4. 1924 424
Erklärung der Kampfbundführer v. 23. 7. 1924 425
Die Krisis in der völkischen Bewegung, von Joachim Haupt, April 1924 426
Rundschreiben der GVG an die Ortsgruppen v. 22. 10. 1924 . . . 430
Rundschreiben der GVG an die Ortsgruppen v. 27. 10. 1924 . . . 431
Wahlaufruf der GVG zum 7. 12. 1924. Nachlaß Plümer 433
Wahlaufruf der NS-Freiheitspartei zur Reichstagswahl v. 7. 12. 1924 434
Aufruf der CVZ zur Reichstagswahl v. 7. 12. 1924 438
Aufruf der CVZ an ihre Mitglieder in Preußen 439
Der deutsche Nationalsozialismus, von Bruno Wenzel 440